国家统计局贸易外经统计司　编

Compiled by
Department of Trade and External Economic Relations Statistics, National Bureau of Statistics of China

2016

中国零售和餐饮连锁企业统计年鉴

STATISTICAL YEARBOOK OF CHINA CHAIN STORES OF RETAIL TRADES AND CATERING SERVICES

图书在版编目 (CIP) 数据

中国零售和餐饮连锁企业统计年鉴．2016 ／ 国家统计局贸易外经统计司编著．-- 北京 ：中国统计出版社，2016.11
ISBN 978-7-5037-8015-8

Ⅰ．①中… Ⅱ．①国… Ⅲ．①零售企业－连锁企业－统计资料－中国－2016 －年鉴②饮食业－连锁企业－统计资料－中国－2016 －年鉴 Ⅳ．① F721.7-66
② F719.3-66

中国版本图书馆 CIP 数据核字 (2016) 第 242086 号

中国零售和餐饮连锁企业统计年鉴 -2016

作　　者／国家统计局贸易外经统计司
责任编辑／王振宇
封面设计／李雪燕
出版发行／中国统计出版社
通信地址／北京市丰台区西三环南路甲 6 号　邮政编码／100073
电　　话／邮购（010）63376909　书店（010）68783171
网　　址／http://www.zgtjcbs.com/
印　　刷／三河双峰印刷装订有限公司
经　　销／新华书店
开　　本／880mm × 1230mm　1/16
字　　数／1570 千字
印　　张／49.75
版　　别／2016 年 12 月第 1 版
版　　次／2016 年 12 月第 1 次印刷
定　　价／460.00 元

如有印装差错，由本社发行部调换。

《中国零售和餐饮连锁企业统计年鉴— 2016》

编辑委员会

编辑说明 PREFACE

一、《中国零售和餐饮连锁企业统计年鉴 -2016》是反映我国零售和餐饮连锁企业情况的资料性工具书。旨在通过大量、丰富、详实、具体和权威的统计数据，全面系统和多角度地反映我国零售和餐饮业连锁企业发展的规模、水平。

二、本年鉴正文内容分为五部分: 第一部分，零售企业综合篇; 第二部分，零售企业地区篇; 第三部分，餐饮企业综合篇; 第四部分，餐饮企业地区篇; 第五部分，连锁企业情况。同时，还附有主要统计指标解释。

三、本年鉴中涉及的全国性统计资料，均未包括台湾省、香港特别行政区和澳门特别行政区数据。

四、本年鉴中资料来源于2015年零售和餐饮连锁企业统计年报，时期数据为2015年年度数据，时点数据为2015年年末数据。

五、本年鉴中各表中的“空格”表示该项统计指标数据不足本表最小单位数、不详或无该项数据。

目录

CONTENTS

第一部分　零售企业综合篇

1-1　连锁零售企业总体情况…… 3
1-2　连锁零售企业基本情况…… 4
1-3　连锁零售企业经营情况…… 8
1-4　按行业与登记注册类型分连锁零售企业基本情况……16
1-5　按行业与登记注册类型分连锁零售企业经营情况……38
1-6　按行业与业态分连锁零售企业基本情况……82
1-7　按行业与业态分连锁零售企业经营情况…… 106
1-8　按登记注册类型与业态分连锁零售企业基本情况…… 154
1-9　按登记注册类型与业态分连锁零售企业经营情况…… 166
1-10　连锁零售企业门店分布情况…… 190
1-11　连锁零售企业配送中心分布情况…… 191
1-12　连锁零售企业门店在 36 城市分布情况 …… 192
1-13　连锁零售企业配送中心在 36 城市分布情况 …… 193

第二部分　零售企业地区篇

2-1　各地区连锁零售企业基本情况…… 197
2-2　各地区连锁零售企业直营门店基本情况…… 198
2-3　各地区连锁零售企业加盟门店基本情况…… 199
2-4　各地区连锁零售企业经营情况…… 200
2-5　各地区连锁零售企业直营门店经营情况…… 202
2-6　各地区连锁零售企业加盟门店经营情况…… 204
2-7　按登记注册类型分各地区连锁零售企业基本情况…… 206
2-8　按登记注册类型分各地区连锁零售企业直营门店基本情况…… 217
2-9　按登记注册类型分各地区连锁零售企业加盟门店基本情况…… 228
2-10　按登记注册类型分各地区连锁零售企业经营情况…… 238
2-11　按登记注册类型分各地区连锁零售企业直营门店经营情况…… 260
2-12　按登记注册类型分各地区连锁零售企业加盟门店经营情况…… 282
2-13　按行业分各地区连锁零售企业基本情况…… 302

2-14　按行业分各地区连锁零售企业直营门店基本情况 …… 321
2-15　按行业分各地区连锁零售企业加盟门店基本情况 …… 340
2-16　按行业分各地区连锁零售企业经营情况 …… 358
2-17　按行业分各地区连锁零售企业直营门店经营情况 …… 396
2-18　按行业分各地区连锁零售企业加盟门店经营情况 …… 434
2-19　按业态分各地区连锁零售企业基本情况 …… 470
2-20　按业态分各地区连锁零售企业直营门店基本情况 …… 482
2-21　按业态分各地区连锁零售企业加盟门店基本情况 …… 494
2-22　按业态分各地区连锁零售企业经营情况 …… 504
2-23　按业态分各地区连锁零售企业直营门店经营情况 …… 528
2-24　按业态分各地区连锁零售企业加盟门店经营情况 …… 552
2-25　36 城市连锁零售企业基本情况 …… 572
2-26　36 城市连锁零售企业直营门店基本情况 …… 573
2-27　36 城市连锁零售企业加盟门店基本情况 …… 574
2-28　36 城市连锁零售企业经营情况 …… 575
2-29　36 城市连锁零售企业直营门店经营情况 …… 577
2-30　36 城市连锁零售企业加盟门店经营情况 …… 579

第三部分　餐饮企业综合篇

3-1　连锁餐饮企业总体情况 …… 583
3-2　连锁餐饮企业基本情况 …… 584
3-3　连锁餐饮企业经营情况 …… 587
3-4　按登记注册类型与行业分连锁餐饮企业基本情况 …… 594
3-5　按登记注册类型与行业分连锁餐饮企业经营情况 …… 598
3-6　连锁餐饮企业门店分布情况 …… 606
3-7　连锁餐饮企业配送中心分布情况 …… 607
3-8　连锁餐饮企业门店在 36 城市分布情况 …… 608
3-9　连锁餐饮企业配送中心在 36 城市分布情况 …… 609

第四部分　餐饮企业地区篇

4-1　各地区连锁餐饮企业基本情况 …… 613
4-2　各地区连锁餐饮企业直营门店基本情况 …… 614
4-3　各地区连锁餐饮企业加盟门店基本情况 …… 615
4-4　各地区连锁餐饮企业经营情况 …… 616
4-5　各地区连锁餐饮企业直营门店经营情况 …… 618
4-6　各地区连锁餐饮企业加盟门店经营情况 …… 620
4-7　按登记注册类型分各地区连锁餐饮企业基本情况 …… 622
4-8　按登记注册类型分各地区连锁餐饮企业直营门店基本情况 …… 632
4-9　按登记注册类型分各地区连锁餐饮企业加盟门店基本情况 …… 642
4-10　按登记注册类型分各地区连锁餐饮企业经营情况 …… 649
4-11　按登记注册类型分各地区连锁餐饮企业直营门店经营情况 …… 670
4-12　按登记注册类型分各地区连锁餐饮企业加盟门店经营情况 …… 690
4-13　按行业分各地区连锁餐饮企业基本情况 …… 704
4-14　按行业分各地区连锁餐饮企业直营门店基本情况 …… 708
4-15　按行业分各地区连锁餐饮企业加盟门店基本情况 …… 712
4-16　按行业分各地区连锁餐饮企业经营情况 …… 716
4-17　按行业分各地区连锁餐饮企业直营门店经营情况 …… 724

4-18 按行业分各地区连锁餐饮企业加盟门店经营情况…… 732
4-19 36 城市连锁餐饮企业基本情况 …… 740
4-20 36 城市连锁餐饮企业直营门店基本情况 …… 741
4-21 36 城市连锁餐饮企业加盟门店基本情况 …… 742
4-22 36 城市连锁餐饮企业经营情况 …… 743
4-23 36 城市连锁餐饮企业直营门店经营情况 …… 745
4-24 36 城市连锁餐饮企业加盟门店经营情况 …… 747

第五部分 连锁企业情况

5-1 销售额 10 亿元以上连锁企业 …… 751
5-2 100 门店以上连锁零售企业 …… 763
5-3 营业额亿元以上连锁餐饮企业…… 772
5-4 50 门店以上连锁餐饮企业 …… 776

附录 统计指标解释…… 781

第一部分

零售企业综合篇

1-1 连锁零售企业总体情况

项目	单位	总计		直营店		加盟店	
		2015年	2014年	2015年	2014年	2015年	2014年
连锁总店数	个	2690					
连锁门店总数	个	209812	200698	137928	130681	71884	70017
年末从业人员	人	2480779	2491643	2188165	2211305	292614	280338
年末零售营业面积	平方米	168624004	161034943	158803644	151658104	9820360	9376839
连锁门店商品购进总额	万元	305568131	322739830	289792409	308488304	15775722	14251527
其中：统一配送商品购进额	万元	233798605	248702733	219702947	235951501	14095658	12751232
其中：自有配送中心	万元	136562832	148371607	130353372	142305840	6209460	6065767
非自有配送中心	万元	36693753	41292518	35074484	40070875	1619269	1221644
商品销售总额	万元	354004013	372040880	337161487	356619399	16842527	15421480
其中：零售额	万元	257493077	273795496	244098863	261524917	13394214	12270579

1-2 连锁零售企业基本情况

项目	连锁总店数(个)	门店数(个)		年末从业人员(人)		年末零售营业面积(平方米)	
	2015年	2015年	2014年	2015年	2014年	2015年	2014年
总计	**2690**	**209812**	**200698**	**2480779**	**2491643**	**168624004**	**161034943**
一、按登记注册类型分							
内资企业	2420	191052	183539	1955476	1977906	137858904	133371122
国有企业	179	15426	15726	123826	124428	12114085	11307371
集体企业	25	1205	1222	10523	10829	560983	514418
股份合作企业	7	310	319	4559	4759	53527	54770
联营企业	4	205	194	1207	1221	30513	29330
国有联营企业	1	154	147	767	811	21563	20536
集体联营企业							
国有与集体联营企业	1	5	5	30	29	928	928
其他联营企业	2	46	42	410	381	8022	7866
有限责任公司	1029	67240	64571	635919	647743	33710156	33031847
国有独资公司	14	1188	1189	6086	6801	96715	98673
其他有限责任公司	1015	66052	63382	629833	640942	33613441	32933174
股份有限公司	286	52204	51594	786072	814578	76855055	74968818
私营企业	864	52055	47723	377283	359263	14039971	12975261
私营独资企业	33	1535	1548	6854	6106	180549	160079
私营合伙企业	8	304	301	3420	3554	280956	279756
私营有限责任公司	782	43392	39496	304472	289931	11607317	10558950
私营股份有限公司	41	6824	6378	62537	59672	1971149	1976476
其他企业	26	2407	2190	16087	15085	494614	489307
港、澳、台商投资企业	121	8980	8170	241248	232139	14758504	11519291
港澳台商合资经营企业	35	3313	2901	37363	34434	2033472	1875016
港澳台商合作经营企业	3	224	215	60466	53191	2678037	2506838
港、澳、台商独资经营企业	78	4721	4442	102258	104621	4714541	4332197
港、澳、台商投资股份有限公司	4	330	324	2017	2365	46126	51944
其他港、澳、台商投资企业	1	392	288	39144	37528	5286328	2753296
外商投资企业	149	9780	8989	284055	281598	16006596	16144530
中外合资经营企业	61	4757	4598	157269	162405	9876527	10200974
中外合作经营企业	9	1204	1294	23032	22893	989996	898600
外资企业	75	3644	2920	100790	93238	4753035	4658510
外商投资股份有限公司	3	172	174	2937	3047	386436	385844
其他外商投资企业	1	3	3	27	15	602	602
二、按行业分							
批发业	**330**	**49568**	**49018**	**298046**	**312355**	**44447644**	**42253689**
农、林、牧产品批发	8	3798	3824	10788	10685	76531	71031
食品、饮料及烟草制品批发	56	6009	5359	34133	32570	678700	589490
纺织、服装及家庭用品批发	22	1750	2059	20036	21456	1667596	1692274
文化、体育用品及器材批发	10	664	575	16839	17483	921023	890718
医药及医疗器材批发	34	2721	2658	10178	9900	259687	251429
矿产品、建材及化工产品批发	170	32305	32296	191373	202127	39676340	37582167
机械设备、五金产品及电子产品批发	14	736	653	4745	7742	92523	102213
贸易经纪与代理							
其他批发业	16	1585	1594	9954	10392	1075244	1074367
零售业	**2360**	**160244**	**151680**	**2182733**	**2179288**	**124176360**	**118781254**
综合零售	843	68534	67897	1384988	1391469	77742392	73608981
食品、饮料及烟草制品专门零售	149	13236	11346	58722	53476	823419	706912
纺织、服装及日用品专门零售	165	9699	9088	68071	69383	2826318	2487643
文化、体育用品及器材专门零售	88	2181	1727	34860	36824	1160769	1093781
医药及医疗器材专门零售	690	45063	40211	246122	223067	5663489	4862335

1-2 续表 1

项目	连锁总店数(个)	门店数(个)		年末从业人员(人)		年末零售营业面积(平方米)	
	2015年	2015年	2014年	2015年	2014年	2015年	2014年
汽车、摩托车、燃料及零配件专门零售	193	13783	13694	130185	133087	20758970	20789311
家用电器及电子产品专门零售	206	6897	6916	249774	263144	14794753	14808611
五金、家具及室内装饰材料专门零售	17	201	178	7041	5856	351862	369704
货摊、无店铺及其他零售业	9	650	623	2970	2982	54388	53976
三、按业态分							
便利店	100	17675	17517	83517	82905	1496187	1446257
折扣店	3	410	377	2139	2093	188862	177007
超市	414	33301	32575	435364	450146	19186624	18674522
大型超市	172	8584	9328	559499	553201	33693840	31062912
仓储会员店	5	128	105	14554	15279	697320	662795
百货店	104	4867	4684	263846	265040	21043835	20140563
专业店	1481	112959	106241	928069	935674	84806186	81958071
其中：加油站	302	35710	35306	289844	303672	57513695	55449352
专卖店	320	21093	19927	141261	136159	4678795	4119514
家居建材商店	14	64	62	2901	3533	327121	320001
厂家直销中心	9	306	305	4048	3833	27997	93125
其他	68	10425	9577	45581	43780	2477237	2380176
直营门店合计		**137928**	**130681**	**2188165**	**2211305**	**158803644**	**151658104**
一、按登记注册类型分							
内资企业		123797	117607	1761593	1785543	132183021	127825194
国有企业		11524	11702	119896	120442	11895277	11066701
集体企业		412	400	7163	7529	480878	436573
股份合作企业		310	319	4559	4759	53527	54770
联营企业		177	167	1064	1070	26545	26243
国有联营企业		126	120	624	660	17595	17449
集体联营企业							
国有与集体联营企业		5	5	30	29	928	928
其他联营企业		46	42	410	381	8022	7866
有限责任公司		42943	40073	574368	586542	31758443	31140023
国有独资公司		767	768	5115	5830	84095	86053
其他有限责任公司		42176	39305	569253	580712	31674348	31053970
股份有限公司		39193	38569	736829	763121	75601984	73658901
私营企业		28238	25512	306468	291565	11957646	11019121
私营独资企业		859	849	5818	5033	139918	119797
私营合伙企业		304	301	3420	3554	280956	279756
私营有限责任公司		23216	21043	243545	233014	9835224	8926697
私营股份有限公司		3859	3319	53685	49964	1701548	1692871
其他企业		1000	865	11246	10515	408721	422862
港、澳、台商投资企业		6947	6156	173800	172092	11698140	8678056
港澳台商合资经营企业		2972	2561	36608	33702	1998543	1841481
港澳台商合作经营企业		74	85	1201	1281	43037	43338
港、澳、台商独资经营企业		3179	2898	94830	97216	4324106	3987997
港、澳、台商投资股份有限公司		330	324	2017	2365	46126	51944
其他港、澳、台商投资企业		392	288	39144	37528	5286328	2753296
外商投资企业		7184	6918	252772	253670	14922483	15154854
中外合资经营企业		4054	3892	141814	146917	9410867	9735194
中外合作经营企业		400	508	11601	12664	516828	443227
外资企业		2555	2341	96393	91027	4607750	4589987
外商投资股份有限公司		172	174	2937	3047	386436	385844
其他外商投资企业		3	3	27	15	602	602

1-2 续表 2

项　目	连锁总店数（个）	门店数（个）		年末从业人员（人）		年末零售营业面积（平方米）	
	2015年	2015年	2014年	2015年	2014年	2015年	2014年
二、按行业分							
批发业		**30711**	**30653**	**260120**	**272986**	**43269628**	**41128115**
农、林、牧产品批发		99	88	2484	2390	20245	18945
食品、饮料及烟草制品批发		1634	1598	23693	23881	335807	303729
纺织、服装及家庭用品批发		659	843	16937	16915	1458431	1466335
文化、体育用品及器材批发		662	573	16828	17472	920413	890108
医药及医疗器材批发		1154	957	7079	6462	169044	155038
矿产品、建材及化工产品批发		24950	24797	180172	190573	39252327	37155360
机械设备、五金产品及电子产品批发		683	568	4647	5968	82857	86153
贸易经纪与代理							
其他批发业		870	1229	8280	9325	1030504	1052447
零售业		**107217**	**100028**	**1928045**	**1938319**	**115534016**	**110529989**
综合零售		37207	35576	1193246	1206637	70871690	66850090
食品、饮料及烟草制品专门零售		8055	7220	45697	43921	589148	541722
纺织、服装及日用品专门零售		5739	5524	52284	55248	2480494	2217931
文化、体育用品及器材专门零售		1916	1625	34176	36114	1157328	1088859
医药及医疗器材专门零售		33616	29366	216780	194584	4627871	3945915
汽车、摩托车、燃料及零配件专门零售		13626	13559	128755	132247	20679965	20704811
家用电器及电子产品专门零售		6705	6833	249037	262648	14752235	14787941
五金、家具及室内装饰材料专门零售		201	178	7041	5856	351862	369704
货摊、无店铺及其他零售业		152	147	1029	1064	23423	23016
三、按业态分							
便利店		9648	9265	57689	57751	978893	923539
折扣店		236	207	2049	2013	149292	138787
超市		16864	15914	378531	390208	17251889	16677553
大型超市		5214	4990	468568	468942	29831806	27322111
仓储会员店		93	90	14502	15234	696570	662045
百货店		3139	2921	254191	254909	20621421	19747494
专业店		88832	83268	870076	879432	83093222	80404495
其中：加油站		35456	35076	287252	301411	57404466	55335190
专卖店		11940	11885	111250	111035	3901265	3487367
家居建材商店		64	62	2901	3533	327121	320001
厂家直销中心		306	305	4048	3833	27997	93125
其他		1592	1774	24360	24415	1924168	1881587
加盟门店合计		**71884**	**70017**	**292614**	**280338**	**9820360**	**9376839**
一、按登记注册类型分							
内资企业		67255	65932	193883	192363	5675883	5545928
国有企业		3902	4024	3930	3986	218808	240670
集体企业		793	822	3360	3300	80105	77845
股份合作企业							
联营企业		28	27	143	151	3968	3087
国有联营企业		28	27	143	151	3968	3087
集体联营企业							
国有与集体联营企业							
其他联营企业							
有限责任公司		24297	24498	61551	61201	1951713	1891824
国有独资公司		421	421	971	971	12620	12620
其他有限责任公司		23876	24077	60580	60230	1939093	1879204
股份有限公司		13011	13025	49243	51457	1253071	1309917
私营企业		23817	22211	70815	67698	2082325	1956140
私营独资企业		676	699	1036	1073	40631	40282
私营合伙企业							

1-2 续表 3

项 目	连锁总店数（个）	门店数（个）		年末从业人员（人）		年末零售营业面积（平方米）	
	2015年	2015年	2014年	2015年	2014年	2015年	2014年
私营有限责任公司		20176	18453	60927	56917	1772093	1632253
私营股份有限公司		2965	3059	8852	9708	269601	283605
其他企业		1407	1325	4841	4570	85893	66445
港、澳、台商投资企业		2033	2014	67448	60047	3060364	2841235
港澳台商合资经营企业		341	340	755	732	34929	33535
港澳台商合作经营企业		150	130	59265	51910	2635000	2463500
港、澳、台商独资经营企业		1542	1544	7428	7405	390435	344200
港、澳、台商投资股份有限公司							
其他港、澳、台商投资企业							
外商投资企业		2596	2071	31283	27928	1084113	989676
中外合资经营企业		703	706	15455	15488	465660	465780
中外合作经营企业		804	786	11431	10229	473168	455373
外资企业		1089	579	4397	2211	145285	68523
外商投资股份有限公司							
其他外商投资企业							
二、按行业分							
批发业		**18857**	**18365**	**37926**	**39369**	**1178016**	**1125574**
农、林、牧产品批发		3699	3736	8304	8295	56286	52086
食品、饮料及烟草制品批发		4375	3761	10440	8689	342893	285761
纺织、服装及家庭用品批发		1091	1216	3099	4541	209165	225939
文化、体育用品及器材批发		2	2	11	11	610	610
医药及医疗器材批发		1567	1701	3099	3438	90643	96391
矿产品、建材及化工产品批发		7355	7499	11201	11554	424013	426807
机械设备、五金产品及电子产品批发		53	85	98	1774	9666	16060
贸易经纪与代理							
其他批发业		715	365	1674	1067	44740	21920
零售业		**53027**	**51652**	**254688**	**240969**	**8642344**	**8251265**
综合零售		31327	32321	191742	184832	6870702	6758891
食品、饮料及烟草制品专门零售		5181	4126	13025	9555	234271	165190
纺织、服装及日用品专门零售		3960	3564	15787	14135	345824	269712
文化、体育用品及器材专门零售		265	102	684	710	3441	4922
医药及医疗器材专门零售		11447	10845	29342	28483	1035618	916420
汽车、摩托车、燃料及零配件专门零售		157	135	1430	840	79005	84500
家用电器及电子产品专门零售		192	83	737	496	42518	20670
五金、家具及室内装饰材料专门零售							
货摊、无店铺及其他零售业		498	476	1941	1918	30965	30960
三、按业态分							
便利店		8027	8252	25828	25154	517294	522718
折扣店		174	170	90	80	39570	38220
超市		16437	16661	56833	59938	1934735	1996969
大型超市		3370	4338	90931	84259	3862034	3740801
仓储会员店		35	15	52	45	750	750
百货店		1728	1763	9655	10131	422414	393069
专业店		24127	22973	57993	56242	1712964	1553576
其中：加油站		254	230	2592	2261	109229	114162
专卖店		9153	8042	30011	25124	777530	632147
家居建材商店							
厂家直销中心							
其他		8833	7803	21221	19365	553069	498589

1-3 连锁零售企业

项 目	商品购进总额		统一配送商品购进额	
	2015年	2014年	2015年	2014年
总 计	**305568131**	**322739830**	**233798605**	**248702733**
一、按登记注册类型分				
内资企业	252612582	272498900	200382237	217569022
国有企业	36184584	39790478	33678466	33100566
集体企业	854811	779182	182593	147001
股份合作企业	1032557	1029495	994064	1019157
联营企业	66798	62303	66798	62303
国有联营企业	42214	37595	42214	37595
集体联营企业				
国有与集体联营企业	725	603	725	603
其他联营企业	23860	24106	23860	24106
有限责任公司	55409878	54960104	43313363	42593369
国有独资公司	679220	640563	380576	345338
其他有限责任公司	54730659	54319540	42932787	42248030
股份有限公司	136834851	155378378	102376865	122615522
私营企业	21609019	19996924	19172653	17549775
私营独资企业	365357	297526	283621	224678
私营合伙企业	221017	222286	220518	221786
私营有限责任公司	17519603	16033154	15468015	13949599
私营股份有限公司	3503042	3443958	3200499	3153713
其他企业	620084	502036	597435	481330
港、澳、台商投资企业	22787076	20184198	16560440	14446152
港澳台商合资经营企业	3639341	3506764	1837864	1701891
港澳台商合作经营企业	4435571	4196804	4430443	4192771
港、澳、台商独资经营企业	9922694	8611812	6751458	5595530
港、澳、台商投资股份有限公司	184663	148764	144527	110678
其他港、澳、台商投资企业	4604807	3720055	3396148	2845282
外商投资企业	30168472	30056732	16855928	16687559
中外合资经营企业	15801035	17530936	9620613	10899968
中外合作经营企业	1631493	2241163	1070586	963092
外资企业	12257977	9788963	5929199	4576600
外商投资股份有限公司	476879	493283	235530	247898
其他外商投资企业	1089	2388		
二、按行业分				
批发业	**93744647**	**118547244**	**84280642**	**103477958**
农、林、牧产品批发	1659401	1425289	1622106	1388103
食品、饮料及烟草制品批发	7366187	6735961	6343487	5779873
纺织、服装及家庭用品批发	1908615	1861928	1007173	916595
文化、体育用品及器材批发	3062638	3032721	3059844	3027329
医药及医疗器材批发	612658	563347	397261	365686
矿产品、建材及化工产品批发	75725965	100914029	68626601	88180975
机械设备、五金产品及电子产品批发	880498	864180	740237	727271
贸易经纪与代理				
其他批发业	2528684	3149791	2483933	3092125
零售业	**211823484**	**204192586**	**149517963**	**145224774**
综合零售	113537969	107820714	74285546	70012016
食品、饮料及烟草制品专门零售	2691498	2543687	2386759	2385961
纺织、服装及日用品专门零售	3139515	3135575	2255757	2173686
文化、体育用品及器材专门零售	5071647	4299680	4849235	4063655
医药及医疗器材专门零售	8074855	7199525	7415366	6710098

经营情况

单位：万元

自有配送中心配送商品购进额		非自有配送中心配送商品购进额		商品销售总额		零售额	
2015年	2014年	2015年	2014年	2015年	2014年	2015年	2014年
136562832	**148371607**	**36693753**	**41292518**	**354004013**	**372040880**	**257493077**	**273795496**
117930526	131198933	32298404	37071892	291959922	312228315	204081705	221663371
16158091	18717602	4923195	5221074	41749642	45852957	23030177	24120112
141903	130581	12127	11509	975855	880825	540226	461329
979501	932609			1121631	1227088	897316	969236
15089	16313			89415	80826	80392	59071
				54556	47938	54556	47938
				836	814	836	814
15089	16313			34023	32074	25000	10319
25765025	24425153	6093463	6586735	62516534	62561162	49649511	48903574
317290	285499	19053	12696	683554	815162	293049	268087
25447735	24139654	6074410	6574038	61832981	61746000	49356462	48635487
63073540	75797204	19180330	23374931	160732639	178962868	108247694	127442053
11673748	11060058	1762167	1655295	24107975	22125361	21075989	19172429
180484	144264	31707	18019	426910	354086	324022	271153
194785	196074			227498	231376	227498	231376
8580479	8052098	1698084	1594598	19446800	17545824	17326521	15456941
2718000	2667622	32376	42678	4006767	3994074	3197947	3212959
123630	119414	327121	222348	666232	537229	560401	535568
8590515	7171010	2111835	1473876	25972331	23433430	21848670	20875304
1380683	1253041	153464	86517	4467733	4461461	3737634	3633478
21317	16979			4441895	4202394	4441895	4202394
4265149	3458900	1341062	873489	12609460	11177302	9244738	9477679
26479	26208	118049	84470	238763	207072	209924	176552
2896888	2415882	499260	429400	4214480	3385201	4214480	3385201
10041791	10001665	2283515	2746751	36071761	36379135	31562702	31256821
5002283	6142915	1373967	1597195	18797547	21285547	15605667	17349395
876335	896259			1777493	2463826	1683217	1690652
3927643	2714593	909548	1149556	14939651	12052092	13742729	11657849
235530	247898			539304	574549	529078	555804
				17766	3120	2011	3120
49612831	**66567297**	**15608952**	**19941448**	**107515391**	**132489840**	**60610749**	**75158343**
1618131	1384517			1742741	1604541	30552	17109
3741890	3569074	113355	106008	9225630	8477771	1427303	907937
900739	808073	8504	6747	3128403	3047806	1580122	1556068
2972907	2948558	50277	33436	2994998	3069821	1274624	1203783
329050	308940	13780	7761	696463	651933	274474	267239
37647731	54613154	15061507	19487659	86308458	111565959	53250573	68281846
340507	371959	355431	293893	805700	936908	538127	515407
2061875	2563022	6099	5945	2612998	3135102	2234975	2408955
86950001	**81804311**	**21084801**	**21351070**	**246488622**	**239551040**	**196882328**	**198637153**
47069320	44258444	9694655	9051483	130274365	125738783	112845906	109463116
1543732	1456140	220929	268143	3513088	3025112	2932604	2679372
827160	917591	343248	525239	4633253	4332728	4130181	3917145
4185878	3455250	270439	201861	5164701	4883877	2540590	2472359
3905124	3764514	1505847	1174296	9888622	8655358	8767206	7766445

1-3 续表 1

项　目	商品购进总额		统一配送商品购进额	
	2015年	2014年	2015年	2014年
汽车、摩托车、燃料及零配件专门零售	44896242	55850015	34957634	42552118
家用电器及电子产品专门零售	33859365	22850352	22883469	16889563
五金、家具及室内装饰材料专门零售	483315	382590	444330	327230
货摊、无店铺及其他零售业	69081	110449	39868	110449
三、按业态分				
便利店	3169917	2971315	2504921	2363877
折扣店	262161	258374	131691	127470
超市	28697228	27333193	23885335	22908002
大型超市	43324385	40395930	31283314	28294473
仓储会员店	2598941	2358928	339520	308240
百货店	32123930	31563297	13692605	13784112
专业店	177185661	200339241	150288464	169722449
其中：加油站	111967146	148003990	95701210	122763764
专卖店	14084506	13653119	9072558	8798376
家居建材商店	343482	339480	304498	284121
厂家直销中心	125642	121124	122339	120499
其他	3652278	3405830	2173362	1991114
直营门店合计	**289792409**	**308488304**	**219702947**	**235951501**
一、按登记注册类型分				
内资企业	242694593	263968605	191933985	210331581
国有企业	35021805	38608394	32621081	32045915
集体企业	743273	666401	164856	129320
股份合作企业	1032557	1029495	994064	1019157
联营企业	59031	54660	59031	54660
国有联营企业	34447	29952	34447	29952
集体联营企业				
国有与集体联营企业	725	603	725	603
其他联营企业	23860	24106	23860	24106
有限责任公司	53143322	53152868	41562137	41106412
国有独资公司	660375	624693	380036	329498
其他有限责任公司	52482948	52528175	41182101	40776914
股份有限公司	132458810	151732319	98510391	119446303
私营企业	19655371	18256571	17462592	16080882
私营独资企业	325292	266968	243907	195428
私营合伙企业	221017	222286	220518	221786
私营有限责任公司	16071592	14730664	14120054	12793918
私营股份有限公司	3037470	3036652	2878113	2869750
其他企业	580422	467898	559832	448932
港、澳、台商投资企业	17966521	15574563	11893983	9990165
港澳台商合资经营企业	3573814	3436112	1802279	1667011
港澳台商合作经营企业	112922	114336	107794	110303
港、澳、台商独资经营企业	9490315	8155297	6443235	5256890
港、澳、台商投资股份有限公司	184663	148764	144527	110678
其他港、澳、台商投资企业	4604807	3720055	3396148	2845282
外商投资企业	29131295	28945135	15874979	15629756
中外合资经营企业	15240854	16854952	9060432	10223984
中外合作经营企业	1270568	1895647	765563	670538
外资企业	12141905	9698866	5813454	4487336
外商投资股份有限公司	476879	493283	235530	247898
其他外商投资企业	1089	2388		

单位：万元

自有配送中心配送商品购进额		非自有配送中心配送商品购进额		商品销售总额		零售额	
2015年	2014年	2015年	2014年	2015年	2014年	2015年	2014年
14196856	18359880	7875230	8626786	55752487	68337522	42061589	49937814
14927648	9413992	1154463	1483663	36509619	23871807	22929751	21815294
260172	147799	14237	11597	676618	589702	637327	547155
34112	30700	5756	8002	75870	116152	37174	38454
1115220	1179027	620283	406358	3872291	3510119	3437372	3129918
131691	127470			314500	295499	282733	268887
15641702	15111047	3481346	3263355	31181382	29901207	27240815	25798342
18865065	16756294	4170981	3729758	49629214	46581879	43771785	41894618
2824	5424	3315	6707	2502960	2422124	2502960	2422124
9561907	9541229	1005877	1315020	38415738	38688668	32212192	32505316
84032551	98797650	26296515	31393810	205209904	229219591	132999609	153866661
49097186	69920699	20080373	25295980	133139362	170504722	91601844	114561425
5588336	5344667	643936	806732	17397011	16093224	12029012	11081889
83857	81712	64357	53273	469197	469545	428640	423469
84738	80681			176904	174651	79081	81702
1454942	1346407	407144	317506	4834914	4684372	2508879	2322570
130353372	**142305840**	**35074484**	**40070875**	**337161487**	**356619399**	**244098863**	**261524917**
112768418	126268267	30740160	35901061	281252164	302719027	196618561	215100081
15983611	18417422	4775167	5063064	40509643	44700088	22700358	23844932
124482	113751	12127	11509	895813	795121	500598	435087
979501	932609			1121631	1227088	897316	969236
15089	16313			79376	72071	70353	50316
				44518	39183	44518	39183
				836	814	836	814
15089	16313			34023	32074	25000	10319
24578443	23319511	5767357	6384551	59809114	60325920	47351732	46980790
317290	270289	18513	12066	654295	795056	291197	267837
24261154	23049222	5748844	6372485	59154818	59530865	47060535	46712953
60389774	73302853	18570999	22912562	156466699	175075784	105478284	124946609
10584437	10054117	1313347	1330452	21750770	20026274	19106604	17378000
145001	118799	31451	17819	382242	319954	279354	237021
194785	196074			227498	231376	227498	231376
7797638	7335121	1261292	1281726	17701319	16019479	15894054	14180887
2447013	2404123	20604	30907	3439711	3455464	2705697	2728717
113082	111691	301164	198923	619119	496681	513316	495111
8460210	7041858	2104860	1468032	21000052	18733344	17029688	16340577
1352073	1224004	146489	80673	4382332	4372246	3656517	3547880
21317	16979			119246	119926	119246	119926
4163452	3358784	1341062	873489	12045231	10648899	8829521	9111018
26479	26208	118049	84470	238763	207072	209924	176552
2896888	2415882	499260	429400	4214480	3385201	4214480	3385201
9124744	8995715	2229465	2701781	34909271	35167028	30450614	30084258
4496542	5511811	1323277	1555692	18167171	20580216	15025535	16683608
571311	603705			1409947	2080385	1315671	1307210
3821361	2632302	906188	1146089	14775083	11928758	13578319	11534516
235530	247898			539304	574549	529078	555804
				17766	3120	2011	3120

1-3　续表 2

项　　目	商品购进总额		统一配送商品购进额	
	2015年	2014年	2015年	2014年
二、按行业分				
批发业	**90498940**	**115343885**	**81377786**	**100724187**
农、林、牧产品批发	1376819	1182337	1374411	1180037
食品、饮料及烟草制品批发	7253343	6632132	6237614	5684848
纺织、服装及家庭用品批发	1693450	1599290	845963	826678
文化、体育用品及器材批发	3061436	3031546	3058642	3026154
医药及医疗器材批发	532717	505819	362513	332853
矿产品、建材及化工产品批发	73275753	98460143	66315283	85874840
机械设备、五金产品及电子产品批发	828941	820052	736836	723567
贸易经纪与代理				
其他批发业	2476481	3112566	2446526	3075210
零售业	**199293469**	**193144419**	**138325160**	**135227314**
综合零售	103196751	98221830	65058181	61356284
食品、饮料及烟草制品专门零售	2229321	2177335	2023442	2045664
纺织、服装及日用品专门零售	2823146	2831866	1987048	1920775
文化、体育用品及器材专门零售	5065499	4292567	4847047	4059580
医药及医疗器材专门零售	7399011	6699773	6812402	6238009
汽车、摩托车、燃料及零配件专门零售	44361841	55628801	34423233	42330904
家用电器及电子产品专门零售	33676411	22805328	22700516	16844538
五金、家具及室内装饰材料专门零售	483315	382590	444330	327230
货摊、无店铺及其他零售业	58174	104329	28962	104329
三、按业态分				
便利店	2257969	2037429	1749271	1569610
折扣店	243951	240747	113481	109844
超市	25906481	25080900	21681839	21138773
大型超市	37787427	34952178	25838053	22932825
仓储会员店	2598837	2358763	339415	308074
百货店	31349916	30818078	13133476	13244230
专业店	173739332	197516868	147097174	167054382
其中：加油站	110817316	147029137	94551380	121788910
专卖店	12765546	12491149	7826545	7731083
家居建材商店	343482	339480	304498	284121
厂家直销中心	125642	121124	122339	120499
其他	2673827	2531588	1496855	1458060
加盟门店合计	**15775722**	**14251527**	**14095658**	**12751232**
一、按登记注册类型分				
内资企业	9917990	8530294	8448253	7237441
国有企业	1162778	1182084	1057385	1054650
集体企业	111538	112781	17737	17680
股份合作企业				
联营企业	7767	7643	7767	7643
国有联营企业	7767	7643	7767	7643
集体联营企业				
国有与集体联营企业				
其他联营企业				
有限责任公司	2266556	1807236	1751226	1486957
国有独资公司	18845	15870	540	15840
其他有限责任公司	2247711	1791366	1750686	1471117
股份有限公司	4376041	3646060	3866474	3169218
私营企业	1953647	1740354	1710060	1468894
私营独资企业	40064	30558	39714	29250
私营合伙企业				

单位：万元

自有配送中心配送商品购进额		非自有配送中心配送商品购进额		商品销售总额		零售额	
2015年	2014年	2015年	2014年	2015年	2014年	2015年	2014年
47609239	**64590209**	**15500110**	**19819598**	**104231888**	**129205357**	**60040637**	**74537306**
1374411	1180037			1449052	1334786	20333	14352
3657281	3493933	92091	86123	9154401	8416187	1368443	849384
790774	769520	8504	6747	2876543	2758547	1469711	1420715
2971706	2947383	50277	33436	2993907	3068969	1274427	1202931
301650	285703	12852		597660	566887	238643	236793
36131547	52984436	14980956	19394346	83856707	109080813	52936518	67898217
337465	368255	355431	293893	750987	890038	529306	510088
2044407	2560941		5054	2552632	3089132	2203256	2404826
82744132	**77715631**	**19574374**	**20251276**	**232929599**	**227414042**	**184058226**	**186987610**
44002804	41168131	8443494	8146526	119374575	115694534	102209210	99676561
1196034	1124181	213677	267036	2933937	2599215	2459272	2274387
586917	685998	318728	508161	4147000	3894176	3692451	3538811
4183770	3451197	270359	201839	5158636	4876938	2537003	2467128
3686652	3572289	1278788	997777	9072713	8014963	8071761	7180759
13942702	18169880	7875230	8626786	55171217	67814815	41507701	49468996
14861877	9371576	1154106	1483553	36329261	23819450	22916554	21801262
260172	147799	14237	11597	676618	589702	637327	547155
23206	24580	5756	8002	65642	110250	26946	32552
836553	753964	371738	279678	2761562	2548912	2463445	2283022
113481	109844			282829	268966	251062	242354
14191228	13936034	2818663	2761581	28238060	27535283	24359988	23500651
17924336	15639736	4077936	3630387	43986941	41039154	38130512	36356218
2719	5259	3315	6707	2502859	2421936	2502859	2421936
9184676	9186132	1000217	1309176	37599438	37869077	31458689	31756552
81697568	96504538	26028734	31178758	201445395	225834940	131278738	152286075
48227603	68977059	20080373	25295980	131942664	169228376	90739339	113714285
4999649	4781368	634942	806676	15753104	14713958	11173822	10347152
83857	81712	64357	53273	469197	469545	428640	423469
84738	80681			176904	174651	79081	81702
1234568	1226572	74583	44637	3945198	3742977	1972027	1825785
6209460	**6065767**	**1619269**	**1221644**	**16842527**	**15421480**	**13394214**	**12270579**
5162108	4930666	1558244	1170830	10707758	9509288	7463144	6563290
174480	300180	148029	158010	1239999	1152869	329819	275180
17421	16830			80042	85703	39629	26242
				10038	8755	10038	8755
				10038	8755	10038	8755
1186581	1105641	326106	202184	2707421	2235242	2297779	1922784
	15210	540	630	29259	20106	1852	250
1186581	1090431	325566	201554	2678162	2215135	2295927	1922534
2683767	2494351	609331	462369	4265940	3887084	2769409	2495444
1089311	1005941	448820	324844	2357205	2099087	1969384	1794429
35483	25464	256	200	44668	34132	44668	34132

1-3 续表 3

项目	商品购进总额		统一配送商品购进额	
	2015年	2014年	2015年	2014年
私营有限责任公司	1448011	1302490	1347961	1155681
私营股份有限公司	465572	407306	322385	283962
其他企业	39662	34138	37603	32399
港、澳、台商投资企业	4820555	4609635	4666457	4455988
港澳台商合资经营企业	65527	70652	35585	34881
港澳台商合作经营企业	4322649	4082468	4322649	4082468
港、澳、台商独资经营企业	432379	456515	308224	338639
港、澳、台商投资股份有限公司				
其他港、澳、台商投资企业				
外商投资企业	1037177	1111597	980949	1057803
中外合资经营企业	560181	675984	560181	675984
中外合作经营企业	360925	345516	305023	292554
外资企业	116071	90097	115745	89265
外商投资股份有限公司				
其他外商投资企业				
二、按行业分				
批发业	**3245707**	**3203359**	**2902856**	**2753771**
农、林、牧产品批发	282582	242952	247696	208066
食品、饮料及烟草制品批发	112844	103828	105873	95025
纺织、服装及家庭用品批发	215165	262638	161210	89917
文化、体育用品及器材批发	1202	1175	1202	1175
医药及医疗器材批发	79942	57528	34748	32833
矿产品、建材及化工产品批发	2450213	2453886	2311318	2306135
机械设备、五金产品及电子产品批发	51557	44128	3402	3705
贸易经纪与代理				
其他批发业	52203	37225	37406	16916
零售业	**12530015**	**11048167**	**11192803**	**9997460**
综合零售	10341218	9598884	9227365	8655732
食品、饮料及烟草制品专门零售	462177	366351	363317	340296
纺织、服装及日用品专门零售	316369	303709	268710	252910
文化、体育用品及器材专门零售	6148	7113	2188	4075
医药及医疗器材专门零售	675843	499752	602964	472089
汽车、摩托车、燃料及零配件专门零售	534401	221214	534401	221214
家用电器及电子产品专门零售	182953	45024	182953	45024
五金、家具及室内装饰材料专门零售				
货摊、无店铺及其他零售业	10906	6120	10906	6120
三、按业态分				
便利店	911948	933886	755650	794267
折扣店	18210	17627	18210	17627
超市	2790748	2252293	2203495	1769229
大型超市	5536958	5443752	5445261	5361648
仓储会员店	105	166	105	166
百货店	774014	745219	559129	539883
专业店	3446328	2822374	3191288	2668067
其中：加油站	1149829	974854	1149829	974854
专卖店	1318960	1161969	1246013	1067293
家居建材商店				
厂家直销中心				
其他	978451	874242	676507	533054

单位：万元

自有配送中心配送商品购进额		非自有配送中心配送商品购进额		商品销售总额		零售额	
2015年	2014年	2015年	2014年	2015年	2014年	2015年	2014年
782841	716977	436793	312872	1745481	1526345	1432466	1276054
270987	263499	11771	11771	567056	538610	492250	484242
10548	7723	25957	23425	47113	40548	47085	40457
130306	129152	6975	5844	4972279	4700086	4818983	4534727
28610	29037	6975	5844	85402	89215	81116	85598
				4322649	4082468	4322649	4082468
101696	100115			564229	528403	415218	366661
917046	1005949	54051	44969	1162489	1212107	1112088	1172562
505741	631105	50691	41503	630377	705332	580132	665787
305023	292554			367545	383442	367545	383442
106282	82290	3360	3467	164568	123334	164411	123334
2003591	**1977088**	**108842**	**121850**	**3283503**	**3284482**	**570113**	**621037**
243721	204480			293689	269755	10219	2756
84609	75141	21264	19884	71229	61585	58860	58553
109965	38552			251860	289259	110410	135353
1202	1175			1091	852	197	852
27400	23237	928	7761	98803	85046	35832	30445
1516184	1628718	80551	93313	2451751	2485146	314055	383629
3043	3705			54714	46870	8821	5319
17468	2081	6099	892	60366	45971	31719	4129
4205869	**4088679**	**1510427**	**1099794**	**13559023**	**12136998**	**12824102**	**11649543**
3066516	3090313	1251160	904957	10899790	10044249	10636696	9786555
347698	331959	7251	1107	579151	425897	473332	404984
240243	231593	24520	17078	486254	438552	437730	378334
2108	4053	80	22	6065	6939	3587	5230
218472	192226	227058	176519	815909	640395	695446	585686
254155	190000			581270	522707	553887	468819
65771	42416	357	111	180358	52356	13197	14032
10906	6120			10228	5902	10228	5902
278667	425064	248544	126680	1110729	961206	973927	846897
18210	17627			31672	26533	31672	26533
1450475	1175013	662682	501773	2943322	2365924	2880827	2297692
940728	1116557	93045	99371	5642273	5542725	5641273	5538399
105	166			100	188	100	188
377231	355097	5661	5844	816300	819591	753502	748765
2334983	2293111	267781	215051	3764509	3384652	1720872	1580585
869583	943640			1196698	1276347	862506	847140
588688	563299	8994	55	1643907	1379266	855190	734737
220374	119835	332562	272869	889715	941395	536852	496784

1-4 按行业与登记注册类型分连锁零售企业基本情况

内资企业

项　　目	连锁总店数（个）	门店数（个）		年末从业人员（人）		年末零售营业面积（平方米）	
	2015年	2015年	2014年	2015年	2014年	2015年	2014年
总　计	**2420**	**191052**	**183539**	**1955476**	**1977906**	**137858904**	**133371122**
批发业	**313**	**48114**	**47630**	**287478**	**302072**	**44183366**	**42001209**
农、林、牧产品批发	8	3798	3824	10788	10685	76531	71031
食品、饮料及烟草制品批发	51	5518	4926	29416	28117	608853	520911
纺织、服装及家庭用品批发	17	1078	1388	18382	20125	1502749	1537057
文化、体育用品及器材批发	9	656	567	16776	17418	920501	890196
医药及医疗器材批发	34	2721	2658	10178	9900	259687	251429
矿产品、建材及化工产品批发	168	32249	32235	190168	200927	39654840	37560667
机械设备、五金产品及电子产品批发	13	734	651	4627	7608	90890	100580
贸易经纪与代理							
其他批发业	13	1360	1381	7143	7292	1069315	1069338
零售业	**2107**	**142938**	**135909**	**1667998**	**1675834**	**93675538**	**91369913**
综合零售	699	59169	59405	951544	968131	52547480	50953237
食品、饮料及烟草制品专门零售	136	12675	10811	54421	49092	779116	663362
纺织、服装及日用品专门零售	115	5334	5115	30655	31746	1476097	1426673
文化、体育用品及器材专门零售	86	2100	1573	33444	35617	1072909	1033441
医药及医疗器材专门零售	682	44082	39425	239827	217012	5488249	4719991
汽车、摩托车、燃料及零配件专门零售	169	12066	12056	111899	114563	17963445	18095286
家用电器及电子产品专门零售	201	6677	6739	237593	252341	14087694	14199945
五金、家具及室内装饰材料专门零售	10	185	162	5645	4350	206160	224002
货摊、无店铺及其他零售业	9	650	623	2970	2982	54388	53976
直营门店合计		**123797**	**117607**	**1761593**	**1785543**	**132183021**	**127825194**
批发业		**29785**	**29804**	**249808**	**262968**	**43119785**	**40991457**
农、林、牧产品批发		99	88	2484	2390	20245	18945
食品、饮料及烟草制品批发		1161	1183	19024	19475	266632	235822
纺织、服装及家庭用品批发		497	693	15491	15802	1407347	1426268
文化、体育用品及器材批发		654	565	16765	17407	919891	889586
医药及医疗器材批发		1154	957	7079	6462	169044	155038
矿产品、建材及化工产品批发		24894	24736	178967	189373	39230827	37133860
机械设备、五金产品及电子产品批发		681	566	4529	5834	81224	84520
贸易经纪与代理							
其他批发业		645	1016	5469	6225	1024575	1047418

1-4 续表 1

内资企业

项 目	连锁总店数（个）	门店数（个）		年末从业人员（人）		年末零售营业面积（平方米）	
	2015年	2015年	2014年	2015年	2014年	2015年	2014年
零售业		**94012**	**87803**	**1511785**	**1522575**	**89063236**	**86833737**
综合零售		29740	28858	847361	861942	49494121	47772941
食品、饮料及烟草制品专门零售		7589	6774	41713	39793	547607	500754
纺织、服装及日用品专门零售		3303	3096	24875	25897	1331250	1282593
文化、体育用品及器材专门零售		1835	1471	32760	34907	1069468	1028519
医药及医疗器材专门零售		32779	28718	211042	189054	4461231	3811851
汽车、摩托车、燃料及零配件专门零售		11909	11921	110469	113723	17884440	18010786
家用电器及电子产品专门零售		6520	6656	236891	251845	14045536	14179275
五金、家具及室内装饰材料专门零售		185	162	5645	4350	206160	224002
货摊、无店铺及其他零售业		152	147	1029	1064	23423	23016
加盟门店合计		**67255**	**65932**	**193883**	**192363**	**5675883**	**5545928**
批发业		**18329**	**17826**	**37670**	**39104**	**1063581**	**1009752**
农、林、牧产品批发		3699	3736	8304	8295	56286	52086
食品、饮料及烟草制品批发		4357	3743	10392	8642	342221	285089
纺织、服装及家庭用品批发		581	695	2891	4323	95402	110789
文化、体育用品及器材批发		2	2	11	11	610	610
医药及医疗器材批发		1567	1701	3099	3438	90643	96391
矿产品、建材及化工产品批发		7355	7499	11201	11554	424013	426807
机械设备、五金产品及电子产品批发		53	85	98	1774	9666	16060
贸易经纪与代理							
其他批发业		715	365	1674	1067	44740	21920
零售业		**48926**	**48106**	**156213**	**153259**	**4612302**	**4536176**
综合零售		29429	30547	104183	106189	3053359	3180296
食品、饮料及烟草制品专门零售		5086	4037	12708	9299	231509	162608
纺织、服装及日用品专门零售		2031	2019	5780	5849	144847	144080
文化、体育用品及器材专门零售		265	102	684	710	3441	4922
医药及医疗器材专门零售		11303	10707	28785	27958	1027018	908140
汽车、摩托车、燃料及零配件专门零售		157	135	1430	840	79005	84500
家用电器及电子产品专门零售		157	83	702	496	42158	20670
五金、家具及室内装饰材料专门零售							
货摊、无店铺及其他零售业		498	476	1941	1918	30965	30960

1-4 续表 2

国有企业

项 目	连锁总店数(个)	门店数(个)		年末从业人员(人)		年末零售营业面积(平方米)	
	2015年	2015年	2014年	2015年	2014年	2015年	2014年
总 计	**179**	**15426**	**15726**	**123826**	**124428**	**12114085**	**11307371**
批发业	**69**	**8117**	**8181**	**53228**	**52619**	**5426167**	**4792837**
农、林、牧产品批发	1	3	3	17	13	296	296
食品、饮料及烟草制品批发	24	211	207	12784	12277	145405	114370
纺织、服装及家庭用品批发							
文化、体育用品及器材批发	3	530	467	10829	10872	535936	503519
医药及医疗器材批发	2	59	88	276	315	4164	5944
矿产品、建材及化工产品批发	39	7314	7416	29322	29142	4740366	4168708
机械设备、五金产品及电子产品批发							
贸易经纪与代理							
其他批发业							
零售业	**110**	**7309**	**7545**	**70598**	**71809**	**6687918**	**6514534**
综合零售	12	2347	2611	15999	16097	434312	437966
食品、饮料及烟草制品专门零售	8	129	132	848	899	8282	8235
纺织、服装及日用品专门零售	2	228	204	2430	3006	731803	727803
文化、体育用品及器材专门零售	23	263	263	4849	5113	195756	179222
医药及医疗器材专门零售	18	1343	1322	6549	6476	161475	151169
汽车、摩托车、燃料及零配件专门零售	47	2999	3013	39923	40218	5156290	5010139
家用电器及电子产品专门零售							
五金、家具及室内装饰材料专门零售							
货摊、无店铺及其他零售业							
直营门店合计		**11524**	**11702**	**119896**	**120442**	**11895277**	**11066701**
批发业		**5550**	**5536**	**52165**	**51514**	**5279447**	**4641437**
农、林、牧产品批发		3	3	17	13	296	296
食品、饮料及烟草制品批发		211	207	12784	12277	145405	114370
纺织、服装及家庭用品批发							
文化、体育用品及器材批发		530	467	10829	10872	535936	503519
医药及医疗器材批发		7	8	68	75	1044	1144
矿产品、建材及化工产品批发		4799	4851	28467	28277	4596766	4022108
机械设备、五金产品及电子产品批发							
贸易经纪与代理							
其他批发业							

1-4 续表 3

国有企业

项　　目	连锁总店数（个）	门店数（个）		年末从业人员（人）		年末零售营业面积（平方米）	
	2015年	2015年	2014年	2015年	2014年	2015年	2014年
零售业		**5974**	**6166**	**67731**	**68928**	**6615830**	**6425264**
综合零售		1493	1668	14161	13825	400687	400916
食品、饮料及烟草制品专门零售		129	132	848	899	8282	8235
纺织、服装及日用品专门零售		228	204	2430	3006	731803	727803
文化、体育用品及器材专门零售		262	262	4846	5110	195706	179172
医药及医疗器材专门零售		883	898	5831	5975	126880	118999
汽车、摩托车、燃料及零配件专门零售		2979	3002	39615	40113	5152472	4990139
家用电器及电子产品专门零售							
五金、家具及室内装饰材料专门零售							
货摊、无店铺及其他零售业							
加盟门店合计		**3902**	**4024**	**3930**	**3986**	**218808**	**240670**
批发业		**2567**	**2645**	**1063**	**1105**	**146720**	**151400**
农、林、牧产品批发							
食品、饮料及烟草制品批发							
纺织、服装及家庭用品批发							
文化、体育用品及器材批发							
医药及医疗器材批发		52	80	208	240	3120	4800
矿产品、建材及化工产品批发		2515	2565	855	865	143600	146600
机械设备、五金产品及电子产品批发							
贸易经纪与代理							
其他批发业							
零售业		**1335**	**1379**	**2867**	**2881**	**72088**	**89270**
综合零售		854	943	1838	2272	33625	37050
食品、饮料及烟草制品专门零售							
纺织、服装及日用品专门零售							
文化、体育用品及器材专门零售		1	1	3	3	50	50
医药及医疗器材专门零售		460	424	718	501	34595	32170
汽车、摩托车、燃料及零配件专门零售		20	11	308	105	3818	20000
家用电器及电子产品专门零售							
五金、家具及室内装饰材料专门零售							
货摊、无店铺及其他零售业							

1-4 续表 4

集体企业

项 目	连锁总店数（个）	门店数（个）		年末从业人员（人）		年末零售营业面积（平方米）	
	2015年	2015年	2014年	2015年	2014年	2015年	2014年
总 计	**25**	**1205**	**1222**	**10523**	**10829**	**560983**	**514418**
批发业	**5**	**366**	**425**	**898**	**1035**	**16309**	**16809**
农、林、牧产品批发							
食品、饮料及烟草制品批发	1	152	210	328	422	3400	3900
纺织、服装及家庭用品批发							
文化、体育用品及器材批发							
医药及医疗器材批发							
矿产品、建材及化工产品批发	3	93	94	252	254	4809	4809
机械设备、五金产品及电子产品批发							
贸易经纪与代理							
其他批发业	1	121	121	318	359	8100	8100
零售业	**20**	**839**	**797**	**9625**	**9794**	**544674**	**497609**
综合零售	14	718	706	8840	9112	534575	489323
食品、饮料及烟草制品专门零售	1	23	23	58	58	688	688
纺织、服装及日用品专门零售							
文化、体育用品及器材专门零售	2	12	12	202	188	2115	2237
医药及医疗器材专门零售	3	86	56	525	436	7296	5361
汽车、摩托车、燃料及零配件专门零售							
家用电器及电子产品专门零售							
五金、家具及室内装饰材料专门零售							
货摊、无店铺及其他零售业							
直营门店合计		**412**	**400**	**7163**	**7529**	**480878**	**436573**
批发业		**124**	**125**	**379**	**381**	**6869**	**6869**
农、林、牧产品批发							
食品、饮料及烟草制品批发		30	30	122	122	1800	1800
纺织、服装及家庭用品批发							
文化、体育用品及器材批发							
医药及医疗器材批发							
矿产品、建材及化工产品批发		93	94	252	254	4809	4809
机械设备、五金产品及电子产品批发							
贸易经纪与代理							
其他批发业		1	1	5	5	260	260

1-4 续表 5

集体企业

项目	连锁总店数（个）	门店数（个）		年末从业人员（人）		年末零售营业面积（平方米）	
	2015年	2015年	2014年	2015年	2014年	2015年	2014年
零售业		**288**	**275**	**6784**	**7148**	**474009**	**429704**
综合零售		187	184	6059	6466	465410	421418
食品、饮料及烟草制品专门零售		23	23	58	58	688	688
纺织、服装及日用品专门零售							
文化、体育用品及器材专门零售		12	12	202	188	2115	2237
医药及医疗器材专门零售		66	56	465	436	5796	5361
汽车、摩托车、燃料及零配件专门零售							
家用电器及电子产品专门零售							
五金、家具及室内装饰材料专门零售							
货摊、无店铺及其他零售业							
加盟门店合计		**793**	**822**	**3360**	**3300**	**80105**	**77845**
批发业		**242**	**300**	**519**	**654**	**9440**	**9940**
农、林、牧产品批发							
食品、饮料及烟草制品批发		122	180	206	300	1600	2100
纺织、服装及家庭用品批发							
文化、体育用品及器材批发							
医药及医疗器材批发							
矿产品、建材及化工产品批发							
机械设备、五金产品及电子产品批发							
贸易经纪与代理							
其他批发业		120	120	313	354	7840	7840
零售业		**551**	**522**	**2841**	**2646**	**70665**	**67905**
综合零售		531	522	2781	2646	69165	67905
食品、饮料及烟草制品专门零售							
纺织、服装及日用品专门零售							
文化、体育用品及器材专门零售							
医药及医疗器材专门零售		20		60		1500	
汽车、摩托车、燃料及零配件专门零售							
家用电器及电子产品专门零售							
五金、家具及室内装饰材料专门零售							
货摊、无店铺及其他零售业							

1-4 续表 6

股份合作企业

项 目	连锁总店数(个)	门店数(个)		年末从业人员(人)		年末零售营业面积(平方米)	
	2015年	2015年	2014年	2015年	2014年	2015年	2014年
总 计	**7**	**310**	**319**	**4559**	**4759**	**53527**	**54770**
批发业	**2**	**12**	**13**	**366**	**383**	**10370**	**10613**
农、林、牧产品批发							
食品、饮料及烟草制品批发	2	12	13	366	383	10370	10613
纺织、服装及家庭用品批发							
文化、体育用品及器材批发							
医药及医疗器材批发							
矿产品、建材及化工产品批发							
机械设备、五金产品及电子产品批发							
贸易经纪与代理							
其他批发业							
零售业	**5**	**298**	**306**	**4193**	**4376**	**43157**	**44157**
综合零售	3	51	51	1581	1715	19033	19033
食品、饮料及烟草制品专门零售							
纺织、服装及日用品专门零售							
文化、体育用品及器材专门零售							
医药及医疗器材专门零售							
汽车、摩托车、燃料及零配件专门零售	1	218	226	2462	2501	17000	18000
家用电器及电子产品专门零售							
五金、家具及室内装饰材料专门零售							
货摊、无店铺及其他零售业	1	29	29	150	160	7124	7124
直营门店合计		**310**	**319**	**4559**	**4759**	**53527**	**54770**
批发业		**12**	**13**	**366**	**383**	**10370**	**10613**
农、林、牧产品批发							
食品、饮料及烟草制品批发		12	13	366	383	10370	10613
纺织、服装及家庭用品批发							
文化、体育用品及器材批发							
医药及医疗器材批发							
矿产品、建材及化工产品批发							
机械设备、五金产品及电子产品批发							
贸易经纪与代理							
其他批发业							

1-4 续表 7

股份合作企业

项　　目	连锁总店数（个）	门店数（个）		年末从业人员（人）		年末零售营业面积（平方米）	
	2015年	2015年	2014年	2015年	2014年	2015年	2014年
零售业		**298**	**306**	**4193**	**4376**	**43157**	**44157**
综合零售		51	51	1581	1715	19033	19033
食品、饮料及烟草制品专门零售							
纺织、服装及日用品专门零售							
文化、体育用品及器材专门零售							
医药及医疗器材专门零售							
汽车、摩托车、燃料及零配件专门零售		218	226	2462	2501	17000	18000
家用电器及电子产品专门零售							
五金、家具及室内装饰材料专门零售							
货摊、无店铺及其他零售业		29	29	150	160	7124	7124
加盟门店合计							
批发业							
农、林、牧产品批发							
食品、饮料及烟草制品批发							
纺织、服装及家庭用品批发							
文化、体育用品及器材批发							
医药及医疗器材批发							
矿产品、建材及化工产品批发							
机械设备、五金产品及电子产品批发							
贸易经纪与代理							
其他批发业							
零售业							
综合零售							
食品、饮料及烟草制品专门零售							
纺织、服装及日用品专门零售							
文化、体育用品及器材专门零售							
医药及医疗器材专门零售							
汽车、摩托车、燃料及零配件专门零售							
家用电器及电子产品专门零售							
五金、家具及室内装饰材料专门零售							
货摊、无店铺及其他零售业							

1-4 续表 8

联营企业

项 目	连锁总店数(个)	门店数(个)		年末从业人员(人)		年末零售营业面积(平方米)	
	2015年	2015年	2014年	2015年	2014年	2015年	2014年
总 计	**4**	**205**	**194**	**1207**	**1221**	**30513**	**29330**
批发业							
农、林、牧产品批发							
食品、饮料及烟草制品批发							
纺织、服装及家庭用品批发							
文化、体育用品及器材批发							
医药及医疗器材批发							
矿产品、建材及化工产品批发							
机械设备、五金产品及电子产品批发							
贸易经纪与代理							
其他批发业							
零售业	**4**	**205**	**194**	**1207**	**1221**	**30513**	**29330**
综合零售	1	18	16	200	198	5000	5000
食品、饮料及烟草制品专门零售							
纺织、服装及日用品专门零售							
文化、体育用品及器材专门零售							
医药及医疗器材专门零售	3	187	178	1007	1023	25513	24330
汽车、摩托车、燃料及零配件专门零售							
家用电器及电子产品专门零售							
五金、家具及室内装饰材料专门零售							
货摊、无店铺及其他零售业							
直营门店合计		**177**	**167**	**1064**	**1070**	**26545**	**26243**
批发业							
农、林、牧产品批发							
食品、饮料及烟草制品批发							
纺织、服装及家庭用品批发							
文化、体育用品及器材批发							
医药及医疗器材批发							
矿产品、建材及化工产品批发							
机械设备、五金产品及电子产品批发							
贸易经纪与代理							
其他批发业							

1-4 续表 9

联营企业

项　　目	连锁总店数（个）	门店数（个）		年末从业人员（人）		年末零售营业面积（平方米）	
	2015年	2015年	2014年	2015年	2014年	2015年	2014年
零售业		**177**	**167**	**1064**	**1070**	**26545**	**26243**
综合零售		18	16	200	198	5000	5000
食品、饮料及烟草制品专门零售							
纺织、服装及日用品专门零售							
文化、体育用品及器材专门零售							
医药及医疗器材专门零售		159	151	864	872	21545	21243
汽车、摩托车、燃料及零配件专门零售							
家用电器及电子产品专门零售							
五金、家具及室内装饰材料专门零售							
货摊、无店铺及其他零售业							
加盟门店合计		**28**	**27**	**143**	**151**	**3968**	**3087**
批发业							
农、林、牧产品批发							
食品、饮料及烟草制品批发							
纺织、服装及家庭用品批发							
文化、体育用品及器材批发							
医药及医疗器材批发							
矿产品、建材及化工产品批发							
机械设备、五金产品及电子产品批发							
贸易经纪与代理							
其他批发业							
零售业		**28**	**27**	**143**	**151**	**3968**	**3087**
综合零售							
食品、饮料及烟草制品专门零售							
纺织、服装及日用品专门零售							
文化、体育用品及器材专门零售							
医药及医疗器材专门零售		28	27	143	151	3968	3087
汽车、摩托车、燃料及零配件专门零售							
家用电器及电子产品专门零售							
五金、家具及室内装饰材料专门零售							
货摊、无店铺及其他零售业							

1-4 续表 10

有限责任公司

项　　目	连锁总店数（个）	门店数（个）		年末从业人员（人）		年末零售营业面积（平方米）	
	2015年	2015年	2014年	2015年	2014年	2015年	2014年
总　计	**1029**	**67240**	**64571**	**635919**	**647743**	**33710156**	**33031847**
批发业	**76**	**6267**	**6515**	**25344**	**28552**	**1213783**	**1281024**
农、林、牧产品批发	2	6	6	1288	1219	1685	1685
食品、饮料及烟草制品批发	11	707	756	3643	4714	39371	41567
纺织、服装及家庭用品批发	7	336	402	3910	3770	28347	31622
文化、体育用品及器材批发	3	12	12	355	787	17375	18275
医药及医疗器材批发	17	1027	1120	4002	4525	108870	113354
矿产品、建材及化工产品批发	24	3562	3550	9947	9988	947887	1003176
机械设备、五金产品及电子产品批发	6	67	100	781	2037	16023	17043
贸易经纪与代理							
其他批发业	6	550	569	1418	1512	54225	54302
零售业	**953**	**60973**	**58056**	**610575**	**619191**	**32496373**	**31750823**
综合零售	314	24814	25664	363310	375315	20571030	20100413
食品、饮料及烟草制品专门零售	60	5691	4200	24663	21162	376952	289869
纺织、服装及日用品专门零售	57	2917	2997	16051	16953	400004	386350
文化、体育用品及器材专门零售	33	1206	630	15210	16137	556480	524901
医药及医疗器材专门零售	341	22646	20997	118236	110748	2715979	2438107
汽车、摩托车、燃料及零配件专门零售	27	1273	1266	10881	11202	2148744	2125682
家用电器及电子产品专门零售	110	2188	2110	56845	63913	5539004	5679886
五金、家具及室内装饰材料专门零售	6	153	132	4869	3232	179241	197083
货摊、无店铺及其他零售业	5	85	60	510	529	8939	8532
直营门店合计		**42943**	**40073**	**574368**	**586542**	**31758443**	**31140023**
批发业		**2671**	**3092**	**18226**	**20714**	**890031**	**972170**
农、林、牧产品批发		6	6	1288	1219	1685	1685
食品、饮料及烟草制品批发		667	716	3535	4594	31371	33567
纺织、服装及家庭用品批发		324	381	3848	3728	28331	29801
文化、体育用品及器材批发		10	10	344	776	16765	17665
医药及医疗器材批发		404	361	2621	2782	67148	65391
矿产品、建材及化工产品批发		1152	1140	5419	5486	710463	766896
机械设备、五金产品及电子产品批发		35	34	698	907	15043	15043
贸易经纪与代理							
其他批发业		73	444	473	1222	19225	42122

1-4 续表 11

有限责任公司

项　　目	连锁总店数（个）	门店数（个）		年末从业人员（人）		年末零售营业面积（平方米）	
	2015年	2015年	2014年	2015年	2014年	2015年	2014年
零售业		**40272**	**36981**	**556142**	**565828**	**30868412**	**30167853**
综合零售		13733	13432	332830	344547	19532004	19029629
食品、饮料及烟草制品专门零售		3418	2582	18581	16685	257383	207419
纺织、服装及日用品专门零售		1728	1749	13013	13581	320748	305182
文化、体育用品及器材专门零售		977	586	15149	16074	554690	522980
医药及医疗器材专门零售		16807	15110	104249	96399	2381684	2109330
汽车、摩托车、燃料及零配件专门零售		1240	1266	10417	11202	2133557	2125682
家用电器及电子产品专门零售		2167	2080	56577	63625	5501216	5663066
五金、家具及室内装饰材料专门零售		153	132	4869	3232	179241	197083
货摊、无店铺及其他零售业		49	44	457	483	7889	7482
加盟门店合计		**24297**	**24498**	**61551**	**61201**	**1951713**	**1891824**
批发业		**3596**	**3423**	**7118**	**7838**	**323752**	**308854**
农、林、牧产品批发							
食品、饮料及烟草制品批发		40	40	108	120	8000	8000
纺织、服装及家庭用品批发		12	21	62	42	16	1821
文化、体育用品及器材批发		2	2	11	11	610	610
医药及医疗器材批发		623	759	1381	1743	41722	47963
矿产品、建材及化工产品批发		2410	2410	4528	4502	237424	236280
机械设备、五金产品及电子产品批发		32	66	83	1130	980	2000
贸易经纪与代理							
其他批发业		477	125	945	290	35000	12180
零售业		**20701**	**21075**	**54433**	**53363**	**1627961**	**1582970**
综合零售		11081	12232	30480	30768	1039026	1070784
食品、饮料及烟草制品专门零售		2273	1618	6082	4477	119569	82450
纺织、服装及日用品专门零售		1189	1248	3038	3372	79256	81168
文化、体育用品及器材专门零售		229	44	61	63	1790	1921
医药及医疗器材专门零售		5839	5887	13987	14349	334295	328777
汽车、摩托车、燃料及零配件专门零售		33		464		15187	
家用电器及电子产品专门零售		21	30	268	288	37788	16820
五金、家具及室内装饰材料专门零售							
货摊、无店铺及其他零售业		36	16	53	46	1050	1050

1-4 续表 12

股份有限公司

项　　目	连锁总店数（个）	门店数（个）		年末从业人员（人）		年末零售营业面积（平方米）	
	2015年	2015年	2014年	2015年	2014年	2015年	2014年
总　计	**286**	**52204**	**51594**	**786072**	**814578**	**76855055**	**74968818**
批发业	**102**	**25396**	**25093**	**185647**	**197062**	**36813067**	**35282916**
农、林、牧产品批发	1	2874	2944	8319	8319		
食品、饮料及烟草制品批发	1	4	4	48	58	196	196
纺织、服装及家庭用品批发	2	589	590	12008	12991	1458611	1457607
文化、体育用品及器材批发	1	81	81	5512	5596	363580	365542
医药及医疗器材批发	3	397	314	3052	2590	69946	65141
矿产品、建材及化工产品批发	92	20505	20284	149012	159731	33872678	32349874
机械设备、五金产品及电子产品批发	1	460	390	2971	3052	43700	40200
贸易经纪与代理							
其他批发业	1	486	486	4725	4725	1004356	1004356
零售业	**184**	**26808**	**26501**	**600425**	**617516**	**40041988**	**39685902**
综合零售	65	10965	11076	357898	367962	22453247	21756826
食品、饮料及烟草制品专门零售	6	2647	2237	6849	4939	95363	61102
纺织、服装及日用品专门零售	4	47	53	646	685	11338	11981
文化、体育用品及器材专门零售	6	389	394	9537	10482	152303	155613
医药及医疗器材专门零售	18	2045	1860	12337	11719	225920	218702
汽车、摩托车、燃料及零配件专门零售	75	7450	7435	57267	59318	10485400	10813303
家用电器及电子产品专门零售	10	3265	3446	155891	162411	6618417	6668375
五金、家具及室内装饰材料专门零售							
货摊、无店铺及其他零售业							
直营门店合计		**39193**	**38569**	**736829**	**763121**	**75601984**	**73658901**
批发业		**20035**	**19658**	**170832**	**180818**	**36688327**	**35158738**
农、林、牧产品批发		63	71	1136	1136		
食品、饮料及烟草制品批发		4	4	48	58	196	196
纺织、服装及家庭用品批发		58	58	9358	9201	1364095	1363091
文化、体育用品及器材批发		81	81	5512	5596	363580	365542
医药及医疗器材批发		397	314	3052	2590	69946	65141
矿产品、建材及化工产品批发		18486	18254	144030	154460	33842454	32320212
机械设备、五金产品及电子产品批发		460	390	2971	3052	43700	40200
贸易经纪与代理							
其他批发业		486	486	4725	4725	1004356	1004356

1-4 续表 13

股份有限公司

项　　目	连锁总店数（个）	门店数（个）		年末从业人员（人）		年末零售营业面积（平方米）	
	2015年	2015年	2014年	2015年	2014年	2015年	2014年
零售业		**19158**	**18911**	**565997**	**582303**	**38913657**	**38500163**
综合零售		6549	6167	330694	337980	21516313	20725271
食品、饮料及烟草制品专门零售		335	258	1663	1363	15862	9200
纺织、服装及日用品专门零售		47	53	646	685	11338	11981
文化、体育用品及器材专门零售		361	366	8952	9897	152302	155612
医药及医疗器材专门零售		1338	1310	11769	11384	174545	180921
汽车、摩托车、燃料及零配件专门零售		7346	7311	56609	58583	10425400	10748803
家用电器及电子产品专门零售		3182	3446	155664	162411	6617897	6668375
五金、家具及室内装饰材料专门零售							
货摊、无店铺及其他零售业							
加盟门店合计		**13011**	**13025**	**49243**	**51457**	**1253071**	**1309917**
批发业		**5361**	**5435**	**14815**	**16244**	**124740**	**124178**
农、林、牧产品批发		2811	2873	7183	7183		
食品、饮料及烟草制品批发							
纺织、服装及家庭用品批发		531	532	2650	3790	94516	94516
文化、体育用品及器材批发							
医药及医疗器材批发							
矿产品、建材及化工产品批发		2019	2030	4982	5271	30224	29662
机械设备、五金产品及电子产品批发							
贸易经纪与代理							
其他批发业							
零售业		**7650**	**7590**	**34428**	**35213**	**1128331**	**1185739**
综合零售		4416	4909	27204	29982	936934	1031555
食品、饮料及烟草制品专门零售		2312	1979	5186	3576	79501	51902
纺织、服装及日用品专门零售							
文化、体育用品及器材专门零售		28	28	585	585	1	1
医药及医疗器材专门零售		707	550	568	335	51375	37781
汽车、摩托车、燃料及零配件专门零售		104	124	658	735	60000	64500
家用电器及电子产品专门零售		83		227		520	
五金、家具及室内装饰材料专门零售							
货摊、无店铺及其他零售业							

1-4 续表 14

私营企业

项　目	连锁总店数（个）	门店数（个）		年末从业人员（人）		年末零售营业面积（平方米）	
	2015年	2015年	2014年	2015年	2014年	2015年	2014年
总 计	**864**	**52055**	**47723**	**377283**	**359263**	**14039971**	**12975261**
批发业	**57**	**7489**	**6924**	**20975**	**21330**	**676630**	**589575**
农、林、牧产品批发	4	915	871	1164	1134	74550	69050
食品、饮料及烟草制品批发	12	4432	3736	12247	10263	410111	350265
纺织、服装及家庭用品批发	8	153	396	2464	3364	15791	47828
文化、体育用品及器材批发	2	33	7	80	163	3610	2860
医药及医疗器材批发	10	771	657	1828	1379	49667	39555
矿产品、建材及化工产品批发	10	775	891	1635	1812	89100	34100
机械设备、五金产品及电子产品批发	6	207	161	875	2519	31167	43337
贸易经纪与代理							
其他批发业	5	203	205	682	696	2634	2580
零售业	**807**	**44566**	**40799**	**356308**	**337933**	**13363341**	**12385686**
综合零售	282	19524	18625	194779	189836	8210352	7805961
食品、饮料及烟草制品专门零售	59	3919	3961	21041	21197	286361	292718
纺织、服装及日用品专门零售	51	2138	1857	11508	11082	329152	296739
文化、体育用品及器材专门零售	20	203	243	3158	3129	159993	162117
医药及医疗器材专门零售	289	16883	14267	97034	82428	2276459	1827507
汽车、摩托车、燃料及零配件专门零售	19	126	116	1366	1324	156011	128162
家用电器及电子产品专门零售	80	1205	1166	24336	25526	1879769	1807243
五金、家具及室内装饰材料专门零售	4	32	30	776	1118	26919	26919
货摊、无店铺及其他零售业	3	536	534	2310	2293	38325	38320
直营门店合计		**28238**	**25512**	**306468**	**291565**	**11957646**	**11019121**
批发业		**1379**	**1366**	**7696**	**9022**	**239666**	**196555**
农、林、牧产品批发		27	8	43	22	18264	16964
食品、饮料及烟草制品批发		237	213	2169	2041	77490	75276
纺织、服装及家庭用品批发		115	254	2285	2873	14921	33376
文化、体育用品及器材批发		33	7	80	163	3610	2860
医药及医疗器材批发		332	260	1194	879	25831	18287
矿产品、建材及化工产品批发		364	397	799	896	76335	19835
机械设备、五金产品及电子产品批发		186	142	860	1875	22481	29277
贸易经纪与代理							
其他批发业		85	85	266	273	734	680

1-4 续表 15

私营企业

项　目	连锁总店数（个）	门店数（个）		年末从业人员（人）		年末零售营业面积（平方米）	
	2015年	2015年	2014年	2015年	2014年	2015年	2014年
零售业		**26859**	**24146**	**298772**	**282543**	**11717980**	**10822566**
综合零售		7302	7058	154193	150597	7252843	6850894
食品、饮料及烟草制品专门零售		3478	3521	19841	19951	257672	264462
纺织、服装及日用品专门零售		1296	1086	8766	8605	263561	233827
文化、体育用品及器材专门零售		196	214	3123	3070	158393	159167
医药及医疗器材专门零售		13203	10934	86156	72139	1718252	1347332
汽车、摩托车、燃料及零配件专门零售		126	116	1366	1324	156011	128162
家用电器及电子产品专门零售		1152	1113	24129	25318	1875919	1803393
五金、家具及室内装饰材料专门零售		32	30	776	1118	26919	26919
货摊、无店铺及其他零售业		74	74	422	421	8410	8410
加盟门店合计		**23817**	**22211**	**70815**	**67698**	**2082325**	**1956140**
批发业		**6110**	**5558**	**13279**	**12308**	**436964**	**393020**
农、林、牧产品批发		888	863	1121	1112	56286	52086
食品、饮料及烟草制品批发		4195	3523	10078	8222	332621	274989
纺织、服装及家庭用品批发		38	142	179	491	870	14452
文化、体育用品及器材批发							
医药及医疗器材批发		439	397	634	500	23836	21268
矿产品、建材及化工产品批发		411	494	836	916	12765	14265
机械设备、五金产品及电子产品批发		21	19	15	644	8686	14060
贸易经纪与代理							
其他批发业		118	120	416	423	1900	1900
零售业		**17707**	**16653**	**57536**	**55390**	**1645361**	**1563120**
综合零售		12222	11567	40586	39239	957509	955067
食品、饮料及烟草制品专门零售		441	440	1200	1246	28689	28256
纺织、服装及日用品专门零售		842	771	2742	2477	65591	62912
文化、体育用品及器材专门零售		7	29	35	59	1600	2950
医药及医疗器材专门零售		3680	3333	10878	10289	558207	480175
汽车、摩托车、燃料及零配件专门零售							
家用电器及电子产品专门零售		53	53	207	208	3850	3850
五金、家具及室内装饰材料专门零售							
货摊、无店铺及其他零售业		462	460	1888	1872	29915	29910

1-4 续表 16

其他企业

项　目	连锁总店数（个）	门店数（个）		年末从业人员（人）		年末零售营业面积（平方米）	
	2015年	2015年	2014年	2015年	2014年	2015年	2014年
总　计	**26**	**2407**	**2190**	**16087**	**15085**	**494614**	**489307**
批发业	**2**	**467**	**479**	**1020**	**1091**	**27040**	**27435**
农、林、牧产品批发							
食品、饮料及烟草制品批发							
纺织、服装及家庭用品批发							
文化、体育用品及器材批发							
医药及医疗器材批发	2	467	479	1020	1091	27040	27435
矿产品、建材及化工产品批发							
机械设备、五金产品及电子产品批发							
贸易经纪与代理							
其他批发业							
零售业	**24**	**1940**	**1711**	**15067**	**13994**	**467574**	**461872**
综合零售	8	732	656	8937	7896	319931	338715
食品、饮料及烟草制品专门零售	2	266	258	962	837	11470	10750
纺织、服装及日用品专门零售	1	4	4	20	20	3800	3800
文化、体育用品及器材专门零售	2	27	31	488	568	6262	9351
医药及医疗器材专门零售	10	892	745	4139	4182	75607	54815
汽车、摩托车、燃料及零配件专门零售							
家用电器及电子产品专门零售	1	19	17	521	491	50504	44441
五金、家具及室内装饰材料专门零售							
货摊、无店铺及其他零售业							
直营门店合计		**1000**	**865**	**11246**	**10515**	**408721**	**422862**
批发业		**14**	**14**	**144**	**136**	**5075**	**5075**
农、林、牧产品批发							
食品、饮料及烟草制品批发							
纺织、服装及家庭用品批发							
文化、体育用品及器材批发							
医药及医疗器材批发		14	14	144	136	5075	5075
矿产品、建材及化工产品批发							
机械设备、五金产品及电子产品批发							
贸易经纪与代理							
其他批发业							

1-4 续表 17

其他企业

项目	连锁总店数（个）	门店数（个）		年末从业人员（人）		年末零售营业面积（平方米）	
	2015年	2015年	2014年	2015年	2014年	2015年	2014年
零售业		**986**	**851**	**11102**	**10379**	**403646**	**417787**
综合零售		407	282	7643	6614	302831	320780
食品、饮料及烟草制品专门零售		206	258	722	837	7720	10750
纺织、服装及日用品专门零售		4	4	20	20	3800	3800
文化、体育用品及器材专门零售		27	31	488	568	6262	9351
医药及医疗器材专门零售		323	259	1708	1849	32529	28665
汽车、摩托车、燃料及零配件专门零售							
家用电器及电子产品专门零售		19	17	521	491	50504	44441
五金、家具及室内装饰材料专门零售							
货摊、无店铺及其他零售业							
加盟门店合计		**1407**	**1325**	**4841**	**4570**	**85893**	**66445**
批发业		**453**	**465**	**876**	**955**	**21965**	**22360**
农、林、牧产品批发							
食品、饮料及烟草制品批发							
纺织、服装及家庭用品批发							
文化、体育用品及器材批发							
医药及医疗器材批发		453	465	876	955	21965	22360
矿产品、建材及化工产品批发							
机械设备、五金产品及电子产品批发							
贸易经纪与代理							
其他批发业							
零售业		**954**	**860**	**3965**	**3615**	**63928**	**44085**
综合零售		325	374	1294	1282	17100	17935
食品、饮料及烟草制品专门零售		60		240		3750	
纺织、服装及日用品专门零售							
文化、体育用品及器材专门零售							
医药及医疗器材专门零售		569	486	2431	2333	43078	26150
汽车、摩托车、燃料及零配件专门零售							
家用电器及电子产品专门零售							
五金、家具及室内装饰材料专门零售							
货摊、无店铺及其他零售业							

1-4 续表 18

港澳台商投资企业

项　目	连锁总店数（个）	门店数（个）		年末从业人员（人）		年末零售营业面积（平方米）	
	2015年	2015年	2014年	2015年	2014年	2015年	2014年
总　计	**121**	**8980**	**8170**	**241248**	**232139**	**14758504**	**11519291**
批发业	**11**	**933**	**919**	**4822**	**4800**	**179575**	**168837**
农、林、牧产品批发							
食品、饮料及烟草制品批发	2	17	16	76	71	1379	1171
纺织、服装及家庭用品批发	4	669	668	1627	1316	164245	154615
文化、体育用品及器材批发	1	8	8	63	65	522	522
医药及医疗器材批发							
矿产品、建材及化工产品批发	1	14	14	245	248	7500	7500
机械设备、五金产品及电子产品批发							
贸易经纪与代理							
其他批发业	3	225	213	2811	3100	5929	5029
零售业	**110**	**8047**	**7251**	**236426**	**227339**	**14578929**	**11350454**
综合零售	58	5149	4437	212644	202503	13813667	10604045
食品、饮料及烟草制品专门零售	12	482	478	3985	4115	39231	39643
纺织、服装及日用品专门零售	32	1514	1533	14129	14946	562727	564702
文化、体育用品及器材专门零售	1	59	142	556	852	3530	14342
医药及医疗器材专门零售	6	838	656	4987	4784	136210	104158
汽车、摩托车、燃料及零配件专门零售							
家用电器及电子产品专门零售							
五金、家具及室内装饰材料专门零售	1	5	5	125	139	23564	23564
货摊、无店铺及其他零售业							
直营门店合计		**6947**	**6156**	**173800**	**172092**	**11698140**	**8678056**
批发业		**423**	**398**	**4614**	**4582**	**65812**	**53687**
农、林、牧产品批发							
食品、饮料及烟草制品批发		17	16	76	71	1379	1171
纺织、服装及家庭用品批发		159	147	1419	1098	50482	39465
文化、体育用品及器材批发		8	8	63	65	522	522
医药及医疗器材批发							
矿产品、建材及化工产品批发		14	14	245	248	7500	7500
机械设备、五金产品及电子产品批发							
贸易经纪与代理							
其他批发业		225	213	2811	3100	5929	5029

1-4 续表 19

港澳台商投资企业

项　目	连锁总店数（个）	门店数（个）		年末从业人员（人）		年末零售营业面积（平方米）	
	2015年	2015年	2014年	2015年	2014年	2015年	2014年
零售业		**6524**	**5758**	**169186**	**167510**	**11632328**	**8624369**
综合零售		4152	3554	146729	144425	10906985	7917998
食品、饮料及烟草制品专门零售		396	396	3704	3877	36991	37463
纺织、服装及日用品专门零售		1218	1143	13642	13958	533648	535124
文化、体育用品及器材专门零售		59	142	556	852	3530	14342
医药及医疗器材专门零售		694	518	4430	4259	127610	95878
汽车、摩托车、燃料及零配件专门零售							
家用电器及电子产品专门零售							
五金、家具及室内装饰材料专门零售		5	5	125	139	23564	23564
货摊、无店铺及其他零售业							
加盟门店合计		**2033**	**2014**	**67448**	**60047**	**3060364**	**2841235**
批发业		**510**	**521**	**208**	**218**	**113763**	**115150**
农、林、牧产品批发							
食品、饮料及烟草制品批发							
纺织、服装及家庭用品批发		510	521	208	218	113763	115150
文化、体育用品及器材批发							
医药及医疗器材批发							
矿产品、建材及化工产品批发							
机械设备、五金产品及电子产品批发							
贸易经纪与代理							
其他批发业							
零售业		**1523**	**1493**	**67240**	**59829**	**2946601**	**2726085**
综合零售		997	883	65915	58078	2906682	2686047
食品、饮料及烟草制品专门零售		86	82	281	238	2240	2180
纺织、服装及日用品专门零售		296	390	487	988	29079	29578
文化、体育用品及器材专门零售							
医药及医疗器材专门零售		144	138	557	525	8600	8280
汽车、摩托车、燃料及零配件专门零售							
家用电器及电子产品专门零售							
五金、家具及室内装饰材料专门零售							
货摊、无店铺及其他零售业							

1-4 续表 20

外商投资企业

项　目	连锁总店数（个）	门店数（个）		年末从业人员（人）		年末零售营业面积（平方米）	
	2015年	2015年	2014年	2015年	2014年	2015年	2014年
总　计	**149**	**9780**	**8989**	**284055**	**281598**	**16006596**	**16144530**
批发业	**6**	**521**	**469**	**5746**	**5483**	**84703**	**83643**
农、林、牧产品批发							
食品、饮料及烟草制品批发	3	474	417	4641	4382	68468	67408
纺织、服装及家庭用品批发	1	3	3	27	15	602	602
文化、体育用品及器材批发							
医药及医疗器材批发							
矿产品、建材及化工产品批发	1	42	47	960	952	14000	14000
机械设备、五金产品及电子产品批发	1	2	2	118	134	1633	1633
贸易经纪与代理							
其他批发业							
零售业	**143**	**9259**	**8520**	**278309**	**276115**	**15921893**	**16060887**
综合零售	86	4216	4055	220800	220835	11381245	12051699
食品、饮料及烟草制品专门零售	1	79	57	316	269	5072	3907
纺织、服装及日用品专门零售	18	2851	2440	23287	22691	787494	496268
文化、体育用品及器材专门零售	1	22	12	860	355	84330	45998
医药及医疗器材专门零售	2	143	130	1308	1271	39030	38186
汽车、摩托车、燃料及零配件专门零售	24	1717	1638	18286	18524	2795525	2694025
家用电器及电子产品专门零售	5	220	177	12181	10803	707059	608666
五金、家具及室内装饰材料专门零售	6	11	11	1271	1367	122138	122138
货摊、无店铺及其他零售业							
直营门店合计		**7184**	**6918**	**252772**	**253670**	**14922483**	**15154854**
批发业		**503**	**451**	**5698**	**5436**	**84031**	**82971**
农、林、牧产品批发							
食品、饮料及烟草制品批发		456	399	4593	4335	67796	66736
纺织、服装及家庭用品批发		3	3	27	15	602	602
文化、体育用品及器材批发							
医药及医疗器材批发							
矿产品、建材及化工产品批发		42	47	960	952	14000	14000
机械设备、五金产品及电子产品批发		2	2	118	134	1633	1633
贸易经纪与代理							
其他批发业							

1-4 续表 21

外商投资企业

项目	连锁总店数（个）	门店数（个）		年末从业人员（人）		年末零售营业面积（平方米）	
	2015年	2015年	2014年	2015年	2014年	2015年	2014年
零售业		**6681**	**6467**	**247074**	**248234**	**14838452**	**15071883**
综合零售		3315	3164	199156	200270	10470584	11159151
食品、饮料及烟草制品专门零售		70	50	280	251	4550	3505
纺织、服装及日用品专门零售		1218	1285	13767	15393	615596	400214
文化、体育用品及器材专门零售		22	12	860	355	84330	45998
医药及医疗器材专门零售		143	130	1308	1271	39030	38186
汽车、摩托车、燃料及零配件专门零售		1717	1638	18286	18524	2795525	2694025
家用电器及电子产品专门零售		185	177	12146	10803	706699	608666
五金、家具及室内装饰材料专门零售		11	11	1271	1367	122138	122138
货摊、无店铺及其他零售业							
加盟门店合计		**2596**	**2071**	**31283**	**27928**	**1084113**	**989676**
批发业		**18**	**18**	**48**	**47**	**672**	**672**
农、林、牧产品批发							
食品、饮料及烟草制品批发		18	18	48	47	672	672
纺织、服装及家庭用品批发							
文化、体育用品及器材批发							
医药及医疗器材批发							
矿产品、建材及化工产品批发							
机械设备、五金产品及电子产品批发							
贸易经纪与代理							
其他批发业							
零售业		**2578**	**2053**	**31235**	**27881**	**1083441**	**989004**
综合零售		901	891	21644	20565	910661	892548
食品、饮料及烟草制品专门零售		9	7	36	18	522	402
纺织、服装及日用品专门零售		1633	1155	9520	7298	171898	96054
文化、体育用品及器材专门零售							
医药及医疗器材专门零售							
汽车、摩托车、燃料及零配件专门零售							
家用电器及电子产品专门零售		35		35		360	
五金、家具及室内装饰材料专门零售							
货摊、无店铺及其他零售业							

1-5 按行业与登记注册类型

内资企业

项　　目	商品购进总额		统一配送商品购进额	
	2015年	2014年	2015年	2014年
总　计	**252612582**	**272498900**	**200382237**	**217569022**
批发业	**92096607**	**116776296**	**82680367**	**101758595**
农、林、牧产品批发	1659401	1425289	1622106	1388103
食品、饮料及烟草制品批发	6259957	5627403	5237256	4671315
纺织、服装及家庭用品批发	1810768	1755023	910415	812078
文化、体育用品及器材批发	3061763	3029316	3058968	3023924
医药及医疗器材批发	612658	563347	397261	365686
矿产品、建材及化工产品批发	75560046	100728108	68480232	88013679
机械设备、五金产品及电子产品批发	830814	810737	690553	673828
贸易经纪与代理				
其他批发业	2301201	2837074	2283575	2809981
零售业	**160515976**	**155722604**	**117701870**	**115810427**
综合零售	72877489	70425662	48140223	46376990
食品、饮料及烟草制品专门零售	2563385	2424724	2310226	2320901
纺织、服装及日用品专门零售	1182350	1297324	874333	992129
文化、体育用品及器材专门零售	4901792	4192098	4698198	3981729
医药及医疗器材专门零售	7808214	6910974	7160568	6461054
汽车、摩托车、燃料及零配件专门零售	40840300	50707217	32441214	39448673
家用电器及电子产品专门零售	30000988	19462764	21788229	15967525
五金、家具及室内装饰材料专门零售	272378	191393	249012	150978
货摊、无店铺及其他零售业	69081	110449	39868	110449
直营门店合计	**242694593**	**263968605**	**191933985**	**210331581**
批发业	**88906710**	**113630406**	**79833321**	**99062293**
农、林、牧产品批发	1376819	1182337	1374411	1180037
食品、饮料及烟草制品批发	6147959	5524455	5132229	4577171
纺织、服装及家庭用品批发	1650566	1548973	804168	778749
文化、体育用品及器材批发	3060561	3028141	3057766	3022749
医药及医疗器材批发	532717	505819	362513	332853
矿产品、建材及化工产品批发	73109833	98274222	66168914	85707544
机械设备、五金产品及电子产品批发	779257	766609	687152	670124
贸易经纪与代理				
其他批发业	2248998	2799849	2246168	2793065

分连锁零售企业经营情况

单位：万元

自有配送中心配送商品购进额		非自有配送中心配送商品购进额		商品销售总额		零售额	
2015年	2014年	2015年	2014年	2015年	2014年	2015年	2014年
117930526	**131198933**	**32298404**	**37071892**	**291959922**	**312228315**	**204081705**	**221663371**
49342412	**66215226**	**15608952**	**19941448**	**105516028**	**130502075**	**60004618**	**74652844**
1618131	1384517			1742741	1604541	30552	17109
3714849	3492894	113355	106008	8053872	7329371	1125856	637981
853610	753185	8504	6747	2870890	2839258	1480322	1462311
2972907	2948558	50277	33436	2993945	3066108	1273571	1202808
329050	308940	13780	7761	696463	651933	274474	267239
37501362	54445858	15061507	19487659	86137567	111357133	53104571	68208109
290823	318516	355431	293893	758906	884811	535992	506064
2061678	2562757	6099	5945	2261643	2768921	2179281	2351224
68588114	**64983708**	**16689452**	**17130443**	**186443894**	**181726240**	**144077087**	**147010527**
31130269	30206741	6997147	6513196	85311963	83792785	73600040	71848167
1493575	1411145	219778	266525	3298665	2833743	2760555	2521951
396489	374898	261597	447342	1738114	1617065	1539547	1418692
4185878	3455250	119402	119934	4965400	4707259	2341289	2295741
3827286	3616407	1420468	1170823	9591937	8345840	8482500	7471263
13296056	17122214	6671608	7270994	49010984	60189417	36460598	43372689
13993174	8641988	993696	1333629	32065464	19804215	18509121	17766309
231274	124365			385498	319764	346264	277263
34112	30700	5756	8002	75870	116152	37174	38454
112768418	**126268267**	**30740160**	**35901061**	**281252164**	**302719027**	**196618561**	**215100081**
47345875	**64246852**	**15500110**	**19819598**	**102348522**	**127335355**	**59442034**	**74041101**
1374411	1180037			1449052	1334786	20333	14352
3631085	3418635	92091	86123	7983964	7269247	1068316	580889
749854	722466	8504	6747	2733706	2666300	1376120	1334791
2971706	2947383	50277	33436	2992854	3065256	1273374	1201955
301650	285703	12852		597660	566887	238643	236793
35985178	52817140	14980956	19394346	83685816	108871987	52790516	67824480
287781	314812	355431	293893	704193	837941	527171	500745
2044211	2560676		5054	2201277	2722950	2147562	2347095

1-5 续表 1

内资企业

项　目	商品购进总额		统一配送商品购进额	
	2015年	2014年	2015年	2014年
零售业	**153787883**	**150338199**	**112100663**	**111269288**
综合零售	68173978	66338058	44344067	43032313
食品、饮料及烟草制品专门零售	2107376	2063298	1949576	1982675
纺织、服装及日用品专门零售	1023165	1140473	762481	881716
文化、体育用品及器材专门零售	4895644	4184985	4696010	3977654
医药及医疗器材专门零售	7133235	6411922	6558469	5989665
汽车、摩托车、燃料及零配件专门零售	40305899	50486003	31906814	39227459
家用电器及电子产品专门零售	29818035	19417740	21605276	15922500
五金、家具及室内装饰材料专门零售	272378	191393	249012	150978
货摊、无店铺及其他零售业	58174	104329	28962	104329
加盟门店合计	**9917990**	**8530294**	**8448253**	**7237441**
批发业	**3189897**	**3145890**	**2847046**	**2696302**
农、林、牧产品批发	282582	242952	247696	208066
食品、饮料及烟草制品批发	111998	102947	105027	94144
纺织、服装及家庭用品批发	160201	206050	106247	33329
文化、体育用品及器材批发	1202	1175	1202	1175
医药及医疗器材批发	79942	57528	34748	32833
矿产品、建材及化工产品批发	2450213	2453886	2311318	2306135
机械设备、五金产品及电子产品批发	51557	44128	3402	3705
贸易经纪与代理				
其他批发业	52203	37225	37406	16916
零售业	**6728093**	**5384404**	**5601207**	**4541139**
综合零售	4703512	4087604	3796157	3344678
食品、饮料及烟草制品专门零售	456009	361426	360650	338226
纺织、服装及日用品专门零售	159185	156851	111853	110414
文化、体育用品及器材专门零售	6148	7113	2188	4075
医药及医疗器材专门零售	674979	499052	602100	471389
汽车、摩托车、燃料及零配件专门零售	534401	221214	534401	221214
家用电器及电子产品专门零售	182953	45024	182953	45024
五金、家具及室内装饰材料专门零售				
货摊、无店铺及其他零售业	10906	6120	10906	6120

单位：万元

自有配送中心配送商品购进额		非自有配送中心配送商品购进额		商品销售总额		零售额	
2015年	2014年	2015年	2014年	2015年	2014年	2015年	2014年
65422543	**62021416**	**15240050**	**16081463**	**178903642**	**175383673**	**137176527**	**141058980**
28951007	28103232	5805698	5659052	80196323	79324163	68661586	67560933
1145878	1079186	212527	265418	2728680	2414375	2294598	2123496
308426	282188	238391	430264	1476297	1389911	1318725	1231627
4183770	3451197	119322	119912	4959335	4700320	2337702	2290511
3609678	3424882	1193410	994304	8777047	7706320	7788072	6886452
13041901	16932214	6671608	7270994	48429714	59666711	35906710	42903870
13927403	8599573	993339	1333518	31885106	19751859	18495924	17752276
231274	124365			385498	319764	346264	277263
23206	24580	5756	8002	65642	110250	26946	32552
5162108	**4930666**	**1558244**	**1170830**	**10707758**	**9509288**	**7463144**	**6563290**
1996537	**1968374**	**108842**	**121850**	**3167506**	**3166721**	**562583**	**611743**
243721	204480			293689	269755	10219	2756
83763	74259	21264	19884	69909	60124	57539	57092
103756	30719			137184	172958	104202	127520
1202	1175			1091	852	197	852
27400	23237	928	7761	98803	85046	35832	30445
1516184	1628718	80551	93313	2451751	2485146	314055	383629
3043	3705			54714	46870	8821	5319
17468	2081	6099	892	60366	45971	31719	4129
3165571	**2962292**	**1449402**	**1048981**	**7540252**	**6342567**	**6900561**	**5951547**
2179263	2103509	1191449	854144	5115640	4468621	4938455	4287234
347698	331959	7251	1107	569985	419368	465958	398455
88063	92710	23206	17078	261817	227154	220822	187065
2108	4053	80	22	6065	6939	3587	5230
217608	191526	227058	176519	814891	639520	694428	584811
254155	190000			581270	522707	553887	468819
65771	42416	357	111	180358	52356	13197	14032
10906	6120			10228	5902	10228	5902

1-5 续表 2

国有企业

项 目	商品购进总额		统一配送商品购进额	
	2015年	2014年	2015年	2014年
总 计	**36184584**	**39790478**	**33678466**	**33100566**
批发业	**19578600**	**20296983**	**17826853**	**14914666**
农、林、牧产品批发	882	816		
食品、饮料及烟草制品批发	5331467	4828823	4489912	4017937
纺织、服装及家庭用品批发				
文化、体育用品及器材批发	1778157	1567643	1778157	1567643
医药及医疗器材批发	30853	32633	29573	31796
矿产品、建材及化工产品批发	12437242	13867069	11529212	9297290
机械设备、五金产品及电子产品批发				
贸易经纪与代理				
其他批发业				
零售业	**16605984**	**19493495**	**15851612**	**18185900**
综合零售	587220	545281	541374	507652
食品、饮料及烟草制品专门零售	65311	75396	60039	73071
纺织、服装及日用品专门零售	169277	340579	169277	340579
文化、体育用品及器材专门零售	399937	361833	365080	330023
医药及医疗器材专门零售	327054	369303	275919	333322
汽车、摩托车、燃料及零配件专门零售	15057186	17801104	14439924	16601253
家用电器及电子产品专门零售				
五金、家具及室内装饰材料专门零售				
货摊、无店铺及其他零售业				
直营门店合计	**35021805**	**38608394**	**32621081**	**32045915**
批发业	**18649623**	**19441231**	**16995289**	**14178910**
农、林、牧产品批发	882	816		
食品、饮料及烟草制品批发	5331467	4828823	4489912	4017937
纺织、服装及家庭用品批发				
文化、体育用品及器材批发	1778157	1567643	1778157	1567643
医药及医疗器材批发	28793	31161	28793	31161
矿产品、建材及化工产品批发	11510325	13012789	10698428	8562170
机械设备、五金产品及电子产品批发				
贸易经纪与代理				
其他批发业				

单位：万元

自有配送中心配送商品购进额		非自有配送中心配送商品购进额		商品销售总额		零售额	
2015年	2014年	2015年	2014年	2015年	2014年	2015年	2014年
16158091	**18717602**	**4923195**	**5221074**	**41749642**	**45852957**	**23030177**	**24120112**
8730776	**9705706**	**1498495**	**1665795**	**22403227**	**23163870**	**9106093**	**8594703**
				869	783	89	94
3256186	3103866	3378	4605	7033057	6316830	808684	388405
1727880	1534207	50277	33436	1780618	1535493	719749	637128
4610	4433	780	636	37792	39229	4724	3843
3742101	5063200	1444060	1627119	13550891	15271535	7572846	7565235
7427315	**9011897**	**3424700**	**3555279**	**19346415**	**22689087**	**13924084**	**15525409**
267993	259922	139986	123789	1009961	976465	935350	924836
41224	28998	14985	40965	78533	81133	78142	80629
7493	1118	161784	339461	226440	240494	226440	240494
202907	178342	3719	3981	389120	358370	352221	335645
111156	164920	44770	67199	386273	352156	331762	298864
6796544	8378596	3059457	2979885	17256089	20680468	12000171	13644942
15983611	**18417422**	**4775167**	**5063064**	**40509643**	**44700088**	**22700358**	**23844932**
8673525	**9632700**	**1418966**	**1573613**	**21491771**	**22289580**	**9103753**	**8593103**
				869	783	89	94
3256186	3103866	3378	4605	7033057	6316830	808684	388405
1727880	1534207	50277	33436	1780618	1535493	719749	637128
4610	4433			35452	37629	2384	2243
3684849	4990194	1365311	1535573	12641774	14398844	7572846	7565235

1-5 续表 3

国有企业

项　　目	商品购进总额		统一配送商品购进额	
	2015年	2014年	2015年	2014年
零售业	**16372182**	**19167163**	**15625792**	**17867006**
综合零售	514862	464941	472575	431274
食品、饮料及烟草制品专门零售	65311	75396	60039	73071
纺织、服装及日用品专门零售	169277	340579	169277	340579
文化、体育用品及器材专门零售	399840	361735	364982	329926
医药及医疗器材专门零售	247964	313408	201251	280904
汽车、摩托车、燃料及零配件专门零售	14974930	17611104	14357668	16411253
家用电器及电子产品专门零售				
五金、家具及室内装饰材料专门零售				
货摊、无店铺及其他零售业				
加盟门店合计	**1162778**	**1182084**	**1057385**	**1054650**
批发业	**928977**	**855752**	**831564**	**735756**
农、林、牧产品批发				
食品、饮料及烟草制品批发				
纺织、服装及家庭用品批发				
文化、体育用品及器材批发				
医药及医疗器材批发	2060	1472	780	636
矿产品、建材及化工产品批发	926917	854280	830784	735121
机械设备、五金产品及电子产品批发				
贸易经纪与代理				
其他批发业				
零售业	**233802**	**326332**	**225821**	**318894**
综合零售	72358	80339	68799	76378
食品、饮料及烟草制品专门零售				
纺织、服装及日用品专门零售				
文化、体育用品及器材专门零售	97	97	97	97
医药及医疗器材专门零售	79090	55895	74668	52418
汽车、摩托车、燃料及零配件专门零售	82256	190000	82256	190000
家用电器及电子产品专门零售				
五金、家具及室内装饰材料专门零售				
货摊、无店铺及其他零售业				

单位：万元

自有配送中心配送商品购进额		非自有配送中心配送商品购进额		商品销售总额		零售额	
2015年	2014年	2015年	2014年	2015年	2014年	2015年	2014年
7310086	**8784722**	**3356201**	**3489451**	**19017872**	**22410508**	**13596605**	**15251829**
240414	228699	98766	78634	843307	905963	768696	854333
41224	28998	14985	40965	78533	81133	78142	80629
7493	1118	161784	339461	226440	240494	226440	240494
202810	178244	3719	3981	389046	358297	352147	335572
103859	159067	17491	46526	314773	294153	261325	245859
6714287	8188596	3059457	2979885	17165773	20530468	11909856	13494942
174480	**300180**	**148029**	**158010**	**1239999**	**1152869**	**329819**	**275180**
57251	**73006**	**79529**	**92182**	**911457**	**874291**	**2340**	**1600**
		780	636	2340	1600	2340	1600
57251	73006	78749	91546	909117	872691		
117229	**227174**	**68500**	**65828**	**328542**	**278579**	**327479**	**273580**
27579	31223	41220	45155	166654	70503	166654	70503
97	97			73	73	73	73
7297	5854	27279	20673	71500	58003	70437	53004
82256	190000			90315	150000	90315	150000

1-5 续表 4

集体企业

项　目	商品购进总额		统一配送商品购进额	
	2015年	2014年	2015年	2014年
总　计	**854811**	**779182**	**182593**	**147001**
批发业	**54293**	**58429**	**40609**	**34226**
农、林、牧产品批发				
食品、饮料及烟草制品批发	2564	3638	2564	3638
纺织、服装及家庭用品批发				
文化、体育用品及器材批发				
医药及医疗器材批发				
矿产品、建材及化工产品批发	45243	37891	37729	29738
机械设备、五金产品及电子产品批发				
贸易经纪与代理				
其他批发业	6486	16900	316	850
零售业	**800518**	**720752**	**141984**	**112775**
综合零售	736066	679343	81266	71365
食品、饮料及烟草制品专门零售	19625	18734	19625	18734
纺织、服装及日用品专门零售				
文化、体育用品及器材专门零售	25662	7405	25662	7405
医药及医疗器材专门零售	19166	15271	15431	15271
汽车、摩托车、燃料及零配件专门零售				
家用电器及电子产品专门零售				
五金、家具及室内装饰材料专门零售				
货摊、无店铺及其他零售业				
直营门店合计	**743273**	**666401**	**164856**	**129320**
批发业	**47273**	**40579**	**39687**	**32326**
农、林、牧产品批发				
食品、饮料及烟草制品批发	1958	2588	1958	2588
纺织、服装及家庭用品批发				
文化、体育用品及器材批发				
医药及医疗器材批发				
矿产品、建材及化工产品批发	45243	37891	37729	29738
机械设备、五金产品及电子产品批发				
贸易经纪与代理				
其他批发业	72	100		

单位：万元

自有配送中心配送商品购进额		非自有配送中心配送商品购进额		商品销售总额		零售额	
2015年	2014年	2015年	2014年	2015年	2014年	2015年	2014年
141903	**130581**	**12127**	**11509**	**975855**	**880825**	**540226**	**461329**
40293	**33376**			**62113**	**67616**	**14195**	**12719**
2564	3638			5429	7016	3499	4418
37729	29738			48283	38710	10696	8301
				8401	21890		
101610	**97205**	**12127**	**11509**	**913743**	**813208**	**526031**	**448610**
72643	67304			851212	759799	466198	395200
	18734			20180	18766	20180	18766
25662	7405			20847	17854	20847	17854
3305	3762	12127	11509	21503	16790	18806	16790
124482	**113751**	**12127**	**11509**	**895813**	**795121**	**500598**	**435087**
39687	**32326**			**52725**	**43946**	**13104**	**10829**
1958	2588			4338	5126	2408	2528
37729	29738			48283	38710	10696	8301
				104	110		

1-5 续表 5

集体企业

项 目	商品购进总额		统一配送商品购进额	
	2015年	2014年	2015年	2014年
零售业	**696000**	**625822**	**125169**	**96994**
综合零售	633282	584412	64451	55584
食品、饮料及烟草制品专门零售	19625	18734	19625	18734
纺织、服装及日用品专门零售				
文化、体育用品及器材专门零售	25662	7405	25662	7405
医药及医疗器材专门零售	17431	15271	15431	15271
汽车、摩托车、燃料及零配件专门零售				
家用电器及电子产品专门零售				
五金、家具及室内装饰材料专门零售				
货摊、无店铺及其他零售业				
加盟门店合计	**111538**	**112781**	**17737**	**17680**
批发业	**7020**	**17850**	**922**	**1900**
农、林、牧产品批发				
食品、饮料及烟草制品批发	606	1050	606	1050
纺织、服装及家庭用品批发				
文化、体育用品及器材批发				
医药及医疗器材批发				
矿产品、建材及化工产品批发				
机械设备、五金产品及电子产品批发				
贸易经纪与代理				
其他批发业	6414	16800	316	850
零售业	**104518**	**94931**	**16815**	**15780**
综合零售	102784	94931	16815	15780
食品、饮料及烟草制品专门零售				
纺织、服装及日用品专门零售				
文化、体育用品及器材专门零售				
医药及医疗器材专门零售	1734			
汽车、摩托车、燃料及零配件专门零售				
家用电器及电子产品专门零售				
五金、家具及室内装饰材料专门零售				
货摊、无店铺及其他零售业				

单位：万元

自有配送中心配送商品购进额		非自有配送中心配送商品购进额		商品销售总额		零售额	
2015年	2014年	2015年	2014年	2015年	2014年	2015年	2014年
84795	**81425**	**12127**	**11509**	**843088**	**751175**	**487494**	**424258**
55829	51524			781255	697765	427660	370848
	18734			20180	18766	20180	18766
25662	7405			20847	17854	20847	17854
3305	3762	12127	11509	20806	16790	18806	16790
17421	**16830**			**80042**	**85703**	**39629**	**26242**
606	**1050**			**9387**	**23670**	**1091**	**1890**
606	1050			1091	1890	1091	1890
				8297	21780		
16815	**15780**			**70655**	**62033**	**38538**	**24352**
16815	15780			69957	62033	38538	24352
				697			

1-5 续表 6

股份合作企业

项　　目	商品购进总额		统一配送商品购进额	
	2015年	2014年	2015年	2014年
总　计	**1032557**	**1029495**	**994064**	**1019157**
批发业	**12187**	**12546**	**2907**	**2208**
农、林、牧产品批发				
食品、饮料及烟草制品批发	12187	12546	2907	2208
纺织、服装及家庭用品批发				
文化、体育用品及器材批发				
医药及医疗器材批发				
矿产品、建材及化工产品批发				
机械设备、五金产品及电子产品批发				
贸易经纪与代理				
其他批发业				
零售业	**1020370**	**1016949**	**991157**	**1016949**
综合零售	145510	110727	145510	110727
食品、饮料及烟草制品专门零售				
纺织、服装及日用品专门零售				
文化、体育用品及器材专门零售				
医药及医疗器材专门零售				
汽车、摩托车、燃料及零配件专门零售	845647	834475	845647	834475
家用电器及电子产品专门零售				
五金、家具及室内装饰材料专门零售				
货摊、无店铺及其他零售业	29213	71746		71746
直营门店合计	**1032557**	**1029495**	**994064**	**1019157**
批发业	**12187**	**12546**	**2907**	**2208**
农、林、牧产品批发				
食品、饮料及烟草制品批发	12187	12546	2907	2208
纺织、服装及家庭用品批发				
文化、体育用品及器材批发				
医药及医疗器材批发				
矿产品、建材及化工产品批发				
机械设备、五金产品及电子产品批发				
贸易经纪与代理				
其他批发业				

单位：万元

自有配送中心配送商品购进额		非自有配送中心配送商品购进额		商品销售总额		零售额	
2015年	2014年	2015年	2014年	2015年	2014年	2015年	2014年
979501	**932609**			**1121631**	**1227088**	**897316**	**969236**
				20678	**15390**	**5937**	**4855**
				20678	15390	5937	4855
979501	**932609**			**1100953**	**1211698**	**891378**	**964381**
133854	98134			142765	105706	142765	105706
845647	834475			925178	1034245	748614	858674
				33011	71746		
979501	**932609**			**1121631**	**1227088**	**897316**	**969236**
				20678	**15390**	**5937**	**4855**
				20678	15390	5937	4855

1-5 续表 7

股份合作企业

项　目	商品购进总额		统一配送商品购进额	
	2015年	2014年	2015年	2014年
零售业	**1020370**	**1016949**	**991157**	**1016949**
综合零售	145510	110727	145510	110727
食品、饮料及烟草制品专门零售				
纺织、服装及日用品专门零售				
文化、体育用品及器材专门零售				
医药及医疗器材专门零售				
汽车、摩托车、燃料及零配件专门零售	845647	834475	845647	834475
家用电器及电子产品专门零售				
五金、家具及室内装饰材料专门零售				
货摊、无店铺及其他零售业	29213	71746		71746
加盟门店合计				
批发业				
农、林、牧产品批发				
食品、饮料及烟草制品批发				
纺织、服装及家庭用品批发				
文化、体育用品及器材批发				
医药及医疗器材批发				
矿产品、建材及化工产品批发				
机械设备、五金产品及电子产品批发				
贸易经纪与代理				
其他批发业				
零售业				
综合零售				
食品、饮料及烟草制品专门零售				
纺织、服装及日用品专门零售				
文化、体育用品及器材专门零售				
医药及医疗器材专门零售				
汽车、摩托车、燃料及零配件专门零售				
家用电器及电子产品专门零售				
五金、家具及室内装饰材料专门零售				
货摊、无店铺及其他零售业				

单位：万元

自有配送中心配送商品购进额		非自有配送中心配送商品购进额		商品销售总额		零售额	
2015年	2014年	2015年	2014年	2015年	2014年	2015年	2014年
979501	**932609**			**1100953**	**1211698**	**891378**	**964381**
133854	98134			142765	105706	142765	105706
845647	834475			925178	1034245	748614	858674
				33011	71746		

1-5 续表 8

联营企业

项 目	商品购进总额		统一配送商品购进额	
	2015年	2014年	2015年	2014年
总 计	**66798**	**62303**	**66798**	**62303**
批发业				
农、林、牧产品批发				
食品、饮料及烟草制品批发				
纺织、服装及家庭用品批发				
文化、体育用品及器材批发				
医药及医疗器材批发				
矿产品、建材及化工产品批发				
机械设备、五金产品及电子产品批发				
贸易经纪与代理				
其他批发业				
零售业	**66798**	**62303**	**66798**	**62303**
综合零售	15089	16313	15089	16313
食品、饮料及烟草制品专门零售				
纺织、服装及日用品专门零售				
文化、体育用品及器材专门零售				
医药及医疗器材专门零售	51710	45990	51710	45990
汽车、摩托车、燃料及零配件专门零售				
家用电器及电子产品专门零售				
五金、家具及室内装饰材料专门零售				
货摊、无店铺及其他零售业				
直营门店合计	**59031**	**54660**	**59031**	**54660**
批发业				
农、林、牧产品批发				
食品、饮料及烟草制品批发				
纺织、服装及家庭用品批发				
文化、体育用品及器材批发				
医药及医疗器材批发				
矿产品、建材及化工产品批发				
机械设备、五金产品及电子产品批发				
贸易经纪与代理				
其他批发业				

单位：万元

自有配送中心配送商品购进额		非自有配送中心配送商品购进额		商品销售总额		零售额	
2015年	2014年	2015年	2014年	2015年	2014年	2015年	2014年
15089	**16313**			**89415**	**80826**	**80392**	**59071**
15089	**16313**			**89415**	**80826**	**80392**	**59071**
15089	16313			22872	21755	13849	
				66543	59071	66543	59071
15089	**16313**			**79376**	**72071**	**70353**	**50316**

1-5 续表 9

联营企业

项 目	商品购进总额		统一配送商品购进额	
	2015年	2014年	2015年	2014年
零售业	**59031**	**54660**	**59031**	**54660**
综合零售	15089	16313	15089	16313
食品、饮料及烟草制品专门零售				
纺织、服装及日用品专门零售				
文化、体育用品及器材专门零售				
医药及医疗器材专门零售	43943	38347	43943	38347
汽车、摩托车、燃料及零配件专门零售				
家用电器及电子产品专门零售				
五金、家具及室内装饰材料专门零售				
货摊、无店铺及其他零售业				
加盟门店合计	**7767**	**7643**	**7767**	**7643**
批发业				
农、林、牧产品批发				
食品、饮料及烟草制品批发				
纺织、服装及家庭用品批发				
文化、体育用品及器材批发				
医药及医疗器材批发				
矿产品、建材及化工产品批发				
机械设备、五金产品及电子产品批发				
贸易经纪与代理				
其他批发业				
零售业	**7767**	**7643**	**7767**	**7643**
综合零售				
食品、饮料及烟草制品专门零售				
纺织、服装及日用品专门零售				
文化、体育用品及器材专门零售				
医药及医疗器材专门零售	7767	7643	7767	7643
汽车、摩托车、燃料及零配件专门零售				
家用电器及电子产品专门零售				
五金、家具及室内装饰材料专门零售				
货摊、无店铺及其他零售业				

单位：万元

自有配送中心配送商品购进额		非自有配送中心配送商品购进额		商品销售总额		零售额	
2015年	2014年	2015年	2014年	2015年	2014年	2015年	2014年
15089	**16313**			**79376**	**72071**	**70353**	**50316**
15089	16313			22872	21755	13849	
				56505	50316	56505	50316
				10038	**8755**	**10038**	**8755**
				10038	**8755**	**10038**	**8755**
				10038	8755	10038	8755

1-5 续表 10

有限责任公司

项　　目	商品购进总额		统一配送商品购进额	
	2015年	2014年	2015年	2014年
总　计	**55409878**	**54960104**	**43313363**	**42593369**
批发业	**3613435**	**4217150**	**2639843**	**3226986**
农、林、牧产品批发	38312	32191	37645	31567
食品、饮料及烟草制品批发	630217	528924	534572	457602
纺织、服装及家庭用品批发	216061	255019	215264	233325
文化、体育用品及器材批发	65069	367417	65069	367417
医药及医疗器材批发	368969	339990	196600	177364
矿产品、建材及化工产品批发	1801929	2179308	1246918	1591034
机械设备、五金产品及电子产品批发	275014	271736	134754	134827
贸易经纪与代理				
其他批发业	217865	242564	209022	233850
零售业	**51796443**	**50742954**	**40673520**	**39366383**
综合零售	24887925	24224591	18125052	17517405
食品、饮料及烟草制品专门零售	1210158	1068042	1036095	1026290
纺织、服装及日用品专门零售	515335	474398	376520	336085
文化、体育用品及器材专门零售	3596009	3394882	3469677	3286874
医药及医疗器材专门零售	3947851	3651916	3566892	3415974
汽车、摩托车、燃料及零配件专门零售	5185834	6290851	4611543	5085070
家用电器及电子产品专门零售	12217080	11485506	9274856	8586333
五金、家具及室内装饰材料专门零售	215047	130395	191680	89980
货摊、无店铺及其他零售业	21204	22373	21204	22373
直营门店合计	**53143322**	**53152868**	**41562137**	**41106412**
批发业	**3339670**	**3999075**	**2489922**	**3092449**
农、林、牧产品批发	38312	32191	37645	31567
食品、饮料及烟草制品批发	627739	526202	532094	454880
纺织、服装及家庭用品批发	215342	254869	214550	233325
文化、体育用品及器材批发	63867	366242	63867	366242
医药及医疗器材批发	321488	309200	173343	157244
矿产品、建材及化工产品批发	1660463	2043826	1148214	1483487
机械设备、五金产品及电子产品批发	226859	231312	134754	134827
贸易经纪与代理				
其他批发业	185600	235232	185456	230877

单位：万元

自有配送中心配送商品购进额		非自有配送中心配送商品购进额		商品销售总额		零售额	
2015年	2014年	2015年	2014年	2015年	2014年	2015年	2014年
25765025	**24425153**	**6093463**	**6586735**	**62516534**	**62561162**	**49649511**	**48903574**
1853263	**2186542**	**145672**	**137876**	**4222953**	**5196658**	**1644460**	**1529972**
37645	31567			43512	35531	16258	14259
286848	236217	86302	75819	660428	695280	177276	135635
209902	229280	5362	4046	307777	330041	132519	76100
29285	325486			73199	407816	24429	26102
190155	171701	117	124	406514	383404	112612	104088
951054	1037102	42377	51671	2230550	2807089	879500	860401
120021	124993	5415	271	279963	292349	109805	99106
28353	30197	6099	5945	221009	245148	192061	214281
23911761	**22238611**	**5947791**	**6448859**	**58293582**	**57364504**	**48005051**	**47373603**
10391972	10271922	2210601	2004015	28468171	28288355	24276248	23766615
617106	552993	122129	118604	1607707	1296346	1275466	1167595
208757	171752	76714	82785	808492	776032	677377	631621
3258229	3062912	115684	115954	3666121	3461958	1218652	1211482
1597853	1586773	990786	800270	4928297	4505434	4443956	4045682
1210108	1164426	1778009	2321225	5482078	6616327	4213094	5097441
6430494	5340050	653593	1005330	12991519	12147208	11583741	11213399
176315	66087			319902	247858	299337	219931
20929	21696	275	676	21295	24986	17182	19838
24578443	**23319511**	**5767357**	**6384551**	**59809114**	**60325920**	**47351732**	**46980790**
1732782	**2069841**	**137654**	**135093**	**3917573**	**4945462**	**1588063**	**1504116**
37645	31567			43512	35531	16258	14259
284370	233495	86302	75819	657208	689565	174056	129920
209188	229280	5362	4046	307051	329740	131805	76100
28083	324312			72108	406964	24233	25250
168637	153224			350587	336046	102437	95419
873951	944856	40575	49904	2072914	2661371	874387	855388
120021	124993	5415	271	228997	249320	104545	97628
10886	28116		5054	185195	236924	160341	210153

1-5 续表 11

有限责任公司

项　　目	商品购进总额		统一配送商品购进额	
	2015年	2014年	2015年	2014年
零售业	**49803653**	**49153794**	**39072216**	**38013963**
综合零售	23693925	23111577	17192481	16591989
食品、饮料及烟草制品专门零售	970538	905773	845128	864088
纺织、服装及日用品专门零售	437085	412203	330823	308068
文化、体育用品及器材专门零售	3595500	3392656	3469167	3284648
医药及医疗器材专门零售	3657241	3410635	3325133	3189591
汽车、摩托车、燃料及零配件专门零售	5013935	6290851	4439644	5085070
家用电器及电子产品专门零售	12199352	11477587	9257128	8578413
五金、家具及室内装饰材料专门零售	215047	130395	191680	89980
货摊、无店铺及其他零售业	21031	22117	21031	22117
加盟门店合计	**2266556**	**1807236**	**1751226**	**1486957**
批发业	**273765**	**218075**	**149921**	**134537**
农、林、牧产品批发				
食品、饮料及烟草制品批发	2478	2722	2478	2722
纺织、服装及家庭用品批发	719	150	714	
文化、体育用品及器材批发	1202	1175	1202	1175
医药及医疗器材批发	47480	30790	23257	20120
矿产品、建材及化工产品批发	141466	135482	98704	107548
机械设备、五金产品及电子产品批发	48155	40424		
贸易经纪与代理				
其他批发业	32265	7332	23566	2973
零售业	**1992791**	**1589161**	**1601305**	**1352420**
综合零售	1194000	1113014	932572	925416
食品、饮料及烟草制品专门零售	239620	162269	190967	162203
纺织、服装及日用品专门零售	78251	62195	45697	28017
文化、体育用品及器材专门零售	509	2227	509	2227
医药及医疗器材专门零售	290610	241281	241760	226383
汽车、摩托车、燃料及零配件专门零售	171899		171899	
家用电器及电子产品专门零售	17728	7919	17728	7919
五金、家具及室内装饰材料专门零售				
货摊、无店铺及其他零售业	174	255	174	255

单位：万元

自有配送中心配送商品购进额		非自有配送中心配送商品购进额		商品销售总额		零售额	
2015年	2014年	2015年	2014年	2015年	2014年	2015年	2014年
22845662	**21249671**	**5629703**	**6249457**	**55891541**	**55380459**	**45763669**	**45476674**
9819153	9559140	1989411	1890744	27101066	26983388	22917642	22485109
433259	390791	115553	118604	1290983	1090640	1043884	964383
165425	145848	74402	80767	690997	668409	574795	541450
3257800	3060707	115604	115932	3665671	3459853	1218295	1209376
1519222	1506492	903213	716290	4527167	4156172	4092402	3740058
1038209	1164426	1778009	2321225	5298752	6616327	4029768	5097441
6415523	5334739	653237	1005219	12975887	12133105	11570544	11199366
176315	66087			319902	247858	299337	219931
20756	21441	275	676	21116	24708	17002	19561
1186581	**1105641**	**326106**	**202184**	**2707421**	**2235242**	**2297779**	**1922784**
120482	**116701**	**8018**	**2782**	**305380**	**251196**	**56397**	**25856**
2478	2722			3220	5715	3220	5715
714				726	301	714	
1202	1175			1091	852	197	852
21517	18477	117	124	55927	47358	10175	8669
77103	92246	1802	1767	157636	145718	5113	5013
				50966	43028	5259	1478
17468	2081	6099	892	35814	8224	31719	4129
1066100	**988940**	**318088**	**199402**	**2402041**	**1984045**	**2241383**	**1896929**
572819	712782	221191	113271	1367105	1304967	1358607	1281506
183847	162203	6576		316724	205706	231582	203212
43331	25904	2312	2018	117496	107624	102582	90171
429	2205	80	22	450	2106	356	2106
78631	80281	87573	83981	401130	349262	351553	305624
171899				183326		183326	
14971	5311	357	111	15632	14104	13197	14032
174	255			180	277	180	277

1-5 续表 12

股份有限公司

项　目	商品购进总额		统一配送商品购进额	
	2015年	2014年	2015年	2014年
总　计	**136834851**	**155378378**	**102376865**	**122615522**
批发业	**67893374**	**91195236**	**61497282**	**82884299**
农、林、牧产品批发	1566841	1350944	1566841	1350944
食品、饮料及烟草制品批发	12919	11647	12919	11647
纺织、服装及家庭用品批发	1488162	1331449	639543	515801
文化、体育用品及器材批发	1212124	1085710	1212124	1085710
医药及医疗器材批发	85995	77816	85995	77816
矿产品、建材及化工产品批发	61145190	84512776	55597716	77017486
机械设备、五金产品及电子产品批发	348820	292334	348820	292334
贸易经纪与代理				
其他批发业	2033325	2532560	2033325	2532560
零售业	**68941477**	**64183142**	**40879583**	**39731223**
综合零售	36417050	35430296	20389760	19991635
食品、饮料及烟草制品专门零售	206464	183081	151011	142931
纺织、服装及日用品专门零售	6977	8163	6977	8163
文化、体育用品及器材专门零售	674596	199289	674596	199289
医药及医疗器材专门零售	550765	494602	499315	445047
汽车、摩托车、燃料及零配件专门零售	19593177	25630350	12419751	16805523
家用电器及电子产品专门零售	11492447	2237361	6738173	2138634
五金、家具及室内装饰材料专门零售				
货摊、无店铺及其他零售业				
直营门店合计	**132458810**	**151732319**	**98510391**	**119446303**
批发业	**66159267**	**89423104**	**59814425**	**81237737**
农、林、牧产品批发	1331815	1148302	1331815	1148302
食品、饮料及烟草制品批发	12919	11647	12919	11647
纺织、服装及家庭用品批发	1334509	1179054	537140	488977
文化、体育用品及器材批发	1212124	1085710	1212124	1085710
医药及医疗器材批发	85995	77816	85995	77816
矿产品、建材及化工产品批发	59799761	83095680	54252288	75600390
机械设备、五金产品及电子产品批发	348820	292334	348820	292334
贸易经纪与代理				
其他批发业	2033325	2532560	2033325	2532560

单位：万元

自有配送中心配送商品购进额		非自有配送中心配送商品购进额		商品销售总额		零售额	
2015年	2014年	2015年	2014年	2015年	2014年	2015年	2014年
63073540	**75797204**	**19180330**	**23374931**	**160732639**	**178962868**	**108247694**	**127442053**
38238351	**53800625**	**13923889**	**18101203**	**77648961**	**100869344**	**48778332**	**64021820**
1566841	1350944			1625346	1506471		
12919	11647			12783	11510	2159	2149
639543	515801			2404588	2311366	1313785	1339632
1212124	1085710			1129440	1107238	522178	526168
70103	63919			118882	115314	118750	115314
32703496	48240043	13575070	17808869	70149464	93075098	44613001	59744447
		348820	292334	224946	287026	224946	160548
2033325	2532560			1983512	2455320	1983512	2133562
24835190	**21996579**	**5256441**	**5273729**	**83083678**	**78093524**	**59469362**	**63420232**
14163414	13812430	3416352	3308601	43351917	42930349	37402871	36953873
150358	140295	653	2636	243341	220707	241602	219230
5182	6197			15949	18210	14864	16897
594855	105105			654005	657952	565895	562901
341636	300363	41189	33905	699338	582591	464793	449378
4404414	6701096	1798246	1928587	25171800	31691762	19360389	23634745
5175332	931095			12947327	1991952	1418948	1583208
60389774	**73302853**	**18570999**	**22912562**	**156466699**	**175075784**	**105478284**	**124946609**
36555493	**52154063**	**13923889**	**18101203**	**75975984**	**99121342**	**48369713**	**63523499**
1331815	1148302			1397798	1295565		
12919	11647			12783	11510	2159	2149
537140	488977			2304588	2191366	1213785	1219632
1212124	1085710			1129440	1107238	522178	526168
70103	63919			118882	115314	118750	115314
31358068	46822947	13575070	17808869	68804035	91658002	44304383	59366125
		348820	292334	224946	287026	224946	160548
2033325	2532560			1983512	2455320	1983512	2133562

1-5 续表 13

股份有限公司

项目	商品购进总额		统一配送商品购进额	
	2015年	2014年	2015年	2014年
零售业	**66299543**	**62309214**	**38695966**	**38208566**
综合零售	34356538	33737835	18743203	18630896
食品、饮料及烟草制品专门零售	45499	54937	34327	34265
纺织、服装及日用品专门零售	6977	8163	6977	8163
文化、体育用品及器材专门零售	673015	197539	673015	197539
医药及医疗器材专门零售	526561	474244	475191	424759
汽车、摩托车、燃料及零配件专门零售	19312931	25599136	12139505	16774310
家用电器及电子产品专门零售	11378022	2237361	6623748	2138634
五金、家具及室内装饰材料专门零售				
货摊、无店铺及其他零售业				
加盟门店合计	**4376041**	**3646060**	**3866474**	**3169218**
批发业	**1734107**	**1772132**	**1682857**	**1646562**
农、林、牧产品批发	235026	202642	235026	202642
食品、饮料及烟草制品批发				
纺织、服装及家庭用品批发	153653	152395	102403	26824
文化、体育用品及器材批发				
医药及医疗器材批发				
矿产品、建材及化工产品批发	1345429	1417096	1345429	1417096
机械设备、五金产品及电子产品批发				
贸易经纪与代理				
其他批发业				
零售业	**2641934**	**1873928**	**2183617**	**1522657**
综合零售	2060513	1692461	1646557	1360739
食品、饮料及烟草制品专门零售	160965	128144	116684	108665
纺织、服装及日用品专门零售				
文化、体育用品及器材专门零售	1581	1751	1581	1751
医药及医疗器材专门零售	24204	20358	24124	20288
汽车、摩托车、燃料及零配件专门零售	280246	31214	280246	31214
家用电器及电子产品专门零售	114425		114425	
五金、家具及室内装饰材料专门零售				
货摊、无店铺及其他零售业				

单位：万元

自有配送中心配送商品购进额		非自有配送中心配送商品购进额		商品销售总额		零售额	
2015年	2014年	2015年	2014年	2015年	2014年	2015年	2014年
23834280	**21148790**	**4647110**	**4811360**	**80490715**	**75954442**	**57108571**	**61423110**
13281842	13075515	2829654	2865730	41392846	41340063	35515211	35450183
34002	32737	325	1529	52436	63996	52436	63996
5182	6197			15949	18210	14864	16897
593274	103354			652423	656202	564314	561150
340235	298797	18885	15514	677915	564963	462654	431751
4404414	6701096	1798246	1928587	24864172	31319056	19080143	23315926
5175332	931095			12834973	1991952	1418948	1583208
2683767	**2494351**	**609331**	**462369**	**4265940**	**3887084**	**2769409**	**2495444**
1682857	**1646562**			**1672977**	**1748002**	**408618**	**498322**
235026	202642			227548	210906		
102403	26824			100000	120000	100000	120000
1345429	1417096			1345429	1417096	308618	378322
1000909	**847790**	**609331**	**462369**	**2592963**	**2139082**	**2360791**	**1997122**
881572	736915	586699	442871	1959071	1590286	1887660	1503691
116356	107558	328	1107	190905	156711	189166	155234
1581	1751			1581	1751	1581	1751
1401	1566	22304	18391	21423	17628	2138	17628
				307628	372707	280246	318819
				112355			

1-5 续表 14

私营企业

项 目	商品购进总额		统一配送商品购进额	
	2015年	2014年	2015年	2014年
总 计	**21609019**	**19996924**	**19172653**	**17549775**
批发业	**938809**	**990419**	**666990**	**690772**
农、林、牧产品批发	53366	41339	17620	5593
食品、饮料及烟草制品批发	270604	241824	194384	178283
纺织、服装及家庭用品批发	106545	168555	55609	62952
文化、体育用品及器材批发	6413	8546	3619	3155
医药及医疗器材批发	120933	107375	79211	73272
矿产品、建材及化工产品批发	130443	131064	68657	78131
机械设备、五金产品及电子产品批发	206980	246667	206980	246667
贸易经纪与代理				
其他批发业	43525	45050	40911	42721
零售业	**20670209**	**19006505**	**18505663**	**16859003**
综合零售	9710784	9145068	8475299	7903073
食品、饮料及烟草制品专门零售	1046602	1066196	1028231	1046600
纺织、服装及日用品专门零售	489510	473212	320309	306330
文化、体育用品及器材专门零售	159600	179873	117196	109321
医药及医疗器材专门零售	2830030	2267915	2681314	2144861
汽车、摩托车、燃料及零配件专门零售	158456	150436	124349	122353
家用电器及电子产品专门零售	6199232	5646478	5682971	5149138
五金、家具及室内装饰材料专门零售	57331	60998	57331	60998
货摊、无店铺及其他零售业	18664	16330	18664	16330
直营门店合计	**19655371**	**18256571**	**17462592**	**16080882**
批发业	**695475**	**710673**	**487877**	**515466**
农、林、牧产品批发	5810	1029	4950	169
食品、饮料及烟草制品批发	161689	142649	92440	87911
纺织、服装及家庭用品批发	100715	115050	52479	56447
文化、体育用品及器材批发	6413	8546	3619	3155
医药及医疗器材批发	93225	84445	71167	63434
矿产品、建材及化工产品批发	94042	84036	32256	31760
机械设备、五金产品及电子产品批发	203579	242962	203579	242962
贸易经纪与代理				
其他批发业	30001	31957	27387	29628

单位：万元

自有配送中心配送商品购进额		非自有配送中心配送商品购进额		商品销售总额		零售额	
2015年	2014年	2015年	2014年	2015年	2014年	2015年	2014年
11673748	**11060058**	**1762167**	**1655295**	**24107975**	**22125361**	**21075989**	**19172429**
473919	**483910**	**40896**	**36575**	**1148087**	**1179775**	**445592**	**479353**
13645	2007			73013	61756	14204	2756
156332	137526	23674	25584	321497	283345	128300	102520
4166	8104	3142	2702	158525	197850	34018	46579
3619	3155			10688	15561	7214	13410
58372	63819	12883	7002	123266	104563	28379	34572
66982	75776			158379	164701	28528	29726
170802	193524	1196	1287	253997	305437	201241	246410
				48722	46563	3709	3381
11199829	**10576148**	**1721271**	**1618720**	**22959888**	**20945586**	**20630396**	**18693076**
6013166	5606577	948771	894467	11071949	10426574	10074043	9418155
669662	656849	82011	104320	1330226	1201016	1127890	1021527
175058	195832	23099	25096	686093	581371	619726	528722
95823	92457			184489	153678	132856	110413
1751285	1542688	285911	217916	3393868	2753370	3060555	2525142
39344	43621	35896	41297	175839	166616	138330	136887
2387349	2370844	340102	328299	6030263	5571635	5410078	4876283
54959	58278			65596	71907	46927	57332
13183	9004	5481	7326	21564	19420	19992	18616
10584437	**10054117**	**1313347**	**1330452**	**21750770**	**20026274**	**19106604**	**17378000**
341173	**354778**	**19601**	**9689**	**885242**	**915364**	**356915**	**400428**
4950	169			6873	2907	3985	
75653	67039	2410	5700	255899	230826	75072	53032
3526	4209	3142	2702	122067	145194	30530	39059
3619	3155			10688	15561	7214	13410
55084	60984	12852		88189	73627	10522	19547
30581	29405			118810	115059	28204	29432
167760	189819	1196	1287	250249	301596	197680	242568
				32467	30596	3709	3381

1-5 续表 15

私营企业

项　目	商品购进总额		统一配送商品购进额	
	2015年	2014年	2015年	2014年
零售业	**18959896**	**17545897**	**16974716**	**15565416**
综合零售	8444190	8045348	7351147	6943848
食品、饮料及烟草制品专门零售	992893	995183	976947	979241
纺织、服装及日用品专门零售	408576	378556	254153	223934
文化、体育用品及器材专门零售	155640	176835	117196	109321
医药及医疗器材专门零售	2586447	2118704	2453491	2003224
汽车、摩托车、燃料及零配件专门零售	158456	150436	124349	122353
家用电器及电子产品专门零售	6148432	5609373	5632171	5112033
五金、家具及室内装饰材料专门零售	57331	60998	57331	60998
货摊、无店铺及其他零售业	7931	10465	7931	10465
加盟门店合计	**1953647**	**1740354**	**1710060**	**1468894**
批发业	**243334**	**279746**	**179114**	**175306**
农、林、牧产品批发	47556	40310	12670	5424
食品、饮料及烟草制品批发	108914	99175	101944	90372
纺织、服装及家庭用品批发	5830	53505	3130	6505
文化、体育用品及器材批发				
医药及医疗器材批发	27708	22930	8044	9838
矿产品、建材及化工产品批发	36401	47028	36401	46371
机械设备、五金产品及电子产品批发	3402	3705	3402	3705
贸易经纪与代理				
其他批发业	13524	13093	13524	13093
零售业	**1710313**	**1460608**	**1530947**	**1293587**
综合零售	1266594	1099720	1124152	959226
食品、饮料及烟草制品专门零售	53709	71013	51284	67359
纺织、服装及日用品专门零售	80935	94656	66156	82397
文化、体育用品及器材专门零售	3960	3038		
医药及医疗器材专门零售	243583	149211	227823	141637
汽车、摩托车、燃料及零配件专门零售				
家用电器及电子产品专门零售	50800	37105	50800	37105
五金、家具及室内装饰材料专门零售				
货摊、无店铺及其他零售业	10733	5865	10733	5865

单位：万元

自有配送中心配送商品购进额		非自有配送中心配送商品购进额		商品销售总额		零售额	
2015年	2014年	2015年	2014年	2015年	2014年	2015年	2014年
10243264	**9699339**	**1293746**	**1320763**	**20865528**	**19110910**	**18749690**	**16977572**
5338748	5005426	606968	642268	9525838	8992244	8593789	8017476
623881	594650	81664	104320	1270030	1144066	1084839	981519
130326	129026	2205	10035	541772	461841	501486	431829
95823	92457			180529	150669	131280	109112
1621183	1439003	221430	187219	3116517	2576391	2833016	2354144
39344	43621	35896	41297	175839	166616	138330	136887
2336549	2333739	340102	328299	5977892	5533382	5410078	4876283
54959	58278			65596	71907	46927	57332
2450	3140	5481	7326	11516	13795	9944	12991
1089311	**1005941**	**448820**	**324844**	**2357205**	**2099087**	**1969384**	**1794429**
132746	**129131**	**21295**	**26886**	**262845**	**264411**	**88678**	**78924**
8695	1838			66141	58849	10219	2756
80680	70487	21264	19884	65598	52519	53228	49487
640	3895			36458	52657	3488	7520
3288	2836	31	7002	35077	30936	17857	15025
36401	46371			39569	49641	324	295
3043	3705			3748	3841	3561	3841
				16255	15967		
956565	**876809**	**427525**	**297957**	**2094360**	**1834677**	**1880707**	**1715505**
674418	601151	341803	252199	1546111	1434330	1480254	1400679
45781	62198	348		60196	56950	43050	40008
44732	66806	20894	15061	144321	119530	118240	96894
				3960	3010	1576	1301
130102	103684	64481	30697	277352	176979	227538	170998
50800	37105			52371	38253		
10733	5865			10048	5625	10048	5625

1-5 续表 16

其他企业

项　目	商品购进总额		统一配送商品购进额	
	2015年	2014年	2015年	2014年
总 计	**620084**	**502036**	**597435**	**481330**
批发业	**5909**	**5533**	**5883**	**5438**
农、林、牧产品批发				
食品、饮料及烟草制品批发				
纺织、服装及家庭用品批发				
文化、体育用品及器材批发				
医药及医疗器材批发	5909	5533	5883	5438
矿产品、建材及化工产品批发				
机械设备、五金产品及电子产品批发				
贸易经纪与代理				
其他批发业				
零售业	**614176**	**496503**	**591553**	**475892**
综合零售	377845	274043	366874	258821
食品、饮料及烟草制品专门零售	15226	13276	15226	13276
纺织、服装及日用品专门零售	1251	972	1251	972
文化、体育用品及器材专门零售	45988	48816	45988	48816
医药及医疗器材专门零售	81638	65978	69987	60589
汽车、摩托车、燃料及零配件专门零售				
家用电器及电子产品专门零售	92228	93420	92228	93420
五金、家具及室内装饰材料专门零售				
货摊、无店铺及其他零售业				
直营门店合计	**580422**	**467898**	**559832**	**448932**
批发业	**3215**	**3198**	**3215**	**3198**
农、林、牧产品批发				
食品、饮料及烟草制品批发				
纺织、服装及家庭用品批发				
文化、体育用品及器材批发				
医药及医疗器材批发	3215	3198	3215	3198
矿产品、建材及化工产品批发				
机械设备、五金产品及电子产品批发				
贸易经纪与代理				
其他批发业				

单位：万元

自有配送中心配送商品购进额		非自有配送中心配送商品购进额		商品销售总额		零售额	
2015年	2014年	2015年	2014年	2015年	2014年	2015年	2014年
123630	**119414**	**327121**	**222348**	**666232**	**537229**	**560401**	**535568**
5810	**5068**			**10009**	**9422**	**10009**	**9422**
5810	5068			10009	9422	10009	9422
117820	**114346**	**327121**	**222348**	**656222**	**527807**	**550392**	**526146**
72141	74138	281437	182324	393117	283782	288717	283782
15226	13276			18678	15774	17276	14204
				1140	957	1140	957
8402	9030			50818	57447	50818	57447
22052	17902	45684	40023	96115	76428	96087	76337
				96354	93420	96354	93420
113082	**111691**	**301164**	**198923**	**619119**	**496681**	**513316**	**495111**
3215	**3144**			**4549**	**4271**	**4549**	**4271**
3215	3144			4549	4271	4549	4271

1-5 续表 17

其他企业

项　目	商品购进总额		统一配送商品购进额	
	2015年	2014年	2015年	2014年
零售业	**577207**	**464700**	**556617**	**445734**
综合零售	370582	266904	359611	251682
食品、饮料及烟草制品专门零售	13511	13276	13511	13276
纺织、服装及日用品专门零售	1251	972	1251	972
文化、体育用品及器材专门零售	45988	48816	45988	48816
医药及医疗器材专门零售	53648	41313	44029	37569
汽车、摩托车、燃料及零配件专门零售				
家用电器及电子产品专门零售	92228	93420	92228	93420
五金、家具及室内装饰材料专门零售				
货摊、无店铺及其他零售业				
加盟门店合计	**39662**	**34138**	**37603**	**32399**
批发业	**2693**	**2335**	**2668**	**2240**
农、林、牧产品批发				
食品、饮料及烟草制品批发				
纺织、服装及家庭用品批发				
文化、体育用品及器材批发				
医药及医疗器材批发	2693	2335	2668	2240
矿产品、建材及化工产品批发				
机械设备、五金产品及电子产品批发				
贸易经纪与代理				
其他批发业				
零售业	**36968**	**31803**	**34936**	**30158**
综合零售	7263	7139	7263	7139
食品、饮料及烟草制品专门零售	1715		1715	
纺织、服装及日用品专门零售				
文化、体育用品及器材专门零售				
医药及医疗器材专门零售	27991	24664	25958	23019
汽车、摩托车、燃料及零配件专门零售				
家用电器及电子产品专门零售				
五金、家具及室内装饰材料专门零售				
货摊、无店铺及其他零售业				

单位：万元

自有配送中心配送商品购进额		非自有配送中心配送商品购进额		商品销售总额		零售额	
2015年	2014年	2015年	2014年	2015年	2014年	2015年	2014年
109867	**108548**	**301164**	**198923**	**614569**	**492411**	**508767**	**490841**
66079	68481	280900	181677	386374	277279	281974	277279
13511	13276			16518	15774	15116	14204
				1140	957	1140	957
8402	9030			50818	57447	50818	57447
21874	17761	20264	17246	63365	47534	63364	47534
				96354	93420	96354	93420
10548	**7723**	**25957**	**23425**	**47113**	**40548**	**47085**	**40457**
2594	**1924**			**5460**	**5152**	**5460**	**5152**
2594	1924			5460	5152	5460	5152
7954	**5798**	**25957**	**23425**	**41653**	**35396**	**41625**	**35305**
6061	5657	537	647	6743	6503	6743	6503
1715				2160		2160	
178	141	25420	22777	32750	28893	32723	28802

1-5 续表 18

港澳台商投资企业

项　目	商品购进总额		统一配送商品购进额	
	2015年	2014年	2015年	2014年
总　计	**22787076**	**20184198**	**16560440**	**14446152**
批发业	**348160**	**491779**	**301484**	**442582**
农、林、牧产品批发				
食品、饮料及烟草制品批发	3492	52515	3492	52515
纺织、服装及家庭用品批发	96758	104517	96758	104517
文化、体育用品及器材批发	876	3405	876	3405
医药及医疗器材批发				
矿产品、建材及化工产品批发	19551	18625		
机械设备、五金产品及电子产品批发				
贸易经纪与代理				
其他批发业	227482	312717	200358	282144
零售业	**22438916**	**19692420**	**16258956**	**14003571**
综合零售	21143562	18297421	15603209	13367215
食品、饮料及烟草制品专门零售	108556	102078	56976	48175
纺织、服装及日用品专门零售	996347	1051306	438979	411730
文化、体育用品及器材专门零售	18818	25656		
医药及医疗器材专门零售	151540	197814	139697	158307
汽车、摩托车、燃料及零配件专门零售				
家用电器及电子产品专门零售				
五金、家具及室内装饰材料专门零售	20094	18145	20094	18145
货摊、无店铺及其他零售业				
直营门店合计	**17966521**	**15574563**	**11893983**	**9990165**
批发业	**293196**	**435190**	**246520**	**385993**
农、林、牧产品批发				
食品、饮料及烟草制品批发	3492	52515	3492	52515
纺织、服装及家庭用品批发	41794	47929	41794	47929
文化、体育用品及器材批发	876	3405	876	3405
医药及医疗器材批发				
矿产品、建材及化工产品批发	19551	18625		
机械设备、五金产品及电子产品批发				
贸易经纪与代理				
其他批发业	227482	312717	200358	282144

单位：万元

自有配送中心配送商品购进额		非自有配送中心配送商品购进额		商品销售总额		零售额	
2015年	2014年	2015年	2014年	2015年	2014年	2015年	2014年
8590515	**7171010**	**2111835**	**1473876**	**25972331**	**23433430**	**21848670**	**20875304**
47965	**104102**			**623629**	**606915**	**158304**	**154062**
640	48949			6587	7109	3768	4719
47129	54888			239747	205428	97789	90637
				1053	3713	1053	976
				24888	24484		
197	265			351355	366181	55694	57731
8542550	**7066908**	**2111835**	**1473876**	**25348701**	**22826515**	**21690366**	**20721242**
8343074	6845213	1988312	1424222	23381090	20798106	19944903	18906236
50156	44996	1150	1618	191288	174690	148914	140742
95001	119330	36994	44562	1494690	1550271	1326287	1385152
				50818	60320	50818	60320
54319	57370	85379	3473	207920	227304	196549	212969
				22896	15823	22896	15823
8460210	**7041858**	**2104860**	**1468032**	**21000052**	**18733344**	**17029688**	**16340577**
41757	**96268**			**508953**	**490614**	**152096**	**146229**
640	48949			6587	7109	3768	4719
40920	47055			125070	89127	91580	82803
				1053	3713	1053	976
				24888	24484		
197	265			351355	366181	55694	57731

1-5 续表 19

港澳台商投资企业

项目	商品购进总额		统一配送商品购进额	
	2015年	2014年	2015年	2014年
零售业	**17673325**	**15139373**	**11647463**	**9604171**
综合零售	16399191	13775962	11009436	8993019
食品、饮料及烟草制品专门零售	105055	99223	56976	48175
纺织、服装及日用品专门零售	979492	1023273	422124	387226
文化、体育用品及器材专门零售	18818	25656		
医药及医疗器材专门零售	150676	197114	138833	157607
汽车、摩托车、燃料及零配件专门零售				
家用电器及电子产品专门零售				
五金、家具及室内装饰材料专门零售	20094	18145	20094	18145
货摊、无店铺及其他零售业				
加盟门店合计	**4820555**	**4609635**	**4666457**	**4455988**
批发业	**54964**	**56588**	**54964**	**56588**
农、林、牧产品批发				
食品、饮料及烟草制品批发				
纺织、服装及家庭用品批发	54964	56588	54964	56588
文化、体育用品及器材批发				
医药及医疗器材批发				
矿产品、建材及化工产品批发				
机械设备、五金产品及电子产品批发				
贸易经纪与代理				
其他批发业				
零售业	**4765591**	**4553047**	**4611493**	**4399399**
综合零售	4744370	4521459	4593773	4374196
食品、饮料及烟草制品专门零售	3501	2855		
纺织、服装及日用品专门零售	16855	28032	16855	24504
文化、体育用品及器材专门零售				
医药及医疗器材专门零售	864	700	864	700
汽车、摩托车、燃料及零配件专门零售				
家用电器及电子产品专门零售				
五金、家具及室内装饰材料专门零售				
货摊、无店铺及其他零售业				

单位：万元

自有配送中心配送商品购进额		非自有配送中心配送商品购进额		商品销售总额		零售额	
2015年	2014年	2015年	2014年	2015年	2014年	2015年	2014年
8418453	**6945589**	**2104860**	**1468032**	**20491099**	**18242731**	**16877592**	**16194348**
8234897	6748810	1982651	1418378	18568274	16264403	15167751	14409295
50156	44996	1150	1618	184701	170162	144119	136214
79946	95114	35680	44562	1457508	1505593	1296478	1360603
				50818	60320	50818	60320
53454	56670	85379	3473	206902	226429	195531	212094
				22896	15823	22896	15823
130306	**129152**	**6975**	**5844**	**4972279**	**4700086**	**4818983**	**4534727**
6209	**7833**			**114677**	**116301**	**6209**	**7833**
6209	7833			114677	116301	6209	7833
124097	**121319**	**6975**	**5844**	**4857602**	**4583784**	**4812774**	**4526894**
108177	96403	5661	5844	4812816	4533703	4777152	4496941
				6587	4529	4795	4529
15056	24216	1314		37182	44678	29809	24549
864	700			1018	875	1018	875

1-5 续表 20

外商投资企业

项　　目	商品购进总额		统一配送商品购进额	
	2015年	2014年	2015年	2014年
总　计	**30168472**	**30056732**	**16855928**	**16687559**
批发业	**1299880**	**1279170**	**1298791**	**1276782**
农、林、牧产品批发				
食品、饮料及烟草制品批发	1102738	1056043	1102738	1056043
纺织、服装及家庭用品批发	1089	2388		
文化、体育用品及器材批发				
医药及医疗器材批发				
矿产品、建材及化工产品批发	146369	167296	146369	167296
机械设备、五金产品及电子产品批发	49684	53443	49684	53443
贸易经纪与代理				
其他批发业				
零售业	**28868592**	**28777563**	**15557137**	**15410777**
综合零售	19516918	19097631	10542113	10267811
食品、饮料及烟草制品专门零售	19557	16885	19557	16885
纺织、服装及日用品专门零售	960818	786945	942445	769827
文化、体育用品及器材专门零售	151037	81927	151037	81927
医药及医疗器材专门零售	115100	90737	115100	90737
汽车、摩托车、燃料及零配件专门零售	4055942	5142798	2516420	3103445
家用电器及电子产品专门零售	3858377	3387588	1095240	922038
五金、家具及室内装饰材料专门零售	190842	173052	175224	158107
货摊、无店铺及其他零售业				
直营门店合计	**29131295**	**28945135**	**15874979**	**15629756**
批发业	**1299034**	**1278288**	**1297945**	**1275901**
农、林、牧产品批发				
食品、饮料及烟草制品批发	1101892	1055162	1101892	1055162
纺织、服装及家庭用品批发	1089	2388		
文化、体育用品及器材批发				
医药及医疗器材批发				
矿产品、建材及化工产品批发	146369	167296	146369	167296
机械设备、五金产品及电子产品批发	49684	53443	49684	53443
贸易经纪与代理				
其他批发业				

单位：万元

自有配送中心配送商品购进额		非自有配送中心配送商品购进额		商品销售总额		零售额	
2015年	2014年	2015年	2014年	2015年	2014年	2015年	2014年
10041791	**10001665**	**2283515**	**2746751**	**36071761**	**36379135**	**31562702**	**31256821**
222454	**247970**			**1375734**	**1380850**	**447827**	**351437**
26401	27231			1165171	1141291	297679	265236
				17766	3120	2011	3120
146369	167296			146002	184342	146002	73737
49684	53443			46794	52097	2135	9343
9819337	**9753695**	**2283515**	**2746751**	**34696027**	**34998285**	**31114875**	**30905384**
7595976	7206490	709196	1114066	21581312	21147892	19300962	18708713
				23135	16679	23135	16679
335670	423363	44657	33335	1400449	1165392	1264348	1113301
		151037	81927	148483	116297	148483	116297
23519	90737			88764	82214	88158	82214
900800	1237666	1203622	1355793	6741503	8148105	5600991	6565125
934474	772004	160767	150034	4444155	4067592	4420630	4048985
28898	23434	14237	11597	268225	254115	268168	254070
9124744	**8995715**	**2229465**	**2701781**	**34909271**	**35167028**	**30450614**	**30084258**
221608	**247089**			**1374414**	**1379389**	**446507**	**349976**
25555	26350			1163851	1139830	296358	263776
				17766	3120	2011	3120
146369	167296			146002	184342	146002	73737
49684	53443			46794	52097	2135	9343

1-5 续表 21

外商投资企业

项 目	商品购进总额		统一配送商品购进额	
	2015年	2014年	2015年	2014年
零售业	**27832261**	**27666847**	**14577034**	**14353855**
综合零售	18623582	18107811	9704678	9330953
食品、饮料及烟草制品专门零售	16891	14815	16891	14815
纺织、服装及日用品专门零售	820490	668120	802443	651834
文化、体育用品及器材专门零售	151037	81927	151037	81927
医药及医疗器材专门零售	115100	90737	115100	90737
汽车、摩托车、燃料及零配件专门零售	4055942	5142798	2516420	3103445
家用电器及电子产品专门零售	3858377	3387588	1095240	922038
五金、家具及室内装饰材料专门零售	190842	173052	175224	158107
货摊、无店铺及其他零售业				
加盟门店合计	**1037177**	**1111597**	**980949**	**1057803**
批发业	**846**	**881**	**846**	**881**
农、林、牧产品批发				
食品、饮料及烟草制品批发	846	881	846	881
纺织、服装及家庭用品批发				
文化、体育用品及器材批发				
医药及医疗器材批发				
矿产品、建材及化工产品批发				
机械设备、五金产品及电子产品批发				
贸易经纪与代理				
其他批发业				
零售业	**1036331**	**1110716**	**980103**	**1056922**
综合零售	893336	989821	837435	936859
食品、饮料及烟草制品专门零售	2667	2070	2667	2070
纺织、服装及日用品专门零售	140329	118826	140002	117993
文化、体育用品及器材专门零售				
医药及医疗器材专门零售				
汽车、摩托车、燃料及零配件专门零售				
家用电器及电子产品专门零售				
五金、家具及室内装饰材料专门零售				
货摊、无店铺及其他零售业				

单位：万元

自有配送中心配送商品购进额		非自有配送中心配送商品购进额		商品销售总额		零售额	
2015年	2014年	2015年	2014年	2015年	2014年	2015年	2014年
8903137	**8748627**	**2229465**	**2701781**	**33534858**	**33787639**	**30004107**	**29734282**
6816900	6316089	655145	1069096	20609979	20105967	18379874	17706333
				20555	14678	20555	14678
198546	308696	44657	33335	1213194	998671	1077249	946581
		151037	81927	148483	116297	148483	116297
23519	90737			88764	82214	88158	82214
900800	1237666	1203622	1355793	6741503	8148105	5600991	6565125
934474	772004	160767	150034	4444155	4067592	4420630	4048985
28898	23434	14237	11597	268225	254115	268168	254070
917046	**1005949**	**54051**	**44969**	**1162489**	**1212107**	**1112088**	**1172562**
846	**881**			**1320**	**1461**	**1320**	**1461**
846	881			1320	1461	1320	1461
916201	**1005068**	**54051**	**44969**	**1161169**	**1210646**	**1110768**	**1171102**
779076	890401	54051	44969	971334	1041925	921089	1002380
				2580	2001	2580	2001
137124	114667			187255	166721	187099	166721

1-6　按行业与业态分连锁零售企业基本情况

便利店

项　目	连锁总店数（个）	门店数（个）		年末从业人员（人）		年末零售营业面积（平方米）	
	2015年	2015年	2014年	2015年	2014年	2015年	2014年
总　计	**100**	**17675**	**17517**	**83517**	**82905**	**1496187**	**1446257**
批发业							
农、林、牧产品批发							
食品、饮料及烟草制品批发							
纺织、服装及家庭用品批发							
文化、体育用品及器材批发							
医药及医疗器材批发							
矿产品、建材及化工产品批发							
机械设备、五金产品及电子产品批发							
贸易经纪与代理							
其他批发业							
零售业	**100**	**17675**	**17517**	**83517**	**82905**	**1496187**	**1446257**
综合零售	99	17661	17504	83351	82736	1494787	1445087
食品、饮料及烟草制品专门零售	1	14	13	166	169	1400	1170
纺织、服装及日用品专门零售							
文化、体育用品及器材专门零售							
医药及医疗器材专门零售							
汽车、摩托车、燃料及零配件专门零售							
家用电器及电子产品专门零售							
五金、家具及室内装饰材料专门零售							
货摊、无店铺及其他零售业							
直营门店合计		**9648**	**9265**	**57689**	**57751**	**978893**	**923539**
批发业							
农、林、牧产品批发							
食品、饮料及烟草制品批发							
纺织、服装及家庭用品批发							
文化、体育用品及器材批发							
医药及医疗器材批发							
矿产品、建材及化工产品批发							
机械设备、五金产品及电子产品批发							
贸易经纪与代理							
其他批发业							

1-6 续表 1

便利店

项　目	连锁总店数（个）	门店数（个）		年末从业人员（人）		年末零售营业面积（平方米）	
	2015年	2015年	2014年	2015年	2014年	2015年	2014年
零售业		**9648**	**9265**	**57689**	**57751**	**978893**	**923539**
综合零售		9634	9252	57523	57582	977493	922369
食品、饮料及烟草制品专门零售		14	13	166	169	1400	1170
纺织、服装及日用品专门零售							
文化、体育用品及器材专门零售							
医药及医疗器材专门零售							
汽车、摩托车、燃料及零配件专门零售							
家用电器及电子产品专门零售							
五金、家具及室内装饰材料专门零售							
货摊、无店铺及其他零售业							
加盟门店合计		**8027**	**8252**	**25828**	**25154**	**517294**	**522718**
批发业							
农、林、牧产品批发							
食品、饮料及烟草制品批发							
纺织、服装及家庭用品批发							
文化、体育用品及器材批发							
医药及医疗器材批发							
矿产品、建材及化工产品批发							
机械设备、五金产品及电子产品批发							
贸易经纪与代理							
其他批发业							
零售业		**8027**	**8252**	**25828**	**25154**	**517294**	**522718**
综合零售		8027	8252	25828	25154	517294	522718
食品、饮料及烟草制品专门零售							
纺织、服装及日用品专门零售							
文化、体育用品及器材专门零售							
医药及医疗器材专门零售							
汽车、摩托车、燃料及零配件专门零售							
家用电器及电子产品专门零售							
五金、家具及室内装饰材料专门零售							
货摊、无店铺及其他零售业							

1-6 续表 2

折扣店

项　目	连锁总店数（个）	门店数（个）		年末从业人员（人）		年末零售营业面积（平方米）	
	2015年	2015年	2014年	2015年	2014年	2015年	2014年
总　计	**3**	**410**	**377**	**2139**	**2093**	**188862**	**177007**
批发业							
农、林、牧产品批发							
食品、饮料及烟草制品批发							
纺织、服装及家庭用品批发							
文化、体育用品及器材批发							
医药及医疗器材批发							
矿产品、建材及化工产品批发							
机械设备、五金产品及电子产品批发							
贸易经纪与代理							
其他批发业							
零售业	**3**	**410**	**377**	**2139**	**2093**	**188862**	**177007**
综合零售	2	402	368	1480	1388	99070	91343
食品、饮料及烟草制品专门零售							
纺织、服装及日用品专门零售	1	8	9	659	705	89792	85664
文化、体育用品及器材专门零售							
医药及医疗器材专门零售							
汽车、摩托车、燃料及零配件专门零售							
家用电器及电子产品专门零售							
五金、家具及室内装饰材料专门零售							
货摊、无店铺及其他零售业							
直营门店合计		**236**	**207**	**2049**	**2013**	**149292**	**138787**
批发业							
农、林、牧产品批发							
食品、饮料及烟草制品批发							
纺织、服装及家庭用品批发							
文化、体育用品及器材批发							
医药及医疗器材批发							
矿产品、建材及化工产品批发							
机械设备、五金产品及电子产品批发							
贸易经纪与代理							
其他批发业							

1-6 续表 3

折扣店

项　　目	连锁总店数（个）	门店数（个）		年末从业人员（人）		年末零售营业面积（平方米）	
	2015年	2015年	2014年	2015年	2014年	2015年	2014年
零售业		**236**	**207**	**2049**	**2013**	**149292**	**138787**
综合零售		228	198	1390	1308	59500	53123
食品、饮料及烟草制品专门零售							
纺织、服装及日用品专门零售		8	9	659	705	89792	85664
文化、体育用品及器材专门零售							
医药及医疗器材专门零售							
汽车、摩托车、燃料及零配件专门零售							
家用电器及电子产品专门零售							
五金、家具及室内装饰材料专门零售							
货摊、无店铺及其他零售业							
加盟门店合计		**174**	**170**	**90**	**80**	**39570**	**38220**
批发业							
农、林、牧产品批发							
食品、饮料及烟草制品批发							
纺织、服装及家庭用品批发							
文化、体育用品及器材批发							
医药及医疗器材批发							
矿产品、建材及化工产品批发							
机械设备、五金产品及电子产品批发							
贸易经纪与代理							
其他批发业							
零售业		**174**	**170**	**90**	**80**	**39570**	**38220**
综合零售		174	170	90	80	39570	38220
食品、饮料及烟草制品专门零售							
纺织、服装及日用品专门零售							
文化、体育用品及器材专门零售							
医药及医疗器材专门零售							
汽车、摩托车、燃料及零配件专门零售							
家用电器及电子产品专门零售							
五金、家具及室内装饰材料专门零售							
货摊、无店铺及其他零售业							

1-6 续表 4

超市

项　目	连锁总店数（个）	门店数（个）		年末从业人员（人）		年末零售营业面积（平方米）	
	2015年	2015年	2014年	2015年	2014年	2015年	2014年
总　计	**414**	**33301**	**32575**	**435364**	**450146**	**19186624**	**18674522**
批发业	**1**	**9**	**7**	**33**	**18**	**1590**	**1530**
农、林、牧产品批发							
食品、饮料及烟草制品批发	1	9	7	33	18	1590	1530
纺织、服装及家庭用品批发							
文化、体育用品及器材批发							
医药及医疗器材批发							
矿产品、建材及化工产品批发							
机械设备、五金产品及电子产品批发							
贸易经纪与代理							
其他批发业							
零售业	**413**	**33292**	**32568**	**435331**	**450128**	**19185034**	**18672992**
综合零售	413	33292	32568	435331	450128	19185034	18672992
食品、饮料及烟草制品专门零售							
纺织、服装及日用品专门零售							
文化、体育用品及器材专门零售							
医药及医疗器材专门零售							
汽车、摩托车、燃料及零配件专门零售							
家用电器及电子产品专门零售							
五金、家具及室内装饰材料专门零售							
货摊、无店铺及其他零售业							
直营门店合计		**16864**	**15914**	**378531**	**390208**	**17251889**	**16677553**
批发业		**9**	**7**	**33**	**18**	**1590**	**1530**
农、林、牧产品批发							
食品、饮料及烟草制品批发		9	7	33	18	1590	1530
纺织、服装及家庭用品批发							
文化、体育用品及器材批发							
医药及医疗器材批发							
矿产品、建材及化工产品批发							
机械设备、五金产品及电子产品批发							
贸易经纪与代理							
其他批发业							

1-6 续表 5

超市

项　目	连锁总店数（个）	门店数（个）		年末从业人员（人）		年末零售营业面积（平方米）	
	2015年	2015年	2014年	2015年	2014年	2015年	2014年
零售业		**16855**	**15907**	**378498**	**390190**	**17250299**	**16676023**
综合零售		16855	15907	378498	390190	17250299	16676023
食品、饮料及烟草制品专门零售							
纺织、服装及日用品专门零售							
文化、体育用品及器材专门零售							
医药及医疗器材专门零售							
汽车、摩托车、燃料及零配件专门零售							
家用电器及电子产品专门零售							
五金、家具及室内装饰材料专门零售							
货摊、无店铺及其他零售业							
加盟门店合计		**16437**	**16661**	**56833**	**59938**	**1934735**	**1996969**
批发业							
农、林、牧产品批发							
食品、饮料及烟草制品批发							
纺织、服装及家庭用品批发							
文化、体育用品及器材批发							
医药及医疗器材批发							
矿产品、建材及化工产品批发							
机械设备、五金产品及电子产品批发							
贸易经纪与代理							
其他批发业							
零售业		**16437**	**16661**	**56833**	**59938**	**1934735**	**1996969**
综合零售		16437	16661	56833	59938	1934735	1996969
食品、饮料及烟草制品专门零售							
纺织、服装及日用品专门零售							
文化、体育用品及器材专门零售							
医药及医疗器材专门零售							
汽车、摩托车、燃料及零配件专门零售							
家用电器及电子产品专门零售							
五金、家具及室内装饰材料专门零售							
货摊、无店铺及其他零售业							

1-6 续表 6

大型超市

项　目	连锁总店数（个）	门店数（个）		年末从业人员（人）		年末零售营业面积（平方米）	
	2015年	2015年	2014年	2015年	2014年	2015年	2014年
总　计	**172**	**8584**	**9328**	**559499**	**553201**	**33693840**	**31062912**
批发业							
农、林、牧产品批发							
食品、饮料及烟草制品批发							
纺织、服装及家庭用品批发							
文化、体育用品及器材批发							
医药及医疗器材批发							
矿产品、建材及化工产品批发							
机械设备、五金产品及电子产品批发							
贸易经纪与代理							
其他批发业							
零售业	**172**	**8584**	**9328**	**559499**	**553201**	**33693840**	**31062912**
综合零售	172	8584	9328	559499	553201	33693840	31062912
食品、饮料及烟草制品专门零售							
纺织、服装及日用品专门零售							
文化、体育用品及器材专门零售							
医药及医疗器材专门零售							
汽车、摩托车、燃料及零配件专门零售							
家用电器及电子产品专门零售							
五金、家具及室内装饰材料专门零售							
货摊、无店铺及其他零售业							
直营门店合计		**5214**	**4990**	**468568**	**468942**	**29831806**	**27322111**
批发业							
农、林、牧产品批发							
食品、饮料及烟草制品批发							
纺织、服装及家庭用品批发							
文化、体育用品及器材批发							
医药及医疗器材批发							
矿产品、建材及化工产品批发							
机械设备、五金产品及电子产品批发							
贸易经纪与代理							
其他批发业							

1-6 续表 7

大型超市

项目	连锁总店数（个）	门店数（个）		年末从业人员（人）		年末零售营业面积（平方米）	
	2015年	2015年	2014年	2015年	2014年	2015年	2014年
零售业		**5214**	**4990**	**468568**	**468942**	**29831806**	**27322111**
综合零售		5214	4990	468568	468942	29831806	27322111
食品、饮料及烟草制品专门零售							
纺织、服装及日用品专门零售							
文化、体育用品及器材专门零售							
医药及医疗器材专门零售							
汽车、摩托车、燃料及零配件专门零售							
家用电器及电子产品专门零售							
五金、家具及室内装饰材料专门零售							
货摊、无店铺及其他零售业							
加盟门店合计		**3370**	**4338**	**90931**	**84259**	**3862034**	**3740801**
批发业							
农、林、牧产品批发							
食品、饮料及烟草制品批发							
纺织、服装及家庭用品批发							
文化、体育用品及器材批发							
医药及医疗器材批发							
矿产品、建材及化工产品批发							
机械设备、五金产品及电子产品批发							
贸易经纪与代理							
其他批发业							
零售业		**3370**	**4338**	**90931**	**84259**	**3862034**	**3740801**
综合零售		3370	4338	90931	84259	3862034	3740801
食品、饮料及烟草制品专门零售							
纺织、服装及日用品专门零售							
文化、体育用品及器材专门零售							
医药及医疗器材专门零售							
汽车、摩托车、燃料及零配件专门零售							
家用电器及电子产品专门零售							
五金、家具及室内装饰材料专门零售							
货摊、无店铺及其他零售业							

1-6 续表 8

仓储会员店

项目	连锁总店数（个）	门店数（个）		年末从业人员（人）		年末零售营业面积（平方米）	
	2015年	2015年	2014年	2015年	2014年	2015年	2014年
总 计	**5**	**128**	**105**	**14554**	**15279**	**697320**	**662795**
批发业							
农、林、牧产品批发							
食品、饮料及烟草制品批发							
纺织、服装及家庭用品批发							
文化、体育用品及器材批发							
医药及医疗器材批发							
矿产品、建材及化工产品批发							
机械设备、五金产品及电子产品批发							
贸易经纪与代理							
其他批发业							
零售业	**5**	**128**	**105**	**14554**	**15279**	**697320**	**662795**
综合零售	4	93	90	14502	15234	696570	662045
食品、饮料及烟草制品专门零售							
纺织、服装及日用品专门零售							
文化、体育用品及器材专门零售							
医药及医疗器材专门零售							
汽车、摩托车、燃料及零配件专门零售							
家用电器及电子产品专门零售							
五金、家具及室内装饰材料专门零售							
货摊、无店铺及其他零售业	1	35	15	52	45	750	750
直营门店合计		**93**	**90**	**14502**	**15234**	**696570**	**662045**
批发业							
农、林、牧产品批发							
食品、饮料及烟草制品批发							
纺织、服装及家庭用品批发							
文化、体育用品及器材批发							
医药及医疗器材批发							
矿产品、建材及化工产品批发							
机械设备、五金产品及电子产品批发							
贸易经纪与代理							
其他批发业							

1-6 续表 9

仓储会员店

项　目	连锁总店数（个）	门店数（个）		年末从业人员（人）		年末零售营业面积（平方米）	
	2015年	2015年	2014年	2015年	2014年	2015年	2014年
零售业		**93**	**90**	**14502**	**15234**	**696570**	**662045**
综合零售		93	90	14502	15234	696570	662045
食品、饮料及烟草制品专门零售							
纺织、服装及日用品专门零售							
文化、体育用品及器材专门零售							
医药及医疗器材专门零售							
汽车、摩托车、燃料及零配件专门零售							
家用电器及电子产品专门零售							
五金、家具及室内装饰材料专门零售							
货摊、无店铺及其他零售业							
加盟门店合计		**35**	**15**	**52**	**45**	**750**	**750**
批发业							
农、林、牧产品批发							
食品、饮料及烟草制品批发							
纺织、服装及家庭用品批发							
文化、体育用品及器材批发							
医药及医疗器材批发							
矿产品、建材及化工产品批发							
机械设备、五金产品及电子产品批发							
贸易经纪与代理							
其他批发业							
零售业		**35**	**15**	**52**	**45**	**750**	**750**
综合零售							
食品、饮料及烟草制品专门零售							
纺织、服装及日用品专门零售							
文化、体育用品及器材专门零售							
医药及医疗器材专门零售							
汽车、摩托车、燃料及零配件专门零售							
家用电器及电子产品专门零售							
五金、家具及室内装饰材料专门零售							
货摊、无店铺及其他零售业		35	15	52	45	750	750

1-6 续表 10

百货店

项目	连锁总店数（个）	门店数（个）		年末从业人员（人）		年末零售营业面积（平方米）	
	2015年	2015年	2014年	2015年	2014年	2015年	2014年
总　计	**104**	**4867**	**4684**	**263846**	**265040**	**21043835**	**20140563**
批发业							
农、林、牧产品批发							
食品、饮料及烟草制品批发							
纺织、服装及家庭用品批发							
文化、体育用品及器材批发							
医药及医疗器材批发							
矿产品、建材及化工产品批发							
机械设备、五金产品及电子产品批发							
贸易经纪与代理							
其他批发业							
零售业	**104**	**4867**	**4684**	**263846**	**265040**	**21043835**	**20140563**
综合零售	104	4867	4684	263846	265040	21043835	20140563
食品、饮料及烟草制品专门零售							
纺织、服装及日用品专门零售							
文化、体育用品及器材专门零售							
医药及医疗器材专门零售							
汽车、摩托车、燃料及零配件专门零售							
家用电器及电子产品专门零售							
五金、家具及室内装饰材料专门零售							
货摊、无店铺及其他零售业							
直营门店合计		**3139**	**2921**	**254191**	**254909**	**20621421**	**19747494**
批发业							
农、林、牧产品批发							
食品、饮料及烟草制品批发							
纺织、服装及家庭用品批发							
文化、体育用品及器材批发							
医药及医疗器材批发							
矿产品、建材及化工产品批发							
机械设备、五金产品及电子产品批发							
贸易经纪与代理							
其他批发业							

1-6 续表 11

百货店

项　目	连锁总店数（个）	门店数（个）		年末从业人员（人）		年末零售营业面积（平方米）	
	2015年	2015年	2014年	2015年	2014年	2015年	2014年
零售业		**3139**	**2921**	**254191**	**254909**	**20621421**	**19747494**
综合零售		3139	2921	254191	254909	20621421	19747494
食品、饮料及烟草制品专门零售							
纺织、服装及日用品专门零售							
文化、体育用品及器材专门零售							
医药及医疗器材专门零售							
汽车、摩托车、燃料及零配件专门零售							
家用电器及电子产品专门零售							
五金、家具及室内装饰材料专门零售							
货摊、无店铺及其他零售业							
加盟门店合计		**1728**	**1763**	**9655**	**10131**	**422414**	**393069**
批发业							
农、林、牧产品批发							
食品、饮料及烟草制品批发							
纺织、服装及家庭用品批发							
文化、体育用品及器材批发							
医药及医疗器材批发							
矿产品、建材及化工产品批发							
机械设备、五金产品及电子产品批发							
贸易经纪与代理							
其他批发业							
零售业		**1728**	**1763**	**9655**	**10131**	**422414**	**393069**
综合零售		1728	1763	9655	10131	422414	393069
食品、饮料及烟草制品专门零售							
纺织、服装及日用品专门零售							
文化、体育用品及器材专门零售							
医药及医疗器材专门零售							
汽车、摩托车、燃料及零配件专门零售							
家用电器及电子产品专门零售							
五金、家具及室内装饰材料专门零售							
货摊、无店铺及其他零售业							

1-6 续表 12

专业店(含加油站)

项　　目	连锁总店数(个)	门店数(个)		年末从业人员(人)		年末零售营业面积(平方米)	
	2015年	2015年	2014年	2015年	2014年	2015年	2014年
总　计	**1481**	**112959**	**106241**	**928069**	**935674**	**84806186**	**81958071**
批发业	**242**	**38584**	**38500**	**246773**	**260713**	**41751914**	**39584380**
农、林、牧产品批发	5	3752	3778	9470	9436	71986	66486
食品、饮料及烟草制品批发	26	792	831	14641	14748	40063	30019
纺织、服装及家庭用品批发	2	28	56	132	227	4425	5826
文化、体育用品及器材批发	8	527	473	15088	15755	788253	779753
医药及医疗器材批发	21	1973	1979	7347	7724	190898	192313
矿产品、建材及化工产品批发	161	29859	29844	189450	200243	39527575	37373402
机械设备、五金产品及电子产品批发	10	683	566	4322	6171	85473	94143
贸易经纪与代理							
其他批发业	9	970	973	6323	6409	1043241	1042438
零售业	**1239**	**74375**	**67741**	**681296**	**674961**	**43054272**	**42373691**
综合零售	32	1572	1817	13040	12974	1137493	1190466
食品、饮料及烟草制品专门零售	61	5681	4258	19790	16719	329117	245193
纺织、服装及日用品专门零售	69	1796	1682	14957	15474	406701	377869
文化、体育用品及器材专门零售	68	1816	1243	29115	30618	985477	916513
医药及医疗器材专门零售	636	43237	38525	235713	213631	5499650	4704467
汽车、摩托车、燃料及零配件专门零售	183	13562	13499	127063	130266	20616198	20661159
家用电器及电子产品专门零售	184	6625	6631	241142	254801	14063656	14262044
五金、家具及室内装饰材料专门零售	2	9	9	34	34	4790	4790
货摊、无店铺及其他零售业	4	77	77	442	444	11190	11190
直营门店合计		**88832**	**83268**	**870076**	**879432**	**83093222**	**80404495**
批发业		**28508**	**28120**	**225159**	**237672**	**41320274**	**39143050**
农、林、牧产品批发		93	82	1196	1171	18560	17260
食品、饮料及烟草制品批发		792	831	14641	14748	40063	30019
纺织、服装及家庭用品批发		22	27	120	169	3945	3506
文化、体育用品及器材批发		525	471	15077	15744	787643	779143
医药及医疗器材批发		981	832	5532	5518	142283	134816
矿产品、建材及化工产品批发		24816	24657	178917	189323	39230772	37073805
机械设备、五金产品及电子产品批发		662	547	4307	5527	76787	80083
贸易经纪与代理							
其他批发业		617	673	5369	5472	1020221	1024418

1-6 续表 13

专业店(含加油站)

项　目	连锁总店数(个)	门店数(个)		年末从业人员(人)		年末零售营业面积(平方米)	
	2015年	2015年	2014年	2015年	2014年	2015年	2014年
零售业		**60324**	**55148**	**644917**	**641760**	**41772948**	**41261445**
综合零售		1154	1397	11511	11839	1091385	1154016
食品、饮料及烟草制品专门零售		4091	3212	17230	15513	266712	212446
纺织、服装及日用品专门零售		1459	1376	14024	14426	375909	343086
文化、体育用品及器材专门零售		1558	1170	28466	29967	983636	914541
医药及医疗器材专门零售		32139	27996	207173	185807	4481295	3803643
汽车、摩托车、燃料及零配件专门零售		13405	13364	125633	129426	20537193	20576659
家用电器及电子产品专门零售		6433	6548	240405	254305	14021138	14241374
五金、家具及室内装饰材料专门零售		9	9	34	34	4790	4790
货摊、无店铺及其他零售业		76	76	441	443	10890	10890
加盟门店合计		**24127**	**22973**	**57993**	**56242**	**1712964**	**1553576**
批发业		**10076**	**10380**	**21614**	**23041**	**431640**	**441330**
农、林、牧产品批发		3659	3696	8274	8265	53426	49226
食品、饮料及烟草制品批发							
纺织、服装及家庭用品批发		6	29	12	58	480	2320
文化、体育用品及器材批发		2	2	11	11	610	610
医药及医疗器材批发		992	1147	1815	2206	48615	57497
矿产品、建材及化工产品批发		5043	5187	10533	10920	296803	299597
机械设备、五金产品及电子产品批发		21	19	15	644	8686	14060
贸易经纪与代理							
其他批发业		353	300	954	937	23020	18020
零售业		**14051**	**12593**	**36379**	**33201**	**1281324**	**1112246**
综合零售		418	420	1529	1135	46108	36450
食品、饮料及烟草制品专门零售		1590	1046	2560	1206	62405	32747
纺织、服装及日用品专门零售		337	306	933	1048	30792	34783
文化、体育用品及器材专门零售		258	73	649	651	1841	1972
医药及医疗器材专门零售		11098	10529	28540	27824	1018355	900824
汽车、摩托车、燃料及零配件专门零售		157	135	1430	840	79005	84500
家用电器及电子产品专门零售		192	83	737	496	42518	20670
五金、家具及室内装饰材料专门零售							
货摊、无店铺及其他零售业		1	1	1	1	300	300

1-6　续表 14

加油站

项　　目	连锁总店数（个）	门店数（个）		年末从业人员（人）		年末零售营业面积（平方米）	
	2015年	2015年	2014年	2015年	2014年	2015年	2014年
总　计	**302**	**35710**	**35306**	**289844**	**303672**	**57513695**	**55449352**
批发业	**138**	**22872**	**22533**	**176536**	**186898**	**39072713**	**36963482**
农、林、牧产品批发							
食品、饮料及烟草制品批发							
纺织、服装及家庭用品批发							
文化、体育用品及器材批发							
医药及医疗器材批发							
矿产品、建材及化工产品批发	138	22872	22533	176536	186898	39072713	36963482
机械设备、五金产品及电子产品批发							
贸易经纪与代理							
其他批发业							
零售业	**164**	**12838**	**12773**	**113308**	**116774**	**18440982**	**18485870**
综合零售							
食品、饮料及烟草制品专门零售							
纺织、服装及日用品专门零售							
文化、体育用品及器材专门零售							
医药及医疗器材专门零售							
汽车、摩托车、燃料及零配件专门零售	164	12838	12773	113308	116774	18440982	18485870
家用电器及电子产品专门零售							
五金、家具及室内装饰材料专门零售							
货摊、无店铺及其他零售业							
直营门店合计		**35456**	**35076**	**287252**	**301411**	**57404466**	**55335190**
批发业		**22775**	**22438**	**175374**	**185477**	**39042489**	**36933820**
农、林、牧产品批发							
食品、饮料及烟草制品批发							
纺织、服装及家庭用品批发							
文化、体育用品及器材批发							
医药及医疗器材批发							
矿产品、建材及化工产品批发		22775	22438	175374	185477	39042489	36933820
机械设备、五金产品及电子产品批发							
贸易经纪与代理							
其他批发业							

1-6 续表 15

加油站

项 目	连锁总店数（个）	门店数（个）		年末从业人员（人）		年末零售营业面积（平方米）	
	2015年	2015年	2014年	2015年	2014年	2015年	2014年
零售业		**12681**	**12638**	**111878**	**115934**	**18361977**	**18401370**
综合零售							
食品、饮料及烟草制品专门零售							
纺织、服装及日用品专门零售							
文化、体育用品及器材专门零售							
医药及医疗器材专门零售							
汽车、摩托车、燃料及零配件专门零售		12681	12638	111878	115934	18361977	18401370
家用电器及电子产品专门零售							
五金、家具及室内装饰材料专门零售							
货摊、无店铺及其他零售业							
加盟门店合计		**254**	**230**	**2592**	**2261**	**109229**	**114162**
批发业		**97**	**95**	**1162**	**1421**	**30224**	**29662**
农、林、牧产品批发							
食品、饮料及烟草制品批发							
纺织、服装及家庭用品批发							
文化、体育用品及器材批发							
医药及医疗器材批发							
矿产品、建材及化工产品批发		97	95	1162	1421	30224	29662
机械设备、五金产品及电子产品批发							
贸易经纪与代理							
其他批发业							
零售业		**157**	**135**	**1430**	**840**	**79005**	**84500**
综合零售							
食品、饮料及烟草制品专门零售							
纺织、服装及日用品专门零售							
文化、体育用品及器材专门零售							
医药及医疗器材专门零售							
汽车、摩托车、燃料及零配件专门零售		157	135	1430	840	79005	84500
家用电器及电子产品专门零售							
五金、家具及室内装饰材料专门零售							
货摊、无店铺及其他零售业							

1-6 续表 16

专卖店

项 目	连锁总店数（个）	门店数（个）		年末从业人员（人）		年末零售营业面积（平方米）	
	2015年	2015年	2014年	2015年	2014年	2015年	2014年
总 计	**320**	**21093**	**19927**	**141261**	**136159**	**4678795**	**4119514**
批发业	**37**	**3034**	**2961**	**18039**	**17489**	**514230**	**499026**
农、林、牧产品批发	1	40	40	30	30	2860	2860
食品、饮料及烟草制品批发	16	1517	1172	9204	8143	314130	274485
纺织、服装及家庭用品批发	11	1006	1298	5093	5464	175652	201835
文化、体育用品及器材批发							
医药及医疗器材批发	3	53	45	599	511	12684	12447
矿产品、建材及化工产品批发	2	189	189	282	205	1030	1030
机械设备、五金产品及电子产品批发	1	8	8	98	99	1870	1870
贸易经纪与代理							
其他批发业	3	221	209	2733	3037	6004	4499
零售业	**283**	**18059**	**16966**	**123222**	**118670**	**4164565**	**3620488**
综合零售	9	526	475	3514	3219	146557	132737
食品、饮料及烟草制品专门零售	81	7357	6892	37079	34968	462417	432726
纺织、服装及日用品专门零售	94	7615	7120	51899	52496	2308749	1996866
文化、体育用品及器材专门零售	18	345	444	5131	5651	131359	136032
医药及医疗器材专门零售	44	1541	1400	9240	8361	143640	139599
汽车、摩托车、燃料及零配件专门零售	10	221	195	3122	2821	142772	128152
家用电器及电子产品专门零售	21	262	274	8335	7997	690097	501967
五金、家具及室内装饰材料专门零售	3	139	118	4406	2629	128051	141893
货摊、无店铺及其他零售业	3	53	48	496	528	10923	10516
直营门店合计		**11940**	**11885**	**111250**	**111035**	**3901265**	**3487367**
批发业		**1344**	**1442**	**13768**	**14099**	**235674**	**244649**
农、林、牧产品批发							
食品、饮料及烟草制品批发		610	537	5682	5681	153633	153101
纺织、服装及家庭用品批发		452	643	4656	4771	61483	72732
文化、体育用品及器材批发							
医药及医疗器材批发		53	45	599	511	12684	12447
矿产品、建材及化工产品批发							
机械设备、五金产品及电子产品批发		8	8	98	99	1870	1870
贸易经纪与代理							
其他批发业		221	209	2733	3037	6004	4499

1-6 续表 17

专卖店

项　目	连锁总店数（个）	门店数（个）		年末从业人员（人）		年末零售营业面积（平方米）	
	2015年	2015年	2014年	2015年	2014年	2015年	2014年
零售业		**10596**	**10443**	**97482**	**96936**	**3665591**	**3242718**
综合零售		520	468	3506	3212	146452	132615
食品、饮料及烟草制品专门零售		3766	3812	26614	26619	290551	300283
纺织、服装及日用品专门零售		3992	3862	37045	39409	1993717	1761937
文化、体育用品及器材专门零售		345	444	5131	5651	131359	136032
医药及医疗器材专门零售		1298	1222	8827	8070	131669	129323
汽车、摩托车、燃料及零配件专门零售		221	195	3122	2821	142772	128152
家用电器及电子产品专门零售		262	274	8335	7997	690097	501967
五金、家具及室内装饰材料专门零售		139	118	4406	2629	128051	141893
货摊、无店铺及其他零售业		53	48	496	528	10923	10516
加盟门店合计		**9153**	**8042**	**30011**	**25124**	**777530**	**632147**
批发业		**1690**	**1519**	**4271**	**3390**	**278556**	**254377**
农、林、牧产品批发		40	40	30	30	2860	2860
食品、饮料及烟草制品批发		907	635	3522	2462	160497	121384
纺织、服装及家庭用品批发		554	655	437	693	114169	129103
文化、体育用品及器材批发							
医药及医疗器材批发							
矿产品、建材及化工产品批发		189	189	282	205	1030	1030
机械设备、五金产品及电子产品批发							
贸易经纪与代理							
其他批发业							
零售业		**7463**	**6523**	**25740**	**21734**	**498974**	**377770**
综合零售		6	7	8	7	105	122
食品、饮料及烟草制品专门零售		3591	3080	10465	8349	171866	132443
纺织、服装及日用品专门零售		3623	3258	14854	13087	315032	234929
文化、体育用品及器材专门零售							
医药及医疗器材专门零售		243	178	413	291	11971	10276
汽车、摩托车、燃料及零配件专门零售							
家用电器及电子产品专门零售							
五金、家具及室内装饰材料专门零售							
货摊、无店铺及其他零售业							

1-6 续表 18

家居建材商店

项　目	连锁总店数（个）	门店数（个）		年末从业人员（人）		年末零售营业面积（平方米）	
	2015年	2015年	2014年	2015年	2014年	2015年	2014年
总　计	**14**	**64**	**62**	**2901**	**3533**	**327121**	**320001**
批发业							
农、林、牧产品批发							
食品、饮料及烟草制品批发							
纺织、服装及家庭用品批发							
文化、体育用品及器材批发							
医药及医疗器材批发							
矿产品、建材及化工产品批发							
机械设备、五金产品及电子产品批发							
贸易经纪与代理							
其他批发业							
零售业	**14**	**64**	**62**	**2901**	**3533**	**327121**	**320001**
综合零售	2	11	11	300	340	108100	96980
食品、饮料及烟草制品专门零售							
纺织、服装及日用品专门零售							
文化、体育用品及器材专门零售							
医药及医疗器材专门零售							
汽车、摩托车、燃料及零配件专门零售							
家用电器及电子产品专门零售							
五金、家具及室内装饰材料专门零售	12	53	51	2601	3193	219021	223021
货摊、无店铺及其他零售业							
直营门店合计		**64**	**62**	**2901**	**3533**	**327121**	**320001**
批发业							
农、林、牧产品批发							
食品、饮料及烟草制品批发							
纺织、服装及家庭用品批发							
文化、体育用品及器材批发							
医药及医疗器材批发							
矿产品、建材及化工产品批发							
机械设备、五金产品及电子产品批发							
贸易经纪与代理							
其他批发业							

1-6 续表 19

家居建材商店

项　　目	连锁总店数（个）	门店数（个）		年末从业人员（人）		年末零售营业面积（平方米）	
	2015年	2015年	2014年	2015年	2014年	2015年	2014年
零售业		**64**	**62**	**2901**	**3533**	**327121**	**320001**
综合零售		11	11	300	340	108100	96980
食品、饮料及烟草制品专门零售							
纺织、服装及日用品专门零售							
文化、体育用品及器材专门零售							
医药及医疗器材专门零售							
汽车、摩托车、燃料及零配件专门零售							
家用电器及电子产品专门零售							
五金、家具及室内装饰材料专门零售		53	51	2601	3193	219021	223021
货摊、无店铺及其他零售业							
加盟门店合计							
批发业							
农、林、牧产品批发							
食品、饮料及烟草制品批发							
纺织、服装及家庭用品批发							
文化、体育用品及器材批发							
医药及医疗器材批发							
矿产品、建材及化工产品批发							
机械设备、五金产品及电子产品批发							
贸易经纪与代理							
其他批发业							
零售业							
综合零售							
食品、饮料及烟草制品专门零售							
纺织、服装及日用品专门零售							
文化、体育用品及器材专门零售							
医药及医疗器材专门零售							
汽车、摩托车、燃料及零配件专门零售							
家用电器及电子产品专门零售							
五金、家具及室内装饰材料专门零售							
货摊、无店铺及其他零售业							

1-6 续表 20

厂家直销中心

项　目	连锁总店数（个）	门店数（个）		年末从业人员（人）		年末零售营业面积（平方米）	
	2015年	2015年	2014年	2015年	2014年	2015年	2014年
总　计	**9**	**306**	**305**	**4048**	**3833**	**27997**	**93125**
批发业	**6**	**22**	**26**	**3394**	**3115**	**5081**	**65481**
农、林、牧产品批发	2	6	6	1288	1219	1685	1685
食品、饮料及烟草制品批发	1	4	4	48	58	196	196
纺织、服装及家庭用品批发	1	2	1	1620	1664	2400	2400
文化、体育用品及器材批发							
医药及医疗器材批发	1	3	8	419	156	800	1200
矿产品、建材及化工产品批发	1	7	7	19	18		60000
机械设备、五金产品及电子产品批发							
贸易经纪与代理							
其他批发业							
零售业	**3**	**284**	**279**	**654**	**718**	**22916**	**27644**
综合零售							
食品、饮料及烟草制品专门零售	2	4	2	98	10	1840	400
纺织、服装及日用品专门零售	1	280	277	556	708	21076	27244
文化、体育用品及器材专门零售							
医药及医疗器材专门零售							
汽车、摩托车、燃料及零配件专门零售							
家用电器及电子产品专门零售							
五金、家具及室内装饰材料专门零售							
货摊、无店铺及其他零售业							
直营门店合计		**306**	**305**	**4048**	**3833**	**27997**	**93125**
批发业		**22**	**26**	**3394**	**3115**	**5081**	**65481**
农、林、牧产品批发		6	6	1288	1219	1685	1685
食品、饮料及烟草制品批发		4	4	48	58	196	196
纺织、服装及家庭用品批发		2	1	1620	1664	2400	2400
文化、体育用品及器材批发							
医药及医疗器材批发		3	8	419	156	800	1200
矿产品、建材及化工产品批发		7	7	19	18		60000
机械设备、五金产品及电子产品批发							
贸易经纪与代理							
其他批发业							

1-6 续表 21

厂家直销中心

项　目	连锁总店数（个）	门店数（个）		年末从业人员（人）		年末零售营业面积（平方米）	
	2015年	2015年	2014年	2015年	2014年	2015年	2014年
零售业		**284**	**279**	**654**	**718**	**22916**	**27644**
综合零售							
食品、饮料及烟草制品专门零售		4	2	98	10	1840	400
纺织、服装及日用品专门零售		280	277	556	708	21076	27244
文化、体育用品及器材专门零售							
医药及医疗器材专门零售							
汽车、摩托车、燃料及零配件专门零售							
家用电器及电子产品专门零售							
五金、家具及室内装饰材料专门零售							
货摊、无店铺及其他零售业							
加盟门店合计							
批发业							
农、林、牧产品批发							
食品、饮料及烟草制品批发							
纺织、服装及家庭用品批发							
文化、体育用品及器材批发							
医药及医疗器材批发							
矿产品、建材及化工产品批发							
机械设备、五金产品及电子产品批发							
贸易经纪与代理							
其他批发业							
零售业							
综合零售							
食品、饮料及烟草制品专门零售							
纺织、服装及日用品专门零售							
文化、体育用品及器材专门零售							
医药及医疗器材专门零售							
汽车、摩托车、燃料及零配件专门零售							
家用电器及电子产品专门零售							
五金、家具及室内装饰材料专门零售							
货摊、无店铺及其他零售业							

1-6 续表 22

其他

项　　目	连锁总店数（个）	门店数（个）		年末从业人员（人）		年末零售营业面积（平方米）	
	2015年	2015年	2014年	2015年	2014年	2015年	2014年
总　计	**68**	**10425**	**9577**	**45581**	**43780**	**2477237**	**2380176**
批发业	**44**	**7919**	**7524**	**29807**	**31020**	**2174829**	**2103272**
农、林、牧产品批发							
食品、饮料及烟草制品批发	12	3687	3345	10207	9603	322721	283260
纺织、服装及家庭用品批发	8	714	704	13191	14101	1485119	1482213
文化、体育用品及器材批发	2	137	102	1751	1728	132770	110965
医药及医疗器材批发	9	692	626	1813	1509	55305	45469
矿产品、建材及化工产品批发	6	2250	2256	1622	1661	147735	147735
机械设备、五金产品及电子产品批发	3	45	79	325	1472	5180	6200
贸易经纪与代理							
其他批发业	4	394	412	898	946	25999	27430
零售业	**24**	**2506**	**2053**	**15774**	**12760**	**302408**	**276904**
综合零售	6	1526	1052	10125	7209	137106	113856
食品、饮料及烟草制品专门零售	4	180	181	1589	1610	28645	27423
纺织、服装及日用品专门零售							
文化、体育用品及器材专门零售	2	20	40	614	555	43933	41236
医药及医疗器材专门零售	10	285	286	1169	1075	20199	18269
汽车、摩托车、燃料及零配件专门零售							
家用电器及电子产品专门零售	1	10	11	297	346	41000	44600
五金、家具及室内装饰材料专门零售							
货摊、无店铺及其他零售业	1	485	483	1980	1965	31525	31520
直营门店合计		**1592**	**1774**	**24360**	**24415**	**1924168**	**1881587**
批发业		**828**	**1058**	**17766**	**18082**	**1707009**	**1673405**
农、林、牧产品批发							
食品、饮料及烟草制品批发		219	219	3289	3376	140325	118883
纺织、服装及家庭用品批发		183	172	10541	10311	1390603	1387697
文化、体育用品及器材批发		137	102	1751	1728	132770	110965
医药及医疗器材批发		117	72	529	277	13277	6575
矿产品、建材及化工产品批发		127	133	1236	1232	21555	21555
机械设备、五金产品及电子产品批发		13	13	242	342	4200	4200
贸易经纪与代理							
其他批发业		32	347	178	816	4279	23530

1-6 续表 23

其他

项目	连锁总店数（个）	门店数（个）		年末从业人员（人）		年末零售营业面积（平方米）	
	2015年	2015年	2014年	2015年	2014年	2015年	2014年
零售业		**764**	**716**	**6594**	**6333**	**217159**	**208182**
综合零售		359	342	3257	3081	88664	83314
食品、饮料及烟草制品专门零售		180	181	1589	1610	28645	27423
纺织、服装及日用品专门零售							
文化、体育用品及器材专门零售		13	11	579	496	42333	38286
医药及医疗器材专门零售		179	148	780	707	14907	12949
汽车、摩托车、燃料及零配件专门零售							
家用电器及电子产品专门零售		10	11	297	346	41000	44600
五金、家具及室内装饰材料专门零售							
货摊、无店铺及其他零售业		23	23	92	93	1610	1610
加盟门店合计		**8833**	**7803**	**21221**	**19365**	**553069**	**498589**
批发业		**7091**	**6466**	**12041**	**12938**	**467820**	**429867**
农、林、牧产品批发							
食品、饮料及烟草制品批发		3468	3126	6918	6227	182396	164377
纺织、服装及家庭用品批发		531	532	2650	3790	94516	94516
文化、体育用品及器材批发							
医药及医疗器材批发		575	554	1284	1232	42028	38894
矿产品、建材及化工产品批发		2123	2123	386	429	126180	126180
机械设备、五金产品及电子产品批发		32	66	83	1130	980	2000
贸易经纪与代理							
其他批发业		362	65	720	130	21720	3900
零售业		**1742**	**1337**	**9180**	**6427**	**85249**	**68722**
综合零售		1167	710	6868	4128	48442	30542
食品、饮料及烟草制品专门零售							
纺织、服装及日用品专门零售							
文化、体育用品及器材专门零售		7	29	35	59	1600	2950
医药及医疗器材专门零售		106	138	389	368	5292	5320
汽车、摩托车、燃料及零配件专门零售							
家用电器及电子产品专门零售							
五金、家具及室内装饰材料专门零售							
货摊、无店铺及其他零售业		462	460	1888	1872	29915	29910

1-7　按行业与业态分连锁

便利店

项　　目	商品购进总额		统一配送商品购进额	
	2015年	2014年	2015年	2014年
总　计	**3169917**	**2971315**	**2504921**	**2363877**
批发业				
农、林、牧产品批发				
食品、饮料及烟草制品批发				
纺织、服装及家庭用品批发				
文化、体育用品及器材批发				
医药及医疗器材批发				
矿产品、建材及化工产品批发				
机械设备、五金产品及电子产品批发				
贸易经纪与代理				
其他批发业				
零售业	**3169917**	**2971315**	**2504921**	**2363877**
综合零售	3166219	2967315	2501222	2359877
食品、饮料及烟草制品专门零售	3698	4000	3698	4000
纺织、服装及日用品专门零售				
文化、体育用品及器材专门零售				
医药及医疗器材专门零售				
汽车、摩托车、燃料及零配件专门零售				
家用电器及电子产品专门零售				
五金、家具及室内装饰材料专门零售				
货摊、无店铺及其他零售业				
直营门店合计	**2257969**	**2037429**	**1749271**	**1569610**
批发业				
农、林、牧产品批发				
食品、饮料及烟草制品批发				
纺织、服装及家庭用品批发				
文化、体育用品及器材批发				
医药及医疗器材批发				
矿产品、建材及化工产品批发				
机械设备、五金产品及电子产品批发				
贸易经纪与代理				
其他批发业				

零售企业经营情况

单位：万元

自有配送中心配送商品购进额		非自有配送中心配送商品购进额		商品销售总额		零售额	
2015年	2014年	2015年	2014年	2015年	2014年	2015年	2014年
1115220	**1179027**	**620283**	**406358**	**3872291**	**3510119**	**3437372**	**3129918**
1115220	**1179027**	**620283**	**406358**	**3872291**	**3510119**	**3437372**	**3129918**
1111522	1175028	620283	406358	3868039	3505370	3433391	3125564
3698	4000			4252	4749	3981	4354
836553	**753964**	**371738**	**279678**	**2761562**	**2548912**	**2463445**	**2283022**

1-7 续表 1

便利店

项　目	商品购进总额		统一配送商品购进额	
	2015年	2014年	2015年	2014年
零售业	**2257969**	**2037429**	**1749271**	**1569610**
综合零售	2254271	2033429	1745573	1565611
食品、饮料及烟草制品专门零售	3698	4000	3698	4000
纺织、服装及日用品专门零售				
文化、体育用品及器材专门零售				
医药及医疗器材专门零售				
汽车、摩托车、燃料及零配件专门零售				
家用电器及电子产品专门零售				
五金、家具及室内装饰材料专门零售				
货摊、无店铺及其他零售业				
加盟门店合计	**911948**	**933886**	**755650**	**794267**
批发业				
农、林、牧产品批发				
食品、饮料及烟草制品批发				
纺织、服装及家庭用品批发				
文化、体育用品及器材批发				
医药及医疗器材批发				
矿产品、建材及化工产品批发				
机械设备、五金产品及电子产品批发				
贸易经纪与代理				
其他批发业				
零售业	**911948**	**933886**	**755650**	**794267**
综合零售	911948	933886	755650	794267
食品、饮料及烟草制品专门零售				
纺织、服装及日用品专门零售				
文化、体育用品及器材专门零售				
医药及医疗器材专门零售				
汽车、摩托车、燃料及零配件专门零售				
家用电器及电子产品专门零售				
五金、家具及室内装饰材料专门零售				
货摊、无店铺及其他零售业				

单位：万元

自有配送中心配送商品购进额		非自有配送中心配送商品购进额		商品销售总额		零售额	
2015年	2014年	2015年	2014年	2015年	2014年	2015年	2014年
836553	**753964**	**371738**	**279678**	**2761562**	**2548912**	**2463445**	**2283022**
832855	749964	371738	279678	2757310	2544163	2459464	2278668
3698	4000			4252	4749	3981	4354
278667	**425064**	**248544**	**126680**	**1110729**	**961206**	**973927**	**846897**
278667	**425064**	**248544**	**126680**	**1110729**	**961206**	**973927**	**846897**
278667	425064	248544	126680	1110729	961206	973927	846897

1-7 续表 2

折扣店

项　目	商品购进总额		统一配送商品购进额	
	2015年	2014年	2015年	2014年
总　计	**262161**	**258374**	**131691**	**127470**
批发业				
农、林、牧产品批发				
食品、饮料及烟草制品批发				
纺织、服装及家庭用品批发				
文化、体育用品及器材批发				
医药及医疗器材批发				
矿产品、建材及化工产品批发				
机械设备、五金产品及电子产品批发				
贸易经纪与代理				
其他批发业				
零售业	**262161**	**258374**	**131691**	**127470**
综合零售	132991	127470	131691	127470
食品、饮料及烟草制品专门零售				
纺织、服装及日用品专门零售	129170	130903		
文化、体育用品及器材专门零售				
医药及医疗器材专门零售				
汽车、摩托车、燃料及零配件专门零售				
家用电器及电子产品专门零售				
五金、家具及室内装饰材料专门零售				
货摊、无店铺及其他零售业				
直营门店合计	**243951**	**240747**	**113481**	**109844**
批发业				
农、林、牧产品批发				
食品、饮料及烟草制品批发				
纺织、服装及家庭用品批发				
文化、体育用品及器材批发				
医药及医疗器材批发				
矿产品、建材及化工产品批发				
机械设备、五金产品及电子产品批发				
贸易经纪与代理				
其他批发业				

单位：万元

自有配送中心配送商品购进额		非自有配送中心配送商品购进额		商品销售总额		零售额	
2015年	2014年	2015年	2014年	2015年	2014年	2015年	2014年
131691	**127470**			**314500**	**295499**	**282733**	**268887**
131691	**127470**			**314500**	**295499**	**282733**	**268887**
131691	127470			167016	138622	135249	112010
				147485	156877	147485	156877
113481	**109844**			**282829**	**268966**	**251062**	**242354**

1-7 续表 3

折扣店

项目	商品购进总额		统一配送商品购进额	
	2015年	2014年	2015年	2014年
零售业	**243951**	**240747**	**113481**	**109844**
综合零售	114781	109844	113481	109844
食品、饮料及烟草制品专门零售				
纺织、服装及日用品专门零售	129170	130903		
文化、体育用品及器材专门零售				
医药及医疗器材专门零售				
汽车、摩托车、燃料及零配件专门零售				
家用电器及电子产品专门零售				
五金、家具及室内装饰材料专门零售				
货摊、无店铺及其他零售业				
加盟门店合计	**18210**	**17627**	**18210**	**17627**
批发业				
农、林、牧产品批发				
食品、饮料及烟草制品批发				
纺织、服装及家庭用品批发				
文化、体育用品及器材批发				
医药及医疗器材批发				
矿产品、建材及化工产品批发				
机械设备、五金产品及电子产品批发				
贸易经纪与代理				
其他批发业				
零售业	**18210**	**17627**	**18210**	**17627**
综合零售	18210	17627	18210	17627
食品、饮料及烟草制品专门零售				
纺织、服装及日用品专门零售				
文化、体育用品及器材专门零售				
医药及医疗器材专门零售				
汽车、摩托车、燃料及零配件专门零售				
家用电器及电子产品专门零售				
五金、家具及室内装饰材料专门零售				
货摊、无店铺及其他零售业				

单位：万元

自有配送中心配送商品购进额		非自有配送中心配送商品购进额		商品销售总额		零售额	
2015年	2014年	2015年	2014年	2015年	2014年	2015年	2014年
113481	**109844**			**282829**	**268966**	**251062**	**242354**
113481	109844			135344	112089	103577	85477
				147485	156877	147485	156877
18210	**17627**			**31672**	**26533**	**31672**	**26533**
18210	**17627**			**31672**	**26533**	**31672**	**26533**
18210	17627			31672	26533	31672	26533

1-7 续表 4

超市

项　目	商品购进总额		统一配送商品购进额	
	2015年	2014年	2015年	2014年
总　计	**28697228**	**27333193**	**23885335**	**22908002**
批发业	**5745**	**4863**	**5745**	**4863**
农、林、牧产品批发				
食品、饮料及烟草制品批发	5745	4863	5745	4863
纺织、服装及家庭用品批发				
文化、体育用品及器材批发				
医药及医疗器材批发				
矿产品、建材及化工产品批发				
机械设备、五金产品及电子产品批发				
贸易经纪与代理				
其他批发业				
零售业	**28691484**	**27328330**	**23879590**	**22903139**
综合零售	28691484	27328330	23879590	22903139
食品、饮料及烟草制品专门零售				
纺织、服装及日用品专门零售				
文化、体育用品及器材专门零售				
医药及医疗器材专门零售				
汽车、摩托车、燃料及零配件专门零售				
家用电器及电子产品专门零售				
五金、家具及室内装饰材料专门零售				
货摊、无店铺及其他零售业				
直营门店合计	**25906481**	**25080900**	**21681839**	**21138773**
批发业	**5745**	**4863**	**5745**	**4863**
农、林、牧产品批发				
食品、饮料及烟草制品批发	5745	4863	5745	4863
纺织、服装及家庭用品批发				
文化、体育用品及器材批发				
医药及医疗器材批发				
矿产品、建材及化工产品批发				
机械设备、五金产品及电子产品批发				
贸易经纪与代理				
其他批发业				

单位：万元

自有配送中心配送商品购进额		非自有配送中心配送商品购进额		商品销售总额		零售额	
2015年	2014年	2015年	2014年	2015年	2014年	2015年	2014年
15641702	**15111047**	**3481346**	**3263355**	**31181382**	**29901207**	**27240815**	**25798342**
5745	**4863**			**6141**	**5122**	**1844**	**1536**
5745	4863			6141	5122	1844	1536
15635957	**15106183**	**3481346**	**3263355**	**31175241**	**29896086**	**27238970**	**25796806**
15635957	15106183	3481346	3263355	31175241	29896086	27238970	25796806
14191228	**13936034**	**2818663**	**2761581**	**28238060**	**27535283**	**24359988**	**23500651**
5745	**4863**			**6141**	**5122**	**1844**	**1536**
5745	4863			6141	5122	1844	1536

1-7 续表 5

超市

项 目	商品购进总额		统一配送商品购进额	
	2015年	2014年	2015年	2014年
零售业	**25900736**	**25076037**	**21676094**	**21133910**
综合零售	25900736	25076037	21676094	21133910
食品、饮料及烟草制品专门零售				
纺织、服装及日用品专门零售				
文化、体育用品及器材专门零售				
医药及医疗器材专门零售				
汽车、摩托车、燃料及零配件专门零售				
家用电器及电子产品专门零售				
五金、家具及室内装饰材料专门零售				
货摊、无店铺及其他零售业				
加盟门店合计	**2790748**	**2252293**	**2203495**	**1769229**
批发业				
农、林、牧产品批发				
食品、饮料及烟草制品批发				
纺织、服装及家庭用品批发				
文化、体育用品及器材批发				
医药及医疗器材批发				
矿产品、建材及化工产品批发				
机械设备、五金产品及电子产品批发				
贸易经纪与代理				
其他批发业				
零售业	**2790748**	**2252293**	**2203495**	**1769229**
综合零售	2790748	2252293	2203495	1769229
食品、饮料及烟草制品专门零售				
纺织、服装及日用品专门零售				
文化、体育用品及器材专门零售				
医药及医疗器材专门零售				
汽车、摩托车、燃料及零配件专门零售				
家用电器及电子产品专门零售				
五金、家具及室内装饰材料专门零售				
货摊、无店铺及其他零售业				

单位：万元

自有配送中心配送商品购进额		非自有配送中心配送商品购进额		商品销售总额		零售额	
2015年	2014年	2015年	2014年	2015年	2014年	2015年	2014年
14185483	**13931171**	**2818663**	**2761581**	**28231919**	**27530162**	**24358144**	**23499115**
14185483	13931171	2818663	2761581	28231919	27530162	24358144	23499115
1450475	**1175013**	**662682**	**501773**	**2943322**	**2365924**	**2880827**	**2297692**
1450475	**1175013**	**662682**	**501773**	**2943322**	**2365924**	**2880827**	**2297692**
1450475	1175013	662682	501773	2943322	2365924	2880827	2297692

1-7 续表 6

大型超市

项　目	商品购进总额		统一配送商品购进额	
	2015年	2014年	2015年	2014年
总　计	**43324385**	**40395930**	**31283314**	**28294473**
批发业				
农、林、牧产品批发				
食品、饮料及烟草制品批发				
纺织、服装及家庭用品批发				
文化、体育用品及器材批发				
医药及医疗器材批发				
矿产品、建材及化工产品批发				
机械设备、五金产品及电子产品批发				
贸易经纪与代理				
其他批发业				
零售业	**43324385**	**40395930**	**31283314**	**28294473**
综合零售	43324385	40395930	31283314	28294473
食品、饮料及烟草制品专门零售				
纺织、服装及日用品专门零售				
文化、体育用品及器材专门零售				
医药及医疗器材专门零售				
汽车、摩托车、燃料及零配件专门零售				
家用电器及电子产品专门零售				
五金、家具及室内装饰材料专门零售				
货摊、无店铺及其他零售业				
直营门店合计	**37787427**	**34952178**	**25838053**	**22932825**
批发业				
农、林、牧产品批发				
食品、饮料及烟草制品批发				
纺织、服装及家庭用品批发				
文化、体育用品及器材批发				
医药及医疗器材批发				
矿产品、建材及化工产品批发				
机械设备、五金产品及电子产品批发				
贸易经纪与代理				
其他批发业				

单位：万元

自有配送中心配送商品购进额		非自有配送中心配送商品购进额		商品销售总额		零售额	
2015年	2014年	2015年	2014年	2015年	2014年	2015年	2014年
18865065	**16756294**	**4170981**	**3729758**	**49629214**	**46581879**	**43771785**	**41894618**
18865065	**16756294**	**4170981**	**3729758**	**49629214**	**46581879**	**43771785**	**41894618**
18865065	16756294	4170981	3729758	49629214	46581879	43771785	41894618
17924336	**15639736**	**4077936**	**3630387**	**43986941**	**41039154**	**38130512**	**36356218**

1-7 续表 7

大型超市

项　目	商品购进总额		统一配送商品购进额	
	2015年	2014年	2015年	2014年
零售业	**37787427**	**34952178**	**25838053**	**22932825**
综合零售	37787427	34952178	25838053	22932825
食品、饮料及烟草制品专门零售				
纺织、服装及日用品专门零售				
文化、体育用品及器材专门零售				
医药及医疗器材专门零售				
汽车、摩托车、燃料及零配件专门零售				
家用电器及电子产品专门零售				
五金、家具及室内装饰材料专门零售				
货摊、无店铺及其他零售业				
加盟门店合计	**5536958**	**5443752**	**5445261**	**5361648**
批发业				
农、林、牧产品批发				
食品、饮料及烟草制品批发				
纺织、服装及家庭用品批发				
文化、体育用品及器材批发				
医药及医疗器材批发				
矿产品、建材及化工产品批发				
机械设备、五金产品及电子产品批发				
贸易经纪与代理				
其他批发业				
零售业	**5536958**	**5443752**	**5445261**	**5361648**
综合零售	5536958	5443752	5445261	5361648
食品、饮料及烟草制品专门零售				
纺织、服装及日用品专门零售				
文化、体育用品及器材专门零售				
医药及医疗器材专门零售				
汽车、摩托车、燃料及零配件专门零售				
家用电器及电子产品专门零售				
五金、家具及室内装饰材料专门零售				
货摊、无店铺及其他零售业				

单位：万元

自有配送中心配送商品购进额		非自有配送中心配送商品购进额		商品销售总额		零售额	
2015年	2014年	2015年	2014年	2015年	2014年	2015年	2014年
17924336	**15639736**	**4077936**	**3630387**	**43986941**	**41039154**	**38130512**	**36356218**
17924336	15639736	4077936	3630387	43986941	41039154	38130512	36356218
940728	**1116557**	**93045**	**99371**	**5642273**	**5542725**	**5641273**	**5538399**
940728	**1116557**	**93045**	**99371**	**5642273**	**5542725**	**5641273**	**5538399**
940728	1116557	93045	99371	5642273	5542725	5641273	5538399

1-7 续表 8

仓储会员店

项　目	商品购进总额		统一配送商品购进额	
	2015年	2014年	2015年	2014年
总 计	**2598941**	**2358928**	**339520**	**308240**
批发业				
农、林、牧产品批发				
食品、饮料及烟草制品批发				
纺织、服装及家庭用品批发				
文化、体育用品及器材批发				
医药及医疗器材批发				
矿产品、建材及化工产品批发				
机械设备、五金产品及电子产品批发				
贸易经纪与代理				
其他批发业				
零售业	**2598941**	**2358928**	**339520**	**308240**
综合零售	2598837	2358763	339415	308074
食品、饮料及烟草制品专门零售				
纺织、服装及日用品专门零售				
文化、体育用品及器材专门零售				
医药及医疗器材专门零售				
汽车、摩托车、燃料及零配件专门零售				
家用电器及电子产品专门零售				
五金、家具及室内装饰材料专门零售				
货摊、无店铺及其他零售业	105	166	105	166
直营门店合计	**2598837**	**2358763**	**339415**	**308074**
批发业				
农、林、牧产品批发				
食品、饮料及烟草制品批发				
纺织、服装及家庭用品批发				
文化、体育用品及器材批发				
医药及医疗器材批发				
矿产品、建材及化工产品批发				
机械设备、五金产品及电子产品批发				
贸易经纪与代理				
其他批发业				

单位：万元

自有配送中心配送商品购进额		非自有配送中心配送商品购进额		商品销售总额		零售额	
2015年	2014年	2015年	2014年	2015年	2014年	2015年	2014年
2824	**5424**	**3315**	**6707**	**2502960**	**2422124**	**2502960**	**2422124**
2824	**5424**	**3315**	**6707**	**2502960**	**2422124**	**2502960**	**2422124**
2719	5259	3315	6707	2502859	2421936	2502859	2421936
105	166			100	188	100	188
2719	**5259**	**3315**	**6707**	**2502859**	**2421936**	**2502859**	**2421936**

1-7 续表 9

仓储会员店

项　　目	商品购进总额		统一配送商品购进额	
	2015年	2014年	2015年	2014年
零售业	**2598837**	**2358763**	**339415**	**308074**
综合零售	2598837	2358763	339415	308074
食品、饮料及烟草制品专门零售				
纺织、服装及日用品专门零售				
文化、体育用品及器材专门零售				
医药及医疗器材专门零售				
汽车、摩托车、燃料及零配件专门零售				
家用电器及电子产品专门零售				
五金、家具及室内装饰材料专门零售				
货摊、无店铺及其他零售业				
加盟门店合计	**105**	**166**	**105**	**166**
批发业				
农、林、牧产品批发				
食品、饮料及烟草制品批发				
纺织、服装及家庭用品批发				
文化、体育用品及器材批发				
医药及医疗器材批发				
矿产品、建材及化工产品批发				
机械设备、五金产品及电子产品批发				
贸易经纪与代理				
其他批发业				
零售业	**105**	**166**	**105**	**166**
综合零售				
食品、饮料及烟草制品专门零售				
纺织、服装及日用品专门零售				
文化、体育用品及器材专门零售				
医药及医疗器材专门零售				
汽车、摩托车、燃料及零配件专门零售				
家用电器及电子产品专门零售				
五金、家具及室内装饰材料专门零售				
货摊、无店铺及其他零售业	105	166	105	166

单位：万元

自有配送中心配送商品购进额		非自有配送中心配送商品购进额		商品销售总额		零售额	
2015年	2014年	2015年	2014年	2015年	2014年	2015年	2014年
2719	**5259**	**3315**	**6707**	**2502859**	**2421936**	**2502859**	**2421936**
2719	5259	3315	6707	2502859	2421936	2502859	2421936
105	**166**			**100**	**188**	**100**	**188**
105	**166**			**100**	**188**	**100**	**188**
105	166			100	188	100	188

1-7 续表 10

百货店

项　　目	商品购进总额		统一配送商品购进额	
	2015年	2014年	2015年	2014年
总　计	**32123930**	**31563297**	**13692605**	**13784112**
批发业				
农、林、牧产品批发				
食品、饮料及烟草制品批发				
纺织、服装及家庭用品批发				
文化、体育用品及器材批发				
医药及医疗器材批发				
矿产品、建材及化工产品批发				
机械设备、五金产品及电子产品批发				
贸易经纪与代理				
其他批发业				
零售业	**32123930**	**31563297**	**13692605**	**13784112**
综合零售	32123930	31563297	13692605	13784112
食品、饮料及烟草制品专门零售				
纺织、服装及日用品专门零售				
文化、体育用品及器材专门零售				
医药及医疗器材专门零售				
汽车、摩托车、燃料及零配件专门零售				
家用电器及电子产品专门零售				
五金、家具及室内装饰材料专门零售				
货摊、无店铺及其他零售业				
直营门店合计	**31349916**	**30818078**	**13133476**	**13244230**
批发业				
农、林、牧产品批发				
食品、饮料及烟草制品批发				
纺织、服装及家庭用品批发				
文化、体育用品及器材批发				
医药及医疗器材批发				
矿产品、建材及化工产品批发				
机械设备、五金产品及电子产品批发				
贸易经纪与代理				
其他批发业				

单位：万元

自有配送中心配送商品购进额		非自有配送中心配送商品购进额		商品销售总额		零售额	
2015年	2014年	2015年	2014年	2015年	2014年	2015年	2014年
9561907	**9541229**	**1005877**	**1315020**	**38415738**	**38688668**	**32212192**	**32505316**
9561907	**9541229**	**1005877**	**1315020**	**38415738**	**38688668**	**32212192**	**32505316**
9561907	9541229	1005877	1315020	38415738	38688668	32212192	32505316
9184676	**9186132**	**1000217**	**1309176**	**37599438**	**37869077**	**31458689**	**31756552**

1-7 续表 11

百货店

项　　目	商品购进总额		统一配送商品购进额	
	2015年	2014年	2015年	2014年
零售业	**31349916**	**30818078**	**13133476**	**13244230**
综合零售	31349916	30818078	13133476	13244230
食品、饮料及烟草制品专门零售				
纺织、服装及日用品专门零售				
文化、体育用品及器材专门零售				
医药及医疗器材专门零售				
汽车、摩托车、燃料及零配件专门零售				
家用电器及电子产品专门零售				
五金、家具及室内装饰材料专门零售				
货摊、无店铺及其他零售业				
加盟门店合计	**774014**	**745219**	**559129**	**539883**
批发业				
农、林、牧产品批发				
食品、饮料及烟草制品批发				
纺织、服装及家庭用品批发				
文化、体育用品及器材批发				
医药及医疗器材批发				
矿产品、建材及化工产品批发				
机械设备、五金产品及电子产品批发				
贸易经纪与代理				
其他批发业				
零售业	**774014**	**745219**	**559129**	**539883**
综合零售	774014	745219	559129	539883
食品、饮料及烟草制品专门零售				
纺织、服装及日用品专门零售				
文化、体育用品及器材专门零售				
医药及医疗器材专门零售				
汽车、摩托车、燃料及零配件专门零售				
家用电器及电子产品专门零售				
五金、家具及室内装饰材料专门零售				
货摊、无店铺及其他零售业				

单位：万元

自有配送中心配送商品购进额		非自有配送中心配送商品购进额		商品销售总额		零售额	
2015年	2014年	2015年	2014年	2015年	2014年	2015年	2014年
9184676	**9186132**	**1000217**	**1309176**	**37599438**	**37869077**	**31458689**	**31756552**
9184676	9186132	1000217	1309176	37599438	37869077	31458689	31756552
377231	**355097**	**5661**	**5844**	**816300**	**819591**	**753502**	**748765**
377231	**355097**	**5661**	**5844**	**816300**	**819591**	**753502**	**748765**
377231	355097	5661	5844	816300	819591	753502	748765

1-7 续表 12

专业店(含加油站)

项 目	商品购进总额		统一配送商品购进额	
	2015年	2014年	2015年	2014年
总 计	**177185661**	**200339242**	**150288463**	**169722449**
批发业	**88409755**	**113291098**	**80692930**	**99957134**
农、林、牧产品批发	1617114	1389512	1580486	1352951
食品、饮料及烟草制品批发	5600691	4948182	5162869	4523014
纺织、服装及家庭用品批发	4166	8104	4166	8104
文化、体育用品及器材批发	3008743	2996131	3005948	2990739
医药及医疗器材批发	514876	484982	343675	323521
矿产品、建材及化工产品批发	74666823	99932697	67667936	87317396
机械设备、五金产品及电子产品批发	742849	739317	683286	669047
贸易经纪与代理				
其他批发业	2254495	2792172	2244565	2772362
零售业	**88775905**	**87048144**	**69595534**	**69765315**
综合零售	2764437	2425420	1960029	1798013
食品、饮料及烟草制品专门零售	827643	678663	657236	646270
纺织、服装及日用品专门零售	669608	595084	547865	479649
文化、体育用品及器材专门零售	2603033	1928717	2465612	1821555
医药及医疗器材专门零售	7766375	6889983	7185961	6493417
汽车、摩托车、燃料及零配件专门零售	44262448	55202290	34860576	42456368
家用电器及电子产品专门零售	29867749	19309225	21903643	16051280
五金、家具及室内装饰材料专门零售	1752	1468	1752	1468
货摊、无店铺及其他零售业	12860	17295	12860	17295
直营门店合计	**173739333**	**197516868**	**147097175**	**167054383**
批发业	**86487392**	**111311337**	**78878481**	**98076335**
农、林、牧产品批发	1338507	1150147	1336765	1148471
食品、饮料及烟草制品批发	5600691	4948182	5162869	4523014
纺织、服装及家庭用品批发	3526	4209	3526	4209
文化、体育用品及器材批发	3007541	2994956	3004746	2989564
医药及医疗器材批发	469827	454577	312535	293904
矿产品、建材及化工产品批发	73100150	98264991	66150669	85693411
机械设备、五金产品及电子产品批发	739447	735612	679884	665342
贸易经纪与代理				
其他批发业	2227703	2758663	2227487	2758419

单位：万元

自有配送中心配送商品购进额		非自有配送中心配送商品购进额		商品销售总额		零售额	
2015年	2014年	2015年	2014年	2015年	2014年	2015年	2014年
84032551	**98797649**	**26296515**	**31393810**	**205209904**	**229219591**	**132999609**	**153866661**
47413816	**64408469**	**15340576**	**19702221**	**100239470**	**125467981**	**58348522**	**73049037**
1580486	1352951			1696054	1566254	11119	94
2745321	2526612	3583	6500	6843809	6213806	1097556	611338
4166	8104			13058	15696	6476	10522
2969289	2945403			2968500	3041357	1273947	1202771
319755	299801		7002	575094	553675	231470	233671
37462599	54411690	14982758	19396113	85269812	110549769	53100259	68203930
284752	315023	354235	292605	661818	805535	481164	467105
2047448	2548884			2211327	2721889	2146531	2319608
36618735	**34389181**	**10955939**	**11691589**	**104970433**	**103751611**	**74651087**	**80817623**
1720788	1507712	131813	127876	3486940	3649971	2545005	2779618
204643	202808	53136	86040	1071025	790916	760290	716153
202380	181054	34757	37269	983846	844940	726680	595916
2011439	1406302	270439	201861	2694874	2552346	2087283	1979036
3782194	3643720	1485459	1155219	9492434	8250083	8428622	7410951
14120759	18284989	7867390	8618786	55026066	67621475	41367120	49249129
14568572	9152678	1107189	1456536	32195636	20018504	18721220	18067858
856	625			1932	1613	1932	1613
7104	9293	5756	8002	17682	21764	12935	17350
81697568	**96504538**	**26028734**	**31178759**	**201445395**	**225834939**	**131278738**	**152286075**
45639965	**62564233**	**15338774**	**19693452**	**98262697**	**123416171**	**57996930**	**72634572**
1336765	1148471			1405540	1299255	4075	94
2745321	2526612	3583	6500	6843809	6213806	1097556	611338
3526	4209			12092	10432	5650	5779
2968087	2944229			2967409	3040504	1273750	1201918
293412	277502			519197	505301	209047	212271
35966933	52803007	14980956	19394346	83677386	108865132	52786204	67820301
281710	311318	354235	292605	658070	801694	477602	463264
2044211	2548884			2179196	2680047	2143046	2319608

1-7 续表 13

专业店(含加油站)

项 目	商品购进总额		统一配送商品购进额	
	2015年	2014年	2015年	2014年
零售业	**87251941**	**86205531**	**68218693**	**68978047**
综合零售	2746919	2412175	1942512	1784768
食品、饮料及烟草制品专门零售	751836	653480	635725	626476
纺织、服装及日用品专门零售	617067	549875	522296	458456
文化、体育用品及器材专门零售	2600845	1924642	2463424	1817480
医药及医疗器材专门零售	7107887	6401410	6593328	6030785
汽车、摩托车、燃料及零配件专门零售	43728048	54981076	34326175	42235154
家用电器及电子产品专门零售	29684796	19264201	21720690	16006255
五金、家具及室内装饰材料专门零售	1752	1468	1752	1468
货摊、无店铺及其他零售业	12791	17205	12791	17205
加盟门店合计	**3446328**	**2822374**	**3191289**	**2668066**
批发业	**1922364**	**1979761**	**1814449**	**1880799**
农、林、牧产品批发	278607	239366	243721	204480
食品、饮料及烟草制品批发				
纺织、服装及家庭用品批发	640	3895	640	3895
文化、体育用品及器材批发	1202	1175	1202	1175
医药及医疗器材批发	45048	30405	31140	29617
矿产品、建材及化工产品批发	1566673	1667706	1517267	1623985
机械设备、五金产品及电子产品批发	3402	3705	3402	3705
贸易经纪与代理				
其他批发业	26792	33509	17078	13943
零售业	**1523964**	**842613**	**1376840**	**787267**
综合零售	17518	13246	17518	13246
食品、饮料及烟草制品专门零售	75807	25183	21511	19795
纺织、服装及日用品专门零售	52541	45209	25569	21193
文化、体育用品及器材专门零售	2188	4075	2188	4075
医药及医疗器材专门零售	658488	488573	592632	462632
汽车、摩托车、燃料及零配件专门零售	534401	221214	534401	221214
家用电器及电子产品专门零售	182953	45024	182953	45024
五金、家具及室内装饰材料专门零售				
货摊、无店铺及其他零售业	69	90	69	90

单位：万元

自有配送中心配送商品购进额		非自有配送中心配送商品购进额		商品销售总额		零售额	
2015年	2014年	2015年	2014年	2015年	2014年	2015年	2014年
36057603	**33940306**	**10689960**	**11485307**	**103182698**	**102418769**	**73281807**	**79651503**
1719641	1506802	116107	116375	3448572	3616497	2506637	2746144
186752	186231	52808	84933	953904	759519	730102	687249
199930	177557	12214	20191	911047	784929	675371	553303
2009331	1402250	270359	201839	2692769	2548416	2085272	1975107
3564652	3452388	1258495	978756	8696798	7621205	7748381	6836692
13866604	18094989	7867390	8618786	54444796	67098769	40813233	48780310
14502801	9110262	1106832	1456425	32015278	19966147	18708023	18053825
856	625			1932	1613	1932	1613
7035	9203	5756	8002	17603	21675	12855	17260
2334983	**2293111**	**267781**	**215051**	**3764509**	**3384652**	**1720872**	**1580586**
1773851	**1844236**	**1802**	**8769**	**1976774**	**2051810**	**351591**	**414465**
243721	204480			290514	266999	7044	
640	3895			966	5265	827	4743
1202	1175			1091	852	197	852
26343	22299		7002	55897	48375	22423	21400
1495666	1608683	1802	1767	1592426	1684637	314055	383629
3043	3705			3748	3841	3561	3841
3238				32131	41842	3485	
561132	**448875**	**265979**	**206283**	**1787735**	**1332842**	**1369280**	**1166121**
1147	910	15706	11501	38367	33474	38367	33474
17891	16577	328	1107	117122	31398	30188	28904
2450	3497	22543	17078	72799	60011	51309	42613
2108	4053	80	22	2104	3930	2011	3930
217542	191332	226964	176463	795636	628877	680242	574260
254155	190000			581270	522707	553887	468819
65771	42416	357	111	180358	52356	13197	14032
69	90			79	90	79	90

1-7 续表 14

加油站

项　目	商品购进总额		统一配送商品购进额	
	2015年	2014年	2015年	2014年
总　计	**111967146**	**148003990**	**95701210**	**122763764**
批发业	**72712880**	**97891311**	**65803985**	**85348106**
农、林、牧产品批发				
食品、饮料及烟草制品批发				
纺织、服装及家庭用品批发				
文化、体育用品及器材批发				
医药及医疗器材批发				
矿产品、建材及化工产品批发	72712880	97891311	65803985	85348106
机械设备、五金产品及电子产品批发				
贸易经纪与代理				
其他批发业				
零售业	**39254266**	**50112679**	**29897225**	**37415658**
综合零售				
食品、饮料及烟草制品专门零售				
纺织、服装及日用品专门零售				
文化、体育用品及器材专门零售				
医药及医疗器材专门零售				
汽车、摩托车、燃料及零配件专门零售	39254266	50112679	29897225	37415658
家用电器及电子产品专门零售				
五金、家具及室内装饰材料专门零售				
货摊、无店铺及其他零售业				
直营门店合计	**110817316**	**147029137**	**94551380**	**121788910**
批发业	**72097452**	**97137672**	**65188557**	**84594466**
农、林、牧产品批发				
食品、饮料及烟草制品批发				
纺织、服装及家庭用品批发				
文化、体育用品及器材批发				
医药及医疗器材批发				
矿产品、建材及化工产品批发	72097452	97137672	65188557	84594466
机械设备、五金产品及电子产品批发				
贸易经纪与代理				
其他批发业				

单位：万元

自有配送中心配送商品购进额		非自有配送中心配送商品购进额		商品销售总额		零售额	
2015年	2014年	2015年	2014年	2015年	2014年	2015年	2014年
49097186	**69920699**	**20080373**	**25295980**	**133139362**	**170504722**	**91601844**	**114561425**
35629839	**52471088**	**14976699**	**19387633**	**83268313**	**108471693**	**53083099**	**68188559**
35629839	52471088	14976699	19387633	83268313	108471693	53083099	68188559
13467348	**17449611**	**5103674**	**5908347**	**49871049**	**62033029**	**38518745**	**46372866**
13467348	17449611	5103674	5908347	49871049	62033029	38518745	46372866
48227603	**68977059**	**20080373**	**25295980**	**131942664**	**169228376**	**90739339**	**113714285**
35014410	**51717448**	**14976699**	**19387633**	**82652884**	**107718053**	**52774481**	**67810237**
35014410	51717448	14976699	19387633	82652884	107718053	52774481	67810237

1-7 续表 15

加油站

项 目	商品购进总额		统一配送商品购进额	
	2015年	2014年	2015年	2014年
零售业	**38719865**	**49891465**	**29362824**	**37194444**
综合零售				
食品、饮料及烟草制品专门零售				
纺织、服装及日用品专门零售				
文化、体育用品及器材专门零售				
医药及医疗器材专门零售				
汽车、摩托车、燃料及零配件专门零售	38719865	49891465	29362824	37194444
家用电器及电子产品专门零售				
五金、家具及室内装饰材料专门零售				
货摊、无店铺及其他零售业				
加盟门店合计	**1149829**	**974854**	**1149829**	**974854**
批发业	**615429**	**753640**	**615429**	**753640**
农、林、牧产品批发				
食品、饮料及烟草制品批发				
纺织、服装及家庭用品批发				
文化、体育用品及器材批发				
医药及医疗器材批发				
矿产品、建材及化工产品批发	615429	753640	615429	753640
机械设备、五金产品及电子产品批发				
贸易经纪与代理				
其他批发业				
零售业	**534401**	**221214**	**534401**	**221214**
综合零售				
食品、饮料及烟草制品专门零售				
纺织、服装及日用品专门零售				
文化、体育用品及器材专门零售				
医药及医疗器材专门零售				
汽车、摩托车、燃料及零配件专门零售	534401	221214	534401	221214
家用电器及电子产品专门零售				
五金、家具及室内装饰材料专门零售				
货摊、无店铺及其他零售业				

单位：万元

自有配送中心配送商品购进额		非自有配送中心配送商品购进额		商品销售总额		零售额	
2015年	2014年	2015年	2014年	2015年	2014年	2015年	2014年
13213193	**17259611**	**5103674**	**5908347**	**49289779**	**61510322**	**37964858**	**45904048**
13213193	17259611	5103674	5908347	49289779	61510322	37964858	45904048
869583	**943640**			**1196698**	**1276347**	**862506**	**847140**
615429	**753640**			**615429**	**753640**	**308618**	**378322**
615429	753640			615429	753640	308618	378322
254155	**190000**			**581270**	**522707**	**553887**	**468819**
254155	190000			581270	522707	553887	468819

1-7 续表 16

专卖店

项 目	商品购进总额		统一配送商品购进额	
	2015年	2014年	2015年	2014年
总 计	**14084506**	**13653119**	**9072558**	**8798376**
批发业	**2226303**	**2320039**	**1708558**	**1773115**
农、林、牧产品批发	3975	3586	3975	3586
食品、饮料及烟草制品批发	1189980	1263373	690602	806332
纺织、服装及家庭用品批发	238019	320842	226422	237147
文化、体育用品及器材批发				
医药及医疗器材批发	7934	7814	3778	3954
矿产品、建材及化工产品批发	577637	433779	577637	433779
机械设备、五金产品及电子产品批发	5982	6437	5982	6437
贸易经纪与代理				
其他批发业	202776	284208	200162	281879
零售业	**11858204**	**11333080**	**7364000**	**7025261**
综合零售	212864	225945	212864	225945
食品、饮料及烟草制品专门零售	1792186	1794523	1660490	1669189
纺织、服装及日用品专门零售	2319258	2385439	1686414	1669889
文化、体育用品及器材专门零售	2446382	2339218	2365351	2213393
医药及医疗器材专门零售	283793	289047	212899	202757
汽车、摩托车、燃料及零配件专门零售	633793	647725	97058	95750
家用电器及电子产品专门零售	3936746	3481170	924957	778326
五金、家具及室内装饰材料专门零售	188201	83318	188201	83318
货摊、无店铺及其他零售业	44980	86694	15767	86694
直营门店合计	**12765546**	**12491149**	**7826545**	**7731083**
批发业	**1572388**	**1766614**	**1057348**	**1266841**
农、林、牧产品批发				
食品、饮料及烟草制品批发	1178550	1253662	679172	796622
纺织、服装及家庭用品批发	177146	214493	168254	177949
文化、体育用品及器材批发				
医药及医疗器材批发	7934	7814	3778	3954
矿产品、建材及化工产品批发				
机械设备、五金产品及电子产品批发	5982	6437	5982	6437
贸易经纪与代理				
其他批发业	202776	284208	200162	281879

单位：万元

自有配送中心配送商品购进额		非自有配送中心配送商品购进额		商品销售总额		零售额	
2015年	2014年	2015年	2014年	2015年	2014年	2015年	2014年
5588336	**5344667**	**643936**	**806732**	**17397011**	**16093224**	**12029012**	**11081889**
767476	**854281**	**94976**	**84876**	**3060648**	**2875063**	**469517**	**416797**
				3175	2756	3175	2756
592503	669644	88417	79543	1639174	1590591	193317	183395
167291	176742	5362	4046	476743	501900	197709	157776
725	828			14305	10886	14305	10886
2172	1917			596447	429906		
4786	5150	1196	1287	6555	7114	2070	2156
				324249	331911	58942	59828
4820860	**4490386**	**548960**	**721856**	**14336363**	**13218161**	**11559495**	**10665093**
39671	39270			401444	303047	379846	277572
1335390	1247396	167793	182103	2367403	2163400	2097988	1892818
603302	712389	308491	487970	3450613	3274231	3204707	3107672
2156167	2020240			2445028	2315227	433568	480605
114800	114434	17563	16655	369133	384647	311999	335330
76097	74891	7840	8000	726422	716047	694469	688685
304207	201357	47274	27128	4260429	3795046	4154977	3689179
175459	65462			268766	178822	268766	178822
15767	14948			47124	87693	13175	14410
4999649	**4781368**	**634942**	**806676**	**15753104**	**14713958**	**11173822**	**10347152**
746953	**834820**	**94976**	**84876**	**2309791**	**2277926**	**456418**	**402950**
581074	659933	88417	79543	1638833	1590110	192976	182914
160368	168909	5362	4046	325849	337906	188125	147166
725	828			14305	10886	14305	10886
4786	5150	1196	1287	6555	7114	2070	2156
				324249	331911	58942	59828

1-7 续表 17

专卖店

项　目	商品购进总额		统一配送商品购进额	
	2015年	2014年	2015年	2014年
零售业	**11193158**	**10724535**	**6769197**	**6464242**
综合零售	212806	225899	212806	225899
食品、饮料及烟草制品专门零售	1405816	1453354	1318684	1348687
纺织、服装及日用品专门零售	2055431	2126940	1443273	1438171
文化、体育用品及器材专门零售	2446382	2339218	2365351	2213393
医药及医疗器材专门零售	269003	280216	203100	194003
汽车、摩托车、燃料及零配件专门零售	633793	647725	97058	95750
家用电器及电子产品专门零售	3936746	3481170	924957	778326
五金、家具及室内装饰材料专门零售	188201	83318	188201	83318
货摊、无店铺及其他零售业	44980	86694	15767	86694
加盟门店合计	**1318960**	**1161969**	**1246013**	**1067293**
批发业	**653915**	**553424**	**651210**	**506274**
农、林、牧产品批发	3975	3586	3975	3586
食品、饮料及烟草制品批发	11429	9710	11429	9710
纺织、服装及家庭用品批发	60873	106349	58168	59198
文化、体育用品及器材批发				
医药及医疗器材批发				
矿产品、建材及化工产品批发	577637	433779	577637	433779
机械设备、五金产品及电子产品批发				
贸易经纪与代理				
其他批发业				
零售业	**665046**	**608545**	**594804**	**561019**
综合零售	58	46	58	46
食品、饮料及烟草制品专门零售	386370	341169	341806	320502
纺织、服装及日用品专门零售	263828	258500	243141	231717
文化、体育用品及器材专门零售				
医药及医疗器材专门零售	14790	8831	9799	8754
汽车、摩托车、燃料及零配件专门零售				
家用电器及电子产品专门零售				
五金、家具及室内装饰材料专门零售				
货摊、无店铺及其他零售业				

单位：万元

自有配送中心配送商品购进额		非自有配送中心配送商品购进额		商品销售总额		零售额	
2015年	2014年	2015年	2014年	2015年	2014年	2015年	2014年
4252696	**3946548**	**539966**	**721800**	**13443313**	**12436032**	**10717404**	**9944203**
39613	39224			401350	302961	379752	277485
1005583	932014	160870	182103	1905373	1768900	1654844	1516738
365509	484293	306514	487970	3037159	2895690	2818286	2771951
2156167	2020240			2445028	2315227	433568	480605
114294	114119	17469	16600	351661	375646	299567	326328
76097	74891	7840	8000	726422	716047	694469	688685
304207	201357	47274	27128	4260429	3795046	4154977	3689179
175459	65462			268766	178822	268766	178822
15767	14948			47124	87693	13175	14410
588688	**563299**	**8994**	**55**	**1643907**	**1379266**	**855190**	**734737**
20524	**19461**			**750857**	**597137**	**13099**	**13847**
				3175	2756	3175	2756
11429	9710			341	481	341	481
6923	7833			150894	163994	9584	10610
2172	1917			596447	429906		
568164	**543838**	**8994**	**55**	**893050**	**782129**	**842091**	**720890**
58	46			94	86	94	86
329807	315382	6923		462030	394500	443144	376081
237793	228096	1977		413455	378541	386421	335721
506	315	94	55	17472	9002	12431	9002

1-7 续表 18

家居建材商店

项　目	商品购进总额		统一配送商品购进额	
	2015年	2014年	2015年	2014年
总 计	**343482**	**339480**	**304498**	**284121**
批发业				
农、林、牧产品批发				
食品、饮料及烟草制品批发				
纺织、服装及家庭用品批发				
文化、体育用品及器材批发				
医药及医疗器材批发				
矿产品、建材及化工产品批发				
机械设备、五金产品及电子产品批发				
贸易经纪与代理				
其他批发业				
零售业	**343482**	**339480**	**304498**	**284121**
综合零售	50121	41677	50121	41677
食品、饮料及烟草制品专门零售				
纺织、服装及日用品专门零售				
文化、体育用品及器材专门零售				
医药及医疗器材专门零售				
汽车、摩托车、燃料及零配件专门零售				
家用电器及电子产品专门零售				
五金、家具及室内装饰材料专门零售	293361	297803	254377	242444
货摊、无店铺及其他零售业				
直营门店合计	**343482**	**339480**	**304498**	**284121**
批发业				
农、林、牧产品批发				
食品、饮料及烟草制品批发				
纺织、服装及家庭用品批发				
文化、体育用品及器材批发				
医药及医疗器材批发				
矿产品、建材及化工产品批发				
机械设备、五金产品及电子产品批发				
贸易经纪与代理				
其他批发业				

单位：万元

自有配送中心配送商品购进额		非自有配送中心配送商品购进额		商品销售总额		零售额	
2015年	2014年	2015年	2014年	2015年	2014年	2015年	2014年
83857	**81712**	**64357**	**53273**	**469197**	**469545**	**428640**	**423469**
83857	**81712**	**64357**	**53273**	**469197**	**469545**	**428640**	**423469**
		50121	41677	63278	60277	62011	56748
83857	81712	14237	11597	405919	409268	366629	366721
83857	**81712**	**64357**	**53273**	**469197**	**469545**	**428640**	**423469**

1-7 续表 19

家居建材商店

项 目	商品购进总额		统一配送商品购进额	
	2015年	2014年	2015年	2014年
零售业	**343482**	**339480**	**304498**	**284121**
综合零售	50121	41677	50121	41677
食品、饮料及烟草制品专门零售				
纺织、服装及日用品专门零售				
文化、体育用品及器材专门零售				
医药及医疗器材专门零售				
汽车、摩托车、燃料及零配件专门零售				
家用电器及电子产品专门零售				
五金、家具及室内装饰材料专门零售	293361	297803	254377	242444
货摊、无店铺及其他零售业				
加盟门店合计				
批发业				
农、林、牧产品批发				
食品、饮料及烟草制品批发				
纺织、服装及家庭用品批发				
文化、体育用品及器材批发				
医药及医疗器材批发				
矿产品、建材及化工产品批发				
机械设备、五金产品及电子产品批发				
贸易经纪与代理				
其他批发业				
零售业				
综合零售				
食品、饮料及烟草制品专门零售				
纺织、服装及日用品专门零售				
文化、体育用品及器材专门零售				
医药及医疗器材专门零售				
汽车、摩托车、燃料及零配件专门零售				
家用电器及电子产品专门零售				
五金、家具及室内装饰材料专门零售				
货摊、无店铺及其他零售业				

单位：万元

自有配送中心配送商品购进额		非自有配送中心配送商品购进额		商品销售总额		零售额	
2015年	2014年	2015年	2014年	2015年	2014年	2015年	2014年
83857	**81712**	**64357**	**53273**	**469197**	**469545**	**428640**	**423469**
		50121	41677	63278	60277	62011	56748
83857	81712	14237	11597	405919	409268	366629	366721

1-7 续表 20

厂家直销中心

项 目	商品购进总额		统一配送商品购进额	
	2015年	2014年	2015年	2014年
总 计	**125642**	**121124**	**122339**	**120499**
批发业	**101528**	**95039**	**100861**	**94415**
农、林、牧产品批发	38312	32191	37645	31567
食品、饮料及烟草制品批发	12919	11647	12919	11647
纺织、服装及家庭用品批发	37602	39819	37602	39819
文化、体育用品及器材批发				
医药及医疗器材批发	5902	5917	5902	5917
矿产品、建材及化工产品批发	6794	5465	6794	5465
机械设备、五金产品及电子产品批发				
贸易经纪与代理				
其他批发业				
零售业	**24114**	**26085**	**21479**	**26085**
综合零售				
食品、饮料及烟草制品专门零售	2635	1936		1936
纺织、服装及日用品专门零售	21479	24148	21479	24148
文化、体育用品及器材专门零售				
医药及医疗器材专门零售				
汽车、摩托车、燃料及零配件专门零售				
家用电器及电子产品专门零售				
五金、家具及室内装饰材料专门零售				
货摊、无店铺及其他零售业				
直营门店合计	**125642**	**121124**	**122339**	**120499**
批发业	**101528**	**95039**	**100861**	**94415**
农、林、牧产品批发	38312	32191	37645	31567
食品、饮料及烟草制品批发	12919	11647	12919	11647
纺织、服装及家庭用品批发	37602	39819	37602	39819
文化、体育用品及器材批发				
医药及医疗器材批发	5902	5917	5902	5917
矿产品、建材及化工产品批发	6794	5465	6794	5465
机械设备、五金产品及电子产品批发				
贸易经纪与代理				
其他批发业				

单位：万元

自有配送中心配送商品购进额		非自有配送中心配送商品购进额		商品销售总额		零售额	
2015年	2014年	2015年	2014年	2015年	2014年	2015年	2014年
84738	**80681**			**176904**	**174651**	**79081**	**81702**
63259	**54596**			**122259**	**115594**	**24498**	**22645**
37645	31567			43512	35531	16258	14259
12919	11647			12783	11510	2159	2149
				52713	56253		
5902	5917			6213	6237	6081	6237
6794	5465			7037	6064		
21479	**26085**			**54645**	**59057**	**54582**	**59057**
	1936			3335	2377	3273	2377
21479	24148			51310	56680	51310	56680
84738	**80681**			**176904**	**174651**	**79081**	**81702**
63259	**54596**			**122259**	**115594**	**24498**	**22645**
37645	31567			43512	35531	16258	14259
12919	11647			12783	11510	2159	2149
				52713	56253		
5902	5917			6213	6237	6081	6237
6794	5465			7037	6064		

1-7 续表 21

厂家直销中心

项 目	商品购进总额		统一配送商品购进额	
	2015年	2014年	2015年	2014年
零售业	**24114**	**26085**	**21479**	**26085**
综合零售				
食品、饮料及烟草制品专门零售	2635	1936		1936
纺织、服装及日用品专门零售	21479	24148	21479	24148
文化、体育用品及器材专门零售				
医药及医疗器材专门零售				
汽车、摩托车、燃料及零配件专门零售				
家用电器及电子产品专门零售				
五金、家具及室内装饰材料专门零售				
货摊、无店铺及其他零售业				
加盟门店合计				
批发业				
农、林、牧产品批发				
食品、饮料及烟草制品批发				
纺织、服装及家庭用品批发				
文化、体育用品及器材批发				
医药及医疗器材批发				
矿产品、建材及化工产品批发				
机械设备、五金产品及电子产品批发				
贸易经纪与代理				
其他批发业				
零售业				
综合零售				
食品、饮料及烟草制品专门零售				
纺织、服装及日用品专门零售				
文化、体育用品及器材专门零售				
医药及医疗器材专门零售				
汽车、摩托车、燃料及零配件专门零售				
家用电器及电子产品专门零售				
五金、家具及室内装饰材料专门零售				
货摊、无店铺及其他零售业				

单位：万元

自有配送中心配送商品购进额		非自有配送中心配送商品购进额		商品销售总额		零售额	
2015年	2014年	2015年	2014年	2015年	2014年	2015年	2014年
21479	**26085**			**54645**	**59057**	**54582**	**59057**
	1936			3335	2377	3273	2377
21479	24148			51310	56680	51310	56680

1-7 续表 22

其他

项　　目	商品购进总额		统一配送商品购进额	
	2015年	2014年	2015年	2014年
总　计	**3652278**	**3405830**	**2173362**	**1991114**
批发业	**3001316**	**2836206**	**1772548**	**1648431**
农、林、牧产品批发				
食品、饮料及烟草制品批发	556853	507896	471353	434016
纺织、服装及家庭用品批发	1628829	1493163	738984	631525
文化、体育用品及器材批发	53896	36590	53896	36590
医药及医疗器材批发	83948	64634	43907	32295
矿产品、建材及化工产品批发	474711	542087	374234	424334
机械设备、五金产品及电子产品批发	131667	118426	50970	51787
贸易经纪与代理				
其他批发业	71413	73410	39207	37884
零售业	**650962**	**569624**	**400814**	**342683**
综合零售	472703	386567	234695	169235
食品、饮料及烟草制品专门零售	65335	64565	65335	64565
纺织、服装及日用品专门零售				
文化、体育用品及器材专门零售	22232	31745	18272	28707
医药及医疗器材专门零售	24687	20495	16507	13924
汽车、摩托车、燃料及零配件专门零售				
家用电器及电子产品专门零售	54869	59957	54869	59957
五金、家具及室内装饰材料专门零售				
货摊、无店铺及其他零售业	11137	6295	11137	6295
直营门店合计	**2673827**	**2531588**	**1496855**	**1458060**
批发业	**2331888**	**2166031**	**1335351**	**1281733**
农、林、牧产品批发				
食品、饮料及烟草制品批发	455438	413778	376909	348702
纺织、服装及家庭用品批发	1475176	1340769	636581	604701
文化、体育用品及器材批发	53896	36590	53896	36590
医药及医疗器材批发	49054	37511	40299	29079
矿产品、建材及化工产品批发	168810	189687	157820	175963
机械设备、五金产品及电子产品批发	83512	78003	50970	51787
贸易经纪与代理				
其他批发业	46002	69694	18878	34911

单位：万元

自有配送中心配送商品购进额		非自有配送中心配送商品购进额		商品销售总额		零售额	
2015年	2014年	2015年	2014年	2015年	2014年	2015年	2014年
1454942	**1346407**	**407144**	**317506**	**4834914**	**4684372**	**2508879**	**2322570**
1362534	**1245088**	**173401**	**154352**	**4086873**	**4026080**	**1766368**	**1668328**
385402	356308	21354	19964	723724	656743	132427	109519
729283	623226	3142	2702	2585888	2473957	1375936	1387770
3619	3155	50277	33436	26498	28464	677	1013
2668	2394	13780	759	100852	81135	22619	16445
176167	194081	78749	91546	435161	580220	150314	77915
50970	51787			137328	124259	54893	46146
14427	14137	6099	5945	77422	81303	29502	29519
92408	**101319**	**233744**	**163154**	**748041**	**658292**	**742511**	**654242**
		230920	160733	564597	492927	564597	492927
				67073	63670	67073	63670
18272	28707			24799	16304	19739	12717
8130	6361	2824	2421	27055	20628	26585	20164
54869	59957			53554	58257	53554	58257
11137	6295			10964	6507	10964	6507
1234568	**1226572**	**74583**	**44637**	**3945198**	**3742977**	**1972027**	**1825785**
1153318	**1131697**	**66361**	**41271**	**3531000**	**3390545**	**1560946**	**1475603**
312222	290878	90	80	652835	595639	73908	51447
626880	596402	3142	2702	2485888	2353957	1275936	1267770
3619	3155	50277	33436	26498	28464	677	1013
1611	1456	12852		57946	44463	9210	7400
157820	175963			172283	209617	150314	77915
50970	51787			86362	81230	49633	44668
197	12056		5054	49187	77174	1268	25391

1-7 续表 23

其他

项 目	商品购进总额		统一配送商品购进额	
	2015年	2014年	2015年	2014年
零售业	**341940**	**365557**	**161504**	**176327**
综合零售	180939	193751	6651	9447
食品、饮料及烟草制品专门零售	65335	64565	65335	64565
纺织、服装及日用品专门零售				
文化、体育用品及器材专门零售	18272	28707	18272	28707
医药及医疗器材专门零售	22121	18147	15973	13221
汽车、摩托车、燃料及零配件专门零售				
家用电器及电子产品专门零售	54869	59957	54869	59957
五金、家具及室内装饰材料专门零售				
货摊、无店铺及其他零售业	404	430	404	430
加盟门店合计	**978451**	**874242**	**676507**	**533054**
批发业	**669428**	**670174**	**437197**	**366698**
农、林、牧产品批发				
食品、饮料及烟草制品批发	101414	94118	94444	85314
纺织、服装及家庭用品批发	153653	152395	102403	26824
文化、体育用品及器材批发				
医药及医疗器材批发	34893	27122	3608	3216
矿产品、建材及化工产品批发	305902	352400	216414	248371
机械设备、五金产品及电子产品批发	48155	40424		
贸易经纪与代理				
其他批发业	25411	3716	20329	2973
零售业	**309023**	**204068**	**239310**	**166356**
综合零售	291764	192817	228044	159788
食品、饮料及烟草制品专门零售				
纺织、服装及日用品专门零售				
文化、体育用品及器材专门零售	3960	3038		
医药及医疗器材专门零售	2566	2348	533	703
汽车、摩托车、燃料及零配件专门零售				
家用电器及电子产品专门零售				
五金、家具及室内装饰材料专门零售				
货摊、无店铺及其他零售业	10733	5865	10733	5865

单位：万元

自有配送中心配送商品购进额		非自有配送中心配送商品购进额		商品销售总额		零售额	
2015年	2014年	2015年	2014年	2015年	2014年	2015年	2014年
81250	**94875**	**8222**	**3366**	**414198**	**352432**	**411081**	**350182**
		5398	945	247563	198218	247563	198218
				67073	63670	67073	63670
18272	28707			20839	13294	18163	11417
7705	5782	2824	2421	24254	18112	23813	17739
54869	59957			53554	58257	53554	58257
404	430			916	882	916	882
220374	**119835**	**332562**	**272869**	**889715**	**941395**	**536852**	**496784**
209217	**113391**	**107040**	**113081**	**555873**	**635536**	**205422**	**192724**
73180	65430	21264	19884	70889	61104	58519	58072
102403	26824			100000	120000	100000	120000
1057	938	928	759	42906	36672	13409	9045
18347	18118	78749	91546	262878	370603		
				50966	43028	5259	1478
14230	2081	6099	892	28234	4129	28234	4129
11158	**6444**	**225522**	**159788**	**333842**	**305860**	**331430**	**304060**
		225522	159788	317034	294709	317034	294709
				3960	3010	1576	1301
425	579			2801	2516	2773	2425
10733	5865			10048	5625	10048	5625

1-8 按登记注册类型与业态分连锁零售企业基本情况

便利店

项　　目	连锁总店数（个）	门店数（个）		年末从业人员（人）		年末零售营业面积（平方米）	
	2015年	2015年	2014年	2015年	2014年	2015年	2014年
总　计	**100**	**17675**	**17517**	**83517**	**82905**	**1496187**	**1446257**
内资企业	86	15021	15030	66897	65187	1233009	1198475
国有企业	4	1840	1964	7696	8289	97461	101837
集体企业	1	282	282	601	617	31685	31685
股份合作企业							
联营企业							
有限责任公司	44	6300	6720	28779	29490	490936	504571
股份有限公司	5	1755	1676	8931	7223	194525	184275
私营企业	32	4844	4388	20890	19568	418402	376107
其他企业							
港、澳、台商投资企业	8	2249	2123	13098	13035	210718	201044
外商投资企业	6	405	364	3522	4683	52460	46738
直营门店合计		**9648**	**9265**	**57689**	**57751**	**978893**	**923539**
内资企业		7850	7536	45393	43929	796765	747137
国有企业		1052	1087	5937	6096	66004	66955
集体企业		6	6	16	17	8500	8500
股份合作企业							
联营企业							
有限责任公司		4285	4112	23715	24385	365181	353717
股份有限公司		313	364	4030	3078	97432	95343
私营企业		2194	1967	11695	10353	259648	222622
其他企业							
港、澳、台商投资企业		1425	1392	9135	9524	132481	132077
外商投资企业		373	337	3161	4298	49647	44325
加盟门店合计		**8027**	**8252**	**25828**	**25154**	**517294**	**522718**
内资企业		7171	7494	21504	21258	436244	451338
国有企业		788	877	1759	2193	31457	34882
集体企业		276	276	585	600	23185	23185
股份合作企业							
联营企业							
有限责任公司		2015	2608	5064	5105	125755	150854
股份有限公司		1442	1312	4901	4145	97093	88932
私营企业		2650	2421	9195	9215	158754	153485
其他企业							
港、澳、台商投资企业		824	731	3963	3511	78237	68967
外商投资企业		32	27	361	385	2813	2413

1-8 续表 1

折扣店

项 目	连锁总店数（个）	门店数（个）		年末从业人员（人）		年末零售营业面积（平方米）	
	2015年	2015年	2014年	2015年	2014年	2015年	2014年
总 计	**3**	**410**	**377**	**2139**	**2093**	**188862**	**177007**
内资企业	2	29	9	1109	705	94292	85664
国有企业							
集体企业							
股份合作企业							
联营企业							
有限责任公司							
股份有限公司							
私营企业	2	29	9	1109	705	94292	85664
其他企业							
港、澳、台商投资企业							
外商投资企业	1	381	368	1030	1388	94570	91343
直营门店合计		**236**	**207**	**2049**	**2013**	**149292**	**138787**
内资企业		29	9	1109	705	94292	85664
国有企业							
集体企业							
股份合作企业							
联营企业							
有限责任公司							
股份有限公司							
私营企业		29	9	1109	705	94292	85664
其他企业							
港、澳、台商投资企业							
外商投资企业		207	198	940	1308	55000	53123
加盟门店合计		**174**	**170**	**90**	**80**	**39570**	**38220**
内资企业							
国有企业							
集体企业							
股份合作企业							
联营企业							
有限责任公司							
股份有限公司							
私营企业							
其他企业							
港、澳、台商投资企业							
外商投资企业		174	170	90	80	39570	38220

1-8 续表 2

超市

项 目	连锁总店数(个)	门店数(个)		年末从业人员(人)		年末零售营业面积(平方米)	
	2015年	2015年	2014年	2015年	2014年	2015年	2014年
总 计	**414**	**33301**	**32575**	**435364**	**450146**	**19186624**	**18674522**
内资企业	400	32464	31981	420041	436768	18586256	18022318
国有企业	5	279	284	7310	6730	179060	186148
集体企业	5	41	42	1730	1731	22150	22250
股份合作企业	3	51	51	1581	1715	19033	19033
联营企业	1	18	16	200	198	5000	5000
有限责任公司	161	13839	13653	182767	188294	8701971	8424475
股份有限公司	21	6968	6844	123941	132383	5425095	5105257
私营企业	199	10742	10713	95522	99681	3963083	3987938
其他企业	5	526	378	6990	6036	270864	272217
港、澳、台商投资企业	10	722	490	11244	9248	418264	459953
外商投资企业	4	115	104	4079	4130	182104	192251
直营门店合计		**16864**	**15914**	**378531**	**390208**	**17251889**	**16677553**
内资企业		16060	15351	363260	376881	16666631	16040391
国有企业		279	284	7310	6730	179060	186148
集体企业		19	20	280	407	11150	11250
股份合作企业		51	51	1581	1715	19033	19033
联营企业		18	16	200	198	5000	5000
有限责任公司		6800	6616	163948	169586	8089687	7821610
股份有限公司		4501	4100	104269	110262	4670841	4289327
私营企业		4165	4185	79908	83158	3435961	3450771
其他企业		227	79	5764	4825	255899	257252
港、澳、台商投资企业		722	490	11244	9248	418264	459953
外商投资企业		82	73	4027	4079	166994	177209
加盟门店合计		**16437**	**16661**	**56833**	**59938**	**1934735**	**1996969**
内资企业		16404	16630	56781	59887	1919625	1981927
国有企业							
集体企业		22	22	1450	1324	11000	11000
股份合作企业							
联营企业							
有限责任公司		7039	7037	18819	18708	612284	602865
股份有限公司		2467	2744	19672	22121	754254	815930
私营企业		6577	6528	15614	16523	527122	537167
其他企业		299	299	1226	1211	14965	14965
港、澳、台商投资企业							
外商投资企业		33	31	52	51	15110	15042

1-8 续表 3

大型超市

项 目	连锁总店数（个）	门店数（个）		年末从业人员（人）		年末零售营业面积（平方米）	
	2015年	2015年	2014年	2015年	2014年	2015年	2014年
总 计	**172**	**8584**	**9328**	**559499**	**553201**	**33693840**	**31062912**
内资企业	86	4590	5563	221236	221963	13399296	12985278
国有企业	1	8	7	268	269	37900	30200
集体企业							
股份合作企业							
联营企业							
有限责任公司	49	2675	3320	110661	115848	7411882	7391833
股份有限公司	12	519	899	65288	66425	3372615	3313742
私营企业	24	1388	1337	45019	39421	2576899	2249503
其他企业							
港、澳、台商投资企业	23	964	802	150143	145722	10815981	7912397
外商投资企业	63	3030	2963	188120	185516	9478563	10165237
直营门店合计		**5214**	**4990**	**468568**	**468942**	**29831806**	**27322111**
内资企业		2032	2018	210711	209663	13025430	12544850
国有企业		8	7	268	269	37900	30200
集体企业							
股份合作企业							
联营企业							
有限责任公司		1134	1177	105786	110318	7161819	7116720
股份有限公司		516	511	65258	65295	3371615	3271230
私营企业		374	323	39399	33781	2454096	2126700
其他企业							
港、澳、台商投资企业		814	672	90878	93812	8180981	5448897
外商投资企业		2368	2300	166979	165467	8625395	9328364
加盟门店合计		**3370**	**4338**	**90931**	**84259**	**3862034**	**3740801**
内资企业		2558	3545	10525	12300	373866	440428
国有企业							
集体企业							
股份合作企业							
联营企业							
有限责任公司		1541	2143	4875	5530	250063	275113
股份有限公司		3	388	30	1130	1000	42512
私营企业		1014	1014	5620	5640	122803	122803
其他企业							
港、澳、台商投资企业		150	130	59265	51910	2635000	2463500
外商投资企业		662	663	21141	20049	853168	836873

1-8 续表 4

仓储会员店

项　目	连锁总店数（个）	门店数（个）		年末从业人员（人）		年末零售营业面积（平方米）	
	2015年	2015年	2014年	2015年	2014年	2015年	2014年
总　计	**5**	**128**	**105**	**14554**	**15279**	**697320**	**662795**
内资企业	3	40	23	388	281	26030	20750
国有企业							
集体企业							
股份合作企业							
联营企业							
有限责任公司	2	38	21	253	246	12750	18750
股份有限公司	1	2	2	135	35	13280	2000
私营企业							
其他企业							
港、澳、台商投资企业							
外商投资企业	2	88	82	14166	14998	671290	642045
直营门店合计		**93**	**90**	**14502**	**15234**	**696570**	**662045**
内资企业		5	8	336	236	25280	20000
国有企业							
集体企业							
股份合作企业							
联营企业							
有限责任公司		3	6	201	201	12000	18000
股份有限公司		2	2	135	35	13280	2000
私营企业							
其他企业							
港、澳、台商投资企业							
外商投资企业		88	82	14166	14998	671290	642045
加盟门店合计		**35**	**15**	**52**	**45**	**750**	**750**
内资企业		35	15	52	45	750	750
国有企业							
集体企业							
股份合作企业							
联营企业							
有限责任公司		35	15	52	45	750	750
股份有限公司							
私营企业							
其他企业							
港、澳、台商投资企业							
外商投资企业							

1-8 续表 5

百货店

项目	连锁总店数（个）	门店数（个）		年末从业人员（人）		年末零售营业面积（平方米）	
	2015年	2015年	2014年	2015年	2014年	2015年	2014年
总　计	**104**	**4867**	**4684**	**263846**	**265040**	**21043835**	**20140563**
内资企业	82	3642	3650	217527	222145	17967516	17390470
国有企业	1	83	83	98	98	3561	3561
集体企业	7	371	362	6481	6737	480380	435028
股份合作企业							
联营企业							
有限责任公司	39	619	626	30357	31568	3143700	3004451
股份有限公司	22	1592	1522	157511	159762	13225142	12829927
私营企业	12	973	1049	22871	23757	1097336	1085377
其他企业	1	4	8	209	223	17397	32126
港、澳、台商投资企业	16	1200	1008	38093	34430	2368254	2030201
外商投资企业	6	25	26	8226	8465	708065	719892
直营门店合计		**3139**	**2921**	**254191**	**254909**	**20621421**	**19747494**
内资企业		1937	1909	210559	214671	17738547	17150981
国有企业		17	17	19	19	1393	1393
集体企业		138	138	5735	6015	445400	401308
股份合作企业							
联营企业							
有限责任公司		465	472	29774	30981	3124280	2985031
股份有限公司		1089	1057	154926	157176	13140741	12745746
私营企业		224	217	19896	20257	1009336	985377
其他企业		4	8	209	223	17397	32126
港、澳、台商投资企业		1177	986	35406	31773	2174809	1876621
外商投资企业		25	26	8226	8465	708065	719892
加盟门店合计		**1728**	**1763**	**9655**	**10131**	**422414**	**393069**
内资企业		1705	1741	6968	7474	228969	239489
国有企业		66	66	79	79	2168	2168
集体企业		233	224	746	722	34980	33720
股份合作企业							
联营企业							
有限责任公司		154	154	583	587	19420	19420
股份有限公司		503	465	2585	2586	84401	84181
私营企业		749	832	2975	3500	88000	100000
其他企业							
港、澳、台商投资企业		23	22	2687	2657	193445	153580
外商投资企业							

1-8 续表 6

专业店(含加油站)

项　目	连锁总店数(个)	门店数(个)		年末从业人员(人)		年末零售营业面积(平方米)	
	2015年	2015年	2014年	2015年	2014年	2015年	2014年
总　计	**1481**	**112959**	**106241**	**928069**	**935674**	**84806186**	**81958071**
内资企业	1427	109290	102972	885893	893869	81165155	78467025
国有企业	149	10438	10640	97808	97684	10620721	9863256
集体企业	9	312	277	1012	944	19107	17229
股份合作企业	1	218	226	2462	2501	17000	18000
联营企业	3	187	178	1007	1023	25513	24330
有限责任公司	581	35985	32430	228693	227495	12481519	12231201
股份有限公司	212	38045	37714	410499	430047	53067585	52008764
私营企业	459	22749	20173	139316	128843	4827408	4215130
其他企业	13	1356	1334	5096	5332	106302	89115
港、澳、台商投资企业	16	1348	1102	10047	9772	201159	163603
外商投资企业	38	2321	2167	32129	32033	3439872	3327443
直营门店合计		**88832**	**83268**	**870076**	**879432**	**83093222**	**80404495**
内资企业		85442	80233	828768	838378	79464425	76925065
国有企业		9607	9804	96429	96675	10561258	9787036
集体企业		172	157	639	590	9767	9389
股份合作企业		218	226	2462	2501	17000	18000
联营企业		159	151	864	872	21545	21243
有限责任公司		25344	22413	205334	205275	11727513	11551479
股份有限公司		32288	32104	396268	415947	52925199	51877375
私营企业		17257	15027	124793	114377	4157899	3619138
其他企业		397	351	1979	2141	44244	41405
港、澳、台商投资企业		1124	888	9298	9098	190799	153623
外商投资企业		2266	2147	32010	31956	3437998	3325807
加盟门店合计		**24127**	**22973**	**57993**	**56242**	**1712964**	**1553576**
内资企业		23848	22739	57125	55491	1700730	1541960
国有企业		831	836	1379	1009	59463	76220
集体企业		140	120	373	354	9340	7840
股份合作企业							
联营企业		28	27	143	151	3968	3087
有限责任公司		10641	10017	23359	22220	754006	679722
股份有限公司		5757	5610	14231	14100	142386	131389
私营企业		5492	5146	14523	14466	669509	595992
其他企业		959	983	3117	3191	62058	47710
港、澳、台商投资企业		224	214	749	674	10360	9980
外商投资企业		55	20	119	77	1874	1636

1-8 续表 7

加油站

项　　目	连锁总店数（个）	门店数（个）		年末从业人员（人）		年末零售营业面积（平方米）	
	2015年	2015年	2014年	2015年	2014年	2015年	2014年
总　计	**302**	**35710**	**35306**	**289844**	**303672**	**57513695**	**55449352**
内资企业	279	34166	33819	273853	287190	54828870	52852827
国有企业	78	6420	6339	55219	55873	8340160	7610451
集体企业							
股份合作企业	1	218	226	2462	2501	17000	18000
联营企业							
有限责任公司	27	1815	1805	14641	15091	2763771	2739360
股份有限公司	164	25652	25402	200744	213003	43604204	42409303
私营企业	9	61	47	787	722	103735	75713
其他企业							
港、澳、台商投资企业	1	14	14	245	248	7500	7500
外商投资企业	22	1530	1473	15746	16234	2677325	2589025
直营门店合计		**35456**	**35076**	**287252**	**301411**	**57404466**	**55335190**
内资企业		33912	33589	271261	284929	54719641	52738665
国有企业		6400	6328	54911	55768	8336342	7590451
集体企业							
股份合作企业		218	226	2462	2501	17000	18000
联营企业							
有限责任公司		1782	1805	14177	15091	2748584	2739360
股份有限公司		25451	25183	198924	210847	43513980	42315141
私营企业		61	47	787	722	103735	75713
其他企业							
港、澳、台商投资企业		14	14	245	248	7500	7500
外商投资企业		1530	1473	15746	16234	2677325	2589025
加盟门店合计		**254**	**230**	**2592**	**2261**	**109229**	**114162**
内资企业		254	230	2592	2261	109229	114162
国有企业		20	11	308	105	3818	20000
集体企业							
股份合作企业							
联营企业							
有限责任公司		33		464		15187	
股份有限公司		201	219	1820	2156	90224	94162
私营企业							
其他企业							
港、澳、台商投资企业							
外商投资企业							

1-8 续表 8

专卖店

项　　目	连锁总店数（个）	门店数（个）		年末从业人员（人）		年末零售营业面积（平方米）	
	2015年	2015年	2014年	2015年	2014年	2015年	2014年
总　计	**320**	**21093**	**19927**	**141261**	**136159**	**4678795**	**4119514**
内资企业	258	15563	14751	94028	90294	2855303	2714867
国有企业	14	591	567	7311	7958	871886	858083
集体企业	1	40	41	305	312	3741	3806
股份合作企业	2	32	32	218	233	7284	7284
联营企业							
有限责任公司	125	6197	6196	45996	45243	1197828	1140010
股份有限公司	9	2727	2335	7292	5498	97206	65850
私营企业	101	5494	5149	29270	27712	580427	547105
其他企业	6	482	431	3636	3338	96931	92729
港、澳、台商投资企业	44	2200	2351	17829	18971	699259	700505
外商投资企业	18	3330	2825	29404	26894	1124233	704142
直营门店合计		**11940**	**11885**	**111250**	**111035**	**3901265**	**3487367**
内资企业		8847	8771	74276	73706	2392298	2323045
国有企业		406	382	7049	7779	870886	857083
集体企业		40	41	305	312	3741	3806
股份合作企业		32	32	218	233	7284	7284
联营企业							
有限责任公司		4153	4249	39333	38763	1069873	1019183
股份有限公司		419	361	2118	1913	17785	13393
私营企业		3425	3279	21959	21380	331548	330217
其他企业		372	427	3294	3326	91181	92079
港、澳、台商投资企业		1388	1434	17045	17676	555937	555297
外商投资企业		1705	1680	19929	19653	953030	609025
加盟门店合计		**9153**	**8042**	**30011**	**25124**	**777530**	**632147**
内资企业		6716	5980	19752	16588	463005	391822
国有企业		185	185	262	179	1000	1000
集体企业							
股份合作企业							
联营企业							
有限责任公司		2044	1947	6663	6480	127955	120827
股份有限公司		2308	1974	5174	3585	79421	52457
私营企业		2069	1870	7311	6332	248879	216888
其他企业		110	4	342	12	5750	650
港、澳、台商投资企业		812	917	784	1295	143322	145208
外商投资企业		1625	1145	9475	7241	171203	95117

1-8 续表 9

家居建材商店

项　目	连锁总店数（个）	门店数（个）		年末从业人员（人）		年末零售营业面积（平方米）	
	2015年	2015年	2014年	2015年	2014年	2015年	2014年
总　计	**14**	**64**	**62**	**2901**	**3533**	**327121**	**320001**
内资企业	6	46	44	1432	1902	104831	97711
国有企业							
集体企业							
股份合作企业							
联营企业							
有限责任公司	3	16	16	671	797	80312	73192
股份有限公司							
私营企业	3	30	28	761	1105	24519	24519
其他企业							
港、澳、台商投资企业	1	5	5	125	139	23564	23564
外商投资企业	7	13	13	1344	1492	198726	198726
直营门店合计		**64**	**62**	**2901**	**3533**	**327121**	**320001**
内资企业		46	44	1432	1902	104831	97711
国有企业							
集体企业							
股份合作企业							
联营企业							
有限责任公司		16	16	671	797	80312	73192
股份有限公司							
私营企业		30	28	761	1105	24519	24519
其他企业							
港、澳、台商投资企业		5	5	125	139	23564	23564
外商投资企业		13	13	1344	1492	198726	198726
加盟门店合计							
内资企业							
国有企业							
集体企业							
股份合作企业							
联营企业							
有限责任公司							
股份有限公司							
私营企业							
其他企业							
港、澳、台商投资企业							
外商投资企业							

1-8 续表 10

厂家直销中心

项　目	连锁总店数（个）	门店数（个）		年末从业人员（人）		年末零售营业面积（平方米）	
	2015年	2015年	2014年	2015年	2014年	2015年	2014年
总　计	**9**	**306**	**305**	**4048**	**3833**	**27997**	**93125**
内资企业	8	26	28	3492	3125	6921	65881
国有企业							
集体企业							
股份合作企业							
联营企业							
有限责任公司	3	13	13	1307	1237	1685	61685
股份有限公司	2	7	12	467	214	996	1396
私营企业	3	6	3	1718	1674	4240	2800
其他企业							
港、澳、台商投资企业	1	280	277	556	708	21076	27244
外商投资企业							
直营门店合计		**306**	**305**	**4048**	**3833**	**27997**	**93125**
内资企业		26	28	3492	3125	6921	65881
国有企业							
集体企业							
股份合作企业							
联营企业							
有限责任公司		13	13	1307	1237	1685	61685
股份有限公司		7	12	467	214	996	1396
私营企业		6	3	1718	1674	4240	2800
其他企业							
港、澳、台商投资企业		280	277	556	708	21076	27244
外商投资企业							
加盟门店合计							
内资企业							
国有企业							
集体企业							
股份合作企业							
联营企业							
有限责任公司							
股份有限公司							
私营企业							
其他企业							
港、澳、台商投资企业							
外商投资企业							

1-8 续表 11

其他

项　　目	连锁总店数（个）	门店数（个）		年末从业人员（人）		年末零售营业面积（平方米）	
	2015年	2015年	2014年	2015年	2014年	2015年	2014年
总　计	**68**	**10425**	**9577**	**45581**	**43780**	**2477237**	**2380176**
内资企业	62	10341	9488	43433	41667	2420295	2322683
国有企业	5	2187	2181	3335	3400	303496	264286
集体企业	2	159	218	394	488	3920	4420
股份合作企业	1	9	10	298	310	10210	10453
联营企业							
有限责任公司	22	1558	1576	6435	7525	187573	181679
股份有限公司	2	589	590	12008	12991	1458611	1457607
私营企业	29	5800	4874	20807	16797	453365	401118
其他企业	1	39	39	156	156	3120	3120
港、澳、台商投资企业	2	12	12	113	114	229	780
外商投资企业	4	72	77	2035	1999	56713	56713
直营门店合计		**1592**	**1774**	**24360**	**24415**	**1924168**	**1881587**
内资企业		1523	1700	22257	22347	1867601	1824469
国有企业		155	121	2884	2874	178776	137886
集体企业		37	38	188	188	2320	2320
股份合作企业		9	10	298	310	10210	10453
联营企业							
有限责任公司		730	999	4299	4999	126093	139406
股份有限公司		58	58	9358	9201	1364095	1363091
私营企业		534	474	5230	4775	186107	171313
其他企业							
港、澳、台商投资企业		12	12	113	114	229	780
外商投资企业		57	62	1990	1954	56338	56338
加盟门店合计		**8833**	**7803**	**21221**	**19365**	**553069**	**498589**
内资企业		8818	7788	21176	19320	552694	498214
国有企业		2032	2060	451	526	124720	126400
集体企业		122	180	206	300	1600	2100
股份合作企业							
联营企业							
有限责任公司		828	577	2136	2526	61480	42273
股份有限公司		531	532	2650	3790	94516	94516
私营企业		5266	4400	15577	12022	267258	229805
其他企业		39	39	156	156	3120	3120
港、澳、台商投资企业							
外商投资企业		15	15	45	45	375	375

1-9 按登记注册类型与业态分

便利店

项　目	商品购进总额		统一配送商品购进额	
	2015年	2014年	2015年	2014年
总　计	**3169917**	**2971315**	**2504921**	**2363877**
内资企业	2492251	2296314	1858475	1715235
国有企业	268839	240182	246501	223610
集体企业	29973	27581	29973	27581
股份合作企业				
联营企业				
有限责任公司	1164509	1137937	794113	787595
股份有限公司	311307	286235	143574	134902
私营企业	717623	604379	644314	541546
其他企业				
港、澳、台商投资企业	452383	484926	421163	458567
外商投资企业	225283	190075	225283	190075
直营门店合计	**2257969**	**2037429**	**1749271**	**1569610**
内资企业	1809052	1609791	1330742	1167204
国有企业	197659	160963	178880	148351
集体企业	25453	23414	25453	23414
股份合作企业				
联营企业				
有限责任公司	931306	873950	593185	552475
股份有限公司	243117	198981	127290	106400
私营企业	411518	352484	405935	336564
其他企业				
港、澳、台商投资企业	278633	280553	248245	255322
外商投资企业	170284	147084	170284	147084
加盟门店合计	**911948**	**933886**	**755650**	**794267**
内资企业	683199	686523	527733	548031
国有企业	71180	79220	67621	75259
集体企业	4521	4167	4521	4167
股份合作企业				
联营企业				
有限责任公司	233203	263987	200929	235120
股份有限公司	68190	87254	16284	28503
私营企业	306105	251895	238379	204982
其他企业				
港、澳、台商投资企业	173751	204373	172918	203245
外商投资企业	54999	42991	54999	42991

连锁零售企业经营情况

单位：万元

自有配送中心配送商品购进额		非自有配送中心配送商品购进额		商品销售总额		零售额	
2015年	2014年	2015年	2014年	2015年	2014年	2015年	2014年
1115220	**1179027**	**620283**	**406358**	**3872291**	**3510119**	**3437372**	**3129918**
942847	1024794	522507	337016	2927344	2657240	2610032	2375687
86288	83220	132987	117236	468405	380613	394497	329315
29973	27581			35138	32525	32686	29813
289603	431745	249474	118752	1282649	1244665	1211623	1157318
123639	109547	2751	6204	362339	342012	261084	224735
413345	372701	137295	94824	778814	657425	710143	634508
172373	154233	1073	2326	687527	613685	621288	555676
		96703	67016	257419	239194	206052	198555
836553	**753964**	**371738**	**279678**	**2761562**	**2548912**	**2463445**	**2283022**
679811	613494	324653	251838	2115152	1941564	1881112	1731161
59887	53117	91767	72081	302709	311024	228800	259726
25453	23414			29967	27682	27515	24970
246238	236729	117615	96606	1049224	976582	981944	907806
107355	81044	2751	6204	262949	230287	198084	163735
240879	219191	112520	76948	470304	395989	444770	374924
156742	140470	1073	2326	445698	412719	383744	358327
		46012	25514	200712	194629	198589	193534
278667	**425064**	**248544**	**126680**	**1110729**	**961206**	**973927**	**846897**
263036	411300	197854	85178	812192	715676	728920	644527
26401	30103	41220	45155	165697	69588	165697	69588
4521	4167			5171	4843	5171	4843
43364	195016	131859	22146	233425	268084	229679	249512
16284	28503			99390	111725	63000	61000
172466	153511	24774	17876	308510	261435	265373	259583
15631	13764			241829	200966	237544	197349
		50691	41503	56707	44565	7463	5020

1-9 续表 1

折扣店

项　目	商品购进总额		统一配送商品购进额	
	2015年	2014年	2015年	2014年
总　计	**262161**	**258374**	**131691**	**127470**
内资企业	130470	130903		
国有企业				
集体企业				
股份合作企业				
联营企业				
有限责任公司				
股份有限公司				
私营企业	130470	130903		
其他企业				
港、澳、台商投资企业				
外商投资企业	131691	127470	131691	127470
直营门店合计	**243951**	**240747**	**113481**	**109844**
内资企业	130470	130903		
国有企业				
集体企业				
股份合作企业				
联营企业				
有限责任公司				
股份有限公司				
私营企业	130470	130903		
其他企业				
港、澳、台商投资企业				
外商投资企业	113481	109844	113481	109844
加盟门店合计	**18210**	**17627**	**18210**	**17627**
内资企业				
国有企业				
集体企业				
股份合作企业				
联营企业				
有限责任公司				
股份有限公司				
私营企业				
其他企业				
港、澳、台商投资企业				
外商投资企业	18210	17627	18210	17627

单位：万元

自有配送中心配送商品购进额		非自有配送中心配送商品购进额		商品销售总额		零售额	
2015年	2014年	2015年	2014年	2015年	2014年	2015年	2014年
131691	**127470**			**314500**	**295499**	**282733**	**268887**
				149029	156877	149029	156877
				149029	156877	149029	156877
131691	127470			165472	138622	133705	112010
113481	**109844**			**282829**	**268966**	**251062**	**242354**
				149029	156877	149029	156877
				149029	156877	149029	156877
113481	109844			133800	112089	102033	85477
18210	**17627**			**31672**	**26533**	**31672**	**26533**
18210	17627			31672	26533	31672	26533

1-9 续表 2

超市

项　　目	商品购进总额		统一配送商品购进额	
	2015年	2014年	2015年	2014年
总　计	**28697228**	**27333193**	**23885335**	**22908002**
内资企业	27663404	26380550	23170331	22148860
国有企业	261395	241959	255878	237386
集体企业	39187	41344	3534	3374
股份合作企业	145510	110727	145510	110727
联营企业	15089	16313	15089	16313
有限责任公司	12377740	11773324	10124521	9782812
股份有限公司	10064604	9692343	8585635	8280412
私营企业	4433579	4283037	3724836	3511556
其他企业	326301	221503	315330	206281
港、澳、台商投资企业	833401	734968	514581	541467
外商投资企业	200423	217675	200423	217675
直营门店合计	**25906481**	**25080900**	**21681839**	**21138773**
内资企业	24880359	24136268	20974538	20387642
国有企业	261395	241959	255878	237386
集体企业	18339	21395	3534	3374
股份合作企业	145510	110727	145510	110727
联营企业	15089	16313	15089	16313
有限责任公司	11849952	11312189	9726372	9418239
股份有限公司	8253186	8316075	7136266	7177115
私营企业	4017187	3902411	3383159	3224512
其他企业	319703	215198	308731	199976
港、澳、台商投资企业	833401	734968	514581	541467
外商投资企业	192721	209664	192721	209664
加盟门店合计	**2790748**	**2252293**	**2203495**	**1769229**
内资企业	2783045	2244282	2195793	1761218
国有企业				
集体企业	20848	19949		
股份合作企业				
联营企业				
有限责任公司	527788	461135	398149	364573
股份有限公司	1811418	1376268	1449368	1103298
私营企业	416393	380626	341677	287044
其他企业	6598	6305	6598	6305
港、澳、台商投资企业				
外商投资企业	7703	8011	7703	8011

单位：万元

自有配送中心配送商品购进额		非自有配送中心配送商品购进额		商品销售总额		零售额	
2015年	2014年	2015年	2014年	2015年	2014年	2015年	2014年
15641702	**15111047**	**3481346**	**3263355**	**31181382**	**29901207**	**27240815**	**25798342**
15177617	14607544	3256080	3028746	29994582	28824073	26135505	24848108
177996	170287			273064	251786	272090	251060
2329	1326			40548	43965	36354	39969
133854	98134			142765	105706	142765	105706
15089	16313			22872	21755	13849	
6145897	5881069	493557	472553	13366823	12957135	10853632	10453485
6188396	6022155	2012176	1897557	11002782	10584444	10113835	9509141
2491245	2394303	468911	476312	4814752	4634048	4476403	4263515
22812	23956	281437	182324	330978	225233	226577	225233
287771	304858	204365	216418	979313	845188	897823	718288
176314	198645	20900	18191	207487	231946	207487	231946
14191228	**13936034**	**2818663**	**2761581**	**28238060**	**27535283**	**24359988**	**23500651**
13731485	13437075	2596758	2530440	27060347	26467299	23263764	22559566
177996	170287			273064	251786	272090	251060
2329	1326			19265	24457	15072	20461
133854	98134			142765	105706	142765	105706
15089	16313			22872	21755	13849	
5802369	5567235	460431	439967	12643844	12301018	10135406	9802256
5327776	5363740	1425478	1454686	9327397	9357366	8473471	8313606
2255322	2201741	429950	454110	4306079	4185677	3990451	3846944
16751	18299	280900	181677	325062	219534	220662	219534
287771	304858	204365	216418	979313	845188	897823	718288
171972	194101	17540	14724	198401	222797	198401	222797
1450475	**1175013**	**662682**	**501773**	**2943322**	**2365924**	**2880827**	**2297692**
1446132	1170469	659322	498307	2934235	2356774	2871740	2288542
				21282	19509	21282	19509
343528	313834	33125	32586	722979	656118	718226	651229
860621	658416	586699	442871	1675386	1227079	1640364	1195535
235923	192562	38961	22202	508673	448371	485952	416571
6061	5657	537	647	5915	5699	5915	5699
4343	4544	3360	3467	9087	9150	9087	9150

1-9 续表 3

大型超市

项　目	商品购进总额		统一配送商品购进额	
	2015年	2014年	2015年	2014年
总　计	**43324385**	**40395930**	**31283314**	**28294473**
内资企业	13296883	13156923	9732143	9079788
国有企业	27174	28397	9184	11914
集体企业				
股份合作企业				
联营企业				
有限责任公司	7194219	7222804	5033357	4658974
股份有限公司	4122073	4203594	3048862	2970271
私营企业	1953418	1702128	1640740	1438630
其他企业				
港、澳、台商投资企业	14955785	12378952	12274593	10148204
外商投资企业	15071717	14860055	9276579	9066481
直营门店合计	**37787427**	**34952178**	**25838053**	**22932825**
内资企业	12894999	12716832	9366054	8668838
国有企业	27174	28397	9184	11914
集体企业				
股份合作企业				
联营企业				
有限责任公司	6846887	6882876	4721821	4348186
股份有限公司	4117635	4153597	3044424	2920274
私营企业	1903303	1651962	1590626	1388464
其他企业				
港、澳、台商投资企业	10633136	8296484	7951944	6065736
外商投资企业	14259292	13938863	8520055	8198251
加盟门店合计	**5536958**	**5443752**	**5445261**	**5361648**
内资企业	401884	440091	366089	410950
国有企业				
集体企业				
股份合作企业				
联营企业				
有限责任公司	347332	339929	311536	310787
股份有限公司	4438	49997	4438	49997
私营企业	50115	50166	50115	50166
其他企业				
港、澳、台商投资企业	4322649	4082468	4322649	4082468
外商投资企业	812425	921192	756523	868230

单位：万元

自有配送中心配送商品购进额		非自有配送中心配送商品购进额		商品销售总额		零售额	
2015年	2014年	2015年	2014年	2015年	2014年	2015年	2014年
18865065	**16756294**	**4170981**	**3729758**	**49629214**	**46581879**	**43771785**	**41894618**
5853705	5443217	1953073	1880676	16910922	16511035	15724664	15082449
2185	5361	6999	6553	30571	31947	30571	31947
2590927	2491126	1079750	993994	8773719	8941521	7775740	7715428
2244100	2177905	772854	739874	5774766	5533514	5604140	5344928
1016493	768825	93470	140255	2331866	2004053	2314212	1990147
5723388	4432702	1654390	1070872	15929183	13614909	13440986	12705338
7287972	6880375	563518	778210	16789109	16455935	14606136	14106830
17924336	**15639736**	**4077936**	**3630387**	**43986941**	**41039154**	**38130512**	**36356218**
5669500	5194890	1860028	1781305	16465165	16012454	15278907	14588195
2185	5361	6999	6553	30571	31947	30571	31947
2411411	2293098	1036568	944487	8425581	8604764	7427602	7378671
2239662	2127908	772854	739874	5774507	5470721	5603882	5286460
1016242	768523	43607	90391	2234507	1905023	2216853	1891117
5723388	4432702	1654390	1070872	11606535	9532441	9118337	8622870
6531448	6012145	563518	778210	15915242	15494258	13733269	13145153
940728	**1116557**	**93045**	**99371**	**5642273**	**5542725**	**5641273**	**5538399**
184205	248327	93045	99371	445757	498580	445757	494254
179516	198028	43182	49507	348139	336757	348139	336757
4438	49997			258	62793	258	58467
251	302	49864	49864	97360	99030	97360	99030
				4322649	4082468	4322649	4082468
756523	868230			873868	961677	872868	961677

1-9 续表 4

仓储会员店

项　目	商品购进总额		统一配送商品购进额	
	2015年	2014年	2015年	2014年
总　计	**2598941**	**2358928**	**339520**	**308240**
内资企业	22526	29390	6139	12131
国有企业				
集体企业				
股份合作企业				
联营企业				
有限责任公司	6139	12131	6139	12131
股份有限公司	16387	17258		
私营企业				
其他企业				
港、澳、台商投资企业				
外商投资企业	2576416	2329539	333381	296108
直营门店合计	**2598837**	**2358763**	**339415**	**308074**
内资企业	22421	29224	6034	11966
国有企业				
集体企业				
股份合作企业				
联营企业				
有限责任公司	6034	11966	6034	11966
股份有限公司	16387	17258		
私营企业				
其他企业				
港、澳、台商投资企业				
外商投资企业	2576416	2329539	333381	296108
加盟门店合计	**105**	**166**	**105**	**166**
内资企业	105	166	105	166
国有企业				
集体企业				
股份合作企业				
联营企业				
有限责任公司	105	166	105	166
股份有限公司				
私营企业				
其他企业				
港、澳、台商投资企业				
外商投资企业				

单位：万元

自有配送中心配送商品购进额		非自有配送中心配送商品购进额		商品销售总额		零售额	
2015年	2014年	2015年	2014年	2015年	2014年	2015年	2014年
2824	**5424**	**3315**	**6707**	**2502960**	**2422124**	**2502960**	**2422124**
2824	5424	3315	6707	21904	25593	21904	25593
2824	5424	3315	6707	5516	10842	5516	10842
				16387	14751	16387	14751
				2481056	2396531	2481056	2396531
2719	**5259**	**3315**	**6707**	**2502859**	**2421936**	**2502859**	**2421936**
2719	5259	3315	6707	21803	25405	21803	25405
2719	5259	3315	6707	5416	10654	5416	10654
				16387	14751	16387	14751
				2481056	2396531	2481056	2396531
105	**166**			**100**	**188**	**100**	**188**
105	166			100	188	100	188
105	166			100	188	100	188

1-9 续表 5

百货店

项　目	商品购进总额		统一配送商品购进额	
	2015年	2014年	2015年	2014年
总　计	**32123930**	**31563297**	**13692605**	**13784112**
内资企业	26094309	25657254	11075617	11324986
国有企业	1905	1811	1905	1811
集体企业	666417	609736	47270	39728
股份合作企业				
联营企业				
有限责任公司	2573779	2712658	1322136	1406220
股份有限公司	20596896	20070832	7547250	7719456
私营企业	2234431	2242013	2136175	2137566
其他企业	20880	20205	20880	20205
港、澳、台商投资企业	4900650	4696447	2392874	2218977
外商投资企业	1128971	1209596	224115	240150
直营门店合计	**31349916**	**30818078**	**13133476**	**13244230**
内资企业	25568266	25146654	10614695	10873587
国有企业	727	691	727	691
集体企业	589002	538921	34976	28115
股份合作企业				
联营企业				
有限责任公司	2568286	2707664	1316643	1401226
股份有限公司	20420658	19891890	7371012	7540514
私营企业	1968712	1987282	1870456	1882836
其他企业	20880	20205	20880	20205
港、澳、台商投资企业	4652679	4461828	2294667	2130493
外商投资企业	1128971	1209596	224115	240150
加盟门店合计	**774014**	**745219**	**559129**	**539883**
内资企业	526043	510601	460922	451399
国有企业	1178	1120	1178	1120
集体企业	77416	70814	12294	11613
股份合作企业				
联营企业				
有限责任公司	5493	4994	5493	4994
股份有限公司	176237	178942	176237	178942
私营企业	265719	254731	265719	254731
其他企业				
港、澳、台商投资企业	247971	234618	98207	88483
外商投资企业				

单位：万元

自有配送中心配送商品购进额		非自有配送中心配送商品购进额		商品销售总额		零售额	
2015年	2014年	2015年	2014年	2015年	2014年	2015年	2014年
9561907	**9541229**	**1005877**	**1315020**	**38415738**	**38688668**	**32212192**	**32505316**
7402365	7587809	859194	940264	31251842	31520496	25848055	26134082
1905	1811			1620	1541	1620	1541
39852	37716			774451	682069	396083	324179
778273	887200	214392	259602	3255714	3241534	2879039	2934961
4543706	4617395	628571	664966	24553117	24905118	20471870	20774816
2017749	2023483	16230	15696	2646131	2669668	2078634	2078019
20880	20205			20809	20567	20809	20567
2159542	1953420	128483	134607	5782832	5721412	4983073	4924474
		18200	240150	1381064	1446760	1381064	1446760
9184676	**9186132**	**1000217**	**1309176**	**37599438**	**37869077**	**31458689**	**31756552**
7117681	7315352	859194	940264	30683881	30951174	25311513	25602441
727	691			663	627	663	627
27558	26103			730948	644388	383999	324179
772780	882207	214392	259602	3248162	3234668	2871487	2928095
4543706	4617395	628571	664966	24369317	24716429	20288071	20586127
1752029	1768752	16230	15696	2313982	2334496	1746485	1742847
20880	20205			20809	20567	20809	20567
2066996	1870780	122823	128763	5534493	5471143	4766113	4707350
		18200	240150	1381064	1446760	1381064	1446760
377231	**355097**	**5661**	**5844**	**816300**	**819591**	**753502**	**748765**
284685	272457			567962	569322	536542	531641
1178	1120			957	914	957	914
12294	11613			43504	37681	12084	
5493	4994			7552	6866	7552	6866
				183800	188689	183800	188689
265719	254731			332149	335172	332149	335172
92546	82639	5661	5844	248338	250269	216960	217124

1-9 续表 6

专业店(含加油站)

项　目	商品购进总额		统一配送商品购进额	
	2015年	2014年	2015年	2014年
总　计	**177185661**	**200339242**	**150288463**	**169722449**
内资企业	170584675	193036873	144840417	164035528
国有企业	33054058	36637818	31095007	30476415
集体企业	97029	77220	87124	61170
股份合作企业	845647	834475	845647	834475
联营企业	51710	45990	51710	45990
有限责任公司	26363275	26845608	21172951	21523930
股份有限公司	100000907	119561528	82234095	102826034
私营企业	10079500	8956882	9270977	8194002
其他企业	92551	77351	82907	73512
港、澳、台商投资企业	369184	337410	309770	282511
外商投资企业	6231801	6964959	5138276	5404410
直营门店合计	**173739333**	**197516868**	**147097175**	**167054383**
内资企业	167145423	190220926	141652659	161370232
国有企业	32839458	36316173	30891473	30173377
集体企业	88880	60420	86808	60320
股份合作企业	845647	834475	845647	834475
联营企业	43943	38347	43943	38347
有限责任公司	25614945	26403285	20597114	21143634
股份有限公司	97998648	117887431	80231835	101151937
私营企业	9650308	8629532	8901862	7920624
其他企业	63595	51263	53977	47519
港、澳、台商投资企业	365102	333885	308906	281811
外商投资企业	6228808	6962056	5135609	5402340
加盟门店合计	**3446328**	**2822374**	**3191289**	**2668066**
内资企业	3439252	2815947	3187758	2665296
国有企业	214600	321645	203534	303038
集体企业	8148	16800	316	850
股份合作企业				
联营企业	7767	7643	7767	7643
有限责任公司	748330	442323	575837	380296
股份有限公司	2002259	1674097	2002259	1674097
私营企业	429192	327350	369115	273379
其他企业	28956	26088	28930	25993
港、澳、台商投资企业	4082	3525	864	700
外商投资企业	2993	2903	2667	2070

单位：万元

自有配送中心配送商品购进额		非自有配送中心配送商品购进额		商品销售总额		零售额	
2015年	2014年	2015年	2014年	2015年	2014年	2015年	2014年
84032551	**98797649**	**26296515**	**31393810**	**205209904**	**229219591**	**132999609**	**153866661**
81960251	96496965	24698631	29804438	195572786	218434587	125598607	145744098
15043949	17610085	4491620	4632207	38004773	42294284	21941540	23094166
67184	60320			93924	92233	53153	46511
845647	834475			925178	1034245	748614	858674
				66543	59071	66543	59071
12166909	11367046	3709217	4437366	29347109	30277567	23181978	23372950
49166101	62193980	15763978	20066331	116341469	135017225	70208262	89996607
4637349	4402659	688132	628511	10681264	9566452	9287394	8224179
33113	28399	45684	40023	112526	93511	111124	91941
73465	68294	82458	1618	522844	448014	372452	313174
1998835	2232391	1515426	1587754	9114275	10336991	7028550	7809389
81697568	**96504538**	**26028734**	**31178759**	**201445395**	**225834939**	**131278738**	**152286075**
79626132	94204554	24430851	29589387	191817876	215058029	123885544	144171607
14907786	17353612	4464340	4611534	37782884	42006208	21780715	22891088
67184	60320			84930	70453	53153	46511
845647	834475			925178	1034245	748614	858674
				56505	50316	56505	50316
11785179	11153810	3604825	4340493	28381483	29658165	22540480	22969736
47581565	60570926	15741345	20046833	114324274	132996167	69614448	89279116
4408431	4205078	600076	573281	10186602	9182115	9017011	8017374
30341	26334	20264	17246	76021	60361	74619	58791
72601	67594	82458	1618	516168	442793	367568	307953
1998835	2232391	1515426	1587754	9111350	10334117	7025626	7806515
2334983	**2293111**	**267781**	**215051**	**3764509**	**3384652**	**1720872**	**1580586**
2334119	2292411	267781	215051	3754909	3376558	1713064	1572491
136162	256474	27279	20673	221889	288076	160825	203077
				8994	21780		
				10038	8755	10038	8755
381730	213236	104392	96874	965626	619402	641498	403214
1584537	1623054	22633	19498	2017195	2021059	593814	717491
228918	197582	88057	55230	494662	384336	270383	206805
2772	2065	25420	22777	36505	33150	36505	33150
864	700			6675	5221	4883	5221
				2924	2873	2924	2873

1-9 续表 7

加油站

项　目	商品购进总额		统一配送商品购进额	
	2015年	2014年	2015年	2014年
总　计	**111967146**	**148003990**	**95701210**	**122763764**
内资企业	108348141	143337207	93184911	119660440
国有企业	21829421	26057036	20458452	20452465
集体企业				
股份合作企业	845647	834475	845647	834475
联营企业				
有限责任公司	6368850	7894751	5386859	6216579
股份有限公司	79135168	108390271	66414269	92070155
私营企业	169056	160673	79685	86766
其他企业				
港、澳、台商投资企业	19551	18625		
外商投资企业	3599453	4648159	2516299	3103324
直营门店合计	**110817316**	**147029137**	**94551380**	**121788910**
内资企业	107198312	142362353	92035082	118685587
国有企业	21747164	25867036	20376196	20262465
集体企业				
股份合作企业	845647	834475	845647	834475
联营企业				
有限责任公司	6196951	7894751	5214960	6216579
股份有限公司	78239493	107605417	65518594	91285301
私营企业	169056	160673	79685	86766
其他企业				
港、澳、台商投资企业	19551	18625		
外商投资企业	3599453	4648159	2516299	3103324
加盟门店合计	**1149829**	**974854**	**1149829**	**974854**
内资企业	1149829	974854	1149829	974854
国有企业	82256	190000	82256	190000
集体企业				
股份合作企业				
联营企业				
有限责任公司	171899		171899	
股份有限公司	895675	784854	895675	784854
私营企业				
其他企业				
港、澳、台商投资企业				
外商投资企业				

单位：万元

自有配送中心配送商品购进额		非自有配送中心配送商品购进额		商品销售总额		零售额	
2015年	2014年	2015年	2014年	2015年	2014年	2015年	2014年
49097186	**69920699**	**20080373**	**25295980**	**133139362**	**170504722**	**91601844**	**114561425**
48196500	68683147	18876758	23940194	126921637	162904375	86549462	108568484
10052669	12823200	1661879	1838378	25374327	30221129	17436653	19135719
845647	834475			925178	1034245	748614	858674
1761656	1800167	1814328	2332584	7058561	8837192	4912860	5810732
35504711	53188284	15373316	19737456	93357300	122609958	63337966	82640912
31818	37021	27235	31777	206272	201851	113369	122447
				24888	24484		
900686	1237552	1203615	1355786	6192837	7575863	5052382	5992942
48227603	**68977059**	**20080373**	**25295980**	**131942664**	**169228376**	**90739339**	**113714285**
47326917	67739507	18876758	23940194	125724939	161628029	85686956	107721344
9970412	12633200	1661879	1838378	25284012	30071129	17346338	18985719
845647	834475			925178	1034245	748614	858674
1589757	1800167	1814328	2332584	6875235	8837192	4729534	5810732
34889282	52434644	15373316	19737456	92434243	121483612	62749102	81943772
31818	37021	27235	31777	206272	201851	113369	122447
				24888	24484		
900686	1237552	1203615	1355786	6192837	7575863	5052382	5992942
869583	**943640**			**1196698**	**1276347**	**862506**	**847140**
869583	943640			1196698	1276347	862506	847140
82256	190000			90315	150000	90315	150000
171899				183326		183326	
615429	753640			923057	1126347	588864	697140

1-9 续表 8

专卖店

项　目	商品购进总额		统一配送商品购进额	
	2015年	2014年	2015年	2014年
总　计	**14084506**	**13653119**	**9072558**	**8798376**
内资企业	8660069	8409269	7476717	7240495
国有企业	1874712	1939070	1464259	1553055
集体企业	12127	11509	12127	11509
股份合作企业	32120	73954	2907	73954
联营企业				
有限责任公司	5070998	4608943	4518403	4073380
股份有限公司	215697	197576	159087	151082
私营企业	1276097	1396884	1141615	1196182
其他企业	178319	181332	178319	181332
港、澳、台商投资企业	1203927	1474799	602839	750303
外商投资企业	4220510	3769051	993003	807578
直营门店合计	**12765546**	**12491149**	**7826545**	**7731083**
内资企业	7553309	7450075	6442620	6372418
国有企业	1299247	1507208	888793	1121193
集体企业	12127	11509	12127	11509
股份合作企业	32120	73954	2907	73954
联营企业				
有限责任公司	4821713	4406567	4286827	3890400
股份有限公司	55851	70469	43602	43524
私营企业	1156008	1199136	1032120	1050607
其他企业	176244	181231	176244	181231
港、澳、台商投资企业	1131825	1390148	531020	669211
外商投资企业	4080412	3650927	852905	689454
加盟门店合计	**1318960**	**1161969**	**1246013**	**1067293**
内资企业	1106760	959194	1034096	868077
国有企业	575466	431862	575466	431862
集体企业				
股份合作企业				
联营企业				
有限责任公司	249285	202376	231576	182981
股份有限公司	159846	127107	115485	107558
私营企业	120089	197748	109495	145575
其他企业	2075	101	2075	101
港、澳、台商投资企业	72102	84651	71819	81092
外商投资企业	140098	118124	140098	118124

单位：万元

自有配送中心配送商品购进额		非自有配送中心配送商品购进额		商品销售总额		零售额	
2015年	2014年	2015年	2014年	2015年	2014年	2015年	2014年
5588336	**5344667**	**643936**	**806732**	**17397011**	**16093224**	**12029012**	**11081889**
5166032	4741234	558213	725362	10274760	9410663	5551321	4956616
570141	590546	161784	339461	2232762	2071103	386473	409449
		12127	11509	15956	14173	15956	14173
				36797	74615	1726	1285
3527737	3085358	291899	259569	5770794	5258932	3274882	2862561
149235	142857			258195	236691	250091	229058
872093	875619	92404	114823	1760269	1558831	1422207	1243771
46825	46854			199987	196319	199987	196319
152302	233090	41066	48035	1961956	2077482	1457544	1584371
270003	370344	44657	33335	5160295	4605079	5020147	4540902
4999649	**4781368**	**634942**	**806676**	**15753104**	**14713958**	**11173822**	**10347152**
4735828	4324782	550533	725306	8970891	8358888	4920173	4420773
570141	590546	161784	339461	1639211	1643754	386473	409449
		12127	11509	15956	14173	15956	14173
				36797	74615	1726	1285
3312023	2910373	284566	259513	5461301	4987471	2983210	2609373
33751	35299			68283	80951	61918	74796
774804	741711	92056	114823	1552117	1361705	1273664	1115478
45110	46854			197227	196219	197227	196219
131037	201041	39751	48035	1809169	1916321	1420597	1551806
132783	255545	44657	33335	4973044	4438750	4833052	4374574
588688	**563299**	**8994**	**55**	**1643907**	**1379266**	**855190**	**734737**
430203	416452	7680	55	1303868	1051776	631148	535843
				593552	427350		
215714	174985	7332	55	309493	271461	291672	253187
115485	107558			189912	155740	188173	154262
97290	133908	348		208152	197126	148543	128294
1715				2760	100	2760	100
21264	32049	1314		152788	161162	36947	32565
137220	114798			187251	166329	187095	166329

1-9 续表 9

家居建材商店

项　目	商品购进总额		统一配送商品购进额	
	2015年	2014年	2015年	2014年
总　计	**343482**	**339480**	**304498**	**284121**
内资企业	122671	137785	99304	97370
国有企业				
集体企业				
股份合作企业				
联营企业				
有限责任公司	66235	77630	42868	37215
股份有限公司				
私营企业	56436	60155	56436	60155
其他企业				
港、澳、台商投资企业	20094	18145	20094	18145
外商投资企业	200717	183550	185099	168606
直营门店合计	**343482**	**339480**	**304498**	**284121**
内资企业	122671	137785	99304	97370
国有企业				
集体企业				
股份合作企业				
联营企业				
有限责任公司	66235	77630	42868	37215
股份有限公司				
私营企业	56436	60155	56436	60155
其他企业				
港、澳、台商投资企业	20094	18145	20094	18145
外商投资企业	200717	183550	185099	168606
加盟门店合计				
内资企业				
国有企业				
集体企业				
股份合作企业				
联营企业				
有限责任公司				
股份有限公司				
私营企业				
其他企业				
港、澳、台商投资企业				
外商投资企业				

单位：万元

自有配送中心配送商品购进额		非自有配送中心配送商品购进额		商品销售总额		零售额	
2015年	2014年	2015年	2014年	2015年	2014年	2015年	2014年
83857	**81712**	**64357**	**53273**	**469197**	**469545**	**428640**	**423469**
54959	58278	40246	31178	165223	186008	125989	143507
		40246	31178	100494	114919	79929	86992
54959	58278			64729	71089	46060	56515
				22896	15823	22896	15823
28898	23434	24112	22095	281079	267713	279756	264139
83857	**81712**	**64357**	**53273**	**469197**	**469545**	**428640**	**423469**
54959	58278	40246	31178	165223	186008	125989	143507
		40246	31178	100494	114919	79929	86992
54959	58278			64729	71089	46060	56515
				22896	15823	22896	15823
28898	23434	24112	22095	281079	267713	279756	264139

1-9 续表 10

厂家直销中心

项　目	商品购进总额		统一配送商品购进额	
	2015年	2014年	2015年	2014年
总　计	**125642**	**121124**	**122339**	**120499**
内资企业	104163	96975	100861	96351
国有企业				
集体企业				
股份合作企业				
联营企业				
有限责任公司	45106	37656	44439	37032
股份有限公司	18820	17564	18820	17564
私营企业	40237	41755	37602	41755
其他企业				
港、澳、台商投资企业	21479	24148	21479	24148
外商投资企业				
直营门店合计	**125642**	**121124**	**122339**	**120499**
内资企业	104163	96975	100861	96351
国有企业				
集体企业				
股份合作企业				
联营企业				
有限责任公司	45106	37656	44439	37032
股份有限公司	18820	17564	18820	17564
私营企业	40237	41755	37602	41755
其他企业				
港、澳、台商投资企业	21479	24148	21479	24148
外商投资企业				
加盟门店合计				
内资企业				
国有企业				
集体企业				
股份合作企业				
联营企业				
有限责任公司				
股份有限公司				
私营企业				
其他企业				
港、澳、台商投资企业				
外商投资企业				

单位：万元

自有配送中心配送商品购进额		非自有配送中心配送商品购进额		商品销售总额		零售额	
2015年	2014年	2015年	2014年	2015年	2014年	2015年	2014年
84738	**80681**			**176904**	**174651**	**79081**	**81702**
63259	56532			125594	117972	27771	25022
44439	37032			50550	41595	16258	14259
18820	17564			18996	17747	8240	8386
	1936			56048	58630	3273	2377
21479	24148			51310	56680	51310	56680
84738	**80681**			**176904**	**174651**	**79081**	**81702**
63259	56532			125594	117972	27771	25022
44439	37032			50550	41595	16258	14259
18820	17564			18996	17747	8240	8386
	1936			56048	58630	3273	2377
21479	24148			51310	56680	51310	56680

1-9 续表 11

其他

项　目	商品购进总额		统一配送商品购进额	
	2015年	2014年	2015年	2014年
总　计	**3652278**	**3405830**	**2173362**	**1991114**
内资企业	3441161	3166664	2022235	1818277
国有企业	696501	701240	605733	596375
集体企业	10078	11792	2564	3638
股份合作企业	9280	10338		
联营企业				
有限责任公司	547881	531412	254437	274080
股份有限公司	1488162	1331449	639543	515801
私营企业	687228	578788	519959	428383
其他企业	2033	1645		
港、澳、台商投资企业	30173	34403	3049	3831
外商投资企业	180944	204763	148079	169006
直营门店合计	**2673827**	**2531588**	**1496855**	**1458060**
内资企业	2463460	2293172	1346477	1285973
国有企业	396147	353003	396147	353003
集体企业	9472	10742	1958	2588
股份合作企业	9280	10338		
联营企业				
有限责任公司	392859	439085	226835	266039
股份有限公司	1334509	1179054	537140	488977
私营企业	321193	300950	184398	175366
其他企业				
港、澳、台商投资企业	30173	34403	3049	3831
外商投资企业	180194	204013	147329	168256
加盟门店合计	**978451**	**874242**	**676507**	**533054**
内资企业	977701	873492	675757	532304
国有企业	300354	348237	209586	243372
集体企业	606	1050	606	1050
股份合作企业				
联营企业				
有限责任公司	155022	92327	27602	8041
股份有限公司	153653	152395	102403	26824
私营企业	366034	277839	335561	253018
其他企业	2033	1645		
港、澳、台商投资企业				
外商投资企业	750	750	750	750

单位：万元

自有配送中心配送商品购进额		非自有配送中心配送商品购进额		商品销售总额		零售额	
2015年	2014年	2015年	2014年	2015年	2014年	2015年	2014年
1454942	**1346407**	**407144**	**317506**	**4834914**	**4684372**	**2508879**	**2322570**
1306666	1177136	407144	317506	4565938	4383772	2288829	2171332
275628	256291	129806	125617	738447	821684	3388	2636
2564	3638			15838	15859	5994	6684
				16892	12522	4211	3570
218417	239153	11614	7014	563168	472452	370913	294780
639543	515801			2404588	2311366	1313785	1339632
170515	162254	265725	184875	825073	748289	588634	522522
				1933	1600	1905	1508
197	265			34471	40238	1300	1480
148079	169006			234505	260363	218749	149757
1234568	**1226572**	**74583**	**44637**	**3945198**	**3742977**	**1972027**	**1825785**
1087042	1058052	74583	44637	3677203	3443357	1752957	1675528
264889	243808	50277	33436	480542	454743	1048	1036
1958	2588			14747	13969	4903	4794
				16892	12522	4211	3570
201285	233771	5398	5998	443060	396085	310001	272948
537140	488977			2304588	2191366	1213785	1219632
81771	88908	18908	5203	417373	374671	219010	173548
197	265			34471	40238	1300	1480
147329	168256			233525	259383	217769	148777
220374	**119835**	**332562**	**272869**	**889715**	**941395**	**536852**	**496784**
219624	119085	332562	272869	888735	940415	535872	495804
10739	12483	79529	92182	257905	366941	2340	1600
606	1050			1091	1890	1091	1890
17133	5382	6216	1015	120107	76367	60912	21832
102403	26824			100000	120000	100000	120000
88744	73346	246817	179672	407700	373618	369624	348974
				1933	1600	1905	1508
750	750			980	980	980	980

1-10 连锁零售企业门店分布情况

门店所在地	合计(个)		直营门店(个)		加盟门店(个)	
	2015年	2014年	2015年	2014年	2015年	2014年
全　国	**209812**	**200698**	**137928**	**130681**	**71884**	**70017**
北　京	7922	7878	5818	5792	2104	2086
天　津	2548	2618	1955	2054	593	564
河　北	5277	5044	4551	4401	726	643
山　西	3954	3691	2380	2206	1574	1485
内蒙古	806	387	563	270	243	117
辽　宁	6872	6761	4729	4608	2143	2153
吉　林	1180	1016	1119	968	61	48
黑龙江	2096	1888	1553	1437	543	451
上　海	13483	13748	8418	8687	5065	5061
江　苏	17465	17612	11265	11154	6200	6458
浙　江	26192	26897	11285	11466	14907	15431
安　徽	10744	10613	4824	4763	5920	5850
福　建	5187	4715	4061	3831	1126	884
江　西	6114	5063	3623	2933	2491	2130
山　东	12030	10931	9712	8504	2318	2427
河　南	5920	5179	4469	4063	1451	1116
湖　北	7324	6149	6447	5620	877	529
湖　南	8662	7501	5306	4551	3356	2950
广　东	19409	18952	16678	16496	2731	2456
广　西	4365	4205	3345	3185	1020	1020
海　南	902	731	807	645	95	86
重　庆	12994	12623	4318	4068	8676	8555
四　川	12370	11102	7217	6113	5153	4989
贵　州	1467	1409	1147	1071	320	338
云　南	5287	4785	4730	4218	557	567
西　藏	16	17	3	3	13	14
陕　西	2740	2622	2467	2315	273	307
甘　肃	902	818	819	766	83	52
青　海	238	216	152	161	86	55
宁　夏	820	806	683	637	137	169
新　疆	4441	4637	3401	3612	1040	1025
港澳台及国外	85	84	83	83	2	1

1-11　连锁零售企业配送中心分布情况

所在地	配送中心数(个)		自有配送中心数(个)	
	2015年	2014年	2015年	2014年
全　国	**2805**	**2764**	**2425**	**2385**
北　京	107	102	84	84
天　津	22	21	18	17
河　北	75	78	69	74
山　西	84	73	81	70
内蒙古	17	17	16	17
辽　宁	60	66	51	55
吉　林	26	26	23	23
黑龙江	29	28	26	26
上　海	66	65	44	46
江　苏	300	299	249	251
浙　江	304	306	267	270
安　徽	132	138	104	108
福　建	98	111	85	97
江　西	74	73	61	60
山　东	227	223	202	197
河　南	135	114	126	106
湖　北	114	103	101	96
湖　南	110	116	95	101
广　东	287	289	256	236
广　西	50	50	48	47
海　南	8	8	7	8
重　庆	96	91	90	86
四　川	108	98	89	82
贵　州	23	20	17	16
云　南	32	32	28	28
西　藏				
陕　西	51	48	44	41
甘　肃	14	14	10	10
青　海	4	4	3	3
宁　夏	25	24	19	18
新　疆	126	126	111	111
港澳台及国外	1	1	1	1

1-12 连锁零售企业门店在36城市分布情况

门店所在地	合计(个)		直营门店(个)		加盟门店(个)	
	2015年	2014年	2015年	2014年	2015年	2014年
合　计	**100790**	**97429**	**66947**	**64235**	**33843**	**33194**
北　京	7922	7878	5818	5792	2104	2086
天　津	2548	2618	1955	2054	593	564
石家庄	1283	1203	939	863	344	340
太　原	2508	2370	1050	961	1458	1409
呼和浩特	398	85	280	61	118	24
沈　阳	1633	1541	1412	1308	221	233
大　连	2528	2586	1331	1365	1197	1221
长　春	853	723	825	700	28	23
哈尔滨	1527	1398	1064	996	463	402
上　海	13483	13748	8418	8687	5065	5061
南　京	2840	2955	2237	2263	603	692
杭　州	4692	4620	2743	3032	1949	1588
宁　波	2227	2139	1674	1540	553	599
合　肥	3639	3595	1238	1258	2401	2337
福　州	845	749	789	703	56	46
厦　门	1416	1248	826	799	590	449
南　昌	1442	1207	974	885	468	322
济　南	548	515	447	432	101	83
青　岛	3145	3212	2318	2066	827	1146
郑　州	1862	1803	1249	1198	613	605
武　汉	3772	3336	3377	2992	395	344
长　沙	2452	2178	1556	1364	896	814
广　州	5727	5593	4946	4824	781	769
深　圳	4830	4851	3709	3685	1121	1166
南　宁	1040	1068	603	625	437	443
海　口	382	307	297	234	85	73
重　庆	12994	12623	4318	4068	8676	8555
成　都	5917	5247	5095	4306	822	941
贵　阳	678	685	551	534	127	151
昆　明	2352	2272	2169	2096	183	176
拉　萨	10	10	3	3	7	7
西　安	1253	1162	1082	956	171	206
兰　州	499	464	470	441	29	23
西　宁	199	181	133	128	66	53
银　川	315	314	307	303	8	11
乌鲁木齐	1031	945	744	713	287	232

1-13 连锁零售企业配送中心在36城市分布情况

所在地	配送中心数(个)		自有配送中心数(个)	
	2015年	2014年	2015年	2014年
合　计	**1167**	**1162**	**971**	**969**
北　京	107	102	84	84
天　津	22	21	18	17
石家庄	12	12	12	12
太　原	52	40	50	38
呼和浩特	2	2	2	2
沈　阳	14	16	13	14
大　连	23	23	15	15
长　春	11	12	9	10
哈尔滨	13	13	11	11
上　海	66	65	44	46
南　京	35	35	25	26
杭　州	52	53	47	47
宁　波	28	29	24	27
合　肥	50	54	23	27
福　州	11	28	11	26
厦　门	28	29	25	25
南　昌	36	38	28	30
济　南	17	13	17	13
青　岛	69	70	64	64
郑　州	19	20	16	17
武　汉	59	54	49	48
长　沙	52	48	45	41
广　州	110	112	97	94
深　圳	42	43	36	36
南　宁	14	15	14	14
海　口	2	2	2	2
重　庆	96	91	90	86
成　都	41	38	34	31
贵　阳	8	8	6	6
昆　明	13	13	12	12
拉　萨				
西　安	19	19	17	17
兰　州	8	8	5	5
西　宁	3	3	2	2
银　川	7	7	6	6
乌鲁木齐	26	26	18	18

第二部分

零售企业地区篇

2-1 各地区连锁零售企业基本情况

地　区	连锁总店数（个）	门店数（个）		年末从业人员（人）		年末零售营业面积（平方米）	
	2015年	2015年	2014年	2015年	2014年	2015年	2014年
全　国	**2690**	**209812**	**200698**	**2480779**	**2491643**	**168624004**	**161034943**
北　京	152	7577	7487	156584	162434	7481651	7433268
天　津	37	2237	2317	31242	35334	1984623	2030789
河　北	84	4750	4633	52999	54235	6065513	6379936
山　西	60	3727	3488	42291	40465	2625510	2492969
内蒙古	18	628	245	6960	4798	276628	238897
辽　宁	94	6136	6075	62758	65187	4632436	4691332
吉　林	25	995	852	9131	9547	302339	282595
黑龙江	36	1895	1746	21350	20141	932876	962232
上　海	97	18080	18107	252676	261537	10616113	10433031
江　苏	168	17868	18031	360953	370401	19330035	19469129
浙　江	227	26453	26734	142958	147503	11478849	11256836
安　徽	72	9818	9780	96595	97945	5598889	5592987
福　建	142	5782	5027	88430	85012	8893341	6112948
江　西	87	4574	4133	53329	53488	3264067	3156362
山　东	151	11383	10491	175316	174069	17028143	15483818
河　南	135	5368	4831	67126	66396	6578454	6463585
湖　北	133	7765	5747	136590	138436	7181950	7167196
湖　南	113	8294	7420	82601	82714	5719120	5499576
广　东	299	21970	21648	256481	256562	26100847	24655793
广　西	62	3989	3792	38022	40060	4268748	3784281
海　南	6	766	604	5816	4470	414497	382613
重　庆	94	12570	12265	96313	95362	4243850	4176215
四　川	125	12094	10675	93981	84671	3583892	3320547
贵　州	27	1267	1233	10052	9047	342695	327859
云　南	41	5120	4625	45524	40367	1962769	1941527
西　藏	1	3	3	790	750	21700	21700
陕　西	61	2407	2334	36147	34792	2906368	2496449
甘　肃	16	782	740	7731	7332	677648	668879
青　海	10	214	176	6165	6322	220730	206495
宁　夏	22	854	822	10503	10327	498985	600084
新　疆	95	4446	4637	33365	31939	3390738	3305015

2-2 各地区连锁零售企业直营门店基本情况

地　区	门店数（个）		年末从业人员（人）		年末零售营业面积（平方米）	
	2015年	2014年	2015年	2014年	2015年	2014年
全　国	**137928**	**130681**	**2188165**	**2211305**	**158803644**	**151658104**
北　京	5541	5456	144650	150125	7197389	7150300
天　津	1731	1822	29915	34119	1931298	1979949
河　北	4357	4224	52269	53493	6029463	6343420
山　西	2308	2116	36374	34466	2547726	2415884
内蒙古	496	207	6600	4741	269350	236757
辽　宁	4260	4156	54839	56602	4427249	4485245
吉　林	995	852	9131	9547	302339	282595
黑龙江	1451	1362	20054	19194	910146	943596
上　海	10797	11006	160674	177035	6697404	6763789
江　苏	12305	12230	328747	337719	18398931	18518978
浙　江	10875	10906	110480	116345	10406217	10183247
安　徽	4398	4357	83626	85168	5272141	5269972
福　建	4053	3770	82058	80055	8668670	5938895
江　西	3257	2777	48898	49278	3049603	2986626
山　东	9495	8335	167643	164227	16806613	15227941
河　南	4278	3934	64722	64024	6463804	6349453
湖　北	6808	5437	132061	136287	7091124	7129585
湖　南	5056	4467	76104	76788	5449111	5258751
广　东	17787	17732	231175	233096	25332301	23881296
广　西	3118	2926	33915	35994	4121036	3666364
海　南	766	604	5816	4470	414497	382613
重　庆	3963	3733	82712	80849	3871491	3822848
四　川	6793	5833	80962	73381	3337794	3095692
贵　州	1064	995	9424	8498	327974	313853
云　南	4607	4091	44648	39584	1945131	1923319
西　藏	3	3	790	750	21700	21700
陕　西	2272	2160	35436	33130	2888478	2475175
甘　肃	764	739	7701	7324	676848	668779
青　海	142	134	5998	6198	212730	198495
宁　夏	726	667	10140	9945	478496	582609
新　疆	3462	3650	30603	28873	3256590	3160378

2-3 各地区连锁零售企业加盟门店基本情况

地 区	门店数（个）		年末从业人员（人）		年末零售营业面积（平方米）	
	2015年	2014年	2015年	2014年	2015年	2014年
全 国	**71884**	**70017**	**292614**	**280338**	**9820360**	**9376839**
北 京	2036	2031	11934	12309	284262	282968
天 津	506	495	1327	1215	53325	50840
河 北	393	409	730	742	36050	36516
山 西	1419	1372	5917	5999	77784	77085
内蒙古	132	38	360	57	7278	2140
辽 宁	1876	1919	7919	8585	205187	206087
吉 林						
黑龙江	444	384	1296	947	22730	18636
上 海	7283	7101	92002	84502	3918709	3669242
江 苏	5563	5801	32206	32682	931104	950151
浙 江	15578	15828	32478	31158	1072632	1073589
安 徽	5420	5423	12969	12777	326748	323015
福 建	1729	1257	6372	4957	224671	174053
江 西	1317	1356	4431	4210	214464	169736
山 东	1888	2156	7673	9842	221530	255877
河 南	1090	897	2404	2372	114650	114132
湖 北	957	310	4529	2149	90826	37611
湖 南	3238	2953	6497	5926	270009	240825
广 东	4183	3916	25306	23466	768546	774497
广 西	871	866	4107	4066	147712	117917
海 南						
重 庆	8607	8532	13601	14513	372359	353367
四 川	5301	4842	13019	11290	246098	224855
贵 州	203	238	628	549	14721	14006
云 南	513	534	876	783	17638	18208
西 藏						
陕 西	135	174	711	1662	17890	21274
甘 肃	18	1	30	8	800	100
青 海	72	42	167	124	8000	8000
宁 夏	128	155	363	382	20489	17475
新 疆	984	987	2762	3066	134148	144637

2-4 各地区连锁零售

地区	商品购进总额		统一配送商品购进额		自有配送中心配送商品购进额	
	2015年	2014年	2015年	2014年	2015年	2014年
全国	**305568134**	**322739834**	**233798604**	**248702736**	**136562834**	**148371608**
北京	23068515	23751527	11864472	11266992	5040356	4432355
天津	5464199	6683883	3295978	4590241	2430311	3137063
河北	9195765	9890361	5902944	6813796	3278940	4326742
山西	3413820	3839670	2105707	2414275	1178687	1598435
内蒙古	263313	323212	157967	233783	100885	203855
辽宁	7935463	8837659	6122725	6754293	1572817	1710366
吉林	1242463	1234746	1218361	1206350	1065857	1046172
黑龙江	2266063	2094815	1871513	1682521	550297	495661
上海	26693508	26980109	20970838	21413768	8948825	9408318
江苏	40465071	31271607	34870603	30569491	31660024	27707612
浙江	18417112	23396299	17080409	21650738	15156677	19957662
安徽	15895561	16602918	11698021	8656484	5752289	6059493
福建	9468617	9538683	6170895	5893445	3831474	3297176
江西	7301346	6906483	6215735	6105390	3462754	3330585
山东	17778461	27404599	11335811	20416051	5666954	14735849
河南	7068096	7135231	4493052	4270428	2481661	2582999
湖北	16462081	16861401	11784391	12141820	9618043	9351510
湖南	8897936	9573602	7310185	8103833	4899991	5371822
广东	42466740	44850719	34485984	38468804	12641698	11748216
广西	7087239	7701586	7034243	7593886	2482667	2704106
海南	1359939	1633734	1335114	1613883	6424	5928
重庆	6356307	8582221	5010992	4945293	3642595	3639633
四川	6549875	5642738	4954845	4085470	2417041	1672655
贵州	621389	575311	579438	506000	215188	275314
云南	2973387	2899676	2524362	2366736	864289	820886
西藏	30522	20152	30522	20152		
陕西	7968955	8348280	6225167	6347354	3915195	4102197
甘肃	1421888	1385619	1163641	1356770	101226	110832
青海	200045	180264	78002	61243	4130	4537
宁夏	1053510	1379262	451336	830479	340096	725243
新疆	6180948	7213467	5455351	6322967	3235443	3808386

企业经营情况

单位：万元

非自有配送中心配送商品购进额		商品销售总额		零售额	
2015年	2014年	2015年	2014年	2015年	2014年
36693753	**41292518**	**354004014**	**372040882**	**257493076**	**273795500**
1319366	1062759	27332756	28277448	21510312	21269936
347690	457994	6135839	7529505	4497515	5532269
201346	87083	9890066	11443161	7131150	7899441
2423	1437	5147269	5742559	3819921	4507259
1610	1327	309946	280329	223422	200062
1480444	1832871	7871212	9385796	6063162	6963937
14840	20034	1418373	1523194	1240871	1346087
209019	185049	2387165	2347568	1868727	2009577
2565333	2623030	29910745	30169823	22337880	22040182
2523847	2241147	44754484	34732745	19528092	20314915
850168	899201	20049496	22815039	14638722	16128829
466328	428456	15714927	16687378	10515729	10714043
735286	594500	12347049	12576497	10995272	10717147
631308	826946	11748263	11885919	8090446	7961907
960444	915584	20178641	28499136	15725612	23098618
346526	150998	8553552	8660826	7455104	7199527
547997	863242	18824692	18638902	15841778	15904665
998108	501337	10871691	11677498	9751329	10170823
18603660	23911976	49694100	53489837	41728588	43861114
46292	42191	7723427	8285023	4452869	4361744
		1511919	1843572	854009	1275930
764179	778486	9048545	11597488	7539783	9584970
260869	238081	7212235	6841415	6925057	6160843
17679	16029	634670	565784	621726	544309
217046	218510	5139124	5215567	3682797	3527383
		35667	22152	35667	22152
386871	367897	9094684	9496383	3720784	3750128
	4035	1834369	2220537	1633911	1861099
		272377	243177	270636	240354
3603	7054	1261590	1349590	833719	819290
2191474	2015266	7095141	7997034	3958486	3806960

2-5 各地区连锁零售

地 区	商品购进总额		统一配送商品购进额		自有配送中心配送商品购进额	
	2015年	2014年	2015年	2014年	2015年	2014年
全 国	**289792411**	**308488305**	**219702953**	**235951503**	**130353371**	**142305842**
北 京	22656227	23425920	11586521	11008357	4818626	4224272
天 津	5354819	6608177	3295978	4590241	2430311	3137063
河 北	9171012	9864525	5878191	6788597	3257420	4301542
山 西	3210399	3665035	1956208	2281799	1029189	1465959
内蒙古	253559	321997	148213	232568	99992	202800
辽 宁	7808813	8703101	5996076	6619735	1572761	1709914
吉 林	1242463	1234746	1218361	1206350	1065857	1046172
黑龙江	2218969	2054259	1870641	1681715	549462	494855
上 海	20017186	20796669	14369459	15297862	7517837	8076267
江 苏	38711616	29496728	33126813	28800456	29919242	25941901
浙 江	17485589	22390358	16222005	20719039	14554165	19161370
安 徽	14583289	15331989	10759977	7749725	5275268	5639220
福 建	9379241	9477244	6085571	5835959	3788293	3256400
江 西	7000973	6637377	6038387	5953462	3292462	3178958
山 东	17379058	26965447	11060612	20177620	5473993	14572961
河 南	6768510	7089718	4193892	4225132	2473431	2578876
湖 北	16132817	16842408	11514836	12128173	9353947	9342708
湖 南	8614619	9342199	7081487	7929323	4820703	5312222
广 东	41407193	43863717	33666305	37704230	12291130	11223578
广 西	7045184	7670739	7000190	7569234	2450690	2681714
海 南	1359939	1633734	1335114	1613883	6424	5928
重 庆	6061261	8314483	4806742	4748306	3525908	3519836
四 川	6264597	5430094	4721720	3897919	2238377	1532242
贵 州	599405	558037	577220	488727	215188	275314
云 南	2390288	2460060	1941643	1927634	859032	816134
西 藏	30522	20152	30522	20152		
陕 西	7956270	8330632	6212482	6329705	3902610	4084629
甘 肃	1421351	1385398	1163104	1356549	100845	110611
青 海	197567	177542	75524	58521	1652	1815
宁 夏	1041517	1359639	445365	816949	334125	711714
新 疆	6028158	7036181	5323794	6193581	3134431	3698867

企业直营门店经营情况

单位：万元

非自有配送中心配送商品购进额		商品销售总额		零售额	
2015年	2014年	2015年	2014年	2015年	2014年
35074487	**40070875**	**337161487**	**356619402**	**244098863**	**261524917**
1264596	1013850	26766012	27763321	20948967	20762408
347690	457994	6007157	7440439	4368833	5443203
201346	87083	9864642	11417194	7105726	7873473
2423	1437	4943584	5568221	3616236	4333652
1433	1168	298069	279569	211545	199301
1430580	1776005	7689451	9206859	5881401	6785000
14840	20034	1418373	1523194	1240871	1346087
209019	185049	2317460	2285519	1804761	1947528
1961519	2172456	22729852	23741357	15513042	16026579
2523213	2240240	42712447	32699044	18305244	19030600
627836	789689	19090165	21804230	13866959	15338409
227439	190510	14870186	15764254	10188764	10398709
696046	580629	12237990	12490551	10921698	10631869
624732	826946	11459746	11612587	7835743	7721791
956803	912172	19864670	28108929	15468774	22776967
346179	150998	8215511	8272181	7145990	6866415
546830	860468	18436659	18616260	15542380	15883995
937536	449679	10547304	11412940	9526496	9982621
18368784	23742035	48427593	52268242	40805332	42857909
46292	42191	7678354	8243062	4423296	4335359
		1511919	1843572	854009	1275930
718239	732574	8659203	11258807	7290575	9354725
236255	218662	6861289	6563754	6621659	5927802
17679	16029	612715	549952	599771	528477
215756	217310	4538264	4780579	3675858	3520254
		35667	22152	35667	22152
386871	367897	9079461	9484158	3706260	3738491
	4035	1833742	2220316	1633284	1860878
		267843	236667	266102	233845
3603	7054	1254684	1333078	831577	813912
2160948	2006681	6931475	7808414	3862043	3706576

2-6 各地区连锁零售

地 区	商品购进总额		统一配送商品购进额		自有配送中心配送商品购进额	
	2015年	2014年	2015年	2014年	2015年	2014年
全 国	**15775722**	**14251527**	**14095660**	**12751231**	**6209460**	**6065766**
北 京	412288	325606	277952	258635	221730	208083
天 津	109380	75706				
河 北	24754	25837	24754	25199	21519	25199
山 西	203422	174635	149499	132476	149499	132476
内蒙古	9754	1215	9754	1215	893	1055
辽 宁	126649	134558	126649	134558	56	452
吉 林						
黑龙江	47094	40556	873	806	835	806
上 海	6676322	6183441	6601379	6115906	1430988	1332051
江 苏	1753455	1774879	1743791	1769036	1740782	1765712
浙 江	931523	1005940	858404	931699	602512	796292
安 徽	1312272	1270928	938044	906759	477020	420273
福 建	89375	61439	85324	57486	43180	40776
江 西	300373	269106	177348	151927	170292	151627
山 东	399403	439152	275200	238431	192961	162888
河 南	299586	45513	299161	45296	8230	4124
湖 北	329264	18994	269555	13646	264096	8802
湖 南	283317	231402	228698	174510	79288	59600
广 东	1059547	987002	819679	764575	350568	524638
广 西	42054	30847	34053	24652	31977	22392
海 南						
重 庆	295046	267738	204250	196986	116687	119796
四 川	285278	212644	233126	187551	178664	140413
贵 州	21984	17273	2218	17273		
云 南	583099	439616	582720	439102	5256	4751
西 藏						
陕 西	12685	17648	12685	17648	12585	17568
甘 肃	538	221	538	221	382	221
青 海	2478	2722	2478	2722	2478	2722
宁 夏	11992	19623	5971	13530	5971	13530
新 疆	152790	177286	131557	129386	101011	109519

企业加盟门店经营情况

单位：万元

非自有配送中心配送商品购进额		商品销售总额		零售额	
2015年	2014年	2015年	2014年	2015年	2014年
1619271	**1221643**	**16842526**	**15421483**	**13394215**	**12270580**
54770	48908	566744	514127	561345	507528
		128682	89066	128682	89066
		25424	25968	25424	25968
		203685	174338	203685	173607
176	159	11877	760	11877	760
49864	56866	181761	178936	181761	178936
		69704	62049	63966	62049
603814	450574	7180893	6428466	6824838	6013603
634	907	2042037	2033701	1222849	1284314
222332	109512	959331	1010809	771763	790420
238889	237946	844741	923125	326965	315334
39240	13871	109059	85946	73574	85278
6576		288516	273332	254703	240115
3642	3412	313972	390207	256838	321651
348		338041	388645	309115	333112
1167	2774	388033	22642	299398	20670
60572	51658	324387	264558	224833	188201
234877	169940	1266507	1221595	923256	1003206
		45073	41961	29573	26385
45939	45912	389342	338681	249208	230245
24615	19419	350947	277661	303398	233041
		21954	15833	21954	15833
1290	1200	600860	434988	6939	7128
		15223	12225	14524	11637
		628	221	628	221
		4534	6510	4534	6510
		6906	16513	2142	5378
30526	8585	163665	188620	96443	100384

2-7　按登记注册类型分各地区连锁零售企业基本情况

内资企业

地　区	连锁总店数（个）	门店数（个）		年末从业人员（人）		年末零售营业面积（平方米）	
	2015年	2015年	2014年	2015年	2014年	2015年	2014年
全　国	**2420**	**191052**	**183539**	**1955476**	**1977906**	**137858904**	**133371122**
北　京	120	6549	6522	122012	128335	6027454	6109116
天　津	29	1859	1936	20623	23402	1513432	1507986
河　北	80	4569	4449	49216	49850	5700938	5960662
山　西	58	3717	3476	41873	40016	2600102	2467471
内蒙古	18	628	245	6960	4798	276628	238897
辽　宁	85	6051	5993	52544	53803	3970865	3955105
吉　林	22	973	834	8813	9191	288111	268622
黑龙江	34	1850	1709	19014	17426	838882	859820
上　海	66	14186	14812	139223	153952	5453425	5645636
江　苏	146	15014	15251	251036	259156	13461095	13612945
浙　江	217	26192	26510	130258	133883	10865935	10613295
安　徽	69	9797	9762	93169	93936	5429250	5285453
福　建	126	4348	3734	39996	38107	2499634	2340366
江　西	82	4488	4061	46195	46146	2836397	2819098
山　东	141	10878	10198	163642	163807	16413572	14927917
河　南	132	5152	4642	59253	58791	5754609	5791676
湖　北	123	7228	5284	121138	123237	6839055	6761479
湖　南	106	7704	7050	75910	76263	5450927	5244487
广　东	237	16665	16417	161925	169714	20398605	19280742
广　西	60	3690	3529	36349	38364	4223532	3743326
海　南	6	766	604	5816	4470	414497	382613
重　庆	89	12409	12114	92827	91944	4157656	4093545
四　川	113	11633	10198	77559	67821	2836323	2357368
贵　州	26	1160	1137	9055	8123	316440	302448
云　南	35	4969	4471	38826	34346	1738056	1674427
西　藏	1	3	3	790	750	21700	21700
陕　西	57	2282	2227	34517	33212	2772425	2353191
甘　肃	16	782	740	7731	7332	677648	668879
青　海	10	214	176	6165	6322	220730	206495
宁　夏	22	854	822	10503	10327	498985	600084
新　疆	94	4442	4633	32538	31082	3361996	3276273

2-7 续表 1

国有企业

地　区	连锁总店数（个）	门店数（个）		年末从业人员（人）		年末零售营业面积（平方米）	
	2015年	2015年	2014年	2015年	2014年	2015年	2014年
全　国	**179**	**15426**	**15726**	**123826**	**124428**	**12114085**	**11307371**
北　京	3	54	60	744	765	13728	13498
天　津	2	341	372	4540	5117	768781	768781
河　北	3	366	366	2271	2343	1005915	925255
山　西	7	389	390	4964	5537	276643	279103
内蒙古							
辽　宁	5	517	506	5412	5420	606159	604098
吉　林							
黑龙江							
上　海	5	2167	2264	9583	10133	179708	173021
江　苏	2	131	117	624	642	22650	17708
浙　江	4	430	406	6365	6373	342032	332043
安　徽	5	3726	3734	9034	9077	803158	778144
福　建	6	198	191	2064	1955	168437	164477
江　西	17	590	571	9065	9230	764901	804882
山　东	6	248	251	5294	4644	95501	95605
河　南	8	157	153	1547	1563	194660	180825
湖　北	11	686	689	10631	11250	484799	487370
湖　南	9	508	516	4663	4731	915651	893764
广　东	15	946	902	15814	15723	1820104	1798800
广　西							
海　南	1	99	99	989	934	271893	271893
重　庆	6	282	269	2439	2648	137599	143235
四　川	1	80	81	657	700	20678	20278
贵　州							
云　南	2	282	276	1631	1400	110000	94000
西　藏							
陕　西	19	764	741	13123	12168	1278074	847093
甘　肃	5	254	251	2315	2339	462718	460177
青　海							
宁　夏	3	23	23	466	455	11071	11071
新　疆	34	2188	2498	9591	9281	1359225	1142250

2-7 续表 2

集体企业

地区	连锁总店数（个）	门店数（个）		年末从业人员（人）		年末零售营业面积（平方米）	
	2015年	2015年	2014年	2015年	2014年	2015年	2014年
全　国	**25**	**1205**	**1222**	**10523**	**10829**	**560983**	**514418**
北　京	2	296	296	1087	1147	86590	82968
天　津							
河　北	1	2	2	65	78	3500	3500
山　西							
内蒙古							
辽　宁							
吉　林							
黑龙江	1	24	20	28	27	360	360
上　海	2	55	56	425	436	5296	5361
江　苏	3	269	257	1026	1003	35388	33588
浙　江							
安　徽							
福　建	1	5	5	65	70	1074	1196
江　西							
山　东	4	181	151	1091	1032	200620	198620
河　南	1	2	2	33	37	1000	1000
湖　北	1	56	57	4350	4580	200000	160000
湖　南	1	11	12	87	112	5200	5300
广　东	3	182	240	1967	1998	15941	16441
广　西							
海　南							
重　庆	3	110	110	208	211	5609	5609
四　川							
贵　州							
云　南	1	4	6	35	42	205	275
西　藏							
陕　西							
甘　肃							
青　海							
宁　夏							
新　疆	1	8	8	56	56	200	200

2-7 续表 3

股份合作企业

地区	连锁总店数（个）	门店数（个）		年末从业人员（人）		年末零售营业面积（平方米）	
	2015年	2015年	2014年	2015年	2014年	2015年	2014年
全　国	**7**	**310**	**319**	**4559**	**4759**	**53527**	**54770**
北　京							
天　津	1	3	3	68	73	160	160
河　北	1	14	14	1199	1321	5800	5800
山　西							
内蒙古							
辽　宁							
吉　林	1	218	226	2462	2501	17000	18000
黑龙江							
上　海							
江　苏							
浙　江	1	14	14	107	109	3033	3033
安　徽							
福　建							
江　西							
山　东	1	9	10	298	310	10210	10453
河　南							
湖　北							
湖　南							
广　东	1	29	29	150	160	7124	7124
广　西							
海　南							
重　庆							
四　川							
贵　州							
云　南							
西　藏							
陕　西							
甘　肃							
青　海							
宁　夏	1	23	23	275	285	10200	10200
新　疆							

2-7 续表 4

联营企业

地　区	连锁总店数(个)	门店数(个)		年末从业人员(人)		年末零售营业面积(平方米)	
	2015年	2015年	2014年	2015年	2014年	2015年	2014年
全　国	**4**	**205**	**194**	**1207**	**1221**	**30513**	**29330**
北　京	1	5	5	30	29	928	928
天　津							
河　北							
山　西							
内蒙古							
辽　宁							
吉　林							
黑龙江							
上　海	1	28	26	210	183	3022	2866
江　苏	1	18	16	200	198	5000	5000
浙　江							
安　徽							
福　建							
江　西							
山　东							
河　南							
湖　北							
湖　南							
广　东	1	154	147	767	811	21563	20536
广　西							
海　南							
重　庆							
四　川							
贵　州							
云　南							
西　藏							
陕　西							
甘　肃							
青　海							
宁　夏							
新　疆							

2-7 续表 5

有限责任公司

地　区	连锁总店数（个）	门店数（个）		年末从业人员（人）		年末零售营业面积（平方米）	
	2015年	2015年	2014年	2015年	2014年	2015年	2014年
全　国	**1029**	**67240**	**64571**	**635919**	**647743**	**33710156**	**33031847**
北　京	66	3043	3037	69367	72406	3183516	3150816
天　津	17	1077	1129	10183	11725	602676	593949
河　北	36	2024	1916	17602	18217	2048527	2081276
山　西	18	641	450	7611	7100	413055	312699
内蒙古	13	535	154	6588	4426	269678	231947
辽　宁	28	1932	1854	19034	18973	1156153	1130449
吉　林	10	145	152	2360	2900	160332	161669
黑龙江	17	501	401	4058	4485	416515	411626
上　海	33	6195	6535	62666	71981	2047588	2369831
江　苏	63	4554	4647	30344	32697	954608	993458
浙　江	95	12116	13317	47415	48929	2535545	2612529
安　徽	26	798	757	21733	22671	1205710	1165630
福　建	53	944	882	11679	12803	744165	704918
江　西	30	1318	765	16365	15852	635797	557718
山　东	55	3159	3007	48615	49003	4066192	3654162
河　南	64	1868	1585	32273	32022	2034858	1957580
湖　北	68	3586	1909	32285	28052	1545256	1390546
湖　南	35	2414	2098	22336	20138	1611317	1502843
广　东	109	4857	4909	55330	57412	3550552	3364176
广　西	17	1190	1185	9569	9607	455264	439173
海　南	3	214	187	1177	1041	54999	50570
重　庆	33	5972	5800	43149	42351	1221522	1336329
四　川	50	4400	4291	20709	20895	1011994	1020494
贵　州	15	593	506	6158	5768	258442	239492
云　南	17	1241	1288	9088	9421	436838	457140
西　藏							
陕　西	22	660	646	9309	9503	350596	373944
甘　肃	1	31	10	170	120	2600	2060
青　海	9	209	171	5255	5412	170605	156370
宁　夏	8	423	414	6737	6697	330592	315189
新　疆	18	600	569	6754	5136	234664	293264

2-7 续表 6

股份有限公司

地　区	连锁总店数（个）	门店数（个）		年末从业人员（人）		年末零售营业面积（平方米）	
	2015年	2015年	2014年	2015年	2014年	2015年	2014年
全　国	**286**	**52204**	**51594**	**786072**	**814578**	**76855055**	**74968818**
北　京	12	1590	1581	37330	40482	2317626	2460985
天　津	2	280	278	3079	3556	108023	109565
河　北	20	1638	1697	18429	18752	2107292	2415199
山　西	6	649	653	14220	12230	1458171	1426471
内蒙古	1	47	45	80	80	2420	2420
辽　宁	10	999	983	10221	10988	1545713	1550325
吉　林	2	310	223	1869	1715	60900	55900
黑龙江	5	952	958	6934	6412	153287	170083
上　海	7	3139	3393	52051	56531	2364045	2312696
江　苏	7	6770	6794	183665	188296	11252897	11324594
浙　江	12	5080	4854	41688	45368	6401804	6222930
安　徽	10	4427	4482	53734	53468	3011099	3007709
福　建	11	670	638	4349	3104	651404	634444
江　西	19	2213	2373	13214	14195	1048820	1077599
山　东	18	4900	5097	92705	94664	11418778	10417730
河　南	22	1492	1489	13538	13420	3128837	3299697
湖　北	8	1541	1418	55060	61862	4102592	4228526
湖　南	21	2279	2152	29129	29656	2104969	2009417
广　东	29	6326	6462	55981	61612	13767163	12895300
广　西	30	1749	1699	22033	24105	3638983	3182657
海　南	1	301	318	2510	2495	60000	60150
重　庆	3	830	775	28195	28659	2051762	1965119
四　川	8	2907	2093	28145	25000	834755	625769
贵　州							
云　南	1	167	174	2240	2252	713286	713885
西　藏							
陕　西	8	442	448	7575	7189	1026054	1026234
甘　肃	1	54	54	538	530	119153	119153
青　海	1	5	5	910	910	50125	50125
宁　夏	2	57	68	981	971	30951	199980
新　疆	9	390	390	5669	6076	1324146	1404156

2-7 续表 7

私营企业

地 区	连锁总店数（个）	门店数（个）		年末从业人员（人）		年末零售营业面积（平方米）	
	2015年	2015年	2014年	2015年	2014年	2015年	2014年
全 国	**864**	**52055**	**47723**	**377283**	**359263**	**14039971**	**12975261**
北 京	36	1561	1543	13454	13506	425066	399921
天 津	7	158	154	2753	2931	33792	35531
河 北	19	525	454	9650	9139	529904	529632
山 西	27	2038	1983	15078	15149	452233	449198
内蒙古	3	31	31	172	169	2500	2500
辽 宁	41	2591	2638	17804	18349	661465	668858
吉 林	9	300	233	2122	2075	49879	33053
黑龙江	11	373	330	7994	6502	268720	277751
上 海	17	2069	2042	11738	11751	804317	749084
江 苏	68	3205	3356	34916	36062	1187705	1235800
浙 江	105	8552	7919	34683	33104	1583521	1442760
安 徽	27	622	570	7828	8008	398763	324120
福 建	54	2512	2001	21318	19684	884050	790890
江 西	16	367	352	7551	6869	386879	378899
山 东	53	2269	1609	15157	13765	600598	515005
河 南	36	1629	1409	11842	11729	391454	348774
湖 北	33	1311	1163	18326	16987	501608	490237
湖 南	38	2433	2216	15758	17575	643411	639692
广 东	79	4171	3728	31916	31998	1216158	1178365
广 西	13	751	645	4747	4652	129285	121496
海 南							
重 庆	43	4859	4792	18158	17316	727284	628978
四 川	51	3776	3308	26059	19382	928109	651600
贵 州	9	425	431	2055	1649	41563	45821
云 南	13	3264	2712	25424	20663	428362	350807
西 藏	1	3	3	790	750	21700	21700
陕 西	8	416	392	4510	4352	117701	105920
甘 肃	8	293	280	3088	2833	66492	61302
青 海							
宁 夏	8	328	294	2044	1919	116171	63644
新 疆	31	1223	1135	10348	10395	441281	433923

2-7 续表 8

其他企业

地 区	连锁总店数（个）	门店数（个）		年末从业人员（人）		年末零售营业面积（平方米）	
	2015年	2015年	2014年	2015年	2014年	2015年	2014年
全 国	**26**	**2407**	**2190**	**16087**	**15085**	**494614**	**489307**
北 京							
天 津							
河 北							
山 西							
内蒙古	1	15	15	120	123	2030	2030
辽 宁	1	12	12	73	73	1375	1375
吉 林							
黑龙江							
上 海	1	533	496	2550	2937	49449	32777
江 苏	2	67	64	261	258	2847	2797
浙 江							
安 徽	1	224	219	840	712	10520	9850
福 建	1	19	17	521	491	50504	44441
江 西							
山 东	4	112	73	482	389	21673	36342
河 南	1	4	4	20	20	3800	3800
湖 北	2	48	48	486	506	4800	4800
湖 南	2	59	56	3937	4051	170379	193471
广 东							
广 西							
海 南	1	152		1140		27605	
重 庆	1	356	368	678	759	13880	14275
四 川	3	470	425	1989	1844	40787	39227
贵 州	2	142	200	842	706	16435	17135
云 南	1	11	15	408	568	49365	58320
西 藏							
陕 西							
甘 肃	1	150	145	1620	1510	26685	26187
青 海							
宁 夏							
新 疆	1	33	33	120	138	2480	2480

2-7 续表 9

港、澳、台商投资企业

地 区	连锁总店数（个）	门店数（个）		年末从业人员（人）		年末零售营业面积（平方米）	
	2015年	2015年	2014年	2015年	2014年	2015年	2014年
全 国	**121**	**8980**	**8170**	**241248**	**232139**	**14758504**	**11519291**
北 京	9	403	383	8611	8891	203658	206185
天 津	5	303	306	7718	8678	329220	380832
河 北							
山 西	2	10	12	418	449	25408	25498
内蒙古							
辽 宁	3	35	35	2416	3021	425340	425340
吉 林	2	21	17	151	191	2955	2700
黑龙江	1	37	28	350	329	11277	8430
上 海	14	1567	1530	74746	68002	3107577	2929192
江 苏	10	345	319	30494	31264	1311049	1180776
浙 江	4	194	146	3279	3458	136429	133915
安 徽	2	5	5	873	1050	41890	41890
福 建	5	605	508	39966	38398	5297333	2764508
江 西	2	73	59	5346	5253	305105	236792
山 东	3	365	162	4071	1843	128884	47835
河 南	3	216	189	7873	7605	823845	671909
湖 北	5	334	286	7702	7651	59296	48845
湖 南	5	583	363	4284	4030	126959	113855
广 东	33	3141	3081	37386	36392	2247671	2043645
广 西	2	299	263	1673	1696	45216	40955
海 南							
重 庆	4	153	143	1471	1282	27194	23670
四 川	2	100	153	843	1153	21626	35368
贵 州							
云 南	3	126	130	1072	1118	60614	49593
西 藏							
陕 西	2	65	52	505	385	19958	107558
甘 肃							
青 海							
宁 夏							
新 疆							

2-7 续表 10

外商投资企业

地　区	连锁总店数（个）	门店数（个）		年末从业人员（人）		年末零售营业面积（平方米）	
	2015年	2015年	2014年	2015年	2014年	2015年	2014年
全　国	**149**	**9780**	**8989**	**284055**	**281598**	**16006596**	**16144530**
北　京	23	625	582	25961	25208	1250539	1117967
天　津	3	75	75	2901	3254	141971	141971
河　北	4	181	184	3783	4385	364575	419274
山　西							
内蒙古							
辽　宁	6	50	47	7798	8363	236231	310887
吉　林	1	1	1	167	165	11273	11273
黑龙江	1	8	9	1986	2386	82717	93982
上　海	17	2327	1765	38707	39583	2055111	1858203
江　苏	12	2509	2461	79423	79981	4557891	4675408
浙　江	6	67	78	9421	10162	476485	509626
安　徽	1	16	13	2553	2959	127749	265644
福　建	11	829	785	8468	8507	1096374	1008074
江　西	3	13	13	1788	2089	122565	100472
山　东	7	140	131	7603	8419	485687	508066
河　南							
湖　北	5	203	177	7750	7548	283599	356872
湖　南	2	7	7	2407	2421	141234	141234
广　东	29	2164	2150	57170	50456	3454571	3331406
广　西							
海　南							
重　庆	1	8	8	2015	2136	59000	59000
四　川	10	361	324	15579	15697	725943	927811
贵　州	1	107	96	997	924	26255	25411
云　南	3	25	24	5626	4903	164099	217507
西　藏							
陕　西	2	60	55	1125	1195	113985	35700
甘　肃							
青　海							
宁　夏							
新　疆	1	4	4	827	857	28742	28742

2-8 按登记注册类型分各地区连锁零售企业直营门店基本情况

内资企业

地区	门店数（个）		年末从业人员（人）		年末零售营业面积（平方米）	
	2015年	2014年	2015年	2014年	2015年	2014年
全　国	**123797**	**117607**	**1761593**	**1785543**	**132183021**	**127825194**
北　京	4527	4507	110129	116088	5744552	5827750
天　津	1353	1441	19296	22187	1460107	1457146
河　北	4176	4040	48486	49108	5664888	5924146
山　西	2298	2104	35956	34017	2522318	2390386
内蒙古	496	207	6600	4741	269350	236757
辽　宁	4175	4074	44625	45218	3765678	3749018
吉　林	973	834	8813	9191	288111	268622
黑龙江	1406	1325	17718	16479	816152	841184
上　海	8816	9111	114677	127213	4382688	4573088
江　苏	10213	10190	234029	241648	12987114	13120944
浙　江	10703	10771	97896	102866	9811141	9557074
安　徽	4377	4339	80200	81159	5102502	4962438
福　建	2713	2568	33832	33320	2277423	2168763
江　西	3184	2715	44423	44548	2802471	2789362
山　东	9001	8045	156006	153975	16192922	14672280
河　南	4062	3745	56849	56419	5639959	5677544
湖　北	6288	4981	116721	121106	6750651	6724270
湖　南	4512	4101	69489	70345	5184092	5004250
广　东	13911	13948	148646	157374	20244139	19100145
广　西	2963	2801	32799	34823	4084420	3633689
海　南	766	604	5816	4470	414497	382613
重　庆	3803	3587	79229	77445	3785347	3740428
四　川	6428	5491	64770	56883	2598205	2143500
贵　州	957	899	8427	7574	301719	288442
云　南	4456	3937	37950	33563	1720418	1656219
西　藏	3	3	790	750	21700	21700
陕　西	2147	2053	33806	31550	2754535	2331917
甘　肃	764	739	7701	7324	676848	668779
青　海	142	134	5998	6198	212730	198495
宁　夏	726	667	10140	9945	478496	582609
新　疆	3458	3646	29776	28016	3227848	3131636

2-8 续表 1

国有企业

地区	门店数（个）		年末从业人员（人）		年末零售营业面积（平方米）	
	2015年	2014年	2015年	2014年	2015年	2014年
全国	**11524**	**11702**	**119896**	**120442**	**11895277**	**11066701**
北京	54	60	744	765	13728	13498
天津	341	372	4540	5117	768781	768781
河北	366	366	2271	2343	1005915	925255
山西	389	390	4964	5537	276643	279103
内蒙古						
辽宁	517	506	5412	5420	606159	604098
吉林						
黑龙江						
上海	1024	1060	7224	7553	119851	111979
江苏	131	117	624	642	22650	17708
浙江	426	402	6361	6365	341817	331483
安徽	1746	1754	8791	8791	681558	656544
福建	198	191	2064	1955	168437	164477
江西	590	571	9065	9230	764901	804882
山东	248	251	5294	4644	95501	95605
河南	144	140	1521	1537	193960	180175
湖北	666	689	10323	11250	480981	487370
湖南	508	516	4663	4731	915651	893764
广东	893	810	15603	15375	1816934	1773950
广西						
海南	99	99	989	934	271893	271893
重庆	194	189	2351	2568	132319	138435
四川	80	81	657	700	20678	20278
贵州						
云南	97	91	1369	1221	109000	93000
西藏						
陕西	764	741	13123	12168	1278074	847093
甘肃	254	251	2315	2339	462718	460177
青海						
宁夏	23	23	466	455	11071	11071
新疆	1772	2032	9162	8802	1336057	1116082

2-8 续表 2

集体企业

地区	门店数（个）		年末从业人员（人）		年末零售营业面积（平方米）	
	2015年	2014年	2015年	2014年	2015年	2014年
全 国	**412**	**400**	**7163**	**7529**	**480878**	**436573**
北 京	20	20	502	547	63405	59783
天 津						
河 北	2	2	65	78	3500	3500
山 西						
内蒙古						
辽 宁						
吉 林						
黑龙江	24	20	28	27	360	360
上 海	55	56	425	436	5296	5361
江 苏	38	35	284	285	10408	9868
浙 江						
安 徽						
福 建	5	5	65	70	1074	1196
江 西						
山 东	39	29	714	674	181280	180780
河 南	2	2	33	37	1000	1000
湖 北	56	57	4350	4580	200000	160000
湖 南	11	12	87	112	5200	5300
广 东	38	38	311	374	3341	3341
广 西						
海 南						
重 庆	110	110	208	211	5609	5609
四 川						
贵 州						
云 南	4	6	35	42	205	275
西 藏						
陕 西						
甘 肃						
青 海						
宁 夏						
新 疆	8	8	56	56	200	200

2-8 续表 3

股份合作企业

地区	门店数（个）		年末从业人员（人）		年末零售营业面积（平方米）	
	2015年	2014年	2015年	2014年	2015年	2014年
全国	**310**	**319**	**4559**	**4759**	**53527**	**54770**
北京						
天津	3	3	68	73	160	160
河北	14	14	1199	1321	5800	5800
山西						
内蒙古						
辽宁						
吉林	218	226	2462	2501	17000	18000
黑龙江						
上海						
江苏						
浙江	14	14	107	109	3033	3033
安徽						
福建						
江西						
山东	9	10	298	310	10210	10453
河南						
湖北						
湖南						
广东	29	29	150	160	7124	7124
广西						
海南						
重庆						
四川						
贵州						
云南						
西藏						
陕西						
甘肃						
青海						
宁夏	23	23	275	285	10200	10200
新疆						

2-8 续表 4

联营企业

地区	门店数（个）		年末从业人员（人）		年末零售营业面积（平方米）	
	2015年	2014年	2015年	2014年	2015年	2014年
全国	**177**	**167**	**1064**	**1070**	**26545**	**26243**
北京	5	5	30	29	928	928
天津						
河北						
山西						
内蒙古						
辽宁						
吉林						
黑龙江						
上海	28	26	210	183	3022	2866
江苏	18	16	200	198	5000	5000
浙江						
安徽						
福建						
江西						
山东						
河南						
湖北						
湖南						
广东	126	120	624	660	17595	17449
广西						
海南						
重庆						
四川						
贵州						
云南						
西藏						
陕西						
甘肃						
青海						
宁夏						
新疆						

2-8 续表 5

有限责任公司

地区	门店数（个）		年末从业人员（人）		年末零售营业面积（平方米）	
	2015年	2014年	2015年	2014年	2015年	2014年
全　国	**42943**	**40073**	**574368**	**586542**	**31758443**	**31140023**
北　京	2215	2217	64253	67494	3065875	3036404
天　津	571	634	8856	10510	549351	543109
河　北	1631	1507	16872	17475	2012477	2044760
山　西	638	448	7604	7097	412775	312519
内蒙古	446	154	6304	4426	264540	231947
辽　宁	1708	1639	18095	18034	1127079	1101375
吉　林	145	152	2360	2900	160332	161669
黑龙江	482	401	4002	4485	414995	411626
上　海	4740	4951	57585	66498	1931606	2254224
江　苏	3647	3723	25062	27483	706261	743532
浙　江	3091	3528	28371	29936	1833236	1884709
安　徽	762	721	21323	22271	1199730	1159650
福　建	909	867	11627	12758	743415	704168
江　西	1196	708	15894	15631	623837	551699
山　东	2689	2550	46863	47219	4013649	3606494
河　南	1736	1477	31963	31698	2022118	1944940
湖　北	2913	1800	30253	27730	1494624	1382046
湖　南	1537	1235	20600	18425	1518455	1416084
广　东	4427	4343	54259	55021	3524463	3330339
广　西	716	707	7112	7180	364460	378861
海　南	214	187	1177	1041	54999	50570
重　庆	1605	1593	36287	34737	1075427	1187997
四　川	1773	1503	16196	16266	907738	910622
贵　州	479	415	5722	5424	248374	231044
云　南	1192	1207	9034	9352	432050	451282
西　藏						
陕　西	577	557	8706	8948	346146	368750
甘　肃	15	10	150	120	2000	2060
青　海	137	129	5088	5288	162605	148370
宁　夏	363	354	6577	6537	322312	306909
新　疆	389	356	6173	4558	223514	282264

2-8 续表 6

股份有限公司

地区	门店数（个）		年末从业人员（人）		年末零售营业面积（平方米）	
	2015年	2014年	2015年	2014年	2015年	2014年
全　国	**39193**	**38569**	**736829**	**763121**	**75601984**	**73658901**
北　京	1093	1088	32695	35344	2236406	2378583
天　津	280	278	3079	3556	108023	109565
河　北	1638	1697	18429	18752	2107292	2415199
山　西	646	653	14190	12230	1457171	1426471
内蒙古	8	11	29	47	750	750
辽　宁	999	983	10221	10988	1545713	1550325
吉　林	310	223	1869	1715	60900	55900
黑龙江	540	574	5733	5465	132587	151447
上　海	1511	1503	40181	42549	1846552	1737125
江　苏	4848	4859	179845	184446	11252897	11324594
浙　江	3686	3568	37477	41643	6311789	6138566
安　徽	1096	1089	41764	41490	2819099	2815709
福　建	669	637	4342	3097	651159	634199
江　西	1166	1223	12157	13046	1031410	1058438
山　东	3869	3715	87602	87298	11277861	10234521
河　南	1388	1365	12880	12685	3068837	3235197
湖　北	1443	1398	54635	61728	4090872	4223383
湖　南	1436	1413	28253	28793	2055084	1969072
广　东	6243	6462	55754	61612	13766643	12895300
广　西	1646	1594	21302	23357	3601320	3144077
海　南	301	318	2510	2495	60000	60150
重　庆	819	763	28153	28638	2050882	1964874
四　川	2443	2016	25816	24219	805022	621923
贵　州						
云　南	167	174	2240	2252	713286	713885
西　藏						
陕　西	442	448	7575	7189	1026054	1026234
甘　肃	54	54	538	530	119153	119153
青　海	5	5	910	910	50125	50125
宁　夏	57	68	981	971	30951	199980
新　疆	390	390	5669	6076	1324146	1404156

2-8 续表 7

私营企业

地 区	门店数（个）		年末从业人员（人）		年末零售营业面积（平方米）	
	2015年	2014年	2015年	2014年	2015年	2014年
全 国	**28238**	**25512**	**306468**	**291565**	**11957646**	**11019121**
北 京	1140	1117	11905	11909	364210	338554
天 津	158	154	2753	2931	33792	35531
河 北	525	454	9650	9139	529904	529632
山 西	625	613	9198	9153	375729	372293
内蒙古	31	31	172	169	2500	2500
辽 宁	939	934	10824	10703	485352	491845
吉 林	300	233	2122	2075	49879	33053
黑龙江	360	330	7955	6502	268210	277751
上 海	1395	1452	8644	9190	464140	450406
江 苏	1472	1384	27780	28363	987601	1017995
浙 江	3486	3259	25580	24813	1321266	1199283
安 徽	609	556	7722	7895	395345	320685
福 建	913	851	15213	14949	662834	620282
江 西	232	213	7307	6641	382323	374343
山 东	2085	1421	14855	13453	594748	508735
河 南	788	757	10432	10442	350244	312432
湖 北	1201	1028	16830	15468	482494	469791
湖 南	961	869	11949	14233	519323	526559
广 东	2155	2146	21945	24172	1108039	1072642
广 西	601	500	4385	4286	118640	110751
海 南						
重 庆	1073	930	12216	11277	520700	443103
四 川	2056	1860	21525	15251	846970	574440
贵 州	362	359	1931	1515	39045	43233
云 南	2985	2444	24864	20128	416512	339457
西 藏	3	3	790	750	21700	21700
陕 西	364	307	4402	3245	104261	89840
甘 肃	291	279	3078	2825	66292	61202
青 海						
宁 夏	260	199	1841	1697	103962	54449
新 疆	868	829	8600	8391	341631	326634

2-8 续表 8

其他企业

地区	门店数（个）		年末从业人员（人）		年末零售营业面积（平方米）	
	2015年	2014年	2015年	2014年	2015年	2014年
全　国	**1000**	**865**	**11246**	**10515**	**408721**	**422862**
北　京						
天　津						
河　北						
山　西						
内蒙古	11	11	95	99	1560	1560
辽　宁	12	12	73	73	1375	1375
吉　林						
黑龙江						
上　海	63	63	408	804	12221	11127
江　苏	59	56	234	231	2297	2247
浙　江						
安　徽	164	219	600	712	6770	9850
福　建	19	17	521	491	50504	44441
江　西						
山　东	62	69	380	377	19673	35692
河　南	4	4	20	20	3800	3800
湖　北	9	9	330	350	1680	1680
湖　南	59	56	3937	4051	170379	193471
广　东						
广　西						
海　南	152		1140		27605	
重　庆	2	2	14	14	410	410
四　川	76	31	576	447	17797	16237
贵　州	116	125	774	635	14300	14165
云　南	11	15	408	568	49365	58320
西　藏						
陕　西						
甘　肃	150	145	1620	1510	26685	26187
青　海						
宁　夏						
新　疆	31	31	116	133	2300	2300

2-8 续表 9

港、澳、台商投资企业

地区	门店数（个）		年末从业人员（人）		年末零售营业面积（平方米）	
	2015年	2014年	2015年	2014年	2015年	2014年
全国	**6947**	**6156**	**173800**	**172092**	**11698140**	**8678056**
北京	403	383	8611	8891	203658	206185
天津	303	306	7718	8678	329220	380832
河北						
山西	10	12	418	449	25408	25498
内蒙古						
辽宁	35	35	2416	3021	425340	425340
吉林	21	17	151	191	2955	2700
黑龙江	37	28	350	329	11277	8430
上海	676	696	11810	12752	400043	399140
江苏	263	226	30330	31090	1304286	1172626
浙江	118	70	3213	3367	131421	129377
安徽	5	5	873	1050	41890	41890
福建	511	417	39758	38228	5294873	2762058
江西	60	49	2687	2641	124567	96792
山东	365	162	4071	1843	128884	47835
河南	216	189	7873	7605	823845	671909
湖北	334	286	7702	7651	59296	48845
湖南	537	359	4208	4022	123785	113267
广东	2531	2435	36835	35540	2107134	1905493
广西	155	125	1116	1171	36616	32675
海南						
重庆	152	138	1468	1268	27144	23420
四川	24	36	615	802	15926	26593
贵州						
云南	126	130	1072	1118	60614	49593
西藏						
陕西	65	52	505	385	19958	107558
甘肃						
青海						
宁夏						
新疆						

2-8 续表 10

外商投资企业

地区	门店数（个）		年末从业人员（人）		年末零售营业面积（平方米）	
	2015年	2014年	2015年	2014年	2015年	2014年
全国	**7184**	**6918**	**252772**	**253670**	**14922483**	**15154854**
北京	611	566	25910	25146	1249179	1116365
天津	75	75	2901	3254	141971	141971
河北	181	184	3783	4385	364575	419274
山西						
内蒙古						
辽宁	50	47	7798	8363	236231	310887
吉林	1	1	167	165	11273	11273
黑龙江	8	9	1986	2386	82717	93982
上海	1305	1199	34187	37070	1914673	1791561
江苏	1829	1814	64388	64981	4107531	4225408
浙江	54	65	9371	10112	463655	496796
安徽	16	13	2553	2959	127749	265644
福建	829	785	8468	8507	1096374	1008074
江西	13	13	1788	2089	122565	100472
山东	129	128	7566	8409	484807	507826
河南						
湖北	186	170	7638	7530	281177	356470
湖南	7	7	2407	2421	141234	141234
广东	1345	1349	45694	40182	2981028	2875658
广西						
海南						
重庆	8	8	2015	2136	59000	59000
四川	341	306	15577	15696	723663	925599
贵州	107	96	997	924	26255	25411
云南	25	24	5626	4903	164099	217507
西藏						
陕西	60	55	1125	1195	113985	35700
甘肃						
青海						
宁夏						
新疆	4	4	827	857	28742	28742

2-9 按登记注册类型分各地区连锁零售企业加盟门店基本情况

内资企业

地 区	门店数（个）		年末从业人员（人）		年末零售营业面积（平方米）	
	2015年	2014年	2015年	2014年	2015年	2014年
全 国	**67255**	**65932**	**193883**	**192363**	**5675883**	**5545928**
北 京	2022	2015	11883	12247	282902	281366
天 津	506	495	1327	1215	53325	50840
河 北	393	409	730	742	36050	36516
山 西	1419	1372	5917	5999	77784	77085
内蒙古	132	38	360	57	7278	2140
辽 宁	1876	1919	7919	8585	205187	206087
吉 林						
黑龙江	444	384	1296	947	22730	18636
上 海	5370	5701	24546	26739	1070737	1072548
江 苏	4801	5061	17007	17508	473981	492001
浙 江	15489	15739	32362	31017	1054794	1056221
安 徽	5420	5423	12969	12777	326748	323015
福 建	1635	1166	6164	4787	222211	171603
江 西	1304	1346	1772	1598	33926	29736
山 东	1877	2153	7636	9832	220650	255637
河 南	1090	897	2404	2372	114650	114132
湖 北	940	303	4417	2131	88404	37209
湖 南	3192	2949	6421	5918	266835	240237
广 东	2754	2469	13279	12340	154466	180597
广 西	727	728	3550	3541	139112	109637
海 南						
重 庆	8606	8527	13598	14499	372309	353117
四 川	5205	4707	12789	10938	238118	213868
贵 州	203	238	628	549	14721	14006
云 南	513	534	876	783	17638	18208
西 藏						
陕 西	135	174	711	1662	17890	21274
甘 肃	18	1	30	8	800	100
青 海	72	42	167	124	8000	8000
宁 夏	128	155	363	382	20489	17475
新 疆	984	987	2762	3066	134148	144637

2-9 续表 1

国有企业

地　区	门店数（个）		年末从业人员（人）		年末零售营业面积（平方米）	
	2015年	2014年	2015年	2014年	2015年	2014年
全　国	**3902**	**4024**	**3930**	**3986**	**218808**	**240670**
北　京						
天　津						
河　北						
山　西						
内蒙古						
辽　宁						
吉　林						
黑龙江						
上　海	1143	1204	2359	2580	59857	61042
江　苏						
浙　江	4	4	4	8	215	560
安　徽	1980	1980	243	286	121600	121600
福　建						
江　西						
山　东						
河　南	13	13	26	26	700	650
湖　北	20		308		3818	
湖　南						
广　东	53	92	211	348	3170	24850
广　西						
海　南						
重　庆	88	80	88	80	5280	4800
四　川						
贵　州						
云　南	185	185	262	179	1000	1000
西　藏						
陕　西						
甘　肃						
青　海						
宁　夏						
新　疆	416	466	429	479	23168	26168

2-9 续表 2

集体企业

地区	门店数（个）		年末从业人员（人）		年末零售营业面积（平方米）	
	2015年	2014年	2015年	2014年	2015年	2014年
全 国	**793**	**822**	**3360**	**3300**	**80105**	**77845**
北 京	276	276	585	600	23185	23185
天 津						
河 北						
山 西						
内蒙古						
辽 宁						
吉 林						
黑龙江						
上 海						
江 苏	231	222	742	718	24980	23720
浙 江						
安 徽						
福 建						
江 西						
山 东	142	122	377	358	19340	17840
河 南						
湖 北						
湖 南						
广 东	144	202	1656	1624	12600	13100
广 西						
海 南						
重 庆						
四 川						
贵 州						
云 南						
西 藏						
陕 西						
甘 肃						
青 海						
宁 夏						
新 疆						

2-9 续表 3

联营企业

地区	门店数（个）		年末从业人员（人）		年末零售营业面积（平方米）	
	2015年	2014年	2015年	2014年	2015年	2014年
全国	**28**	**27**	**143**	**151**	**3968**	**3087**
北京						
天津						
河北						
山西						
内蒙古						
辽宁						
吉林						
黑龙江						
上海						
江苏						
浙江						
安徽						
福建						
江西						
山东						
河南						
湖北						
湖南						
广东	28	27	143	151	3968	3087
广西						
海南						
重庆						
四川						
贵州						
云南						
西藏						
陕西						
甘肃						
青海						
宁夏						
新疆						

2-9 续表 4

有限责任公司

地区	门店数(个)		年末从业人员(人)		年末零售营业面积(平方米)	
	2015年	2014年	2015年	2014年	2015年	2014年
全国	**24297**	**24498**	**61551**	**61201**	**1951713**	**1891824**
北京	828	820	5114	4912	117641	114412
天津	506	495	1327	1215	53325	50840
河北	393	409	730	742	36050	36516
山西	3	2	7	3	280	180
内蒙古	89		284		5138	
辽宁	224	215	939	939	29074	29074
吉林						
黑龙江	19		56		1520	
上海	1455	1584	5081	5483	115982	115607
江苏	907	924	5282	5214	248347	249926
浙江	9025	9789	19044	18993	702309	727820
安徽	36	36	410	400	5980	5980
福建	35	15	52	45	750	750
江西	122	57	471	221	11960	6019
山东	470	457	1752	1784	52543	47668
河南	132	108	310	324	12740	12640
湖北	673	109	2032	322	50632	8500
湖南	877	863	1736	1713	92862	86759
广东	430	566	1071	2391	26089	33837
广西	474	478	2457	2427	90804	60312
海南						
重庆	4367	4207	6862	7614	146095	148332
四川	2627	2788	4513	4629	104256	109872
贵州	114	91	436	344	10068	8448
云南	49	81	54	69	4788	5858
西藏						
陕西	83	89	603	555	4450	5194
甘肃	16		20		600	
青海	72	42	167	124	8000	8000
宁夏	60	60	160	160	8280	8280
新疆	211	213	581	578	11150	11000

2-9 续表 5

股份有限公司

地区	门店数（个）		年末从业人员（人）		年末零售营业面积（平方米）	
	2015年	2014年	2015年	2014年	2015年	2014年
全国	**13011**	**13025**	**49243**	**51457**	**1253071**	**1309917**
北京	497	493	4635	5138	81220	82402
天津						
河北						
山西	3		30		1000	
内蒙古	39	34	51	33	1670	1670
辽宁						
吉林						
黑龙江	412	384	1201	947	20700	18636
上海	1628	1890	11870	13982	517493	575571
江苏	1922	1935	3820	3850		
浙江	1394	1286	4211	3725	90015	84364
安徽	3331	3393	11970	11978	192000	192000
福建	1	1	7	7	245	245
江西	1047	1150	1057	1149	17410	19161
山东	1031	1382	5103	7366	140917	183209
河南	104	124	658	735	60000	64500
湖北	98	20	425	134	11720	5143
湖南	843	739	876	863	49885	40345
广东	83		227		520	
广西	103	105	731	748	37663	38580
海南						
重庆	11	12	42	21	880	245
四川	464	77	2329	781	29733	3846
贵州						
云南						
西藏						
陕西						
甘肃						
青海						
宁夏						
新疆						

2-9 续表 6

私营企业

地区	门店数（个）		年末从业人员（人）		年末零售营业面积（平方米）	
	2015年	2014年	2015年	2014年	2015年	2014年
全 国	**23817**	**22211**	**70815**	**67698**	**2082325**	**1956140**
北 京	421	426	1549	1597	60856	61367
天 津						
河 北						
山 西	1413	1370	5880	5996	76504	76905
内 蒙 古						
辽 宁	1652	1704	6980	7646	176113	177013
吉 林						
黑 龙 江	13		39		510	
上 海	674	590	3094	2561	340177	298678
江 苏	1733	1972	7136	7699	200104	217805
浙 江	5066	4660	9103	8291	262255	243477
安 徽	13	14	106	113	3418	3435
福 建	1599	1150	6105	4735	221216	170608
江 西	135	139	244	228	4556	4556
山 东	184	188	302	312	5850	6270
河 南	841	652	1410	1287	41210	36342
湖 北	110	135	1496	1519	19114	20446
湖 南	1472	1347	3809	3342	124088	113133
广 东	2016	1582	9971	7826	108119	105723
广 西	150	145	362	366	10645	10745
海 南						
重 庆	3786	3862	5942	6039	206584	185875
四 川	1720	1448	4534	4131	81139	77160
贵 州	63	72	124	134	2518	2588
云 南	279	268	560	535	11850	11350
西 藏						
陕 西	52	85	108	1107	13440	16080
甘 肃	2	1	10	8	200	100
青 海						
宁 夏	68	95	203	222	12209	9195
新 疆	355	306	1748	2004	99650	107289

2-9 续表 7

其他企业

地区	门店数（个）		年末从业人员（人）		年末零售营业面积（平方米）	
	2015年	2014年	2015年	2014年	2015年	2014年
全　国	**1407**	**1325**	**4841**	**4570**	**85893**	**66445**
北　京						
天　津						
河　北						
山　西						
内蒙古	4	4	25	24	470	470
辽　宁						
吉　林						
黑龙江						
上　海	470	433	2142	2133	37228	21650
江　苏	8	8	27	27	550	550
浙　江						
安　徽	60		240		3750	
福　建						
江　西						
山　东	50	4	102	12	2000	650
河　南						
湖　北	39	39	156	156	3120	3120
湖　南						
广　东						
广　西						
海　南						
重　庆	354	366	664	745	13470	13865
四　川	394	394	1413	1397	22990	22990
贵　州	26	75	68	71	2135	2970
云　南						
西　藏						
陕　西						
甘　肃						
青　海						
宁　夏						
新　疆	2	2	4	5	180	180

2-9 续表 8

港、澳、台商投资企业

地区	门店数（个）		年末从业人员（人）		年末零售营业面积（平方米）	
	2015年	2014年	2015年	2014年	2015年	2014年
全国	**2033**	**2014**	**67448**	**60047**	**3060364**	**2841235**
北京						
天津						
河北						
山西						
内蒙古						
辽宁						
吉林						
黑龙江						
上海	891	834	62936	55250	2707534	2530052
江苏	82	93	164	174	6763	8150
浙江	76	76	66	91	5008	4538
安徽						
福建	94	91	208	170	2460	2450
江西	13	10	2659	2612	180538	140000
山东						
河南						
湖北						
湖南	46	4	76	8	3174	588
广东	610	646	551	852	140537	138152
广西	144	138	557	525	8600	8280
海南						
重庆	1	5	3	14	50	250
四川	76	117	228	351	5700	8775
贵州						
云南						
西藏						
陕西						
甘肃						
青海						
宁夏						
新疆						

2-9 续表 9

外商投资企业

地区	门店数(个)		年末从业人员(人)		年末零售营业面积(平方米)	
	2015年	2014年	2015年	2014年	2015年	2014年
全国	**2596**	**2071**	**31283**	**27928**	**1084113**	**989676**
北京	14	16	51	62	1360	1602
天津						
河北						
山西						
内蒙古						
辽宁						
吉林						
黑龙江						
上海	1022	566	4520	2513	140438	66642
江苏	680	647	15035	15000	450360	450000
浙江	13	13	50	50	12830	12830
安徽						
福建						
江西						
山东	11	3	37	10	880	240
河南						
湖北	17	7	112	18	2422	402
湖南						
广东	819	801	11476	10274	473543	455748
广西						
海南						
重庆						
四川	20	18	2	1	2280	2212
贵州						
云南						
西藏						
陕西						
甘肃						
青海						
宁夏						
新疆						

2-10 按登记注册类型分

内资企业

地区	商品购进总额		统一配送商品购进额		自有配送中心配送商品购进额	
	2015年	2014年	2015年	2014年	2015年	2014年
全国	**252612582**	**272498900**	**200382237**	**217569022**	**117930526**	**131198933**
北京	17586751	18658482	10364738	9853233	4836993	4218767
天津	4374962	5538736	3294025	4588214	2428358	3135035
河北	8840436	9528335	5667414	6565898	3043410	4078844
山西	3356379	3765519	2100980	2407370	1178687	1598435
内蒙古	263313	323212	157967	233783	100885	203855
辽宁	7332621	8251812	5752802	6390354	1572817	1710366
吉林	1235926	1225401	1211823	1197005	1065857	1046172
黑龙江	2117518	1917741	1859151	1671879	537935	485019
上海	16647446	17272774	14451543	15200029	8617430	9084671
江苏	30849949	22205852	25829660	21824597	24802899	20915926
浙江	17313786	22280242	16020355	20588959	14469869	19256323
安徽	15555115	16320287	11544314	8540454	5752289	6059493
福建	4007634	4493759	2599644	2770727	933945	832345
江西	6623657	6300658	5839864	5798696	3133850	3032013
山东	16083372	25166378	10161902	19283349	5666954	14735849
河南	6223535	6306922	4367919	4142127	2481661	2582999
湖北	15073770	15417057	10621500	10716100	8895459	8535261
湖南	8461251	9125919	7221801	7988743	4892914	5354196
广东	31554870	35514199	27454838	32694887	6603223	6850641
广西	7047034	7663991	6994039	7556291	2442462	2666511
海南	1359939	1633734	1335114	1613883	6424	5928
重庆	6220930	8438658	4968523	4904086	3629775	3626589
四川	4927375	4039529	4557605	3726957	2378363	1632302
贵州	529807	500869	487856	431558	215188	200873
云南	2324922	2237133	2237475	2059270	695860	643508
西藏	30522	20152	30522	20152		
陕西	7871296	8252057	6158458	6288082	3870931	4063117
甘肃	1421888	1385619	1163641	1356770	101226	110832
青海	200045	180264	78002	61243	4130	4537
宁夏	1053510	1379262	451336	830479	340096	725243
新疆	6123025	7154349	5397428	6263849	3230637	3803283

各地区连锁零售企业经营情况

单位：万元

非自有配送中心配送商品购进额		商品销售总额		零售额	
2015年	2014年	2015年	2014年	2015年	2014年
32298404	**37071892**	**291959922**	**312228315**	**204081705**	**221663371**
676560	455983	20777102	21910579	15349174	15215420
347690	457994	4738704	5991859	3336738	4164485
201346	87083	9462457	10974923	6713768	7449948
2423	1437	5087927	5666408	3760580	4431108
1610	1327	309946	280329	223422	200062
1234891	1570116	7199673	8675615	5391623	6253756
13410	17386	1409150	1512048	1231648	1334941
209019	185049	2225514	2165042	1707076	1827051
2369998	2436258	18865909	19876763	11745383	11837563
578658	579226	34293078	24351327	12442014	12119354
850168	685771	18804608	21537784	13396904	14858221
348279	343986	15380085	16394122	10180887	10420889
236026	165100	5012721	5534594	4530128	4833758
631308	826946	10961495	11173632	7365934	7315994
903095	852734	18399453	26091155	15095001	22607252
221393	22697	7228313	7345244	6261942	6001697
476079	706987	17043207	16885310	14332800	14424912
916801	501337	10377240	11192099	9257380	9685877
18314986	23610976	36681747	42053206	30342552	33720080
46292	42191	7664048	8232674	4393490	4309395
		1511919	1843572	854009	1275930
764179	778486	8804815	11406216	7296167	9394167
252469	231890	5447314	5078814	5188198	4431894
17679	16029	561794	500154	548849	478679
155217	154666	4363112	4415751	2928072	2760733
		35667	22152	35667	22152
386871	367897	8906927	9364799	3533027	3618544
	4035	1834369	2220537	1633911	1861099
		272377	243177	270636	240354
3603	7054	1261590	1349590	833719	819290
2138357	1961251	7037663	7938839	3901009	3748766

2-10 续表 1

国有企业

地区	商品购进总额		统一配送商品购进额		自有配送中心配送商品购进额	
	2015年	2014年	2015年	2014年	2015年	2014年
全国	**36184584**	**39790478**	**33678466**	**33100566**	**16158091**	**18717602**
北京	18466	12469	12272	6181	12272	6181
天津	2265509	2795288	2265074	2794991	2265074	2794991
河北	674382	907881	612472	907881		644778
山西	1340579	1553790	1028169	1214507	388204	725804
内蒙古						
辽宁	1730286	1816159	1577889	1570825	44025	42605
吉林						
黑龙江						
上海	511220	481394	495075	471110	81508	78157
江苏	20158	16789	4775	16789	4775	16789
浙江	1434020	1259490	1403556	1227852	1398014	1223360
安徽	3769559	4439839	3674554	358734	54411	100119
福建	159315	185546	79835	84942	10937	10172
江西	3774778	3482375	3674920	3381383	1758160	1720253
山东	517536	831072	445547	730357	252446	323946
河南	134088	140937	111412	118926	17514	17894
湖北	2939336	3545221	2932793	3539693	2667131	2835510
湖南	1751551	2264082	1680333	2026348	1574663	1885760
广东	3899060	4197410	3809915	4103436	764082	976974
广西						
海南	265398	362224	265398	362224		
重庆	396442	522031	273630	409916	271838	409916
四川	327100	328706	327100	328706		
贵州						
云南	1263321	1164892	1263321	1164892		
西藏						
陕西	5230589	5307310	4311330	4213745	3105391	3047444
甘肃	1026064	977410	807474	975535		
青海						
宁夏	69785	61949	68919	61083	12122	12051
新疆	2666045	3136216	2552702	3030511	1475526	1844900

单位：万元

非自有配送中心配送商品购进额		商品销售总额		零售额	
2015年	2014年	2015年	2014年	2015年	2014年
4923195	**5221074**	**41749642**	**45852957**	**23030177**	**24120112**
		35526	34050	34346	32663
		2600019	3168499	1612501	1963143
		536396	700888	346519	481463
		2020646	2401093	1088059	1508199
		1435052	1867648	714985	885755
167264	175556	693233	557396	593368	498658
		21425	20105	21425	19489
		1393951	1225537	668719	590161
78749	91546	3938730	4680508	2984357	3021559
		806209	840258	732560	737590
395856	545292	5368291	5057617	2394170	1950227
		534383	814350	429247	660494
6999	6553	144465	149343	112978	122178
	217239	3319309	3888512	2102213	2416729
		2000064	2233269	1727821	1901685
3000406	3099735	4154651	4242529	2422507	2443524
		313551	408825	153016	32580
1792		443871	583015	329269	331822
		298547	366757	237565	171903
		1294593	1292744	585396	672288
223368	228260	6069329	6145757	1579532	1507702
		1334155	1697826	1157025	1419217
		86953	79274	12965	12251
1048762	856893	2906297	3397157	989636	738835

2-10 续表 2

集体企业

地区	商品购进总额		统一配送商品购进额		自有配送中心配送商品购进额	
	2015年	2014年	2015年	2014年	2015年	2014年
全国	**854811**	**779182**	**182593**	**147001**	**141903**	**130581**
北京	86437	84137	39118	30485	33206	30485
天津						
河北	1205	2048	1205	2048		
山西						
内蒙古						
辽宁						
吉林						
黑龙江	489	682	489	682	489	682
上海	15431	15271	15431	15271	3305	3762
江苏	58573	54872	58573	54872	38949	54872
浙江						
安徽						
福建	1306	1317	1306	1317	1306	1317
江西						
山东	293407	275665	316	850		
河南	7663	10949				
湖北	288263	259338				
湖南	6579	6547				
广东	48331	30201	26920	9726	26920	9726
广西						
海南						
重庆	41911	32504	34018	26099	34018	26099
四川						
贵州						
云南	1506	2013	1506	2013		
西藏						
陕西						
甘肃						
青海						
宁夏						
新疆	3711	3639	3711	3639	3711	3639

单位：万元

非自有配送中心配送商品购进额		商品销售总额		零售额	
2015年	2014年	2015年	2014年	2015年	2014年
12127	**11509**	**975855**	**880825**	**540226**	**461329**
		91926	89279	86242	83478
		1410	4356	1410	4356
		1075	1239	1075	1239
12127	11509	18806	16790	18806	16790
		58628	55140	53913	18766
		1967	1999	1967	1999
		392091	349280	2495	2266
		8675	11218	8675	11218
		300496	262897	300496	262897
		6562	6540	4413	4330
		46166	42936	44237	40339
		42625	33223	14926	11571
		1574	2080	1574	2080
		3856	3848		

2-10 续表 3

股份合作企业

地区	商品购进总额		统一配送商品购进额		自有配送中心配送商品购进额	
	2015年	2014年	2015年	2014年	2015年	2014年
全　国	**1032557**	**1029495**	**994064**	**1019157**	**979501**	**932609**
北　京						
天　津	2907	2208	2907	2208		
河　北	132222	98134	132222	98134	132222	98134
山　西						
内蒙古						
辽　宁						
吉　林	845647	834475	845647	834475	845647	834475
黑龙江						
上　海						
江　苏						
浙　江	2907	3010	2907	3010	1631	
安　徽						
福　建						
江　西						
山　东	9280	10338				
河　南						
湖　北						
湖　南						
广　东	29213	71746		71746		
广　西						
海　南						
重　庆						
四　川						
贵　州						
云　南						
西　藏						
陕　西						
甘　肃						
青　海						
宁　夏	10381	9583	10381	9583		
新　疆						

单位：万元

非自有配送中心配送商品购进额		商品销售总额		零售额	
2015年	2014年	2015年	2014年	2015年	2014年
		1121631	**1227088**	**897316**	**969236**
		3786	2868	1726	1285
		125793	89494	125793	89494
		925178	1034245	748614	858674
		2962	3037	2962	3037
		16892	12522	4211	3570
		33011	71746		
		14009	13175	14009	13175

2-10 续表 4

联营企业

地　区	商品购进总额		统一配送商品购进额		自有配送中心配送商品购进额	
	2015年	2014年	2015年	2014年	2015年	2014年
全　国	**66798**	**62303**	**66798**	**62303**	**15089**	**16313**
北　京	725	603	725	603		
天　津						
河　北						
山　西						
内蒙古						
辽　宁						
吉　林						
黑龙江						
上　海	8771	7793	8771	7793		
江　苏	15089	16313	15089	16313	15089	16313
浙　江						
安　徽						
福　建						
江　西						
山　东						
河　南						
湖　北						
湖　南						
广　东	42214	37595	42214	37595		
广　西						
海　南						
重　庆						
四　川						
贵　州						
云　南						
西　藏						
陕　西						
甘　肃						
青　海						
宁　夏						
新　疆						

单位：万元

非自有配送中心配送商品购进额		商品销售总额		零售额	
2015年	2014年	2015年	2014年	2015年	2014年
		89415	**80826**	**80392**	**59071**
		836	814	836	814
		11151	10319	11151	10319
		22872	21755	13849	
		54556	47938	54556	47938

2-10 续表 5

有限责任公司

地　区	商品购进总额		统一配送商品购进额		自有配送中心配送商品购进额	
	2015年	2014年	2015年	2014年	2015年	2014年
全　国	**55409878**	**54960104**	**43313363**	**42593369**	**25765025**	**24425153**
北　京	7717404	7167343	6352674	5549912	2970560	2552263
天　津	1207604	1256613	163981	331521	121070	295192
河　北	2442294	2723047	2278078	2577540	1108356	1446432
山　西	375772	256727	312834	195909	210705	72747
内蒙古	256560	316817	151214	227388	97571	200471
辽　宁	980966	1060013	760490	870988	365148	377734
吉　林	238475	247103	223036	230888	108376	114929
黑龙江	348441	308818	280096	247795	163391	137416
上　海	5548180	5588781	3745676	4028394	2608793	2437115
江　苏	2107832	2079944	1892008	1829406	1236080	1218554
浙　江	3077676	3134465	2826174	2911625	2128935	2354334
安　徽	2003598	1902099	1629066	1538601	860087	835303
福　建	1297700	1316381	928561	906925	432104	327766
江　西	1423277	1322943	1389333	1313533	1049500	1003562
山　东	4226301	4171354	2897273	2753317	2491472	2340324
河　南	2352027	2145188	1841873	1600572	1145897	1061477
湖　北	3304843	3256923	2696155	2275505	1578557	1115910
湖　南	1836385	1852989	1470344	1727373	1083866	1316934
广　东	6866581	7254422	5425779	5777198	2809243	2229362
广　西	927560	1014990	903874	993378	556356	561079
海　南	31714	26193	6889	6343	6424	5928
重　庆	2634960	2508905	2102422	1989078	1352112	1268975
四　川	1242937	1153170	1162121	1076256	255922	245090
贵　州	455559	426365	414386	360061	172787	168740
云　南	459368	467985	389660	323750	144973	98325
西　藏						
陕　西	742404	770540	396476	376477	158544	176424
甘　肃	2256	2058	2256	2058		2058
青　海	165759	150219	78002	61243	4130	4537
宁　夏	597977	554545	256505	266950	214558	224054
新　疆	537471	523166	336127	243387	329508	232117

单位：万元

非自有配送中心配送商品购进额		商品销售总额		零售额	
2015年	2014年	2015年	2014年	2015年	2014年
6093463	**6586735**	**62516534**	**62561162**	**49649511**	**48903574**
508491	276546	8646711	7959831	6775663	5980900
8594	8702	1183186	1228438	1153242	1190164
7442	9050	2915390	3357263	1972246	2194275
2423		516469	387812	473625	342792
		302110	273846	215585	193579
77479	77479	1059668	1113939	876614	947751
13410	17386	310227	302718	309288	301181
		408744	345384	363074	316991
718722	898296	6898676	7571702	3159951	3860782
336739	317592	2530192	2582006	1997546	1974933
356865	239700	3487023	3463688	2882078	2836354
80196	79807	1524558	1445837	1464930	1389361
124587	104441	1450835	1439484	1259603	1215337
51468	101866	1601829	1488766	1335879	1243988
61757	48425	5008398	4977847	4310510	4186200
208187	11550	2452960	2255034	2197346	1902324
474379	487658	3565478	3394874	2802985	2876376
241454	244942	1968881	2125336	1762116	1703182
2042354	2917313	7521628	8037285	6564387	7002854
46292	42191	1025137	1136511	754338	724989
		31209	26000	31200	25994
261089	271966	3072610	2863585	2547977	2393670
163073	154537	1399205	1317206	1329243	1231252
9274		463906	408912	453167	400637
153927	151299	913058	798809	853025	740265
137155	119894	819695	903629	609008	643967
		2246	2044	2246	2044
		211913	188914	210172	186091
1487	3330	569204	533793	559456	516657
6619	2767	655391	630668	423012	378688

2-10 续表 6

股份有限公司

地 区	商品购进总额		统一配送商品购进额		自有配送中心配送商品购进额	
	2015年	2014年	2015年	2014年	2015年	2014年
全 国	**136834851**	**155378378**	**102376865**	**122615522**	**63073540**	**75797204**
北 京	9048542	10697670	3481857	3798742	1480953	1310490
天 津	767910	1370791	767910	1370791		
河 北	5180957	5360281	2317233	2639163	1604074	1660029
山 西	960731	1221329	297846	486633	297846	486633
内蒙古	1345	1699	1345	1699	1345	1699
辽 宁	3226718	3976704	2058893	2594464	360223	441621
吉 林	64652	58460	64652	58460	64202	58002
黑龙江	1174604	1073770	1046630	953477	65797	65933
上 海	8965072	9937008	8766421	9601525	5919386	6561208
江 苏	25930583	17387187	21176309	17288460	21176309	17288460
浙 江	11150178	16253198	10228984	14892227	9767323	14466915
安 徽	9364690	9577709	6038570	6437309	4718098	5010506
福 建	1506545	2028122	700094	949513	183087	234604
江 西	1067326	1136456	480956	887696	131221	115622
山 东	10121363	19044949	6014928	15074085	2389804	11544946
河 南	3305805	3641555	2039171	2092623	1156869	1379933
湖 北	7764021	7621283	4272281	4219720	4268395	4218345
湖 南	3886267	4202243	3271801	3616975	1892041	1883624
广 东	18360639	21772856	15932574	20719521	2007744	2636807
广 西	5963693	6482793	5934384	6396705	1811077	2032419
海 南	1051746	1245316	1051746	1245316		
重 庆	2003100	4366847	1576460	1592617	1103914	1112987
四 川	1477492	1130985	1375914	1054125	1155786	796645
贵 州						
云 南						
西 藏						
陕 西	1785548	2073171	1359517	1626504	555629	790659
甘 肃	187810	212819	187810	212819		
青 海	34287	30045				
宁 夏	254589	633732	28991	406510	28991	406510
新 疆	2228640	2839401	1903591	2397845	933428	1292605

单位：万元

非自有配送中心配送商品购进额		商品销售总额		零售额	
2015年	2014年	2015年	2014年	2015年	2014年
19180330	**23374931**	**160732639**	**178962868**	**108247694**	**127442053**
45167	46684	11137794	13027535	7621280	8375468
319152	435474	807799	1454743	425357	872581
112881		5413572	6360371	3810062	4228500
		1774013	2100137	1483388	1867796
		1292	1412	1292	1412
1085048	1414544	3368442	4419905	2528604	3207744
		90458	89060	90458	89060
		1301827	1251996	901040	945086
1401498	1284707	9633454	10501165	6367739	6253468
		28518444	18465723	8044313	7733169
351570	298538	12108975	15109419	8285877	9931844
180780	165000	9471071	9825876	5317764	5607709
		1643020	2208479	1512677	1892600
174979	173555	3609105	4229417	3268375	3829734
727687	693191	11432722	19056935	9572056	17096658
		3956266	4337174	3340390	3432931
		8874019	8482695	8194467	8041924
348888	33905	5259023	5914863	4865336	5250264
12989971	17393905	22251396	27187138	19170681	22256238
		6444492	6909856	3491108	3447760
		1158066	1408747	660700	1217356
472546	479630	3989190	6836574	3330174	5728927
		1673251	1804209	1657112	1526530
		1396198	1610933	816377	751804
		1890616	2217160	1217201	1368623
		256794	304613	241008	231590
		60464	54263	60464	54263
		476533	592380	177956	197717
970164	955799	2734340	3200092	1794439	2003299

2-10 续表 7

私营企业

地 区	商品购进总额		统一配送商品购进额		自有配送中心配送商品购进额	
	2015年	2014年	2015年	2014年	2015年	2014年
全 国	**21609019**	**19996924**	**19172653**	**17549775**	**11673748**	**11060058**
北 京	715177	696260	478092	467311	340002	319348
天 津	131033	113836	94153	88703	42214	44853
河 北	409376	436945	326205	341133	198757	229471
山 西	679297	733674	462131	510321	281933	313252
内蒙古	2567	2288	2567	2288		
辽 宁	1394080	1397547	1354960	1352688	803420	848406
吉 林	87152	85363	78489	73182	47632	38766
黑龙江	593984	534472	531936	469925	308258	280989
上 海	1553087	1202504	1374484	1035913	4439	4429
江 苏	2709991	2643737	2675182	2611747	2323973	2313927
浙 江	1649005	1630079	1558735	1554245	1173967	1211713
安 徽	407294	392795	192150	197965	109719	105718
福 建	950539	868973	797619	734612	306511	258485
江 西	358277	358884	294654	216085	194970	192576
山 东	888925	807778	781278	703262	512351	506429
河 南	422702	367321	374212	329035	161381	123695
湖 北	737689	692862	682685	641397	381377	365496
湖 南	692832	610877	511686	428865	333943	258848
广 东	2308833	2149971	2217436	1975665	995235	997772
广 西	155781	166208	155781	166208	75030	73013
海 南						
重 庆	1143621	1007750	981121	885850	867094	808456
四 川	1847044	1398033	1665286	1239237	940801	563383
贵 州	53504	57018	52726	54012	23872	17005
云 南	589755	587022	582988	568616	550887	545184
西 藏	30522	20152	30522	20152		
陕 西	112756	101035	91136	71355	51366	48591
甘 肃	177310	163355	137653	136380	72778	78797
青 海						
宁 夏	120778	119453	86540	86352	84425	82628
新 疆	686108	650734	600246	587274	487414	428829

单位：万元

非自有配送中心配送商品购进额		商品销售总额		零售额	
2015年	2014年	2015年	2014年	2015年	2014年
1762167	**1655295**	**24107975**	**22125361**	**21075989**	**19172429**
122901	132754	864309	799070	830808	742098
19944	13818	143913	137311	143913	137311
81023	78034	469896	462552	457737	451860
	1437	776800	777366	715508	712322
737	605	3750	2586	3750	2586
72364	78093	1335929	1272619	1270838	1211002
		83288	86026	83288	86026
209019	185049	513868	566423	441888	563735
24704	26166	1558526	1172831	1542306	1150986
241919	261634	3131989	3197781	2302843	2365751
141732	147534	1811697	1736103	1557268	1496826
8554	7633	433648	433051	401758	393410
111439	60658	1014336	950954	926967	892812
9005	6233	382270	397832	367511	292046
113651	111119	987933	854613	749447	632456
6207	4594	664808	591518	601414	532089
1701	2089	939557	806317	888318	777062
47224	42339	856628	727710	716012	642036
282254	200023	2620339	2423633	2086185	1929187
		194418	186307	148044	136646
28751	26890	1254993	1088536	1072292	926894
88066	75903	2036158	1559444	1924126	1471011
8405	16029	72181	70640	69976	57440
1290	3367	740126	686848	654137	569959
		35667	22152	35667	22152
26349	19743	127286	98253	127286	98253
	4035	202601	180593	195059	172787
2115	3724	114891	130968	69333	79490
112812	145793	736168	705325	692311	626196

2-10 续表 8

其他企业

地区	商品购进总额		统一配送商品购进额		自有配送中心配送商品购进额	
	2015年	2014年	2015年	2014年	2015年	2014年
全国	**620084**	**502036**	**597435**	**481330**	**123630**	**119414**
北京						
天津						
河北						
山西						
内蒙古	2841	2408	2841	2408	1969	1685
辽宁	571	1390	571	1390		
吉林						
黑龙江						
上海	45684	40023	45684	40023		
江苏	7724	7010	7724	7010	7724	7010
浙江						
安徽	9975	7847	9975	7847	9975	7847
福建	92228	93420	92228	93420		
江西						
山东	26561	25223	22560	21479	20880	20205
河南	1251	972	1251	972		
湖北	39618	41430	37586	39786		
湖南	287636	189182	287636	189182	8402	9030
广东						
广西						
海南	11081		11081			
重庆	898	621	872	526	799	156
四川	32803	28634	27184	28634	25854	27183
贵州	20745	17485	20745	17485	18530	15128
云南	10972	15222				
西藏						
陕西						
甘肃	28448	29977	28448	29977	28448	29977
青海						
宁夏						
新疆	1050	1194	1050	1194	1050	1194

单位：万元

非自有配送中心配送商品购进额		商品销售总额		零售额	
2015年	2014年	2015年	2014年	2015年	2014年
327121	**222348**	**666232**	**537229**	**560401**	**535568**
872	722	2795	2485	2795	2485
		583	1504	583	1504
45684	40023	52062	46560	52062	46560
		9527	8817	8125	7247
		12079	8850	12079	8850
		96354	93420	96354	93420
		27034	25609	27034	25609
		1140	957	1140	957
		44349	50016	44321	49925
279234	180151	286083	184381	181682	184381
		9093		9093	
		1528	1284	1528	1284
1330	1451	40153	31198	40153	31198
		25707	20602	25707	20602
		17563	24337	17563	24337
		38574	35461	38574	35461
		1611	1749	1611	1749

2-10 续表 9

港、澳、台商投资企业

地区	商品购进总额		统一配送商品购进额		自有配送中心配送商品购进额	
	2015年	2014年	2015年	2014年	2015年	2014年
全国	**22787076**	**20184198**	**16560440**	**14446152**	**8590515**	**7171010**
北京	477361	461514	272841	261181	22771	24446
天津	510293	436253	1953	2027	1953	2027
河北						
山西	57442	74151	4727	6905		
内蒙古						
辽宁	151803	124554	80484	70667		
吉林	2649	3977	2649	3977		
黑龙江	12362	10642	12362	10642	12362	10642
上海	5630013	5532076	5058039	4888314	8448	5491
江苏	3958830	2540230	3618812	2398181	2613386	1869621
浙江	214385	198666	190824	162511	23492	15501
安徽	153707	116029	153707	116029		
福建	4627903	3818588	3396788	2894231	2897528	2464831
江西	596046	542861	361674	306694	328904	298572
山东	257726	147618	20418	25917		
河南	844561	828309	125133	128301		
湖北	982209	1053046	962657	1034421	722584	727504
湖南	154132	169961	88384	115090	7077	17626
广东	3825850	3767262	2029865	1825897	1881609	1654182
广西	40205	37595	40205	37595	40205	37595
海南						
重庆	42470	41207	42470	41207	12821	13044
四川	30432	39116	9780	16919	9780	16919
贵州						
云南	192630	220172	62600	79074	5971	12829
西藏						
陕西	24068	20372	24068	20372	1624	180
甘肃						
青海						
宁夏						
新疆						

单位：万元

非自有配送中心配送商品购进额		商品销售总额		零售额	
2015年	2014年	2015年	2014年	2015年	2014年
2111835	**1473876**	**25972331**	**23433430**	**21848670**	**20875304**
121184	124018	616468	622332	466632	490329
		659572	589809	423214	419947
		59341	76151	59341	76151
26977	34374	180015	168307	180015	168307
1429	2648	4144	5807	4144	5807
		19692	16214	19692	16214
126753	131089	6081822	5852632	6045323	5829314
983326	504781	4638861	3411431	2336789	2656171
		237471	257651	234402	251004
118049	84470	150480	124636	150480	124534
499260	429400	4243685	3448888	4238877	3448850
		613986	544841	551729	478467
20418	25917	267342	145412	265588	143794
125133	128301	1325239	1315581	1193163	1197830
		1311840	1311385	1040853	1038998
81307		213268	198697	212766	198244
8000	8877	4894610	4857364	3999828	3891534
		59379	52349	59379	52349
		74740	70600	74626	70131
		34737	49068	27477	36220
		244429	278042	223141	244876
		41211	36234	41211	36234

2-10 续表 10

外商投资企业

地 区	商品购进总额		统一配送商品购进额		自有配送中心配送商品购进额	
	2015年	2014年	2015年	2014年	2015年	2014年
全 国	**30168472**	**30056732**	**16855928**	**16687559**	**10041791**	**10001665**
北 京	5004403	4631531	1226894	1152578	180592	189142
天 津	578943	708894				
河 北	355330	362026	235530	247898	235530	247898
山 西						
内蒙古						
辽 宁	451039	461293	289439	293272		
吉 林	3889	5368	3889	5368		
黑龙江	136183	166431				
上 海	4416049	4175260	1461257	1325426	322946	318156
江 苏	5656291	6525525	5422132	6346714	4243739	4922065
浙 江	888941	917391	869229	899268	663315	685838
安 徽	186739	166601				
福 建	833080	1226336	174463	228486		
江 西	81643	62964	14197			
山 东	1437363	2090603	1153491	1106784		
河 南						
湖 北	406102	391299	200234	391299		88745
湖 南	282552	277721				
广 东	7086021	5569258	5001281	3948020	4156866	3243393
广 西						
海 南						
重 庆	92907	102356				
四 川	1592068	1564094	387460	341594	28898	23434
贵 州	91581	74442	91581	74442		74442
云 南	455835	442371	224287	228392	162458	164548
西 藏						
陕 西	73590	75851	42641	38900	42641	38900
甘 肃						
青 海						
宁 夏						
新 疆	57923	59118	57923	59118	4806	5103

单位：万元

非自有配送中心配送商品购进额		商品销售总额		零售额	
2015年	2014年	2015年	2014年	2015年	2014年
2283515	**2746751**	**36071761**	**36379135**	**31562702**	**31256821**
521622	482758	5939186	5744538	5694507	5564186
		737563	947837	737563	947837
		427609	468238	417383	449493
218576	228381	491524	541873	491524	541873
		5078	5339	5078	5339
		141959	166313	141959	166313
68583	55683	4963015	4440428	4547175	4373304
961864	1157141	5822545	6969988	4749290	5539389
	213430	1007416	1019604	1007416	1019604
		184362	168620	184362	168620
		3090644	3593016	2226267	2434540
		172782	167445	172782	167445
36932	36932	1511847	2262568	365023	347572
71918	156255	469645	442206	468125	440755
		281183	286702	281183	286702
280675	292122	8117744	6579268	7386207	6249500
		168990	120672	168990	120672
8400	6191	1730185	1713532	1709382	1692730
		72876	65630	72876	65630
61829	63844	531584	521773	531584	521773
		146547	95350	146547	95350
53117	54015	57478	58194	57478	58194

2-11 按登记注册类型分各地区

内资企业

地　区	商品购进总额		统一配送商品购进额		自有配送中心配送商品购进额	
	2015年	2014年	2015年	2014年	2015年	2014年
全　国	**242694593**	**263968605**	**191933985**	**210331581**	**112768418**	**126268267**
北　京	17175873	18335015	10087869	9595905	4615263	4010685
天　津	4265582	5463030	3294025	4588214	2428358	3135035
河　北	8815682	9502499	5642661	6540699	3021890	4053644
山　西	3152957	3590884	1951481	2274894	1029189	1465959
内蒙古	253559	321997	148213	232568	99992	202800
辽　宁	7205971	8117254	5626153	6255796	1572761	1709914
吉　林	1235926	1225401	1211823	1197005	1065857	1046172
黑龙江	2070424	1877185	1858278	1671073	537100	484213
上　海	14613016	15491960	12491772	13483191	7294038	7834910
江　苏	29603352	21064617	24592727	20689205	23568974	19783858
浙　江	16389891	21284576	15169579	19667534	13874986	18470305
安　徽	14242843	15049359	10606271	7633695	5275268	5639220
福　建	3922310	4436274	2514320	2713242	890765	791569
江　西	6535587	6227313	5754164	5727508	3055207	2961126
山　东	15687194	24727407	9889928	19045100	5473993	14572961
河　南	5923948	6261409	4068758	4096831	2473431	2578876
湖　北	14747979	15400133	10355417	10704524	8631363	8526458
湖　南	8181002	8898126	6996170	7817842	4816694	5298205
广　东	30959602	34979941	27014427	32298980	6577022	6639783
广　西	7005844	7633844	6960850	7532339	2411349	2644819
海　南	1359939	1633734	1335114	1613883	6424	5928
重　庆	5925966	8171275	4764354	4707454	3513169	3507147
四　川	4650699	3840059	4333081	3552581	2204941	1501597
贵　州	507823	483596	485638	414285	215188	200873
云　南	1741823	1797517	1654755	1620168	690603	638757
西　藏	30522	20152	30522	20152		
陕　西	7858611	8234409	6145773	6270434	3858345	4045549
甘　肃	1421351	1385398	1163104	1356549	100845	110611
青　海	197567	177542	75524	58521	1652	1815
宁　夏	1041517	1359639	445365	816949	334125	711714
新　疆	5970234	6977063	5265871	6134463	3129625	3693765

连锁零售企业直营门店经营情况

单位：万元

非自有配送中心配送商品购进额		商品销售总额		零售额	
2015年	2014年	2015年	2014年	2015年	2014年
30740160	**35901061**	**281252164**	**302719027**	**196618561**	**215100081**
621790	407075	20212574	21399247	14790043	14710688
347690	457994	4610022	5902793	3208056	4075419
201346	87083	9437033	10948955	6688344	7423980
2423	1437	4884243	5492070	3556895	4257501
1433	1168	298069	279569	211545	199301
1185028	1513250	7017912	8496679	5209862	6074820
13410	17386	1409150	1512048	1231648	1334941
209019	185049	2155810	2102992	1643110	1765001
1818189	2027187	16438321	17874786	9624606	10210905
578024	578319	32825050	22978959	11792174	11496373
627836	576259	17854332	20538801	12634196	14079627
109390	106040	14535344	15470998	9853922	10105555
196786	151229	4910040	5453963	4461121	4753778
624732	826946	10874675	11100873	7281550	7243307
899453	849322	18087537	25701191	14840219	22285844
221045	22697	6890271	6956600	5952827	5668585
474913	704213	16659038	16864669	14037109	14406243
856229	449679	10057343	10932086	9037036	9502219
18085770	23446880	35979828	41409870	29871149	33176256
46292	42191	7619993	8191589	4364934	4283885
		1511919	1843572	854009	1275930
718239	732574	8415587	11068005	7046958	9163922
231215	215938	5108348	4818624	4889521	4203474
17679	16029	539839	484321	526895	462846
153927	153466	3762252	3980763	2921134	2753605
		35667	22152	35667	22152
386871	367897	8891703	9352573	3518503	3606907
	4035	1833742	2220316	1633284	1860878
		267843	236667	266102	233845
3603	7054	1254684	1333078	831577	813912
2107831	1952666	6873998	7750220	3804565	3648382

2-11 续表 1

国有企业

地　区	商品购进总额		统一配送商品购进额		自有配送中心配送商品购进额	
	2015年	2014年	2015年	2014年	2015年	2014年
全　国	**35021805**	**38608394**	**32621081**	**32045915**	**15983611**	**18417422**
北　京	18466	12469	12272	6181	12272	6181
天　津	2265509	2795288	2265074	2794991	2265074	2794991
河　北	674382	907881	612472	907881		644778
山　西	1340579	1553790	1028169	1214507	388204	725804
内蒙古						
辽　宁	1730286	1816159	1577889	1570825	44025	42605
吉　林						
黑龙江						
上　海	372833	355835	360248	349512	55107	48054
江　苏	20158	16789	4775	16789	4775	16789
浙　江	1433855	1259266	1403391	1227628	1398014	1223360
安　徽	3471265	4093074	3465748	115998	43672	87636
福　建	159315	185546	79835	84942	10937	10172
江　西	3774778	3482375	3674920	3381383	1758160	1720253
山　东	517536	831072	445547	730357	252446	323946
河　南	133424	140298	110748	118287	16850	17255
湖　北	2857080	3545221	2850537	3539693	2584875	2835510
湖　南	1751551	2264082	1680333	2026348	1574663	1885760
广　东	3896902	4005840	3809038	3912703	763984	786877
广　西						
海　南	265398	362224	265398	362224		
重　庆	385387	513339	266998	404701	265205	404701
四　川	327100	328706	327100	328706		
贵　州						
云　南	687855	733030	687855	733030		
西　藏						
陕　西	5230589	5307310	4311330	4213745	3105391	3047444
甘　肃	1026064	977410	807474	975535		
青　海						
宁　夏	69785	61949	68919	61083	12122	12051
新　疆	2611710	3059443	2505012	2968868	1427835	1783257

单位：万元

非自有配送中心配送商品购进额		商品销售总额		零售额	
2015年	2014年	2015年	2014年	2015年	2014年
4775167	**5063064**	**40509643**	**44700088**	**22700358**	**23844932**
		35526	34050	34346	32663
		2600019	3168499	1612501	1963143
		536396	700888	346519	481463
		2020646	2401093	1088059	1508199
		1435052	1867648	714985	885755
98764	109728	473475	447641	373610	388903
		21425	20105	21425	19489
		1393560	1225306	668328	589930
		3683164	4315167	2984357	3021559
		806209	840258	732560	737590
395856	545292	5368291	5057617	2394170	1950227
		534383	814350	429247	660494
6999	6553	143581	148464	112786	121987
	217239	3228993	3888512	2011898	2416729
		2000064	2233269	1727821	1901685
2999626	3099099	4152238	4090856	2420093	2291851
		313551	408825	153016	32580
1792		427707	566288	313477	319406
		298547	366757	237565	171903
		701041	865395	585396	672288
223368	228260	6069329	6145757	1579532	1507702
		1334155	1697826	1157025	1419217
		86953	79274	12965	12251
1048762	856893	2845339	3316243	988678	737920

2-11 续表 2

集体企业

地区	商品购进总额		统一配送商品购进额		自有配送中心配送商品购进额	
	2015年	2014年	2015年	2014年	2015年	2014年
全国	**743273**	**666401**	**164856**	**129320**	**124482**	**113751**
北京	81916	79970	34598	26318	28685	26318
天津						
河北	1205	2048	1205	2048		
山西						
内蒙古						
辽宁						
吉林						
黑龙江	489	682	489	682	489	682
上海	15431	15271	15431	15271	3305	3762
江苏	46279	43259	46279	43259	26655	43259
浙江						
安徽						
福建	1306	1317	1306	1317	1306	1317
江西						
山东	220137	199664				
河南	7663	10949				
湖北	288263	259338				
湖南	6579	6547				
广东	26877	9202	26314	8676	26314	8676
广西						
海南						
重庆	41911	32504	34018	26099	34018	26099
四川						
贵州						
云南	1506	2013	1506	2013		
西藏						
陕西						
甘肃						
青海						
宁夏						
新疆	3711	3639	3711	3639	3711	3639

单位：万元

非自有配送中心配送商品购进额		商品销售总额		零售额	
2015年	2014年	2015年	2014年	2015年	2014年
12127	**11509**	**895813**	**795121**	**500598**	**435087**
		86755	84436	81070	78635
		1410	4356	1410	4356
		1075	1239	1075	1239
12127	11509	18806	16790	18806	16790
		46544	43622	41828	18766
		1967	1999	1967	1999
		351678	301336	2495	2266
		8675	11218	8675	11218
		300496	262897	300496	262897
		6562	6540	4413	4330
		23793	21538	21864	18940
		42625	33223	14926	11571
		1574	2080	1574	2080
		3856	3848		

2-11 续表 3

股份合作企业

地区	商品购进总额		统一配送商品购进额		自有配送中心配送商品购进额	
	2015年	2014年	2015年	2014年	2015年	2014年
全国	**1032557**	**1029495**	**994064**	**1019157**	**979501**	**932609**
北京						
天津	2907	2208	2907	2208		
河北	132222	98134	132222	98134	132222	98134
山西						
内蒙古						
辽宁						
吉林	845647	834475	845647	834475	845647	834475
黑龙江						
上海						
江苏						
浙江	2907	3010	2907	3010	1631	
安徽						
福建						
江西						
山东	9280	10338				
河南						
湖北						
湖南						
广东	29213	71746		71746		
广西						
海南						
重庆						
四川						
贵州						
云南						
西藏						
陕西						
甘肃						
青海						
宁夏	10381	9583	10381	9583		
新疆						

单位：万元

非自有配送中心配送商品购进额		商品销售总额		零售额	
2015年	2014年	2015年	2014年	2015年	2014年
		1121631	**1227088**	**897316**	**969236**
		3786	2868	1726	1285
		125793	89494	125793	89494
		925178	1034245	748614	858674
		2962	3037	2962	3037
		16892	12522	4211	3570
		33011	71746		
		14009	13175	14009	13175

2-11 续表 4

联营企业

地区	商品购进总额		统一配送商品购进额		自有配送中心配送商品购进额	
	2015年	2014年	2015年	2014年	2015年	2014年
全　国	**59031**	**54660**	**59031**	**54660**	**15089**	**16313**
北　京	725	603	725	603		
天　津						
河　北						
山　西						
内蒙古						
辽　宁						
吉　林						
黑龙江						
上　海	8771	7793	8771	7793		
江　苏	15089	16313	15089	16313	15089	16313
浙　江						
安　徽						
福　建						
江　西						
山　东						
河　南						
湖　北						
湖　南						
广　东	34447	29952	34447	29952		
广　西						
海　南						
重　庆						
四　川						
贵　州						
云　南						
西　藏						
陕　西						
甘　肃						
青　海						
宁　夏						
新　疆						

单位：万元

非自有配送中心配送商品购进额		商品销售总额		零售额	
2015年	2014年	2015年	2014年	2015年	2014年
		79376	**72071**	**70353**	**50316**
		836	814	836	814
		11151	10319	11151	10319
		22872	21755	13849	
		44518	39183	44518	39183

2-11 续表 5

有限责任公司

地　区	商品购进总额		统一配送商品购进额		自有配送中心配送商品购进额	
	2015年	2014年	2015年	2014年	2015年	2014年
全　国	**53143322**	**53152868**	**41562137**	**41106412**	**24578443**	**23319511**
北　京	7476948	6953112	6115817	5341499	2788565	2392853
天　津	1098224	1180907	163981	331521	121070	295192
河　北	2417541	2697211	2253325	2552341	1086837	1421233
山　西	375660	256626	312722	195809	210593	72646
内蒙古	247875	316817	142529	227388	97571	200471
辽　宁	958869	1038467	738393	849443	365109	377682
吉　林	238475	247103	223036	230888	108376	114929
黑龙江	348268	308818	280058	247795	163391	137416
上　海	5413648	5486351	3682204	3985958	2566723	2413850
江　苏	1978884	1976552	1764311	1726735	1109025	1116582
浙　江	2343513	2360701	2138851	2177702	1669701	1731493
安　徽	1991770	1892823	1617238	1529325	848259	826027
福　建	1297596	1316216	928457	906759	431999	327601
江　西	1406626	1317333	1375052	1308923	1041794	998952
山　东	4168846	4122971	2839818	2704934	2434135	2292064
河　南	2344749	2139264	1834635	1594714	1142067	1059087
湖　北	3077994	3254220	2521927	2272802	1405944	1115910
湖　南	1709200	1749940	1360676	1643562	1083051	1315402
广　东	6699395	7170238	5388623	5763581	2807818	2227236
广　西	894133	993745	878448	978327	530930	546029
海　南	31714	26193	6889	6343	6424	5928
重　庆	2508508	2376983	2020300	1890187	1319803	1215129
四　川	1196948	1110887	1119124	1036607	230480	222708
贵　州	434788	410243	413382	343938	172787	168740
云　南	457586	465831	388257	322110	144276	97973
西　藏						
陕　西	736068	765017	390141	370954	152309	170980
甘　肃	2100	2058	2100	2058		2058
青　海	163281	147497	75524	58521	1652	1815
宁　夏	594361	550929	256505	266950	214558	224054
新　疆	529759	517817	329816	238739	323197	227469

单位：万元

非自有配送中心配送商品购进额		商品销售总额		零售额	
2015年	2014年	2015年	2014年	2015年	2014年
5767357	**6384551**	**59809114**	**60325920**	**47351732**	**46980790**
453722	227637	8325057	7667387	6457581	5693573
8594	8702	1054504	1139372	1024560	1101098
7442	9050	2889966	3331295	1946822	2168308
2423		516389	387752	473545	342732
		291335	273846	204811	193579
77479	77479	1036472	1093446	853418	927258
13410	17386	310227	302718	309288	301181
		408568	345384	363034	316991
707045	889265	6727081	7411511	2988356	3700591
336105	316906	2267200	2346415	1734698	1739692
160768	153083	2727624	2653610	2252558	2165692
80196	79807	1515970	1437095	1456342	1380619
124587	104441	1450735	1439296	1259502	1215150
44893	101866	1586298	1483754	1322782	1239047
61640	48301	4945581	4924224	4247692	4132577
208187	11550	2442898	2247777	2187437	1895324
473308	484955	3291660	3391870	2614848	2873373
221440	225915	1821926	2009529	1630075	1604828
2039471	2913640	7392749	7961061	6499344	6980551
46292	42191	989032	1104738	730085	705210
		31209	26000	31200	25994
228823	240954	2848707	2650837	2398115	2244524
163073	154133	1348401	1270596	1295674	1199065
9274		443300	394249	432561	385974
153927	151299	911284	796659	851622	738625
137155	119894	810502	895722	600514	636648
		2000	2044	2000	2044
		207379	182404	205638	179582
1487	3330	565109	529698	559456	516657
6619	2767	649953	625631	418175	374309

2-11 续表 6

股份有限公司

地区	商品购进总额		统一配送商品购进额		自有配送中心配送商品购进额	
	2015年	2014年	2015年	2014年	2015年	2014年
全国	**132458810**	**151732319**	**98510391**	**119446303**	**60389774**	**73302853**
北京	8940933	10643375	3451935	3759264	1451309	1271255
天津	767910	1370791	767910	1370791		
河北	5180957	5360281	2317233	2639163	1604074	1660029
山西	956294	1221329	293408	486633	293408	486633
内蒙古	858	1015	858	1015	858	1015
辽宁	3226718	3976704	2058893	2594464	360223	441621
吉林	64652	58460	64652	58460	64202	58002
黑龙江	1132720	1033214	1045795	952671	64962	65127
上海	7285054	8445194	7086403	8109711	4665927	5365865
江苏	25200583	16723731	20446309	16625004	20446309	16625004
浙江	11122417	16205067	10212079	14863098	9750418	14437786
安徽	8368913	8667780	5326154	5784980	4267672	4612865
福建	1506466	2028046	700015	949437	183008	234529
江西	998841	1071384	412471	822625	62736	50551
山东	9893323	18771902	5838138	14926609	2287402	11468125
河南	3025559	3610341	1758925	2061409	1156869	1379933
湖北	7760144	7618450	4269485	4217509	4265875	4216134
湖南	3844137	4164729	3229671	3579461	1872215	1864500
广东	18246214	21772856	15818149	20719521	2007744	2636807
广西	5959970	6477690	5930660	6391602	1809269	2029416
海南	1051746	1245316	1051746	1245316		
重庆	2001900	4365740	1575260	1591510	1103043	1112987
四川	1431630	1109755	1374333	1052374	1154205	794894
贵州						
云南						
西藏						
陕西	1785548	2073171	1359517	1626504	555629	790659
甘肃	187810	212819	187810	212819		
青海	34287	30045				
宁夏	254589	633732	28991	406510	28991	406510
新疆	2228640	2839401	1903591	2397845	933428	1292605

单位：万元

非自有配送中心配送商品购进额		商品销售总额		零售额	
2015年	2014年	2015年	2014年	2015年	2014年
18570999	**22912562**	**156466699**	**175075784**	**105478284**	**124946609**
45167	46684	10976589	12878726	7461814	8228136
319152	435474	807799	1454743	425357	872581
112881		5413572	6360371	3810062	4228500
		1773754	2100137	1483129	1867796
		765	1186	765	1186
1085048	1414544	3368442	4419905	2528604	3207744
		90458	89060	90458	89060
		1237901	1189946	837113	883037
974939	988236	7686837	8837806	4727932	4965427
		27788444	17802267	8044313	7733169
351570	298538	12071698	15057799	8284990	9930949
20640	18600	8896239	9280760	5005143	5305043
		1642773	2208202	1512430	1892323
174979	173555	3540620	4164346	3199890	3764663
727687	693191	11268747	18812849	9408080	16856898
		3648638	3964468	3060144	3114112
		8869863	8479334	8190671	8038563
326584	15514	5217419	5877685	4843017	5213086
12989971	17393905	22139042	27187138	19170681	22256238
		6440780	6904687	3487396	3442591
		1158066	1408747	660700	1217356
472218	478523	3988047	6835492	3329032	5727845
		1625259	1780691	1609120	1503011
		1396198	1610933	816377	751804
		1890616	2217160	1217201	1368623
		256794	304613	241008	231590
		60464	54263	60464	54263
		476533	592380	177956	197717
970164	955799	2734340	3200092	1794439	2003299

2-11 续表 7

私营企业

地区	商品购进总额		统一配送商品购进额		自有配送中心配送商品购进额	
	2015年	2014年	2015年	2014年	2015年	2014年
全国	**19655371**	**18256571**	**17462592**	**16080882**	**10584437**	**10054117**
北京	656885	645486	472522	462042	334432	314079
天津	131033	113836	94153	88703	42214	44853
河北	409376	436945	326205	341133	198757	229471
山西	480425	559139	317182	377945	136984	180876
内蒙古	2567	2288	2567	2288		
辽宁	1289527	1284534	1250408	1239675	803404	848006
吉林	87152	85363	78489	73182	47632	38766
黑龙江	588948	534472	531936	469925	308258	280989
上海	1497014	1164271	1318450	997700	2977	3379
江苏	2334784	2281068	2308388	2254200	1959545	1959006
浙江	1487199	1456532	1412351	1396097	1055221	1077666
安徽	402635	387836	188871	195546	107406	104845
福建	865399	811729	712478	677367	263514	217951
江西	355343	356221	291721	214579	192517	191370
山东	851871	766339	744224	661823	479130	468621
河南	411304	359585	363200	321449	157646	122600
湖北	726913	683119	675882	634734	374670	358904
湖南	581898	523646	437853	379288	278363	223512
广东	2026554	1920106	1937857	1792801	971162	980188
广西	151741	162410	151741	162410	71150	69374
海南						
重庆	988183	882654	867700	794903	791023	748232
四川	1670109	1269619	1493230	1113803	801931	463865
贵州	52955	56702	52177	53696	23872	17005
云南	583905	581422	577138	563016	546327	540784
西藏	30522	20152	30522	20152		
陕西	106406	88911	84786	59231	45016	36467
甘肃	176929	163134	137271	136160	72396	78577
青海						
宁夏	112402	103446	80569	72822	78454	69098
新疆	595394	555606	522721	524215	440435	385637

单位：万元

非自有配送中心配送商品购进额		商品销售总额		零售额	
2015年	2014年	2015年	2014年	2015年	2014年
1313347	**1330452**	**21750770**	**20026274**	**19106604**	**17378000**
122901	132754	787811	733834	754397	676867
19944	13818	143913	137311	143913	137311
81023	78034	469896	462552	457737	451860
	1437	573454	603088	512161	538775
737	605	3750	2586	3750	2586
22500	21227	1177364	1114176	1112273	1052559
		83288	86026	83288	86026
209019	185049	508266	566423	441888	563735
5050	11202	1498931	1131153	1482710	1109308
241919	261413	2669204	2736141	1928102	1978174
115497	124638	1658488	1599048	1425358	1390018
8554	7633	430052	429126	398162	389485
72199	46788	912002	870789	858308	813297
9005	6233	379467	395156	364708	289370
110126	107831	943824	810400	722059	604530
5860	4594	645340	583717	582646	524988
1605	2018	925609	793640	876780	766266
28971	28098	725290	620682	650029	593911
56701	40236	2194478	2038348	1714650	1589493
		190180	182164	147453	136084
15407	13097	1108348	982094	991256	860505
67172	60842	1805413	1378484	1716435	1307400
8405	16029	71660	70274	69455	57074
	2167	734591	681360	648602	564471
		35667	22152	35667	22152
26349	19743	121256	93935	121256	93935
	4035	202219	180372	194677	172566
2115	3724	112080	118550	67191	74113
82286	137207	638927	602694	601692	531141

2-11 续表 8

其他企业

地区	商品购进总额		统一配送商品购进额		自有配送中心配送商品购进额	
	2015年	2014年	2015年	2014年	2015年	2014年
全国	**580422**	**467898**	**559832**	**448932**	**113082**	**111691**
北京						
天津						
河北						
山西						
内蒙古	2259	1877	2259	1877	1563	1314
辽宁	571	1390	571	1390		
吉林						
黑龙江						
上海	20264	17246	20264	17246		
江苏	7576	6905	7576	6905	7576	6905
浙江						
安徽	8260	7847	8260	7847	8260	7847
福建	92228	93420	92228	93420		
江西						
山东	26201	25122	22200	21378	20880	20205
河南	1251	972	1251	972		
湖北	37586	39786	37586	39786		
湖南	287636	189182	287636	189182	8402	9030
广东						
广西						
海南	11081		11081			
重庆	78	54	78	54	78	
四川	24913	21092	19294	21092	18325	20129
贵州	20080	16651	20080	16651	18530	15128
云南	10972	15222				
西藏						
陕西						
甘肃	28448	29977	28448	29977	28448	29977
青海						
宁夏						
新疆	1020	1157	1020	1157	1020	1157

单位：万元

非自有配送中心配送商品购进额		商品销售总额		零售额	
2015年	2014年	2015年	2014年	2015年	2014年
301164	**198923**	**619119**	**496681**	**513316**	**495111**
696	563	2219	1950	2219	1950
		583	1504	583	1504
20264	17246	22040	19566	22040	19566
		9362	8654	7959	7084
		9919	8850	9919	8850
		96354	93420	96354	93420
		26434	25509	26434	25509
		1140	957	1140	957
		42416	48416	42416	48416
279234	180151	286083	184381	181682	184381
		9093		9093	
		152	71	152	71
970	963	30728	22095	30728	22095
		24879	19798	24879	19798
		17563	24337	17563	24337
		38574	35461	38574	35461
		1581	1712	1581	1712

2-11 续表 9

港、澳、台商投资企业

地 区	商品购进总额		统一配送商品购进额		自有配送中心配送商品购进额	
	2015年	2014年	2015年	2014年	2015年	2014年
全 国	**17966521**	**15574563**	**11893983**	**9990165**	**8460210**	**7041858**
北 京	477361	461514	272841	261181	22771	24446
天 津	510293	436253	1953	2027	1953	2027
河 北						
山 西	57442	74151	4727	6905		
内蒙古						
辽 宁	151803	124554	80484	70667		
吉 林	2649	3977	2649	3977		
黑龙江	12362	10642	12362	10642	12362	10642
上 海	1147166	1256568	575475	616365	7134	5491
江 苏	3952621	2532397	3612603	2390348	2607177	1861788
浙 江	211099	192936	187538	156781	20207	9771
安 徽	153707	116029	153707	116029		
福 建	4623852	3814635	3396788	2894231	2897528	2464831
江 西	383743	347100	270026	225954	237256	217832
山 东	257726	147618	20418	25917		
河 南	844561	828309	125133	128301		
湖 北	982209	1053046	962657	1034421	722584	727504
湖 南	151065	166352	85317	111481	4009	14017
广 东	3723245	3660784	1956370	1750534	1863016	1633705
广 西	39340	36895	39340	36895	39340	36895
海 南						
重 庆	42388	40852	42388	40852	12739	12689
四 川	25191	29408	4538	7211	4538	7211
贵 州						
云 南	192630	220172	62600	79074	5971	12829
西 藏						
陕 西	24068	20372	24068	20372	1624	180
甘 肃						
青 海						
宁 夏						
新 疆						

单位：万元

非自有配送中心配送商品购进额		商品销售总额		零售额	
2015年	2014年	2015年	2014年	2015年	2014年
2104860	**1468032**	**21000052**	**18733344**	**17029688**	**16340577**
121184	124018	616468	622332	466632	490329
		659572	589809	423214	419947
		59341	76151	59341	76151
26977	34374	180015	168307	180015	168307
1429	2648	4144	5807	4144	5807
		19692	16214	19692	16214
125438	131089	1537459	1586140	1500960	1562823
983326	504781	4632652	3403597	2330580	2648338
		232782	250353	229713	243706
118049	84470	150480	124636	150480	124534
499260	429400	4237307	3443572	4234309	3443552
		412289	344268	381411	311039
20418	25917	267342	145412	265588	143794
125133	128301	1325239	1315581	1193163	1197830
		1311840	1311385	1040853	1038998
81307		208778	194153	208276	193700
2340	3033	4698547	4663527	3916501	3816575
		58361	51474	58361	51474
		74626	70131	74626	70131
		27477	36220	27477	36220
		244429	278042	223141	244876
		41211	36234	41211	36234

2-11 续表 10

外商投资企业

地 区	商品购进总额		统一配送商品购进额		自有配送中心配送商品购进额	
	2015年	2014年	2015年	2014年	2015年	2014年
全 国	**29131295**	**28945135**	**15874979**	**15629756**	**9124744**	**8995715**
北 京	5002993	4629392	1225811	1151271	180592	189142
天 津	578943	708894				
河 北	355330	362026	235530	247898	235530	247898
山 西						
内蒙古						
辽 宁	451039	461293	289439	293272		
吉 林	3889	5368	3889	5368		
黑龙江	136183	166431				
上 海	4257004	4048141	1302212	1198307	216665	235866
江 苏	5155643	5899714	4921483	5720903	3743091	4296254
浙 江	884599	912847	864887	894724	658972	681294
安 徽	186739	166601				
福 建	833080	1226336	174463	228486		
江 西	81643	62964	14197			
山 东	1434138	2090422	1150266	1106603		
河 南						
湖 北	402630	389229	196762	389229		88745
湖 南	282552	277721				
广 东	6724346	5222992	4695508	3654716	3851093	2950089
广 西						
海 南						
重 庆	92907	102356				
四 川	1588708	1560627	384100	338127	28898	23434
贵 州	91581	74442	91581	74442		74442
云 南	455835	442371	224287	228392	162458	164548
西 藏						
陕 西	73590	75851	42641	38900	42641	38900
甘 肃						
青 海						
宁 夏						
新 疆	57923	59118	57923	59118	4806	5103

单位：万元

非自有配送中心配送商品购进额		商品销售总额		零售额	
2015年	2014年	2015年	2014年	2015年	2014年
2229465	**2701781**	**34909271**	**35167028**	**30450614**	**30084258**
521622	482758	5936971	5741742	5692292	5561391
		737563	947837	737563	947837
		427609	468238	417383	449493
218576	228381	491524	541873	491524	541873
		5078	5339	5078	5339
		141959	166313	141959	166313
17893	14180	4754072	4280432	4387477	4252852
961864	1157141	5254745	6316488	4182490	4885889
	213430	1003051	1015076	1003051	1015076
		184362	168620	184362	168620
		3090644	3593016	2226267	2434540
		172782	167445	172782	167445
36932	36932	1509791	2262326	362967	347330
71918	156255	465781	440205	464419	438754
		281183	286702	281183	286702
280675	292122	7749219	6194846	7017682	5865078
		168990	120672	168990	120672
5040	2724	1725464	1708911	1704661	1688108
		72876	65630	72876	65630
61829	63844	531584	521773	531584	521773
		146547	95350	146547	95350
53117	54015	57478	58194	57478	58194

2-12 按登记注册类型分各地区

内资企业

地区	商品购进总额		统一配送商品购进额		自有配送中心配送商品购进额	
	2015年	2014年	2015年	2014年	2015年	2014年
全国	**9917990**	**8530294**	**8448253**	**7237441**	**5162108**	**4930666**
北京	410879	323467	276869	257328	221730	208083
天津	109380	75706				
河北	24754	25837	24754	25199	21519	25199
山西	203422	174635	149499	132476	149499	132476
内蒙古	9754	1215	9754	1215	893	1055
辽宁	126649	134558	126649	134558	56	452
吉林						
黑龙江	47094	40556	873	806	835	806
上海	2034430	1780814	1959771	1716838	1323392	1249761
江苏	1246598	1141235	1236933	1135392	1233925	1132068
浙江	923895	995666	850776	921425	594884	786018
安徽	1312272	1270928	938044	906759	477020	420273
福建	85324	57486	85324	57486	43180	40776
江西	88070	73345	85700	71187	78643	70887
山东	396178	438971	271974	238249	192961	162888
河南	299586	45513	299161	45296	8230	4124
湖北	325792	16924	266083	11576	264096	8802
湖南	280250	227793	225631	170901	76220	55991
广东	595268	534259	440411	395907	26202	210857
广西	41190	30147	33189	23952	31113	21692
海南						
重庆	294964	267383	204169	196631	116605	119441
四川	276676	199469	224524	174376	173422	130705
贵州	21984	17273	2218	17273		
云南	583099	439616	582720	439102	5256	4751
西藏						
陕西	12685	17648	12685	17648	12585	17568
甘肃	538	221	538	221	382	221
青海	2478	2722	2478	2722	2478	2722
宁夏	11992	19623	5971	13530	5971	13530
新疆	152790	177286	131557	129386	101011	109519

连锁零售企业加盟门店经营情况

单位：万元

非自有配送中心配送商品购进额		商品销售总额		零售额	
2015年	2014年	2015年	2014年	2015年	2014年
1558244	**1170830**	**10707758**	**9509288**	**7463144**	**6563290**
54770	48908	564529	511332	559130	504732
		128682	89066	128682	89066
		25424	25968	25424	25968
		203685	174338	203685	173607
176	159	11877	760	11877	760
49864	56866	181761	178936	181761	178936
		69704	62049	63966	62049
551809	409072	2427588	2001977	2120777	1626659
634	907	1468028	1372368	649840	622981
222332	109512	950276	998983	762708	778594
238889	237946	844741	923125	326965	315334
39240	13871	102682	80630	69007	79980
6576		86820	72759	84384	72687
3642	3412	311915	389965	254781	321408
348		338041	388645	309115	333112
1167	2774	384169	20641	295691	18669
60572	51658	319897	260014	220344	183658
229216	164097	701919	643337	471403	543824
		44055	41086	28555	25510
45939	45912	389229	338211	249208	230245
21255	15953	338966	260191	298677	228420
		21954	15833	21954	15833
1290	1200	600860	434988	6939	7128
		15223	12225	14524	11637
		628	221	628	221
		4534	6510	4534	6510
		6906	16513	2142	5378
30526	8585	163665	188620	96443	100384

2-12 续表 1

国有企业

地 区	商品购进总额		统一配送商品购进额		自有配送中心配送商品购进额	
	2015年	2014年	2015年	2014年	2015年	2014年
全 国	**1162778**	**1182084**	**1057385**	**1054650**	**174480**	**300180**
北 京						
天 津						
河 北						
山 西						
内蒙古						
辽 宁						
吉 林						
黑龙江						
上 海	138387	125559	134828	121598	26401	30103
江 苏						
浙 江	165	225	165	225		
安 徽	298294	346765	208806	242736	10739	12483
福 建						
江 西						
山 东						
河 南	664	639	664	639	664	639
湖 北	82256		82256		82256	
湖 南						
广 东	2157	191569	877	190733	97	190097
广 西						
海 南						
重 庆	11054	8691	6633	5215	6633	5215
四 川						
贵 州						
云 南	575466	431862	575466	431862		
西 藏						
陕 西						
甘 肃						
青 海						
宁 夏						
新 疆	54335	76773	47690	61643	47690	61643

单位：万元

非自有配送中心配送商品购进额		商品销售总额		零售额	
2015年	2014年	2015年	2014年	2015年	2014年
148029	**158010**	**1239999**	**1152869**	**329819**	**275180**
68500	65828	219758	109755	219758	109755
		391	230	391	230
78749	91546	255565	365341		
		884	879	192	191
		90315		90315	
780	636	2413	151673	2413	151673
		16163	16727	15792	12416
		593552	427350		
		60957	80914	957	914

2-12 续表 2

集体企业

地区	商品购进总额		统一配送商品购进额		自有配送中心配送商品购进额	
	2015年	2014年	2015年	2014年	2015年	2014年
全国	**111538**	**112781**	**17737**	**17680**	**17421**	**16830**
北京	4521	4167	4521	4167	4521	4167
天津						
河北						
山西						
内蒙古						
辽宁						
吉林						
黑龙江						
上海						
江苏	12294	11613	12294	11613	12294	11613
浙江						
安徽						
福建						
江西						
山东	73270	76001	316	850		
河南						
湖北						
湖南						
广东	21454	20999	606	1050	606	1050
广西						
海南						
重庆						
四川						
贵州						
云南						
西藏						
陕西						
甘肃						
青海						
宁夏						
新疆						

单位：万元

非自有配送中心配送商品购进额		商品销售总额		零售额	
2015年	2014年	2015年	2014年	2015年	2014年
		80042	**85703**	**39629**	**26242**
		5171	4843	5171	4843
		12084	11517	12084	
		40413	47944		
		22373	21399	22373	21399

2-12 续表 3

联营企业

地区	商品购进总额		统一配送商品购进额		自有配送中心配送商品购进额	
	2015年	2014年	2015年	2014年	2015年	2014年
全国	**7767**	**7643**	**7767**	**7643**		
北京						
天津						
河北						
山西						
内蒙古						
辽宁						
吉林						
黑龙江						
上海						
江苏						
浙江						
安徽						
福建						
江西						
山东						
河南						
湖北						
湖南						
广东	7767	7643	7767	7643		
广西						
海南						
重庆						
四川						
贵州						
云南						
西藏						
陕西						
甘肃						
青海						
宁夏						
新疆						

单位：万元

非自有配送中心配送商品购进额		商品销售总额		零售额	
2015年	2014年	2015年	2014年	2015年	2014年
		10038	**8755**	**10038**	**8755**
		10038	8755	10038	8755

2-12 续表 4

有限责任公司

地　区	商品购进总额		统一配送商品购进额		自有配送中心配送商品购进额	
	2015年	2014年	2015年	2014年	2015年	2014年
全　国	**2266556**	**1807236**	**1751226**	**1486957**	**1186581**	**1105641**
北　京	240457	214231	236857	208413	181995	159410
天　津	109380	75706				
河　北	24754	25837	24754	25199	21519	25199
山　西	112	100	112	100	112	100
内蒙古	8685		8685			
辽　宁	22097	21545	22097	21545	39	52
吉　林						
黑龙江	174		38			
上　海	134532	102430	63472	42436	42070	23264
江　苏	128948	103392	127697	102671	127055	101973
浙　江	734163	773764	687323	733923	459233	622842
安　徽	11828	9276	11828	9276	11828	9276
福　建	105	166	105	166	105	166
江　西	16651	5610	14281	4610	7706	4610
山　东	57455	48383	57455	48383	57338	48259
河　南	7278	5924	7239	5858	3831	2390
湖　北	226849	2703	174229	2703	172613	
湖　南	127186	103048	109668	83810	815	1532
广　东	167185	84183	37156	13617	1425	2126
广　西	33427	21245	25426	15050	25426	15050
海　南						
重　庆	126452	131922	82121	98891	32309	53846
四　川	45989	42283	42997	39649	25442	22382
贵　州	20770	16123	1004	16123		
云　南	1783	2154	1404	1640	696	351
西　藏						
陕　西	6335	5524	6335	5524	6235	5444
甘　肃	156		156			
青　海	2478	2722	2478	2722	2478	2722
宁　夏	3616	3616				
新　疆	7712	5349	6312	4648	6312	4648

单位：万元

非自有配送中心配送商品购进额		商品销售总额		零售额	
2015年	2014年	2015年	2014年	2015年	2014年
326106	**202184**	**2707421**	**2235242**	**2297779**	**1922784**
54770	48908	321654	292444	318082	287327
		128682	89066	128682	89066
		25424	25968	25424	25968
		80	60	80	60
		10775		10775	
		23196	20493	23196	20493
		176		40	
11677	9032	171595	160191	171595	160191
634	686	262993	235591	262848	235241
196097	86617	759399	810078	629520	670662
		8588	8742	8588	8742
		100	188	100	188
6576		15532	5012	13096	4940
117	124	62817	53623	62817	53623
		10061	7258	9909	7000
1071	2703	273818	3004	188137	3004
20015	19026	146955	115807	132041	98354
2883	3673	128878	76224	65043	22304
		36105	31773	24253	19779
32266	31012	223903	212749	149862	149146
	404	50804	46609	33569	32187
		20606	14663	20606	14663
		1774	2150	1404	1640
		9193	7908	8494	7319
		246		246	
		4534	6510	4534	6510
		4095	4095		
		5438	5037	4838	4378

2-12 续表 5

股份有限公司

地区	商品购进总额		统一配送商品购进额		自有配送中心配送商品购进额	
	2015年	2014年	2015年	2014年	2015年	2014年
全国	**4376041**	**3646060**	**3866474**	**3169218**	**2683767**	**2494351**
北京	107609	54295	29921	39478	29644	39236
天津						
河北						
山西	4438		4438		4438	
内蒙古	487	684	487	684	487	684
辽宁						
吉林						
黑龙江	41885	40556	835	806	835	806
上海	1680018	1491814	1680018	1491814	1253459	1195343
江苏	730000	663456	730000	663456	730000	663456
浙江	27761	48131	16905	29129	16905	29129
安徽	995777	909928	712417	652328	450426	397642
福建	79	76	79	76	79	76
江西	68485	65071	68485	65071	68485	65071
山东	228040	273047	176790	147476	102403	76821
河南	280246	31214	280246	31214		
湖北	3877	2833	2796	2211	2521	2211
湖南	42130	37514	42130	37514	19826	19123
广东	114425		114425			
广西	3724	5104	3724	5104	1808	3003
海南						
重庆	1199	1107	1199	1107	871	
四川	45862	21230	1581	1751	1581	1751
贵州						
云南						
西藏						
陕西						
甘肃						
青海						
宁夏						
新疆						

单位：万元

非自有配送中心配送商品购进额		商品销售总额		零售额	
2015年	2014年	2015年	2014年	2015年	2014年
609331	**462369**	**4265940**	**3887084**	**2769409**	**2495444**
		161205	148809	159466	147332
		258		258	
		527	226	527	226
		63927	62049	63927	62049
426559	296471	1946617	1663359	1639807	1288041
		730000	663456		
		37277	51620	887	895
160140	146400	574832	545116	312621	302666
		247	277	247	277
		68485	65071	68485	65071
		163976	244086	163976	239760
		307628	372707	280246	318819
		4156	3361	3797	3361
22304	18391	41604	37178	22319	37178
		112355			
		3712	5169	3712	5169
328	1107	1143	1082	1143	1082
		47992	23519	47992	23519

2-12 续表 6

私营企业

地 区	商品购进总额		统一配送商品购进额		自有配送中心配送商品购进额	
	2015年	2014年	2015年	2014年	2015年	2014年
全 国	**1953647**	**1740354**	**1710060**	**1468894**	**1089311**	**1005941**
北 京	58292	50773	5570	5270	5570	5270
天 津						
河 北						
山 西	198872	174535	144949	132376	144949	132376
内蒙古						
辽 宁	104552	113013	104552	113013	16	400
吉 林						
黑龙江	5035					
上 海	56073	38233	56033	38213	1462	1050
江 苏	375207	362670	366794	357547	364427	354921
浙 江	161806	173547	146384	158148	118745	134047
安 徽	4658	4959	3278	2419	2312	873
福 建	85141	57245	85141	57245	42997	40535
江 西	2934	2663	2934	1506	2452	1206
山 东	37054	41439	37054	41439	33221	37808
河 南	11398	7736	11012	7586	3735	1095
湖 北	10777	9743	6803	6663	6707	6592
湖 南	110934	87231	73833	49577	55580	35336
广 东	282279	229864	279579	182864	24073	17585
广 西	4039	3798	4039	3798	3880	3639
海 南						
重 庆	155438	125096	113421	90947	76072	60224
四 川	176935	128414	172056	125434	138869	99518
贵 州	549	316	549	316		
云 南	5850	5600	5850	5600	4560	4400
西 藏						
陕 西	6350	12125	6350	12125	6350	12125
甘 肃	382	221	382	221	382	221
青 海						
宁 夏	8376	16007	5971	13530	5971	13530
新 疆	90714	95128	77526	63059	46980	43191

单位：万元

非自有配送中心配送商品购进额		商品销售总额		零售额	
2015年	2014年	2015年	2014年	2015年	2014年
448820	**324844**	**2357205**	**2099087**	**1969384**	**1794429**
		76498	65236	76411	65231
		203346	174278	203346	173547
49864	56866	158565	158443	158565	158443
		5602			
19654	14964	59595	41678	59595	41678
	221	462785	461640	374742	387577
26235	22896	153209	137055	131909	106807
		3596	3926	3596	3926
39240	13871	102334	80166	68660	79516
		2803	2676	2803	2676
3525	3288	44109	44212	27388	27926
348		19467	7801	18767	7101
96	71	13948	12677	11538	10796
18253	14241	131338	107029	65983	48126
225553	159788	425861	385285	371535	339693
		4238	4143	591	562
13345	13793	146645	106441	81036	66389
20894	15061	230745	180960	207691	163611
		521	366	521	366
1290	1200	5535	5488	5535	5488
		6030	4318	6030	4318
		382	221	382	221
		2811	12418	2142	5378
30526	8585	97241	102632	90619	95055

2-12 续表 7

其他企业

地　区	商品购进总额		统一配送商品购进额		自有配送中心配送商品购进额	
	2015年	2014年	2015年	2014年	2015年	2014年
全　国	**39662**	**34138**	**37603**	**32399**	**10548**	**7723**
北　京						
天　津						
河　北						
山　西						
内蒙古	582	531	582	531	406	371
辽　宁						
吉　林						
黑龙江						
上　海	25420	22777	25420	22777		
江　苏	148	105	148	105	148	105
浙　江						
安　徽	1715		1715		1715	
福　建						
江　西						
山　东	360	101	360	101		
河　南						
湖　北	2033	1645				
湖　南						
广　东						
广　西						
海　南						
重　庆	820	567	794	472	721	156
四　川	7890	7542	7890	7542	7529	7054
贵　州	665	835	665	835		
云　南						
西　藏						
陕　西						
甘　肃						
青　海						
宁　夏						
新　疆	30	36	30	36	30	36

单位：万元

非自有配送中心配送商品购进额		商品销售总额		零售额	
2015年	2014年	2015年	2014年	2015年	2014年
25957	**23425**	**47113**	**40548**	**47085**	**40457**
176	159	575	535	575	535
25420	22777	30023	26994	30023	26994
		166	163	166	163
		2160		2160	
		600	100	600	100
		1933	1600	1905	1508
		1375	1212	1375	1212
361	488	9425	9103	9425	9103
		827	804	827	804
		30	36	30	36

2-12 续表 8

港、澳、台商投资企业

地区	商品购进总额		统一配送商品购进额		自有配送中心配送商品购进额	
	2015年	2014年	2015年	2014年	2015年	2014年
全国	**4820555**	**4609635**	**4666457**	**4455988**	**130306**	**129152**
北京						
天津						
河北						
山西						
内蒙古						
辽宁						
吉林						
黑龙江						
上海	4482847	4275508	4482564	4271949	1314	
江苏	6209	7833	6209	7833	6209	7833
浙江	3285	5730	3285	5730	3285	5730
安徽						
福建	4051	3953				
江西	212303	195761	91649	80740	91649	80740
山东						
河南						
湖北						
湖南	3068	3609	3068	3609	3068	3609
广东	102605	106478	73495	75363	18593	20477
广西	864	700	864	700	864	700
海南						
重庆	82	355	82	355	82	355
四川	5242	9708	5242	9708	5242	9708
贵州						
云南						
西藏						
陕西						
甘肃						
青海						
宁夏						
新疆						

单位：万元

非自有配送中心配送商品购进额		商品销售总额		零售额	
2015年	2014年	2015年	2014年	2015年	2014年
6975	**5844**	**4972279**	**4700086**	**4818983**	**4534727**
1314		4544363	4266492	4544363	4266492
		6209	7833	6209	7833
		4690	7298	4690	7298
		6378	5316	4568	5298
		201697	200573	170318	167428
		4490	4544	4490	4544
5661	5844	196063	193837	83327	74960
		1018	875	1018	875
		113	469		
		7260	12849		

2-12 续表 9

外商投资企业

地 区	商品购进总额		统一配送商品购进额		自有配送中心配送商品购进额	
	2015年	2014年	2015年	2014年	2015年	2014年
全 国	**1037177**	**1111597**	**980949**	**1057803**	**917046**	**1005949**
北 京	1410	2139	1083	1307		
天 津						
河 北						
山 西						
内蒙古						
辽 宁						
吉 林						
黑龙江						
上 海	159045	127119	159045	127119	106282	82290
江 苏	500649	625811	500649	625811	500649	625811
浙 江	4343	4544	4343	4544	4343	4544
安 徽						
福 建						
江 西						
山 东	3225	182	3225	182		
河 南						
湖 北	3472	2070	3472	2070		
湖 南						
广 东	361675	346266	305773	293304	305773	293304
广 西						
海 南						
重 庆						
四 川	3360	3467	3360	3467		
贵 州						
云 南						
西 藏						
陕 西						
甘 肃						
青 海						
宁 夏						
新 疆						

单位：万元

非自有配送中心配送商品购进额		商品销售总额		零售额	
2015年	2014年	2015年	2014年	2015年	2014年
54051	**44969**	**1162489**	**1212107**	**1112088**	**1172562**
		2215	2795	2215	2795
50691	41503	208943	159997	159698	120452
		567800	653500	566800	653500
		4366	4528	4366	4528
		2056	242	2056	242
		3863	2001	3707	2001
		368525	384422	368525	384422
3360	3467	4721	4622	4721	4622

2-13 按行业分各地区连锁零售企业基本情况

批发业

地　区	连锁总店数（个）	门店数（个）		年末从业人员（人）		年末零售营业面积（平方米）	
	2015年	2015年	2014年	2015年	2014年	2015年	2014年
全　国	**330**	**49568**	**49018**	**298046**	**312355**	**44447644**	**42253689**
北　京	8	367	367	3245	3414	190858	191736
天　津	2	10	9	146	164	8533	8533
河　北	13	1130	1147	8123	8460	1875041	1895396
山　西	3	32	32	1497	1529	2980	2980
内蒙古							
辽　宁	10	646	643	6580	7050	295928	301440
吉　林	2	339	226	1890	1819	62990	57240
黑龙江	1	36	36	375	384	1082	1082
上　海	6	1267	1194	11637	12295	357582	352958
江　苏	16	6218	6493	40089	41803	5104639	5116417
浙　江	23	9511	8918	44676	48329	6561637	6473567
安　徽	6	7034	7071	20820	20893	2121020	2078783
福　建	8	1128	856	4481	3513	195351	156756
江　西	19	1003	1009	11392	11627	844981	895681
山　东	16	4032	3989	23339	23995	5134482	4657494
河　南	15	999	902	5505	5013	2247439	2198932
湖　北	14	517	488	10473	11015	280675	275994
湖　南	8	908	860	1400	1787	75990	71111
广　东	38	5365	5669	42695	49410	10691846	9816377
广　西	29	1691	1635	12410	13379	3318765	2864862
海　南							
重　庆	16	2542	2472	11687	12085	374190	352986
四　川	8	449	493	2000	2135	69352	71353
贵　州							
云　南	7	509	513	3207	3251	727572	729038
西　藏							
陕　西	24	1039	1029	16250	15256	1801698	1382836
甘　肃	2	134	131	579	570	278589	278589
青　海	1	74	74	395	526	18700	18700
宁　夏	7	326	315	1867	1803	112981	226630
新　疆	28	2262	2447	11288	10850	1692743	1776218

2-13 续表 1

农、林、牧产品批发

地　区	连锁总店数（个）	门店数（个）		年末从业人员（人）		年末零售营业面积（平方米）	
	2015年	2015年	2014年	2015年	2014年	2015年	2014年
全　国	**8**	**3798**	**3824**	**10788**	**10685**	**76531**	**71031**
北　京							
天　津							
河　北							
山　西							
内蒙古							
辽　宁	1	40	40	30	30	2860	2860
吉　林							
黑龙江							
上　海							
江　苏							
浙　江							
安　徽	1	2874	2944	8319	8319		
福　建							
江　西							
山　东							
河　南							
湖　北	1	4	4	1258	1185	1185	1185
湖　南	3	863	819	909	866	61870	56370
广　东	1	3	3	17	13	296	296
广　西							
海　南							
重　庆							
四　川	1	14	14	255	272	10320	10320
贵　州							
云　南							
西　藏							
陕　西							
甘　肃							
青　海							
宁　夏							
新　疆							

2-13 续表 2

食品、饮料及烟草制品批发

地　区	连锁总店数（个）	门店数（个）		年末从业人员（人）		年末零售营业面积（平方米）	
	2015年	2015年	2014年	2015年	2014年	2015年	2014年
全　国	**56**	**6009**	**5359**	**34133**	**32570**	**678700**	**589490**
北　京	2	27	25	221	195	2151	2091
天　津	1	3	3	68	73	160	160
河　北							
山　西	3	32	32	1497	1529	2980	2980
内蒙古							
辽　宁							
吉　林							
黑龙江							
上　海	3	441	395	2207	2228	71313	70903
江　苏	3	509	525	1652	2483	7235	7858
浙　江	4	2987	2586	6001	5154	136868	118429
安　徽							
福　建	4	953	681	4224	3154	186840	148245
江　西	8	77	76	5260	5336	15362	3362
山　东	3	111	109	3366	3156	48922	48788
河　南	1	43	70	131	235	2150	4200
湖　北	2	15	15	824	817	743	743
湖　南							
广　东	6	217	278	955	1049	6793	7393
广　西							
海　南							
重　庆	2	363	354	1288	1308	54027	50337
四　川							
贵　州							
云　南							
西　藏							
陕　西	7	71	73	5076	4413	123025	104250
甘　肃							
青　海	1	74	74	395	526	18700	18700
宁　夏	2	76	54	468	414	1030	650
新　疆	4	10	9	500	500	401	401

2-13 续表 3

纺织、服装及家庭用品批发

地区	连锁总店数（个）	门店数（个）		年末从业人员（人）		年末零售营业面积（平方米）	
	2015年	2015年	2014年	2015年	2014年	2015年	2014年
全　国	**22**	**1750**	**2059**	**20036**	**21456**	**1667596**	**1692274**
北　京	1	6	7	135	186	836	899
天　津							
河　北							
山　西							
内蒙古							
辽　宁	1	2	1	1620	1664	2400	2400
吉　林							
黑龙江							
上　海	1	83	67	1562	1450	4880	4730
江　苏	2	111	236	280	538	9754	17037
浙　江	1	116	122	996	1003	4200	5003
安　徽							
福　建							
江　西	1	22	18	313	259	750	500
山　东	2	598	600	11967	12946	1464692	1463888
河　南							
湖　北	1	18		99		2	
湖　南	1	3	3	20	19	200	200
广　东	10	766	952	2932	3183	175657	191991
广　西							
海　南							
重　庆							
四　川	1	25	53	112	208	4225	5626
贵　州							
云　南							
西　藏							
陕　西							
甘　肃							
青　海							
宁　夏							
新　疆							

2-13 续表 4

文化、体育用品及器材批发

地　区	连锁总店数(个)	门店数(个)		年末从业人员(人)		年末零售营业面积(平方米)	
	2015年	2015年	2014年	2015年	2014年	2015年	2014年
全　国	**10**	**664**	**575**	**16839**	**17483**	**921023**	**890718**
北　京	1	4	4	65	64	3065	3065
天　津							
河　北							
山　西							
内蒙古							
辽　宁							
吉　林	1	31	5	49	132	2990	2240
黑龙江							
上　海							
江　苏	1	81	81	5512	5596	363580	365542
浙　江	1	387	359	6053	6027	338786	328174
安　徽							
福　建							
江　西							
山　东							
河　南							
湖　北	1	8	8	3056	3148	65000	65000
湖　南	1	2	2	215	643	7700	8600
广　东	4	151	116	1889	1873	139902	118097
广　西							
海　南							
重　庆							
四　川							
贵　州							
云　南							
西　藏							
陕　西							
甘　肃							
青　海							
宁　夏							
新　疆							

2-13 续表 5

医药及医疗器材批发

地区	连锁总店数（个）	门店数（个）		年末从业人员（人）		年末零售营业面积（平方米）	
	2015年	2015年	2014年	2015年	2014年	2015年	2014年
全　国	**34**	**2721**	**2658**	**10178**	**9900**	**259687**	**251429**
北　京							
天　津							
河　北							
山　西							
内蒙古							
辽　宁	1	158	158	352	307	8500	8500
吉　林	1	308	221	1841	1687	60000	55000
黑龙江							
上　海							
江　苏	1	125	121	585	581	17500	17500
浙　江	4	381	314	1572	1336	32858	27582
安　徽							
福　建	1	14	14	96	100	6971	6971
江　西							
山　东	3	179	176	880	1122	21809	20192
河　南							
湖　北	1	6	7	54	63	1001	1164
湖　南	2	15	16	186	194	2220	2441
广　东	6	369	472	1100	1184	28428	30828
广　西							
海　南							
重　庆	4	768	745	1729	1800	36655	35239
四　川	4	292	307	876	855	31029	32029
贵　州							
云　南	3	96	92	355	378	10955	11822
西　藏							
陕　西	1	3	8	419	156	800	1200
甘　肃							
青　海							
宁　夏							
新　疆	2	7	7	133	137	961	961

2-13 续表 6

矿产品、建材及化工产品批发

地区	连锁总店数（个）	门店数（个）		年末从业人员（人）		年末零售营业面积（平方米）	
	2015年	2015年	2014年	2015年	2014年	2015年	2014年
全国	**170**	**32305**	**32296**	**191373**	**202127**	**39676340**	**37582167**
北京	2	314	315	2327	2457	178673	179548
天津							
河北	13	1130	1147	8123	8460	1875041	1895396
山西							
内蒙古							
辽宁	5	398	396	4276	4747	281868	287380
吉林							
黑龙江	1	36	36	375	384	1082	1082
上海	2	743	732	7868	8617	281389	277325
江苏	8	5384	5522	31962	32506	4704700	4706610
浙江	7	4711	4661	26198	30849	5976725	5924949
安徽	4	3674	3641	7776	7849	1116664	1074427
福建	2	159	159	126	129	1270	1270
江西	10	904	915	5819	6032	828869	891819
山东	6	3018	2978	6708	6312	3587159	3112726
河南	13	952	828	5310	4712	2243789	2193232
湖北	6	303	303	2786	3212	209225	205834
湖南							
广东	7	3605	3602	34831	38358	10305776	9419190
广西	28	1682	1624	12254	13143	3313898	2859995
海南							
重庆	8	1291	1251	8237	8519	281354	265310
四川	2	118	119	757	800	23778	23378
贵州							
云南	3	356	364	2519	2448	714286	714885
西藏							
陕西	15	963	945	10733	10666	1677873	1277386
甘肃	2	134	131	579	570	278589	278589
青海							
宁夏	4	185	196	1154	1144	102951	216980
新疆	22	2245	2431	10655	10213	1691381	1774856

2-13 续表 7

机械设备、五金产品及电子产品批发

地 区	连锁总店数（个）	门店数（个）		年末从业人员（人）		年末零售营业面积（平方米）	
	2015年	2015年	2014年	2015年	2014年	2015年	2014年
全 国	**14**	**736**	**653**	**4745**	**7742**	**92523**	**102213**
北 京	2	16	16	497	512	6133	6133
天 津	1	7	6	78	91	8373	8373
河 北							
山 西							
内蒙古							
辽 宁	1	4	4	122	122	300	300
吉 林							
黑龙江							
上 海							
江 苏	1	8	8	98	99	1870	1870
浙 江	3	474	398	3015	3080	45100	40950
安 徽							
福 建	1	2	2	35	130	270	270
江 西							
山 东	1	5	5	100	100	3800	3800
河 南	1	4	4	64	66	1500	1500
湖 北							
湖 南							
广 东	2	207	199	580	3306	20310	34150
广 西	1	9	11	156	236	4867	4867
海 南							
重 庆							
四 川							
贵 州							
云 南							
西 藏							
陕 西							
甘 肃							
青 海							
宁 夏							
新 疆							

2-13 续表 8

其他批发业

地 区	连锁总店数（个）	门店数（个）		年末从业人员（人）		年末零售营业面积（平方米）	
	2015年	2015年	2014年	2015年	2014年	2015年	2014年
全 国	**16**	**1585**	**1594**	**9954**	**10392**	**1075244**	**1074367**
北 京							
天 津							
河 北							
山 西							
内 蒙 古							
辽 宁	1	44	44	180	180		
吉 林							
黑 龙 江							
上 海							
江 苏							
浙 江	3	455	478	841	880	27100	28480
安 徽	1	486	486	4725	4725	1004356	1004356
福 建							
江 西							
山 东	1	121	121	318	359	8100	8100
河 南							
湖 北	2	163	151	2396	2590	3519	2068
湖 南	1	25	20	70	65	4000	3500
广 东	2	47	47	391	444	14684	14432
广 西							
海 南							
重 庆	2	120	122	433	458	2154	2100
四 川							
贵 州							
云 南	1	57	57	333	425	2331	2331
西 藏							
陕 西	1	2	3	22	21		
甘 肃							
青 海							
宁 夏	1	65	65	245	245	9000	9000
新 疆							

2-13 续表 9

零售业

地区	连锁总店数(个)	门店数(个)		年末从业人员(人)		年末零售营业面积(平方米)	
	2015年	2015年	2014年	2015年	2014年	2015年	2014年
全国	**2360**	**160244**	**151680**	**2182733**	**2179288**	**124176360**	**118781254**
北京	144	7210	7120	153339	159020	7290793	7241532
天津	35	2227	2308	31096	35170	1976090	2022256
河北	71	3620	3486	44876	45775	4190472	4484540
山西	57	3695	3456	40794	38936	2622530	2489989
内蒙古	18	628	245	6960	4798	276628	238897
辽宁	84	5490	5432	56178	58137	4336508	4389892
吉林	23	656	626	7241	7728	239349	225355
黑龙江	35	1859	1710	20975	19757	931794	961150
上海	91	16813	16913	241039	249242	10258531	10080073
江苏	152	11650	11538	320864	328598	14225396	14352712
浙江	204	16942	17816	98282	99174	4917212	4783269
安徽	66	2784	2709	75775	77052	3477869	3514204
福建	134	4654	4171	83949	81499	8697990	5956192
江西	68	3571	3124	41937	41861	2419086	2260681
山东	135	7351	6502	151977	150074	11893661	10826324
河南	120	4369	3929	61621	61383	4331015	4264653
湖北	119	7248	5259	126117	127421	6901275	6891202
湖南	105	7386	6560	81201	80927	5643130	5428465
广东	261	16605	15979	213786	207152	15409001	14839416
广西	33	2298	2157	25612	26681	949983	919419
海南	6	766	604	5816	4470	414497	382613
重庆	78	10028	9793	84626	83277	3869660	3823229
四川	117	11645	10182	91981	82536	3514540	3249194
贵州	27	1267	1233	10052	9047	342695	327859
云南	34	4611	4112	42317	37116	1235197	1212489
西藏	1	3	3	790	750	21700	21700
陕西	37	1368	1305	19897	19536	1104670	1113613
甘肃	14	648	609	7152	6762	399059	390290
青海	9	140	102	5770	5796	202030	187795
宁夏	15	528	507	8636	8524	386004	373454
新疆	67	2184	2190	22077	21089	1697995	1528797

2-13 续表 10

综合零售

地区	连锁总店数（个）	门店数（个）		年末从业人员（人）		年末零售营业面积（平方米）	
	2015年	2015年	2014年	2015年	2014年	2015年	2014年
全　国	**843**	**68534**	**67897**	**1384988**	**1391469**	**77742392**	**73608981**
北　京	55	2801	2815	100981	106126	5430617	5512847
天　津	13	1119	1215	14846	17106	647130	677668
河　北	27	758	799	23690	24497	1515221	1573718
山　西	19	1798	1737	25430	24845	1302454	1229611
内蒙古	8	479	97	5442	3296	178134	139993
辽　宁	28	2134	2143	27075	28106	1341085	1404403
吉　林	5	25	27	1553	1582	55173	54857
黑龙江	8	401	391	9915	9660	623359	664666
上　海	42	10314	10814	198068	205128	8162691	8266914
江　苏	58	5663	5821	146284	150657	6579516	6653602
浙　江	80	10815	12129	73180	74886	4228885	4150429
安　徽	39	1815	1762	66126	67241	3081841	3199845
福　建	38	1319	1058	58904	57141	6155268	3590107
江　西	20	354	345	20672	20588	1243336	1133148
山　东	49	3317	3370	128661	129570	9930480	9292243
河　南	47	1550	1368	42541	42516	2711194	2346391
湖　北	31	2527	2380	89669	96202	5467474	5604966
湖　南	37	1575	1446	47774	48690	2368768	2223312
广　东	89	5718	4868	121930	110860	7931712	7378407
广　西	10	443	442	14549	15524	593784	590214
海　南	2	169	14	1628	421	48194	19589
重　庆	30	4026	4070	60845	59937	2921897	2983276
四　川	45	7060	6171	61301	53107	2436293	2191310
贵　州	9	275	384	3945	3358	150512	150281
云　南	10	613	664	9834	9394	374303	438786
西　藏	1	3	3	790	750	21700	21700
陕　西	17	497	495	9722	9654	780767	808284
甘　肃	2	160	155	2132	2026	51275	50777
青　海	4	75	72	4356	4418	158914	146045
宁　夏	5	230	207	6318	6194	286445	274270
新　疆	15	501	635	6827	7989	963970	837322

2-13 续表 11

食品、饮料及烟草制品专门零售

地　区	连锁总店数（个）	门店数（个）		年末从业人员（人）		年末零售营业面积（平方米）	
	2015年	2015年	2014年	2015年	2014年	2015年	2014年
全　国	**149**	**13236**	**11346**	**58722**	**53476**	**823419**	**706912**
北　京	18	1761	1667	15289	14992	172131	162630
天　津	5	138	129	2699	2878	28317	28127
河　北	2	66	70	287	287	11720	12150
山　西	3	39	42	343	451	4035	5313
内蒙古							
辽　宁	4	81	74	795	695	7028	7054
吉　林	2	51	36	515	452	5500	4400
黑龙江							
上　海	4	1185	1205	5410	5464	73198	73118
江　苏	21	1209	1221	3703	3810	37321	40368
浙　江	15	1447	1521	3202	3604	64931	66753
安　徽	2	248	243	941	821	27720	27050
福　建	12	487	491	2293	2417	27862	27863
江　西	5	1262	1356	4210	4086	77441	75282
山　东	3	367	345	1753	1728	33700	30500
河　南	8	448	528	1599	1888	37862	46387
湖　北	12	1997	476	6560	2641	104996	24787
湖　南	4	608	572	1391	1322	15878	14097
广　东	15	632	652	3561	3614	30839	32427
广　西							
海　南							
重　庆	8	510	453	1287	1216	17323	12948
四　川	3	639	199	2626	821	39266	9153
贵　州							
云　南	1	20	25	104	128	856	1010
西　藏							
陕　西							
甘　肃							
青　海							
宁　夏	1	35	35	130	137	5050	5050
新　疆	1	6	6	24	24	445	445

2-13 续表 12

纺织、服装及日用品专门零售

地　区	连锁总店数（个）	门店数（个）		年末从业人员（人）		年末零售营业面积（平方米）	
	2015年	2015年	2014年	2015年	2014年	2015年	2014年
全　国	**165**	**9699**	**9088**	**68071**	**69383**	**2826318**	**2487643**
北　京	23	679	689	9841	10069	240040	233700
天　津	3	42	41	495	534	12575	10438
河　北	2	50	48	512	507	5025	4929
山　西	2	11	13	124	140	710	800
内蒙古							
辽　宁	6	79	79	668	764	306250	306129
吉　林	2	21	17	151	191	2955	2700
黑龙江	1	37	28	350	329	11277	8430
上　海	13	2909	2613	17769	17309	664141	432007
江　苏	4	395	395	2257	1951	46601	37824
浙　江	15	784	511	3977	3728	115050	85076
安　徽	1	2	3	12	18	400	800
福　建	5	78	84	747	716	16976	17598
江　西	4	89	81	517	572	11970	12994
山　东	4	28	24	215	208	5114	4634
河　南	6	36	47	403	425	10996	12012
湖　北	13	376	288	5330	5191	155062	141735
湖　南	9	793	707	2358	2328	71771	66306
广　东	28	2516	2639	16482	17971	984553	936131
广　西							
海　南							
重　庆	8	171	177	1975	2047	58883	59779
四　川	8	441	449	1900	2328	49717	59120
贵　州							
云　南	2	15	15	368	390	13332	12668
西　藏							
陕　西	4	136	129	1194	1250	31286	30199
甘　肃							
青　海	1	8	8	419	410	11434	11434
宁　夏							
新　疆	1	3	3	7	7	200	200

2-13　续表 13

文化、体育用品及器材专门零售

地　区	连锁总店数（个）	门店数（个）		年末从业人员（人）		年末零售营业面积（平方米）	
	2015年	2015年	2014年	2015年	2014年	2015年	2014年
全　国	**88**	**2181**	**1727**	**34860**	**36824**	**1160769**	**1093781**
北　京	6	106	95	1620	1114	123228	84735
天　津							
河　北	1	4	4	54	52	1390	1390
山　西							
内蒙古							
辽　宁	1	27	23	474	480	27521	27521
吉　林							
黑龙江	2	22	24	1260	1757	16022	16586
上　海	4	135	139	2617	2685	71057	61504
江　苏	5	36	37	377	387	29980	30127
浙　江	2	42	45	593	630	5236	5506
安　徽	1	13	13	620	620	17147	17147
福　建	3	12	12	253	295	6234	6356
江　西	3	537	127	4664	4822	133503	115131
山　东	3	22	22	650	653	40769	40769
河　南	5	26	25	838	874	16662	17562
湖　北	8	60	95	1588	1663	20466	26458
湖　南	3	29	33	263	328	14932	18021
广　东	14	211	303	3269	3613	128945	129180
广　西	1	4	4	312	306	15000	15000
海　南							
重　庆	2	286	114	2483	2599	136649	140314
四　川	6	388	398	8552	9507	138250	142002
贵　州							
云　南	2	67	64	1655	1628	92910	80585
西　藏							
陕　西	1	20	20	948	958	19978	19978
甘　肃							
青　海							
宁　夏	1	9	9	216	203	9971	9971
新　疆	14	125	121	1554	1650	94919	87938

2-13 续表 14

医药及医疗器材专门零售

地区	连锁总店数（个）	门店数（个）		年末从业人员（人）		年末零售营业面积（平方米）	
	2015年	2015年	2014年	2015年	2014年	2015年	2014年
全　国	**690**	**45063**	**40211**	**246122**	**223067**	**5663489**	**4862335**
北　京	28	908	916	6438	6457	159190	164911
天　津	6	224	177	1842	2180	54447	45329
河　北	23	1241	998	7969	6939	126882	100840
山　西	17	814	694	6975	5795	120767	106794
内蒙古	7	131	129	813	795	12935	12845
辽　宁	33	2404	2362	15029	15357	488165	478139
吉　林	7	288	262	1391	1387	34017	18439
黑龙江	18	1168	1038	5905	4408	141728	122724
上　海	18	1975	1866	9999	9851	468388	412802
江　苏	47	2243	1988	11690	10893	273362	254726
浙　江	82	3732	3501	15399	14303	395915	360431
安　徽	18	630	611	5761	5801	130393	96652
福　建	26	767	652	4294	3827	107604	97768
江　西	14	773	675	4918	4756	103703	90084
山　东	55	2906	2153	14374	11955	308263	231814
河　南	31	1544	1117	8639	6969	236925	139254
湖　北	36	1403	1180	8527	7370	173161	120110
湖　南	17	2519	1969	14619	12409	335306	247438
广　东	48	2905	2676	20417	18923	344096	321174
广　西	18	1779	1631	8939	8730	203383	182334
海　南	2	197	173	689	620	34410	30981
重　庆	24	4886	4841	14375	13183	329419	283888
四　川	43	2779	2667	9597	9249	263303	240323
贵　州	16	962	820	5225	4618	95456	80851
云　南	8	3645	3088	26711	21730	450138	380378
西　藏							
陕　西	8	502	457	4992	4885	62739	57461
甘　肃	7	289	256	2721	2347	40502	34772
青　海	3	47	17	834	787	4710	4710
宁　夏	7	156	158	1010	1017	21823	21448
新　疆	23	1246	1139	6030	5526	142359	122915

2-13 续表 15

汽车、摩托车、燃料及零配件专门零售

地区	连锁总店数(个)	门店数(个)		年末从业人员(人)		年末零售营业面积(平方米)	
	2015年	2015年	2014年	2015年	2014年	2015年	2014年
全　国	**193**	**13783**	**13694**	**130185**	**133087**	**20758970**	**20789311**
北　京	3	551	539	4836	6342	196140	189700
天　津	3	620	651	8744	9479	975565	975565
河　北	10	1402	1471	10154	10925	2344210	2590787
山　西	9	906	917	6447	6669	1046388	1069237
内蒙古							
辽　宁	7	671	659	8665	8961	1803665	1802765
吉　林	1	218	226	2462	2501	17000	18000
黑龙江	1	150	149	2230	2230	14700	14700
上　海							
江　苏	2	194	194	2279	2661	556000	556000
浙　江	2	6	6	79	66	1410	1410
安　徽							
福　建	30	1700	1619	12441	11220	1903923	1797963
江　西	16	513	498	5150	5150	770648	754499
山　东	14	644	523	4433	3971	1323567	1015026
河　南	6	600	670	3411	3550	1028713	1274577
湖　北	8	639	639	7577	7707	293777	298782
湖　南	28	1752	1732	12467	13250	2625773	2556811
广　东	34	2016	2019	25136	25170	4528994	4584342
广　西							
海　南	2	400	417	3499	3429	331893	332043
重　庆	3	27	27	83	88	2565	2565
四　川	1	181	159	2450	2200	108600	95400
贵　州							
云　南	1	97	91	1369	1221	109000	93000
西　藏							
陕　西	5	198	190	2322	2149	203450	195691
甘　肃	4	174	174	2274	2299	303282	300741
青　海							
宁　夏							
新　疆	3	124	124	1677	1849	269707	269707

2-13 续表 16

家用电器及电子产品专门零售

地　区	连锁总店数（个）	门店数（个）		年末从业人员（人）		年末零售营业面积（平方米）	
	2015年	2015年	2014年	2015年	2014年	2015年	2014年
全　国	**206**	**6897**	**6916**	**249774**	**263144**	**14794753**	**14808611**
北　京	8	395	390	13542	13100	915057	838619
天　津	4	77	88	2312	2800	254027	281100
河　北	6	99	96	2210	2568	186024	200726
山　西	7	127	53	1475	1036	148176	78234
内蒙古	3	18	19	705	707	85559	86059
辽　宁	5	94	92	3472	3774	362794	363881
吉　林	5	48	53	1134	1580	124454	126709
黑龙江	5	81	80	1315	1373	124708	134044
上　海	5	260	246	6056	7456	716696	727775
江　苏	13	1886	1858	154139	158096	6690116	6767565
浙　江	7	74	66	1577	1716	81999	83296
安　徽	5	76	77	2315	2551	220368	172710
福　建	19	256	240	4965	5838	479373	417787
江　西	6	43	42	1806	1887	78485	79543
山　东	6	65	63	1837	1930	243927	203497
河　南	17	165	174	4190	5161	288663	428470
湖　北	10	238	195	6746	6537	683354	671379
湖　南	7	110	101	2329	2600	210702	302480
广　东	27	2031	2248	20123	23818	1395652	1393550
广　西	3	53	61	1673	1981	136816	130871
海　南							
重　庆	3	122	111	3578	4207	402924	340459
四　川	9	153	135	5397	5163	449711	482486
贵　州	2	30	29	882	1071	96727	96727
云　南	10	154	165	2276	2625	194658	206062
西　藏							
陕　西	2	15	14	719	640	6450	2000
甘　肃	1	25	24	25	90	4000	4000
青　海	1	10	5	161	181	26972	25606
宁　夏	1	98	98	962	973	62715	62715
新　疆	9	94	93	1853	1685	123646	100261

2-13 续表 17

五金、家具及室内装饰材料专门零售

地区	连锁总店数（个）	门店数（个）		年末从业人员（人）		年末零售营业面积（平方米）	
	2015年	2015年	2014年	2015年	2014年	2015年	2014年
全　国	**17**	**201**	**178**	**7041**	**5856**	**351862**	**369704**
北　京	3	9	9	792	820	54390	54390
天　津	1	7	7	158	193	4029	4029
河　北							
山　西							
内蒙古							
辽　宁							
吉　林							
黑龙江							
上　海	4	16	16	809	1016	98811	102811
江　苏	1	1	1	61	66	8850	8850
浙　江	1	42	37	275	241	23786	30368
安　徽							
福　建							
江　西							
山　东	1	2	2	54	59	7841	7841
河　南							
湖　北	1	8	6	120	110	2985	2985
湖　南							
广　东	2	27	27	509	831	19021	19021
广　西							
海　南							
重　庆							
四　川	2	4	4	158	161	29400	29400
贵　州							
云　南							
西　藏							
陕　西							
甘　肃							
青　海							
宁　夏							
新　疆	1	85	69	4105	2359	102749	110009

2-13 续表 18

货摊、无店铺及其他零售业

地 区	连锁总店数(个)	门店数(个)		年末从业人员(人)		年末零售营业面积(平方米)	
	2015年	2015年	2014年	2015年	2014年	2015年	2014年
全 国	**9**	**650**	**623**	**2970**	**2982**	**54388**	**53976**
北 京							
天 津							
河 北							
山 西							
内蒙古							
辽 宁							
吉 林	1	5	5	35	35	250	250
黑龙江							
上 海	1	19	14	311	333	3549	3142
江 苏	1	23	23	74	77	3650	3650
浙 江							
安 徽							
福 建	1	35	15	52	45	750	750
江 西							
山 东							
河 南							
湖 北							
湖 南							
广 东	4	549	547	2359	2352	45189	45184
广 西	1	19	19	139	140	1000	1000
海 南							
重 庆							
四 川							
贵 州							
云 南							
西 藏							
陕 西							
甘 肃							
青 海							
宁 夏							
新 疆							

2-14　按行业分各地区连锁零售企业直营门店基本情况

批发业

地　区	门店数（个）		年末从业人员（人）		年末零售营业面积（平方米）	
	2015年	2014年	2015年	2014年	2015年	2014年
全　国	**30711**	**30653**	**260120**	**272986**	**43269628**	**41128115**
北　京	212	212	2831	3014	180378	181256
天　津	10	9	146	164	8533	8533
河　北	1130	1147	8123	8460	1875041	1895396
山　西	32	32	1497	1529	2980	2980
内蒙古						
辽　宁	448	445	6198	6713	284568	290080
吉　林	339	226	1890	1819	62990	57240
黑龙江	36	36	375	384	1082	1082
上　海	1168	1097	10482	10883	327141	323079
江　苏	4041	4207	35673	37234	5097861	5106446
浙　江	4168	4366	34663	39884	6168968	6125717
安　徽	2243	2218	13394	13424	1999420	1957183
福　建	224	224	962	1053	35151	35669
江　西	1003	1009	11392	11627	844981	895681
山　东	3316	3267	20245	19717	5028681	4551568
河　南	999	902	5505	5013	2247439	2198932
湖　北	506	488	10413	11015	280674	275994
湖　南	72	49	545	956	32040	31361
广　东	4500	4478	41824	46098	10559495	9656020
广　西	1634	1585	12250	13218	3315500	2861597
海　南						
重　庆	799	745	7758	8078	284421	265128
四　川	184	184	1406	1472	43281	42942
贵　州						
云　南	322	325	2943	3069	726572	728038
西　藏						
陕　西	1039	1029	16250	15256	1801698	1382836
甘　肃	134	131	579	570	278589	278589
青　海	34	34	287	406	10700	10700
宁　夏	226	190	1594	1523	99701	211850
新　疆	1892	2018	10895	10407	1671743	1752218

2-14 续表 1

农、林、牧产品批发

地区	门店数（个）		年末从业人员（人）		年末零售营业面积（平方米）	
	2015年	2014年	2015年	2014年	2015年	2014年
全国	**99**	**88**	**2484**	**2390**	**20245**	**18945**
北京						
天津						
河北						
山西						
内蒙古						
辽宁						
吉林						
黑龙江						
上海						
江苏						
浙江						
安徽	63	71	1136	1136		
福建						
江西						
山东						
河南						
湖北	4	4	1258	1185	1185	1185
湖南	28	9	59	41	18040	16740
广东	3	3	17	13	296	296
广西						
海南						
重庆						
四川	1	1	14	15	724	724
贵州						
云南						
西藏						
陕西						
甘肃						
青海						
宁夏						
新疆						

2-14 续表 2

食品、饮料及烟草制品批发

地 区	门店数（个）		年末从业人员（人）		年末零售营业面积（平方米）	
	2015年	2014年	2015年	2014年	2015年	2014年
全 国	**1634**	**1598**	**23693**	**23881**	**335807**	**303729**
北 京	27	25	221	195	2151	2091
天 津	3	3	68	73	160	160
河 北						
山 西	32	32	1497	1529	2980	2980
内蒙古						
辽 宁						
吉 林						
黑龙江						
上 海	438	392	2204	2226	71016	70606
江 苏	509	525	1652	2483	7235	7858
浙 江	30	27	323	269	2694	1844
安 徽						
福 建	49	49	705	694	26640	27158
江 西	77	76	5260	5336	15362	3362
山 东	111	109	3366	3156	48922	48788
河 南	43	70	131	235	2150	4200
湖 北	15	15	824	817	743	743
湖 南						
广 东	80	83	704	704	4818	4918
广 西						
海 南						
重 庆	29	22	407	431	15780	13020
四 川						
贵 州						
云 南						
西 藏						
陕 西	71	73	5076	4413	123025	104250
甘 肃						
青 海	34	34	287	406	10700	10700
宁 夏	76	54	468	414	1030	650
新 疆	10	9	500	500	401	401

2-14 续表 3

纺织、服装及家庭用品批发

地区	门店数（个）		年末从业人员（人）		年末零售营业面积（平方米）	
	2015年	2014年	2015年	2014年	2015年	2014年
全国	**659**	**843**	**16937**	**16915**	**1458431**	**1466335**
北京	6	7	135	186	836	899
天津						
河北						
山西						
内蒙古						
辽宁	2	1	1620	1664	2400	2400
吉林						
黑龙江						
上海	83	67	1562	1450	4880	4730
江苏	28	122	114	322	2976	7066
浙江	116	122	996	1003	4200	5003
安徽						
福建						
江西	22	18	313	259	750	500
山东	67	68	9317	9156	1370176	1369372
河南						
湖北	7		39		1	
湖南	3	3	20	19	200	200
广东	306	411	2721	2706	68267	72859
广西						
海南						
重庆						
四川	19	24	100	150	3745	3306
贵州						
云南						
西藏						
陕西						
甘肃						
青海						
宁夏						
新疆						

2-14 续表 4

文化、体育用品及器材批发

地区	门店数（个）		年末从业人员（人）		年末零售营业面积（平方米）	
	2015年	2014年	2015年	2014年	2015年	2014年
全国	**662**	**573**	**16828**	**17472**	**920413**	**890108**
北京	4	4	65	64	3065	3065
天津						
河北						
山西						
内蒙古						
辽宁						
吉林	31	5	49	132	2990	2240
黑龙江						
上海						
江苏	81	81	5512	5596	363580	365542
浙江	387	359	6053	6027	338786	328174
安徽						
福建						
江西						
山东						
河南						
湖北	8	8	3056	3148	65000	65000
湖南	2	2	215	643	7700	8600
广东	149	114	1878	1862	139292	117487
广西						
海南						
重庆						
四川						
贵州						
云南						
西藏						
陕西						
甘肃						
青海						
宁夏						
新疆						

2-14 续表 5

医药及医疗器材批发

地 区	门店数（个）		年末从业人员（人）		年末零售营业面积（平方米）	
	2015年	2014年	2015年	2014年	2015年	2014年
全 国	**1154**	**957**	**7079**	**6462**	**169044**	**155038**
北 京						
天 津						
河 北						
山 西						
内蒙古						
辽 宁						
吉 林	308	221	1841	1687	60000	55000
黑龙江						
上 海						
江 苏	125	121	585	581	17500	17500
浙 江	226	188	1114	974	15927	13667
安 徽						
福 建	14	14	96	100	6971	6971
江 西						
山 东	114	106	749	988	18364	16622
河 南						
湖 北	6	7	54	63	1001	1164
湖 南	14	15	181	188	2100	2321
广 东	154	104	792	479	15468	8748
广 西						
海 南						
重 庆	41	34	225	224	3963	3528
四 川	46	40	535	507	15034	15534
贵 州						
云 南	96	92	355	378	10955	11822
西 藏						
陕 西	3	8	419	156	800	1200
甘 肃						
青 海						
宁 夏						
新 疆	7	7	133	137	961	961

2-14 续表 6

矿产品、建材及化工产品批发

地　区	门店数（个）		年末从业人员（人）		年末零售营业面积（平方米）	
	2015年	2014年	2015年	2014年	2015年	2014年
全　国	**24950**	**24797**	**180172**	**190573**	**39252327**	**37155360**
北　京	159	160	1913	2057	168193	169068
天　津						
河　北	1130	1147	8123	8460	1875041	1895396
山　西						
内蒙古						
辽　宁	398	396	4276	4747	281868	287380
吉　林						
黑龙江	36	36	375	384	1082	1082
上　海	647	638	6716	7207	251245	247743
江　苏	3290	3350	27712	28153	4704700	4706610
浙　江	2899	2859	23114	27781	5762131	5711499
安　徽	1694	1661	7533	7563	995064	952827
福　建	159	159	126	129	1270	1270
江　西	904	915	5819	6032	828869	891819
山　东	3018	2978	6708	6312	3587159	3112726
河　南	952	828	5310	4712	2243789	2193232
湖　北	303	303	2786	3212	209225	205834
湖　南						
广　东	3605	3602	34831	38358	10305776	9419190
广　西	1625	1574	12094	12982	3310633	2856730
海　南						
重　庆	727	687	7109	7388	264424	248380
四　川	118	119	757	800	23778	23378
贵　州						
云　南	169	176	2255	2266	713286	713885
西　藏						
陕　西	963	945	10733	10666	1677873	1277386
甘　肃	134	131	579	570	278589	278589
青　海						
宁　夏	145	131	1041	1024	97951	210480
新　疆	1875	2002	10262	9770	1670381	1750856

2-14 续表 7

机械设备、五金产品及电子产品批发

地区	门店数（个）		年末从业人员（人）		年末零售营业面积（平方米）	
	2015年	2014年	2015年	2014年	2015年	2014年
全国	**683**	**568**	**4647**	**5968**	**82857**	**86153**
北京	16	16	497	512	6133	6133
天津	7	6	78	91	8373	8373
河北						
山西						
内蒙古						
辽宁	4	4	122	122	300	300
吉林						
黑龙江						
上海						
江苏	8	8	98	99	1870	1870
浙江	472	398	3007	3080	44850	40950
安徽						
福建	2	2	35	130	270	270
江西						
山东	5	5	100	100	3800	3800
河南	4	4	64	66	1500	1500
湖北						
湖南						
广东	156	114	490	1532	10894	18090
广西	9	11	156	236	4867	4867
海南						
重庆						
四川						
贵州						
云南						
西藏						
陕西						
甘肃						
青海						
宁夏						
新疆						

2-14 续表 8

其他批发业

地 区	门店数（个）		年末从业人员（人）		年末零售营业面积（平方米）	
	2015年	2014年	2015年	2014年	2015年	2014年
全 国	**870**	**1229**	**8280**	**9325**	**1030504**	**1052447**
北 京						
天 津						
河 北						
山 西						
内蒙古						
辽 宁	44	44	180	180		
吉 林						
黑龙江						
上 海						
江 苏						
浙 江	38	413	56	750	380	24580
安 徽	486	486	4725	4725	1004356	1004356
福 建						
江 西						
山 东	1	1	5	5	260	260
河 南						
湖 北	163	151	2396	2590	3519	2068
湖 南	25	20	70	65	4000	3500
广 东	47	47	391	444	14684	14432
广 西						
海 南						
重 庆	2	2	17	35	254	200
四 川						
贵 州						
云 南	57	57	333	425	2331	2331
西 藏						
陕 西	2	3	22	21		
甘 肃						
青 海						
宁 夏	5	5	85	85	720	720
新 疆						

2-14 续表 9

零售业

地区	门店数(个)		年末从业人员(人)		年末零售营业面积(平方米)	
	2015年	2014年	2015年	2014年	2015年	2014年
全 国	**107217**	**100028**	**1928045**	**1938319**	**115534016**	**110529989**
北 京	5329	5244	141819	147111	7017011	6969044
天 津	1721	1813	29769	33955	1922765	1971416
河 北	3227	3077	44146	45033	4154422	4448024
山 西	2276	2084	34877	32937	2544746	2412904
内蒙古	496	207	6600	4741	269350	236757
辽 宁	3812	3711	48641	49889	4142681	4195165
吉 林	656	626	7241	7728	239349	225355
黑龙江	1415	1326	19679	18810	909064	942514
上 海	9629	9909	150192	166152	6370263	6440710
江 苏	8264	8023	293074	300485	13301070	13412532
浙 江	6707	6540	75817	76461	4237249	4057530
安 徽	2155	2139	70232	71744	3272721	3312789
福 建	3829	3546	81096	79002	8633519	5903226
江 西	2254	1768	37506	37651	2204622	2090945
山 东	6179	5068	147398	144510	11777932	10676373
河 南	3279	3032	59217	59011	4216365	4150521
湖 北	6302	4949	121648	125272	6810450	6853591
湖 南	4984	4418	75559	75832	5417071	5227390
广 东	13287	13254	189351	186998	14772806	14225276
广 西	1484	1341	21665	22776	805536	804767
海 南	766	604	5816	4470	414497	382613
重 庆	3164	2988	74954	72771	3587070	3557720
四 川	6609	5649	79556	71909	3294513	3052750
贵 州	1064	995	9424	8498	327974	313853
云 南	4285	3766	41705	36515	1218559	1195281
西 藏	3	3	790	750	21700	21700
陕 西	1233	1131	19186	17874	1086780	1092339
甘 肃	630	608	7122	6754	398259	390190
青 海	108	100	5711	5792	202030	187795
宁 夏	500	477	8546	8422	378795	370759
新 疆	1570	1632	19708	18466	1584847	1408160

2-14 续表 10

综合零售

地区	门店数（个）		年末从业人员（人）		年末零售营业面积（平方米）	
	2015年	2014年	2015年	2014年	2015年	2014年
全国	**37207**	**35576**	**1193246**	**1206637**	**70871690**	**66850090**
北京	1979	1920	95497	99933	5282730	5359440
天津	620	734	13526	15904	594735	627758
河北	402	425	23108	23895	1486571	1544202
山西	382	375	19520	18888	1224950	1154361
内蒙古	386	93	5133	3272	172526	139523
辽宁	696	653	20545	20865	1178032	1240450
吉林	25	27	1553	1582	55173	54857
黑龙江	200	202	8965	8960	603399	646716
上海	6220	6415	119651	131896	4810887	5037226
江苏	3093	3010	121212	124886	5733543	5782836
浙江	2760	2983	54803	56308	3665742	3536487
安徽	1246	1192	60823	61933	2880443	2998430
福建	808	709	57005	55478	6123161	3567727
江西	235	225	17900	17864	1060798	991148
山东	2371	2082	124504	124218	9825301	9145412
河南	951	860	41783	41667	2683894	2317895
湖北	2468	2344	88236	94846	5448980	5588549
湖南	860	790	45761	46883	2249881	2113312
广东	4188	3842	106732	99696	7439767	6921807
广西	315	320	13492	14489	534867	537242
海南	169	14	1628	421	48194	19589
重庆	1010	997	56952	56012	2783424	2843108
四川	4063	3383	53203	45445	2312338	2075132
贵州	249	309	3877	3287	148377	147311
云南	287	318	9222	8793	357665	421578
西藏	3	3	790	750	21700	21700
陕西	497	495	9722	9654	780767	808284
甘肃	160	155	2132	2026	51275	50777
青海	75	72	4356	4418	158914	146045
宁夏	227	202	6303	6169	281836	274175
新疆	262	427	5312	6199	871820	737013

2-14 续表 11

食品、饮料及烟草制品专门零售

地区	门店数（个）		年末从业人员（人）		年末零售营业面积（平方米）	
	2015年	2014年	2015年	2014年	2015年	2014年
全国	**8055**	**7220**	**45697**	**43921**	**589148**	**541722**
北京	916	913	10803	10830	91432	91752
天津	138	129	2699	2878	28317	28127
河北	29	35	139	147	4320	5150
山西	39	42	343	451	4035	5313
内蒙古						
辽宁	81	74	795	695	7028	7054
吉林	51	36	515	452	5500	4400
黑龙江						
上海	1179	1199	5321	5375	72718	72638
江苏	1199	1211	3613	3720	35821	38868
浙江	559	639	2422	2753	37681	40655
安徽	188	243	701	821	23970	27050
福建	288	305	1691	1887	18059	18703
江西	164	177	2862	2821	55675	53565
山东	317	295	1653	1628	31700	28400
河南	321	377	1217	1431	32182	38987
湖北	1448	469	5246	2623	76480	24385
湖南	157	141	516	460	9113	7632
广东	632	652	3561	3614	30839	32427
广西						
海南						
重庆	110	92	535	498	10993	7403
四川	203	150	882	625	9534	5308
贵州						
云南	20	25	104	128	856	1010
西藏						
陕西						
甘肃						
青海						
宁夏	10	10	55	60	2450	2450
新疆	6	6	24	24	445	445

2-14 续表 12

纺织、服装及日用品专门零售

地　区	门店数（个）		年末从业人员（人）		年末零售营业面积（平方米）	
	2015年	2014年	2015年	2014年	2015年	2014年
全　国	**5739**	**5524**	**52284**	**55248**	**2480494**	**2217931**
北　京	664	671	9751	9953	238348	231693
天　津	42	41	495	534	12575	10438
河　北	50	48	512	507	5025	4929
山　西	11	13	124	140	710	800
内蒙古						
辽　宁	78	78	665	761	306150	306029
吉　林	21	17	151	191	2955	2700
黑龙江	37	28	350	329	11277	8430
上　海	1290	1357	11475	12875	529974	367874
江　苏	67	49	614	428	14800	7045
浙　江	513	279	3564	3356	89662	64623
安　徽	2	3	12	18	400	800
福　建	78	84	747	716	16976	17598
江　西	89	81	517	572	11970	12994
山　东	28	24	215	208	5114	4634
河　南	31	42	363	385	10396	11412
湖　北	368	288	5254	5191	153162	141735
湖　南	366	323	1853	1784	46599	43221
广　东	1582	1656	10680	11871	890179	844435
广　西						
海　南						
重　庆	134	134	1569	1618	37483	37759
四　川	159	186	1590	1953	44007	47945
贵　州						
云　南	15	15	368	390	13332	12668
西　藏						
陕　西	103	96	989	1051	27766	26535
甘　肃						
青　海	8	8	419	410	11434	11434
宁　夏						
新　疆	3	3	7	7	200	200

2-14 续表 13

文化、体育用品及器材专门零售

地　区	门店数(个)		年末从业人员(人)		年末零售营业面积(平方米)	
	2015年	2014年	2015年	2014年	2015年	2014年
全　国	**1916**	**1625**	**34176**	**36114**	**1157328**	**1088859**
北　京	105	93	1619	1112	123198	84578
天　津						
河　北	4	4	54	52	1390	1390
山　西						
内蒙古						
辽　宁	27	23	474	480	27521	27521
吉　林						
黑龙江	22	24	1260	1757	16022	16586
上　海	135	139	2617	2685	71057	61504
江　苏	36	37	377	387	29980	30127
浙　江	42	45	593	630	5236	5506
安　徽	13	13	620	620	17147	17147
福　建	12	12	253	295	6234	6356
江　西	537	127	4664	4822	133503	115131
山　东	22	22	650	653	40769	40769
河　南	26	25	838	874	16662	17562
湖　北	53	66	1553	1604	18866	23508
湖　南	29	33	263	328	14932	18021
广　东	210	302	3266	3610	128895	129130
广　西	4	4	312	306	15000	15000
海　南						
重　庆	58	72	2423	2538	134889	138550
四　川	360	370	7967	8922	138249	142001
贵　州						
云　南	67	64	1655	1628	92910	80585
西　藏						
陕　西	20	20	948	958	19978	19978
甘　肃						
青　海						
宁　夏	9	9	216	203	9971	9971
新　疆	125	121	1554	1650	94919	87938

2-14 续表 14

医药及医疗器材专门零售

地区	门店数（个）		年末从业人员（人）		年末零售营业面积（平方米）	
	2015年	2014年	2015年	2014年	2015年	2014年
全国	**33616**	**29366**	**216780**	**194584**	**4627871**	**3945915**
北京	710	709	4979	5021	115716	118872
天津	217	163	1835	2167	53517	44399
河北	1241	998	7969	6939	126882	100840
山西	811	684	6968	5753	120487	104959
内蒙古	92	95	762	762	11265	11175
辽宁	2165	2132	14025	14353	457491	447465
吉林	288	262	1391	1387	34017	18439
黑龙江	925	843	5559	4161	138958	122038
上海	510	523	3952	4516	66571	67740
江苏	1854	1694	10948	10373	232820	221741
浙江	2712	2486	12525	11415	333233	296685
安徽	630	611	5761	5801	130393	96652
福建	687	577	3994	3568	85793	77092
江西	674	619	4653	4594	94478	85034
山东	2730	2057	14052	11843	299713	230794
河南	1291	1010	8077	6682	216035	126298
湖北	1133	942	7688	6654	151851	102268
湖南	1710	1298	12370	10527	260071	185913
广东	2607	2445	19213	18119	325763	306790
广西	1100	950	6133	5955	151968	133325
海南	197	173	689	620	34410	30981
重庆	1703	1555	9814	7810	214792	187876
四川	1486	1262	7909	7440	202674	175078
贵州	785	657	4665	4140	82870	69815
云南	3645	3088	26711	21730	450138	380378
西藏						
陕西	400	316	4486	3422	48369	39851
甘肃	271	255	2691	2339	39702	34672
青海	15	15	775	783	4710	4710
宁夏	156	158	1010	1017	21823	21448
新疆	871	789	5176	4693	121361	102587

2-14 续表 15

汽车、摩托车、燃料及零配件专门零售

地区	门店数（个）		年末从业人员（人）		年末零售营业面积（平方米）	
	2015年	2014年	2015年	2014年	2015年	2014年
全国	**13626**	**13559**	**128755**	**132247**	**20679965**	**20704811**
北京	551	539	4836	6342	196140	189700
天津	620	651	8744	9479	975565	975565
河北	1402	1471	10154	10925	2344210	2590787
山西	906	917	6447	6669	1046388	1069237
内蒙古						
辽宁	671	659	8665	8961	1803665	1802765
吉林	218	226	2462	2501	17000	18000
黑龙江	150	149	2230	2230	14700	14700
上海						
江苏	194	194	2279	2661	556000	556000
浙江	6	6	79	66	1410	1410
安徽						
福建	1700	1619	12441	11220	1903923	1797963
江西	513	498	5150	5150	770648	754499
山东	644	523	4433	3971	1323567	1015026
河南	496	546	2753	2815	968713	1210077
湖北	586	639	6805	7707	274772	298782
湖南	1752	1732	12467	13250	2625773	2556811
广东	2016	2008	25136	25065	4528994	4564342
广西						
海南	400	417	3499	3429	331893	332043
重庆	27	27	83	88	2565	2565
四川	181	159	2450	2200	108600	95400
贵州						
云南	97	91	1369	1221	109000	93000
西藏						
陕西	198	190	2322	2149	203450	195691
甘肃	174	174	2274	2299	303282	300741
青海						
宁夏						
新疆	124	124	1677	1849	269707	269707

2-14 续表 16

家用电器及电子产品专门零售

地区	门店数（个）		年末从业人员（人）		年末零售营业面积（平方米）	
	2015年	2014年	2015年	2014年	2015年	2014年
全国	**6705**	**6833**	**249037**	**262648**	**14752235**	**14787941**
北京	395	390	13542	13100	915057	838619
天津	77	88	2312	2800	254027	281100
河北	99	96	2210	2568	186024	200726
山西	127	53	1475	1036	148176	78234
内蒙古	18	19	705	707	85559	86059
辽宁	94	92	3472	3774	362794	363881
吉林	48	53	1134	1580	124454	126709
黑龙江	81	80	1315	1373	124708	134044
上海	260	246	6056	7456	716696	727775
江苏	1798	1805	153897	157888	6685906	6763715
浙江	73	65	1556	1692	80499	81796
安徽	76	77	2315	2551	220368	172710
福建	256	240	4965	5838	479373	417787
江西	42	41	1760	1828	77550	78574
山东	65	63	1837	1930	243927	203497
河南	163	172	4186	5157	288483	428290
湖北	238	195	6746	6537	683354	671379
湖南	110	101	2329	2600	210702	302480
广东	1938	2235	19783	23712	1394074	1392050
广西	46	48	1589	1886	102701	118200
海南						
重庆	122	111	3578	4207	402924	340459
四川	153	135	5397	5163	449711	482486
贵州	30	29	882	1071	96727	96727
云南	154	165	2276	2625	194658	206062
西藏						
陕西	15	14	719	640	6450	2000
甘肃	25	24	25	90	4000	4000
青海	10	5	161	181	26972	25606
宁夏	98	98	962	973	62715	62715
新疆	94	93	1853	1685	123646	100261

2-14 续表 17

五金、家具及室内装饰材料专门零售

地　区	门店数（个）		年末从业人员（人）		年末零售营业面积（平方米）	
	2015年	2014年	2015年	2014年	2015年	2014年
全　国	**201**	**178**	**7041**	**5856**	**351862**	**369704**
北　京	9	9	792	820	54390	54390
天　津	7	7	158	193	4029	4029
河　北						
山　西						
内蒙古						
辽　宁						
吉　林						
黑龙江						
上　海	16	16	809	1016	98811	102811
江　苏	1	1	61	66	8850	8850
浙　江	42	37	275	241	23786	30368
安　徽						
福　建						
江　西						
山　东	2	2	54	59	7841	7841
河　南						
湖　北	8	6	120	110	2985	2985
湖　南						
广　东	27	27	509	831	19021	19021
广　西						
海　南						
重　庆						
四　川	4	4	158	161	29400	29400
贵　州						
云　南						
西　藏						
陕　西						
甘　肃						
青　海						
宁　夏						
新　疆	85	69	4105	2359	102749	110009

2-14 续表 18

货摊、无店铺及其他零售业

地区	门店数（个）		年末从业人员（人）		年末零售营业面积（平方米）	
	2015年	2014年	2015年	2014年	2015年	2014年
全　国	**152**	**147**	**1029**	**1064**	**23423**	**23016**
北　京						
天　津						
河　北						
山　西						
内蒙古						
辽　宁						
吉　林	5	5	35	35	250	250
黑龙江						
上　海	19	14	311	333	3549	3142
江　苏	22	22	73	76	3350	3350
浙　江						
安　徽						
福　建						
江　西						
山　东						
河　南						
湖　北						
湖　南						
广　东	87	87	471	480	15274	15274
广　西	19	19	139	140	1000	1000
海　南						
重　庆						
四　川						
贵　州						
云　南						
西　藏						
陕　西						
甘　肃						
青　海						
宁　夏						
新　疆						

2-15 按行业分各地区连锁零售企业加盟门店基本情况

批发业

地 区	门店数（个）		年末从业人员（人）		年末零售营业面积（平方米）	
	2015年	2014年	2015年	2014年	2015年	2014年
全 国	**18857**	**18365**	**37926**	**39369**	**1178016**	**1125574**
北 京	155	155	414	400	10480	10480
天 津						
河 北						
山 西						
内 蒙 古						
辽 宁	198	198	382	337	11360	11360
吉 林						
黑 龙 江						
上 海	99	97	1155	1412	30441	29879
江 苏	2177	2286	4416	4569	6778	9971
浙 江	5343	4552	10013	8445	392669	347850
安 徽	4791	4853	7426	7469	121600	121600
福 建	904	632	3519	2460	160200	121087
江 西						
山 东	716	722	3094	4278	105801	105926
河 南						
湖 北	11		60		1	
湖 南	836	811	855	831	43950	39750
广 东	865	1191	871	3312	132351	160357
广 西	57	50	160	161	3265	3265
海 南						
重 庆	1743	1727	3929	4007	89769	87858
四 川	265	309	594	663	26071	28411
贵 州						
云 南	187	188	264	182	1000	1000
西 藏						
陕 西						
甘 肃						
青 海	40	40	108	120	8000	8000
宁 夏	100	125	273	280	13280	14780
新 疆	370	429	393	443	21000	24000

2-15 续表 1

农、林、牧产品批发

地区	门店数（个）		年末从业人员（人）		年末零售营业面积（平方米）	
	2015年	2014年	2015年	2014年	2015年	2014年
全国	**3699**	**3736**	**8304**	**8295**	**56286**	**52086**
北京						
天津						
河北						
山西						
内蒙古						
辽宁	40	40	30	30	2860	2860
吉林						
黑龙江						
上海						
江苏						
浙江						
安徽	2811	2873	7183	7183		
福建						
江西						
山东						
河南						
湖北						
湖南	835	810	850	825	43830	39630
广东						
广西						
海南						
重庆						
四川	13	13	241	257	9596	9596
贵州						
云南						
西藏						
陕西						
甘肃						
青海						
宁夏						
新疆						

2-15 续表 2

食品、饮料及烟草制品批发

地　区	门店数（个）		年末从业人员（人）		年末零售营业面积（平方米）	
	2015年	2014年	2015年	2014年	2015年	2014年
全　国	**4375**	**3761**	**10440**	**8689**	**342893**	**285761**
北　京						
天　津						
河　北						
山　西						
内蒙古						
辽　宁						
吉　林						
黑龙江						
上　海	3	3	3	2	297	297
江　苏						
浙　江	2957	2559	5678	4885	134174	116585
安　徽						
福　建	904	632	3519	2460	160200	121087
江　西						
山　东						
河　南						
湖　北						
湖　南						
广　东	137	195	251	345	1975	2475
广　西						
海　南						
重　庆	334	332	881	877	38247	37317
四　川						
贵　州						
云　南						
西　藏						
陕　西						
甘　肃						
青　海	40	40	108	120	8000	8000
宁　夏						
新　疆						

2-15 续表 3

纺织、服装及家庭用品批发

地区	门店数（个）		年末从业人员（人）		年末零售营业面积（平方米）	
	2015年	2014年	2015年	2014年	2015年	2014年
全国	**1091**	**1216**	**3099**	**4541**	**209165**	**225939**
北京						
天津						
河北						
山西						
内蒙古						
辽宁						
吉林						
黑龙江						
上海						
江苏	83	114	166	216	6778	9971
浙江						
安徽						
福建						
江西						
山东	531	532	2650	3790	94516	94516
河南						
湖北	11		60		1	
湖南						
广东	460	541	211	477	107390	119132
广西						
海南						
重庆						
四川	6	29	12	58	480	2320
贵州						
云南						
西藏						
陕西						
甘肃						
青海						
宁夏						
新疆						

2-15 续表 4

文化、体育用品及器材批发

地　区	门店数（个）		年末从业人员（人）		年末零售营业面积（平方米）	
	2015年	2014年	2015年	2014年	2015年	2014年
全　国	**2**	**2**	**11**	**11**	**610**	**610**
北　京						
天　津						
河　北						
山　西						
内 蒙 古						
辽　宁						
吉　林						
黑 龙 江						
上　海						
江　苏						
浙　江						
安　徽						
福　建						
江　西						
山　东						
河　南						
湖　北						
湖　南						
广　东	2	2	11	11	610	610
广　西						
海　南						
重　庆						
四　川						
贵　州						
云　南						
西　藏						
陕　西						
甘　肃						
青　海						
宁　夏						
新　疆						

2-15 续表 5

医药及医疗器材批发

地　区	门店数（个）		年末从业人员（人）		年末零售营业面积（平方米）	
	2015年	2014年	2015年	2014年	2015年	2014年
全　国	**1567**	**1701**	**3099**	**3438**	**90643**	**96391**
北　京						
天　津						
河　北						
山　西						
内蒙古						
辽　宁	158	158	352	307	8500	8500
吉　林						
黑龙江						
上　海						
江　苏						
浙　江	155	126	458	362	16931	13915
安　徽						
福　建						
江　西						
山　东	65	70	131	134	3445	3570
河　南						
湖　北						
湖　南	1	1	5	6	120	120
广　东	215	368	308	705	12960	22080
广　西						
海　南						
重　庆	727	711	1504	1576	32692	31711
四　川	246	267	341	348	15995	16495
贵　州						
云　南						
西　藏						
陕　西						
甘　肃						
青　海						
宁　夏						
新　疆						

2-15 续表 6

矿产品、建材及化工产品批发

地　区	门店数（个）		年末从业人员（人）		年末零售营业面积（平方米）	
	2015年	2014年	2015年	2014年	2015年	2014年
全　国	**7355**	**7499**	**11201**	**11554**	**424013**	**426807**
北　京	155	155	414	400	10480	10480
天　津						
河　北						
山　西						
内蒙古						
辽　宁						
吉　林						
黑龙江						
上　海	96	94	1152	1410	30144	29582
江　苏	2094	2172	4250	4353		
浙　江	1812	1802	3084	3068	214594	213450
安　徽	1980	1980	243	286	121600	121600
福　建						
江　西						
山　东						
河　南						
湖　北						
湖　南						
广　东						
广　西	57	50	160	161	3265	3265
海　南						
重　庆	564	564	1128	1131	16930	16930
四　川						
贵　州						
云　南	187	188	264	182	1000	1000
西　藏						
陕　西						
甘　肃						
青　海						
宁　夏	40	65	113	120	5000	6500
新　疆	370	429	393	443	21000	24000

2-15 续表 7

机械设备、五金产品及电子产品批发

地　区	门店数（个）		年末从业人员（人）		年末零售营业面积（平方米）	
	2015年	2014年	2015年	2014年	2015年	2014年
全　国	**53**	**85**	**98**	**1774**	**9666**	**16060**
北　京						
天　津						
河　北						
山　西						
内蒙古						
辽　宁						
吉　林						
黑龙江						
上　海						
江　苏						
浙　江	2		8		250	
安　徽						
福　建						
江　西						
山　东						
河　南						
湖　北						
湖　南						
广　东	51	85	90	1774	9416	16060
广　西						
海　南						
重　庆						
四　川						
贵　州						
云　南						
西　藏						
陕　西						
甘　肃						
青　海						
宁　夏						
新　疆						

2-15 续表 8

其他批发业

地区	门店数（个）		年末从业人员（人）		年末零售营业面积（平方米）	
	2015年	2014年	2015年	2014年	2015年	2014年
全　国	**715**	**365**	**1674**	**1067**	**44740**	**21920**
北　京						
天　津						
河　北						
山　西						
内蒙古						
辽　宁						
吉　林						
黑龙江						
上　海						
江　苏						
浙　江	417	65	785	130	26720	3900
安　徽						
福　建						
江　西						
山　东	120	120	313	354	7840	7840
河　南						
湖　北						
湖　南						
广　东						
广　西						
海　南						
重　庆	118	120	416	423	1900	1900
四　川						
贵　州						
云　南						
西　藏						
陕　西						
甘　肃						
青　海						
宁　夏	60	60	160	160	8280	8280
新　疆						

2-15 续表 9

零售业

地 区	门店数（个）		年末从业人员（人）		年末零售营业面积（平方米）	
	2015年	2014年	2015年	2014年	2015年	2014年
全 国	**53027**	**51652**	**254688**	**240969**	**8642344**	**8251265**
北 京	1881	1876	11520	11909	273782	272488
天 津	506	495	1327	1215	53325	50840
河 北	393	409	730	742	36050	36516
山 西	1419	1372	5917	5999	77784	77085
内蒙古	132	38	360	57	7278	2140
辽 宁	1678	1721	7537	8248	193827	194727
吉 林						
黑龙江	444	384	1296	947	22730	18636
上 海	7184	7004	90847	83090	3888268	3639363
江 苏	3386	3515	27790	28113	924326	940180
浙 江	10235	11276	22465	22713	679963	725739
安 徽	629	570	5543	5308	205148	201415
福 建	825	625	2853	2497	64471	52966
江 西	1317	1356	4431	4210	214464	169736
山 东	1172	1434	4579	5564	115729	149951
河 南	1090	897	2404	2372	114650	114132
湖 北	946	310	4469	2149	90825	37611
湖 南	2402	2142	5642	5095	226059	201075
广 东	3318	2725	24435	20154	636195	614140
广 西	814	816	3947	3905	144447	114652
海 南						
重 庆	6864	6805	9672	10506	282590	265509
四 川	5036	4533	12425	10627	220027	196444
贵 州	203	238	628	549	14721	14006
云 南	326	346	612	601	16638	17208
西 藏						
陕 西	135	174	711	1662	17890	21274
甘 肃	18	1	30	8	800	100
青 海	32	2	59	4		
宁 夏	28	30	90	102	7209	2695
新 疆	614	558	2369	2623	113148	120637

2-15 续表 10

综合零售

地　区	门店数（个）		年末从业人员（人）		年末零售营业面积（平方米）	
	2015年	2014年	2015年	2014年	2015年	2014年
全　国	**31327**	**32321**	**191742**	**184832**	**6870702**	**6758891**
北　京	822	895	5484	6193	147887	153407
天　津	499	481	1320	1202	52395	49910
河　北	356	374	582	602	28650	29516
山　西	1416	1362	5910	5957	77504	75250
内 蒙 古	93	4	309	24	5608	470
辽　宁	1438	1490	6530	7241	163053	163953
吉　林						
黑 龙 江	201	189	950	700	19960	17950
上　海	4094	4399	78417	73232	3351804	3229688
江　苏	2570	2811	25072	25771	845973	870766
浙　江	8055	9146	18377	18578	563143	613942
安　徽	569	570	5303	5308	201398	201415
福　建	511	349	1899	1663	32107	22380
江　西	119	120	2772	2724	182538	142000
山　东	946	1288	4157	5352	105179	146831
河　南	599	508	758	849	27300	28496
湖　北	59	36	1433	1356	18494	16417
湖　南	715	656	2013	1807	118887	110000
广　东	1530	1026	15198	11164	491945	456600
广　西	128	122	1057	1035	58917	52972
海　南						
重　庆	3016	3073	3893	3925	138473	140168
四　川	2997	2788	8098	7662	123955	116178
贵　州	26	75	68	71	2135	2970
云　南	326	346	612	601	16638	17208
西　藏						
陕　西						
甘　肃						
青　海						
宁　夏	3	5	15	25	4609	95
新　疆	239	208	1515	1790	92150	100309

2-15 续表 11

食品、饮料及烟草制品专门零售

地 区	门店数（个）		年末从业人员（人）		年末零售营业面积（平方米）	
	2015年	2014年	2015年	2014年	2015年	2014年
全 国	**5181**	**4126**	**13025**	**9555**	**234271**	**165190**
北 京	845	754	4486	4162	80699	70878
天 津						
河 北	37	35	148	140	7400	7000
山 西						
内蒙古						
辽 宁						
吉 林						
黑龙江						
上 海	6	6	89	89	480	480
江 苏	10	10	90	90	1500	1500
浙 江	888	882	780	851	27250	26098
安 徽	60		240		3750	
福 建	199	186	602	530	9803	9160
江 西	1098	1179	1348	1265	21766	21717
山 东	50	50	100	100	2000	2100
河 南	127	151	382	457	5680	7400
湖 北	549	7	1314	18	28516	402
湖 南	451	431	875	862	6765	6465
广 东						
广 西						
海 南						
重 庆	400	361	752	718	6330	5545
四 川	436	49	1744	196	29732	3845
贵 州						
云 南						
西 藏						
陕 西						
甘 肃						
青 海						
宁 夏	25	25	75	77	2600	2600
新 疆						

2-15 续表 12

纺织、服装及日用品专门零售

地　区	门店数（个）		年末从业人员（人）		年末零售营业面积（平方米）	
	2015年	2014年	2015年	2014年	2015年	2014年
全　国	**3960**	**3564**	**15787**	**14135**	**345824**	**269712**
北　京	15	18	90	116	1692	2007
天　津						
河　北						
山　西						
内蒙古						
辽　宁	1	1	3	3	100	100
吉　林						
黑龙江						
上　海	1619	1256	6294	4434	134167	64133
江　苏	328	346	1643	1523	31801	30779
浙　江	271	232	413	372	25388	20453
安　徽						
福　建						
江　西						
山　东						
河　南	5	5	40	40	600	600
湖　北	8		76		1900	
湖　南	427	384	505	544	25172	23085
广　东	934	983	5802	6100	94374	91696
广　西						
海　南						
重　庆	37	43	406	429	21400	22020
四　川	282	263	310	375	5710	11175
贵　州						
云　南						
西　藏						
陕　西	33	33	205	199	3520	3664
甘　肃						
青　海						
宁　夏						
新　疆						

2-15 续表 13

文化、体育用品及器材专门零售

地区	门店数（个）		年末从业人员（人）		年末零售营业面积（平方米）	
	2015年	2014年	2015年	2014年	2015年	2014年
全国	**265**	**102**	**684**	**710**	**3441**	**4922**
北京	1	2	1	2	30	157
天津						
河北						
山西						
内蒙古						
辽宁						
吉林						
黑龙江						
上海						
江苏						
浙江						
安徽						
福建						
江西						
山东						
河南						
湖北	7	29	35	59	1600	2950
湖南						
广东	1	1	3	3	50	50
广西						
海南						
重庆	228	42	60	61	1760	1764
四川	28	28	585	585	1	1
贵州						
云南						
西藏						
陕西						
甘肃						
青海						
宁夏						
新疆						

2-15 续表 14

医药及医疗器材专门零售

地　区	门店数 (个)		年末从业人员 (人)		年末零售营业面积 (平方米)	
	2015年	2014年	2015年	2014年	2015年	2014年
全　国	**11447**	**10845**	**29342**	**28483**	**1035618**	**916420**
北　京	198	207	1459	1436	43474	46039
天　津	7	14	7	13	930	930
河　北						
山　西	3	10	7	42	280	1835
内蒙古	39	34	51	33	1670	1670
辽　宁	239	230	1004	1004	30674	30674
吉　林						
黑龙江	243	195	346	247	2770	686
上　海	1465	1343	6047	5335	401817	345062
江　苏	389	294	742	520	40542	32985
浙　江	1020	1015	2874	2888	62682	63746
安　徽						
福　建	80	75	300	259	21811	20676
江　西	99	56	265	162	9225	5050
山　东	176	96	322	112	8550	1020
河　南	253	107	562	287	20890	12956
湖　北	270	238	839	716	21310	17842
湖　南	809	671	2249	1882	75235	61525
广　东	298	231	1204	804	18333	14384
广　西	679	681	2806	2775	51415	49009
海　南						
重　庆	3183	3286	4561	5373	114627	96012
四　川	1293	1405	1688	1809	60629	65245
贵　州	177	163	560	478	12586	11036
云　南						
西　藏						
陕　西	102	141	506	1463	14370	17610
甘　肃	18	1	30	8	800	100
青　海	32	2	59	4		
宁　夏						
新　疆	375	350	854	833	20998	20328

2-15　续表 15

汽车、摩托车、燃料及零配件专门零售

地　区	门店数（个）		年末从业人员（人）		年末零售营业面积（平方米）	
	2015年	2014年	2015年	2014年	2015年	2014年
全　国	**157**	**135**	**1430**	**840**	**79005**	**84500**
北　京						
天　津						
河　北						
山　西						
内蒙古						
辽　宁						
吉　林						
黑龙江						
上　海						
江　苏						
浙　江						
安　徽						
福　建						
江　西						
山　东						
河　南	104	124	658	735	60000	64500
湖　北	53		772		19005	
湖　南						
广　东		11		105		20000
广　西						
海　南						
重　庆						
四　川						
贵　州						
云　南						
西　藏						
陕　西						
甘　肃						
青　海						
宁　夏						
新　疆						

2-15 续表 16

家用电器及电子产品专门零售

地 区	门店数（个）		年末从业人员（人）		年末零售营业面积（平方米）	
	2015年	2014年	2015年	2014年	2015年	2014年
全 国	**192**	**83**	**737**	**496**	**42518**	**20670**
北 京						
天 津						
河 北						
山 西						
内蒙古						
辽 宁						
吉 林						
黑龙江						
上 海						
江 苏	88	53	242	208	4210	3850
浙 江	1	1	21	24	1500	1500
安 徽						
福 建						
江 西	1	1	46	59	935	969
山 东						
河 南	2	2	4	4	180	180
湖 北						
湖 南						
广 东	93	13	340	106	1578	1500
广 西	7	13	84	95	34115	12671
海 南						
重 庆						
四 川						
贵 州						
云 南						
西 藏						
陕 西						
甘 肃						
青 海						
宁 夏						
新 疆						

2-15 续表 17

货摊、无店铺及其他零售业

地区	门店数（个）		年末从业人员（人）		年末零售营业面积（平方米）	
	2015年	2014年	2015年	2014年	2015年	2014年
全国	**498**	**476**	**1941**	**1918**	**30965**	**30960**
北京						
天津						
河北						
山西						
内蒙古						
辽宁						
吉林						
黑龙江						
上海						
江苏	1	1	1	1	300	300
浙江						
安徽						
福建	35	15	52	45	750	750
江西						
山东						
河南						
湖北						
湖南						
广东	462	460	1888	1872	29915	29910
广西						
海南						
重庆						
四川						
贵州						
云南						
西藏						
陕西						
甘肃						
青海						
宁夏						
新疆						

2-16 按行业分各地区

批发业

地　区	商品购进总额		统一配送商品购进额		自有配送中心配送商品购进额	
	2015年	2014年	2015年	2014年	2015年	2014年
全　国	**93744647**	**118547244**	**84280642**	**103477958**	**49612831**	**66567297**
北　京	1844043	2403807	1812195	2369758	143505	153320
天　津	30621	38429	2907	2208		
河　北	1953482	2392964	1547293	2117906	315696	1239932
山　西	541749	530032	269149	263649	269149	263649
内蒙古						
辽　宁	1198218	1399080	684145	769933	405931	487166
吉　林	66996	63394	64202	58002	64202	58002
黑龙江	99827	115309	99827	115309		
上　海	5034537	6314023	4746527	5907218	3928790	4753504
江　苏	16826012	17573594	16820600	17545660	16808918	17531899
浙　江	12379561	17276757	11526790	15975442	11093318	15607498
安　徽	7721328	8709151	7631840	4632620	3769794	4096249
福　建	99185	130038	42141	85099	31779	79682
江　西	3367901	3140254	3268043	3039262	1618370	1602979
山　东	4051545	11801982	2665501	10215978	1226717	8706231
河　南	2068126	2538495	1231689	1513703	630167	872242
湖　北	1482825	1817481	1409870	1798856	775779	741384
湖　南	101140	386996	42576	330073	27540	315095
广　东	15535361	18507352	13731137	18140077	460849	512751
广　西	6383903	7018960	6383903	7018960	2055795	2316061
海　南						
重　庆	1014854	3458702	342881	483449	320475	463735
四　川	390073	392805	372268	375106	40606	40984
贵　州						
云　南	663878	537525	650656	520474	51068	57642
西　藏						
陕　西	6358483	6359841	5457053	5580176	3671906	3851027
甘　肃	372753	190760	154163	188886		
青　海	4130	4537	4130	4537	4130	4537
宁　夏	348256	725020	118898	494038	58498	437952
新　疆	3805861	4719955	3200260	3931580	1839851	2373777

连锁零售企业经营情况

单位：万元

非自有配送中心配送商品购进额		商品销售总额		零售额	
2015年	2014年	2015年	2014年	2015年	2014年
15608952	**19941448**	**107515391**	**132489840**	**60610749**	**75158343**
		1908807	2498019	664623	794226
		34449	47437	9392	12427
112881		2443248	3130830	1580174	1749346
		749407	713551	1737	1300
	7002	1354360	1666946	820505	1080797
		96635	101087	96635	101087
		97349	117469	28853	34601
86302	75819	5570043	6770533	2355211	2770797
3966	4671	17631337	18733846	8101069	7750605
371058	313759	13191783	15966654	8388086	9912368
78749	91546	7901789	9109096	5276341	5541387
5415	271	84804	90267	38972	37372
381650	529934	6181617	6244500	3223068	3143482
117	124	4947405	12777187	2693582	10417461
		2438046	2776909	1748588	1840560
36524	45087	1849174	2006735	640552	709128
		127226	451936	28723	22776
12989006	17337693	18001542	21749259	15164613	17138388
		6791968	7422153	3545301	3527067
8809	6252	1096993	3819358	548030	2900516
		371178	442905	264161	203379
		2084945	2149733	844142	786642
170465	162099	7270446	7355720	2582543	2680421
		483842	606560	408870	528377
		5368	9525	5368	9525
3603	7054	599944	717246	180363	199365
1360409	1360140	4201687	5014378	1371248	1264944

2-16 续表 1

农、林、牧产品批发

地 区	商品购进总额		统一配送商品购进额		自有配送中心配送商品购进额	
	2015年	2014年	2015年	2014年	2015年	2014年
全 国	**1659401**	**1425289**	**1622106**	**1388103**	**1618131**	**1384517**
北 京						
天 津						
河 北						
山 西						
内蒙古						
辽 宁	3975	3586	3975	3586		
吉 林						
黑龙江						
上 海						
江 苏						
浙 江						
安 徽	1566841	1350944	1566841	1350944	1566841	1350944
福 建						
江 西						
山 东						
河 南						
湖 北	37645	31567	37645	31567	37645	31567
湖 南	48209	36370	11796		11796	
广 东	882	816				
广 西						
海 南						
重 庆						
四 川	1849	2007	1849	2007	1849	2007
贵 州						
云 南						
西 藏						
陕 西						
甘 肃						
青 海						
宁 夏						
新 疆						

单位：万元

非自有配送中心配送商品购进额		商品销售总额		零售额	
2015年	2014年	2015年	2014年	2015年	2014年
		1742741	**1604541**	**30552**	**17109**
		3175	2756	3175	2756
		1625346	1506471		
		42659	34745	16258	14259
		69003	57906	11029	
		869	783	89	94
		1689	1880		

2-16 续表 2

食品、饮料及烟草制品批发

地区	商品购进总额		统一配送商品购进额		自有配送中心配送商品购进额	
	2015年	2014年	2015年	2014年	2015年	2014年
全　国	**7366187**	**6735961**	**6343487**	**5779873**	**3741890**	**3569074**
北　京	7302	6363	7302	6363	5745	4863
天　津	2907	2208	2907	2208		
河　北						
山　西	541749	530032	269149	263649	269149	263649
内蒙古						
辽　宁						
吉　林						
黑龙江						
上　海	200353	174393	110993	103071	24691	27252
江　苏	268128	217571	268128	217571	263914	212760
浙　江	93325	73566	87040	73566	72702	59854
安　徽						
福　建	84257	119950	30565	78276	25618	73131
江　西	2500262	2032294	2400405	1931302	1226878	1119450
山　东	1099297	1052074	1076337	1028812		
河　南	4152	7765	4152	7765	4152	7765
湖　北	158578	142714	158578	142714	2324	335
湖　南						
广　东	26132	28112	26132	28112	14247	15748
广　西						
海　南						
重　庆	156019	135567	64021	59684	57004	53432
四　川						
贵　州						
云　南						
西　藏						
陕　西	1838126	1843105	1511258	1524327	1507857	1519362
甘　肃						
青　海	4130	4537	4130	4537	4130	4537
宁　夏	77951	65387	77951	65387	19038	12630
新　疆	303520	300321	244441	242528	244441	194306

单位：万元

非自有配送中心配送商品购进额		商品销售总额		零售额	
2015年	2014年	2015年	2014年	2015年	2014年
113355	**106008**	**9225630**	**8477771**	**1427303**	**907937**
		10893	9599	3533	3303
		3786	2868	1726	1285
		749407	713551	1737	1300
86302	75819	331413	288130	151672	144752
		250064	319182	52505	10513
14338	13713	139382	112632	54374	47351
		72411	79093	33300	33672
		3561379	3037940	774554	358852
		1079267	1057915	191524	165046
		4092	7390	1902	1687
205	1896	159210	166793	73723	73593
		35157	35606	8970	9101
7016	6252	169215	125879	64646	39392
3378	4605	2182466	2129404	3638	5236
		5368	9525	5368	9525
2115	3724	106664	97599	2407	1647
		365456	284665	1725	1680

2-16 续表 3

纺织、服装及家庭用品批发

地区	商品购进总额		统一配送商品购进额		自有配送中心配送商品购进额	
	2015年	2014年	2015年	2014年	2015年	2014年
全国	**1908615**	**1861928**	**1007173**	**916595**	**900739**	**808073**
北京	7230	8795	7230	8795	7230	8795
天津						
河北						
山西						
内蒙古						
辽宁	37602	39819	37602	39819		
吉林						
黑龙江						
上海	86959	92105	86959	92105	86959	92105
江苏	15695	43322	14898	21628	14898	21628
浙江	30881	29750	30881	29750	30881	29750
安徽						
福建						
江西	5362	4046	5362	4046		
山东	1522985	1372799	634229	513548	634229	513548
河南						
湖北	2322		2322		2322	
湖南	1500	986	1500	986	1500	986
广东	195414	263189	183525	198802	120054	134143
广西						
海南						
重庆						
四川	2666	7118	2666	7118	2666	7118
贵州						
云南						
西藏						
陕西						
甘肃						
青海						
宁夏						
新疆						

单位：万元

非自有配送中心配送商品购进额		商品销售总额		零售额	
2015年	2014年	2015年	2014年	2015年	2014年
8504	**6747**	**3128403**	**3047806**	**1580122**	**1556068**
		9491	11365	3994	6277
		52713	56253		
		120203	120363	24873	34898
		15952	50339	13786	20391
		57752	71452	57092	911
5362	4046	11733	10014	11733	10014
		2435227	2357037	1336191	1353037
		2322		2322	
		9033	6075	3032	1855
3142	2702	409952	355288	123655	120018
		4025	9621	3445	8667

2-16 续表 4

文化、体育用品及器材批发

地　区	商品购进总额		统一配送商品购进额		自有配送中心配送商品购进额	
	2015年	2014年	2015年	2014年	2015年	2014年
全　国	**3062638**	**3032721**	**3059844**	**3027329**	**2972907**	**2948558**
北　京	35784	41931	35784	41931		
天　津						
河　北						
山　西						
内蒙古						
辽　宁						
吉　林	2795	5392				
黑龙江						
上　海						
江　苏	1212124	1085710	1212124	1085710	1212124	1085710
浙　江	1394630	1220065	1394630	1220065	1394630	1220065
安　徽						
福　建						
江　西						
山　东						
河　南						
湖　北	333250	314142	333250	314142	333250	314142
湖　南	14243	314109	14243	314109	14243	314109
广　东	69813	51373	69813	51373	18661	14532
广　西						
海　南						
重　庆						
四　川						
贵　州						
云　南						
西　藏						
陕　西						
甘　肃						
青　海						
宁　夏						
新　疆						

单位：万元

非自有配送中心配送商品购进额		商品销售总额		零售额	
2015年	2014年	2015年	2014年	2015年	2014年
50277	**33436**	**2994998**	**3069821**	**1274624**	**1203783**
		44632	42058	6114	4154
		6536	12397	6536	12397
		1129440	1107238	522178	526168
		1353519	1182655	660224	580465
		404753	327538	59526	56663
		13855	354296	13855	10486
50277	33436	42264	43639	6191	13451

2-16 续表 5

医药及医疗器材批发

地区	商品购进总额		统一配送商品购进额		自有配送中心配送商品购进额	
	2015年	2014年	2015年	2014年	2015年	2014年
全国	**612658**	**563347**	**397261**	**365686**	**329050**	**308940**
北京						
天津						
河北						
山西						
内蒙古						
辽宁	4724	7002	4724	7002		
吉林	64202	58002	64202	58002	64202	58002
黑龙江						
上海						
江苏	114317	106050	114317	106050	114317	106050
浙江	25413	21551	25413	21551	6247	5240
安徽						
福建	3555	3605	3555	3605	3555	3605
江西						
山东	116328	116944	1728	1580	1611	1456
河南						
湖北	725	828	725	828	725	828
湖南	22151	20553				
广东	61332	36028	42135	30752	1057	938
广西						
海南						
重庆	53550	43434	17568	14003	17495	13633
四川	56949	52684	39144	34985	36091	31860
贵州						
云南	56730	66979	51068	57642	51068	57642
西藏						
陕西	5902	5917	5902	5917	5902	5917
甘肃						
青海						
宁夏						
新疆	26781	23770	26781	23770	26781	23770

单位：万元

非自有配送中心配送商品购进额		商品销售总额		零售额	
2015年	2014年	2015年	2014年	2015年	2014年
13780	**7761**	**696463**	**651933**	**274474**	**267239**
	7002	6639	7486	6639	7486
		90098	88691	90098	88691
		120400	115951	54180	52273
		33365	28566	29557	25247
		3997	4091	2719	1978
117	124	125177	122102	17308	16560
		768	876	768	876
		21008	19650		9725
13663	636	76623	54746	13291	7192
		66933	58465	20356	16257
		65530	62597	21763	20757
		50274	56130	9593	11864
		6213	6237	6081	6237
		29440	26346	2120	2097

2-16 续表 6

矿产品、建材及化工产品批发

地区	商品购进总额		统一配送商品购进额		自有配送中心配送商品购进额	
	2015年	2014年	2015年	2014年	2015年	2014年
全国	**75725965**	**100914029**	**68626601**	**88180975**	**37647731**	**54613154**
北京	1637881	2179778	1637881	2179778	6533	6771
天津						
河北	1953482	2392964	1547293	2117906	315696	1239932
山西						
内蒙古						
辽宁	1103688	1299595	589615	670448	360223	441621
吉林						
黑龙江	99827	115309	99827	115309		
上海	4747225	6047526	4548575	5712043	3817139	4634147
江苏	15209767	16114505	15205151	16108264	15198880	16100602
浙江	10434226	15584780	9592822	14288419	9570901	14273015
安徽	4121162	4825647	4031674	749116	169628	212745
福建	5958	6212	2606	2946	2606	2946
江西	862277	1103914	862277	1103914	391492	483529
山东	1301187	9237023	947629	8664945	585615	8184984
河南	2054656	2521166	1218219	1496374	626015	864477
湖北	770619	1074499	697665	1055874	399513	394513
湖南						
广东	14753972	17667800	13089537	17468215	146369	167296
广西	6350830	6968070	6350830	6968070	2055795	2316061
海南						
重庆	789148	3264279	247769	396669	245976	396669
四川	328610	330996	328610	330996		
贵州						
云南	583026	439576	575466	431862		
西藏						
陕西	4503569	4497895	3929008	4037008	2147262	2312824
甘肃	372753	190760	154163	188886		
青海						
宁夏	266545	655873	40947	428651	39460	425321
新疆	3475560	4395864	2929038	3665282	1568629	2155701

单位：万元

非自有配送中心配送商品购进额		商品销售总额		零售额	
2015年	2014年	2015年	2014年	2015年	2014年
15061507	**19487659**	**86308458**	**111565959**	**53250573**	**68281846**
		1690840	2263329	608507	734018
112881		2443248	3130830	1580174	1749346
		1243225	1553225	764783	1026938
		97349	117469	28853	34601
		5118426	6362040	2178667	2591147
2769	3383	16108927	17134022	7456349	7139104
1802	1767	11326621	14228655	7329484	9065924
78749	91546	4292931	5147305	3292829	3407825
		6970	6893	1526	1533
376288	525888	2608505	3196545	2436782	2774616
		1293501	9211218	1148560	8882819
		2423734	2758735	1741207	1834374
36319	43191	952255	1191880	450893	528856
12921924	17300920	16983180	20739258	14665875	16576048
		6730389	7360842	3524381	3510542
1792		840882	3616371	459320	2842190
		299934	368808	238953	173954
		1997291	2046449	816377	751804
167086	157494	5070554	5206726	2572824	2668948
		483842	606560	408870	528377
1487	3330	489065	615432	177956	197717
1360409	1360140	3806792	4703367	1367404	1261167

2-16 续表 7

机械设备、五金产品及电子产品批发

地区	商品购进总额		统一配送商品购进额		自有配送中心配送商品购进额	
	2015年	2014年	2015年	2014年	2015年	2014年
全国	**880498**	**864180**	**740237**	**727271**	**340507**	**371959**
北京	155846	166940	123997	132891	123997	132891
天津	27714	36221				
河北						
山西						
内蒙古						
辽宁	45708	45545	45708	45545	45708	45545
吉林						
黑龙江						
上海						
江苏	5982	6437	5982	6437	4786	5150
浙江	351218	295601	351218	295601	490	2302
安徽						
福建	5415	271	5415	271		
江西						
山东	5262	6243	5262	6243	5262	6243
河南	9318	9563	9318	9563		
湖北						
湖南						
广东	240962	246468	160265	179829	160265	179829
广西	33073	50891	33073	50891		
海南						
重庆						
四川						
贵州						
云南						
西藏						
陕西						
甘肃						
青海						
宁夏						
新疆						

单位：万元

非自有配送中心配送商品购进额		商品销售总额		零售额	
2015年	2014年	2015年	2014年	2015年	2014年
355431	**293893**	**805700**	**936908**	**538127**	**515407**
		152952	171669	42475	46473
		30663	44569	7666	11142
		45908	43618	45908	43618
1196	1287	6555	7114	2070	2156
348820	292334	227413	290365	225635	161628
5415	271	1427	189	1427	189
		5833	7025		
		10221	10784	5479	4499
		263149	300264	186547	229177
		61580	61311	20920	16525

2-16 续表 8

其他批发业

地区	商品购进总额		统一配送商品购进额		自有配送中心配送商品购进额	
	2015年	2014年	2015年	2014年	2015年	2014年
全国	**2528684**	**3149791**	**2483933**	**3092125**	**2061875**	**2563022**
北京						
天津						
河北						
山西						
内蒙古						
辽宁	2522	3534	2522	3534		
吉林						
黑龙江						
上海						
江苏						
浙江	49869	51444	44786	46489	17468	17272
安徽	2033325	2532560	2033325	2532560	2033325	2532560
福建						
江西						
山东	6486	16900	316	850		
河南						
湖北	179686	253732	179686	253732		
湖南	15036	14978	15036	14978		
广东	186855	213567	159731	182994	197	265
广西						
海南						
重庆	16138	15422	13524	13093		
四川						
贵州						
云南	24122	30971	24122	30971		
西藏						
陕西	10886	12924	10886	12924	10886	12924
甘肃						
青海						
宁夏	3760	3760				
新疆						

单位：万元

非自有配送中心配送商品购进额		商品销售总额		零售额	
2015年	2014年	2015年	2014年	2015年	2014年
6099	**5945**	**2612998**	**3135102**	**2234975**	**2408955**
		2699	3609		
6099	5945	53732	52330	31719	30841
		1983512	2455320	1983512	2133562
		8401	21890		
		287208	284902	37061	34882
		14327	14010	807	711
		190348	219677	159995	183309
		19963	18644	3709	2677
		37380	47154	18172	22974
		11213	13353		
		4215	4215		

2-16 续表 9

零售业

地　区	商品购进总额		统一配送商品购进额		自有配送中心配送商品购进额	
	2015年	2014年	2015年	2014年	2015年	2014年
全　国	**211823484**	**204192586**	**149517963**	**145224774**	**86950001**	**81804311**
北　京	21224472	21347720	10052278	8897234	4896851	4279035
天　津	5433577	6645454	3293071	4588033	2430311	3137063
河　北	7242284	7497397	4355652	4695891	2963244	3086810
山　西	2872072	3309638	1836559	2150626	909539	1334786
内蒙古	263313	323212	157967	233783	100885	203855
辽　宁	6737245	7438579	5438581	5984360	1166886	1223200
吉　林	1175467	1171352	1154159	1148348	1001656	988169
黑龙江	2166236	1979505	1771686	1567211	550297	495661
上　海	21658970	20666086	16224310	15506550	5020035	4654815
江　苏	23639058	13698013	18050004	13023831	14851106	10175713
浙　江	6037551	6119542	5553619	5675296	4063359	4350164
安　徽	8174233	7893767	4066181	4023864	1982495	1963244
福　建	9369432	9408645	6128754	5808346	3799694	3217494
江　西	3933445	3766229	2947692	3066128	1844384	1727606
山　东	13726916	15602617	8670310	10200073	4440237	6029618
河　南	4999970	4596736	3261363	2756726	1851494	1710757
湖　北	14979256	15043920	10374521	10342963	8842265	8610127
湖　南	8796796	9186606	7267609	7773760	4872452	5056727
广　东	26931379	26343367	20754847	20328727	12180849	11235465
广　西	703336	682626	650341	574926	426872	388045
海　南	1359939	1633734	1335114	1613883	6424	5928
重　庆	5341453	5123519	4668111	4461843	3322120	3175898
四　川	6159802	5249933	4582577	3710364	2376435	1631671
贵　州	621389	575311	579438	506000	215188	275314
云　南	2309509	2362151	1873706	1846262	813220	763244
西　藏	30522	20152	30522	20152		
陕　西	1610472	1988439	768114	767178	243289	251170
甘　肃	1049135	1194858	1009478	1167884	101226	110832
青　海	195915	175727	73872	56706		
宁　夏	705254	654242	332437	336441	281598	287292
新　疆	2375087	2493513	2255091	2391387	1395592	1434609

单位：万元

非自有配送中心配送商品购进额		商品销售总额		零售额	
2015年	2014年	2015年	2014年	2015年	2014年
21084801	**21351070**	**246488622**	**239551040**	**196882328**	**198637153**
1319366	1062759	25423948	25779429	20845689	20475710
347690	457994	6101390	7482067	4488123	5519841
88465	87083	7446818	8312331	5550976	6150094
2423	1437	4397862	5029009	3818184	4505959
1610	1327	309946	280329	223422	200062
1480444	1825869	6516852	7718849	5242657	5883139
14840	20034	1321738	1422107	1144236	1244999
209019	185049	2289815	2230099	1839874	1974976
2479031	2547211	24340703	23399290	19982669	19269385
2519882	2236476	27123147	15998899	11427024	12564310
479110	585443	6857714	6848385	6250637	6216461
387579	336910	7813138	7578282	5239388	5172656
729871	594228	12262246	12486231	10956300	10679775
249658	297013	5566646	5641420	4867378	4818425
960327	915460	15231236	15721949	13032030	12681157
346526	150998	6115506	5883916	5706516	5358967
511473	818155	16975518	16632167	15201226	15195537
998108	501337	10744465	11225561	9722606	10148046
5614654	6574283	31692558	31740578	26563974	26722726
46292	42191	931459	862870	907568	834677
		1511919	1843572	854009	1275930
755370	772234	7951552	7778130	6991753	6684454
260869	238081	6841057	6398510	6660896	5957465
17679	16029	634670	565784	621726	544309
217046	218510	3054180	3065834	2838655	2740741
		35667	22152	35667	22152
216407	205798	1824238	2140663	1138241	1069707
	4035	1350527	1613977	1225041	1332722
		267009	233651	265269	230829
		661646	632344	653356	619926
831065	655127	2893453	2982655	2587238	2542017

2-16 续表 10

综合零售

地 区	商品购进总额		统一配送商品购进额		自有配送中心配送商品购进额	
	2015年	2014年	2015年	2014年	2015年	2014年
全 国	**113537969**	**107820714**	**74285546**	**70012016**	**47069320**	**44258444**
北 京	10128691	9908331	6666192	6104610	2616646	2514104
天 津	990656	932166	31004	26723	1269	1484
河 北	3429563	3357003	581165	592565	461258	450824
山 西	798787	853333	371560	427816	264462	293535
内蒙古	168331	219139	92745	149516	47961	136326
辽 宁	1124872	1107713	642404	659101	37893	41442
吉 林	130838	130662	130838	130662		
黑龙江	701106	685971	364127	323139	340588	311987
上 海	15537199	15180371	11030757	10836234	2589643	2421907
江 苏	10931401	10312393	10123867	9749057	8497246	8574030
浙 江	4795450	4927194	4406401	4557529	3379167	3662671
安 徽	7373002	7112037	3603862	3512846	1767141	1685174
福 建	5461918	4577351	4103271	3554252	3059992	2568559
江 西	1321314	1273502	796930	679327	554895	543631
山 东	10453117	10349647	5927557	5602617	3468835	3252526
河 南	2451774	2295384	1163769	961712	614403	471674
湖 北	9957927	9576650	5871109	5807379	5586724	5362452
湖 南	4494851	4016957	3142408	2937974	2407080	2316825
广 东	12769050	10835601	7881940	6351743	6907661	5405280
广 西	287006	307382	234476	199683	68217	65598
海 南	35905	19850	11081			
重 庆	3379179	3283685	2788015	2686377	2224351	2140792
四 川	3616584	3265156	2656297	2354196	1607784	1363847
贵 州	225119	233461	221801	229056	173475	165264
云 南	733135	722063	370285	360979	176085	175959
西 藏	30522	20152	30522	20152		
陕 西	765191	809634	193985	183950	73633	90878
甘 肃	72695	74934	33037	47960	33037	47960
青 海	125104	119571	24107	18769		
宁 夏	447542	387498	79618	74596	28778	25447
新 疆	800144	925924	710416	871496	81097	168270

单位：万元

非自有配送中心配送商品购进额		商品销售总额		零售额	
2015年	2014年	2015年	2014年	2015年	2014年
9694655	**9051483**	**130274365**	**125738783**	**112845906**	**109463116**
609718	392626	12878469	12797098	10626546	10779486
		1118832	1044016	910580	902816
79711	77060	3600346	3539525	3148328	3064131
	1437	1631712	1683883	1621984	1674925
872	722	192128	145705	113297	72793
348181	364111	1251018	1291763	1073256	1132435
		126160	123027	126160	123027
11739	9046	616988	657695	548177	592595
2339365	2401667	17506827	17210106	15518063	14956043
1303938	838853	12504810	12176983	8696694	9674528
292160	422387	5434053	5497018	4985543	5047677
314397	264612	6909298	6739359	4418196	4420014
596390	514069	5159403	4347934	5118674	4337757
88632	119337	1631100	1636974	1513194	1440847
881594	830569	11642137	12148362	10005695	9781270
195300	128343	3257253	2991499	3059649	2766558
11629	163728	11348226	10690185	10583802	10205859
515535	422959	4332333	4039894	4020433	4016098
592676	570404	14912658	13230524	13383695	12046859
		420347	416539	418825	413827
		30930	17745	30930	17745
502501	507132	5793310	5779576	5273417	5097684
232601	203482	4068471	3743129	4027849	3430862
778	13608	232431	208073	230226	206195
78018	84072	1010737	959289	981439	935635
		35667	22152	35667	22152
97908	72880	838747	876571	596054	600437
		83235	80649	83235	80649
		192372	171448	190632	168625
		390367	366219	390367	366219
601010	648382	1124000	1105845	1115300	1087370

2-16 续表 11

食品、饮料及烟草制品专门零售

地 区	商品购进总额		统一配送商品购进额		自有配送中心配送商品购进额	
	2015年	2014年	2015年	2014年	2015年	2014年
全 国	**2691498**	**2543687**	**2386759**	**2385961**	**1543732**	**1456140**
北 京	446106	434731	440091	429015	358831	325333
天 津	92624	82400	43758	37807		
河 北	5923	6415	3711	6415	3711	4413
山 西	26103	17633	26103	17633	24518	15420
内蒙古						
辽 宁	78422	77059	78422	77059	10020	5060
吉 林	22842	40394	22842	40394	21020	40394
黑龙江						
上 海	136188	157080	121861	127778		
江 苏	307054	296826	306931	296336	61219	76721
浙 江	154220	167701	145779	158485	140387	154235
安 徽	16152	14138	16152	14138	16152	14138
福 建	151162	168127	141648	160056	92434	86004
江 西	169469	158727	169469	156213	138468	129802
山 东	340818	349332	340818	349332	312145	326549
河 南	63942	73791	61578	69860	5642	1127
湖 北	376112	201414	236340	201414	176599	149522
湖 南	71111	67408	69736	67408	69736	21777
广 东	107289	125793	103918	125793	68628	63936
广 西						
海 南						
重 庆	47704	36638	40289	36638	33030	29691
四 川	66645	52171	11192	12020	11192	12020
贵 州						
云 南	6120	9896	6120	2167		
西 藏						
陕 西						
甘 肃						
青 海						
宁 夏	4026	3984				
新 疆	1467	2028				

单位：万元

非自有配送中心配送商品购进额		商品销售总额		零售额	
2015年	2014年	2015年	2014年	2015年	2014年
220929	**268143**	**3513088**	**3025112**	**2932604**	**2679372**
60813	87408	670171	599941	628058	554904
19944	13818	129422	121207	97524	88246
	2001	5201	6792	4994	6792
		37262	27639	37262	27639
47214	47214	92457	77255	92457	77184
		38167	42315	38167	42315
		201022	203235	192707	179991
32320	30291	342309	348892	284338	283561
3737	3283	182811	195166	159483	168173
		19705	16478	17713	13608
8462	9877	190351	185451	172333	180762
30519	26111	170725	161372	170725	161372
		392152	349374	246883	230050
348		57668	68516	56659	67873
		548414	268545	320163	268171
		79245	72904	79182	72904
16919	43337	223217	166529	210254	146427
653	2636	50955	40455	41867	36355
		69477	57055	69477	57055
	2167	7222	10911	7222	10911
		3217	3467	3217	3467
		1919	1614	1919	1614

2-16 续表 12

纺织、服装及日用品专门零售

地区	商品购进总额		统一配送商品购进额		自有配送中心配送商品购进额	
	2015年	2014年	2015年	2014年	2015年	2014年
全国	**3139515**	**3135575**	**2255757**	**2173686**	**827160**	**917591**
北京	484449	446158	294832	251936	109099	85897
天津	12265	8219	12265	8219	2480	2601
河北	49900	53230	49900	53230	4401	5394
山西	5456	8233	5456	8233	729	1328
内蒙古						
辽宁	75416	61346	73839	60329	4217	4290
吉林	2649	3977	2649	3977		
黑龙江	12362	10642	12362	10642	12362	10642
上海	1197656	1111518	677813	515725	246118	205594
江苏	15930	28427	14861	27777	14664	27558
浙江	171245	163110	168908	162058	55833	70533
安徽	334	398	334	398		
福建	30376	23897	30376	23897	24705	19289
江西	42222	18308	40213	14487	5741	6365
山东	24190	29439	21803	27338	1116	1420
河南	18584	21665	18554	21635	1308	1162
湖北	146666	132448	138053	123661	28929	44584
湖南	100219	103149	45477	50432	39139	46256
广东	534758	701829	500066	661963	154960	265476
广西						
海南						
重庆	72790	64789	31663	26619	31663	26619
四川	71006	79867	60860	70081	34537	41829
贵州						
云南	11751	10233	314	294		
西藏						
陕西	55101	50708	55101	50708	55101	50708
甘肃						
青海	4130	3939				
宁夏						
新疆	59	47	59	47	59	47

单位：万元

非自有配送中心配送商品购进额		商品销售总额		零售额	
2015年	2014年	2015年	2014年	2015年	2014年
343248	**525239**	**4633253**	**4332728**	**4130181**	**3917145**
34412	33894	693460	658917	460696	444040
		19641	17399	19404	17113
		54006	56511	4615	4567
		5613	8335	5613	8335
		81934	71101	81934	71101
1429	2648	4144	5807	4144	5807
		19692	16214	19692	16214
17115	11205	1778796	1681383	1767209	1679874
		42048	40949	38039	38423
56694	57485	210398	177247	203658	166490
		359	424	359	296
		40392	31816	33782	27482
		46219	26009	46219	26009
20418	25917	26711	32060	26645	29774
11101	14582	25306	30764	25306	30764
8390	7798	209972	197115	207521	194608
6338	4176	133369	130176	113284	102143
164251	342439	850186	820657	734458	776381
		121917	108430	117937	105078
23099	25096	121301	124585	71877	75831
		18621	17482	18621	17482
		117243	69409	117243	69395
		11854	9866	11854	9866
		73	73	73	73

2-16 续表 13

文化、体育用品及器材专门零售

地　区	商品购进总额		统一配送商品购进额		自有配送中心配送商品购进额	
	2015年	2014年	2015年	2014年	2015年	2014年
全　国	**5071647**	**4299680**	**4849235**	**4063655**	**4185878**	**3455250**
北　京	200567	125710	200567	125710	27693	20440
天　津						
河　北	3175	3138	3175	3138	3175	3138
山　西						
内蒙古						
辽　宁	22931	22931	22931	22931	22931	22931
吉　林						
黑龙江	43005	45401	43005	45401	10734	8293
上　海	2296756	2126129	2266831	2098421	2113791	1958565
江　苏	13561	15039	13561	15039	13561	15039
浙　江	73952	88733	73952	88733		
安　徽	73182	72298	73182	72298		
福　建	31026	37960	31026	37960	31026	37960
江　西	600460	561291	600460	561291	598252	559588
山　东	97189	85451	20651	18852	20651	18852
河　南	20811	18822	13734	8674	8320	4177
湖　北	114676	109076	82740	74563	33358	27058
湖　南	21234	39657	21234	39657	13733	32493
广　东	163573	182568	117304	110633	77282	64033
广　西	16545	17069	16545	17069	16545	17069
海　南						
重　庆	399587	376726	397108	376726	397108	376726
四　川	551319	57711	546763	53341	538805	45748
贵　州						
云　南	75659	71096	75659	71096	33823	29694
西　藏						
陕　西	54143	58958	54143	58958	54143	58958
甘　肃						
青　海						
宁　夏	12122	12051	12122	12051	12122	12051
新　疆	186174	171867	162545	151113	158826	142438

单位：万元

非自有配送中心配送商品购进额		商品销售总额		零售额	
2015年	2014年	2015年	2014年	2015年	2014年
270439	**201861**	**5164701**	**4883877**	**2540590**	**2472359**
151704	84170	214841	177175	196089	164090
		3771	3907	3771	3907
		14230	14230	9955	9955
		108770	105873	108770	105873
		2256332	2098318	280678	278288
		17187	15586	12892	11177
		107598	130907	52494	61064
73182	72298	82649	72421	82649	72421
		34735	43600	29268	38146
		597277	557176	360668	340544
		95077	90681	60390	52570
		23342	18762	14112	11727
		125637	131595	100158	129886
		24552	40701	24552	40701
	10	191643	180051	173232	152857
		14544	15005	14544	15005
		423602	401234	230792	227437
		506047	480251	471390	462501
41836	41402	75603	73085	66920	65752
		53615	54975	53615	54975
		12023	11309	12023	11309
3719	3981	181627	167036	181627	162177

2-16 续表 14

医药及医疗器材专门零售

地区	商品购进总额		统一配送商品购进额		自有配送中心配送商品购进额	
	2015年	2014年	2015年	2014年	2015年	2014年
全 国	**8074855**	**7199525**	**7415366**	**6710098**	**3905124**	**3764514**
北 京	364688	320365	328396	298098	119986	109109
天 津	58964	48056	20730	23769	1856	1283
河 北	175000	159084	171082	154757	123837	126470
山 西	141732	123479	130701	115636	103660	97264
内蒙古	27169	17843	9866	10494	7299	8206
辽 宁	623114	678376	615243	672717	195686	190633
吉 林	31024	30372	22483	21765	18698	13611
黑龙江	209410	178699	181951	170528	48991	50388
上 海	319307	302445	299846	292633	60572	58945
江 苏	480041	398949	453985	393330	278919	291481
浙 江	666891	582868	588274	522410	397417	369917
安 徽	242323	286139	241452	283663	107631	167780
福 建	187778	154083	155384	94056	94539	73072
江 西	115531	101879	59196	53078	9155	5574
山 东	326244	233720	293410	199716	161275	132362
河 南	337825	241105	328334	237610	72250	56328
湖 北	233851	216510	180611	191367	88642	86848
湖 南	402792	388342	392114	375765	196222	182812
广 东	1021635	778849	973847	747251	603151	501575
广 西	191023	181246	190557	181246	133348	128450
海 南	6889	6343	6889	6343	6424	5928
重 庆	510611	485666	482739	461993	141008	129673
四 川	222042	178446	165764	134657	79922	80623
贵 州	207044	156663	168412	149436	41713	110051
云 南	539857	533898	539814	533861	440292	440736
西 藏						
陕 西	63999	67910	63999	67910	44184	50627
甘 肃	79895	75915	79895	75915	68189	62873
青 海	26121	21647	9204	7366		
宁 夏	54421	72915	53555	72000	53555	72000
新 疆	207633	177715	207633	160732	206705	159898

单位：万元

非自有配送中心配送商品购进额		商品销售总额		零售额	
2015年	2014年	2015年	2014年	2015年	2014年
1505847	**1174296**	**9888622**	**8655358**	**8767206**	**7766445**
195486	180986	454658	417635	394094	363498
8594	8702	61470	59991	61379	59793
8754	8022	232648	200074	230915	197300
		213030	184928	200773	177707
737	605	21136	17662	13579	12387
		741224	782102	734536	780417
		33967	34228	33967	34228
13257	12956	267465	225847	189129	221119
122551	134340	343387	301278	343319	301143
91754	84712	548108	466130	423718	384527
126519	102288	751798	677100	696493	624125
		312340	307289	258166	258145
42986	7473	235118	212853	235014	212733
24592	21760	154446	133527	154446	133527
31080	27197	430150	299628	396979	272821
139778	8073	350733	271778	340032	260489
5640	6418	278957	253224	240953	232028
168300	73973	534104	432428	514819	432428
94260	73597	1201001	912031	933763	759823
46292	42191	238372	212989	226519	200995
		9372	8255	9362	8249
252216	262467	712755	661785	489513	434025
5169	9503	283936	247454	258356	220540
16901	2421	208037	164833	197298	145235
97192	90870	764543	702896	722017	624913
12987	10987	74222	65873	62861	58264
	4035	96746	92613	89204	84807
		28982	24546	28982	24546
		76019	79800	67729	67381
803	721	229900	204583	219295	179253

2-16 续表 15

汽车、摩托车、燃料及零配件专门零售

地 区	商品购进总额		统一配送商品购进额		自有配送中心配送商品购进额	
	2015年	2014年	2015年	2014年	2015年	2014年
全 国	**44896242**	**55850015**	**34957634**	**42552118**	**14196856**	**18359880**
北 京	3998641	5294037	96217	124063		
天 津	3517806	4767096	3025682	4154811	2265074	2794991
河 北	3289421	3633924	3289421	3633924	2203514	2308709
山 西	1592418	2109322	1081277	1477649	385770	916984
内蒙古						
辽 宁	3763713	4410728	2957564	3412302		
吉 林	845647	834475	845647	834475	845647	834475
黑龙江	789952	687359	789952	687359		
上 海						
江 苏	876943	1063152	876943	1063152	3132	2937
浙 江	26119	21823	20631	17969		
安 徽						
福 建	2633093	3643388	1109455	1460558	181876	233090
江 西	1387472	1364229	984448	1313439	245653	207342
山 东	2030042	4112557	1616997	3565521	219670	2025482
河 南	1328042	1224730	1102567	912580	740836	790037
湖 北	2754653	3480305	2734592	2904226	2662674	2673946
湖 南	3337936	4258407	3264710	4018631	1814849	2172902
广 东	8131012	9309760	7303055	8437291	2171948	2796737
广 西						
海 南	1317144	1607540	1317144	1607540		
重 庆	6746	5479	3461	2954	3461	2954
四 川	456368	494519				
贵 州						
云 南	687855	733030	687855	733030		
西 藏						
陕 西	603202	945459	332049	349882		
甘 肃	841121	999469	841121	999469		
青 海						
宁 夏						
新 疆	680898	849229	676848	841295	452752	599295

单位：万元

非自有配送中心配送商品购进额		商品销售总额		零售额	
2015年	2014年	2015年	2014年	2015年	2014年
7875230	**8626786**	**55752487**	**68337522**	**42061589**	**49937814**
96217	124063	4246418	5580626	2400941	2770737
319152	435474	4046320	5458373	2676412	3670915
		3248012	4205796	1857045	2575592
		2182134	2920409	1704330	2505625
1085048	1414544	3454136	4615227	2372674	2947461
		925178	1034245	748614	858674
		855733	791515	587621	632575
873811	1060215	906354	1225056	636699	815936
		24081	25971	17214	17977
		5634829	6799433	4565087	5217672
105915	129805	2667591	2839031	2337317	2446879
27235	31777	2194254	2386143	1849710	1903356
		1637366	1785188	1489048	1536112
71918	223906	2930333	3677075	2381987	2891684
307699		5243261	6189029	4577388	5168519
4711235	5140842	10257571	12076027	8146076	9427761
		1471617	1817572	813716	1249936
		7422	5763	7422	5763
		548609	572184	548609	572184
		701041	865395	585396	672288
52903	66161	669050	1018546	237107	231347
		1107107	1395879	989163	1122430
224097		794071	1053042	532014	696392

2-16 续表 16

家用电器及电子产品专门零售

地　区	商品购进总额		统一配送商品购进额		自有配送中心配送商品购进额	
	2015年	2014年	2015年	2014年	2015年	2014年
全　国	**33859365**	**22850352**	**22883469**	**16889563**	**14927648**	**9413992**
北　京	5503183	4720147	1937211	1474731	1663741	1223528
天　津	719049	762664	117419	291852	117419	291852
河　北	289303	284604	257198	251862	163348	187861
山　西	307576	197637	221461	103659	130399	10256
内蒙古	67813	86230	55356	73773	45625	59323
辽　宁	1048776	1080426	1048178	1079922	896140	958845
吉　林	136612	126328	123846	111931	110435	94545
黑龙江	410401	371433	380289	330143	137622	114351
上　海	2071695	1679513	1750401	1567144		
江　苏	10994835	1565048	6240561	1460961	5977308	1181364
浙　江	140414	153829	140414	153829	90554	92807
安　徽	469240	408756	131199	140521	91570	96151
福　建	873975	803672	557490	477401	315018	199355
江　西	296977	288293	296977	288293	292221	275305
山　东	449074	436698	449074	436698	256544	272429
河　南	778992	721239	572828	544655	408736	386253
湖　北	1393895	1325641	1129600	1038477	265338	265716
湖　南	368653	312685	331930	283893	331693	283663
广　东	4141729	4305929	3841596	3791013	2173338	2118708
广　西	206716	174219	206716	174219	206716	174219
海　南						
重　庆	924837	870536	924837	870536	491500	469444
四　川	1146044	1097786	1111909	1061792	75298	64171
贵　州	189225	185187	189225	127508		
云　南	255134	281935	193660	144835	163021	116854
西　藏						
陕　西	68836	55770	68836	55770	16228	
甘　肃	55425	44541	55425	44541		
青　海	40560	30571	40560	30571		
宁　夏	187143	177794	187143	177794	187143	177794
新　疆	323253	301243	322132	301243	320694	299200

单位：万元

非自有配送中心配送商品购进额		商品销售总额		零售额	
2015年	2014年	2015年	2014年	2015年	2014年
1154463	**1483663**	**36509619**	**23871807**	**22929751**	**21815294**
171016	159611	6089895	5375064	5963228	5225982
		682421	730814	679541	730691
		302836	299727	301309	297807
2423		328111	203814	248223	111728
		96682	116962	96546	114882
		881854	867172	877845	864587
13410	17386	189295	177339	189295	177339
184023	163046	421168	432954	386485	406601
		2124538	1771531	1771458	1768535
203822	210810	12741780	1705591	1317327	1340104
		130089	130756	118865	116735
		488788	442312	462306	408174
82033	62809	967316	864956	802042	665035
		299288	287330	284808	269246
		443259	408703	438232	404320
		763839	717409	721712	685444
413896	416305	1531200	1411851	1363866	1270721
237	230	397601	320431	392948	315254
29558	395654	3980421	4243388	2958317	3387566
		255239	214515	246294	201832
		841592	780887	830804	778113
		1218044	1148378	1188165	1113017
		194202	192879	194202	192879
		476411	436777	457040	413761
52608	55770	71362	55290	71362	55290
		63439	44836	63439	44836
		33800	27792	33800	27792
		180020	171550	180020	171550
1437	2043	315126	290799	290272	255475

2-16 续表 17

五金、家具及室内装饰材料专门零售

地区	商品购进总额		统一配送商品购进额		自有配送中心配送商品购进额	
	2015年	2014年	2015年	2014年	2015年	2014年
全国	**483315**	**382590**	**444330**	**327230**	**260172**	**147799**
北京	98148	98241	88772	89070	856	625
天津	42214	44853	42214	44853	42214	44853
河北						
山西						
内蒙古						
辽宁						
吉林						
黑龙江						
上海	90258	99228	66891	58813		
江苏	14237	11597	14237	11597		
浙江	9259	14284	9259	14284		
安徽						
福建						
江西						
山东	6242	5773				
河南						
湖北	1476	1877	1476	1877		
湖南						
广东	16229	16998	16229	16998	12745	13425
广西						
海南						
重庆						
四川	29793	24277	29793	24277	28898	23434
贵州						
云南						
西藏						
陕西						
甘肃						
青海						
宁夏						
新疆	175459	65462	175459	65462	175459	65462

单位：万元

非自有配送中心配送商品购进额		商品销售总额		零售额	
2015年	2014年	2015年	2014年	2015年	2014年
14237	**11597**	**676618**	**589702**	**637327**	**547155**
		176036	172972	176036	172972
		43283	50268	43283	50268
		120515	122639	99951	94712
14237	11597	13901	11708	13845	11662
		16886	14221	16886	14221
		7496	6997	7496	6997
		2777	2579	2777	2579
		23811	23181	5141	8607
		25173	25475	25173	25475
		246739	159663	246739	159663

2-16 续表 18

货摊、无店铺及其他零售业

地区	商品购进总额		统一配送商品购进额		自有配送中心配送商品购进额	
	2015年	2014年	2015年	2014年	2015年	2014年
全国	**69081**	**110449**	**39868**	**110449**	**34112**	**30700**
北京						
天津						
河北						
山西						
内蒙古						
辽宁						
吉林	5856	5145	5856	5145	5856	5145
黑龙江						
上海	9911	9803	9911	9803	9911	9803
江苏	5058	6583	5058	6583	5058	6583
浙江						
安徽						
福建	105	166	105	166	105	166
江西						
山东						
河南						
湖北						
湖南						
广东	46105	86043	16892	86043	11137	6295
广西	2047	2710	2047	2710	2047	2710
海南						
重庆						
四川						
贵州						
云南						
西藏						
陕西						
甘肃						
青海						
宁夏						
新疆						

单位：万元

非自有配送中心配送商品购进额		商品销售总额		零售额	
2015年	2014年	2015年	2014年	2015年	2014年
5756	**8002**	**75870**	**116152**	**37174**	**38454**
		4828	5146	3890	3609
		9286	10801	9286	10801
		6649	8003	3473	4392
		100	188	100	188
5756	8002	52050	88192	19039	16446
		2957	3822	1386	3018

2-17 按行业分各地区连锁

批发业

地区	商品购进总额		统一配送商品购进额		自有配送中心配送商品购进额	
	2015年	2014年	2015年	2014年	2015年	2014年
全国	**90498940**	**115343885**	**81377786**	**100724187**	**47609239**	**64590209**
北京	1840806	2399922	1808957	2365872	140268	149435
天津	30621	38429	2907	2208		
河北	1953482	2392964	1547293	2117906	315696	1239932
山西	541749	530032	269149	263649	269149	263649
内蒙古						
辽宁	1189519	1388492	675446	759345	405931	487166
吉林	66996	63394	64202	58002	64202	58002
黑龙江	99827	115309	99827	115309		
上海	4420820	5563256	4132810	5156450	3315073	4002736
江苏	16065347	16872507	16059940	16845379	16048258	16831618
浙江	12173014	17105298	11348063	15831446	10958520	15494847
安徽	7188007	8159744	7188007	4187242	3524029	3881125
福建	87851	120459	30807	75520	20446	70103
江西	3367901	3140254	3268043	3039262	1618370	1602979
山东	3891361	11632664	2562666	10188180	1124314	8679406
河南	2068126	2538495	1231689	1513703	630167	872242
湖北	1482111	1817481	1409156	1798856	775065	741384
湖南	59132	351997	35575	330073	20539	315095
广东	15410750	18358894	13672423	18080459	454191	505134
广西	6378423	7012533	6378423	7012533	2050315	2309634
海南						
重庆	900720	3359093	283993	415808	282201	415754
四川	366181	368418	348376	350720	16714	16598
贵州						
云南	88033	105150	75190	88612	51068	57642
西藏						
陕西	6358483	6359841	5457053	5580176	3671906	3851027
甘肃	372753	190760	154163	188886		
青海	1652	1815	1652	1815	1652	1815
宁夏	343971	713083	118229	485718	57829	429632
新疆	3751304	4643601	3153748	3871058	1793339	2313255

零售企业直营门店经营情况

单位：万元

非自有配送中心配送商品购进额		商品销售总额		零售额	
2015年	2014年	2015年	2014年	2015年	2014年
15500110	**19819598**	**104231888**	**129205357**	**60040637**	**74537306**
		1905294	2494135	664623	794226
		34449	47437	9392	12427
112881		2443248	3130830	1580174	1749346
		749407	713551	1737	1300
		1344546	1656705	810691	1070555
		96635	101087	96635	101087
		97349	117469	28853	34601
86302	75819	4956081	6019416	2048060	2394998
3966	4671	16867501	18028792	8094860	7742772
348909	297468	12988282	15799867	8303664	9860087
		7418675	8532850	5276341	5541387
5415	271	84804	90267	38972	37372
381650	529934	6181617	6244500	3223068	3143482
		4838976	12635271	2593449	10297325
		2438046	2776909	1748588	1840560
36524	45087	1848460	2006735	639838	709128
		65715	397497	21678	22708
12988195	17337057	17779648	21527860	15148416	17124970
		6786189	7415274	3543169	3523769
1792		979043	3726648	524718	2881129
		344197	414465	254396	190519
		1491023	1721873	844142	786642
170465	162099	7270446	7355720	2582543	2680421
		483842	606560	408870	528377
		2148	3810	2148	3810
3603	7054	595180	706111	180363	199365
1360409	1360140	4141087	4933719	1371248	1264944

2-17 续表 1

农、林、牧产品批发

地 区	商品购进总额		统一配送商品购进额		自有配送中心配送商品购进额	
	2015年	2014年	2015年	2014年	2015年	2014年
全 国	**1376819**	**1182337**	**1374411**	**1180037**	**1374411**	**1180037**
北 京						
天 津						
河 北						
山 西						
内蒙古						
辽 宁						
吉 林						
黑龙江						
上 海						
江 苏						
浙 江						
安 徽	1331815	1148302	1331815	1148302	1331815	1148302
福 建						
江 西						
山 东						
河 南						
湖 北	37645	31567	37645	31567	37645	31567
湖 南	6322	1484	4795		4795	
广 东	882	816				
广 西						
海 南						
重 庆						
四 川	155	169	155	169	155	169
贵 州						
云 南						
西 藏						
陕 西						
甘 肃						
青 海						
宁 夏						
新 疆						

单位：万元

非自有配送中心配送商品购进额		商品销售总额		零售额	
2015年	2014年	2015年	2014年	2015年	2014年
		1449052	**1334786**	**20333**	**14352**
		1397798	1295565		
		42659	34745	16258	14259
		7591	3538	3985	
		869	783	89	94
		136	155		

2-17 续表 2

食品、饮料及烟草制品批发

地　区	商品购进总额		统一配送商品购进额		自有配送中心配送商品购进额	
	2015年	2014年	2015年	2014年	2015年	2014年
全　国	**7253343**	**6632132**	**6237614**	**5684848**	**3657281**	**3493933**
北　京	7302	6363	7302	6363	5745	4863
天　津	2907	2208	2907	2208		
河　北						
山　西	541749	530032	269149	263649	269149	263649
内蒙古						
辽　宁						
吉　林						
黑龙江						
上　海	200257	174262	110897	102940	24595	27121
江　苏	268128	217571	268128	217571	263914	212760
浙　江	35673	22495	29388	22495	29298	22415
安　徽						
福　建	72924	110371	19232	68697	14285	63552
江　西	2500262	2032294	2400405	1931302	1226878	1119450
山　东	1099297	1052074	1076337	1028812		
河　南	4152	7765	4152	7765	4152	7765
湖　北	158578	142714	158578	142714	2324	335
湖　南						
广　东	24776	26312	24776	26312	12891	13948
广　西						
海　南						
重　庆	116090	97042	31063	29963	31063	29963
四　川						
贵　州						
云　南						
西　藏						
陕　西	1838126	1843105	1511258	1524327	1507857	1519362
甘　肃						
青　海	1652	1815	1652	1815	1652	1815
宁　夏	77951	65387	77951	65387	19038	12630
新　疆	303520	300321	244441	242528	244441	194306

单位：万元

非自有配送中心配送商品购进额		商品销售总额		零售额	
2015年	2014年	2015年	2014年	2015年	2014年
92091	**86123**	**9154401**	**8416187**	**1368443**	**849384**
		10893	9599	3533	3303
		3786	2868	1726	1285
		749407	713551	1737	1300
86302	75819	331073	287650	151332	144272
		250064	319182	52505	10513
90	80	95139	72033	10130	6752
		72411	79093	33300	33672
		3561379	3037940	774554	358852
		1079267	1057915	191524	165046
		4092	7390	1902	1687
205	1896	159210	166793	73723	73593
		33086	32736	6900	6231
		147860	113959	55661	30504
3378	4605	2182466	2129404	3638	5236
		2148	3810	2148	3810
2115	3724	106664	97599	2407	1647
		365456	284665	1725	1680

2-17 续表 3

纺织、服装及家庭用品批发

地区	商品购进总额		统一配送商品购进额		自有配送中心配送商品购进额	
	2015年	2014年	2015年	2014年	2015年	2014年
全国	**1693450**	**1599290**	**845963**	**826678**	**790774**	**769520**
北京	7230	8795	7230	8795	7230	8795
天津						
河北						
山西						
内蒙古						
辽宁	37602	39819	37602	39819		
吉林						
黑龙江						
上海	86959	92105	86959	92105	86959	92105
江苏	9481	35338	8689	13794	8689	13794
浙江	30881	29750	30881	29750	30881	29750
安徽						
福建						
江西	5362	4046	5362	4046		
山东	1369333	1220404	531827	486724	531827	486724
河南						
湖北	1608		1608		1608	
湖南	1500	986	1500	986	1500	986
广东	141469	164824	132280	147437	120054	134143
广西						
海南						
重庆						
四川	2026	3223	2026	3223	2026	3223
贵州						
云南						
西藏						
陕西						
甘肃						
青海						
宁夏						
新疆						

单位：万元

非自有配送中心配送商品购进额		商品销售总额		零售额	
2015年	2014年	2015年	2014年	2015年	2014年
8504	**6747**	**2876543**	**2758547**	**1469711**	**1420715**
		9491	11365	3994	6277
		52713	56253		
		120203	120363	24873	34898
		9732	42205	7577	12558
		57752	71452	57092	911
5362	4046	11733	10014	11733	10014
		2335227	2237037	1236191	1233037
		1608		1608	
		9033	6075	3032	1855
3142	2702	265992	199427	120994	117240
		3059	4357	2618	3925

2-17 续表 4

文化、体育用品及器材批发

地 区	商品购进总额		统一配送商品购进额		自有配送中心配送商品购进额	
	2015年	2014年	2015年	2014年	2015年	2014年
全 国	**3061436**	**3031546**	**3058642**	**3026154**	**2971706**	**2947383**
北 京	35784	41931	35784	41931		
天 津						
河 北						
山 西						
内 蒙 古						
辽 宁						
吉 林	2795	5392				
黑 龙 江						
上 海						
江 苏	1212124	1085710	1212124	1085710	1212124	1085710
浙 江	1394630	1220065	1394630	1220065	1394630	1220065
安 徽						
福 建						
江 西						
山 东						
河 南						
湖 北	333250	314142	333250	314142	333250	314142
湖 南	14243	314109	14243	314109	14243	314109
广 东	68611	50198	68611	50198	17459	13357
广 西						
海 南						
重 庆						
四 川						
贵 州						
云 南						
西 藏						
陕 西						
甘 肃						
青 海						
宁 夏						
新 疆						

单位：万元

非自有配送中心配送商品购进额		商品销售总额		零售额	
2015年	2014年	2015年	2014年	2015年	2014年
50277	**33436**	**2993907**	**3068969**	**1274427**	**1202931**
		44632	42058	6114	4154
		6536	12397	6536	12397
		1129440	1107238	522178	526168
		1353519	1182655	660224	580465
		404753	327538	59526	56663
		13855	354296	13855	10486
50277	33436	41174	42787	5994	12598

2-17 续表 5

医药及医疗器材批发

地　区	商品购进总额		统一配送商品购进额		自有配送中心配送商品购进额	
	2015年	2014年	2015年	2014年	2015年	2014年
全　国	**532717**	**505819**	**362513**	**332853**	**301650**	**285703**
北　京						
天　津						
河　北						
山　西						
内蒙古						
辽　宁						
吉　林	64202	58002	64202	58002	64202	58002
黑龙江						
上　海						
江　苏	114317	106050	114317	106050	114317	106050
浙　江	21560	18134	21560	18134	4016	3342
安　徽						
福　建	3555	3605	3555	3605	3555	3605
江　西						
山　东	116211	116821	1611	1456	1611	1456
河　南						
湖　北	725	828	725	828	725	828
湖　南	22030	20439				
广　东	44422	33039	40266	29178		
广　西						
海　南						
重　庆	20893	18205	14941	11939	14941	11885
四　川	35391	34031	17585	16332	14533	13207
贵　州						
云　南	56730	66979	51068	57642	51068	57642
西　藏						
陕　西	5902	5917	5902	5917	5902	5917
甘　肃						
青　海						
宁　夏						
新　疆	26781	23770	26781	23770	26781	23770

单位：万元

非自有配送中心配送商品购进额		商品销售总额		零售额	
2015年	2014年	2015年	2014年	2015年	2014年
12852		**597660**	**566887**	**238643**	**236793**
		90098	88691	90098	88691
		120400	115951	54180	52273
		29086	24760	26391	22707
		3997	4091	2719	1978
		125044	121966	17175	16424
		768	876	768	876
		20909	19579		9656
12852		56197	39799	10663	5592
		24166	21317	6029	5758
		41068	41145	12825	12640
		50274	56130	9593	11864
		6213	6237	6081	6237
		29440	26346	2120	2097

2-17 续表 6

矿产品、建材及化工产品批发

地　区	商品购进总额		统一配送商品购进额		自有配送中心配送商品购进额	
	2015年	2014年	2015年	2014年	2015年	2014年
全　国	**73275753**	**98460143**	**66315283**	**85874840**	**36131547**	**52984436**
北　京	1634644	2175892	1634644	2175892	3296	2885
天　津						
河　北	1953482	2392964	1547293	2117906	315696	1239932
山　西						
内蒙古						
辽　宁	1103688	1299595	589615	670448	360223	441621
吉　林						
黑龙江	99827	115309	99827	115309		
上　海	4133604	5296889	3934954	4961406	3203518	3883510
江　苏	14455315	15421400	14450700	15415817	14444428	15408154
浙　江	10318192	15471525	9499526	14201884	9499206	14201781
安　徽	3822868	4478882	3822868	506380	158889	200262
福　建	5958	6212	2606	2946	2606	2946
江　西	862277	1103914	862277	1103914	391492	483529
山　东	1301187	9237023	947629	8664945	585615	8184984
河　南	2054656	2521166	1218219	1496374	626015	864477
湖　北	770619	1074499	697665	1055874	399513	394513
湖　南						
广　东	14753972	17667800	13089537	17468215	146369	167296
广　西	6345349	6961642	6345349	6961642	2050315	2309634
海　南						
重　庆	761123	3241517	237989	373907	236197	373907
四　川	328610	330996	328610	330996		
贵　州						
云　南	7181	7200				
西　藏						
陕　西	4503569	4497895	3929008	4037008	2147262	2312824
甘　肃	372753	190760	154163	188886		
青　海						
宁　夏	265876	647553	40278	420331	38791	417001
新　疆	3421003	4319510	2882526	3604760	1522117	2095179

单位：万元

非自有配送中心配送商品购进额		商品销售总额		零售额	
2015年	2014年	2015年	2014年	2015年	2014年
14980956	**19394346**	**83856707**	**109080813**	**52936518**	**67898217**
		1687327	2259445	608507	734018
112881		2443248	3130830	1580174	1749346
		1243225	1553225	764783	1026938
		97349	117469	28853	34601
		4504805	5611403	1871856	2215829
2769	3383	15351311	16437103	7456349	7139104
		11203727	14110403	7324371	9060911
		4037365	4781964	3292829	3407825
		6970	6893	1526	1533
376288	525888	2608505	3196545	2436782	2774616
		1293501	9211218	1148560	8882819
		2423734	2758735	1741207	1834374
36319	43191	952255	1191880	450893	528856
12921924	17300920	16983180	20739258	14665875	16576048
		6724610	7353963	3522250	3507244
1792		803309	3588697	459320	2842190
		299934	368808	238953	173954
		1403369	1618590	816377	751804
167086	157494	5070554	5206726	2572824	2668948
		483842	606560	408870	528377
1487	3330	488396	608392	177956	197717
1360409	1360140	3746192	4622708	1367404	1261167

2-17 续表 7

机械设备、五金产品及电子产品批发

地　区	商品购进总额		统一配送商品购进额		自有配送中心配送商品购进额	
	2015年	2014年	2015年	2014年	2015年	2014年
全　国	**828941**	**820052**	**736836**	**723567**	**337465**	**368255**
北　京	155846	166940	123997	132891	123997	132891
天　津	27714	36221				
河　北						
山　西						
内蒙古						
辽　宁	45708	45545	45708	45545	45708	45545
吉　林						
黑龙江						
上　海						
江　苏	5982	6437	5982	6437	4786	5150
浙　江	350859	295601	350859	295601	490	2302
安　徽						
福　建	5415	271	5415	271		
江　西						
山　东	5262	6243	5262	6243	5262	6243
河　南	9318	9563	9318	9563		
湖　北						
湖　南						
广　东	189764	202340	157222	176125	157222	176125
广　西	33073	50891	33073	50891		
海　南						
重　庆						
四　川						
贵　州						
云　南						
西　藏						
陕　西						
甘　肃						
青　海						
宁　夏						
新　疆						

单位：万元

非自有配送中心配送商品购进额		商品销售总额		零售额	
2015年	2014年	2015年	2014年	2015年	2014年
355431	**293893**	**750987**	**890038**	**529306**	**510088**
		152952	171669	42475	46473
		30663	44569	7666	11142
		45908	43618	45908	43618
1196	1287	6555	7114	2070	2156
348820	292334	227047	290365	225456	161628
5415	271	1427	189	1427	189
		5833	7025		
		10221	10784	5479	4499
		208801	253394	177906	223858
		61580	61311	20920	16525

2-17 续表 8

其他批发业

地区	商品购进总额		统一配送商品购进额		自有配送中心配送商品购进额	
	2015年	2014年	2015年	2014年	2015年	2014年
全国	**2476481**	**3112566**	**2446526**	**3075210**	**2044407**	**2560941**
北京						
天津						
河北						
山西						
内蒙古						
辽宁	2522	3534	2522	3534		
吉林						
黑龙江						
上海						
江苏						
浙江	21220	47728	21220	43517		15192
安徽	2033325	2532560	2033325	2532560	2033325	2532560
福建						
江西						
山东	72	100				
河南						
湖北	179686	253732	179686	253732		
湖南	15036	14978	15036	14978		
广东	186855	213567	159731	182994	197	265
广西						
海南						
重庆	2614	2329				
四川						
贵州						
云南	24122	30971	24122	30971		
西藏						
陕西	10886	12924	10886	12924	10886	12924
甘肃						
青海						
宁夏	144	144				
新疆						

单位：万元

非自有配送中心配送商品购进额		商品销售总额		零售额	
2015年	2014年	2015年	2014年	2015年	2014年
	5054	**2552632**	**3089132**	**2203256**	**2404826**
		2699	3609		
	5054	22013	48201		26712
		1983512	2455320	1983512	2133562
		104	110		
		287208	284902	37061	34882
		14327	14010	807	711
		190348	219677	159995	183309
		3709	2677	3709	2677
		37380	47154	18172	22974
		11213	13353		
		120	120		

2-17 续表 9

零售业

地区	商品购进总额		统一配送商品购进额		自有配送中心配送商品购进额	
	2015年	2014年	2015年	2014年	2015年	2014年
全国	**199293469**	**193144419**	**138325160**	**135227314**	**82744132**	**77715631**
北京	20815421	21025999	9777563	8642485	4678358	4074838
天津	5324197	6569748	3293071	4588033	2430311	3137063
河北	7217530	7471561	4330898	4670691	2941725	3061610
山西	2668650	3135003	1687060	2018149	760040	1202309
内蒙古	253559	321997	148213	232568	99992	202800
辽宁	6619294	7314608	5320630	5860390	1166830	1222748
吉林	1175467	1171352	1154159	1148348	1001656	988169
黑龙江	2119142	1938949	1770814	1566405	549462	494855
上海	15596366	15233413	10236648	10141412	4202764	4073531
江苏	22646268	12624222	17066873	11955076	13870984	9110282
浙江	5312575	5285060	4873941	4887593	3595645	3666523
安徽	7395282	7172245	3571970	3562483	1751240	1758095
福建	9291390	9356785	6054763	5760439	3767848	3186297
江西	3633073	3497124	2770343	2914201	1674093	1575979
山东	13487696	15332783	8497946	9989440	4349679	5893555
河南	4700383	4551224	2962202	2711429	1843264	1706633
湖北	14650706	15024926	10105680	10329317	8578882	8601324
湖南	8555487	8990203	7045912	7599250	4800165	4997127
广东	25996443	25504823	19993882	19623771	11836939	10718443
广西	666762	658206	621768	556701	400375	372080
海南	1359939	1633734	1335114	1613883	6424	5928
重庆	5160541	4955390	4522749	4332498	3243707	3104082
四川	5898416	5061676	4373344	3547199	2221663	1515644
贵州	599405	558037	577220	488727	215188	275314
云南	2302256	2354910	1866453	1839022	807964	758492
西藏	30522	20152	30522	20152		
陕西	1597787	1970790	755429	749530	230704	233602
甘肃	1048598	1194637	1008940	1167663	100845	110611
青海	195915	175727	73872	56706		
宁夏	697547	646556	327135	331231	276295	282082
新疆	2276853	2392580	2170046	2322524	1341093	1385613

单位：万元

非自有配送中心配送商品购进额		商品销售总额		零售额	
2015年	2014年	2015年	2014年	2015年	2014年
19574374	**20251276**	**232929599**	**227414042**	**184058226**	**186987610**
1264596	1013850	24860718	25269186	20284344	19968182
347690	457994	5972707	7393001	4359441	5430775
88465	87083	7421394	8286364	5525552	6124127
2423	1437	4194177	4854670	3614499	4332352
1433	1168	298069	279569	211545	199301
1430580	1776005	6344905	7550155	5070710	5714445
14840	20034	1321738	1422107	1144236	1244999
209019	185049	2220111	2168050	1775908	1912927
1875217	2096637	17773771	17721941	13464982	13631581
2519248	2235569	25844946	14670251	10210384	11287829
278926	492221	6101883	6004363	5563295	5478321
227439	190510	7451511	7231404	4912424	4857323
690631	580358	12153187	12400285	10882726	10594497
243082	297013	5278129	5368087	4612675	4578309
956803	912172	15025694	15473658	12875325	12479642
346179	150998	5777465	5495272	5397401	5025855
510307	815381	16588199	16609525	14902542	15174867
937536	449679	10481589	11015443	9504817	9959913
5380588	6404979	30647945	30740382	25656916	25732939
46292	42191	892164	827788	880126	811590
		1511919	1843572	854009	1275930
716447	732574	7680160	7532159	6765857	6473596
236255	218662	6517092	6149289	6367263	5737283
17679	16029	612715	549952	599771	528477
215756	217310	3047241	3058706	2831717	2733613
		35667	22152	35667	22152
216407	205798	1809015	2128438	1123717	1058070
	4035	1349900	1613756	1224414	1332501
		265695	232857	263955	230034
		659504	626966	651214	614548
800539	646541	2790388	2874695	2490795	2441633

2-17 续表 10

综合零售

地区	商品购进总额		统一配送商品购进额		自有配送中心配送商品购进额	
	2015年	2014年	2015年	2014年	2015年	2014年
全国	**103196751**	**98221830**	**65058181**	**61356284**	**44002804**	**41168131**
北京	9980275	9814730	6651786	6077149	2604491	2488191
天津	881276	856460	31004	26723	1269	1484
河北	3405373	3331583	556976	567782	440303	426041
山西	595477	679461	222173	295440	115075	161159
内蒙古	159063	218608	83477	148985	47556	135955
辽宁	1029035	1005688	546567	557076	37893	41442
吉林	130838	130662	130838	130662		
黑龙江	660056	646221	364127	323139	340588	311987
上海	9739796	9935617	5293419	5649204	1904276	1928561
江苏	10020268	9310984	9217708	8752110	7592757	7579204
浙江	4173751	4222519	3824971	3893908	2987671	3086909
安徽	6595765	6390515	3111366	3051465	1537601	1480025
福建	5433582	4548344	4075768	3526373	3046337	2553393
江西	1107716	1076535	703986	597381	461952	461685
山东	10251819	10117955	5791381	5430126	3413796	3154160
河南	2447694	2291246	1160075	957725	614403	471674
湖北	9948496	9568167	5862695	5799491	5578405	5354635
湖南	4371844	3929051	3021057	2851525	2400400	2315124
广东	12085094	10272380	7371956	5922110	6636155	5149097
广西	274120	297011	229591	195506	65104	63190
海南	35905	19850	11081			
重庆	3324018	3232144	2733469	2642406	2193464	2112883
四川	3443519	3136612	2483232	2225652	1468287	1266975
贵州	224455	232627	221136	228222	173475	165264
云南	725881	714822	363031	353739	170828	171208
西藏	30522	20152	30522	20152		
陕西	765191	809634	193985	183950	73633	90878
甘肃	72695	74934	33037	47960	33037	47960
青海	125104	119571	24107	18769		
宁夏	442240	382289	74316	69386	23476	20237
新疆	715884	835457	639345	812171	40572	128812

单位：万元

非自有配送中心配送商品购进额		商品销售总额		零售额	
2015年	2014年	2015年	2014年	2015年	2014年
8443494	**8146526**	**119374575**	**115694534**	**102209210**	**99676561**
608827	392626	12676760	12614981	10424838	10598603
		990150	954950	781898	813750
79711	77060	3575586	3514044	3123568	3038650
	1437	1428107	1510336	1418379	1501378
696	563	180778	145170	101947	72258
298318	314247	1102294	1144350	924533	985021
		126160	123027	126160	123027
11739	9046	553988	596695	485177	531595
1809219	2009507	11254508	11780014	9314988	9565496
1303938	838632	11324562	10932112	7517445	8441173
102896	335401	4787834	4764735	4399325	4411696
154257	118212	6549831	6392482	4093391	4104681
582542	501355	5119911	4309920	5112536	4299761
88632	119337	1428143	1435210	1341616	1272229
878069	827281	11481567	11940721	9876545	9604120
195300	128343	3252455	2986846	3055551	2762605
11534	163657	11335451	10678356	10571411	10194203
489701	401463	4187418	3936930	3885318	3914986
361494	404772	14191837	12535577	12667401	11355511
		404955	405320	403434	402608
		30930	17745	30930	17745
491845	494905	5736939	5725664	5217045	5043771
228880	199527	3844964	3567446	3804341	3255179
778	13608	231603	207268	229398	205391
76728	82872	1003799	952161	974500	928507
		35667	22152	35667	22152
97908	72880	838747	876571	596054	600437
		83235	80649	83235	80649
		192372	171448	190632	168625
		389984	363002	389984	363002
570484	639797	1034042	1008652	1031964	997754

2-17 续表 11

食品、饮料及烟草制品专门零售

地区	商品购进总额		统一配送商品购进额		自有配送中心配送商品购进额	
	2015年	2014年	2015年	2014年	2015年	2014年
全国	**2229321**	**2177335**	**2023442**	**2045664**	**1196034**	**1124181**
北京	248460	264974	242445	259258	161185	155576
天津	92624	82400	43758	37807		
河北	5359	5998	3147	5998	3147	3997
山西	26103	17633	26103	17633	24518	15420
内蒙古						
辽宁	78422	77059	78422	77059	10020	5060
吉林	22842	40394	22842	40394	21020	40394
黑龙江						
上海	135905	157050	121861	127778		
江苏	302133	291968	302010	291478	56298	71862
浙江	136349	134861	127928	125665	122616	121455
安徽	14437	14138	14437	14138	14437	14138
福建	145040	162463	138745	157217	92434	86004
江西	92770	92199	92770	90841	68826	64730
山东	307716	311634	307716	311634	279042	288850
河南	61864	71744	59540	67879	5642	1127
湖北	324287	199344	233128	199344	176599	149522
湖南	51285	48285	49911	48285	49911	2654
广东	107289	125793	103918	125793	68628	63936
广西						
海南						
重庆	44866	33277	37451	33277	30520	27437
四川	22364	32692	11192	12020	11192	12020
贵州						
云南	6120	9896	6120	2167		
西藏						
陕西						
甘肃						
青海						
宁夏	1621	1507				
新疆	1467	2028				

单位：万元

非自有配送中心配送商品购进额		商品销售总额		零售额	
2015年	2014年	2015年	2014年	2015年	2014年
213677	**267036**	**2933937**	**2599215**	**2459272**	**2274387**
60813	87408	408081	367353	367793	323799
19944	13818	129422	121207	97524	88246
	2001	4537	6304	4330	6304
		37262	27639	37262	27639
47214	47214	92457	77255	92457	77184
		38167	42315	38167	42315
		200093	203052	191778	179808
32320	30291	337321	344270	279349	278939
3737	3283	161291	175280	139949	150523
		17545	16478	15553	13608
8462	9877	181093	177211	165205	173172
23944	26111	94720	94815	94720	94815
		352040	309262	223492	206224
		56271	66939	55415	66553
		462831	266544	317583	266170
		56925	51294	56863	51294
16919	43337	223217	166529	210254	146427
325	1529	47001	36350	37913	32251
		23066	35287	23066	35287
	2167	7222	10911	7222	10911
		1458	1306	1458	1306
		1919	1614	1919	1614

2-17 续表 12

纺织、服装及日用品专门零售

地区	商品购进总额		统一配送商品购进额		自有配送中心配送商品购进额	
	2015年	2014年	2015年	2014年	2015年	2014年
全国	**2823146**	**2831866**	**1987048**	**1920775**	**586917**	**685998**
北京	483697	444775	294407	251386	109099	85897
天津	12265	8219	12265	8219	2480	2601
河北	49900	53230	49900	53230	4401	5394
山西	5456	8233	5456	8233	729	1328
内蒙古						
辽宁	75377	61294	73800	60277	4178	4238
吉林	2649	3977	2649	3977		
黑龙江	12362	10642	12362	10642	12362	10642
上海	1065787	1019471	545943	427207	117635	120402
江苏	7068	6505	6000	5855	5803	5636
浙江	143283	125749	140946	124697	27871	33172
安徽	334	398	334	398		
福建	30376	23897	30376	23897	24705	19289
江西	42222	18308	40213	14487	5741	6365
山东	24190	29439	21803	27338	1116	1420
河南	18062	21143	18032	21113	1308	1162
湖北	145861	132448	137248	123661	28929	44584
湖南	73652	72672	36428	39194	30752	35018
广东	474150	636802	439457	596937	96122	202307
广西						
海南						
重庆	42894	37235	31581	26264	31581	26264
四川	44871	55098	34724	45312	29295	32121
贵州						
云南	11751	10233	314	294		
西藏						
陕西	52751	48112	52751	48112	52751	48112
甘肃						
青海	4130	3939				
宁夏						
新疆	59	47	59	47	59	47

单位：万元

非自有配送中心配送商品购进额		商品销售总额		零售额	
2015年	2014年	2015年	2014年	2015年	2014年
318728	**508161**	**4147000**	**3894176**	**3692451**	**3538811**
34041	33439	689738	653113	456974	438236
		19641	17399	19404	17113
		54006	56511	4615	4567
		5613	8335	5613	8335
		81879	71028	81879	71028
1429	2648	4144	5807	4144	5807
		19692	16214	19692	16214
15801	11205	1592854	1536383	1581267	1534874
		19197	8981	15317	6714
56694	57485	178331	146367	175088	140200
		359	424	359	296
		40392	31816	33782	27482
		46219	26009	46219	26009
20418	25917	26711	32060	26645	29774
11101	14582	24792	30250	24792	30250
8390	7798	208689	197115	206394	194608
5675	4176	106801	99881	102718	91981
162973	340876	713217	692138	597488	654673
		78510	74874	74649	71998
2205	10035	92680	96634	71877	75831
		18621	17482	18621	17482
		112990	65415	112990	65401
		11854	9866	11854	9866
		73	73	73	73

2-17 续表 13

文化、体育用品及器材专门零售

地区	商品购进总额		统一配送商品购进额		自有配送中心配送商品购进额	
	2015年	2014年	2015年	2014年	2015年	2014年
全国	**5065499**	**4292567**	**4847047**	**4059580**	**4183770**	**3451197**
北京	200487	125688	200487	125688	27693	20440
天津						
河北	3175	3138	3175	3138	3175	3138
山西						
内蒙古						
辽宁	22931	22931	22931	22931	22931	22931
吉林						
黑龙江	43005	45401	43005	45401	10734	8293
上海	2296756	2126129	2266831	2098421	2113791	1958565
江苏	13561	15039	13561	15039	13561	15039
浙江	73952	88733	73952	88733		
安徽	73182	72298	73182	72298		
福建	31026	37960	31026	37960	31026	37960
江西	600460	561291	600460	561291	598252	559588
山东	97189	85451	20651	18852	20651	18852
河南	20811	18822	13734	8674	8320	4177
湖北	110716	106038	82740	74563	33358	27058
湖南	21234	39657	21234	39657	13733	32493
广东	163475	182470	117206	110536	77185	63936
广西	16545	17069	16545	17069	16545	17069
海南						
重庆	399157	374522	396679	374522	396679	374522
四川	549738	55961	545181	51591	537224	43997
贵州						
云南	75659	71096	75659	71096	33823	29694
西藏						
陕西	54143	58958	54143	58958	54143	58958
甘肃						
青海						
宁夏	12122	12051	12122	12051	12122	12051
新疆	186174	171867	162545	151113	158826	142438

单位：万元

非自有配送中心配送商品购进额		商品销售总额		零售额	
2015年	2014年	2015年	2014年	2015年	2014年
270359	**201839**	**5158636**	**4876938**	**2537003**	**2467128**
151624	84148	214756	177152	196064	164067
		3771	3907	3771	3907
		14230	14230	9955	9955
		108770	105873	108770	105873
		2256332	2098318	280678	278288
		17187	15586	12892	11177
		107598	130907	52494	61064
73182	72298	82649	72421	82649	72421
		34735	43600	29268	38146
		597277	557176	360668	340544
		95077	90681	60390	52570
		23342	18762	14112	11727
		121677	128585	98582	128585
		24552	40701	24552	40701
	10	191569	179978	173159	152784
		14544	15005	14544	15005
		423237	399151	230462	225354
		504466	478500	469809	460750
41836	41402	75603	73085	66920	65752
		53615	54975	53615	54975
		12023	11309	12023	11309
3719	3981	181627	167036	181627	162177

2-17 续表 14

医药及医疗器材专门零售

地区	商品购进总额		统一配送商品购进额		自有配送中心配送商品购进额	
	2015年	2014年	2015年	2014年	2015年	2014年
全国	**7399011**	**6699773**	**6812402**	**6238009**	**3686652**	**3572289**
北京	302531	263406	266239	241140	111294	100582
天津	58964	48056	20730	23769	1856	1283
河北	175000	159084	171082	154757	123837	126470
山西	141620	122717	130589	115535	103548	97164
内蒙古	26683	17159	9379	9810	6812	7522
辽宁	601040	656482	593169	650823	195669	190233
吉林	31024	30372	22483	21765	18698	13611
黑龙江	203366	177893	181079	169722	48156	49582
上海	186258	206603	181391	203043	57151	56201
江苏	463035	390542	441664	385498	267937	284852
浙江	611848	525761	538241	471008	366932	332180
安徽	242323	286139	241452	283663	107631	167780
福建	144299	137061	111904	77034	76451	57207
江西	112697	100426	58731	52625	8690	5120
山东	321425	233277	290325	199272	158859	132362
河南	325624	233973	316133	230478	64480	52664
湖北	225476	211106	178356	187678	87733	85863
湖南	330884	329445	320643	318065	158827	155275
广东	956875	764624	909087	733026	600414	499868
广西	174605	167892	174139	167892	117233	115587
海南	6889	6343	6889	6343	6424	5928
重庆	418025	402197	395272	382540	96502	90579
四川	205719	164732	157312	126556	71470	72926
贵州	185725	140224	166858	132997	41713	110051
云南	539857	533898	539814	533861	440292	440736
西藏						
陕西	53664	52857	53664	52857	33949	35654
甘肃	79358	75694	79358	75694	67807	62652
青海	26121	21647	9204	7366		
宁夏	54421	72915	53555	72000	53555	72000
新疆	193659	167249	193659	151194	192731	150360

单位：万元

非自有配送中心配送商品购进额		商品销售总额		零售额	
2015年	2014年	2015年	2014年	2015年	2014年
1278788	**997777**	**9072713**	**8014963**	**8071761**	**7180759**
142060	132555	359032	327924	298469	273787
8594	8702	61470	59990	61378	59793
8754	8022	232648	200074	230915	197300
		212950	184137	200693	177647
737	605	20609	17437	13052	12162
		718055	760893	711368	759209
		33967	34228	33967	34228
13257	12956	260761	224798	188163	220070
50197	75926	215646	199204	215578	199069
91120	84026	530447	457287	414117	377821
115599	96053	697095	618419	644795	568198
		312340	307289	258166	258145
17594	6316	174911	173348	174806	173229
24592	21760	151122	132554	151122	132554
31080	27197	425289	299090	392816	272283
139778	8073	327276	262832	317266	252232
4569	3715	268882	247421	233583	226316
134224	43810	465030	377178	465030	377178
93012	71597	1137094	891125	890528	738917
46292	42191	221863	196525	221863	196525
		9372	8255	9362	8249
224277	236140	545460	509470	367562	316347
5169	9099	260091	225386	236223	199560
16901	2421	186910	149804	176170	130207
97192	90870	764543	702896	722017	624913
12987	10987	63252	57641	52590	50621
	4035	96118	92392	88576	84586
		27669	23751	27669	23751
		76019	79800	67729	67381
803	721	216792	193815	206187	168485

2-17 续表 15

汽车、摩托车、燃料及零配件专门零售

地　区	商品购进总额		统一配送商品购进额		自有配送中心配送商品购进额	
	2015年	2014年	2015年	2014年	2015年	2014年
全　国	**44361841**	**55628801**	**34423233**	**42330904**	**13942702**	**18169880**
北　京	3998641	5294037	96217	124063		
天　津	3517806	4767096	3025682	4154811	2265074	2794991
河　北	3289421	3633924	3289421	3633924	2203514	2308709
山　西	1592418	2109322	1081277	1477649	385770	916984
内蒙古						
辽　宁	3763713	4410728	2957564	3412302		
吉　林	845647	834475	845647	834475	845647	834475
黑龙江	789952	687359	789952	687359		
上　海						
江　苏	876943	1063152	876943	1063152	3132	2937
浙　江	26119	21823	20631	17969		
安　徽						
福　建	2633093	3643388	1109455	1460558	181876	233090
江　西	1387472	1364229	984448	1313439	245653	207342
山　东	2030042	4112557	1616997	3565521	219670	2025482
河　南	1047796	1193516	822321	881366	740836	790037
湖　北	2500498	3480305	2480437	2904226	2408519	2673946
湖　南	3337936	4258407	3264710	4018631	1814849	2172902
广　东	8131012	9119760	7303055	8247291	2171948	2606737
广　西						
海　南	1317144	1607540	1317144	1607540		
重　庆	6746	5479	3461	2954	3461	2954
四　川	456368	494519				
贵　州						
云　南	687855	733030	687855	733030		
西　藏						
陕　西	603202	945459	332049	349882		
甘　肃	841121	999469	841121	999469		
青　海						
宁　夏						
新　疆	680898	849229	676848	841295	452752	599295

单位：万元

非自有配送中心配送商品购进额		商品销售总额		零售额	
2015年	2014年	2015年	2014年	2015年	2014年
7875230	**8626786**	**55171217**	**67814815**	**41507701**	**49468996**
96217	124063	4246418	5580626	2400941	2770737
319152	435474	4046320	5458373	2676412	3670915
		3248012	4205796	1857045	2575592
		2182134	2920409	1704330	2505625
1085048	1414544	3454136	4615227	2372674	2947461
		925178	1034245	748614	858674
		855733	791515	587621	632575
873811	1060215	906354	1225056	636699	815936
		24081	25971	17214	17977
		5634829	6799433	4565087	5217672
105915	129805	2667591	2839031	2337317	2446879
27235	31777	2194254	2386143	1849710	1903356
		1329738	1412481	1208802	1217293
71918	223906	2656692	3677075	2108346	2891684
307699		5243261	6189029	4577388	5168519
4711235	5140842	10257571	11926027	8146076	9277761
		1471617	1817572	813716	1249936
		7422	5763	7422	5763
		548609	572184	548609	572184
		701041	865395	585396	672288
52903	66161	669050	1018546	237107	231347
		1107107	1395879	989163	1122430
224097		794071	1053042	532014	696392

2-17 续表 16

家用电器及电子产品专门零售

地区	商品购进总额		统一配送商品购进额		自有配送中心配送商品购进额	
	2015年	2014年	2015年	2014年	2015年	2014年
全国	**33676411**	**22805328**	**22700516**	**16844538**	**14861877**	**9371576**
北京	5503183	4720147	1937211	1474731	1663741	1223528
天津	719049	762664	117419	291852	117419	291852
河北	289303	284604	257198	251862	163348	187861
山西	307576	197637	221461	103659	130399	10256
内蒙古	67813	86230	55356	73773	45625	59323
辽宁	1048776	1080426	1048178	1079922	896140	958845
吉林	136612	126328	123846	111931	110435	94545
黑龙江	410401	371433	380289	330143	137622	114351
上海	2071695	1679513	1750401	1567144		
江苏	10944035	1527943	6189761	1423856	5926508	1144259
浙江	138014	151331	138014	151331	90554	92807
安徽	469240	408756	131199	140521	91570	96151
福建	873975	803672	557490	477401	315018	199355
江西	289736	284136	289736	284136	284980	271149
山东	449074	436698	449074	436698	256544	272429
河南	778532	720779	572368	544195	408276	385793
湖北	1393895	1325641	1129600	1038477	265338	265716
湖南	368653	312685	331930	283893	331693	283663
广东	4026947	4305818	3726814	3790903	2173338	2118708
广西	199446	173525	199446	173525	199446	173525
海南						
重庆	924837	870536	924837	870536	491500	469444
四川	1146044	1097786	1111909	1061792	75298	64171
贵州	189225	185187	189225	127508		
云南	255134	281935	193660	144835	163021	116854
西藏						
陕西	68836	55770	68836	55770	16228	
甘肃	55425	44541	55425	44541		
青海	40560	30571	40560	30571		
宁夏	187143	177794	187143	177794	187143	177794
新疆	323253	301243	322132	301243	320694	299200

单位：万元

非自有配送中心配送商品购进额		商品销售总额		零售额	
2015年	2014年	2015年	2014年	2015年	2014年
1154106	**1483553**	**36329261**	**23819450**	**22916554**	**21801262**
171016	159611	6089895	5375064	5963228	5225982
		682421	730814	679541	730691
		302836	299727	301309	297807
2423		328111	203814	248223	111728
		96682	116962	96546	114882
		881854	867172	877845	864587
13410	17386	189295	177339	189295	177339
184023	163046	421168	432954	386485	406601
		2124538	1771531	1771458	1768535
203822	210810	12689409	1667339	1317327	1340104
		128768	128464	117544	114443
		488788	442312	462306	408174
82033	62809	967316	864956	802042	665035
		293057	283292	281013	265279
		443259	408703	438232	404320
		763591	717161	721464	685196
413896	416305	1531200	1411851	1363866	1270721
237	230	397601	320431	392948	315254
29201	395543	3867628	4243262	2957879	3387440
		247844	207116	238900	194433
		841592	780887	830804	778113
		1218044	1148378	1188165	1113017
		194202	192879	194202	192879
		476411	436777	457040	413761
52608	55770	71362	55290	71362	55290
		63439	44836	63439	44836
		33800	27792	33800	27792
		180020	171550	180020	171550
1437	2043	315126	290799	290272	255475

2-17 续表 17

五金、家具及室内装饰材料专门零售

地区	商品购进总额		统一配送商品购进额		自有配送中心配送商品购进额	
	2015年	2014年	2015年	2014年	2015年	2014年
全国	**483315**	**382590**	**444330**	**327230**	**260172**	**147799**
北京	98148	98241	88772	89070	856	625
天津	42214	44853	42214	44853	42214	44853
河北						
山西						
内蒙古						
辽宁						
吉林						
黑龙江						
上海	90258	99228	66891	58813		
江苏	14237	11597	14237	11597		
浙江	9259	14284	9259	14284		
安徽						
福建						
江西						
山东	6242	5773				
河南						
湖北	1476	1877	1476	1877		
湖南						
广东	16229	16998	16229	16998	12745	13425
广西						
海南						
重庆						
四川	29793	24277	29793	24277	28898	23434
贵州						
云南						
西藏						
陕西						
甘肃						
青海						
宁夏						
新疆	175459	65462	175459	65462	175459	65462

单位：万元

非自有配送中心配送商品购进额		商品销售总额		零售额	
2015年	2014年	2015年	2014年	2015年	2014年
14237	**11597**	**676618**	**589702**	**637327**	**547155**
		176036	172972	176036	172972
		43283	50268	43283	50268
		120515	122639	99951	94712
14237	11597	13901	11708	13845	11662
		16886	14221	16886	14221
		7496	6997	7496	6997
		2777	2579	2777	2579
		23811	23181	5141	8607
		25173	25475	25173	25475
		246739	159663	246739	159663

2-17 续表 18

货摊、无店铺及其他零售业

地区	商品购进总额		统一配送商品购进额		自有配送中心配送商品购进额	
	2015年	2014年	2015年	2014年	2015年	2014年
全　国	**58174**	**104329**	**28962**	**104329**	**23206**	**24580**
北　京						
天　津						
河　北						
山　西						
内蒙古						
辽　宁						
吉　林	5856	5145	5856	5145	5856	5145
黑龙江						
上　海	9911	9803	9911	9803	9911	9803
江　苏	4989	6493	4989	6493	4989	6493
浙　江						
安　徽						
福　建						
江　西						
山　东						
河　南						
湖　北						
湖　南						
广　东	35372	80178	6159	80178	404	430
广　西	2047	2710	2047	2710	2047	2710
海　南						
重　庆						
四　川						
贵　州						
云　南						
西　藏						
陕　西						
甘　肃						
青　海						
宁　夏						
新　疆						

单位：万元

非自有配送中心配送商品购进额		商品销售总额		零售额	
2015年	2014年	2015年	2014年	2015年	2014年
5756	**8002**	**65642**	**110250**	**26946**	**32552**
		4828	5146	3890	3609
		9286	10801	9286	10801
		6570	7914	3394	4303
5756	8002	42002	82567	8991	10821
		2957	3822	1386	3018

2-18 按行业分各地区连锁

批发业

地区	商品购进总额		统一配送商品购进额		自有配送中心配送商品购进额	
	2015年	2014年	2015年	2014年	2015年	2014年
全国	**3245707**	**3203359**	**2902856**	**2753771**	**2003591**	**1977088**
北京	3237	3885	3237	3885	3237	3885
天津						
河北						
山西						
内蒙古						
辽宁	8699	10588	8699	10588		
吉林						
黑龙江						
上海	613717	750768	613717	750768	613717	750768
江苏	760665	701088	760660	700281	760660	700281
浙江	206547	171458	178727	143996	134797	112651
安徽	533320	549407	443832	445378	245765	215125
福建	11334	9579	11334	9579	11334	9579
江西						
山东	160184	169318	102836	27798	102403	26824
河南						
湖北	714		714		714	
湖南	42008	34999	7001		7001	
广东	124611	148458	58714	59618	6658	7617
广西	5480	6428	5480	6428	5480	6428
海南						
重庆	114134	99609	58888	67641	38274	47980
四川	23892	24386	23892	24386	23892	24386
贵州						
云南	575845	432376	575466	431862		
西藏						
陕西						
甘肃						
青海	2478	2722	2478	2722	2478	2722
宁夏	4285	11936	669	8320	669	8320
新疆	54557	76354	46512	60523	46512	60523

零售企业加盟门店经营情况

单位：万元

非自有配送中心配送商品购进额		商品销售总额		零售额	
2015年	2014年	2015年	2014年	2015年	2014年
108842	**121850**	**3283503**	**3284482**	**570113**	**621037**
		3513	3884		
	7002	9814	10242	9814	10242
		613962	751117	307151	375799
		763836	705054	6209	7833
22149	16291	203501	166786	84422	52280
78749	91546	483114	576247		
117	124	108429	141916	100133	120136
		714		714	
		61511	54439	7044	68
811	636	221895	221399	16197	13419
		5779	6879	2132	3298
7016	6252	117950	92710	23313	19387
		26981	28441	9765	12860
		593922	427860		
		3220	5715	3220	5715
		4764	11135		
		60600	80659		

2-18 续表 1

农、林、牧产品批发

地 区	商品购进总额		统一配送商品购进额		自有配送中心配送商品购进额	
	2015年	2014年	2015年	2014年	2015年	2014年
全 国	**282582**	**242952**	**247696**	**208066**	**243721**	**204480**
北 京						
天 津						
河 北						
山 西						
内蒙古						
辽 宁	3975	3586	3975	3586		
吉 林						
黑龙江						
上 海						
江 苏						
浙 江						
安 徽	235026	202642	235026	202642	235026	202642
福 建						
江 西						
山 东						
河 南						
湖 北						
湖 南	41887	34886	7001		7001	
广 东						
广 西						
海 南						
重 庆						
四 川	1694	1838	1694	1838	1694	1838
贵 州						
云 南						
西 藏						
陕 西						
甘 肃						
青 海						
宁 夏						
新 疆						

单位：万元

非自有配送中心配送商品购进额		商品销售总额		零售额	
2015年	2014年	2015年	2014年	2015年	2014年
		293689	**269755**	**10219**	**2756**
		3175	2756	3175	2756
		227548	210906		
		61412	54368	7044	
		1554	1725		

2-18 续表 2

食品、饮料及烟草制品批发

地区	商品购进总额		统一配送商品购进额		自有配送中心配送商品购进额	
	2015年	2014年	2015年	2014年	2015年	2014年
全国	**112844**	**103828**	**105873**	**95025**	**84609**	**75141**
北京						
天津						
河北						
山西						
内蒙古						
辽宁						
吉林						
黑龙江						
上海	96	131	96	131	96	131
江苏						
浙江	57652	51071	57652	51071	43404	37439
安徽						
福建	11334	9579	11334	9579	11334	9579
江西						
山东						
河南						
湖北						
湖南						
广东	1356	1800	1356	1800	1356	1800
广西						
海南						
重庆	39928	38525	32958	29721	25942	23470
四川						
贵州						
云南						
西藏						
陕西						
甘肃						
青海	2478	2722	2478	2722	2478	2722
宁夏						
新疆						

单位：万元

非自有配送中心配送商品购进额		商品销售总额		零售额	
2015年	2014年	2015年	2014年	2015年	2014年
21264	**19884**	**71229**	**61585**	**58860**	**58553**
		340	481	340	481
14248	13632	44243	40599	44243	40599
		2071	2870	2071	2870
7016	6252	21355	11920	8985	8888
		3220	5715	3220	5715

2-18　续表 3

纺织、服装及家庭用品批发

地　区	商品购进总额		统一配送商品购进额		自有配送中心配送商品购进额	
	2015年	2014年	2015年	2014年	2015年	2014年
全　国	**215165**	**262638**	**161210**	**89917**	**109965**	**38552**
北　京						
天　津						
河　北						
山　西						
内蒙古						
辽　宁						
吉　林						
黑龙江						
上　海						
江　苏	6214	7984	6209	7833	6209	7833
浙　江						
安　徽						
福　建						
江　西						
山　东	153653	152395	102403	26824	102403	26824
河　南						
湖　北	714		714		714	
湖　南						
广　东	53945	98365	51245	51365		
广　西						
海　南						
重　庆						
四　川	640	3895	640	3895	640	3895
贵　州						
云　南						
西　藏						
陕　西						
甘　肃						
青　海						
宁　夏						
新　疆						

单位：万元

非自有配送中心配送商品购进额		商品销售总额		零售额	
2015年	2014年	2015年	2014年	2015年	2014年
		251860	**289259**	**110410**	**135353**
		6220	8134	6209	7833
		100000	120000	100000	120000
		714		714	
		143960	155860	2661	2777
		966	5265	827	4743

2-18 续表 4

文化、体育用品及器材批发

地区	商品购进总额		统一配送商品购进额		自有配送中心配送商品购进额	
	2015年	2014年	2015年	2014年	2015年	2014年
全国	**1202**	**1175**	**1202**	**1175**	**1202**	**1175**
北京						
天津						
河北						
山西						
内蒙古						
辽宁						
吉林						
黑龙江						
上海						
江苏						
浙江						
安徽						
福建						
江西						
山东						
河南						
湖北						
湖南						
广东	1202	1175	1202	1175	1202	1175
广西						
海南						
重庆						
四川						
贵州						
云南						
西藏						
陕西						
甘肃						
青海						
宁夏						
新疆						

单位：万元

非自有配送中心配送商品购进额		商品销售总额		零售额	
2015年	2014年	2015年	2014年	2015年	2014年
		1091	**852**	**197**	**852**
		1091	852	197	852

2-18 续表 5

医药及医疗器材批发

地区	商品购进总额		统一配送商品购进额		自有配送中心配送商品购进额	
	2015年	2014年	2015年	2014年	2015年	2014年
全 国	**79942**	**57528**	**34748**	**32833**	**27400**	**23237**
北 京						
天 津						
河 北						
山 西						
内蒙古						
辽 宁	4724	7002	4724	7002		
吉 林						
黑龙江						
上 海						
江 苏						
浙 江	3854	3417	3854	3417	2231	1898
安 徽						
福 建						
江 西						
山 东	117	124	117	124		
河 南						
湖 北						
湖 南	121	113				
广 东	16910	2990	1869	1573	1057	938
广 西						
海 南						
重 庆	32657	25229	2627	2064	2553	1748
四 川	21558	18653	21558	18653	21558	18653
贵 州						
云 南						
西 藏						
陕 西						
甘 肃						
青 海						
宁 夏						
新 疆						

单位：万元

非自有配送中心配送商品购进额		商品销售总额		零售额	
2015年	2014年	2015年	2014年	2015年	2014年
928	**7761**	**98803**	**85046**	**35832**	**30445**
	7002	6639	7486	6639	7486
		4278	3806	3167	2540
117	124	133	136	133	136
		99	71		68
811	636	20426	14947	2628	1600
		42767	37148	14327	10499
		24462	21452	8938	8117

2-18 续表 6

矿产品、建材及化工产品批发

地区	商品购进总额		统一配送商品购进额		自有配送中心配送商品购进额	
	2015年	2014年	2015年	2014年	2015年	2014年
全国	**2450213**	**2453886**	**2311318**	**2306135**	**1516184**	**1628718**
北京	3237	3885	3237	3885	3237	3885
天津						
河北						
山西						
内蒙古						
辽宁						
吉林						
黑龙江						
上海	613621	750637	613621	750637	613621	750637
江苏	754451	693104	754451	692447	754451	692447
浙江	116034	113254	93296	86535	71694	71233
安徽	298294	346765	208806	242736	10739	12483
福建						
江西						
山东						
河南						
湖北						
湖南						
广东						
广西	5480	6428	5480	6428	5480	6428
海南						
重庆	28024	22762	9779	22762	9779	22762
四川						
贵州						
云南	575845	432376	575466	431862		
西藏						
陕西						
甘肃						
青海						
宁夏	669	8320	669	8320	669	8320
新疆	54557	76354	46512	60523	46512	60523

单位：万元

非自有配送中心配送商品购进额		商品销售总额		零售额	
2015年	2014年	2015年	2014年	2015年	2014年
80551	**93313**	**2451751**	**2485146**	**314055**	**383629**
		3513	3884		
		613621	750637	306811	375318
		757616	696920		
1802	1767	122894	118252	5113	5013
78749	91546	255565	365341		
		5779	6879	2132	3298
		37573	27675		
		593922	427860		
		669	7040		
		60600	80659		

2-18 续表 7

机械设备、五金产品及电子产品批发

地区	商品购进总额		统一配送商品购进额		自有配送中心配送商品购进额	
	2015年	2014年	2015年	2014年	2015年	2014年
全国	**51557**	**44128**	**3402**	**3705**	**3043**	**3705**
北京						
天津						
河北						
山西						
内蒙古						
辽宁						
吉林						
黑龙江						
上海						
江苏						
浙江	359		359			
安徽						
福建						
江西						
山东						
河南						
湖北						
湖南						
广东	51198	44128	3043	3705	3043	3705
广西						
海南						
重庆						
四川						
贵州						
云南						
西藏						
陕西						
甘肃						
青海						
宁夏						
新疆						

单位：万元

非自有配送中心配送商品购进额		商品销售总额		零售额	
2015年	2014年	2015年	2014年	2015年	2014年
		54714	**46870**	**8821**	**5319**
		366		180	
		54347	46870	8641	5319

2-18 续表 8

其他批发业

地区	商品购进总额		统一配送商品购进额		自有配送中心配送商品购进额	
	2015年	2014年	2015年	2014年	2015年	2014年
全国	**52203**	**37225**	**37406**	**16916**	**17468**	**2081**
北京						
天津						
河北						
山西						
内蒙古						
辽宁						
吉林						
黑龙江						
上海						
江苏						
浙江	28649	3716	23566	2973	17468	2081
安徽						
福建						
江西						
山东	6414	16800	316	850		
河南						
湖北						
湖南						
广东						
广西						
海南						
重庆	13524	13093	13524	13093		
四川						
贵州						
云南						
西藏						
陕西						
甘肃						
青海						
宁夏	3616	3616				
新疆						

单位：万元

非自有配送中心配送商品购进额		商品销售总额		零售额	
2015年	2014年	2015年	2014年	2015年	2014年
6099	**892**	**60366**	**45971**	**31719**	**4129**
6099	892	31719	4129	31719	4129
		8297	21780		
		16255	15967		
		4095	4095		

2-18 续表 9

零售业

地区	商品购进总额		统一配送商品购进额		自有配送中心配送商品购进额	
	2015年	2014年	2015年	2014年	2015年	2014年
全　国	**12530015**	**11048167**	**11192803**	**9997460**	**4205869**	**4088679**
北　京	409051	321721	274715	254750	218493	204197
天　津	109380	75706				
河　北	24754	25837	24754	25199	21519	25199
山　西	203422	174635	149499	132476	149499	132476
内蒙古	9754	1215	9754	1215	893	1055
辽　宁	117950	123970	117950	123970	56	452
吉　林						
黑龙江	47094	40556	873	806	835	806
上　海	6062605	5432673	5987662	5365138	817271	581283
江　苏	992790	1073791	983131	1068755	980122	1065431
浙　江	724976	834482	679677	787703	467714	683641
安　徽	778952	721522	494212	461382	231255	205149
福　建	78042	51860	73991	47907	31847	31197
江　西	300373	269106	177348	151927	170292	151627
山　东	239220	269834	172364	210633	90558	136064
河　南	299586	45513	299161	45296	8230	4124
湖　北	328550	18994	268841	13646	263382	8802
湖　南	241309	196403	221697	174510	72287	59600
广　东	934937	838544	760965	704957	343911	517021
广　西	36574	24419	28573	18225	26497	15965
海　南						
重　庆	180912	168129	145363	129345	78413	71816
四　川	261386	188258	209234	163165	154772	116027
贵　州	21984	17273	2218	17273		
云　南	7254	7240	7254	7240	5256	4751
西　藏						
陕　西	12685	17648	12685	17648	12585	17568
甘　肃	538	221	538	221	382	221
青　海						
宁　夏	7707	7687	5302	5210	5302	5210
新　疆	98233	100933	85045	68863	54499	48996

单位：万元

非自有配送中心配送商品购进额		商品销售总额		零售额	
2015年	2014年	2015年	2014年	2015年	2014年
1510427	**1099794**	**13559023**	**12136998**	**12824102**	**11649543**
54770	48908	563231	510243	561345	507528
		128682	89066	128682	89066
		25424	25968	25424	25968
		203685	174338	203685	173607
176	159	11877	760	11877	760
49864	49864	171947	168694	171947	168694
		69704	62049	63966	62049
603814	450574	6566932	5677348	6517687	5637804
634	907	1278201	1328647	1216640	1276481
200183	93222	755831	844023	687342	738140
160140	146400	361627	346878	326965	315334
39240	13871	109059	85946	73574	85278
6576		288516	273332	254703	240115
3525	3288	205542	248291	156705	201515
348		338041	388645	309115	333112
1167	2774	387319	22642	298684	20670
60572	51658	262876	210118	217789	188133
234066	169305	1044613	1000196	907058	989787
		39294	35082	27442	23088
38923	39660	271392	245971	225896	210858
24615	19419	323965	249220	293633	220182
		21954	15833	21954	15833
1290	1200	6939	7128	6939	7128
		15223	12225	14524	11637
		628	221	628	221
		1314	795	1314	795
		2142	5378	2142	5378
30526	8585	103065	107961	96443	100384

2-18 续表 10

综合零售

地区	商品购进总额		统一配送商品购进额		自有配送中心配送商品购进额	
	2015年	2014年	2015年	2014年	2015年	2014年
全国	**10341218**	**9598884**	**9227365**	**8655732**	**3066516**	**3090313**
北京	148416	93600	14407	27462	12155	25913
天津	109380	75706				
河北	24189	25420	24189	24783	20955	24783
山西	203310	173873	149387	132376	149387	132376
内蒙古	9267	531	9267	531	406	371
辽宁	95837	102025	95837	102025		
吉林						
黑龙江	41050	39750				
上海	5797403	5244754	5737338	5187030	685367	493346
江苏	911133	1001409	906158	996948	904488	994827
浙江	621699	704675	581430	663621	391496	575763
安徽	777237	721522	492497	461382	229540	205149
福建	28336	29007	27503	27879	13654	15166
江西	213598	196967	92944	81946	92944	81946
山东	201298	231692	136177	172491	55040	98366
河南	4080	4138	3694	3988		
湖北	9430	8482	8415	7888	8319	7817
湖南	123007	87906	121352	86449	6679	1701
广东	683956	563221	509984	429633	271506	256183
广西	12886	10371	4885	4177	3113	2408
海南						
重庆	55162	51541	54546	43972	30887	27908
四川	173065	128544	173065	128544	139497	96871
贵州	665	835	665	835		
云南	7254	7240	7254	7240	5256	4751
西藏						
陕西						
甘肃						
青海						
宁夏	5302	5210	5302	5210	5302	5210
新疆	84259	90466	71071	59325	40525	39458

单位：万元

非自有配送中心配送商品购进额		商品销售总额		零售额	
2015年	2014年	2015年	2014年	2015年	2014年
1251160	**904957**	**10899790**	**10044249**	**10636696**	**9786555**
892		201709	182117	201709	180884
		128682	89066	128682	89066
		24760	25481	24760	25481
		203605	173547	203605	173547
176	159	11350	535	11350	535
49864	49864	148724	147414	148724	147414
		63000	61000	63000	61000
530146	392160	6252320	5430092	6203075	5390547
	221	1180249	1244872	1179249	1233354
189264	86986	646219	732284	586219	635981
160140	146400	359467	346878	324805	315334
13849	12713	39493	38014	6138	37996
		202957	201763	171578	168618
3525	3288	160570	207640	129150	177151
		4797	4653	4097	3953
96	71	12775	11828	12391	11656
25834	21496	144915	102964	135115	101112
231182	165632	720821	694947	716294	691348
		15391	11219	15391	11219
10656	12227	56372	53912	56372	53912
3721	3955	223508	175683	223508	175683
		827	804	827	804
1290	1200	6939	7128	6939	7128
		384	3217	384	3217
30526	8585	89958	97193	83336	89616

2-18 续表 11

食品、饮料及烟草制品专门零售

地区	商品购进总额		统一配送商品购进额		自有配送中心配送商品购进额	
	2015年	2014年	2015年	2014年	2015年	2014年
全国	**462177**	**366351**	**363317**	**340296**	**347698**	**331959**
北京	197646	169757	197646	169757	197646	169757
天津						
河北	564	416	564	416	564	416
山西						
内蒙古						
辽宁						
吉林						
黑龙江						
上海	283	30				
江苏	4921	4859	4921	4859	4921	4859
浙江	17871	32841	17851	32821	17771	32781
安徽	1715		1715		1715	
福建	6122	5664	2904	2839		
江西	76699	66529	76699	65371	69642	65071
山东	33103	37698	33103	37698	33103	37698
河南	2078	2047	2038	1981		
湖北	51825	2070	3212	2070		
湖南	19826	19123	19826	19123	19826	19123
广东						
广西						
海南						
重庆	2838	3361	2838	3361	2510	2254
四川	44281	19479				
贵州						
云南						
西藏						
陕西						
甘肃						
青海						
宁夏	2405	2477				
新疆						

单位：万元

非自有配送中心配送商品购进额		商品销售总额		零售额	
2015年	2014年	2015年	2014年	2015年	2014年
7251	**1107**	**579151**	**425897**	**473332**	**404984**
		262090	232588	260264	231106
		664	487	664	487
		929	183	929	183
		4989	4622	4989	4622
		21520	19886	19534	17650
		2160		2160	
		9259	8240	7128	7590
6576		76006	66557	76006	66557
		40112	40113	23391	23826
348		1396	1577	1244	1320
		85583	2001	2580	2001
		22319	21610	22319	21610
328	1107	3954	4105	3954	4105
		46411	21768	46411	21768
		1758	2161	1758	2161

2-18 续表 12

纺织、服装及日用品专门零售

地区	商品购进总额		统一配送商品购进额		自有配送中心配送商品购进额	
	2015年	2014年	2015年	2014年	2015年	2014年
全国	**316369**	**303709**	**268710**	**252910**	**240243**	**231593**
北京	752	1383	425	550		
天津						
河北						
山西						
内蒙古						
辽宁	39	52	39	52	39	52
吉林						
黑龙江						
上海	131870	92047	131870	88519	128483	85193
江苏	8861	21922	8861	21922	8861	21922
浙江	27962	37361	27962	37361	27962	37361
安徽						
福建						
江西						
山东						
河南	522	522	522	522		
湖北	805		805			
湖南	26567	30476	9049	11238	8387	11238
广东	60609	65027	60609	65027	58837	63169
广西						
海南						
重庆	29896	27554	82	355	82	355
四川	26136	24769	26136	24769	5242	9708
贵州						
云南						
西藏						
陕西	2350	2596	2350	2596	2350	2596
甘肃						
青海						
宁夏						
新疆						

单位：万元

非自有配送中心配送商品购进额		商品销售总额		零售额	
2015年	2014年	2015年	2014年	2015年	2014年
24520	**17078**	**486254**	**438552**	**437730**	**378334**
371	455	3722	5804	3722	5804
		55	72	55	72
1314		185942	145000	185942	145000
		22852	31969	22723	31709
		32067	30879	28570	26290
		514	514	514	514
		1283		1127	
663		26568	30295	10566	10162
1278	1563	136970	128519	136970	121708
		43407	33556	43288	33080
20894	15061	28621	27951		
		4253	3994	4253	3994

2-18 续表 13

文化、体育用品及器材专门零售

地 区	商品购进总额		统一配送商品购进额		自有配送中心配送商品购进额	
	2015年	2014年	2015年	2014年	2015年	2014年
全 国	**6148**	**7113**	**2188**	**4075**	**2108**	**4053**
北 京	80	22	80	22		
天 津						
河 北						
山 西						
内蒙古						
辽 宁						
吉 林						
黑龙江						
上 海						
江 苏						
浙 江						
安 徽						
福 建						
江 西						
山 东						
河 南						
湖 北	3960	3038				
湖 南						
广 东	97	97	97	97	97	97
广 西						
海 南						
重 庆	429	2205	429	2205	429	2205
四 川	1581	1751	1581	1751	1581	1751
贵 州						
云 南						
西 藏						
陕 西						
甘 肃						
青 海						
宁 夏						
新 疆						

单位：万元

非自有配送中心配送商品购进额		商品销售总额		零售额	
2015年	2014年	2015年	2014年	2015年	2014年
80	**22**	**6065**	**6939**	**3587**	**5230**
80	22	85	23	26	23
		3960	3010	1576	1301
		73	73	73	73
		365	2083	331	2083
		1581	1751	1581	1751

2-18 续表 14

医药及医疗器材专门零售

地 区	商品购进总额		统一配送商品购进额		自有配送中心配送商品购进额	
	2015年	2014年	2015年	2014年	2015年	2014年
全 国	**675843**	**499752**	**602964**	**472089**	**218472**	**192226**
北 京	62157	56959	62157	56959	8692	8527
天 津						
河 北						
山 西	112	762	112	100	112	100
内蒙古	487	684	487	684	487	684
辽 宁	22074	21894	22074	21894	16	400
吉 林						
黑龙江	6044	806	873	806	835	806
上 海	133049	95842	118455	89590	3421	2744
江 苏	17006	8406	12321	7832	10982	6629
浙 江	55044	57107	50034	51402	30485	37737
安 徽						
福 建	43480	17023	43480	17023	18088	15865
江 西	2835	1454	465	454	465	454
山 东	4819	444	3085	444	2416	
河 南	12201	7132	12201	7132	7770	3664
湖 北	8374	5403	2255	3688	909	985
湖 南	71909	58897	71471	57700	37395	27537
广 东	64760	14224	64760	14224	2737	1707
广 西	16418	13354	16418	13354	16114	12863
海 南						
重 庆	92586	83469	87467	79453	44505	39095
四 川	16323	13715	8452	8101	8452	7697
贵 州	21320	16439	1553	16439		
云 南						
西 藏						
陕 西	10335	15053	10335	15053	10235	14973
甘 肃	538	221	538	221	382	221
青 海						
宁 夏						
新 疆	13974	10466	13974	9538	13974	9538

单位：万元

非自有配送中心配送商品购进额		商品销售总额		零售额	
2015年	2014年	2015年	2014年	2015年	2014年
227058	**176519**	**815909**	**640395**	**695446**	**585686**
53427	48431	95625	89711	95625	89711
		80	791	80	60
		527	226	527	226
		23168	21208	23168	21208
		6704	1049	966	1049
72353	58414	127741	102074	127741	102074
634	686	17661	8843	9600	6706
10919	6235	54703	58681	51698	55928
25392	1157	60207	39504	60207	39504
		3323	973	3323	973
		4861	538	4163	538
		23457	8946	22765	8258
1071	2703	10075	5803	7370	5712
34076	30162	69074	55250	49789	55250
1248	2000	63907	20906	43235	20906
		16508	16464	4656	4470
27938	26326	167295	152315	121951	117678
	404	23845	22068	22133	20980
		21127	15029	21127	15029
		10970	8232	10271	7644
		628	221	628	221
		1314	795	1314	795
		13107	10768	13107	10768

2-18 续表 15

汽车、摩托车、燃料及零配件专门零售

地　区	商品购进总额		统一配送商品购进额		自有配送中心配送商品购进额	
	2015年	2014年	2015年	2014年	2015年	2014年
全　国	**534401**	**221214**	**534401**	**221214**	**254155**	**190000**
北　京						
天　津						
河　北						
山　西						
内蒙古						
辽　宁						
吉　林						
黑龙江						
上　海						
江　苏						
浙　江						
安　徽						
福　建						
江　西						
山　东						
河　南	280246	31214	280246	31214		
湖　北	254155		254155		254155	
湖　南						
广　东		190000		190000		190000
广　西						
海　南						
重　庆						
四　川						
贵　州						
云　南						
西　藏						
陕　西						
甘　肃						
青　海						
宁　夏						
新　疆						

单位：万元

非自有配送中心配送商品购进额		商品销售总额		零售额	
2015年	2014年	2015年	2014年	2015年	2014年
		581270	**522707**	**553887**	**468819**
		307628	372707	280246	318819
		273641		273641	
			150000		150000

2-18 续表 16

家用电器及电子产品专门零售

地区	商品购进总额		统一配送商品购进额		自有配送中心配送商品购进额	
	2015年	2014年	2015年	2014年	2015年	2014年
全国	**182953**	**45024**	**182953**	**45024**	**65771**	**42416**
北京						
天津						
河北						
山西						
内蒙古						
辽宁						
吉林						
黑龙江						
上海						
江苏	50800	37105	50800	37105	50800	37105
浙江	2400	2498	2400	2498		
安徽						
福建						
江西	7241	4156	7241	4156	7241	4156
山东						
河南	460	460	460	460	460	460
湖北						
湖南						
广东	114782	111	114782	111		
广西	7270	694	7270	694	7270	694
海南						
重庆						
四川						
贵州						
云南						
西藏						
陕西						
甘肃						
青海						
宁夏						
新疆						

单位：万元

非自有配送中心配送商品购进额		商品销售总额		零售额	
2015年	2014年	2015年	2014年	2015年	2014年
357	**111**	**180358**	**52356**	**13197**	**14032**
		52371	38253		
		1321	2292	1321	2292
		6230	4039	3795	3967
		248	248	248	248
357	111	112793	126	439	126
		7395	7399	7395	7399

2-18 续表 17

货摊、无店铺及其他零售业

地 区	商品购进总额		统一配送商品购进额		自有配送中心配送商品购进额	
	2015年	2014年	2015年	2014年	2015年	2014年
全 国	**10906**	**6120**	**10906**	**6120**	**10906**	**6120**
北 京						
天 津						
河 北						
山 西						
内 蒙 古						
辽 宁						
吉 林						
黑 龙 江						
上 海						
江 苏	69	90	69	90	69	90
浙 江						
安 徽						
福 建	105	166	105	166	105	166
江 西						
山 东						
河 南						
湖 北						
湖 南						
广 东	10733	5865	10733	5865	10733	5865
广 西						
海 南						
重 庆						
四 川						
贵 州						
云 南						
西 藏						
陕 西						
甘 肃						
青 海						
宁 夏						
新 疆						

单位：万元

非自有配送中心配送商品购进额		商品销售总额		零售额	
2015年	2014年	2015年	2014年	2015年	2014年
		10228	**5902**	**10228**	**5902**
		79	90	79	90
		100	188	100	188
		10048	5625	10048	5625

2-19 按业态分各地区连锁零售企业基本情况

便利店

地区	连锁总店数（个）	门店数（个）		年末从业人员（人）		年末零售营业面积（平方米）	
	2015年	2015年	2014年	2015年	2014年	2015年	2014年
全　国	**100**	**17675**	**17517**	**83517**	**82905**	**1496187**	**1446257**
北　京	10	1064	1075	5731	5537	133342	121411
天　津	2	206	209	1494	1712	46082	48537
河　北	4	332	357	914	956	25192	26879
山　西	2	1507	1467	6528	6640	81384	81170
内蒙古	1	367		1005		25690	
辽　宁	3	254	288	1681	1853	15737	15637
吉　林							
黑龙江	1	263	257	2540	2074	92890	85842
上　海	10	5246	5368	25434	27938	328678	328638
江　苏	9	209	219	1462	1593	46546	51742
浙　江	11	2934	3578	11282	10618	190200	228823
安　徽	2	62	68	670	651	25150	26350
福　建	6	601	440	2290	2090	40632	31093
江　西	1	106	110	113	112	2000	2000
山　东	2	63	57	507	625	5107	4547
河　南	2	104		766		25100	
湖　北	1	21	41	94	187	1000	1150
湖　南	2	108	47	280	213	4866	2536
广　东	10	1877	1751	9446	9022	125999	118500
广　西	2	126	130	1008	1026	10741	10994
海　南							
重　庆	3	237	269	586	581	20561	19565
四　川	5	1246	1064	7102	7147	167595	145774
贵　州	3	119	117	663	620	19214	19214
云　南	2	203	221	703	568	16364	18049
西　藏							
陕　西	5	251	246	644	628	22376	25906
甘　肃							
青　海							
宁　夏							
新　疆	1	169	138	574	514	23741	31900

2-19 续表 1

折扣店

地区	连锁总店数（个）	门店数（个）		年末从业人员（人）		年末零售营业面积（平方米）	
	2015年	2015年	2014年	2015年	2014年	2015年	2014年
全　国	**3**	**410**	**377**	**2139**	**2093**	**188862**	**177007**
北　京	1	8	9	659	705	89792	85664
天　津							
河　北							
山　西							
内蒙古							
辽　宁							
吉　林							
黑龙江							
上　海	1	381	368	1030	1388	94570	91343
江　苏							
浙　江							
安　徽							
福　建							
江　西							
山　东							
河　南							
湖　北							
湖　南							
广　东	1	21		450		4500	
广　西							
海　南							
重　庆							
四　川							
贵　州							
云　南							
西　藏							
陕　西							
甘　肃							
青　海							
宁　夏							
新　疆							

2-19 续表 2

超市

地　区	连锁总店数（个）	门店数（个）		年末从业人员（人）		年末零售营业面积（平方米）	
	2015年	2015年	2014年	2015年	2014年	2015年	2014年
全　国	**414**	**33301**	**32575**	**435364**	**450146**	**19186624**	**18674522**
北　京	23	1424	1418	50325	53374	2169146	2158244
天　津	6	862	952	5266	6270	205634	177433
河　北	15	287	303	8581	8805	353786	371249
山　西	10	112	102	4063	4670	234330	230021
内蒙古	6	106	91	2194	1804	111444	98993
辽　宁	12	755	739	4454	4387	181913	170175
吉　林	3	22	23	1320	1322	41900	42584
黑龙江	4	66	65	4890	4610	147392	184482
上　海	10	3311	3711	63977	68998	2679897	2600934
江　苏	28	1969	2079	23869	25259	808031	842739
浙　江	49	5525	5551	35347	36468	2128179	2010112
安　徽	26	1347	1295	22526	23838	1022284	1048720
福　建	20	216	231	5666	6290	201658	209828
江　西	6	141	136	5196	4454	158365	150169
山　东	26	2186	1906	42462	39353	2159410	1902800
河　南	26	1058	1020	7732	9304	485890	493324
湖　北	19	2156	2024	56231	61074	2022866	2088632
湖　南	15	911	856	10171	11202	469851	360939
广　东	33	549	524	13324	13398	774789	727486
广　西	6	262	258	5539	5531	201794	197971
海　南	2	169	14	1628	421	48194	19589
重　庆	18	3311	3340	15444	15614	429827	571407
四　川	27	5700	5025	30902	28178	874311	748128
贵　州	3	83	122	857	846	22331	32556
云　南	3	381	410	3000	3385	143764	164153
西　藏							
陕　西	7	127	130	3916	4191	192693	292720
甘　肃	1	10	10	512	516	24590	24590
青　海	1	63	61	897	935	25035	22166
宁　夏	3	109	97	1581	1501	50202	53055
新　疆	6	83	82	3494	4148	817118	679323

2-19 续表 3

大型超市

地区	连锁总店数（个）	门店数（个）		年末从业人员（人）		年末零售营业面积（平方米）	
	2015年	2015年	2014年	2015年	2014年	2015年	2014年
全　国	**172**	**8584**	**9328**	**559499**	**553201**	**33693840**	**31062912**
北　京	15	232	240	27435	28644	1297506	1320534
天　津	4	34	35	7899	8937	391414	447698
河　北	4	54	57	6143	6757	473300	553310
山　西	3	109	100	11497	9726	642208	586903
内蒙古							
辽　宁	12	1117	1108	20830	21737	1141545	1216701
吉　林	1	1	1	167	165	11273	11273
黑龙江	1	8	9	1986	2386	82717	93982
上　海	10	297	318	88911	87231	4206902	4345178
江　苏	13	2251	2259	93916	97082	4551764	4690402
浙　江	11	1827	2474	18172	20055	1039508	1101431
安　徽	5	67	60	9103	9309	573032	648823
福　建	7	467	352	47685	45640	5754961	3171672
江　西	7	51	47	5122	5554	397962	370633
山　东	9	200	584	25308	27358	2562113	2549253
河　南	15	352	320	32306	31274	2113624	1785887
湖　北	4	76	75	12190	12870	959918	1084724
湖　南	8	245	244	27168	27442	795685	831914
广　东	20	778	678	60845	54679	4101624	3759722
广　西	1	40	39	7059	8112	348249	348249
海　南							
重　庆	3	111	107	22014	20851	582822	577891
四　川	7	87	54	16775	11494	887037	845608
贵　州	1	16	15	2126	1584	102120	88464
云　南	2	18	18	5410	4715	152489	205897
西　藏	1	3	3	790	750	21700	21700
陕　西	1	3	3	650	659	95679	19000
甘　肃							
青　海	2	9	8	1312	1293	76125	66125
宁　夏	2	121	110	4737	4693	236243	221215
新　疆	3	10	10	1943	2204	94320	98723

2-19　续表 4

仓储会员店

地　区	连锁总店数（个）	门店数（个）		年末从业人员（人）		年末零售营业面积（平方米）	
	2015年	2015年	2014年	2015年	2014年	2015年	2014年
全　国	**5**	**128**	**105**	**14554**	**15279**	**697320**	**662795**
北　京	1	7	7	2235	2427	134877	134877
天　津							
河　北							
山　西							
内蒙古							
辽　宁							
吉　林							
黑龙江							
上　海	1	81	75	11931	12571	536413	507168
江　苏							
浙　江							
安　徽							
福　建	1	35	15	52	45	750	750
江　西							
山　东							
河　南	1	2	2	135	35	13280	2000
湖　北	1	3	6	201	201	12000	18000
湖　南							
广　东							
广　西							
海　南							
重　庆							
四　川							
贵　州							
云　南							
西　藏							
陕　西							
甘　肃							
青　海							
宁　夏							
新　疆							

2-19 续表 5

百货店

地　区	连锁总店数（个）	门店数（个）		年末从业人员（人）		年末零售营业面积（平方米）	
	2015年	2015年	2014年	2015年	2014年	2015年	2014年
全　国	**104**	**4867**	**4684**	**263846**	**265040**	**21043835**	**20140563**
北　京	6	68	66	14219	15141	1650907	1743364
天　津							
河　北	4	85	82	8052	7979	662943	622280
山　西	3	17	16	2718	3175	229302	216627
内蒙古	1	6	6	2243	1492	41000	41000
辽　宁							
吉　林	1	2	3	66	95	2000	1000
黑龙江	1	40	40	471	563	300000	300000
上　海	3	175	168	3148	3462	227333	228014
江　苏	7	1232	1262	26964	26598	1096587	992131
浙　江	7	388	391	7370	6770	842663	782675
安　徽	4	300	288	33726	33332	1460009	1474017
福　建	3	29	29	1901	1870	105681	125178
江　西	6	56	52	10241	10468	685009	610346
山　东	12	868	823	60384	62234	5203850	4835643
河　南	2	18	18	1530	1848	71300	64180
湖　北	4	259	222	20453	21423	2440888	2391074
湖　南	5	33	33	6601	6331	644294	580901
广　东	16	802	707	27464	26433	2588479	2489546
广　西	1	15	15	943	855	33000	33000
海　南							
重　庆	5	337	324	22769	22859	1885497	1811223
四　川	6	27	28	6522	6288	507350	451800
贵　州	1	5	5	181	181	1862	1862
云　南	2	6	8	501	507	51686	40687
西　藏							
陕　西	2	13	12	3134	2848	250880	242700
甘　肃							
青　海	1	3	3	2147	2190	57754	57754
宁　夏							
新　疆	1	83	83	98	98	3561	3561

2-19 续表 6

专业店(含加油站)

地 区	连锁总店数(个)	门店数(个)		年末从业人员(人)		年末零售营业面积(平方米)	
	2015年	2015年	2014年	2015年	2014年	2015年	2014年
全 国	**1481**	**112959**	**106241**	**928069**	**935674**	**84806186**	**81958071**
北 京	64	2974	2999	34743	37128	1552053	1556604
天 津	15	949	943	13103	14686	1294663	1311741
河 北	56	3934	3776	29077	29506	4538692	4794618
山 西	35	1872	1705	16753	15427	1420451	1360005
内 蒙 古	6	103	101	748	730	38460	37370
辽 宁	57	3720	3669	32270	33626	2944160	2939738
吉 林	15	893	767	6877	7287	238461	220388
黑 龙 江	28	1504	1375	11335	10508	309040	297926
上 海	32	4630	4526	31137	33224	1591970	1627067
江 苏	96	11387	11292	210596	215789	12661056	12728599
浙 江	124	11107	10705	57829	61547	6949751	6847374
安 徽	30	5779	5803	29323	29634	2368244	2245007
福 建	76	2970	2775	20653	19378	2271283	2156925
江 西	57	2971	2462	29874	30219	1976356	1977928
山 东	84	6636	5782	31070	28098	5530081	4628531
河 南	76	3306	2866	22014	20974	3777273	4014353
湖 北	68	4156	2361	34817	29932	1619523	1436938
湖 南	62	5522	4843	33817	32841	3704705	3624534
广 东	145	11194	11290	103694	112287	16869324	15991281
广 西	52	3546	3350	23473	24536	3674964	3194067
海 南	4	597	590	4188	4049	366303	363024
重 庆	46	7188	6900	29713	29444	1034315	928050
四 川	66	3915	3773	25206	25877	918239	940983
贵 州	17	1022	953	6104	5706	196413	185038
云 南	26	4139	3574	34389	29635	1569783	1483674
西 藏							
陕 西	40	1968	1893	24477	23385	2221020	1811188
甘 肃	9	401	372	3318	3329	592582	589231
青 海	5	65	30	1414	1378	43116	41750
宁 夏	15	548	561	3717	3719	211510	325164
新 疆	75	3963	4205	22340	21795	2322395	2298975

2-19 续表 7

加油站

地区	连锁总店数(个)	门店数(个)		年末从业人员(人)		年末零售营业面积(平方米)	
	2015年	2015年	2014年	2015年	2014年	2015年	2014年
全　国	**302**	**35710**	**35306**	**289844**	**303672**	**57513695**	**55449352**
北　京	3	702	691	6600	8247	356521	350956
天　津	3	620	651	8744	9479	975565	975565
河　北	23	2532	2618	18277	19385	4219251	4486183
山　西	9	906	917	6447	6669	1046388	1069237
内蒙古							
辽　宁	11	1059	1043	11039	11806	1566515	1571127
吉　林	1	218	226	2462	2501	17000	18000
黑龙江	2	186	185	2605	2614	15782	15782
上　海	2	743	732	7868	8617	281389	277325
江　苏	3	3206	3208	29224	29936	5250300	5252210
浙　江	4	2558	2523	22411	27077	5715807	5665973
安　徽	3	1694	1661	7533	7563	995064	952827
福　建	26	1674	1593	12343	11121	1899433	1793473
江　西	23	1410	1409	10634	10901	1587397	1635118
山　东	19	3655	3493	11075	10217	4910206	4127232
河　南	19	1552	1498	8721	8262	3272502	3467809
湖　北	13	936	937	10278	10839	495002	497116
湖　南	25	1604	1582	11734	12309	2365923	2297061
广　东	31	5066	5063	48137	52193	13459717	12626506
广　西	27	1622	1571	12079	12968	3310473	2856570
海　南	2	400	417	3499	3429	331893	332043
重　庆	4	598	558	6858	7135	254575	238531
四　川	1	80	81	657	700	20678	20278
贵　州							
云　南	2	264	265	3609	3473	822286	806885
西　藏							
陕　西	19	1152	1126	12959	12719	1861323	1454877
甘　肃	6	308	305	2853	2869	581871	579330
青　海							
宁　夏	2	57	68	981	971	30951	199980
新　疆	19	908	885	10217	9672	1869883	1881358

2-19 续表 8

专卖店

地区	连锁总店数(个)	门店数(个)		年末从业人员(人)		年末零售营业面积(平方米)	
	2015年	2015年	2014年	2015年	2014年	2015年	2014年
全　国	**320**	**21093**	**19927**	**141261**	**136159**	**4678795**	**4119514**
北　京	29	1789	1662	20237	18464	370516	240178
天　津	8	159	151	2794	2967	33881	32431
河　北	1	58	58	232	232	11600	11600
山　西	4	45	47	494	615	13020	13610
内蒙古	4	46	47	770	772	60034	61534
辽　宁	8	284	266	1781	1798	346381	346381
吉　林	5	77	58	701	678	8705	7350
黑龙江	1	14		128		837	
上　海	26	3943	3557	26299	25709	851539	601878
江　苏	13	817	917	4012	3889	80613	78078
浙　江	20	1212	974	5970	5893	153878	131182
安　徽	4	283	286	1004	895	28570	28470
福　建	24	1424	1150	8275	7921	443015	342441
江　西	10	1249	1326	2783	2681	44375	45286
山　东	8	660	561	2182	2029	31210	28850
河　南	12	518	594	2346	2615	50987	59241
湖　北	30	1018	928	10940	11184	115575	135678
湖　南	17	1425	1354	4248	4372	90679	90252
广　东	49	3539	3938	23130	24156	1259918	1237654
广　西							
海　南							
重　庆	12	543	514	3525	3844	208871	192189
四　川	11	1036	616	7033	5236	197601	156525
贵　州	1	9	9	44	42	365	365
云　南	6	373	394	1521	1557	28683	29067
西　藏							
陕　西	4	31	31	1995	2009	76738	76738
甘　肃	6	371	358	3901	3487	60476	55058
青　海							
宁　夏	1	71	49	243	187	1030	650
新　疆	6	99	82	4673	2927	109698	116828

2-19 续表 9

家居建材商店

地　区	连锁总店数（个）	门店数（个）		年末从业人员（人）		年末零售营业面积（平方米）	
	2015年	2015年	2014年	2015年	2014年	2015年	2014年
全　国	**14**	**64**	**62**	**2901**	**3533**	**327121**	**320001**
北　京	3	11	11	1000	1014	83512	72392
天　津	1	7	7	158	193	4029	4029
河　北							
山　西							
内蒙古							
辽　宁							
吉　林							
黑龙江							
上　海	4	16	16	809	1016	98811	102811
江　苏	2	3	3	134	191	85438	85438
浙　江							
安　徽							
福　建							
江　西							
山　东	1	2	2	54	59	7841	7841
河　南							
湖　北	1	8	6	120	110	2985	2985
湖　南							
广　东	1	15	15	483	802	17505	17505
广　西							
海　南							
重　庆							
四　川	1	2	2	143	148	27000	27000
贵　州							
云　南							
西　藏							
陕　西							
甘　肃							
青　海							
宁　夏							
新　疆							

2-19 续表 10

厂家直销中心

地区	连锁总店数（个）	门店数（个）		年末从业人员（人）		年末零售营业面积（平方米）	
	2015年	2015年	2014年	2015年	2014年	2015年	2014年
全　国	**9**	**306**	**305**	**4048**	**3833**	**27997**	**93125**
北　京							
天　津							
河　北							
山　西							
内蒙古							
辽　宁	1	2	1	1620	1664	2400	2400
吉　林							
黑龙江							
上　海							
江　苏							
浙　江	1	4	4	48	58	196	196
安　徽							
福　建							
江　西							
山　东							
河　南							
湖　北	1	4	4	1258	1185	1185	1185
湖　南	2	4	2	38	34	540	500
广　东	1	280	277	556	708	21076	27244
广　西							
海　南							
重　庆	1	2	2	90	10	1800	400
四　川							
贵　州							
云　南							
西　藏							
陕　西	1	3	8	419	156	800	1200
甘　肃							
青　海							
宁　夏							
新　疆	1	7	7	19	18		60000

2-19 续表 11

其他

地区	连锁总店数（个）	门店数（个）		年末从业人员（人）		年末零售营业面积（平方米）	
	2015年	2015年	2014年	2015年	2014年	2015年	2014年
全国	**68**	**10425**	**9577**	**45581**	**43780**	**2477237**	**2380176**
北京							
天津	1	20	20	528	569	8920	8920
河北							
山西	3	65	51	238	212	4815	4633
内蒙古							
辽宁	1	4	4	122	122	300	300
吉林							
黑龙江							
上海							
江苏							
浙江	4	3456	3057	6940	6094	174474	155043
安徽	1	1980	1980	243	286	121600	121600
福建	5	40	35	1908	1778	75361	75061
江西							
山东	9	768	776	13349	14313	1528531	1526353
河南	1	10	11	297	346	41000	44600
湖北	4	64	80	286	270	6010	6830
湖南	2	46	41	278	279	8500	8000
广东	23	2915	2468	17089	15077	337633	286855
广西							
海南							
重庆	6	841	809	2172	2159	80157	75490
四川	2	81	113	298	303	4759	4729
贵州	1	13	12	77	68	390	360
云南							
西藏							
陕西	1	11	11	912	916	46182	26997
甘肃							
青海	1	74	74	395	526	18700	18700
宁夏	1	5	5	225	227		
新疆	2	32	30	224	235	19905	15705

2-20 按业态分各地区连锁零售企业直营门店基本情况

便利店

地区	门店数（个）		年末从业人员（人）		年末零售营业面积（平方米）	
	2015年	2014年	2015年	2014年	2015年	2014年
全国	**9648**	**9265**	**57689**	**57751**	**978893**	**923539**
北京	745	711	5065	4870	106518	92496
天津	206	209	1494	1712	46082	48537
河北	76	87	692	727	7192	7964
山西	94	105	648	683	4880	5920
内蒙古	278		721		20552	
辽宁	253	255	1651	1646	12737	12637
吉林						
黑龙江	62	68	1590	1374	72930	67892
上海	3269	3332	18517	20581	193816	196920
江苏	209	200	1462	1553	46546	50902
浙江	512	690	3851	3709	32703	54069
安徽	62	68	670	651	25150	26350
福建	99	100	400	436	9525	9713
江西						
山东	52	54	470	615	4227	4307
河南	104		766		25100	
湖北	21	41	94	187	1000	1150
湖南	33	22	205	151	2016	1686
广东	1543	1463	8871	8534	111612	105263
广西	126	130	1008	1026	10741	10994
海南						
重庆	62	59	266	201	12336	10115
四川	1246	1064	7102	7147	167595	145774
贵州	119	117	663	620	19214	19214
云南	203	221	703	568	16364	18049
西藏						
陕西	251	246	644	628	22376	25906
甘肃						
青海						
宁夏						
新疆	23	23	136	132	7681	7681

2-20 续表 1

折扣店

地　区	门店数（个）		年末从业人员（人）		年末零售营业面积（平方米）	
	2015年	2014年	2015年	2014年	2015年	2014年
全　国	**236**	**207**	**2049**	**2013**	**149292**	**138787**
北　京	8	9	659	705	89792	85664
天　津						
河　北						
山　西						
内蒙古						
辽　宁						
吉　林						
黑龙江						
上　海	207	198	940	1308	55000	53123
江　苏						
浙　江						
安　徽						
福　建						
江　西						
山　东						
河　南						
湖　北						
湖　南						
广　东	21		450		4500	
广　西						
海　南						
重　庆						
四　川						
贵　州						
云　南						
西　藏						
陕　西						
甘　肃						
青　海						
宁　夏						
新　疆						

2-20 续表 2

超市

地 区	门店数（个）		年末从业人员（人）		年末零售营业面积（平方米）	
	2015年	2014年	2015年	2014年	2015年	2014年
全 国	**16864**	**15914**	**378531**	**390208**	**17251889**	**16677553**
北 京	922	887	45523	47848	2048269	2033752
天 津	363	471	3946	5068	153239	127523
河 北	187	199	8221	8432	343136	360648
山 西	112	102	4063	4670	234330	230021
内蒙古	102	87	2169	1780	110974	98523
辽 宁	330	294	3554	2953	144613	131975
吉 林	22	23	1320	1322	41900	42584
黑龙江	66	65	4890	4610	147392	184482
上 海	1779	1915	53259	56426	2192548	2054945
江 苏	1024	988	17514	18746	525038	546533
浙 江	1623	1583	28841	29749	1893532	1768086
安 徽	787	735	17363	18677	858991	885427
福 建	207	222	5657	6281	200658	208828
江 西	141	136	5196	4454	158365	150169
山 东	1753	1473	40799	37591	2111512	1854902
河 南	459	512	6974	8455	458590	464828
湖 北	2097	1988	54798	59718	2004372	2072215
湖 南	371	318	9157	10289	437119	329109
广 东	517	492	11844	12044	762979	715676
广 西	134	136	4482	4496	142877	144999
海 南	169	14	1628	421	48194	19589
重 庆	496	503	11897	12095	302341	443451
四 川	2703	2237	22804	20516	750356	631950
贵 州	83	122	857	846	22331	32556
云 南	55	64	2388	2784	127126	146945
西 藏						
陕 西	127	130	3916	4191	192693	292720
甘 肃	10	10	512	516	24590	24590
青 海	63	61	897	935	25035	22166
宁 夏	106	92	1566	1476	45593	52960
新 疆	56	55	2496	2819	743196	605401

2-20 续表 3

大型超市

地 区	门店数（个）		年末从业人员（人）		年末零售营业面积（平方米）	
	2015年	2014年	2015年	2014年	2015年	2014年
全 国	**5214**	**4990**	**468568**	**468942**	**29831806**	**27322111**
北 京	232	240	27435	28644	1297506	1320534
天 津	34	35	7899	8937	391414	447698
河 北	54	57	6143	6757	473300	553310
山 西	106	100	11467	9726	641208	586903
内蒙古						
辽 宁	105	96	15230	16137	1018792	1093948
吉 林	1	1	167	165	11273	11273
黑龙江	8	9	1986	2386	82717	93982
上 海	142	183	29141	34810	1540911	1850687
江 苏	1606	1612	78916	82082	4101764	4240402
浙 江	305	349	14513	15736	893346	925269
安 徽	67	60	9103	9309	573032	648823
福 建	467	352	47685	45640	5754961	3171672
江 西	51	47	5122	5554	397962	370633
山 东	200	196	25308	26228	2562113	2506741
河 南	352	320	32306	31274	2113624	1785887
湖 北	76	75	12190	12870	959918	1084724
湖 南	234	234	26596	26872	727625	768804
广 东	756	657	54545	49460	3693556	3367949
广 西	40	39	7059	8112	348249	348249
海 南						
重 庆	111	107	22014	20851	582822	577891
四 川	87	54	16775	11494	887037	845608
贵 州	16	15	2126	1584	102120	88464
云 南	18	18	5410	4715	152489	205897
西 藏	3	3	790	750	21700	21700
陕 西	3	3	650	659	95679	19000
甘 肃						
青 海	9	8	1312	1293	76125	66125
宁 夏	121	110	4737	4693	236243	221215
新 疆	10	10	1943	2204	94320	98723

2-20 续表 4

仓储会员店

地　区	门店数（个）		年末从业人员（人）		年末零售营业面积（平方米）	
	2015年	2014年	2015年	2014年	2015年	2014年
全　国	**93**	**90**	**14502**	**15234**	**696570**	**662045**
北　京	7	7	2235	2427	134877	134877
天　津						
河　北						
山　西						
内蒙古						
辽　宁						
吉　林						
黑龙江						
上　海	81	75	11931	12571	536413	507168
江　苏						
浙　江						
安　徽						
福　建						
江　西						
山　东						
河　南	2	2	135	35	13280	2000
湖　北	3	6	201	201	12000	18000
湖　南						
广　东						
广　西						
海　南						
重　庆						
四　川						
贵　州						
云　南						
西　藏						
陕　西						
甘　肃						
青　海						
宁　夏						
新　疆						

2-20 续表 5

百货店

地 区	门店数（个）		年末从业人员（人）		年末零售营业面积（平方米）	
	2015年	2014年	2015年	2014年	2015年	2014年
全 国	**3139**	**2921**	**254191**	**254909**	**20621421**	**19747494**
北 京	68	66	14219	15141	1650907	1743364
天 津						
河 北	85	82	8052	7979	662943	622280
山 西	17	16	2718	3175	229302	216627
内蒙古	6	6	2243	1492	41000	41000
辽 宁						
吉 林	2	3	66	95	2000	1000
黑龙江	40	40	471	563	300000	300000
上 海	175	168	3148	3462	227333	228014
江 苏	252	208	23247	22380	983607	868411
浙 江	225	226	6760	6139	822336	761675
安 徽	297	285	33594	33192	1422009	1436017
福 建	29	29	1901	1870	105681	125178
江 西	43	42	7582	7856	504471	470346
山 东	366	359	57927	59784	5147449	4779462
河 南	18	18	1530	1848	71300	64180
湖 北	259	222	20453	21423	2440888	2391074
湖 南	33	33	6601	6331	644294	580901
广 东	801	706	27463	26432	2576479	2477546
广 西	15	15	943	855	33000	33000
海 南						
重 庆	337	324	22769	22859	1885497	1811223
四 川	27	28	6522	6288	507350	451800
贵 州	5	5	181	181	1862	1862
云 南	6	8	501	507	51686	40687
西 藏						
陕 西	13	12	3134	2848	250880	242700
甘 肃						
青 海	3	3	2147	2190	57754	57754
宁 夏						
新 疆	17	17	19	19	1393	1393

2-20 续表 6

专业店(含加油站)

地 区	门店数(个)		年末从业人员(人)		年末零售营业面积(平方米)	
	2015年	2014年	2015年	2014年	2015年	2014年
全 国	**88832**	**83268**	**870076**	**879432**	**83093222**	**80404495**
北 京	2557	2567	32669	35106	1495202	1496899
天 津	942	929	13096	14673	1293733	1310811
河 北	3934	3776	29077	29506	4538692	4794618
山 西	1869	1695	16746	15385	1420171	1358170
内蒙古	64	67	697	697	36790	35700
辽 宁	3386	3335	30943	32344	2910736	2906314
吉 林	893	767	6877	7287	238461	220388
黑龙江	1273	1180	11025	10261	306723	297240
上 海	2813	2827	23016	25677	1135977	1233153
江 苏	8800	8753	205225	210561	12614493	12689563
浙 江	7271	7004	50782	54793	6634711	6543773
安 徽	2968	2930	22140	22451	2368244	2245007
福 建	2810	2624	20161	18970	2247712	2134549
江 西	2871	2405	29563	29998	1966196	1971909
山 东	6478	5662	30625	27744	5515741	4620691
河 南	2936	2620	20772	19908	3696403	3936817
湖 北	3330	2162	32078	29384	1554612	1422614
湖 南	3788	3265	30361	29811	3570275	3508569
广 东	10740	10826	102018	110004	16836796	15928314
广 西	2803	2606	20423	21505	3586169	3129122
海 南	597	590	4188	4049	366303	363024
重 庆	2676	2457	22370	21224	859852	772292
四 川	2185	1979	22480	22998	833500	846926
贵 州	819	715	5476	5157	181692	171032
云 南	4137	3571	34387	29632	1569783	1483674
西 藏						
陕 西	1833	1719	23766	21723	2203130	1789914
甘 肃	385	372	3298	3329	591982	589231
青 海	33	28	1355	1374	43116	41750
宁 夏	423	411	3369	3362	195630	307784
新 疆	3218	3426	21093	20519	2280397	2254647

2-20 续表 7

加油站

地区	门店数(个)		年末从业人员(人)		年末零售营业面积(平方米)	
	2015年	2014年	2015年	2014年	2015年	2014年
全国	**35456**	**35076**	**287252**	**301411**	**57404466**	**55335190**
北京	702	691	6600	8247	356521	350956
天津	620	651	8744	9479	975565	975565
河北	2532	2618	18277	19385	4219251	4486183
山西	906	917	6447	6669	1046388	1069237
内蒙古						
辽宁	1059	1043	11039	11806	1566515	1571127
吉林	218	226	2462	2501	17000	18000
黑龙江	186	185	2605	2614	15782	15782
上海	647	638	6716	7207	251245	247743
江苏	3206	3208	29224	29936	5250300	5252210
浙江	2558	2523	22411	27077	5715807	5665973
安徽	1694	1661	7533	7563	995064	952827
福建	1674	1593	12343	11121	1899433	1793473
江西	1410	1409	10634	10901	1587397	1635118
山东	3655	3493	11075	10217	4910206	4127232
河南	1448	1374	8063	7527	3212502	3403309
湖北	883	937	9506	10839	475997	497116
湖南	1604	1582	11734	12309	2365923	2297061
广东	5066	5052	48137	52088	13459717	12606506
广西	1621	1570	12069	12957	3310393	2856490
海南	400	417	3499	3429	331893	332043
重庆	598	558	6858	7135	254575	238531
四川	80	81	657	700	20678	20278
贵州						
云南	264	265	3609	3473	822286	806885
西藏						
陕西	1152	1126	12959	12719	1861323	1454877
甘肃	308	305	2853	2869	581871	579330
青海						
宁夏	57	68	981	971	30951	199980
新疆	908	885	10217	9672	1869883	1881358

2-20 续表 8

专卖店

地区	门店数（个）		年末从业人员（人）		年末零售营业面积（平方米）	
	2015年	2014年	2015年	2014年	2015年	2014年
全　国	**11940**	**11885**	**111250**	**111035**	**3901265**	**3487367**
北　京	991	958	15845	14370	290806	170322
天　津	159	151	2794	2967	33881	32431
河　北	21	23	84	92	4200	4600
山　西	45	47	494	615	13020	13610
内蒙古	46	47	770	772	60034	61534
辽　宁	180	171	1719	1736	337671	337671
吉　林	77	58	701	678	8705	7350
黑龙江	2		92		384	
上　海	2315	2292	19913	21184	716595	536968
江　苏	411	466	2249	2206	42045	37729
浙　江	899	700	5454	5351	125790	108071
安　徽	217	279	756	888	24715	28348
福　建	401	408	4346	5080	274772	213894
江　西	151	147	1435	1416	22609	23569
山　东	472	415	1892	1817	27160	25730
河　南	397	451	1942	2158	44507	51141
湖　北	992	921	10774	11154	112874	134878
湖　南	547	552	2868	3021	58742	61182
广　东	2176	2456	17198	17754	1061615	1030489
广　西						
海　南						
重　庆	150	156	2758	3065	203181	186339
四　川	524	450	5061	4689	162169	143905
贵　州	9	9	44	42	365	365
云　南	188	209	1259	1378	27683	28067
西　藏						
陕　西	31	31	1995	2009	76738	76738
甘　肃	369	357	3891	3479	60276	54958
青　海						
宁　夏	71	49	243	187	1030	650
新　疆	99	82	4673	2927	109698	116828

2-20 续表 9

家居建材商店

地　区	门店数（个）		年末从业人员（人）		年末零售营业面积（平方米）	
	2015年	2014年	2015年	2014年	2015年	2014年
全　国	**64**	**62**	**2901**	**3533**	**327121**	**320001**
北　京	11	11	1000	1014	83512	72392
天　津	7	7	158	193	4029	4029
河　北						
山　西						
内蒙古						
辽　宁						
吉　林						
黑龙江						
上　海	16	16	809	1016	98811	102811
江　苏	3	3	134	191	85438	85438
浙　江						
安　徽						
福　建						
江　西						
山　东	2	2	54	59	7841	7841
河　南						
湖　北	8	6	120	110	2985	2985
湖　南						
广　东	15	15	483	802	17505	17505
广　西						
海　南						
重　庆						
四　川	2	2	143	148	27000	27000
贵　州						
云　南						
西　藏						
陕　西						
甘　肃						
青　海						
宁　夏						
新　疆						

2-20 续表 10

厂家直销中心

地区	门店数(个)		年末从业人员(人)		年末零售营业面积(平方米)	
	2015年	2014年	2015年	2014年	2015年	2014年
全国	**306**	**305**	**4048**	**3833**	**27997**	**93125**
北京						
天津						
河北						
山西						
内蒙古						
辽宁	2	1	1620	1664	2400	2400
吉林						
黑龙江						
上海						
江苏						
浙江	4	4	48	58	196	196
安徽						
福建						
江西						
山东						
河南						
湖北	4	4	1258	1185	1185	1185
湖南	4	2	38	34	540	500
广东	280	277	556	708	21076	27244
广西						
海南						
重庆	2	2	90	10	1800	400
四川						
贵州						
云南						
西藏						
陕西	3	8	419	156	800	1200
甘肃						
青海						
宁夏						
新疆	7	7	19	18		60000

2-20 续表 11

其他

地区	门店数（个）		年末从业人员（人）		年末零售营业面积（平方米）	
	2015年	2014年	2015年	2014年	2015年	2014年
全 国	**1592**	**1774**	**24360**	**24415**	**1924168**	**1881587**
北 京						
天 津	20	20	528	569	8920	8920
河 北						
山 西	65	51	238	212	4815	4633
内蒙古						
辽 宁	4	4	122	122	300	300
吉 林						
黑龙江						
上 海						
江 苏						
浙 江	36	350	231	810	3603	22108
安 徽						
福 建	40	35	1908	1778	75361	75061
江 西						
山 东	172	174	10568	10389	1430570	1428267
河 南	10	11	297	346	41000	44600
湖 北	18	12	95	55	1290	760
湖 南	46	41	278	279	8500	8000
广 东	938	840	7747	7358	246183	211310
广 西						
海 南						
重 庆	129	125	548	544	23662	21137
四 川	19	19	75	101	2787	2729
贵 州	13	12	77	68	390	360
云 南						
西 藏						
陕 西	11	11	912	916	46182	26997
甘 肃						
青 海	34	34	287	406	10700	10700
宁 夏	5	5	225	227		
新 疆	32	30	224	235	19905	15705

2-21 按业态分各地区连锁零售企业加盟门店基本情况

便利店

地区	门店数（个）		年末从业人员（人）		年末零售营业面积（平方米）	
	2015年	2014年	2015年	2014年	2015年	2014年
全国	**8027**	**8252**	**25828**	**25154**	**517294**	**522718**
北京	319	364	666	667	26824	28915
天津						
河北	256	270	222	229	18000	18915
山西	1413	1362	5880	5957	76504	75250
内蒙古	89		284		5138	
辽宁	1	33	30	207	3000	3000
吉林						
黑龙江	201	189	950	700	19960	17950
上海	1977	2036	6917	7357	134862	131718
江苏		19		40		840
浙江	2422	2888	7431	6909	157497	174754
安徽						
福建	502	340	1890	1654	31107	21380
江西	106	110	113	112	2000	2000
山东	11	3	37	10	880	240
河南						
湖北						
湖南	75	25	75	62	2850	850
广东	334	288	575	488	14387	13237
广西						
海南						
重庆	175	210	320	380	8225	9450
四川						
贵州						
云南						
西藏						
陕西						
甘肃						
青海						
宁夏						
新疆	146	115	438	382	16060	24219

2-21 续表 1

折扣店

地区	门店数（个）		年末从业人员（人）		年末零售营业面积（平方米）	
	2015年	2014年	2015年	2014年	2015年	2014年
全　国	**174**	**170**	**90**	**80**	**39570**	**38220**
北　京						
天　津						
河　北						
山　西						
内蒙古						
辽　宁						
吉　林						
黑龙江						
上　海	174	170	90	80	39570	38220
江　苏						
浙　江						
安　徽						
福　建						
江　西						
山　东						
河　南						
湖　北						
湖　南						
广　东						
广　西						
海　南						
重　庆						
四　川						
贵　州						
云　南						
西　藏						
陕　西						
甘　肃						
青　海						
宁　夏						
新　疆						

2-21 续表 2

超市

地　区	门店数（个）		年末从业人员（人）		年末零售营业面积（平方米）	
	2015年	2014年	2015年	2014年	2015年	2014年
全　国	**16437**	**16661**	**56833**	**59938**	**1934735**	**1996969**
北　京	502	531	4802	5526	120877	124492
天　津	499	481	1320	1202	52395	49910
河　北	100	104	360	373	10650	10601
山　西						
内蒙古	4	4	25	24	470	470
辽　宁	425	445	900	1434	37300	38200
吉　林						
黑龙江						
上　海	1532	1796	10718	12572	487349	545989
江　苏	945	1091	6355	6513	282993	296206
浙　江	3902	3968	6506	6719	234647	242026
安　徽	560	560	5163	5161	163293	163293
福　建	9	9	9	9	1000	1000
江　西						
山　东	433	433	1663	1762	47898	47898
河　南	599	508	758	849	27300	28496
湖　北	59	36	1433	1356	18494	16417
湖　南	540	538	1014	913	32732	31830
广　东	32	32	1480	1354	11810	11810
广　西	128	122	1057	1035	58917	52972
海　南						
重　庆	2815	2837	3547	3519	127486	127956
四　川	2997	2788	8098	7662	123955	116178
贵　州						
云　南	326	346	612	601	16638	17208
西　藏						
陕　西						
甘　肃						
青　海						
宁　夏	3	5	15	25	4609	95
新　疆	27	27	998	1329	73922	73922

2-21 续表 3

大型超市

地 区	门店数（个）		年末从业人员（人）		年末零售营业面积（平方米）	
	2015年	2014年	2015年	2014年	2015年	2014年
全 国	**3370**	**4338**	**90931**	**84259**	**3862034**	**3740801**
北 京						
天 津						
河 北						
山 西	3		30		1000	
内蒙古						
辽 宁	1012	1012	5600	5600	122753	122753
吉 林						
黑龙江						
上 海	155	135	59770	52421	2665991	2494491
江 苏	645	647	15000	15000	450000	450000
浙 江	1522	2125	3659	4319	146162	176162
安 徽						
福 建						
江 西						
山 东		388		1130		42512
河 南						
湖 北						
湖 南	11	10	572	570	68060	63110
广 东	22	21	6300	5219	408068	391773
广 西						
海 南						
重 庆						
四 川						
贵 州						
云 南						
西 藏						
陕 西						
甘 肃						
青 海						
宁 夏						
新 疆						

2-21 续表 4

仓储会员店

地　区	门店数（个）		年末从业人员（人）		年末零售营业面积（平方米）	
	2015年	2014年	2015年	2014年	2015年	2014年
全　国	**35**	**15**	**52**	**45**	**750**	**750**
北　京						
天　津						
河　北						
山　西						
内蒙古						
辽　宁						
吉　林						
黑龙江						
上　海						
江　苏						
浙　江						
安　徽						
福　建	35	15	52	45	750	750
江　西						
山　东						
河　南						
湖　北						
湖　南						
广　东						
广　西						
海　南						
重　庆						
四　川						
贵　州						
云　南						
西　藏						
陕　西						
甘　肃						
青　海						
宁　夏						
新　疆						

2-21 续表 5

百货店

地区	门店数（个）		年末从业人员（人）		年末零售营业面积（平方米）	
	2015年	2014年	2015年	2014年	2015年	2014年
全国	**1728**	**1763**	**9655**	**10131**	**422414**	**393069**
北京						
天津						
河北						
山西						
内蒙古						
辽宁						
吉林						
黑龙江						
上海						
江苏	980	1054	3717	4218	112980	123720
浙江	163	165	610	631	20327	21000
安徽	3	3	132	140	38000	38000
福建						
江西	13	10	2659	2612	180538	140000
山东	502	464	2457	2450	56401	56181
河南						
湖北						
湖南						
广东	1	1	1	1	12000	12000
广西						
海南						
重庆						
四川						
贵州						
云南						
西藏						
陕西						
甘肃						
青海						
宁夏						
新疆	66	66	79	79	2168	2168

2-21 续表 6

专业店(含加油站)

地 区	门店数(个)		年末从业人员(人)		年末零售营业面积(平方米)	
	2015年	2014年	2015年	2014年	2015年	2014年
全 国	**24127**	**22973**	**57993**	**56242**	**1712964**	**1553576**
北 京	417	432	2074	2022	56851	59705
天 津	7	14	7	13	930	930
河 北						
山 西	3	10	7	42	280	1835
内蒙古	39	34	51	33	1670	1670
辽 宁	334	334	1327	1282	33424	33424
吉 林						
黑龙江	231	195	310	247	2317	686
上 海	1817	1699	8121	7547	455993	393914
江 苏	2587	2539	5371	5228	46563	39036
浙 江	3836	3701	7047	6754	315040	303601
安 徽	2811	2873	7183	7183		
福 建	160	151	492	408	23571	22376
江 西	100	57	311	221	10160	6019
山 东	158	120	445	354	14340	7840
河 南	370	246	1242	1066	80870	77536
湖 北	826	199	2739	548	64911	14324
湖 南	1734	1578	3456	3030	134430	115965
广 东	454	464	1676	2283	32528	62967
广 西	743	744	3050	3031	88795	64945
海 南						
重 庆	4512	4443	7343	8220	174463	155758
四 川	1730	1794	2726	2879	84739	94057
贵 州	203	238	628	549	14721	14006
云 南	2	3	2	3		
西 藏						
陕 西	135	174	711	1662	17890	21274
甘 肃	16		20		600	
青 海	32	2	59	4		
宁 夏	125	150	348	357	15880	17380
新 疆	745	779	1247	1276	41998	44328

2-21 续表 7

加油站

地区	门店数（个）		年末从业人员（人）		年末零售营业面积（平方米）	
	2015年	2014年	2015年	2014年	2015年	2014年
全国	**254**	**230**	**2592**	**2261**	**109229**	**114162**
北京						
天津						
河北						
山西						
内蒙古						
辽宁						
吉林						
黑龙江						
上海	96	94	1152	1410	30144	29582
江苏						
浙江						
安徽						
福建						
江西						
山东						
河南	104	124	658	735	60000	64500
湖北	53		772		19005	
湖南						
广东		11		105		20000
广西	1	1	10	11	80	80
海南						
重庆						
四川						
贵州						
云南						
西藏						
陕西						
甘肃						
青海						
宁夏						
新疆						

2-21 续表 8

专卖店

地 区	门店数（个）		年末从业人员（人）		年末零售营业面积（平方米）	
	2015年	2014年	2015年	2014年	2015年	2014年
全 国	**9153**	**8042**	**30011**	**25124**	**777530**	**632147**
北 京	798	704	4392	4094	79710	69856
天 津						
河 北	37	35	148	140	7400	7000
山 西						
内 蒙 古						
辽 宁	104	95	62	62	8710	8710
吉 林						
黑 龙 江	12		36		453	
上 海	1628	1265	6386	4525	134944	64910
江 苏	406	451	1763	1683	38568	40349
浙 江	313	274	516	542	28088	23111
安 徽	66	7	248	7	3855	122
福 建	1023	742	3929	2841	168243	128547
江 西	1098	1179	1348	1265	21766	21717
山 东	188	146	290	212	4050	3120
河 南	121	143	404	457	6480	8100
湖 北	26	7	166	30	2701	800
湖 南	878	802	1380	1351	31937	29070
广 东	1363	1482	5932	6402	198303	207165
广 西						
海 南						
重 庆	393	358	767	779	5690	5850
四 川	512	166	1972	547	35432	12620
贵 州						
云 南	185	185	262	179	1000	1000
西 藏						
陕 西						
甘 肃	2	1	10	8	200	100
青 海						
宁 夏						
新 疆						

2-21 续表 9

其他

地区	门店数（个）		年末从业人员（人）		年末零售营业面积（平方米）	
	2015年	2014年	2015年	2014年	2015年	2014年
全国	**8833**	**7803**	**21221**	**19365**	**553069**	**498589**
北京						
天津						
河北						
山西						
内蒙古						
辽宁						
吉林						
黑龙江						
上海						
江苏						
浙江	3420	2707	6709	5284	170871	132935
安徽	1980	1980	243	286	121600	121600
福建						
江西						
山东	596	602	2781	3924	97961	98086
河南						
湖北	46	68	191	215	4720	6070
湖南						
广东	1977	1628	9342	7719	91450	75545
广西						
海南						
重庆	712	684	1624	1615	56495	54353
四川	62	94	223	202	1972	2000
贵州						
云南						
西藏						
陕西						
甘肃						
青海	40	40	108	120	8000	8000
宁夏						
新疆						

2-22 按业态分各地区

便利店

地区	商品购进总额		统一配送商品购进额		自有配送中心配送商品购进额	
	2015年	2014年	2015年	2014年	2015年	2014年
全国	**3169917**	**2971315**	**2504921**	**2363877**	**1115220**	**1179027**
北京	234964	199729	186456	157908	34753	34708
天津	14673	6840				
河北	39784	42692	38025	41072	38025	41072
山西	215258	189172	158219	143925	158219	143925
内蒙古	28650		28650			
辽宁	40723	46751	40131	45081	3932	7766
吉林						
黑龙江	191962	184369	63987	64076	63987	64076
上海	1044469	1060369	729283	737892	87099	83648
江苏	116372	98236	107926	94074	67438	68280
浙江	316123	349797	267672	319659	97890	273164
安徽	31907	33613	31907	33613	26488	27671
福建	63640	56823	62131	54817	23454	23441
江西	1295	1206	1295	1206	1295	1206
山东	12386	10183	12386	10115		
河南	15459		15459		14127	
湖北	3581	4285	3581	4285		
湖南	15423	4703	14300	3650	9000	3650
广东	373046	335080	367321	321861	302698	247679
广西	37493	32807	36875	31749	36875	31749
海南						
重庆	17984	12443	10042	12443	3760	4714
四川	270713	229730	265575	226790	135593	111041
贵州	18018	17130	18018	17130		
云南	15311	19686	15311	19686		
西藏						
陕西	21320	18179	14747	11858	4116	7175
甘肃						
青海						
宁夏						
新疆	29364	17492	15624	10987	6473	4063

连锁零售企业经营情况

单位：万元

非自有配送中心配送商品购进额		商品销售总额		零售额	
2015年	2014年	2015年	2014年	2015年	2014年
620283	**406358**	**3872291**	**3510119**	**3437372**	**3129918**
45932	23943	309119	270812	302371	263681
		76672	74788	76401	74788
		39837	43919	32023	36035
		220018	194280	220018	194280
		35500		35500	
		38545	61747	30585	61747
		230282	227967	166103	162866
188385	164040	1417165	1236593	1238139	1100615
40488	25795	125297	110020	109664	91373
161270	39502	323494	362668	275102	276203
5420	5942	34720	30481	32914	28476
20383	17549	71642	63561	38288	63450
		1260	1190	1260	1190
		12033	10330	12033	10330
		28206		28206	
		4256	5086		
5300		15197	5536	1278	1211
6664	4179	435782	410198	390896	372611
		36917	33549	36231	32097
6281	7729	22174	12809	19830	10301
105479	87046	300789	265221	297900	260066
		19957	20338	19296	19653
14899	19028	32374	29270	32374	29270
10632	4683	23237	22415	23143	22337
9152	6924	17818	17339	17818	17339

2-22 续表 1

折扣店

地区	商品购进总额		统一配送商品购进额		自有配送中心配送商品购进额	
	2015年	2014年	2015年	2014年	2015年	2014年
全国	**262161**	**258374**	**131691**	**127470**	**131691**	**127470**
北京	129170	130903				
天津						
河北						
山西						
内蒙古						
辽宁						
吉林						
黑龙江						
上海	131691	127470	131691	127470	131691	127470
江苏						
浙江						
安徽						
福建						
江西						
山东						
河南						
湖北						
湖南						
广东	1300					
广西						
海南						
重庆						
四川						
贵州						
云南						
西藏						
陕西						
甘肃						
青海						
宁夏						
新疆						

单位：万元

非自有配送中心配送商品购进额		商品销售总额		零售额	
2015年	2014年	2015年	2014年	2015年	2014年
		314500	**295499**	**282733**	**268887**
		147485	156877	147485	156877
		165472	138622	133705	112010
		1544		1544	

2-22 续表 2

超市

地区	商品购进总额		统一配送商品购进额		自有配送中心配送商品购进额	
	2015年	2014年	2015年	2014年	2015年	2014年
全国	**28697228**	**27333193**	**23885335**	**22908002**	**15641702**	**15111047**
北京	4476189	4386216	3996668	3932447	1196802	1191563
天津	294538	301538	9450	7527	1269	1484
河北	527107	514127	420154	426500	300246	284759
山西	155345	208242	127682	175588	72037	114733
内蒙古	112039	101376	36453	31753	20320	18563
辽宁	183339	164392	138929	147313	30082	30834
吉林	126045	124946	126045	124946		
黑龙江	319621	281638	299651	258382	276112	247230
上海	4357786	4127672	3926988	3663843	2353158	2193333
江苏	1108988	1142840	915821	926170	517096	555595
浙江	2091124	2173019	1843887	1932683	1624994	1684541
安徽	2354882	2270975	1632092	1563186	1060775	1000717
福建	257274	250546	203616	195763	97758	88935
江西	146957	146328	146957	68730	60718	67098
山东	2596751	2311690	2165448	1995726	2057671	1899436
河南	441070	327853	217052	190641	70576	46939
湖北	4194153	3881510	3535170	3249714	3360756	3098592
湖南	760702	402608	400804	304172	38572	25531
广东	745895	750178	698836	714072	623210	616312
广西	158841	183349	106930	76706	31342	33848
海南	35905	19850	11081			
重庆	589782	510089	572510	501161	520445	468461
四川	1561169	1521218	1392407	1369910	1095949	1106021
贵州	40798	53558	37480	49153	14004	9072
云南	146042	127330	135070	112108	52023	47906
西藏						
陕西	177861	182448	150100	143048	69517	83703
甘肃	44247	44957	4589	17983	4589	17983
青海	21827	22334				
宁夏	69371	64098	39159	35030	28778	25447
新疆	601582	736270	594306	693749	62904	152413

单位：万元

非自有配送中心配送商品购进额		商品销售总额		零售额	
2015年	2014年	2015年	2014年	2015年	2014年
3481346	**3263355**	**31181382**	**29901207**	**27240815**	**25798342**
172961	188461	5237771	5084491	3654965	3436100
		319719	299039	318645	297282
79711	77060	549111	520352	525910	478022
	1437	182926	225509	173198	216550
872	722	120407	108710	41576	35798
35000	33227	196019	169953	196019	169953
		119846	117339	119846	117339
11739	9046	224543	243048	219912	243048
1405666	1294910	5077342	4855112	4422679	3964038
314671	325687	1474020	1480870	1298809	1306708
71238	101574	2402032	2456764	2170723	2227790
190929	174199	1166801	1161439	1118077	1117116
13806	9744	275692	265664	268883	256137
		134609	153345	134609	62236
97862	83545	2920412	2654095	2671162	2411651
9269	8071	399298	387714	347022	285297
8315	7433	4799622	4403071	4358891	4260504
332468	239966	633966	415262	354171	412626
21672	16653	841684	835858	819545	767428
		200132	215051	199296	213791
		30930	17745	30930	17745
24327	22409	648000	553604	639524	549511
99252	86567	1779858	1841951	1742124	1540294
778	13608	44317	49911	44317	49911
1290	1200	151571	134303	129666	123479
58138	39154	228933	232852	228933	232852
		44662	45188	44662	45188
		35032	30892	33292	28069
		53984	64099	53984	64099
531382	528684	888148	877978	879448	867779

2-22 续表 3

大型超市

地区	商品购进总额		统一配送商品购进额		自有配送中心配送商品购进额	
	2015年	2014年	2015年	2014年	2015年	2014年
全　国	**43324385**	**40395930**	**31283314**	**28294473**	**18865065**	**16756294**
北　京	2226689	2187583	1051298	797613	351060	425198
天　津	667124	608469	7232	3876		
河　北	261770	279768	72705	80390	72705	80390
山　西	255199	246804	63645	70881	30889	31635
内蒙古						
辽　宁	894798	889322	457331	459459	3879	2842
吉　林	3889	5368	3889	5368		
黑龙江	136183	166431				
上　海	6791839	6891364	5725045	5742000		
江　苏	7372145	6985286	7137985	6811835	5974259	6057105
浙　江	1317690	1295480	1247891	1232443	922532	929667
安　徽	650821	539046	429231	331444		
福　建	5006102	4128228	3761634	3221526	2925476	2445544
江　西	313070	304989	189471	179367	161619	164639
山　东	2222820	2828514	1757863	1698050	687490	649557
河　南	1917880	1895032	907419	753820	509157	410228
湖　北	997895	1131279	126944	295599	26001	25200
湖　南	2184078	2123996	2052789	1981886	1765841	1719029
广　东	6740895	4925878	4484167	3073614	4185509	2837387
广　西	20472	40000	20472	40000		
海　南						
重　庆	1142531	1112656	584473	542107	584473	542107
四　川	1007059	711699	701901	430050	376242	146785
贵　州	159471	156192	159471	156192	159471	156192
云　南	407335	396296	185487	191532	123658	127688
西　藏	30522	20152	30522	20152		
陕　西	30950	36951				
甘　肃						
青　海	58394	48815	24107	18769		
宁　夏	378171	323401	40459	39566		
新　疆	128596	116932	59885	116932	4806	5103

单位：万元

非自有配送中心配送商品购进额		商品销售总额		零售额	
2015年	2014年	2015年	2014年	2015年	2014年
4170981	**3729758**	**49629214**	**46581879**	**43771785**	**41894618**
332380	122324	2652804	2612141	2453472	2438110
		708328	654513	501421	515069
		270257	306426	270257	306426
		774874	725623	774874	725623
313181	330884	1009636	1052124	839834	892795
		5078	5339	5078	5339
		141959	166313	141959	166313
528608	724546	7612963	7693156	6654976	6810304
925097	463444	8248371	8059677	5306726	6409995
58205	66049	1369214	1410992	1369145	1410929
118049	84470	632473	550895	632473	550793
540905	461977	4617401	3812966	4617291	3812966
		382583	381730	353042	360487
764619	730123	2929470	3602157	2511470	2385659
186032	120272	2755047	2526961	2610726	2404437
	149588	1844296	1834624	1772312	1767892
168001	173134	2112435	2015908	2112435	2015908
118998	127274	7637768	5779463	6980242	5573635
		76221	80439	76221	80439
		1495975	1365523	1435770	1322045
		1050269	758808	1050269	753354
		160511	131114	160511	131114
61829	63844	481542	473984	481542	473984
		35667	22152	35667	22152
		45675	41868	45675	41868
		91903	80452	91903	80452
		336384	302120	336384	302120
55079	111830	150112	134413	150112	134413

2-22 续表 4

仓储会员店

地区	商品购进总额		统一配送商品购进额		自有配送中心配送商品购进额	
	2015年	2014年	2015年	2014年	2015年	2014年
全国	**2598941**	**2358928**	**339520**	**308240**	**2824**	**5424**
北京	333381	296108	333381	296108		
天津						
河北						
山西						
内蒙古						
辽宁						
吉林						
黑龙江						
上海	2243034	2033430				
江苏						
浙江						
安徽						
福建	105	166	105	166	105	166
江西						
山东						
河南	16387	17258				
湖北	6034	11966	6034	11966	2719	5259
湖南						
广东						
广西						
海南						
重庆						
四川						
贵州						
云南						
西藏						
陕西						
甘肃						
青海						
宁夏						
新疆						

单位：万元

非自有配送中心配送商品购进额		商品销售总额		零售额	
2015年	2014年	2015年	2014年	2015年	2014年
3315	**6707**	**2502960**	**2422124**	**2502960**	**2422124**
		342486	343614	342486	343614
		2138570	2052917	2138570	2052917
		100	188	100	188
		16387	14751	16387	14751
3315	6707	5416	10654	5416	10654

2-22 续表 5

百货店

地区	商品购进总额		统一配送商品购进额		自有配送中心配送商品购进额	
	2015年	2014年	2015年	2014年	2015年	2014年
全国	**32123930**	**31563297**	**13692605**	**13784112**	**9561907**	**9541229**
北京	1786425	1947785	27345	29624	3233	2904
天津						
河北	2600902	2520417	50281	44603	50281	44603
山西	169669	205873	18697	34180		
内蒙古	27642	117763	27642	117763	27642	117763
辽宁						
吉林	904	347	904	347		
黑龙江	52851	52851				
上海	301181	333240	224258	228576		
江苏	2324021	2075533	1952260	1906480	1938452	1893051
浙江	1036246	1075406	1012685	1039251	700933	743639
安徽	4333345	4263968	1508585	1580168	677831	652352
福建	80773	86031	75889	82147	13304	10640
江西	859992	820979	459207	430025	331263	310688
山东	5621159	5199260	1991861	1898726	723675	703534
河南	49990	50441	12851	12451	9556	9707
湖北	4730622	4525015	2173739	2223221	2172139	2223221
湖南	931817	904655	76002	74002	2497	1944
广东	4263416	4390511	2056035	2029889	1793523	1699866
广西	70200	51227	70200	51227		
海南						
重庆	1625107	1637072	1617215	1630666	1115673	1125509
四川	777643	802509	296414	327446		
贵州	4618	4224	4618	4224		
云南	164043	178385	34013	37287		
西藏						
陕西	264577	269572				
甘肃						
青海	44883	48423				
宁夏						
新疆	1905	1811	1905	1811	1905	1811

单位：万元

非自有配送中心配送商品购进额		商品销售总额		零售额	
2015年	2014年	2015年	2014年	2015年	2014年
1005877	**1315020**	**38415738**	**38688668**	**32212192**	**32505316**
18200	26720	2925088	3206092	2921855	3203004
		2741140	2668827	2320138	2243647
		258594	274157	258594	274157
		36221	36995	36221	36995
		1235	349	1235	349
		19129	19129	19129	19129
122823	128763	346154	378952	346154	378952
13807	13429	2644267	2512817	1969907	1856383
	213430	1290711	1218943	1121971	1085103
		5072294	4991749	2633617	2721889
21296	24799	97033	105944	96576	105404
88632	119337	1112647	1100709	1024283	1016934
19114	16902	5780222	5881781	4811030	4973630
		51798	56887	50790	56887
		4668278	4422524	4420825	4153437
2423	2267	986734	1017095	980396	1012862
219820	262511	5187547	5447160	4453239	4651001
		107077	87500	107077	87500
471893	476994	3623198	3836675	3174329	3204861
27871	29869	937556	877149	937556	877149
		4888	4189	3344	2996
		192794	212047	192794	212047
		264074	269356	264074	269356
		65438	60104	65438	60104
		1620	1541	1620	1541

2-22 续表 6

专业店(含加油站)

地 区	商品购进总额		统一配送商品购进额		自有配送中心配送商品购进额	
	2015年	2014年	2015年	2014年	2015年	2014年
全 国	**177185661**	**200339242**	**150288463**	**169722449**	**84032551**	**98797649**
北 京	10404440	11466372	5622705	5435766	3071134	2431881
天 津	4324060	5614610	3164358	4471005	2384876	3088698
河 北	5762492	6528945	5318068	6216818	2813971	3871504
山 西	2535021	2920815	1699699	1960175	886090	1287735
内蒙古	65141	69121	47838	61772	47096	61163
辽 宁	6581700	7508927	5251430	5874173	1466285	1600448
吉 林	1080280	1054569	1056177	1026173	1038982	1000633
黑龙江	1556692	1409525	1507875	1360063	210198	184355
上 海	7789299	8640355	6876187	7912319	3886409	4702022
江 苏	29445824	20838093	24661495	20721882	23117707	19070301
浙 江	13246545	18088953	12308473	16721780	11547612	16041842
安 徽	8209395	9133488	7870483	4890274	3959873	4351607
福 建	3217290	4199995	1467198	1783921	348004	363422
江 西	5772252	5451420	5228055	5248972	2739391	2632404
山 东	5382713	15243316	4402419	13913947	1244872	10635528
河 南	4452795	4657152	3168178	3132401	1811578	2049569
湖 北	5866297	6591695	5351182	5714421	3810208	3772738
湖 南	4758323	5876179	4589858	5542111	2944294	3503886
广 东	28578548	32481485	25521581	30799020	5197723	5663382
广 西	6800233	7394204	6799767	7394204	2414450	2638508
海 南	1324033	1613883	1324033	1613883	6424	5928
重 庆	2282652	4677007	1672470	1752518	1314257	1405158
四 川	2336544	1757183	2232339	1661506	746105	242167
贵 州	393788	341384	355155	276479	41713	110051
云 南	1583265	1652220	1548736	1530303	682450	632305
西 藏						
陕 西	6585313	6899951	5498254	5570046	3279496	3388918
甘 肃	1275762	1240862	1057173	1238988	4208	2058
青 海	70811	56156	49764	37936		
宁 夏	528016	926377	293766	690496	292279	687166
新 疆	4976139	6004999	4343746	5169095	2724867	3372273

单位：万元

非自有配送中心配送商品购进额		商品销售总额		零售额	
2015年	2014年	2015年	2014年	2015年	2014年
26296515	**31393810**	**205209904**	**229219591**	**132999609**	**153866661**
614365	550040	11538080	12849806	7635255	7790471
327746	444176	4822476	6295316	3426361	4473824
121635	10023	6285123	7898473	3978225	4830147
2423		3619621	4238851	2344845	3057530
737	605	55088	58316	47394	50961
1085048	1421546	6359972	7845623	4786672	5643620
13410	17386	1245074	1346899	1068510	1171328
197280	176002	1761913	1691112	1321625	1418222
204308	212238	8242009	9270552	4782674	5177473
1180080	1367210	32123228	22399806	10726401	10531945
482324	401504	14120937	16851146	9252540	10775883
73182	72298	8532383	9569805	6079948	6281100
91765	53454	6334332	7445739	5077471	5648362
520875	690863	9901087	10062753	6362176	6343652
58316	58974	5611761	13548597	4084772	11678952
139778	8073	5126196	5486363	4262276	4278851
533117	696956	6593672	7087593	4705107	5137998
484662	82333	6849383	7944432	6067827	6490228
17773089	22955923	33050236	38660720	27224329	30848740
46292	42191	7303080	7868484	4034044	3947917
		1480989	1825827	823079	1258185
254661	264668	2597077	5262561	1768000	4067193
28263	34599	2408835	2350842	2198243	2022194
14077		400138	356045	389398	336448
139028	134438	3572415	3806561	2770704	2604718
318101	324060	7299965	7702425	3151803	3177359
	4035	1661322	2053995	1468406	1702363
		74637	62204	74637	62204
1487	3330	764558	885772	440944	451424
1590464	1366884	5474318	6492974	2645944	2607372

2-22 续表 7

加油站

地 区	商品购进总额		统一配送商品购进额		自有配送中心配送商品购进额	
	2015年	2014年	2015年	2014年	2015年	2014年
全 国	**111967146**	**148003990**	**95701210**	**122763764**	**49097186**	**69920699**
北 京	5587916	7435137	1727565	2297070		
天 津	3517806	4767096	3025682	4154811	2265074	2794991
河 北	5242902	6026889	4836713	5751830	2519210	3548642
山 西	1592418	2109322	1081277	1477649	385770	916984
内蒙古						
辽 宁	3379116	4222037	2058893	2594464	360223	441621
吉 林	845647	834475	845647	834475	845647	834475
黑龙江	889779	802668	889779	802668		
上 海	4747225	6047526	4548575	5712043	3817139	4634147
江 苏	14795934	15835001	14795934	15835001	13922122	14774787
浙 江	10122814	15284674	9298660	14011193	9278029	13993225
安 徽	3822868	4478882	3822868	506380	158889	200262
福 建	2628577	3639126	1106823	1458108	179244	230641
江 西	2119182	2364358	1731179	2313567	564180	618917
山 东	3323715	13341427	2564626	12230467	805285	10210466
河 南	3382698	3745896	2320786	2408954	1366851	1654515
湖 北	3505211	4533695	3432256	3960100	3062187	3068459
湖 南	3324805	4239868	3251579	4000092	1814839	2167221
广 东	19278989	23254706	16825423	22223723	1524640	1972443
广 西	6346598	6964124	6346598	6964124	2051564	2312116
海 南	1317144	1607540	1317144	1607540		
重 庆	718260	3209697	195126	342087	193334	342087
四 川	327100	328706	327100	328706		
贵 州						
云 南	687855	733030	687855	733030		
西 藏						
陕 西	5093350	5440333	4247636	4383869	2147262	2312824
甘 肃	1213874	1190229	995284	1188354		
青 海						
宁 夏	254589	633732	28991	406510	28991	406510
新 疆	3900776	4933819	3391212	4236950	1806706	2485369

单位：万元

非自有配送中心配送商品购进额		商品销售总额		零售额	
2015年	2014年	2015年	2014年	2015年	2014年
20080373	**25295980**	**133139362**	**170504722**	**91601844**	**114561425**
96217	124063	5889517	7806667	2975273	3474688
319152	435474	4046320	5458373	2676412	3670915
112881		5691259	7336626	3437219	4324939
		2182134	2920409	1704330	2505625
1085048	1414544	3633078	4722235	2647692	3429587
		925178	1034245	748614	858674
		953082	908984	616474	667176
		5118426	6362040	2178667	2591147
873811	1060215	15720599	17019107	8093048	7955039
		10986191	13914677	7339552	9077003
		4037365	4781964	3292829	3407825
		5630046	6794456	4560304	5212695
482203	623861	5149155	5937642	4648157	5127915
27235	31777	3477346	11588518	2995775	10783908
		4061100	4543922	3230255	3370486
108236	267097	3862367	4849740	2832880	3420540
307699		4908613	5797140	4294723	4839715
14861603	19755154	23383082	28909371	20634421	23956194
		6725820	7356383	3523955	3510154
		1471617	1817572	813716	1249936
1792		760279	3555158	451120	2836155
		298547	366757	237565	171903
		2097240	2476327	1401774	1424091
219990	223655	5726242	6222129	2796569	2897152
		1590949	2002439	1398033	1650807
		476533	592380	177956	197717
1584506	1360140	4337280	5429461	1894535	1949438

2-22 续表 8

专卖店

地区	商品购进总额		统一配送商品购进额		自有配送中心配送商品购进额	
	2015年	2014年	2015年	2014年	2015年	2014年
全国	**14084506**	**13653119**	**9072558**	**8798376**	**5588336**	**5344667**
北京	3339720	3008035	518458	497902	383375	346102
天津	97776	83584	48911	38992	1953	2027
河北	3711	4413	3711	4413	3711	4413
山西	74809	61564	29245	22325	24518	15420
内蒙古	29841	34952	17384	22495	5827	6367
辽宁	151594	142905	151594	142905	22931	22931
吉林	31346	49515	31346	49515	26876	45539
黑龙江	8755					
上海	3943951	3666979	3290495	2942855	2490467	2301844
江苏	73610	109524	71005	86955	45071	63281
浙江	308310	322317	303809	318548	190436	220507
安徽	16917	15063	16917	15063	16583	14665
福建	726041	709424	592769	547014	420768	362083
江西	207780	181561	190750	177091	168468	154551
山东	344821	369200	336301	355656	312145	326549
河南	119646	127537	117225	121157	11799	6600
湖北	611701	672337	544975	606347	208576	194934
湖南	228627	242735	158163	179910	139788	117783
广东	807578	1098960	696052	912340	214862	313936
广西						
海南						
重庆	564275	508254	467714	431402	30530	26959
四川	565563	595012	36116	44960	33059	41834
贵州	1873	402	1873	402		
云南	657390	525759	605745	475820	6157	12987
西藏						
陕西	618144	691454	291276	372676	291276	372676
甘肃	101879	99799	101879	99799	92429	90792
青海						
宁夏	21154	16355	21154	16355	19038	12630
新疆	427693	315480	427693	315480	427693	267258

单位：万元

非自有配送中心配送商品购进额		商品销售总额		零售额	
2015年	2014年	2015年	2014年	2015年	2014年
643936	**806732**	**17397011**	**16093224**	**12029012**	**11081889**
95283	120093	3954530	3534761	3827029	3419224
19944	13818	137137	131002	103179	96458
		4598	5164	4598	5164
		83371	77235	40528	32215
		62731	76308	62731	76308
47214	47214	168419	156478	164145	152203
1429	2648	47139	53269	46201	51732
		9339			
115544	98532	4790556	4421280	2521033	2349162
25592	23487	112545	144248	91153	96780
56694	57485	396109	383226	369921	279629
		20691	17668	18699	14670
47130	26978	792819	722487	768556	704302
21801	16747	216076	186193	215076	177408
20418	25917	406079	370148	252634	242837
11448	14582	123067	129892	86145	101047
3251	2558	850792	828364	553726	551600
5254	3638	253087	260829	228771	233635
170813	348876	1455967	1372597	1101398	1058305
	435	515394	445901	443865	388867
5		707821	720448	672300	681163
		1860	1576	1860	1576
		708428	559401	75718	83885
		872721	891427	1076	120
		128385	121353	120843	113547
2115	3724	32676	30576	2407	1647
		544675	451394	255422	168409

2-22 续表 9

家居建材商店

地　区	商品购进总额		统一配送商品购进额		自有配送中心配送商品购进额	
	2015年	2014年	2015年	2014年	2015年	2014年
全　国	**343482**	**339480**	**304498**	**284121**	**83857**	**81712**
北　京	137537	128795	128162	119623		
天　津	42214	44853	42214	44853	42214	44853
河　北						
山　西						
内蒙古						
辽　宁						
吉　林						
黑龙江						
上　海	90258	99228	66891	58813		
江　苏	24112	22095	24112	22095		
浙　江						
安　徽						
福　建						
江　西						
山　东	6242	5773				
河　南						
湖　北	1476	1877	1476	1877		
湖　南						
广　东	12745	13425	12745	13425	12745	13425
广　西						
海　南						
重　庆						
四　川	28898	23434	28898	23434	28898	23434
贵　州						
云　南						
西　藏						
陕　西						
甘　肃						
青　海						
宁　夏						
新　疆						

单位：万元

非自有配送中心配送商品购进额		商品销售总额		零售额	
2015年	2014年	2015年	2014年	2015年	2014年
64357	**53273**	**469197**	**469545**	**428640**	**423469**
40246	31178	225395	218854	225395	218854
		43283	50268	43283	50268
		120515	122639	99951	94712
24112	22095	26756	25306	25432	21732
		7496	6997	7496	6997
		2777	2579	2777	2579
		18669	18243		3669
		24307	24658	24307	24658

2-22 续表 10

厂家直销中心

地　区	商品购进总额		统一配送商品购进额		自有配送中心配送商品购进额	
	2015年	2014年	2015年	2014年	2015年	2014年
全　国	**125642**	**121124**	**122339**	**120499**	**84738**	**80681**
北　京						
天　津						
河　北						
山　西						
内蒙古						
辽　宁	37602	39819	37602	39819		
吉　林						
黑龙江						
上　海						
江　苏						
浙　江	12919	11647	12919	11647	12919	11647
安　徽						
福　建						
江　西						
山　东						
河　南						
湖　北	37645	31567	37645	31567	37645	31567
湖　南	699	624				
广　东	21479	24148	21479	24148	21479	24148
广　西						
海　南						
重　庆	2603	1936		1936		1936
四　川						
贵　州						
云　南						
西　藏						
陕　西	5902	5917	5902	5917	5902	5917
甘　肃						
青　海						
宁　夏						
新　疆	6794	5465	6794	5465	6794	5465

单位：万元

非自有配送中心配送商品购进额		商品销售总额		零售额	
2015年	2014年	2015年	2014年	2015年	2014年
		176904	**174651**	**79081**	**81702**
		52713	56253		
		12783	11510	2159	2149
		42659	34745	16258	14259
		916	786		
		51310	56680	51310	56680
		3273	2377	3273	2377
		6213	6237	6081	6237
		7037	6064		

2-22 续表 11

其他

地区	商品购进总额		统一配送商品购进额		自有配送中心配送商品购进额	
	2015年	2014年	2015年	2014年	2015年	2014年
全 国	**3652278**	**3405830**	**2173362**	**1991114**	**1454942**	**1346407**
北 京						
天 津	23814	23989	23814	23989		
河 北						
山 西	8520	7201	8520	7201	6935	4987
内蒙古						
辽 宁	45708	45545	45708	45545	45708	45545
吉 林						
黑龙江						
上 海						
江 苏						
浙 江	88156	79681	83074	74727	59362	52655
安 徽	298294	346765	208806	242736	10739	12483
福 建	117393	107470	7553	8092	2606	2946
江 西						
山 东	1591568	1436664	669534	543831	641102	521247
河 南	54869	59957	54869	59957	54869	59957
湖 北	12676	9870	3646	2823		
湖 南	18268	18102	18268	18102		
广 东	921840	831054	627769	580434	289950	332081
广 西						
海 南						
重 庆	131373	122764	86569	73059	73457	64788
四 川	2287	1953	1196	1373	1196	1373
贵 州	2824	2421	2824	2421		
云 南						
西 藏						
陕 西	264889	243808	264889	243808	264889	243808
甘 肃						
青 海	4130	4537	4130	4537	4130	4537
宁 夏	56797	49032	56797	49032		
新 疆	8874	15018	5398	9447		

单位：万元

非自有配送中心配送商品购进额		商品销售总额		零售额	
2015年	2014年	2015年	2014年	2015年	2014年
407144	**317506**	**4834914**	**4684372**	**2508879**	**2322570**
		28225	24579	28225	24579
		7864	6905	7864	6905
		45908	43618	45908	43618
20436	19658	134217	119790	77162	71143
78749	91546	255565	365341		
		158031	159951	128106	126338
117	124	2511168	2425032	1375015	1388562
		53554	58257	53554	58257
		12925	9660	6467	5743
		19972	17650	6452	4352
292604	196561	1013593	908919	706084	529048
7016	6252	143455	118039	55193	39816
		2802	2339	2360	1966
2824	2421	2999	2612	2999	2612
		353867	329803		
		5368	9525	5368	9525
		73989	67023		
5398	945	11412	15330	8122	10107

2-23 按业态分各地区连锁零售

便利店

地 区	商品购进总额		统一配送商品购进额		自有配送中心配送商品购进额	
	2015年	2014年	2015年	2014年	2015年	2014年
全 国	**2257969**	**2037429**	**1749271**	**1569610**	**836553**	**753964**
北 京	228227	193035	179961	151419	30232	29525
天 津	14673	6840				
河 北	18829	17909	17070	16289	17070	16289
山 西	16386	15300	13270	11549	13270	11549
内蒙古	19965		19965			
辽 宁	31749	32590	31158	30920	3932	7766
吉 林						
黑龙江	150912	144619	63987	64076	63987	64076
上 海	698591	691931	411795	402075	60698	53545
江 苏	116372	98040	107926	93879	67438	68084
浙 江	127231	109529	96636	98393	58046	74244
安 徽	31907	33613	31907	33613	26488	27671
福 建	35408	27916	34732	27037	9903	8375
江 西						
山 东	9161	10002	9161	9934		
河 南	15459		15459		14127	
湖 北	3581	4285	3581	4285		
湖 南	5123	3205	4000	2152	2500	2152
广 东	349919	313498	344394	300279	287067	233915
广 西	37493	32807	36875	31749	36875	31749
海 南						
重 庆	17149	11372	9823	11372	3603	4714
四 川	270713	229730	265575	226790	135593	111041
贵 州	18018	17130	18018	17130		
云 南	15311	19686	15311	19686		
西 藏						
陕 西	21320	18179	14747	11858	4116	7175
甘 肃						
青 海						
宁 夏						
新 疆	4473	6215	3921	5126	1609	2094

企业直营门店经营情况

单位：万元

非自有配送中心配送商品购进额		商品销售总额		零售额	
2015年	2014年	2015年	2014年	2015年	2014年
371738	**279678**	**2761562**	**2548912**	**2463445**	**2283022**
45040	23943	296844	261541	290095	255643
		76672	74788	76401	74788
		18883	19188	11068	11304
		16671	20733	16671	20733
		24725		24725	
		29020	46497	21060	46497
		167282	166967	103103	101866
96474	77383	912233	884990	782452	788556
40488	25795	125297	109619	109664	90971
30078	17156	131926	117694	123410	99292
5420	5942	34720	30481	32914	28476
6535	4835	33385	26295	33385	26203
		9977	10087	9977	10087
		28206		28206	
		4256	5086		
1500		5397	3684	1278	1211
6664	4179	406645	382140	366287	348151
		36917	33549	36231	32097
6220	6658	21089	11497	18745	8988
105479	87046	300789	265221	297900	260066
		19957	20338	19296	19653
14899	19028	32374	29270	32374	29270
10632	4683	23237	22415	23143	22337
2312	3032	5061	6832	5061	6832

2-23 续表 1

折扣店

地　区	商品购进总额		统一配送商品购进额		自有配送中心配送商品购进额	
	2015年	2014年	2015年	2014年	2015年	2014年
全　国	**243951**	**240747**	**113481**	**109844**	**113481**	**109844**
北　京	129170	130903				
天　津						
河　北						
山　西						
内蒙古						
辽　宁						
吉　林						
黑龙江						
上　海	113481	109844	113481	109844	113481	109844
江　苏						
浙　江						
安　徽						
福　建						
江　西						
山　东						
河　南						
湖　北						
湖　南						
广　东	1300					
广　西						
海　南						
重　庆						
四　川						
贵　州						
云　南						
西　藏						
陕　西						
甘　肃						
青　海						
宁　夏						
新　疆						

单位：万元

非自有配送中心配送商品购进额		商品销售总额		零售额	
2015年	2014年	2015年	2014年	2015年	2014年
		282829	**268966**	**251062**	**242354**
		147485	156877	147485	156877
		133800	112089	102033	85477
		1544		1544	

2-23 续表 2

超市

地 区	商品购进总额		统一配送商品购进额		自有配送中心配送商品购进额	
	2015年	2014年	2015年	2014年	2015年	2014年
全 国	**25906481**	**25080900**	**21681839**	**21138773**	**14191228**	**13936034**
北 京	4334739	4299310	3988986	3911475	1189396	1170833
天 津	185158	225832	9450	7527	1269	1484
河 北	523873	513490	416920	426500	300246	284759
山 西	155345	208242	127682	175588	72037	114733
内蒙古	111457	100845	35871	31222	19914	18191
辽 宁	146339	126392	101929	109313	30082	30834
吉 林	126045	124946	126045	124946		
黑龙江	319621	281638	299651	258382	276112	247230
上 海	3291389	3386495	2860591	2922666	1713320	1748627
江 苏	976517	1033781	788325	821572	391270	453119
浙 江	1889004	1963342	1664179	1745058	1459499	1512921
安 徽	1679554	1657786	1241504	1210137	831293	795614
福 建	257170	250446	203512	195663	97654	88835
江 西	146957	146328	146957	68730	60718	67098
山 东	2538187	2260033	2106883	1944069	2002631	1851067
河 南	436990	323715	213358	186653	70576	46939
湖 北	4184723	3873028	3526756	3241827	3352437	3090775
湖 南	739515	381922	381273	284943	38393	25327
广 东	724976	730167	698836	714072	623210	616312
广 西	145955	172977	102045	72530	28229	31441
海 南	35905	19850	11081			
重 庆	537977	467188	520705	458260	489716	440553
四 川	1388104	1392674	1219342	1241366	956452	1009150
贵 州	40798	53558	37480	49153	14004	9072
云 南	138788	120090	127817	104868	46767	43154
西 藏						
陕 西	177861	182448	150100	143048	69517	83703
甘 肃	44247	44957	4589	17983	4589	17983
青 海	21827	22334				
宁 夏	64069	58888	33857	29820	23476	20237
新 疆	543393	658201	536116	641405	28421	116043

单位：万元

非自有配送中心配送商品购进额		商品销售总额		零售额	
2015年	2014年	2015年	2014年	2015年	2014年
2818663	**2761581**	**28238060**	**27535283**	**24359988**	**23500651**
172961	188461	5048575	4911645	3465770	3263255
		191037	209973	189963	208216
79711	77060	545306	519603	522105	477273
	1437	182926	225509	173198	216550
696	563	119832	108175	41001	35264
35000	33227	153954	134923	153954	134923
		119846	117339	119846	117339
11739	9046	224543	243048	219912	243048
979107	998439	3744346	3942390	3089683	3051315
314671	325466	1205805	1236589	1030594	1062427
57696	86441	2165512	2211586	1954328	2010852
30789	27799	927252	942044	913190	929265
13806	9744	274457	264916	267648	255389
		134609	153345	134609	62236
94337	80256	2857293	2596946	2608043	2354503
9269	8071	394501	383061	342925	281344
8219	7362	4786846	4391243	4346500	4248848
313116	220940	610639	391444	330844	388809
21672	16653	820321	816274	798182	747844
		184741	203832	183905	202572
		30930	17745	30930	17745
13732	11253	595362	508280	586886	504188
95531	82612	1556350	1666268	1518616	1364611
778	13608	44317	49911	44317	49911
		144632	127175	122727	116350
58138	39154	228933	232852	228933	232852
		44662	45188	44662	45188
		35032	30892	33292	28069
		53600	60883	53600	60883
507695	523991	811905	792207	809826	789584

2-23 续表 3

大型超市

地区	商品购进总额		统一配送商品购进额		自有配送中心配送商品购进额	
	2015年	2014年	2015年	2014年	2015年	2014年
全　国	**37787427**	**34952178**	**25838053**	**22932825**	**17924336**	**15639736**
北　京	2226689	2187583	1051298	797613	351060	425198
天　津	667124	608469	7232	3876		
河　北	261770	279768	72705	80390	72705	80390
山　西	250761	246804	59207	70881	26451	31635
内蒙古						
辽　宁	844935	839458	407468	409595	3879	2842
吉　林	3889	5368	3889	5368		
黑龙江	136183	166431				
上　海	2437516	2783795	1402397	1659532		
江　苏	6871496	6359475	6637336	6186025	5473610	5431294
浙　江	1094741	1047642	1024942	984606	742765	731337
安　徽	650821	539046	429231	331444		
福　建	5006102	4128228	3761634	3221526	2925476	2445544
江　西	313070	304989	189471	179367	161619	164639
山　东	2222820	2778517	1757863	1648053	687490	599560
河　南	1917880	1895032	907419	753820	509157	410228
湖　北	997895	1131279	126944	295599	26001	25200
湖　南	2095239	2060744	1963951	1918634	1765841	1719029
广　东	6424997	4626456	4228292	2831194	3929634	2594967
广　西	20472	40000	20472	40000		
海　南						
重　庆	1142531	1112656	584473	542107	584473	542107
四　川	1007059	711699	701901	430050	376242	146785
贵　州	159471	156192	159471	156192	159471	156192
云　南	407335	396296	185487	191532	123658	127688
西　藏	30522	20152	30522	20152		
陕　西	30950	36951				
甘　肃						
青　海	58394	48815	24107	18769		
宁　夏	378171	323401	40459	39566		
新　疆	128596	116932	59885	116932	4806	5103

单位：万元

非自有配送中心配送商品购进额		商品销售总额		零售额	
2015年	2014年	2015年	2014年	2015年	2014年
4077936	**3630387**	**43986941**	**41039154**	**38130512**	**36356218**
332380	122324	2652804	2612141	2453472	2438110
		708328	654513	501421	515069
		270257	306426	270257	306426
		774616	725623	774616	725623
263318	281020	912502	954990	742700	795661
		5078	5339	5078	5339
		141959	166313	141959	166313
528608	724546	3261808	3582797	2303821	2699945
925097	463444	7680571	7406177	4739926	5756495
15023	16542	1161433	1178074	1161364	1178011
118049	84470	632473	550895	632473	550793
540905	461977	4617401	3812966	4617291	3812966
		382583	381730	353042	360487
764619	730123	2929470	3539364	2511470	2327192
186032	120272	2755047	2526961	2610726	2404437
	149588	1844296	1834624	1772312	1767892
168001	173134	2004695	1942410	2004695	1942410
118998	127274	7327363	5466940	6669837	5261111
		76221	80439	76221	80439
		1495975	1365523	1435770	1322045
		1050269	758808	1050269	753354
		160511	131114	160511	131114
61829	63844	481542	473984	481542	473984
		35667	22152	35667	22152
		45675	41868	45675	41868
		91903	80452	91903	80452
		336384	302120	336384	302120
55079	111830	150112	134413	150112	134413

2-23 续表 4

仓储会员店

地　区	商品购进总额		统一配送商品购进额		自有配送中心配送商品购进额	
	2015年	2014年	2015年	2014年	2015年	2014年
全　国	**2598837**	**2358763**	**339415**	**308074**	**2719**	**5259**
北　京	333381	296108	333381	296108		
天　津						
河　北						
山　西						
内蒙古						
辽　宁						
吉　林						
黑龙江						
上　海	2243034	2033430				
江　苏						
浙　江						
安　徽						
福　建						
江　西						
山　东						
河　南	16387	17258				
湖　北	6034	11966	6034	11966	2719	5259
湖　南						
广　东						
广　西						
海　南						
重　庆						
四　川						
贵　州						
云　南						
西　藏						
陕　西						
甘　肃						
青　海						
宁　夏						
新　疆						

单位：万元

非自有配送中心配送商品购进额		商品销售总额		零售额	
2015年	2014年	2015年	2014年	2015年	2014年
3315	**6707**	**2502859**	**2421936**	**2502859**	**2421936**
		342486	343614	342486	343614
		2138570	2052917	2138570	2052917
		16387	14751	16387	14751
3315	6707	5416	10654	5416	10654

2-23 续表 5

百货店

地区	商品购进总额		统一配送商品购进额		自有配送中心配送商品购进额	
	2015年	2014年	2015年	2014年	2015年	2014年
全国	**31349916**	**30818078**	**13133476**	**13244230**	**9184676**	**9186132**
北京	1786425	1947785	27345	29624	3233	2904
天津						
河北	2600902	2520417	50281	44603	50281	44603
山西	169669	205873	18697	34180		
内蒙古	27642	117763	27642	117763	27642	117763
辽宁						
吉林	904	347	904	347		
黑龙江	52851	52851				
上海	301181	333240	224258	228576		
江苏	2046008	1809190	1674247	1640136	1660439	1626707
浙江	1029855	1068513	1006294	1032358	694542	736746
安徽	4231494	4155681	1406735	1471881	677831	652352
福建	80773	86031	75889	82147	13304	10640
江西	647690	625218	367558	349285	239615	229948
山东	5481651	5069403	1917474	1828071	723675	703534
河南	49990	50441	12851	12451	9556	9707
湖北	4730622	4525015	2173739	2223221	2172139	2223221
湖南	931817	904655	76002	74002	2497	1944
广东	4228646	4353553	2050374	2024046	1793523	1699866
广西	70200	51227	70200	51227		
海南						
重庆	1625107	1637072	1617215	1630666	1115673	1125509
四川	777643	802509	296414	327446		
贵州	4618	4224	4618	4224		
云南	164043	178385	34013	37287		
西藏						
陕西	264577	269572				
甘肃						
青海	44883	48423				
宁夏						
新疆	727	691	727	691	727	691

单位：万元

非自有配送中心配送商品购进额		商品销售总额		零售额	
2015年	2014年	2015年	2014年	2015年	2014年
1000217	**1309176**	**37599438**	**37869077**	**31458689**	**31756552**
18200	26720	2925088	3206092	2921855	3203004
		2741140	2668827	2320138	2243647
		258594	274157	258594	274157
		36221	36995	36221	36995
		1235	349	1235	349
		19129	19129	19129	19129
122823	128763	346154	378952	346154	378952
13807	13429	2300034	2166128	1625674	1521211
	213430	1282050	1209729	1113309	1075889
		4952470	4864352	2513793	2594493
21296	24799	97033	105944	96576	105404
88632	119337	910951	900136	853964	849506
19114	16902	5684827	5794324	4747055	4912338
		51798	56887	50790	56887
		4668278	4422524	4420825	4153437
2423	2267	986734	1017095	980396	1012862
214159	256667	5142015	5399812	4407707	4603653
		107077	87500	107077	87500
471893	476994	3623198	3836675	3174329	3204861
27871	29869	937556	877149	937556	877149
		4888	4189	3344	2996
		192794	212047	192794	212047
		264074	269356	264074	269356
		65438	60104	65438	60104
		663	627	663	627

2-23 续表 6

专业店(含加油站)

地区	商品购进总额		统一配送商品购进额		自有配送中心配送商品购进额	
	2015年	2014年	2015年	2014年	2015年	2014年
全国	**173739333**	**197516868**	**147097175**	**167054383**	**81697568**	**96504538**
北京	10335768	11402394	5554360	5372620	3056759	2417738
天津	4324060	5614610	3164358	4471005	2384876	3088698
河北	5762492	6528945	5318068	6216818	2813971	3871504
山西	2534909	2920052	1699587	1960075	885978	1287635
内蒙古	64655	68437	47351	61088	46610	60479
辽宁	6560259	7484812	5229990	5850058	1466230	1599996
吉林	1080280	1054569	1056177	1026173	1038982	1000633
黑龙江	1555373	1408719	1507002	1359258	209363	183549
上海	7030034	7783935	6131516	7062151	3268449	3947731
江苏	28618917	20094515	23839089	19979528	22296537	18329082
浙江	13055945	17904231	12145642	16569502	11430117	15921070
安徽	7974369	8930846	7635457	4687632	3724847	4148965
福建	3170592	4180148	1423719	1766899	329916	347557
江西	5762176	5445810	5220350	5244362	2731686	2627794
山东	5372149	15226516	4399687	13913097	1242456	10635528
河南	4162451	4620853	2877874	3096168	1803348	2045445
湖北	5554056	6585936	5091561	5708663	3555144	3771753
湖南	4641724	5779086	4508705	5481213	2899897	3475621
广东	28379625	32270031	25336419	30588146	5190644	5466698
广西	6771065	7373728	6770599	7373728	2385586	2618524
海南	1324033	1613883	1324033	1613883	6424	5928
重庆	2127453	4536682	1567307	1639487	1265873	1346877
四川	2274279	1702849	2177945	1612787	712604	208912
贵州	371804	324111	352938	259206	41713	110051
云南	1582886	1651707	1548736	1530303	682450	632305
西藏						
陕西	6572627	6882303	5485568	5552398	3266911	3371350
甘肃	1275606	1240862	1057017	1238988	4208	2058
青海	70811	56156	49764	37936		
宁夏	521326	911964	293097	682176	291610	678846
新疆	4907608	5918179	4283260	5099034	2664381	3302212

单位：万元

非自有配送中心配送商品购进额		商品销售总额		零售额	
2015年	2014年	2015年	2014年	2015年	2014年
26028734	**31178759**	**201445395**	**225834939**	**131278738**	**152286075**
560487	501132	11430443	12746908	7531191	7691458
327746	444176	4822476	6295316	3426361	4473824
121635	10023	6285123	7898473	3978225	4830147
2423		3619541	4238060	2344765	3057470
737	605	54560	58091	46867	50736
1085048	1414544	6336751	7820778	4763451	5618775
13410	17386	1245074	1346899	1068510	1171328
197280	176002	1760249	1690062	1320659	1417172
120278	144793	7469083	8388967	4316558	4671206
1179540	1366580	31290623	21650999	10711973	10520707
468256	393502	13920292	16655935	9175966	10700169
73182	72298	8304834	9358900	6079948	6281100
66374	52296	6268467	7401888	5013398	5604512
520875	690863	9891533	10057741	6355057	6338712
58316	58974	5599600	13526817	4081605	11678952
139778	8073	4798209	5107662	3962515	3954983
532045	694253	6226454	7081499	4423571	5131904
447905	49702	6714751	7828911	6006946	6431114
17770206	22952250	32849632	38468971	27174387	30669361
46292	42191	7273398	7837742	4019862	3932750
		1480989	1825827	823079	1258185
226395	237234	2339683	5038489	1599602	3913582
7370	19135	2335615	2284115	2165311	1987237
14077		378183	340212	367444	320615
139028	134438	3572045	3806051	2770704	2604718
318101	324060	7284741	7690199	3137279	3165722
	4035	1661076	2053995	1468160	1702363
		73323	61409	73323	61409
1487	3330	758036	872476	439186	449263
1590464	1366884	5400611	6401547	2632837	2596604

2-23 续表 7

加油站

地　区	商品购进总额		统一配送商品购进额		自有配送中心配送商品购进额	
	2015年	2014年	2015年	2014年	2015年	2014年
全　国	**110817316**	**147029137**	**94551380**	**121788910**	**48227603**	**68977059**
北　京	5587916	7435137	1727565	2297070		
天　津	3517806	4767096	3025682	4154811	2265074	2794991
河　北	5242902	6026889	4836713	5751830	2519210	3548642
山　西	1592418	2109322	1081277	1477649	385770	916984
内蒙古						
辽　宁	3379116	4222037	2058893	2594464	360223	441621
吉　林	845647	834475	845647	834475	845647	834475
黑龙江	889779	802668	889779	802668		
上　海	4133604	5296889	3934954	4961406	3203518	3883510
江　苏	14795934	15835001	14795934	15835001	13922122	14774787
浙　江	10122814	15284674	9298660	14011193	9278029	13993225
安　徽	3822868	4478882	3822868	506380	158889	200262
福　建	2628577	3639126	1106823	1458108	179244	230641
江　西	2119182	2364358	1731179	2313567	564180	618917
山　东	3323715	13341427	2564626	12230467	805285	10210466
河　南	3102452	3714682	2040540	2377740	1366851	1654515
湖　北	3251056	4533695	3178102	3960100	2808032	3068459
湖　南	3324805	4239868	3251579	4000092	1814839	2167221
广　东	19278989	23064706	16825423	22033723	1524640	1782443
广　西	6344791	6961121	6344791	6961121	2049756	2309113
海　南	1317144	1607540	1317144	1607540		
重　庆	718260	3209697	195126	342087	193334	342087
四　川	327100	328706	327100	328706		
贵　州						
云　南	687855	733030	687855	733030		
西　藏						
陕　西	5093350	5440333	4247636	4383869	2147262	2312824
甘　肃	1213874	1190229	995284	1188354		
青　海						
宁　夏	254589	633732	28991	406510	28991	406510
新　疆	3900776	4933819	3391212	4236950	1806706	2485369

单位：万元

非自有配送中心配送商品购进额		商品销售总额		零售额	
2015年	2014年	2015年	2014年	2015年	2014年
20080373	**25295980**	**131942664**	**169228376**	**90739339**	**113714285**
96217	124063	5889517	7806667	2975273	3474688
319152	435474	4046320	5458373	2676412	3670915
112881		5691259	7336626	3437219	4324939
		2182134	2920409	1704330	2505625
1085048	1414544	3633078	4722235	2647692	3429587
		925178	1034245	748614	858674
		953082	908984	616474	667176
		4504805	5611403	1871856	2215829
873811	1060215	15720599	17019107	8093048	7955039
		10986191	13914677	7339552	9077003
		4037365	4781964	3292829	3407825
		5630046	6794456	4560304	5212695
482203	623861	5149155	5937642	4648157	5127915
27235	31777	3477346	11588518	2995775	10783908
		3753471	4171216	2950009	3051668
108236	267097	3588726	4849740	2559239	3420540
307699		4908613	5797140	4294723	4839715
14861603	19755154	23383082	28759371	20634421	23806194
		6724012	7353380	3522148	3507151
		1471617	1817572	813716	1249936
1792		760279	3555158	451120	2836155
		298547	366757	237565	171903
		2097240	2476327	1401774	1424091
219990	223655	5726242	6222129	2796569	2897152
		1590949	2002439	1398033	1650807
		476533	592380	177956	197717
1584506	1360140	4337280	5429461	1894535	1949438

2-23 续表 8

专卖店

地 区	商品购进总额		统一配送商品购进额		自有配送中心配送商品购进额	
	2015年	2014年	2015年	2014年	2015年	2014年
全 国	**12765546**	**12491149**	**7826545**	**7731083**	**4999649**	**4781368**
北 京	3144291	2840008	323029	329874	187946	178074
天 津	97776	83584	48911	38992	1953	2027
河 北	3147	3997	3147	3997	3147	3997
山 西	74809	61564	29245	22325	24518	15420
内蒙古	29841	34952	17384	22495	5827	6367
辽 宁	142222	134486	142222	134486	22931	22931
吉 林	31346	49515	31346	49515	26876	45539
黑龙江	4029					
上 海	3811702	3574770	3158529	2854205	2361889	2216520
江 苏	58194	79633	55779	57222	29948	33616
浙 江	272424	262079	267923	258311	154550	160269
安 徽	15144	15017	15144	15017	14809	14619
福 建	711804	697006	578532	534596	409434	352504
江 西	131081	115032	114051	111719	98825	89480
山 东	311049	331058	302529	317514	279042	288850
河 南	114484	122462	112062	116082	11799	6600
湖 北	610102	672267	543455	606347	207862	194934
湖 南	182234	193863	129288	150277	111576	88149
广 东	694302	937130	585476	797511	156025	250767
广 西						
海 南						
重 庆	557239	499736	463847	426899	26663	22456
四 川	516040	565825	30874	35252	27817	32126
贵 州	1873	402	1873	402		
云 南	81924	93897	30279	43958	6157	12987
西 藏						
陕 西	618144	691454	291276	372676	291276	372676
甘 肃	101498	99578	101498	99578	92048	90571
青 海						
宁 夏	21154	16355	21154	16355	19038	12630
新 疆	427693	315480	427693	315480	427693	267258

单位：万元

非自有配送中心配送商品购进额		商品销售总额		零售额	
2015年	2014年	2015年	2014年	2015年	2014年
634942	**806676**	**15753104**	**14713958**	**11173822**	**10347152**
95283	120093	3696894	3305649	3571219	3191594
19944	13818	137137	131002	103179	96458
		3934	4676	3934	4676
		83371	77235	40528	32215
		62731	76308	62731	76308
47214	47214	158603	149801	154329	145526
1429	2648	47139	53269	46201	51732
		4298			
114230	98532	4603344	4275617	2333821	2203499
25498	23432	83362	104225	61981	57058
56694	57485	355872	345828	333181	246821
		18437	17582	16445	14584
47130	26978	789218	718593	765293	701058
15225	16747	140070	119635	139070	110850
20418	25917	364971	329498	228246	218472
11101	14582	117811	124601	80888	95756
3251	2558	848645	828254	551735	551490
4591	3638	204200	210960	195885	201863
170813	348876	1177655	1091798	964385	937399
	435	506452	435438	437938	381436
5		654150	685832	625889	659395
		1860	1576	1860	1576
		114877	132052	75718	83885
		872721	891427	1076	120
		128004	121132	120462	113326
2115	3724	32676	30576	2407	1647
		544675	451394	255422	168409

2-23 续表 9

家居建材商店

地 区	商品购进总额		统一配送商品购进额		自有配送中心配送商品购进额	
	2015年	2014年	2015年	2014年	2015年	2014年
全 国	**343482**	**339480**	**304498**	**284121**	**83857**	**81712**
北 京	137537	128795	128162	119623		
天 津	42214	44853	42214	44853	42214	44853
河 北						
山 西						
内蒙古						
辽 宁						
吉 林						
黑龙江						
上 海	90258	99228	66891	58813		
江 苏	24112	22095	24112	22095		
浙 江						
安 徽						
福 建						
江 西						
山 东	6242	5773				
河 南						
湖 北	1476	1877	1476	1877		
湖 南						
广 东	12745	13425	12745	13425	12745	13425
广 西						
海 南						
重 庆						
四 川	28898	23434	28898	23434	28898	23434
贵 州						
云 南						
西 藏						
陕 西						
甘 肃						
青 海						
宁 夏						
新 疆						

单位：万元

非自有配送中心配送商品购进额		商品销售总额		零售额	
2015年	2014年	2015年	2014年	2015年	2014年
64357	**53273**	**469197**	**469545**	**428640**	**423469**
40246	31178	225395	218854	225395	218854
		43283	50268	43283	50268
		120515	122639	99951	94712
24112	22095	26756	25306	25432	21732
		7496	6997	7496	6997
		2777	2579	2777	2579
		18669	18243		3669
		24307	24658	24307	24658

2-23 续表 10

厂家直销中心

地　区	商品购进总额		统一配送商品购进额		自有配送中心配送商品购进额	
	2015年	2014年	2015年	2014年	2015年	2014年
全　国	**125642**	**121124**	**122339**	**120499**	**84738**	**80681**
北　京						
天　津						
河　北						
山　西						
内蒙古						
辽　宁	37602	39819	37602	39819		
吉　林						
黑龙江						
上　海						
江　苏						
浙　江	12919	11647	12919	11647	12919	11647
安　徽						
福　建						
江　西						
山　东						
河　南						
湖　北	37645	31567	37645	31567	37645	31567
湖　南	699	624				
广　东	21479	24148	21479	24148	21479	24148
广　西						
海　南						
重　庆	2603	1936		1936		1936
四　川						
贵　州						
云　南						
西　藏						
陕　西	5902	5917	5902	5917	5902	5917
甘　肃						
青　海						
宁　夏						
新　疆	6794	5465	6794	5465	6794	5465

单位：万元

非自有配送中心配送商品购进额		商品销售总额		零售额	
2015年	2014年	2015年	2014年	2015年	2014年
		176904	**174651**	**79081**	**81702**
		52713	56253		
		12783	11510	2159	2149
		42659	34745	16258	14259
		916	786		
		51310	56680	51310	56680
		3273	2377	3273	2377
		6213	6237	6081	6237
		7037	6064		

2-23 续表 11

其他

地区	商品购进总额		统一配送商品购进额		自有配送中心配送商品购进额	
	2015年	2014年	2015年	2014年	2015年	2014年
全国	**2673827**	**2531588**	**1496855**	**1458060**	**1234568**	**1226572**
北京						
天津	23814	23989	23814	23989		
河北						
山西	8520	7201	8520	7201	6935	4987
内蒙古						
辽宁	45708	45545	45708	45545	45708	45545
吉林						
黑龙江						
上海						
江苏						
浙江	3470	23375	3470	19164	1728	13135
安徽						
福建	117393	107470	7553	8092	2606	2946
江西						
山东	1437798	1284146	567014	516884	538699	494422
河南	54869	59957	54869	59957	54869	59957
湖北	6683	5187	3646	2823		
湖南	18268	18102	18268	18102		
广东	569205	595308	388290	411409	276804	323478
广西						
海南						
重庆	51201	47841	43372	37578	39908	35684
四川	1862	1374	771	794	771	794
贵州	2824	2421	2824	2421		
云南						
西藏						
陕西	264889	243808	264889	243808	264889	243808
甘肃						
青海	1652	1815	1652	1815	1652	1815
宁夏	56797	49032	56797	49032		
新疆	8874	15018	5398	9447		

单位：万元

非自有配送中心配送商品购进额		商品销售总额		零售额	
2015年	2014年	2015年	2014年	2015年	2014年
74583	**44637**	**3945198**	**3742977**	**1972027**	**1825785**
		28225	24579	28225	24579
		7864	6905	7864	6905
		45908	43618	45908	43618
90	5134	60297	73873	3243	25226
		158031	159951	128106	126338
		2411035	2304896	1274882	1268426
		53554	58257	53554	58257
		7033	5051	2986	2934
		19972	17650	6452	4352
66271	36137	632438	567386	371693	230042
		74173	60529	34033	17249
		2254	1704	1812	1332
2824	2421	2999	2612	2999	2612
		353867	329803		
		2148	3810	2148	3810
		73989	67023		
5398	945	11412	15330	8122	10107

2-24 按业态分各地区连锁零售

便利店

地区	商品购进总额		统一配送商品购进额		自有配送中心配送商品购进额	
	2015年	2014年	2015年	2014年	2015年	2014年
全国	**911948**	**933886**	**755650**	**794267**	**278667**	**425064**
北京	6737	6695	6495	6490	4521	5183
天津						
河北	20955	24783	20955	24783	20955	24783
山西	198872	173873	144949	132376	144949	132376
内蒙古	8685		8685			
辽宁	8974	14161	8974	14161		
吉林						
黑龙江	41050	39750				
上海	345879	368438	317488	335816	26401	30103
江苏		196		196		196
浙江	188892	240268	171036	221266	39843	198920
安徽						
福建	28232	28907	27399	27779	13550	15066
江西	1295	1206	1295	1206	1295	1206
山东	3225	182	3225	182		
河南						
湖北						
湖南	10300	1498	10300	1498	6500	1498
广东	23127	21582	22927	21582	15631	13764
广西						
海南						
重庆	835	1071	219	1071	158	
四川						
贵州						
云南						
西藏						
陕西						
甘肃						
青海						
宁夏						
新疆	24892	11277	11703	5861	4864	1969

企业加盟门店经营情况

单位：万元

非自有配送中心配送商品购进额		商品销售总额		零售额	
2015年	2014年	2015年	2014年	2015年	2014年
248544	**126680**	**1110729**	**961206**	**973927**	**846897**
892		12275	9271	12275	8038
		20955	24731	20955	24731
		203346	173547	203346	173547
		10775		10775	
		9525	15250	9525	15250
		63000	61000	63000	61000
91911	86658	504932	351603	455688	312059
			402		402
131192	22346	191567	244974	151692	176911
13849	12713	38257	37266	4903	37248
		1260	1190	1260	1190
		2056	242	2056	242
3800		9800	1852		
		29137	28058	24609	24460
62	1071	1085	1313	1085	1313
6839	3892	12757	10507	12757	10507

2-24 续表 1

折扣店

地区	商品购进总额		统一配送商品购进额		自有配送中心配送商品购进额	
	2015年	2014年	2015年	2014年	2015年	2014年
全国	**18210**	**17627**	**18210**	**17627**	**18210**	**17627**
北京						
天津						
河北						
山西						
内蒙古						
辽宁						
吉林						
黑龙江						
上海	18210	17627	18210	17627	18210	17627
江苏						
浙江						
安徽						
福建						
江西						
山东						
河南						
湖北						
湖南						
广东						
广西						
海南						
重庆						
四川						
贵州						
云南						
西藏						
陕西						
甘肃						
青海						
宁夏						
新疆						

单位：万元

非自有配送中心配送商品购进额		商品销售总额		零售额	
2015年	2014年	2015年	2014年	2015年	2014年
		31672	**26533**	**31672**	**26533**
		31672	26533	31672	26533

2-24 续表 2

超市

地区	商品购进总额		统一配送商品购进额		自有配送中心配送商品购进额	
	2015年	2014年	2015年	2014年	2015年	2014年
全　国	**2790748**	**2252293**	**2203495**	**1769229**	**1450475**	**1175013**
北　京	141450	86906	7682	20972	7405	20730
天　津	109380	75706				
河　北	3234	637	3234			
山　西						
内蒙古	582	531	582	531	406	371
辽　宁	37000	38000	37000	38000		
吉　林						
黑龙江						
上　海	1066397	741177	1066397	741177	639838	444706
江　苏	132471	109059	127497	104597	125827	102476
浙　江	202120	209677	179707	187625	165495	171620
安　徽	675328	613189	390588	353049	229482	205103
福　建	104	100	104	100	104	100
江　西						
山　东	58564	51657	58564	51657	55040	48369
河　南	4080	4138	3694	3988		
湖　北	9430	8482	8415	7888	8319	7817
湖　南	21188	20687	19532	19230	179	203
广　东	20919	20011				
广　西	12886	10371	4885	4177	3113	2408
海　南						
重　庆	51805	42901	51805	42901	30729	27908
四　川	173065	128544	173065	128544	139497	96871
贵　州						
云　南	7254	7240	7254	7240	5256	4751
西　藏						
陕　西						
甘　肃						
青　海						
宁　夏	5302	5210	5302	5210	5302	5210
新　疆	58190	78069	58190	52344	34483	36369

单位：万元

非自有配送中心配送商品购进额		商品销售总额		零售额	
2015年	2014年	2015年	2014年	2015年	2014年
662682	**501773**	**2943322**	**2365924**	**2880827**	**2297692**
		189195	172846	189195	172846
		128682	89066	128682	89066
		3805	750	3805	750
176	159	575	535	575	535
		42065	35030	42065	35030
426559	296471	1332996	912722	1332996	912722
	221	268215	244281	268215	244281
13543	15133	236520	245178	216395	216938
160140	146400	239549	219395	204887	187851
		1235	748	1235	748
3525	3288	63118	57148	63118	57148
		4797	4653	4097	3953
96	71	12775	11828	12391	11656
19352	19026	23327	23818	23327	23818
		21363	19584	21363	19584
		15391	11219	15391	11219
10595	11156	52638	45324	52638	45324
3721	3955	223508	175683	223508	175683
1290	1200	6939	7128	6939	7128
		384	3217	384	3217
23687	4693	76244	85771	69622	78195

2-24 续表 3

大型超市

地　区	商品购进总额		统一配送商品购进额		自有配送中心配送商品购进额	
	2015年	2014年	2015年	2014年	2015年	2014年
全　国	**5536958**	**5443752**	**5445261**	**5361648**	**940728**	**1116557**
北　京						
天　津						
河　北						
山　西	4438		4438		4438	
内蒙古						
辽　宁	49864	49864	49864	49864		
吉　林						
黑龙江						
上　海	4354323	4107570	4322649	4082468		
江　苏	500649	625811	500649	625811	500649	625811
浙　江	222949	247837	222949	247837	179767	198330
安　徽						
福　建						
江　西						
山　东		49997		49997		49997
河　南						
湖　北						
湖　南	88838	63252	88838	63252		
广　东	315898	299422	255875	242420	255875	242420
广　西						
海　南						
重　庆						
四　川						
贵　州						
云　南						
西　藏						
陕　西						
甘　肃						
青　海						
宁　夏						
新　疆						

单位：万元

非自有配送中心配送商品购进额		商品销售总额		零售额	
2015年	2014年	2015年	2014年	2015年	2014年
93045	**99371**	**5642273**	**5542725**	**5641273**	**5538399**
		258		258	
49864	49864	97134	97134	97134	97134
		4351155	4110359	4351155	4110359
		567800	653500	566800	653500
43182	49507	207780	232918	207780	232918
			62793		58467
		107740	73498	107740	73498
		310405	312524	310405	312524

2-24 续表 4

仓储会员店

地区	商品购进总额		统一配送商品购进额		自有配送中心配送商品购进额	
	2015年	2014年	2015年	2014年	2015年	2014年
全国	**105**	**166**	**105**	**166**	**105**	**166**
北京						
天津						
河北						
山西						
内蒙古						
辽宁						
吉林						
黑龙江						
上海						
江苏						
浙江						
安徽						
福建	105	166	105	166	105	166
江西						
山东						
河南						
湖北						
湖南						
广东						
广西						
海南						
重庆						
四川						
贵州						
云南						
西藏						
陕西						
甘肃						
青海						
宁夏						
新疆						

单位：万元

非自有配送中心配送商品购进额		商品销售总额		零售额	
2015年	2014年	2015年	2014年	2015年	2014年
		100	**188**	**100**	**188**
		100	188	100	188

2-24 续表 5

百货店

地 区	商品购进总额		统一配送商品购进额		自有配送中心配送商品购进额	
	2015年	2014年	2015年	2014年	2015年	2014年
全 国	**774014**	**745219**	**559129**	**539883**	**377231**	**355097**
北 京						
天 津						
河 北						
山 西						
内蒙古						
辽 宁						
吉 林						
黑龙江						
上 海						
江 苏	278013	266344	278013	266344	278013	266344
浙 江	6391	6893	6391	6893	6391	6893
安 徽	101850	108287	101850	108287		
福 建						
江 西	212303	195761	91649	80740	91649	80740
山 东	139508	129857	74387	70655		
河 南						
湖 北						
湖 南						
广 东	34771	36958	5661	5844		
广 西						
海 南						
重 庆						
四 川						
贵 州						
云 南						
西 藏						
陕 西						
甘 肃						
青 海						
宁 夏						
新 疆	1178	1120	1178	1120	1178	1120

单位：万元

非自有配送中心配送商品购进额		商品销售总额		零售额	
2015年	2014年	2015年	2014年	2015年	2014年
5661	**5844**	**816300**	**819591**	**753502**	**748765**
		344233	346689	344233	335172
		8662	9214	8662	9214
		119824	127396	119824	127396
		201697	200573	170318	167428
		95395	87457	63976	61293
5661	5844	45532	47348	45532	47348
		957	914	957	914

2-24 续表 6

专业店(含加油站)

地　区	商品购进总额		统一配送商品购进额		自有配送中心配送商品购进额	
	2015年	2014年	2015年	2014年	2015年	2014年
全　国	**3446328**	**2822374**	**3191289**	**2668066**	**2334983**	**2293111**
北　京	68672	63978	68345	63146	14375	14142
天　津						
河　北						
山　西	112	762	112	100	112	100
内蒙古	487	684	487	684	487	684
辽　宁	21440	24115	21440	24115	56	452
吉　林						
黑龙江	1319	806	873	806	835	806
上　海	759265	856420	744671	850168	617960	754291
江　苏	826906	743579	822407	742354	821170	741220
浙　江	190600	184722	162832	152277	117495	120772
安　徽	235026	202642	235026	202642	235026	202642
福　建	46698	19848	43480	17023	18088	15865
江　西	10076	5610	7706	4610	7706	4610
山　东	10564	16800	2732	850	2416	
河　南	290344	36300	290304	36233	8230	4124
湖　北	312242	5759	259621	5759	255063	985
湖　南	116599	97094	81154	60897	44396	28265
广　东	198923	211454	185162	210874	7079	196684
广　西	29168	20476	29168	20476	28865	19984
海　南						
重　庆	155198	140325	105163	113031	48384	58281
四　川	62265	54334	54394	48720	33500	33255
贵　州	21984	17273	2218	17273		
云　南	379	514				
西　藏						
陕　西	12685	17648	12685	17648	12585	17568
甘　肃	156		156			
青　海						
宁　夏	6690	14413	669	8320	669	8320
新　疆	68531	86820	60486	70061	60486	70061

单位：万元

非自有配送中心配送商品购进额		商品销售总额		零售额	
2015年	2014年	2015年	2014年	2015年	2014年
267781	**215051**	**3764509**	**3384652**	**1720872**	**1580586**
53878	48908	107637	102898	104065	99014
		80	791	80	60
		527	226	527	226
	7002	23221	24846	23221	24846
		1664	1049	966	1049
84030	67446	772926	881585	466116	506266
540	630	832605	748807	14428	11238
14069	8002	200645	195211	76574	75714
		227548	210906		
25392	1157	65865	43850	64073	43850
		9554	5012	7118	4940
		12161	21780	3167	
		327987	378701	299761	323868
1071	2703	367217	6094	281536	6094
36757	32632	134632	115521	60881	59114
2883	3673	200604	191749	49942	179379
		29682	30742	14182	15166
28267	27433	257395	224072	168398	153611
20894	15465	73220	66727	32931	34956
		21954	15833	21954	15833
		370	510		
		15223	12225	14524	11637
		246		246	
		1314	795	1314	795
		6522	13296	1758	2161
		73707	91427	13107	10768

2-24 续表 7

加油站

地区	商品购进总额		统一配送商品购进额		自有配送中心配送商品购进额	
	2015年	2014年	2015年	2014年	2015年	2014年
全国	**1149829**	**974854**	**1149829**	**974854**	**869583**	**943640**
北京						
天津						
河北						
山西						
内蒙古						
辽宁						
吉林						
黑龙江						
上海	613621	750637	613621	750637	613621	750637
江苏						
浙江						
安徽						
福建						
江西						
山东						
河南	280246	31214	280246	31214		
湖北	254155		254155		254155	
湖南						
广东		190000		190000		190000
广西	1808	3003	1808	3003	1808	3003
海南						
重庆						
四川						
贵州						
云南						
西藏						
陕西						
甘肃						
青海						
宁夏						
新疆						

单位：万元

非自有配送中心配送商品购进额		商品销售总额		零售额	
2015年	2014年	2015年	2014年	2015年	2014年
		1196698	**1276347**	**862506**	**847140**
		613621	750637	306811	375318
		307628	372707	280246	318819
		273641		273641	
			150000		150000
		1808	3003	1808	3003

2-24 续表 8

专卖店

地 区	商品购进总额		统一配送商品购进额		自有配送中心配送商品购进额	
	2015年	2014年	2015年	2014年	2015年	2014年
全 国	**1318960**	**1161969**	**1246013**	**1067293**	**588688**	**563299**
北 京	195429	168028	195429	168028	195429	168028
天 津						
河 北	564	416	564	416	564	416
山 西						
内蒙古						
辽 宁	9372	8419	9372	8419		
吉 林						
黑龙江	4725					
上 海	132249	92209	131965	88650	128579	85324
江 苏	15416	29891	15226	29734	15123	29666
浙 江	35886	60238	35886	60238	35886	60238
安 徽	1773	46	1773	46	1773	46
福 建	14237	12418	14237	12418	11334	9579
江 西	76699	66529	76699	65371	69642	65071
山 东	33772	38142	33772	38142	33103	37698
河 南	5163	5075	5163	5075		
湖 北	1599	70	1519		714	
湖 南	46393	48872	28875	29634	28212	29634
广 东	113276	161829	110576	114829	58837	63169
广 西						
海 南						
重 庆	7036	8518	3867	4503	3867	4503
四 川	49523	29187	5242	9708	5242	9708
贵 州						
云 南	575466	431862	575466	431862		
西 藏						
陕 西						
甘 肃	382	221	382	221	382	221
青 海						
宁 夏						
新 疆						

单位：万元

非自有配送中心配送商品购进额		商品销售总额		零售额	
2015年	2014年	2015年	2014年	2015年	2014年
8994	**55**	**1643907**	**1379266**	**855190**	**734737**
		257636	229113	255810	227630
		664	487	664	487
		9816	6677	9816	6677
		5041			
1314		187212	145663	187212	145663
94	55	29183	40023	29171	39722
		40237	37398	36740	32809
		2254	86	2254	86
		3602	3894	3263	3244
6576		76006	66557	76006	66557
		41108	40651	24388	24364
348		5257	5290	5257	5290
		2147	110	1991	110
663		48887	49868	32885	31772
		278312	280799	137013	120906
		8941	10463	5927	7431
		53671	34617	46411	21768
		593552	427350		
		382	221	382	221

2-24 续表 9

其他

地区	商品购进总额		统一配送商品购进额		自有配送中心配送商品购进额	
	2015年	2014年	2015年	2014年	2015年	2014年
全国	**978451**	**874242**	**676507**	**533054**	**220374**	**119835**
北京						
天津						
河北						
山西						
内蒙古						
辽宁						
吉林						
黑龙江						
上海						
江苏						
浙江	84686	56306	79604	55563	57634	39520
安徽	298294	346765	208806	242736	10739	12483
福建						
江西						
山东	153770	152518	102520	26948	102403	26824
河南						
湖北	5993	4683				
湖南						
广东	352634	235746	239479	169026	13146	8602
广西						
海南						
重庆	80172	74923	43196	35481	33549	29105
四川	425	579	425	579	425	579
贵州						
云南						
西藏						
陕西						
甘肃						
青海	2478	2722	2478	2722	2478	2722
宁夏						
新疆						

单位：万元

非自有配送中心配送商品购进额		商品销售总额		零售额	
2015年	2014年	2015年	2014年	2015年	2014年
332562	**272869**	**889715**	**941395**	**536852**	**496784**
20347	14524	73920	45917	73920	45917
78749	91546	255565	365341		
117	124	100133	120136	100133	120136
		5893	4609	3481	2809
226333	160424	381155	341533	334391	299006
7016	6252	69282	57510	21160	22567
		548	635	548	635
		3220	5715	3220	5715

2-25 36城市连锁零售企业基本情况

地 区	连锁总店数（个）	门店数（个）		年末从业人员（人）		年末零售营业面积（平方米）	
	2015年	2015年	2014年	2015年	2014年	2015年	2014年
合 计	**1461**	**140507**	**132666**	**1834932**	**1840798**	**116444495**	**110704858**
北 京	152	7577	7487	156584	162434	7481651	7433268
天 津	37	2237	2317	31242	35334	1984623	2030789
石家庄	16	1109	1128	15687	16488	1438281	1454510
太 原	24	2585	2400	27793	24945	1207401	1070331
呼和浩特	3	417	43	1732	601	37497	10415
沈 阳	47	2033	2026	30985	32237	2411175	2466790
大 连	15	2003	2037	17675	18515	1076230	1095736
长 春	17	758	635	7548	7680	242708	213607
哈尔滨	22	1487	1386	13406	13572	721359	747591
上 海	97	18080	18107	252676	261537	10616113	10433031
南 京	38	11218	11181	273718	277230	15660425	15694682
杭 州	76	10460	10262	64513	68290	7421530	7364770
宁 波	25	1556	1481	21517	21936	1064713	914801
合 肥	30	8067	8017	72545	72284	4306578	4365297
福 州	27	1254	1088	47210	44416	5813254	3218048
厦 门	38	2378	1908	13960	13166	836032	784591
南 昌	47	2700	2281	30693	31197	1324810	1192344
济 南	9	3013	2830	61536	60640	3267956	2913818
青 岛	59	2801	2879	35817	37903	4718422	4500733
郑 州	23	1135	922	17850	18705	1536273	1480924
武 汉	98	5768	3932	100282	102543	5857994	5938416
长 沙	52	3474	2956	36818	36710	2621844	2618496
广 州	117	10085	9929	121306	121814	15366242	14309042
深 圳	76	6637	6133	81453	77255	4842046	4564130
南 宁	20	1612	1503	18492	19818	1371003	1346051
海 口	6	766	604	5816	4470	414497	382613
重 庆	94	12570	12265	96313	95362	4243850	4176215
成 都	61	6461	5167	71768	63102	2850712	2678210
贵 阳	14	624	628	6676	5909	285661	267761
昆 明	35	4710	4189	42803	37379	1865531	1831838
拉 萨	1	3	3	790	750	21700	21700
西 安	27	1118	1090	19312	19100	1179415	847259
兰 州	9	502	485	5456	5103	82787	77879
西 宁	10	214	176	6165	6322	220730	206495
银 川	10	422	422	8029	7900	390625	539264
乌鲁木齐	29	2673	2769	18766	18151	1662827	1513413

2-26 36城市连锁零售企业直营门店基本情况

地 区	门店数（个）		年末从业人员（人）		年末零售营业面积（平方米）	
	2015年	2014年	2015年	2014年	2015年	2014年
合 计	**93612**	**88127**	**1610122**	**1628986**	**108757259**	**103491621**
北 京	5541	5456	144650	150125	7197389	7150300
天 津	1731	1822	29915	34119	1931298	1979949
石家庄	816	823	15317	16119	1412881	1428595
太 原	1172	1030	21913	18949	1130897	993426
呼和浩特	328	43	1448	601	32359	10415
沈 阳	1716	1709	29729	31026	2379551	2435166
大 连	989	991	12042	12705	950377	969883
长 春	758	635	7548	7680	242708	213607
哈尔滨	1056	1002	12149	12625	699139	728955
上 海	10797	11006	160674	177035	6697404	6763789
南 京	8264	8246	253888	257412	15176292	15210802
杭 州	6139	6406	54056	59172	7041922	7015915
宁 波	1127	1001	20933	21295	1021914	869890
合 肥	3171	3118	64329	64268	4137143	4199595
福 州	1243	1080	47139	44353	5812023	3216978
厦 门	776	769	8007	8578	633515	631499
南 昌	1523	1067	26580	27276	1114971	1027158
济 南	3013	2830	61536	60640	3267956	2913818
青 岛	2038	1790	32737	32727	4612531	4358875
郑 州	1083	884	17716	18559	1527793	1472344
武 汉	4896	3652	97261	101676	5784542	5913679
长 沙	2054	1763	33175	33608	2522840	2540486
广 州	8570	8315	108246	108580	14847706	13788572
深 圳	4258	4087	71027	69330	4625342	4349103
南 宁	1053	948	15865	17198	1273474	1277124
海 口	766	604	5816	4470	414497	382613
重 庆	3963	3733	82712	80849	3871491	3822848
成 都	5639	4718	68965	61709	2809779	2654937
贵 阳	518	496	6242	5564	274773	257658
昆 明	4525	4004	42541	37200	1864531	1830838
拉 萨	3	3	790	750	21700	21700
西 安	990	929	18721	17548	1162225	827285
兰 州	500	484	5446	5095	82587	77779
西 宁	142	134	5998	6198	212730	198495
银 川	422	422	8029	7900	390625	539264
乌鲁木齐	2032	2127	16982	16047	1578354	1418281

2-27 36城市连锁零售企业加盟门店基本情况

地　区	门店数（个）		年末从业人员（人）		年末零售营业面积（平方米）	
	2015年	2014年	2015年	2014年	2015年	2014年
合　计	**46895**	**44539**	**224810**	**211812**	**7687236**	**7213237**
北　京	2036	2031	11934	12309	284262	282968
天　津	506	495	1327	1215	53325	50840
石家庄	293	305	370	369	25400	25915
太　原	1413	1370	5880	5996	76504	76905
呼和浩特	89		284		5138	
沈　阳	317	317	1256	1211	31624	31624
大　连	1014	1046	5633	5810	125853	125853
长　春						
哈尔滨	431	384	1257	947	22220	18636
上　海	7283	7101	92002	84502	3918709	3669242
南　京	2954	2935	19830	19818	484133	483880
杭　州	4321	3856	10457	9118	379608	348855
宁　波	429	480	584	641	42799	44911
合　肥	4896	4899	8216	8016	169435	165702
福　州	11	8	71	63	1231	1070
厦　门	1602	1139	5953	4588	202517	153092
南　昌	1177	1214	4113	3921	209839	165186
济　南						
青　岛	763	1089	3080	5176	105891	141858
郑　州	52	38	134	146	8480	8580
武　汉	872	280	3021	867	73452	24737
长　沙	1420	1193	3643	3102	99004	78010
广　州	1515	1614	13060	13234	518536	520470
深　圳	2379	2046	10426	7925	216704	215027
南　宁	559	555	2627	2620	97529	68927
海　口						
重　庆	8607	8532	13601	14513	372359	353367
成　都	822	449	2803	1393	40933	23273
贵　阳	106	132	434	345	10888	10103
昆　明	185	185	262	179	1000	1000
拉　萨						
西　安	128	161	591	1552	17190	19974
兰　州	2	1	10	8	200	100
西　宁	72	42	167	124	8000	8000
银　川						
乌鲁木齐	641	642	1784	2104	84473	95132

2-28　36城市连锁零售企业经营情况

单位：万元

地　区	商品购进总额		统一配送商品购进额		自有配送中心配送商品购进额	
	2015年	2014年	2015年	2014年	2015年	2014年
合　计	**229664387**	**240691874**	**173147187**	**182893180**	**103231400**	**111288408**
北　京	23068515	23751527	11864472	11266992	5040356	4432355
天　津	5464199	6683883	3295978	4590241	2430311	3137063
石家庄	4084172	3984584	1443568	1423208	384366	423317
太　原	1535472	1176229	1084328	720782	374276	227254
呼和浩特	52829	23244	52829	23244	24178	23244
沈　阳	3602949	3621085	3340057	3383223	700288	710481
大　连	1823760	2209785	1641807	2017876	446793	491441
长　春	1190283	1179083	1181620	1166902	1047215	1032611
哈尔滨	1757309	1606206	1431509	1266631	238318	210120
上　海	26693508	26980109	20970838	21413768	8948825	9408318
南　京	31634940	23507076	26272878	23056342	25809745	22630172
杭　州	13907903	18774210	12976856	17421892	12060327	16579928
宁　波	1271195	1298450	1260730	1290879	912644	971115
合　肥	13014054	13757372	9495377	6435871	4544035	4798340
福　州	5874873	5144157	3732954	3071100	3138815	2563229
厦　门	793126	848735	581052	635613	450937	540056
南　昌	3353498	3060217	2819370	2551191	1970817	1804928
济　南	4221451	12008147	1738564	9186323	1010877	8493132
青　岛	4662559	4355338	3202388	2981099	1658854	1552267
郑　州	1720101	1672744	897913	827779	422709	425038
武　汉	13462071	13639180	9261046	9347802	7731406	7525290
长　沙	4431343	4866939	3294373	3752568	2660845	3151966
广　州	27083212	29948355	24249636	28624359	6040172	5797679
深　圳	10011848	9057639	6282755	5393110	4024768	3194601
南　宁	1992442	2209869	1969222	2188257	306379	263532
海　口	1359939	1633734	1335114	1613883	6424	5928
重　庆	6356307	8582221	5010992	4945293	3642595	3639633
成　都	4926740	4173789	3554513	2805632	1833394	1205165
贵　阳	524206	481343	491778	421293	178000	245761
昆　明	2824601	2770009	2388812	2254131	811786	772482
拉　萨	30522	20152	30522	20152		
西　安	3092931	3197010	2784762	2874520	2584381	2686334
兰　州	593534	693191	593534	693191	96637	90792
西　宁	200045	180264	78002	61243	4130	4537
银　川	687791	1018108	319867	705206	279407	665640
乌鲁木齐	2360159	2577890	2217171	2461584	1416390	1584659

2-28 续表

单位：万元

地区	非自有配送中心配送商品购进额		商品销售总额		零售额	
	2015年	2014年	2015年	2014年	2015年	2014年
合计	**30371559**	**36008893**	**262039721**	**272739892**	**192462033**	**204235794**
北京	1319366	1062759	27332756	28277448	21510312	21269936
天津	347690	457994	6135839	7529505	4497515	5532269
石家庄			4093008	4020553	3001393	2889746
太原	2423		2355423	2424035	2232329	2188173
呼和浩特			68157	29704	68157	29704
沈阳	345532	368463	3283066	3667602	2487098	2566813
大连	1134912	1464408	1909201	2312255	1900895	2309671
长春	1429	2648	1345671	1450536	1168169	1273429
哈尔滨	197280	176002	1959247	1885229	1581286	1632794
上海	2565333	2623030	29910745	30169823	22337880	22040182
南京	177703	179470	34305776	24961350	12525541	12603237
杭州	456162	592242	14990662	17684916	10077394	11572603
宁波	6152	5797	1498044	1558468	1316471	1372112
合肥	151931	163844	13946569	14893106	8889389	9090347
福州	542246	436873	6680694	5943470	6525732	5676036
厦门	82718	50958	1170351	1352192	886097	930659
南昌	159667	216256	4425210	4264807	3421316	3312216
济南	727687	693191	4249545	12548620	4249545	11784777
青岛	112441	114244	6208961	5795736	4412603	4041966
郑州	254653	128301	2276956	2172865	2271908	2169394
武汉	543187	856341	15558121	15265155	13225474	13334308
长沙	633528	457498	4627693	4977587	4239033	4399931
广州	16853361	21783142	30128065	34056735	24999868	26756675
深圳	1530063	1894588	11855222	10292279	10028114	9090792
南宁			2133176	2352098	1425289	1353912
海口			1511919	1843572	854009	1275930
重庆	764179	778486	9048545	11597488	7539783	9584970
成都	259534	236208	5417840	5221896	5292141	4826779
贵阳	8053		524167	464371	523506	463686
昆明	215756	217310	4991034	5087101	3567014	3422696
拉萨			35667	22152	35667	22152
西安	177938	167994	3212677	3358371	1394722	1453840
兰州		4035	811675	1002807	736026	848324
西宁			272377	243177	270636	240354
银川			923645	987323	735310	714771
乌鲁木齐	800635	876811	2842017	3025560	2234411	2160610

2-29 36城市连锁零售企业直营门店经营情况

单位：万元

地区	商品购进总额		统一配送商品购进额		自有配送中心配送商品购进额	
	2015年	2014年	2015年	2014年	2015年	2014年
合计	**216843696**	**229004387**	**161520712**	**172255674**	**98517602**	**106767108**
北京	22656227	23425920	11586521	11008357	4818626	4224272
天津	5354819	6608177	3295978	4590241	2430311	3137063
石家庄	4062653	3959385	1422049	1398008	362847	398118
太原	1336601	1001694	939378	588406	229327	94878
呼和浩特	44144	23244	44144	23244	24178	23244
沈阳	3581565	3597422	3318672	3359560	700288	710481
大连	1764883	2145708	1582931	1953800	446754	491389
长春	1190283	1179083	1181620	1166902	1047215	1032611
哈尔滨	1715251	1565651	1430636	1265825	237483	209314
上海	20017186	20796669	14369459	15297862	7517837	8076267
南京	30384040	22196754	25022039	21746049	24559445	21320510
杭州	13676541	18530960	12783005	17220044	11899401	16394664
宁波	1263043	1290108	1252578	1282537	905162	963645
合肥	12365282	13090356	8936094	5872885	4284668	4573894
福州	5849482	5143000	3707563	3069942	3138815	2563229
厦门	749418	806487	541395	597318	425766	515070
南昌	3055366	2793071	2644262	2401223	1802285	1654961
济南	4221451	12008147	1738564	9186323	1010877	8493132
青岛	4502480	4152198	3093558	2903529	1554036	1475446
郑州	1717865	1671135	895717	826236	420513	423496
武汉	13139071	13625976	8997661	9339833	7473108	7522094
长沙	4322205	4773475	3203190	3678267	2606420	3110297
广州	26646921	29344362	23918682	28114588	5711307	5290105
深圳	9425372	8711379	5805570	5151005	4007309	3182415
南宁	1958193	2186311	1942973	2170894	280291	246329
海口	1359939	1633734	1335114	1613883	6424	5928
重庆	6061261	8314483	4806742	4748306	3525908	3519836
成都	4849350	4118813	3521553	2770298	1824688	1188359
贵阳	503775	464924	491114	404874	178000	245761
昆明	2249135	2338147	1813346	1822269	811786	772482
拉萨	30522	20152	30522	20152		
西安	3080345	3179442	2772177	2856952	2571795	2668766
兰州	593153	692970	593153	692970	96256	90571
西宁	197567	177542	75524	58521	1652	1815
银川	687791	1018108	319867	705206	279407	665640
乌鲁木齐	2230516	2419400	2107361	2349365	1327417	1481026

2-29 续表

单位：万元

地区	非自有配送中心配送商品购进额		商品销售总额		零售额	
	2015年	2014年	2015年	2014年	2015年	2014年
合计	**29144546**	**35054546**	**248029171**	**260103444**	**181551532**	**194365957**
北京	1264596	1013850	26766012	27763321	20948967	20762408
天津	347690	457994	6007157	7440439	4368833	5443203
石家庄			4071389	3995335	2979774	2864528
太原	2423		2152076	2249757	2028983	2014626
呼和浩特			57382	29704	57382	29704
沈阳	345532	361461	3259927	3643616	2463959	2542828
大连	1085048	1414544	1802486	2199799	1794180	2197214
长春	1429	2648	1345671	1450536	1168169	1273429
哈尔滨	197280	176002	1895145	1823180	1517319	1570745
上海	1961519	2172456	22729852	23741357	15513042	16026579
南京	177163	178840	32986780	23623874	11938429	11941490
杭州	426535	578714	14716262	17421713	9948658	11462079
宁波	6152	5797	1487466	1547600	1305969	1361363
合肥	73182	72298	13332789	14180635	8758723	8954122
福州	516854	435716	6642404	5920032	6487442	5652599
厦门	68869	38245	1124515	1308717	875747	887853
南昌	153092	216256	4139071	3993714	3168991	3074339
济南	727687	693191	4249545	12548620	4249545	11784777
青岛	112324	114120	6102609	5612027	4306251	3862582
郑州	254653	128301	2274797	2170666	2269901	2167452
武汉	542115	853638	15179317	15251201	12935280	13322154
长沙	596771	424866	4516879	4884864	4161213	4320785
广州	16851271	21780944	29656722	33426829	24579790	26179706
深圳	1297276	1726846	11096769	9737409	9560494	8701375
南宁			2096097	2319151	1403710	1336540
海口			1511919	1843572	854009	1275930
重庆	718239	732574	8659203	11258807	7290575	9354725
成都	235281	217680	5334147	5158706	5237208	4792061
贵阳	8053		502972	449031	502311	448347
昆明	215756	217310	4397483	4659752	3567014	3422696
拉萨			35667	22152	35667	22152
西安	177938	167994	3198153	3346734	1380198	1442203
兰州		4035	811293	1002586	735644	848103
西宁			267843	236667	266102	233845
银川			923645	987323	735310	714771
乌鲁木齐	779818	868226	2697727	2854018	2156743	2076644

2-30 36城市连锁零售企业加盟门店经营情况

单位：万元

地区	商品购进总额		统一配送商品购进额		自有配送中心配送商品购进额	
	2015年	2014年	2015年	2014年	2015年	2014年
合计	**12820695**	**11687487**	**11626479**	**10637503**	**4713798**	**4521300**
北京	412288	325606	277952	258635	221730	208083
天津	109380	75706				
石家庄	21519	25199	21519	25199	21519	25199
太原	198872	174535	144949	132376	144949	132376
呼和浩特	8685		8685			
沈阳	21385	23663	21385	23663		
大连	58876	64076	58876	64076	39	52
长春						
哈尔滨	42059	40556	873	806	835	806
上海	6676322	6183441	6601379	6115906	1430988	1332051
南京	1250900	1310322	1250840	1310293	1250300	1309662
杭州	231362	243250	193851	201848	160926	185264
宁波	8152	8342	8152	8342	7482	7470
合肥	648772	667015	559284	562986	259366	224446
福州	25392	1157	25392	1157		
厦门	43708	42248	39657	38295	25171	24986
南昌	298132	267146	175108	149968	168532	149968
济南						
青岛	160079	203140	108830	77570	104818	76821
郑州	2236	1609	2196	1543	2196	1543
武汉	323001	13205	263386	7969	258298	3196
长沙	109138	93464	91182	74301	54425	41669
广州	436291	603993	330954	509771	328865	507573
深圳	586476	346260	477185	242106	17459	12186
南宁	34249	23558	26248	17363	26089	17203
海口						
重庆	295046	267738	204250	196986	116687	119796
成都	77390	54976	32960	35334	8706	16806
贵阳	20431	16419	665	16419		
昆明	575466	431862	575466	431862		
拉萨						
西安	12585	17568	12585	17568	12585	17568
兰州	382	221	382	221	382	221
西宁	2478	2722	2478	2722	2478	2722
银川						
乌鲁木齐	129643	158490	109810	112218	88973	103633

2-30 续表

单位：万元

地区	非自有配送中心配送商品购进额		商品销售总额		零售额	
	2015年	2014年	2015年	2014年	2015年	2014年
合 计	**1227013**	**954346**	**14010548**	**12636450**	**10910497**	**9869839**
北 京	54770	48908	566744	514127	561345	507528
天 津			128682	89066	128682	89066
石家庄			21619	25218	21619	25218
太 原			203346	174278	203346	173547
呼和浩特			10775		10775	
沈 阳		7002	23139	23986	23139	23986
大 连	49864	49864	106714	112457	106714	112457
长 春						
哈尔滨			64102	62049	63966	62049
上 海	603814	450574	7180893	6428466	6824838	6013603
南 京	540	630	1318996	1337476	587111	661747
杭 州	29627	13528	274400	263203	128735	110524
宁 波			10579	10868	10502	10749
合 肥	78749	91546	613780	712471	130666	136224
福 州	25392	1157	38290	23438	38290	23438
厦 门	13849	12713	45836	43475	10351	42807
南 昌	6576		286139	271093	252325	237876
济 南						
青 岛	117	124	106353	183709	106353	179384
郑 州			2160	2199	2007	1942
武 汉	1071	2703	378803	13954	290194	12154
长 沙	36757	32632	110813	92723	77819	79146
广 州	2089	2198	471343	629906	420078	576969
深 圳	232788	167742	758452	554870	467620	389417
南 宁			37079	32947	21579	17372
海 口						
重 庆	45939	45912	389342	338681	249208	230245
成 都	24254	18528	83692	63190	54932	34717
贵 阳			21195	15340	21195	15340
昆 明			593552	427350		
拉 萨						
西 安			14524	11637	14524	11637
兰 州			382	221	382	221
西 宁			4534	6510	4534	6510
银 川						
乌鲁木齐	20817	8585	144290	171542	77668	83966

第三部分

餐饮企业综合篇

3-1 连锁餐饮企业总体情况

项　目	单位	总计		直营店		加盟店	
		2015年	2014年	2015年	2014年	2015年	2014年
连锁总店数	个	455					
门店总数	个	23721	22079	19542	18019	4179	4060
年末从业人员	人	713621	746030	574602	604612	139019	141418
年末餐饮营业面积	平方米	9708905	9748359	7676320	7745897	2032585	2002462
年末餐位数	位	3336075	3255078	2526555	2473417	809520	781661
连锁门店商品购进总额	万元	5769703	5476511	5164463	4865274	605239	611236
其中：统一配送商品购进额	万元	4624952	4259550	4250287	3946297	374666	313253
其中：自有配送中心	万元	2121450	1915859	1972770	1824227	148681	91632
非自有配送中心	万元	682111	759362	594143	672947	87968	86416
营业额	万元	15266126	14433202	13501681	12722459	1764445	1710742
其中：餐费收入及商品销售额	万元	15052117	14223047	13288647	12513815	1763471	1709232

3-2 连锁餐饮企业基本情况

项 目	连锁总店数（个）	门店数（个）		年末从业人员（人）		年末餐饮营业面积（平方米）		年末餐位数（位）	
	2015年	2015年	2014年	2015年	2014年	2015年	2014年	2015年	2014年
总 计	**455**	**23721**	**22079**	**713621**	**746030**	**9708905**	**9748359**	**3336075**	**3255078**
一、按登记注册类型分									
内资企业	302	8037	7708	297853	301532	5031102	5139895	1577769	1581337
国有企业	5	89	86	2903	2709	27233	26706	8208	7885
集体企业	2	11	11	653	677	12589	12589	3225	3225
股份合作企业	3	8	9	208	221	5350	6450	1855	2104
联营企业									
国有联营企业									
集体联营企业									
国有与集体联营企业									
其他联营企业									
有限责任公司	102	3429	3226	99478	96540	1847022	1831786	587239	584997
国有独资公司	2	63	84	2016	2329	25298	29229	9668	16636
其他有限责任公司	100	3366	3142	97462	94211	1821724	1802557	577571	568361
股份有限公司	13	1057	1021	72154	71559	1107265	1124157	261857	261006
私营企业	174	3432	3343	122097	129390	2027657	2133851	712760	719908
私营独资企业	12	91	94	3801	3842	77847	70113	17910	17729
私营合伙企业									
私营有限责任公司	156	3159	3054	112347	117678	1707097	1740936	651817	646834
私营股份有限公司	6	182	195	5949	7870	242713	322802	43033	55345
其他企业	3	11	12	360	436	3986	4356	2625	2212
港、澳、台商投资企业	59	3992	3494	112579	106748	965626	971798	408611	372287
港澳台商合资经营企业	11	609	607	25202	28911	231067	240828	63301	68721
港澳台商合作经营企业	1	4	4	526	512	17000	17000	1700	1700
港、澳、台商独资经营企业	46	3378	2881	86822	77260	715999	711150	343362	301344
港、澳、台商投资股份有限公司	1	1	2	29	65	1560	2820	248	522
其他港、澳、台商投资企业									
外商投资企业	94	11692	10877	303189	337750	3712177	3636666	1349695	1301454
中外合资经营企业	13	2079	2092	66130	67691	624004	610555	261711	252857
中外合作经营企业	1	47	47	900	850	20000	20000	5500	5500
外资企业	77	9224	8469	228969	262375	2838943	2831709	975990	966662
外商投资股份有限公司	1	1	18	1	253		2445		1468
其他外商投资企业	2	341	251	7189	6581	229230	171957	106494	74967
二、按行业分									
正餐服务	253	6570	6206	295230	297561	5156089	5413746	1640666	1692956
快餐服务	166	13911	13099	379106	416156	4068027	3995471	1529286	1429028
饮料及冷饮服务	20	2628	2101	31331	24082	407110	259017	118649	87128
其他餐饮业	16	612	673	7954	8231	77679	80125	47474	45966

3-2 续表 1

项 目	连锁总店数（个）	门店数（个）		年末从业人员（人）		年末餐饮营业面积（平方米）		年末餐位数（位）	
	2015年	2015年	2014年	2015年	2014年	2015年	2014年	2015年	2014年
直营门店合计		**19542**	**18019**	**574602**	**604612**	**7676320**	**7745897**	**2526555**	**2473417**
一、按登记注册类型分									
内资企业		5624	5261	195058	194838	3646272	3710957	1036623	1031884
国有企业		89	86	2903	2709	27233	26706	8208	7885
集体企业		8	8	631	642	12345	12345	3115	3115
股份合作企业		8	9	208	221	5350	6450	1855	2104
联营企业									
国有联营企业									
集体联营企业									
国有与集体联营企业									
其他联营企业									
有限责任公司		2318	2119	63496	60239	1154598	1133882	322290	325024
国有独资公司		56	78	1996	2312	24469	29047	9542	16600
其他有限责任公司		2262	2041	61500	57927	1130129	1104835	312748	308424
股份有限公司		763	707	50301	47642	811814	805137	199129	194642
私营企业		2427	2320	77159	82949	1630946	1722081	499401	496902
私营独资企业		86	81	3696	3476	76682	65562	17540	16307
私营合伙企业									
私营有限责任公司		2165	2050	67738	71970	1318299	1351057	440116	427739
私营股份有限公司		176	189	5725	7503	235965	305462	41745	52856
其他企业		11	12	360	436	3986	4356	2625	2212
港、澳、台商投资企业		3854	3358	108910	102605	940705	946708	396142	359941
港澳台商合资经营企业		609	607	25202	28911	231067	240828	63301	68721
港澳台商合作经营企业		4	4	526	512	17000	17000	1700	1700
港、澳、台商独资经营企业		3240	2745	83153	73117	691078	686060	330893	288998
港、澳、台商投资股份有限公司		1	2	29	65	1560	2820	248	522
其他港、澳、台商投资企业									
外商投资企业		10064	9400	270634	307169	3089343	3088232	1093790	1081592
中外合资经营企业		2063	2084	66041	67586	621914	608965	260551	252047
中外合作经营企业		47	47	900	850	20000	20000	5500	5500
外资企业		7904	7216	203219	238138	2436549	2450119	823375	820196
外商投资股份有限公司		1	7	1	164		1191		632
其他外商投资企业		49	46	473	431	10880	7957	4364	3217
二、按行业分									
正餐服务		3887	3607	180027	178715	3387548	3655221	949142	1024137
快餐服务		12641	11892	356153	394383	3810560	3757032	1413111	1318027
饮料及冷饮服务		2620	2092	31270	24021	406244	258111	118461	86940
其他餐饮业		394	428	7152	7493	71968	75533	45841	44313

3-2 续表 2

项目	连锁总店数（个）	门店数（个）		年末从业人员（人）		年末餐饮营业面积（平方米）		年末餐位数（位）	
	2015年	2015年	2014年	2015年	2014年	2015年	2014年	2015年	2014年
加盟门店合计		**4179**	**4060**	**139019**	**141418**	**2032585**	**2002462**	**809520**	**781661**
一、按登记注册类型分									
内资企业		2413	2447	102795	106694	1384830	1428938	541146	549453
国有企业									
集体企业		3	3	22	35	244	244	110	110
股份合作企业									
联营企业									
国有联营企业									
集体联营企业									
国有与集体联营企业									
其他联营企业									
有限责任公司		1111	1107	35982	36301	692424	697904	264949	259973
国有独资公司		7	6	20	17	829	182	126	36
其他有限责任公司		1104	1101	35962	36284	691595	697722	264823	259937
股份有限公司		294	314	21853	23917	295451	319020	62728	66364
私营企业		1005	1023	44938	46441	396711	411770	213359	223006
私营独资企业		5	13	105	366	1165	4551	370	1422
私营合伙企业									
私营有限责任公司		994	1004	44609	45708	388798	389879	211701	219095
私营股份有限公司		6	6	224	367	6748	17340	1288	2489
其他企业									
港、澳、台商投资企业		138	136	3669	4143	24921	25090	12469	12346
港澳台商合资经营企业									
港澳台商合作经营企业									
港、澳、台商独资经营企业		138	136	3669	4143	24921	25090	12469	12346
港、澳、台商投资股份有限公司									
其他港、澳、台商投资企业									
外商投资企业		1628	1477	32555	30581	622834	548434	255905	219862
中外合资经营企业		16	8	89	105	2090	1590	1160	810
中外合作经营企业									
外资企业		1320	1253	25750	24237	402394	381590	152615	146466
外商投资股份有限公司			11		89		1254		836
其他外商投资企业		292	205	6716	6150	218350	164000	102130	71750
二、按行业分									
正餐服务		2683	2599	115203	118846	1768541	1758525	691524	668819
快餐服务		1270	1207	22953	21773	257467	238439	116175	111001
饮料及冷饮服务		8	9	61	61	866	906	188	188
其他餐饮业		218	245	802	738	5711	4592	1633	1653

3-3 连锁餐饮企业经营情况

单位：万元

项　目	商品购进总额		统一配送商品购进额	
	2015年	2014年	2015年	2014年
总　计	**5769703**	**5476511**	**4624952**	**4259550**
一、按登记注册类型分				
内资企业	2203730	2040721	1497352	1266316
国有企业	24655	24030	9623	9083
集体企业	5824	6613	5824	6613
股份合作企业	1009	994	918	913
联营企业				
国有联营企业				
集体联营企业				
国有与集体联营企业				
其他联营企业				
有限责任公司	758765	634946	636823	457808
国有独资公司	7276	11489	2755	3949
其他有限责任公司	751489	623458	634068	453859
股份有限公司	646687	604094	390034	351888
私营企业	765589	768948	453799	439562
私营独资企业	48529	52415	21088	20424
私营合伙企业				
私营有限责任公司	683392	659099	410904	380002
私营股份有限公司	33668	57434	21806	39136
其他企业	1201	1095	331	449
港、澳、台商投资企业	716945	671548	564431	582803
港澳台商合资经营企业	145024	149321	129220	129900
港澳台商合作经营企业	9798	8376	9798	8376
港、澳、台商独资经营企业	561492	510405	425414	444526
港、澳、台商投资股份有限公司	632	3445		
其他港、澳、台商投资企业				
外商投资企业	2849027	2764243	2563169	2410432
中外合资经营企业	542722	543854	524303	530043
中外合作经营企业	35099	31876		
外资企业	2257708	2174338	2034279	1874248
外商投资股份有限公司	542	2638	542	1685
其他外商投资企业	12956	11538	4046	4457
二、按行业分				
正餐服务	2063248	1970100	1306412	1191101
快餐服务	3359494	3204490	3060823	2809955
饮料及冷饮服务	282389	243747	201216	208750
其他餐饮业	64573	58175	56501	49746

3-3 续表 1

项　目	自有配送中心配送商品购进额		非自有配送中心配送商品购进额	
	2015年	2014年	2015年	2014年
总　计	**2121450**	**1915859**	**682111**	**759362**
一、按登记注册类型分				
内资企业	668186	511811	220152	199817
国有企业			649	161
集体企业				
股份合作企业			598	563
联营企业				
国有联营企业				
集体联营企业				
国有与集体联营企业				
其他联营企业				
有限责任公司	359306	190884	32027	31699
国有独资公司	2755	3949		
其他有限责任公司	356551	186935	32027	31699
股份有限公司	76962	76231	89460	78566
私营企业	231918	244696	97287	88658
私营独资企业	11256	11051	2	589
私营合伙企业				
私营有限责任公司	200659	197629	97069	87322
私营股份有限公司	20003	36016	216	747
其他企业			131	169
港、澳、台商投资企业	194785	191015	156440	153592
港澳台商合资经营企业	28259	30271	91652	92699
港澳台商合作经营企业				
港、澳、台商独资经营企业	166526	160745	64787	60893
港、澳、台商投资股份有限公司				
其他港、澳、台商投资企业				
外商投资企业	1258480	1213033	305520	405954
中外合资经营企业	218355	223141	103184	107703
中外合作经营企业				
外资企业	1039583	988207	202335	293794
外商投资股份有限公司	542	1685		
其他外商投资企业				4457
二、按行业分				
正餐服务	571821	505378	191285	192395
快餐服务	1532212	1385561	476079	459998
饮料及冷饮服务	629	7596	14748	106970
其他餐饮业	16789	17324		

单位：万元

营业额		餐费收入及商品销售额	
2015年	2014年	2015年	2014年
15266126	**14433202**	**15052117**	**14223047**
5174459	4818009	5094386	4739422
64138	59002	60691	58303
9772	11540	9057	10745
3632	3994	3632	3994
1945174	1681275	1938635	1675374
34348	30684	34348	30684
1910826	1650591	1904287	1644690
1560361	1513764	1512428	1463346
1587951	1545185	1567786	1525456
67835	69511	65226	67584
1433761	1362644	1418747	1348496
86355	113031	83814	109376
3432	3249	2156	2206
2337185	2129193	2335988	2127667
434878	424317	434626	423964
19985	17950	19985	17950
1880163	1683480	1879240	1682697
2159	3445	2139	3056
7754482	7486000	7621744	7355958
1737220	1672604	1736040	1672078
35099	31876	35099	31876
5814448	5650049	5683633	5520944
2018	5117	1275	4706
165698	126354	165698	126355
5184972	4962752	5119811	4896024
8837237	8459881	8689160	8316577
1064990	837589	1064222	837521
178926	172980	178926	172927

3-3 续表 2

项　　目	商品购进总额		统一配送商品购进额	
	2015年	2014年	2015年	2014年
直营门店合计	**5164463**	**4865274**	**4250287**	**3946297**
一、按登记注册类型分				
内资企业	1732173	1566433	1241423	1075391
国有企业	24655	24030	9623	9083
集体企业	5729	6471	5729	6471
股份合作企业	1009	994	918	913
联营企业				
国有联营企业				
集体联营企业				
国有与集体联营企业				
其他联营企业				
有限责任公司	549892	432598	462207	348104
国有独资公司	7093	11408	2571	3868
其他有限责任公司	542799	421190	459636	344236
股份有限公司	523201	476442	365924	328623
私营企业	626487	624802	396691	381748
私营独资企业	48125	48305	21071	20400
私营合伙企业				
私营有限责任公司	545669	520935	354110	322575
私营股份有限公司	32694	55561	21509	38773
其他企业	1201	1095	331	449
港、澳、台商投资企业	692010	649035	540543	561089
港澳台商合资经营企业	145024	149321	129220	129900
港澳台商合作经营企业	9798	8376	9798	8376
港、澳、台商独资经营企业	536556	487893	401526	422812
港、澳、台商投资股份有限公司	632	3445		
其他港、澳、台商投资企业				
外商投资企业	2740281	2649806	2468320	2309818
中外合资经营企业	542322	543754	523903	529943
中外合作经营企业	35099	31876		
外资企业	2155696	2066015	1939829	1773734
外商投资股份有限公司	542	1685	542	1685
其他外商投资企业	6622	6478	4046	4457
二、按行业分				
正餐服务	1618349	1521391	1081673	1028220
快餐服务	3208041	3050847	2918600	2667156
饮料及冷饮服务	278978	240316	197850	205394
其他餐饮业	59095	52721	52164	45528

单位：万元

自有配送中心配送商品购进额		非自有配送中心配送商品购进额		营业额		餐费收入及商品销售额	
2015年	2014年	2015年	2014年	2015年	2014年	2015年	2014年
1972770	**1824227**	**594143**	**672947**	**13501681**	**12722459**	**13288647**	**12513815**
548434	454146	170220	147327	4110903	3777271	4031616	3700194
		649	161	64138	59002	60691	58303
				9511	11198	8796	10403
		598	563	3632	3994	3632	3994
257727	151207	27855	27505	1442325	1186351	1435786	1180525
2571	3868			34087	30299	34087	30299
255156	147339	27855	27505	1408238	1156052	1401700	1150226
76962	76231	67853	56944	1256124	1221385	1208191	1170967
213744	226709	73135	61985	1331742	1292093	1312364	1273799
11256	11049	2	588	66821	66463	64212	64536
182486	179643	72916	60650	1181208	1117508	1166434	1103664
20003	36016	216	747	83713	108122	81719	105599
		131	169	3432	3249	2156	2206
194785	191015	141120	139960	2269294	2070005	2268097	2068479
28259	30271	91652	92699	434878	424317	434626	423964
				19985	17950	19985	17950
166526	160745	49467	47261	1812272	1624292	1811349	1623509
				2159	3445	2139	3056
1229551	1179066	282803	385660	7121484	6875184	6988934	6745142
217955	223041	103184	107703	1734669	1669275	1733488	1668750
				35099	31876	35099	31876
1011054	954340	179619	273500	5327118	5145443	5196491	5016338
542	1685			2018	3131	1275	2720
			4457	22581	25459	22581	25459
458297	453727	142084	142591	3847711	3677920	3783336	3612693
1501297	1349655	437312	423385	8423938	8047625	8276048	7904330
629	7596	14748	106970	1060476	833095	1059708	833026
12546	13249			169555	163819	169555	163766

3-3 续表 3

项 目	商品购进总额		统一配送商品购进额	
	2015年	2014年	2015年	2014年
加盟门店合计	**605239**	**611236**	**374666**	**313253**
一、按登记注册类型分				
内资企业	471557	474288	255929	190925
国有企业				
集体企业	95	142	95	142
股份合作企业				
联营企业				
国有联营企业				
集体联营企业				
国有与集体联营企业				
其他联营企业				
有限责任公司	208873	202348	174616	109704
国有独资公司	184	81	184	81
其他有限责任公司	208690	202267	174432	109623
股份有限公司	123487	127652	24110	23266
私营企业	139102	144146	57108	57813
私营独资企业	404	4110	17	23
私营合伙企业				
私营有限责任公司	137724	138163	56795	57427
私营股份有限公司	974	1873	297	363
其他企业				
港、澳、台商投资企业	24936	22512	23888	21714
港澳台商合资经营企业				
港澳台商合作经营企业				
港、澳、台商独资经营企业	24936	22512	23888	21714
港、澳、台商投资股份有限公司				
其他港、澳、台商投资企业				
外商投资企业	108747	114436	94849	100614
中外合资经营企业	400	100	400	100
中外合作经营企业				
外资企业	102012	108323	94449	100514
外商投资股份有限公司		953		
其他外商投资企业	6334	5060		
二、按行业分				
正餐服务	444899	448709	224739	162881
快餐服务	151453	153643	142223	142799
饮料及冷饮服务	3411	3429	3367	3356
其他餐饮业	5477	5454	4337	4218

单位：万元

自有配送中心配送商品购进额		非自有配送中心配送商品购进额		营业额		餐费收入及商品销售额	
2015年	2014年	2015年	2014年	2015年	2014年	2015年	2014年
148681	**91632**	**87968**	**86416**	**1764445**	**1710742**	**1763471**	**1709232**
119752	57665	49932	52490	1063556	1040739	1062769	1039228
				262	342	262	342
101579	39677	4173	4194	502849	494924	502849	494849
184	81			261	386	261	386
101395	39596	4173	4194	502588	494539	502588	494464
		21607	21623	304237	292379	304237	292379
18174	17988	24152	26673	256209	253093	255422	251658
	2		1	1014	3048	1014	3048
18174	17986	24152	26672	252554	245137	252313	244833
				2642	4908	2096	3777
		15320	13632	67891	59188	67891	59188
		15320	13632	67891	59188	67891	59188
28928	33967	22716	20294	632998	610816	632810	610816
400	100			2551	3328	2551	3328
28528	33867	22716	20294	487330	504606	487142	504606
					1986		1986
				143117	100896	143117	100896
113524	51651	49202	49803	1337261	1284832	1336474	1283330
30915	35906	38766	36613	413299	412256	413111	412248
				4514	4494	4514	4494
4242	4075			9371	9161	9371	9161

3-4 按登记注册类型与行业分连锁餐饮企业基本情况

正餐服务

项　目	连锁总店数（个）	门店数（个）		年末从业人员（人）		年末餐饮营业面积（平方米）		年末餐位数（位）	
	2015年	2015年	2014年	2015年	2014年	2015年	2014年	2015年	2014年
总　计	**253**	**6570**	**6206**	**295230**	**297561**	**5156089**	**5413746**	**1640666**	**1692956**
内资企业	220	4521	4420	245199	248879	4396417	4554299	1326640	1340462
国有企业	2	27	26	1450	1313	16403	16031	5244	5088
集体企业	1	3	3	598	609	12000	12000	3000	3000
股份合作企业	3	8	9	208	221	5350	6450	1855	2104
联营企业									
有限责任公司	67	1462	1449	71498	70185	1507810	1516896	472240	473373
股份有限公司	10	652	647	68094	67879	1042277	1083793	227533	229436
私营企业	134	2358	2274	102991	108236	1808591	1914773	614143	625249
其他企业	3	11	12	360	436	3986	4356	2625	2212
港、澳、台商投资企业	15	162	157	7026	6604	154254	159466	35086	37383
外商投资企业	18	1887	1629	43005	42078	605418	699981	278940	315111
直营门店合计		**3887**	**3607**	**180027**	**178715**	**3387548**	**3655221**	**949142**	**1024137**
内资企业		2686	2564	149018	148113	3064542	3173094	804639	808299
国有企业		27	26	1450	1313	16403	16031	5244	5088
集体企业		3	3	598	609	12000	12000	3000	3000
股份合作企业		8	9	208	221	5350	6450	1855	2104
联营企业									
有限责任公司		613	610	38007	35629	832181	829505	213586	217813
股份有限公司		529	514	46965	44612	752588	770873	166269	164622
私营企业		1495	1390	61430	65293	1442034	1533879	412060	413460
其他企业		11	12	360	436	3986	4356	2625	2212
港、澳、台商投资企业		162	157	7026	6604	154254	159466	35086	37383
外商投资企业		1039	886	23983	23998	168752	322661	109417	178455
加盟门店合计		**2683**	**2599**	**115203**	**118846**	**1768541**	**1758525**	**691524**	**668819**
内资企业		1835	1856	96181	100766	1331875	1381205	522001	532163
国有企业									
集体企业									
股份合作企业									
联营企业									
有限责任公司		849	839	33491	34556	675629	687391	258654	255560
股份有限公司		123	133	21129	23267	289689	312920	61264	64814
私营企业		863	884	41561	42943	366557	380894	202083	211789
其他企业									
港、澳、台商投资企业									
外商投资企业		848	743	19022	18080	436666	377320	169523	136656

3-4 续表 1

快餐服务

项目	连锁总店数(个)	门店数(个)		年末从业人员(人)		年末餐饮营业面积(平方米)		年末餐位数(位)	
	2015年	2015年	2014年	2015年	2014年	2015年	2014年	2015年	2014年
总计	**166**	**13911**	**13099**	**379106**	**416156**	**4068027**	**3995471**	**1529286**	**1429028**
内资企业	65	2838	2582	48452	48435	590563	540224	239562	230115
国有企业	2	56	54	1346	1296	8897	8742	2148	1981
集体企业									
股份合作企业									
联营企业									
有限责任公司	29	1565	1344	25675	24124	323730	299148	112444	108907
股份有限公司	3	405	374	4060	3680	64988	40364	34324	31570
私营企业	31	812	810	17371	19335	192948	191970	90646	87657
其他企业									
港、澳、台商投资企业	32	2608	2305	88647	84452	586721	640757	271729	251186
外商投资企业	69	8465	8212	242007	283269	2890743	2814490	1017995	947727
直营门店合计		**12641**	**11892**	**356153**	**394383**	**3810560**	**3757032**	**1413111**	**1318027**
内资企业		2485	2243	42691	43296	544105	497869	222218	214646
国有企业		56	54	1346	1296	8897	8742	2148	1981
集体企业									
股份合作企业									
联营企业									
有限责任公司		1504	1304	23719	22828	309737	290318	106742	105107
股份有限公司		234	193	3336	3030	59226	34264	32860	30020
私营企业		691	692	14290	16142	166245	164545	80468	77538
其他企业									
港、澳、台商投资企业		2471	2171	84988	80319	561880	615787	259280	238860
外商投资企业		7685	7478	228474	270768	2704575	2643376	931613	864521
加盟门店合计		**1270**	**1207**	**22953**	**21773**	**257467**	**238439**	**116175**	**111001**
内资企业		353	339	5761	5139	46458	42355	17344	15469
国有企业									
集体企业									
股份合作企业									
联营企业									
有限责任公司		61	40	1956	1296	13993	8830	5702	3800
股份有限公司		171	181	724	650	5762	6100	1464	1550
私营企业		121	118	3081	3193	26703	27425	10178	10119
其他企业									
港、澳、台商投资企业		137	134	3659	4133	24841	24970	12449	12326
外商投资企业		780	734	13533	12501	186168	171114	86382	83206

3-4 续表 2

饮料及冷饮服务

项 目	连锁总店数(个)	门店数(个)		年末从业人员(人)		年末餐饮营业面积(平方米)		年末餐位数(位)	
	2015年	2015年	2014年	2015年	2014年	2015年	2014年	2015年	2014年
总 计	**20**	**2628**	**2101**	**31331**	**24082**	**407110**	**259017**	**118649**	**87128**
内资企业	5	222	222	668	685	11007	11000	2272	2273
国有企业	1	6	6	107	100	1933	1933	816	816
集体企业									
股份合作企业									
联营企业									
有限责任公司									
股份有限公司									
私营企业	4	216	216	561	585	9074	9067	1456	1457
其他企业									
港、澳、台商投资企业	10	1122	898	13892	12357	188301	135072	64745	47277
外商投资企业	5	1284	981	16771	11040	207802	112945	51632	37578
直营门店合计		**2620**	**2092**	**31270**	**24021**	**406244**	**258111**	**118461**	**86940**
内资企业		215	215	617	634	10221	10214	2104	2105
国有企业		6	6	107	100	1933	1933	816	816
集体企业									
股份合作企业									
联营企业									
有限责任公司									
股份有限公司									
私营企业		209	209	510	534	8288	8281	1288	1289
其他企业									
港、澳、台商投资企业		1121	896	13882	12347	188221	134952	64725	47257
外商投资企业		1284	981	16771	11040	207802	112945	51632	37578
加盟门店合计		**8**	**9**	**61**	**61**	**866**	**906**	**188**	**188**
内资企业		7	7	51	51	786	786	168	168
国有企业									
集体企业									
股份合作企业									
联营企业									
有限责任公司									
股份有限公司									
私营企业		7	7	51	51	786	786	168	168
其他企业									
港、澳、台商投资企业		1	2	10	10	80	120	20	20
外商投资企业									

3-4 续表 3

其他餐饮业

项 目	连锁总店数（个）	门店数（个）		年末从业人员（人）		年末餐饮营业面积（平方米）		年末餐位数（位）	
	2015年	2015年	2014年	2015年	2014年	2015年	2014年	2015年	2014年
总 计	**16**	**612**	**673**	**7954**	**8231**	**77679**	**80125**	**47474**	**45966**
内资企业	12	456	484	3534	3533	33115	34372	9295	8487
国有企业									
集体企业	1	8	8	55	68	589	589	225	225
股份合作企业									
联营企业									
有限责任公司	6	402	433	2305	2231	15482	15742	2555	2717
股份有限公司									
私营企业	5	46	43	1174	1234	17044	18041	6515	5545
其他企业									
港、澳、台商投资企业	2	100	134	3014	3335	36350	36503	37051	36441
外商投资企业	2	56	55	1406	1363	8214	9250	1128	1038
直营门店合计		**394**	**428**	**7152**	**7493**	**71968**	**75533**	**45841**	**44313**
内资企业		238	239	2732	2795	27404	29780	7662	6834
国有企业									
集体企业		5	5	33	33	345	345	115	115
股份合作企业									
联营企业									
有限责任公司		201	205	1770	1782	12680	14059	1962	2104
股份有限公司									
私营企业		32	29	929	980	14379	15376	5585	4615
其他企业									
港、澳、台商投资企业		100	134	3014	3335	36350	36503	37051	36441
外商投资企业		56	55	1406	1363	8214	9250	1128	1038
加盟门店合计		**218**	**245**	**802**	**738**	**5711**	**4592**	**1633**	**1653**
内资企业		218	245	802	738	5711	4592	1633	1653
国有企业									
集体企业		3	3	22	35	244	244	110	110
股份合作企业									
联营企业									
有限责任公司		201	228	535	449	2802	1683	593	613
股份有限公司									
私营企业		14	14	245	254	2665	2665	930	930
其他企业									
港、澳、台商投资企业									
外商投资企业									

3-5 按登记注册类型与行业分

正餐服务

项　目	商品购进总额		统一配送商品购进额	
	2015年	2014年	2015年	2014年
总　计	**2063248**	**1970100**	**1306412**	**1191101**
内资企业	1748757	1725925	1068638	994055
国有企业	14271	13689	653	762
集体企业	5610	6316	5610	6316
股份合作企业	1009	994	918	913
联营企业				
有限责任公司	491102	476794	383715	315793
股份有限公司	602558	567347	346598	315823
私营企业	633007	659690	330814	354000
其他企业	1201	1095	331	449
港、澳、台商投资企业	96627	68759	30945	30324
外商投资企业	217864	175416	206829	166721
直营门店合计	**1618349**	**1521391**	**1081673**	**1028220**
内资企业	1322216	1294396	855923	843295
国有企业	14271	13689	653	762
集体企业	5610	6316	5610	6316
股份合作企业	1009	994	918	913
联营企业				
有限责任公司	296654	285943	222560	216534
股份有限公司	491826	454501	335242	307363
私营企业	511647	531858	290609	310958
其他企业	1201	1095	331	449
港、澳、台商投资企业	96627	68759	30945	30324
外商投资企业	199506	158236	194805	154601
加盟门店合计	**444899**	**448709**	**224739**	**162881**
内资企业	426541	431529	212715	150761
国有企业				
集体企业				
股份合作企业				
联营企业				
有限责任公司	194448	190851	161155	99259
股份有限公司	110733	112846	11356	8460
私营企业	121360	127833	40204	43042
其他企业				
港、澳、台商投资企业				
外商投资企业	18358	17180	12024	12120

连锁餐饮企业经营情况

单位：万元

自有配送中心配送商品购进额		非自有配送中心配送商品购进额		营业额		餐费收入及商品销售额	
2015年	2014年	2015年	2014年	2015年	2014年	2015年	2014年
571821	**505378**	**191285**	**192395**	**5184972**	**4962752**	**5119811**	**4896024**
419442	389076	132911	132121	3976503	3857586	3914091	3791787
				33309	30927	33309	30926
				9135	10826	8420	10031
		598	563	3632	3994	3632	3994
163631	106601	18305	14745	1236308	1185774	1234769	1184469
76962	76231	46024	42501	1468226	1430062	1421018	1379645
178848	206245	67853	74144	1222461	1192755	1210788	1180518
		131	169	3432	3249	2156	2206
7910	9731	3755	3775	180739	176500	180586	175964
144469	106571	54619	56498	1027730	928666	1025133	928271
113524	**51651**	**142084**	**142591**	**3847711**	**3677920**	**3783336**	**3612693**
113524	51651	95734	94438	3015730	2902551	2954105	2838254
				33309	30927	33309	30926
				9135	10826	8420	10031
		598	563	3632	3994	3632	3994
98238	36566	14132	10551	768829	717945	767290	716715
		37171	35684	1183673	1155660	1136465	1105243
15286	15085	43701	47471	1013720	979951	1002833	969141
		131	169	3432	3249	2156	2206
		3755	3775	180739	176500	180586	175964
		42595	44378	651243	598869	648646	598474
458297	**453727**	**49202**	**49803**	**1337261**	**1284832**	**1336474**	**1283330**
305918	337425	37178	37683	960773	955035	959986	953533
65393	70034	4173	4194	467479	467829	467479	467754
76962	76231	8853	6817	284553	274402	284553	274402
163562	191160	24152	26672	208741	212804	207954	211377
7910	9731						
144469	106571	12024	12120	376488	329797	376487	329797

3-5 续表 1

快餐服务

项　　目	商品购进总额		统一配送商品购进额	
	2015年	2014年	2015年	2014年
总　计	**3359494**	**3204490**	**3060823**	**2809955**
内资企业	420985	285948	402985	251997
国有企业	9736	10180	8322	8159
集体企业				
股份合作企业				
联营企业				
有限责任公司	249439	141314	241428	132190
股份有限公司	44129	36747	43436	36066
私营企业	117681	97707	109799	75582
其他企业				
港、澳、台商投资企业	472673	455335	447349	422774
外商投资企业	2465836	2463208	2210490	2135184
直营门店合计	**3208041**	**3050847**	**2918600**	**2667156**
内资企业	384853	252048	367472	219406
国有企业	9736	10180	8322	8159
集体企业				
股份合作企业				
联营企业				
有限责任公司	239312	133972	231308	124856
股份有限公司	31375	21941	30682	21260
私营企业	104430	85954	97160	65131
其他企业				
港、澳、台商投资企业	447740	432848	423464	401060
外商投资企业	2375448	2365952	2127665	2046690
加盟门店合计	**151453**	**153643**	**142223**	**142799**
内资企业	36132	33900	35513	32591
国有企业				
集体企业				
股份合作企业				
联营企业				
有限责任公司	10127	7341	10120	7334
股份有限公司	12754	14806	12754	14806
私营企业	13250	11753	12639	10451
其他企业				
港、澳、台商投资企业	24933	22487	23885	21714
外商投资企业	90388	97256	82825	88494

单位：万元

自有配送中心配送商品购进额		非自有配送中心配送商品购进额		营业额		餐费收入及商品销售额	
2015年	2014年	2015年	2014年	2015年	2014年	2015年	2014年
1532212	**1385561**	**476079**	**459998**	**8837237**	**8459881**	**8689160**	**8316577**
236411	110099	86592	67534	1097129	865308	1079467	852615
				27945	25775	24497	25076
187525	76564	13723	16955	642856	432587	637856	427990
		43436	36066	92135	83702	91411	83702
48887	33536	29434	14514	334193	323245	325702	315848
186875	178021	138586	138046	1550097	1458969	1549054	1457979
1108926	1097442	250900	254417	6190011	6135603	6060639	6005982
30915	**35906**	**437312**	**423385**	**8423938**	**8047625**	**8276048**	**7904330**
1986	1939	73838	52728	1008175	793200	990513	780516
				27945	25775	24497	25076
		13723	16955	614647	412236	609647	407639
		30682	21260	72451	65725	71727	65725
1986	1939	29434	14514	293133	289464	284642	282076
		123266	124414	1482262	1399840	1481219	1398851
28928	33967	240208	246243	5933501	5854585	5804317	5724964
1501297	**1349655**	**38766**	**36613**	**413299**	**412256**	**413111**	**412248**
234425	108160	12754	14806	88954	72108	88954	72099
187525	76564			28209	20351	28209	20351
		12754	14806	19684	17977	19684	17977
46900	31597		1	41061	33781	41061	33773
186875	178021	15320	13632	67835	59129	67835	59129
1079998	1063475	10692	8174	256511	281019	256322	281019

3-5 续表 2

饮料及冷饮服务

项 目	商品购进总额		统一配送商品购进额	
	2015年	2014年	2015年	2014年
总 计	**282388**	**243746**	**201216**	**208750**
内资企业	6353	5808	6165	5653
国有企业	649	161	649	161
集体企业				
股份合作企业				
联营企业				
有限责任公司				
股份有限公司				
私营企业	5704	5647	5517	5492
其他企业				
港、澳、台商投资企业	120784	121315	59276	103566
外商投资企业	155251	116622	135775	99531
直营门店合计	**278978**	**240316**	**197850**	**205394**
内资企业	2945	2404	2802	2297
国有企业	649	161	649	161
集体企业				
股份合作企业				
联营企业				
有限责任公司				
股份有限公司				
私营企业	2297	2243	2153	2136
其他企业				
港、澳、台商投资企业	120782	121290	59274	103566
外商投资企业	155251	116622	135775	99531
加盟门店合计	**3410**	**3430**	**3366**	**3356**
内资企业	3408	3404	3364	3356
国有企业				
集体企业				
股份合作企业				
联营企业				
有限责任公司				
股份有限公司				
私营企业	3408	3404	3364	3356
其他企业				
港、澳、台商投资企业	3	25	3	
外商投资企业				

单位：万元

自有配送中心配送商品购进额		非自有配送中心配送商品购进额		营业额		餐费收入及商品销售额	
2015年	2014年	2015年	2014年	2015年	2014年	2015年	2014年
629	**7596**	**14747**	**106970**	**1064991**	**837589**	**1064221**	**837520**
629	655	649	161	12053	10949	12053	10907
		649	161	2885	2301	2885	2301
629	655			9168	8649	9168	8606
	3264	14099	11771	541157	426055	541157	426054
	3677		95038	511781	400585	511011	400559
		14747	**106970**	**1060476**	**833095**	**1059706**	**833026**
		649	161	7594	6514	7595	6472
		649	161	2885	2301	2885	2301
				4710	4214	4710	4171
		14099	11771	541101	425995	541101	425995
			95038	511781	400585	511011	400559
629	**7596**			**4515**	**4494**	**4515**	**4494**
629	655			4458	4435	4458	4435
629	655			4458	4435	4458	4435
	3264			56	59	56	59
	3677						

3-5 续表 3

其他餐饮业

项 目	商品购进总额		统一配送商品购进额	
	2015年	2014年	2015年	2014年
总 计	**64573**	**58175**	**56501**	**49746**
内资企业	27636	23040	19564	14611
国有企业				
集体企业	215	297	215	297
股份合作企业				
联营企业				
有限责任公司	18224	16839	11680	9825
股份有限公司				
私营企业	9197	5904	7670	4488
其他企业				
港、澳、台商投资企业	26861	26139	26861	26139
外商投资企业	10075	8996	10075	8996
直营门店合计	**59095**	**52721**	**52164**	**45528**
内资企业	22158	17586	15227	10394
国有企业				
集体企业	120	155	120	155
股份合作企业				
联营企业				
有限责任公司	13926	12683	8339	6715
股份有限公司				
私营企业	8113	4748	6768	3524
其他企业				
港、澳、台商投资企业	26861	26139	26861	26139
外商投资企业	10075	8996	10075	8996
加盟门店合计	**5478**	**5454**	**4337**	**4217**
内资企业	5478	5454	4337	4217
国有企业				
集体企业	95	142	95	142
股份合作企业				
联营企业				
有限责任公司	4298	4156	3341	3111
股份有限公司				
私营企业	1085	1156	902	964
其他企业				
港、澳、台商投资企业				
外商投资企业				

单位：万元

自有配送中心配送商品购进额		非自有配送中心配送商品购进额		营业额		餐费收入及商品销售额	
2015年	2014年	2015年	2014年	2015年	2014年	2015年	2014年
16788	**17324**			**178926**	**172980**	**178926**	**172927**
11704	11980			88775	84166	88775	84113
				637	714	637	714
8150	7720			66009	62915	66010	62915
3554	4260			22128	20537	22128	20484
				65191	67669	65191	67669
5084	5343			24960	21145	24960	21145
4242	**4075**			**169556**	**163819**	**169555**	**163766**
4242	4075			79404	75005	79404	74952
				376	372	376	372
3341	3111			58849	56170	58849	56170
901	964			20179	18464	20179	18410
				65191	67669	65191	67669
				24960	21145	24960	21145
12546	**13249**			**9371**	**9160**	**9371**	**9160**
7462	7906			9371	9160	9371	9160
				262	342	262	342
4809	4609			7160	6745	7160	6745
2653	3296			1949	2073	1949	2073
5084	5343						

3-6 连锁餐饮企业门店分布情况

门店所在地	合计(个)		直营门店(个)		加盟门店(个)	
	2015年	2014年	2015年	2014年	2015年	2014年
全　国	**23721**	**22079**	**19542**	**18019**	**4179**	**4060**
北　京	3010	2899	2927	2811	83	88
天　津	525	518	487	472	38	46
河　北	615	539	511	436	104	103
山　西	270	274	148	151	122	123
内蒙古	178	170	123	109	55	61
辽　宁	666	628	602	574	64	54
吉　林	172	163	143	139	29	24
黑龙江	234	214	210	192	24	22
上　海	2114	1961	2041	1885	73	76
江　苏	1967	1747	1698	1508	269	239
浙　江	1975	1801	1685	1521	290	280
安　徽	984	913	857	791	127	122
福　建	654	672	459	424	195	248
江　西	208	176	150	122	58	54
山　东	849	760	666	614	183	146
河　南	421	404	313	287	108	117
湖　北	745	651	602	516	143	135
湖　南	663	566	502	409	161	157
广　东	3535	3299	3421	3194	114	105
广　西	286	248	171	150	115	98
海　南	52	59	36	45	16	14
重　庆	915	939	451	453	464	486
四　川	1281	1226	616	544	665	682
贵　州	79	68	41	33	38	35
云　南	310	297	175	172	135	125
西　藏	35	34	3	4	32	30
陕　西	418	360	283	247	135	113
甘　肃	136	123	50	50	86	73
青　海	59	43	12	11	47	32
宁　夏	94	77	20	19	74	58
新　疆	261	239	131	128	130	111
港澳台及国外	10	11	8	8	2	3

3-7 连锁餐饮企业配送中心分布情况

所在地	配送中心数(个)		自有配送中心数(个)	
	2015年	2014年	2015年	2014年
全　国	**285**	**290**	**218**	**223**
北　京	50	46	37	36
天　津	4	4	3	3
河　北	3	3	3	3
山　西	3	3	3	3
内蒙古	3	3	3	3
辽　宁	7	9	6	6
吉　林	1	1	1	1
黑龙江	1	1	1	1
上　海	22	21	13	11
江　苏	31	31	21	22
浙　江	19	19	17	17
安　徽	5	6	5	6
福　建	9	9	5	5
江　西	3	3	3	3
山　东	15	16	15	16
河　南	4	4	3	3
湖　北	11	11	11	11
湖　南	29	29	17	17
广　东	22	27	19	22
广　西	2	2	1	1
海　南				
重　庆	14	14	11	12
四　川	9	10	7	8
贵　州				
云　南	5	5	2	2
西　藏				
陕　西	5	5	4	4
甘　肃	3	3	2	2
青　海				
宁　夏				
新　疆	4	4	4	4
港澳台及国外	1	1	1	1

3-8 连锁餐饮企业门店在36城市分布情况

门店所在地	合计(个)		直营门店(个)		加盟门店(个)	
	2015年	2014年	2015年	2014年	2015年	2014年
合　计	**15365**	**14627**	**13704**	**13012**	**1661**	**1615**
北　京	3010	2899	2927	2811	83	88
天　津	525	518	487	472	38	46
石家庄	110	101	93	80	17	21
太　原	139	142	126	131	13	11
呼和浩特	28	30	24	22	4	8
沈　阳	299	298	286	289	13	9
大　连	136	195	114	172	22	23
长　春	105	97	97	93	8	4
哈尔滨	123	106	116	99	7	7
上　海	2114	1961	2041	1885	73	76
南　京	439	374	413	355	26	19
杭　州	795	690	765	677	30	13
宁　波	279	255	263	242	16	13
合　肥	431	393	409	372	22	21
福　州	126	113	114	102	12	11
厦　门	205	204	160	159	45	45
南　昌	76	69	61	55	15	14
济　南	168	162	152	143	16	19
青　岛	240	221	200	183	40	38
郑　州	200	195	189	183	11	12
武　汉	468	464	409	407	59	57
长　沙	405	360	337	298	68	62
广　州	999	1058	980	1040	19	18
深　圳	1294	1152	1280	1138	14	14
南　宁	179	155	141	125	38	30
海　口	30	38	22	32	8	6
重　庆	915	939	451	453	464	486
成　都	813	750	528	476	285	274
贵　阳	39	37	29	31	10	6
昆　明	191	180	154	149	37	31
拉　萨	27	28	3	4	24	24
西　安	232	230	214	205	18	25
兰　州	52	50	31	32	21	18
西　宁	28	21	12	11	16	10
银　川	40	31	18	17	22	14
乌鲁木齐	105	111	58	69	47	42

3-9 连锁餐饮企业配送中心在36城市分布情况

所在地	配送中心数(个)		自有配送中心数(个)	
	2015年	2014年	2015年	2014年
合　　计	**200**	**202**	**156**	**158**
北　　京	50	46	37	36
天　　津	4	4	3	3
石 家 庄				
太　　原	1	1	1	1
呼和浩特				
沈　　阳	3	4	2	2
大　　连	3	4	3	3
长　　春	1	1	1	1
哈 尔 滨				
上　　海	22	21	13	11
南　　京	14	13	9	9
杭　　州	12	12	10	10
宁　　波	3	3	3	3
合　　肥	2	2	2	2
福　　州	3	3	3	3
厦　　门	5	5	2	2
南　　昌	1	1	1	1
济　　南				
青　　岛	11	12	11	12
郑　　州	1	1	1	1
武　　汉	8	8	8	8
长　　沙	9	9	9	9
广　　州	6	7	5	5
深　　圳	6	10	4	7
南　　宁	2	2	1	1
海　　口				
重　　庆	14	14	11	12
成　　都	7	7	6	6
贵　　阳				
昆　　明	4	4	2	2
拉　　萨				
西　　安	4	4	4	4
兰　　州	1	1	1	1
西　　宁				
银　　川				
乌鲁木齐	3	3	3	3

第四部分

餐饮企业地区篇

4-1 各地区连锁餐饮企业基本情况

地区	连锁总店数（个）	门店数（个）		年末从业人员（人）		年末餐饮营业面积（平方米）		年末餐位数（位）	
	2015年	2015年	2014年	2015年	2014年	2015年	2014年	2015年	2014年
全　国	**455**	**23721**	**22079**	**713621**	**746030**	**9708905**	**9748359**	**3336075**	**3255078**
北　京	79	4239	3888	119584	117854	1748606	1906712	553628	603599
天　津	8	497	494	15918	22349	201261	196948	59830	58710
河　北	1	6	6	862	965	24632	24632	4520	4520
山　西	5	109	111	5128	8336	64030	66180	19914	20704
内蒙古	5	162	163	3344	3461	81226	87939	27078	28006
辽　宁	12	706	701	10239	10321	266499	271012	80633	82251
吉　林	1	23	23	800	822	12946	12946	3998	3998
黑龙江	7	67	62	2104	2960	31862	27724	11338	11075
上　海	28	3127	2752	67539	65637	896805	766706	300187	225751
江　苏	22	1491	1460	45415	47969	497092	485393	160836	161056
浙　江	30	1736	1618	42721	45683	818695	809224	229089	220482
安　徽	9	650	583	12321	12457	405222	428418	68237	70922
福　建	12	548	584	16561	17071	154342	151033	43680	41252
江　西	7	113	112	6196	4316	59033	73342	18958	22962
山　东	12	466	478	17328	18411	250472	286185	71740	76572
河　南	19	205	208	7104	6894	97449	90850	32620	29500
湖　北	30	784	625	36231	35044	364819	448084	135518	133355
湖　南	21	844	702	38741	37100	563751	491684	229962	194258
广　东	73	3706	3377	98765	112776	1026774	984167	394791	385895
广　西	3	176	148	6141	6546	40444	37541	16490	15181
海　南	1	5	5	120	213	1907	1907	629	629
重　庆	25	2360	2338	91815	97324	1296586	1342513	518865	522319
四　川	14	959	921	39113	36757	458403	430154	181096	170643
贵　州	2	17	9	645	780	21998	20227	3872	3583
云　南	11	319	317	13482	16268	177217	166672	93748	93913
西　藏	1	3	4	32	45	450	580	126	160
陕　西	6	199	189	10364	12314	89661	87481	56554	56449
甘　肃	3	35	37	2027	2532	10996	11526	3801	4086
青　海									
宁　夏									
新　疆	8	169	164	2981	2825	45727	40579	14337	13247

4-2 各地区连锁餐饮企业直营门店基本情况

地区	门店数(个)		年末从业人员(人)		年末餐饮营业面积(平方米)		年末餐位数(位)	
	2015年	2014年	2015年	2014年	2015年	2014年	2015年	2014年
全 国	**19542**	**18019**	**574602**	**604612**	**7676320**	**7745897**	**2526555**	**2473417**
北 京	3987	3624	106571	104098	1432504	1571554	488942	538864
天 津	496	493	15901	22332	201111	196798	59750	58630
河 北	6	6	862	965	24632	24632	4520	4520
山 西	105	106	5056	8221	61930	63680	18764	19204
内蒙古	56	57	1847	1798	39040	41065	22562	22901
辽 宁	706	701	10239	10321	266499	271012	80633	82251
吉 林	23	23	800	822	12946	12946	3998	3998
黑龙江	67	62	2104	2960	31862	27724	11338	11075
上 海	3113	2739	67410	65495	894700	765248	299466	225120
江 苏	1287	1253	41723	44283	458417	446498	146333	144830
浙 江	1361	1300	36884	41481	757422	761424	202733	201333
安 徽	637	574	12032	11885	398935	414893	66762	68697
福 建	382	361	15749	15417	147372	143411	40680	37363
江 西	91	92	5346	3547	58313	72653	18408	22462
山 东	422	433	15387	16449	235741	272840	67032	72256
河 南	205	204	7104	6849	97449	89844	32620	29133
湖 北	783	625	36161	35044	363819	448084	135418	133355
湖 南	457	391	23317	21777	238398	211381	95407	87419
广 东	3657	3327	97188	111042	1010867	967563	389581	380413
广 西	117	104	4459	5253	29294	28291	11540	11181
海 南	5	5	120	213	1907	1907	629	629
重 庆	480	483	17807	20835	339199	380113	102140	100912
四 川	591	562	32162	30052	351567	327691	118474	108207
贵 州	17	9	645	780	21998	20227	3872	3583
云 南	150	152	3518	6081	62014	52502	33578	34176
西 藏	3	4	32	45	450	580	126	160
陕 西	194	184	10027	11967	88961	86781	56454	56355
甘 肃	35	37	2027	2532	10996	11526	3801	4086
青 海								
宁 夏								
新 疆	109	108	2124	2068	37977	33029	10994	10304

4-3 各地区连锁餐饮企业加盟门店基本情况

地　区	门店数（个）		年末从业人员（人）		年末餐饮营业面积（平方米）		年末餐位数（位）	
	2015年	2014年	2015年	2014年	2015年	2014年	2015年	2014年
全　国	**4179**	**4060**	**139019**	**141418**	**2032585**	**2002462**	**809520**	**781661**
北　京	252	264	13013	13756	316102	335158	64686	64735
天　津	1	1	17	17	150	150	80	80
河　北								
山　西	4	5	72	115	2100	2500	1150	1500
内蒙古	106	106	1497	1663	42186	46874	4516	5105
辽　宁								
吉　林								
黑龙江								
上　海	14	13	129	142	2105	1458	721	631
江　苏	204	207	3692	3686	38675	38895	14503	16226
浙　江	375	318	5837	4202	61273	47800	26356	19149
安　徽	13	9	289	572	6287	13525	1475	2225
福　建	166	223	812	1654	6970	7622	3000	3889
江　西	22	20	850	769	720	689	550	500
山　东	44	45	1941	1962	14731	13345	4708	4316
河　南		4		45		1006		367
湖　北	1		70		1000		100	
湖　南	387	311	15424	15323	325353	280303	134555	106839
广　东	49	50	1577	1734	15907	16604	5210	5482
广　西	59	44	1682	1293	11150	9250	4950	4000
海　南								
重　庆	1880	1855	74008	76489	957387	962400	416725	421407
四　川	368	359	6951	6705	106836	102463	62622	62436
贵　州								
云　南	169	165	9964	10187	115203	114170	60170	59737
西　藏								
陕　西	5	5	337	347	700	700	100	94
甘　肃								
青　海								
宁　夏								
新　疆	60	56	857	757	7750	7550	3343	2943

4-4 各地区连锁餐饮

地　区	商品购进总额		统一配送商品购进额		自有配送中心配送商品购进额	
	2015年	2014年	2015年	2014年	2015年	2014年
全　国	**5769703**	**5476511**	**4624952**	**4259550**	**2121450**	**1915859**
北　京	994349	932843	793228	780686	467525	420162
天　津	173642	176554	41163	38622	2990	2967
河　北	9801	9801	9801	9801	9801	9801
山　西	46795	48349	38307	39956	38307	39956
内蒙古	88024	79884	3220	3648	1548	1715
辽　宁	487002	419356	423544	362713	33179	27332
吉　林	3875	4201	3875	4201	3875	4201
黑龙江	16498	15014	15764	15014	7707	6858
上　海	612837	531595	491824	438009	207382	193557
江　苏	341517	343364	316390	320735	174860	177622
浙　江	330792	340271	312358	318225	197838	219660
安　徽	62270	80028	59363	73572	37933	50311
福　建	121710	121077	115725	114629	82423	80219
江　西	42679	44409	37118	39810	1380	5719
山　东	136815	150946	125643	139759	111747	121978
河　南	51860	60873	39584	41078		
湖　北	108762	100324	90401	83252	18897	19262
湖　南	180413	171751	116287	27930	91289	19761
广　东	853229	724185	796603	665345	377093	273081
广　西	36655	27046	36655	27046	8400	7600
海　南	1886	1820	1886	1820		
重　庆	545720	540097	258834	198747	162603	112444
四　川	348372	346241	332408	319272	17325	19285
贵　州	4516	6151	4516	6151		
云　南	83108	109781	79479	105538		26746
西　藏	75	95				
陕　西	56322	60853	53720	57251	46473	54245
甘　肃	13410	13474	12115	12069	11721	11617
青　海						
宁　夏						
新　疆	16772	16128	15142	14673	9156	9760

企业经营情况

单位：万元

非自有配送中心配送商品购进额		营业额		餐费收入及商品销售额	
2015年	2014年	2015年	2014年	2015年	2014年
682111	**759362**	**15266126**	**14433202**	**15052117**	**14223047**
113951	118330	3019896	2814857	2994537	2798724
		388608	392016	388608	391994
		5877	12058	5566	12058
		74964	80168	74965	80159
332	369	126895	122961	126895	122961
		584583	591608	584583	589855
		8612	9335	8612	9335
7720	7630	37155	34790	37155	34790
106221	204269	1912711	1710703	1911906	1710635
135645	142969	913405	966662	913271	966381
69508	58461	937147	884411	936612	883810
1856	2445	165776	155792	163221	151849
15611	17314	224629	233958	224629	233958
		82908	88001	82908	88001
		431617	436185	389528	388973
2465	1324	105820	112365	105674	112252
39557	39173	553872	519291	553173	516401
20520	3816	528369	455240	520748	448687
39777	46163	2473813	2167498	2471757	2163144
20088	12113	98138	86833	98138	86833
1886	1820	6432	5894	6432	5894
69191	68332	1158001	1108078	1158001	1108078
10944	13976	981065	990845	853409	865906
		9248	12058	9248	12058
16611	15946	227156	232488	224858	231373
		588	712	588	712
4242		125925	126330	125925	126330
		30001	29705	30001	29705
5986	4914	52916	52362	51173	52193

4-5 各地区连锁餐饮

地区	商品购进总额		统一配送商品购进额		自有配送中心配送商品购进额	
	2015年	2014年	2015年	2014年	2015年	2014年
全国	**5164463**	**4865274**	**4250287**	**3946297**	**1972770**	**1824227**
北京	937085	875220	775095	765310	462996	414849
天津	173642	176554	41163	38622	2990	2967
河北	9801	9801	9801	9801	9801	9801
山西	46585	47863	38307	39956	38307	39956
内蒙古	85475	76992	1828	2073	454	477
辽宁	487002	419356	423544	362713	33179	27332
吉林	3875	4201	3875	4201	3875	4201
黑龙江	16498	15014	15764	15014	7707	6858
上海	612423	531288	491455	437750	207198	193476
江苏	313628	315561	295872	300798	160283	162614
浙江	303328	308394	285083	286724	185561	203172
安徽	61651	78651	59234	73329	37827	50231
福建	120552	117233	115525	111831	82423	80219
江西	38578	40493	33018	35894	1380	5719
山东	126469	142662	115297	131475	111747	121978
河南	51860	57587	39584	41078		
湖北	108562	100324	90401	83252	18897	19262
湖南	146094	140982	110412	22281	86173	15241
广东	839873	712368	785437	655478	377093	273081
广西	28088	19613	28088	19613	8000	7500
海南	1886	1820	1886	1820		
重庆	261822	255276	113397	114812	56303	67674
四川	288222	282498	283166	266938	15177	17182
贵州	4516	6151	4516	6151		
云南	13143	41565	9514	37322		26746
西藏	75	95				
陕西	55513	60056	53720	57251	46473	54245
甘肃	13410	13474	12115	12069	11721	11617
青海						
宁夏						
新疆	14808	14184	13192	12743	7206	7830

企业直营门店经营情况

单位：万元

非自有配送中心配送商品购进额		营业额		餐费收入及商品销售额	
2015年	2014年	2015年	2014年	2015年	2014年
594143	**672947**	**13501681**	**12722459**	**13288647**	**12513815**
100348	108267	2850562	2653121	2825237	2637078
		388498	391896	388498	391874
		5877	12058	5566	12058
		74174	79079	74174	79079
49	52	91729	83597	91729	83597
		584583	591608	584583	589855
		8612	9335	8612	9335
7720	7630	37155	34790	37155	34790
106221	204269	1910008	1706572	1909202	1706503
129704	138041	857476	885043	857341	884763
56754	43655	842670	811201	842134	810601
1839	2438	163341	151704	161333	148893
15411	14516	222797	221616	222797	221616
		70883	76451	70883	76451
		402249	414188	360161	366976
2465	1324	105820	111369	105674	111256
39557	39173	553572	519291	552873	516401
20520	3816	318806	292236	311390	285890
39777	46163	2439911	2138639	2437854	2134284
20088	12113	73404	66153	73404	66153
1886	1820	6432	5894	6432	5894
33232	32344	377136	348873	377137	348874
7054	10099	809259	801873	681791	677010
		9248	12058	9248	12058
1291	2314	98390	104384	96092	103269
		588	712	588	712
4242		124513	124982	124513	124982
		30001	29705	30001	29705
5986	4914	43988	44032	42245	43863

4-6 各地区连锁餐饮

地区	商品购进总额		统一配送商品购进额		自有配送中心配送商品购进额	
	2015年	2014年	2015年	2014年	2015年	2014年
全国	**605239**	**611236**	**374666**	**313253**	**148681**	**91632**
北京	57265	57623	18133	15376	4529	5313
天津						
河北						
山西	210	487				
内蒙古	2550	2892	1392	1575	1093	1238
辽宁						
吉林						
黑龙江						
上海	414	308	370	260	184	81
江苏	27889	27803	20518	19937	14577	15008
浙江	27464	31877	27275	31501	12277	16488
安徽	619	1377	130	243	106	80
福建	1158	3843	200	2798		
江西	4100	3916	4100	3916		
山东	10346	8284	10346	8284		
河南		3286				
湖北	200					
湖南	34319	30770	5876	5649	5117	4521
广东	13356	11817	11166	9867		
广西	8567	7434	8567	7434	400	100
海南						
重庆	283898	284821	145437	83935	106300	44770
四川	60150	63743	49242	52334	2147	2103
贵州						
云南	69965	68216	69965	68216		
西藏						
陕西	809	797				
甘肃						
青海						
宁夏						
新疆	1964	1944	1950	1930	1950	1930

企业加盟门店经营情况

单位：万元

非自有配送中心配送商品购进额		营业额		餐费收入及商品销售额	
2015年	2014年	2015年	2014年	2015年	2014年
87968	**86416**	**1764445**	**1710742**	**1763471**	**1709232**
13603	10063	169335	161736	169300	161648
		110	120	110	120
		790	1089	791	1080
283	317	35167	39364	35167	39364
		2703	4131	2703	4131
5942	4929	55929	81619	55929	81619
12754	14806	94477	73210	94477	73210
17	7	2434	4088	1888	2956
200	2798	1833	12342	1833	12342
		12025	11550	12025	11550
		29368	21997	29368	21997
			996		996
		300		300	
		209564	163004	209357	162797
		33902	28859	33902	28859
		24734	20681	24734	20681
35960	35987	780865	759205	780865	759205
3890	3877	171806	188971	171618	188896
15320	13632	128766	128104	128766	128104
		1412	1348	1412	1348
		8928	8330	8928	8330

4-7 按登记注册类型分各地区连锁餐饮企业基本情况

内资企业

地　区	连锁总店数（个）	门店数（个）		年末从业人员（人）		年末餐饮营业面积（平方米）		年末餐位数（位）	
	2015年	2015年	2014年	2015年	2014年	2015年	2014年	2015年	2014年
全　国	**302**	**8037**	**7708**	**297853**	**301532**	**5031102**	**5139895**	**1577769**	**1581337**
北　京	51	1120	1130	53481	52277	1000634	1023402	235972	232102
天　津	5	20	23	526	555	7450	8474	1787	2050
河　北	1	6	6	862	965	24632	24632	4520	4520
山　西	4	25	28	335	2550	34630	37130	10674	11574
内蒙古	5	162	163	3344	3461	81226	87939	27078	28006
辽　宁	2	6	7	600	608	7560	12983	1342	1642
吉　林	1	23	23	800	822	12946	12946	3998	3998
黑龙江	4	53	53	1773	2742	17994	20676	7294	8204
上　海	12	281	266	4316	4294	74343	71356	21263	21423
江　苏	12	96	96	2226	2133	50947	45747	16062	14754
浙　江	24	933	888	17299	18575	543794	548584	127495	124845
安　徽	8	610	539	10430	10487	388993	410566	62598	64656
福　建	5	195	253	2127	2913	16311	17085	7913	8344
江　西	5	32	35	1824	2544	17255	32974	6728	11260
山　东	9	145	153	10647	10890	177241	211763	32752	36681
河　南	16	73	78	1983	1906	42778	49345	11915	12900
湖　北	24	130	123	9522	9281	297676	287158	80710	83302
湖　南	18	364	338	22833	21886	281822	266876	106001	102113
广　东	42	1334	1122	29984	28578	372558	345658	128324	126689
广　西	1	46	39	1677	1288	10150	8750	4350	3750
海　南									
重　庆	22	1797	1769	79155	82730	1071083	1117610	451359	453679
四　川	7	207	207	25548	23139	260523	264231	93190	90851
贵　州	2	17	9	645	780	21998	20227	3872	3583
云　南	9	152	150	9719	9769	141542	141117	77294	77374
西　藏	1	3	4	32	45	450	580	126	160
陕　西	4	59	64	3612	3911	36363	39433	41464	42359
甘　肃	1	3	4	205	248	2036	2436	701	901
青　海									
宁　夏									
新　疆	7	145	138	2348	2155	36167	30217	10987	9617

4-7 续表 1

国有企业

地 区	连锁总店数（个）	门店数（个）		年末从业人员（人）		年末餐饮营业面积（平方米）		年末餐位数（位）	
	2015年	2015年	2014年	2015年	2014年	2015年	2014年	2015年	2014年
全 国	**5**	**89**	**86**	**2903**	**2709**	**27233**	**26706**	**8208**	**7885**
北 京	1	23	22	518	475	5608	5570	1662	1510
天 津	1	2	2	159	160	4800	4800	600	600
河 北									
山 西									
内蒙古									
辽 宁									
吉 林									
黑龙江									
上 海	1	25	24	1291	1153	11603	11231	4644	4488
江 苏									
浙 江	1	6	6	107	100	1933	1933	816	816
安 徽									
福 建									
江 西									
山 东									
河 南									
湖 北									
湖 南									
广 东	1	33	32	828	821	3289	3172	486	471
广 西									
海 南									
重 庆									
四 川									
贵 州									
云 南									
西 藏									
陕 西									
甘 肃									
青 海									
宁 夏									
新 疆									

4-7 续表 2

集体企业

地 区	连锁总店数（个）	门店数（个）		年末从业人员（人）		年末餐饮营业面积（平方米）		年末餐位数（位）	
	2015年	2015年	2014年	2015年	2014年	2015年	2014年	2015年	2014年
全 国	**2**	**11**	**11**	**653**	**677**	**12589**	**12589**	**3225**	**3225**
北 京									
天 津									
河 北									
山 西									
内 蒙 古									
辽 宁									
吉 林									
黑 龙 江									
上 海									
江 苏									
浙 江									
安 徽									
福 建									
江 西									
山 东									
河 南									
湖 北									
湖 南									
广 东	2	11	11	653	677	12589	12589	3225	3225
广 西									
海 南									
重 庆									
四 川									
贵 州									
云 南									
西 藏									
陕 西									
甘 肃									
青 海									
宁 夏									
新 疆									

4-7 续表 3

股份合作企业

地　区	连锁总店数（个）	门店数（个）		年末从业人员（人）		年末餐饮营业面积（平方米）		年末餐位数（位）	
	2015年	2015年	2014年	2015年	2014年	2015年	2014年	2015年	2014年
全　国	**3**	**8**	**9**	**208**	**221**	**5350**	**6450**	**1855**	**2104**
北　京	2	6	7	158	149	4310	5410	1505	1754
天　津									
河　北									
山　西									
内蒙古									
辽　宁									
吉　林									
黑龙江									
上　海									
江　苏									
浙　江									
安　徽									
福　建									
江　西									
山　东									
河　南									
湖　北									
湖　南									
广　东	1	2	2	50	72	1040	1040	350	350
广　西									
海　南									
重　庆									
四　川									
贵　州									
云　南									
西　藏									
陕　西									
甘　肃									
青　海									
宁　夏									
新　疆									

4-7 续表 4

有限责任公司

地　区	连锁总店数（个）	门店数（个）		年末从业人员（人）		年末餐饮营业面积（平方米）		年末餐位数（位）	
	2015年	2015年	2014年	2015年	2014年	2015年	2014年	2015年	2014年
全　国	**102**	**3429**	**3226**	**99478**	**96540**	**1847022**	**1831786**	**587239**	**584997**
北　京	19	488	494	20645	19665	342655	331895	81567	82786
天　津	2	4	6	116	139	750	1354	386	562
河　北									
山　西									
内蒙古	1	111	111	1757	1952	47816	53129	5992	6658
辽　宁	2	6	7	600	608	7560	12983	1342	1642
吉　林									
黑龙江									
上　海	5	86	88	1948	1856	25996	25541	8934	9714
江　苏	1	9	9	330	291	2270	2230	900	800
浙　江	9	299	283	5466	5627	157654	150808	34631	33099
安　徽	1	334	335	3210	3205	66600	67000	19880	20000
福　建	2	102	150	593	600	1730	1272	420	607
江　西	2	24	24	1025	1177	3220	7189	1350	3200
山　东	5	65	68	469	643	12704	14632	6862	7448
河　南	6	21	22	551	480	19610	19167	4571	4661
湖　北	13	83	76	7179	6860	239740	235099	67618	69368
湖　南	6	138	121	9448	8455	164108	147898	39069	35844
广　东	10	726	517	15138	13350	151601	147216	55543	55162
广　西	1	46	39	1677	1288	10150	8750	4350	3750
海　南									
重　庆	4	657	647	15663	16530	417559	425117	157745	154027
四　川	3	80	82	3343	3378	39221	44256	32513	32282
贵　州	1	8		62		2903		490	
云　南	3	84	82	7813	7767	110531	110006	55126	55024
西　藏	1	3	4	32	45	450	580	126	160
陕　西	3	50	55	2069	2271	16363	19433	5823	6718
甘　肃	1	3	4	205	248	2036	2436	701	901
青　海									
宁　夏									
新　疆	1	2	2	139	105	3795	3795	1300	584

4-7 续表 5

股份有限公司

地区	连锁总店数（个）	门店数（个）		年末从业人员（人）		年末餐饮营业面积（平方米）		年末餐位数（位）	
	2015年	2015年	2014年	2015年	2014年	2015年	2014年	2015年	2014年
全国	**13**	**1057**	**1021**	**72154**	**71559**	**1107265**	**1124157**	**261857**	**261006**
北京	2	152	163	14293	13622	339578	371052	55364	56243
天津									
河北									
山西									
内蒙古	1	38	38	1230	1078	30010	30010	3506	3506
辽宁									
吉林									
黑龙江									
上海									
江苏									
浙江	2	378	349	4200	3892	97589	78286	27260	24450
安徽									
福建									
江西	1	2	2	452	503	6885	6885	1990	1990
山东	1	25	23	7667	7581	119461	114418	17830	17336
河南									
湖北									
湖南									
广东	1	16	15	2024	2093	52033	45050	7030	8831
广西									
海南									
重庆	2	280	273	19614	22819	248262	276971	74110	76029
四川	1	90	86	20671	17952	184259	177947	53573	51501
贵州									
云南	1	18	19	964	1043	9752	10052	17348	17600
西藏									
陕西									
甘肃									
青海									
宁夏									
新疆	1	58	53	1039	976	19436	13486	3846	3520

4-7 续表 6

私营企业

地区	连锁总店数(个)	门店数(个)		年末从业人员(人)		年末餐饮营业面积(平方米)		年末餐位数(位)	
	2015年	2015年	2014年	2015年	2014年	2015年	2014年	2015年	2014年
全　国	**174**	**3432**	**3343**	**122097**	**129390**	**2027657**	**2133851**	**712760**	**719908**
北　京	27	451	444	17867	18366	308483	309475	95874	89809
天　津	2	14	15	251	256	1900	2320	801	888
河　北	1	6	6	862	965	24632	24632	4520	4520
山　西	4	25	28	335	2550	34630	37130	10674	11574
内蒙古	2	6	6	207	221	1600	2400	16880	17080
辽　宁									
吉　林	1	23	23	800	822	12946	12946	3998	3998
黑龙江	4	53	53	1773	2742	17994	20676	7294	8204
上　海	6	170	154	1077	1285	36744	34584	7685	7221
江　苏	10	85	85	1864	1804	47177	42017	14912	13654
浙　江	12	250	250	7526	8956	286618	317557	64788	66480
安　徽	7	276	204	7220	7282	322393	343566	42718	44656
福　建	3	93	103	1534	2313	14581	15813	7493	7737
江　西	2	6	9	347	864	7150	18900	3388	6070
山　东	3	55	62	2511	2666	45076	82713	8060	11897
河　南	10	52	56	1432	1426	23168	30178	7344	8239
湖　北	11	47	47	2343	2421	57936	52059	13092	13934
湖　南	12	226	217	13385	13431	117714	118978	66932	66269
广　东	27	546	545	11291	11565	152006	136591	61690	58650
广　西									
海　南									
重　庆	16	860	849	43878	43381	405262	415522	219504	223623
四　川	2	35	37	1356	1621	36357	41572	5429	5918
贵　州	1	9	9	583	780	19095	20227	3382	3583
云　南	5	50	49	942	959	21259	21059	4820	4750
西　藏									
陕　西	1	9	9	1543	1640	20000	20000	35641	35641
甘　肃									
青　海									
宁　夏									
新　疆	5	85	83	1170	1074	12936	12936	5841	5513

4-7　续表 7

其他企业

地　区	连锁总店数（个）	门店数（个）		年末从业人员（人）		年末餐饮营业面积（平方米）		年末餐位数（位）	
	2015年	2015年	2014年	2015年	2014年	2015年	2014年	2015年	2014年
全　国	**3**	**11**	**12**	**360**	**436**	**3986**	**4356**	**2625**	**2212**
北　京									
天　津									
河　北									
山　西									
内蒙古	1	7	8	150	210	1800	2400	700	762
辽　宁									
吉　林									
黑龙江									
上　海									
江　苏	1	2	2	32	38	1500	1500	250	300
浙　江									
安　徽									
福　建									
江　西									
山　东									
河　南									
湖　北									
湖　南									
广　东									
广　西									
海　南									
重　庆									
四　川	1	2	2	178	188	686	456	1675	1150
贵　州									
云　南									
西　藏									
陕　西									
甘　肃									
青　海									
宁　夏									
新　疆									

4-7 续表 8

港、澳、台商投资企业

地　区	连锁总店数（个）	门店数（个）		年末从业人员（人）		年末餐饮营业面积（平方米）		年末餐位数（位）	
	2015年	2015年	2014年	2015年	2014年	2015年	2014年	2015年	2014年
全　国	**59**	**3992**	**3494**	**112579**	**106748**	**965626**	**971798**	**408611**	**372287**
北　京	8	1307	1082	23176	21233	318185	290782	130850	108392
天　津	1	7	8	135	165	2073	2365	892	1140
河　北									
山　西									
内蒙古									
辽　宁	4	91	89	1242	1291	27142	27232	11765	11723
吉　林									
黑龙江	1	4	4	180	180	6000	6000	2348	2232
上　海	5	571	605	24811	27306	196299	195360	90035	92498
江　苏	3	212	208	4685	5499	51553	50253	12432	12716
浙　江	3	71	69	1342	1387	17099	18219	7265	8064
安　徽	1	40	44	1891	1970	16229	17852	5639	6266
福　建	3	99	97	2801	3121	29992	29047	15787	15298
江　西	1	4	4	320	327	11748	11748	2066	2066
山　东	1	23	20	215	183	4573	3050	1537	1100
河　南									
湖　北	4	538	389	24293	23081	30568	126320	43171	38711
湖　南	1	21	15	422	422	5378	5378	3355	3355
广　东	16	712	607	21751	14907	189713	160354	55330	48595
广　西									
海　南	1	5	5	120	213	1907	1907	629	629
重　庆	1	9	15	198	414	2103	3703	586	1500
四　川	2	148	102	2105	1572	35721	1820	12880	5180
贵　州									
云　南	1	107	107	2469	3034	11675	12610	8654	9347
西　藏									
陕　西	1	19	19	345	345	6708	6708	3090	3090
甘　肃	1	4	5	78	98	960	1090	300	385
青　海									
宁　夏									
新　疆									

4-7 续表 9

外商投资企业

地区	连锁总店数（个）	门店数（个）		年末从业人员（人）		年末餐饮营业面积（平方米）		年末餐位数（位）	
	2015年	2015年	2014年	2015年	2014年	2015年	2014年	2015年	2014年
全　国	**94**	**11692**	**10877**	**303189**	**337750**	**3712177**	**3636666**	**1349695**	**1301454**
北　京	20	1812	1676	42927	44344	429787	592528	186806	263105
天　津	2	470	463	15257	21629	191738	186109	57151	55520
河　北									
山　西	1	84	83	4793	5786	29400	29050	9240	9130
内蒙古									
辽　宁	6	609	605	8397	8422	231797	230797	67526	68886
吉　林									
黑龙江	2	10	5	151	38	7868	1048	1696	639
上　海	11	2275	1881	38412	34037	626163	499990	188889	111830
江　苏	7	1183	1156	38504	40337	394592	389393	132342	133586
浙　江	3	732	661	24080	25721	257802	242421	94329	87573
安　徽									
福　建	4	254	234	11633	11037	108039	104901	19980	17610
江　西	1	77	73	4052	1445	30030	28620	10164	9636
山　东	2	298	305	6466	7338	68658	71372	37451	38791
河　南	3	132	130	5121	4988	54671	41505	20705	16600
湖　北	2	116	113	2416	2682	36575	34606	11637	11342
湖　南	2	459	349	15486	14792	276551	219430	120606	88790
广　东	15	1660	1648	47030	69291	464503	478155	211137	210611
广　西	2	130	109	4464	5258	30294	28791	12140	11431
海　南									
重　庆	2	554	554	12462	14180	223400	221200	66920	67140
四　川	5	604	612	11460	12046	162159	164103	75026	74612
贵　州									
云　南	1	60	60	1294	3465	24000	12945	7800	7192
西　藏									
陕　西	1	121	106	6407	8058	46590	41340	12000	11000
甘　肃	1	28	28	1744	2186	8000	8000	2800	2800
青　海									
宁　夏									
新　疆	1	24	26	633	670	9560	10362	3350	3630

4-8 按登记注册类型分各地区连锁餐饮企业直营门店基本情况

内资企业

地区	门店数（个）		年末从业人员（人）		年末餐饮营业面积（平方米）		年末餐位数（位）	
	2015年	2014年	2015年	2014年	2015年	2014年	2015年	2014年
全　国	**5624**	**5261**	**195058**	**194838**	**3646272**	**3710957**	**1036623**	**1031884**
北　京	1025	1025	43346	41443	744967	748197	193284	188843
天　津	19	22	509	538	7300	8324	1707	1970
河　北	6	6	862	965	24632	24632	4520	4520
山　西	21	23	263	2435	32530	34630	9524	10074
内蒙古	56	57	1847	1798	39040	41065	22562	22901
辽　宁	6	7	600	608	7560	12983	1342	1642
吉　林	23	23	800	822	12946	12946	3998	3998
黑龙江	53	53	1773	2742	17994	20676	7294	8204
上　海	270	256	4271	4252	73328	70988	21102	21352
江　苏	88	88	2076	1977	50242	45042	15552	14244
浙　江	742	702	16062	17673	528521	533784	123219	121536
安　徽	597	530	10141	9915	382706	397041	61123	62431
福　建	29	30	1315	1259	9341	9463	4913	4455
江　西	10	15	974	1775	16535	32285	6178	10760
山　东	101	108	8706	8928	162510	198418	28044	32365
河　南	73	74	1983	1861	42778	48339	11915	12533
湖　北	129	123	9452	9281	296676	287158	80610	83302
湖　南	269	232	14125	12713	174819	150573	73576	67024
广　东	1327	1114	29735	28354	370364	343169	127275	125418
广　西								
海　南								
重　庆	419	419	16197	17351	314496	357210	94884	92872
四　川	118	117	22277	19898	210076	211469	64602	62085
贵　州	17	9	645	780	21998	20227	3872	3583
云　南	81	79	2096	2215	38347	37922	25692	25772
西　藏	3	4	32	45	450	580	126	160
陕　西	54	59	3275	3564	35663	38733	41364	42265
甘　肃	3	4	205	248	2036	2436	701	901
青　海								
宁　夏								
新　疆	85	82	1491	1398	28417	22667	7644	6674

4-8 续表 1

国有企业

地区	门店数（个）		年末从业人员（人）		年末餐饮营业面积（平方米）		年末餐位数（位）	
	2015年	2014年	2015年	2014年	2015年	2014年	2015年	2014年
全国	**89**	**86**	**2903**	**2709**	**27233**	**26706**	**8208**	**7885**
北京	23	22	518	475	5608	5570	1662	1510
天津	2	2	159	160	4800	4800	600	600
河北								
山西								
内蒙古								
辽宁								
吉林								
黑龙江								
上海	25	24	1291	1153	11603	11231	4644	4488
江苏								
浙江	6	6	107	100	1933	1933	816	816
安徽								
福建								
江西								
山东								
河南								
湖北								
湖南								
广东	33	32	828	821	3289	3172	486	471
广西								
海南								
重庆								
四川								
贵州								
云南								
西藏								
陕西								
甘肃								
青海								
宁夏								
新疆								

4-8 续表 2

集体企业

地区	门店数(个)		年末从业人员(人)		年末餐饮营业面积(平方米)		年末餐位数(位)	
	2015年	2014年	2015年	2014年	2015年	2014年	2015年	2014年
全国	**8**	**8**	**631**	**642**	**12345**	**12345**	**3115**	**3115**
北京								
天津								
河北								
山西								
内蒙古								
辽宁								
吉林								
黑龙江								
上海								
江苏								
浙江								
安徽								
福建								
江西								
山东								
河南								
湖北								
湖南								
广东	8	8	631	642	12345	12345	3115	3115
广西								
海南								
重庆								
四川								
贵州								
云南								
西藏								
陕西								
甘肃								
青海								
宁夏								
新疆								

4-8 续表 3

股份合作企业

地　区	门店数（个）		年末从业人员（人）		年末餐饮营业面积（平方米）		年末餐位数（位）	
	2015年	2014年	2015年	2014年	2015年	2014年	2015年	2014年
全　国	**8**	**9**	**208**	**221**	**5350**	**6450**	**1855**	**2104**
北　京	6	7	158	149	4310	5410	1505	1754
天　津								
河　北								
山　西								
内蒙古								
辽　宁								
吉　林								
黑龙江								
上　海								
江　苏								
浙　江								
安　徽								
福　建								
江　西								
山　东								
河　南								
湖　北								
湖　南								
广　东	2	2	50	72	1040	1040	350	350
广　西								
海　南								
重　庆								
四　川								
贵　州								
云　南								
西　藏								
陕　西								
甘　肃								
青　海								
宁　夏								
新　疆								

4-8 续表 4

有限责任公司

地区	门店数（个）		年末从业人员（人）		年末餐饮营业面积（平方米）		年末餐位数（位）	
	2015年	2014年	2015年	2014年	2015年	2014年	2015年	2014年
全国	**2318**	**2119**	**63496**	**60239**	**1154598**	**1133882**	**322290**	**325024**
北京	463	470	19177	17768	291926	281573	73944	76032
天津	4	6	116	139	750	1354	386	562
河北								
山西								
内蒙古	5	5	260	289	5630	6255	1476	1553
辽宁	6	7	600	608	7560	12983	1342	1642
吉林								
黑龙江								
上海	79	82	1928	1839	25167	25359	8808	9678
江苏	9	9	330	291	2270	2230	900	800
浙江	284	282	5057	5482	149891	146808	32479	32249
安徽	334	335	3210	3205	66600	67000	19880	20000
福建	6	8	481	476	760	1220	420	484
江西	2	4	175	408	2500	6500	800	2700
山东	65	68	469	643	12704	14632	6862	7448
河南	21	22	551	480	19610	19167	4571	4661
湖北	82	76	7109	6860	238740	235099	67518	69368
湖南	76	55	4279	3109	75348	55868	18119	13381
广东	726	517	15138	13350	151601	147216	55543	55162
广西								
海南								
重庆	61	79	1410	1745	58682	60852	9852	10057
四川	20	22	833	999	12481	17216	7511	7541
贵州	8		62		2903		490	
云南	14	12	203	226	7531	7006	3539	3437
西藏	3	4	32	45	450	580	126	160
陕西	45	50	1732	1924	15663	18733	5723	6624
甘肃	3	4	205	248	2036	2436	701	901
青海								
宁夏								
新疆	2	2	139	105	3795	3795	1300	584

4-8 续表 5

股份有限公司

地　区	门店数(个)		年末从业人员(人)		年末餐饮营业面积(平方米)		年末餐位数(位)	
	2015年	2014年	2015年	2014年	2015年	2014年	2015年	2014年
全　国	**763**	**707**	**50301**	**47642**	**811814**	**805137**	**199129**	**194642**
北　京	88	92	5831	4956	138406	151005	21519	21238
天　津								
河　北								
山　西								
内蒙古	38	38	1230	1078	30010	30010	3506	3506
辽　宁								
吉　林								
黑龙江								
上　海								
江　苏								
浙　江	207	168	3476	3242	91827	72186	25796	22900
安　徽								
福　建								
江　西	2	2	452	503	6885	6885	1990	1990
山　东	25	23	7667	7581	119461	114418	17830	17336
河　南								
湖　北								
湖　南								
广　东	14	13	1857	1993	51083	44100	6352	8031
广　西								
海　南								
重　庆	223	213	7114	8318	160695	185048	47369	47020
四　川	90	86	20671	17952	184259	177947	53573	51501
贵　州								
云　南	18	19	964	1043	9752	10052	17348	17600
西　藏								
陕　西								
甘　肃								
青　海								
宁　夏								
新　疆	58	53	1039	976	19436	13486	3846	3520

4-8 续表 6

私营企业

地区	门店数(个)		年末从业人员(人)		年末餐饮营业面积(平方米)		年末餐位数(位)	
	2015年	2014年	2015年	2014年	2015年	2014年	2015年	2014年
全国	**2427**	**2320**	**77159**	**82949**	**1630946**	**1722081**	**499401**	**496902**
北京	445	434	17662	18095	304717	304639	94654	88309
天津	13	14	234	239	1750	2170	721	808
河北	6	6	862	965	24632	24632	4520	4520
山西	21	23	263	2435	32530	34630	9524	10074
内蒙古	6	6	207	221	1600	2400	16880	17080
辽宁								
吉林	23	23	800	822	12946	12946	3998	3998
黑龙江	53	53	1773	2742	17994	20676	7294	8204
上海	166	150	1052	1260	36558	34398	7650	7186
江苏	77	77	1714	1648	46472	41312	14402	13144
浙江	245	246	7422	8849	284870	312857	64128	65571
安徽	263	195	6931	6710	316106	330041	41243	42431
福建	23	22	834	783	8581	8243	4493	3971
江西	6	9	347	864	7150	18900	3388	6070
山东	11	17	570	704	30345	69368	3352	7581
河南	52	52	1432	1381	23168	29172	7344	7872
湖北	47	47	2343	2421	57936	52059	13092	13934
湖南	193	177	9846	9604	99471	94705	55457	53643
广东	544	542	11231	11476	151006	135296	61429	58289
广西								
海南								
重庆	135	127	7673	7288	95119	111310	37663	35795
四川	6	7	595	759	12650	15850	1843	1893
贵州	9	9	583	780	19095	20227	3382	3583
云南	49	48	929	946	21064	20864	4805	4735
西藏								
陕西	9	9	1543	1640	20000	20000	35641	35641
甘肃								
青海								
宁夏								
新疆	25	27	313	317	5186	5386	2498	2570

4-8 续表 7

其他企业

地　区	门店数（个）		年末从业人员（人）		年末餐饮营业面积（平方米）		年末餐位数（位）	
	2015年	2014年	2015年	2014年	2015年	2014年	2015年	2014年
全　国	**11**	**12**	**360**	**436**	**3986**	**4356**	**2625**	**2212**
北　京								
天　津								
河　北								
山　西								
内蒙古	7	8	150	210	1800	2400	700	762
辽　宁								
吉　林								
黑龙江								
上　海								
江　苏	2	2	32	38	1500	1500	250	300
浙　江								
安　徽								
福　建								
江　西								
山　东								
河　南								
湖　北								
湖　南								
广　东								
广　西								
海　南								
重　庆								
四　川	2	2	178	188	686	456	1675	1150
贵　州								
云　南								
西　藏								
陕　西								
甘　肃								
青　海								
宁　夏								
新　疆								

4-8 续表 8

港、澳、台商投资企业

地区	门店数（个）		年末从业人员（人）		年末餐饮营业面积（平方米）		年末餐位数（位）	
	2015年	2014年	2015年	2014年	2015年	2014年	2015年	2014年
全　国	**3854**	**3358**	**108910**	**102605**	**940705**	**946708**	**396142**	**359941**
北　京	1307	1082	23176	21233	318185	290782	130850	108392
天　津	7	8	135	165	2073	2365	892	1140
河　北								
山　西								
内蒙古								
辽　宁	91	89	1242	1291	27142	27232	11765	11723
吉　林								
黑龙江	4	4	180	180	6000	6000	2348	2232
上　海	571	605	24811	27306	196299	195360	90035	92498
江　苏	212	208	4685	5499	51553	50253	12432	12716
浙　江	71	69	1342	1387	17099	18219	7265	8064
安　徽	40	44	1891	1970	16229	17852	5639	6266
福　建	99	97	2801	3121	29992	29047	15787	15298
江　西	4	4	320	327	11748	11748	2066	2066
山　东	23	20	215	183	4573	3050	1537	1100
河　南								
湖　北	538	389	24293	23081	30568	126320	43171	38711
湖　南	21	15	422	422	5378	5378	3355	3355
广　东	670	565	20423	13397	176000	146239	51169	44384
广　西								
海　南	5	5	120	213	1907	1907	629	629
重　庆	9	15	198	414	2103	3703	586	1500
四　川	148	102	2105	1572	35721	1820	12880	5180
贵　州								
云　南	11	13	128	401	467	1635	346	1212
西　藏								
陕　西	19	19	345	345	6708	6708	3090	3090
甘　肃	4	5	78	98	960	1090	300	385
青　海								
宁　夏								
新　疆								

4-8 续表 9

外商投资企业

地区	门店数（个）		年末从业人员（人）		年末餐饮营业面积（平方米）		年末餐位数（位）	
	2015年	2014年	2015年	2014年	2015年	2014年	2015年	2014年
全国	**10064**	**9400**	**270634**	**307169**	**3089343**	**3088232**	**1093790**	**1081592**
北京	1655	1517	40049	41422	369352	532575	164808	241629
天津	470	463	15257	21629	191738	186109	57151	55520
河北								
山西	84	83	4793	5786	29400	29050	9240	9130
内蒙古								
辽宁	609	605	8397	8422	231797	230797	67526	68886
吉林								
黑龙江	10	5	151	38	7868	1048	1696	639
上海	2272	1878	38328	33937	625073	498900	188329	111270
江苏	987	957	34962	36807	356622	351203	118349	117870
浙江	548	529	19480	22421	211802	209421	72249	71733
安徽								
福建	254	234	11633	11037	108039	104901	19980	17610
江西	77	73	4052	1445	30030	28620	10164	9636
山东	298	305	6466	7338	68658	71372	37451	38791
河南	132	130	5121	4988	54671	41505	20705	16600
湖北	116	113	2416	2682	36575	34606	11637	11342
湖南	167	144	8770	8642	58201	55430	18476	17040
广东	1660	1648	47030	69291	464503	478155	211137	210611
广西	117	104	4459	5253	29294	28291	11540	11181
海南								
重庆	52	49	1412	3070	22600	19200	6670	6540
四川	325	343	7780	8582	105770	114402	40992	40942
贵州								
云南	58	60	1294	3465	23200	12945	7540	7192
西藏								
陕西	121	106	6407	8058	46590	41340	12000	11000
甘肃	28	28	1744	2186	8000	8000	2800	2800
青海								
宁夏								
新疆	24	26	633	670	9560	10362	3350	3630

4-9 按登记注册类型分各地区连锁餐饮企业加盟门店基本情况

内资企业

地 区	门店数（个）		年末从业人员（人）		年末餐饮营业面积（平方米）		年末餐位数（位）	
	2015年	2014年	2015年	2014年	2015年	2014年	2015年	2014年
全 国	**2413**	**2447**	**102795**	**106694**	**1384830**	**1428938**	**541146**	**549453**
北 京	95	105	10135	10834	255667	275205	42688	43259
天 津	1	1	17	17	150	150	80	80
河 北								
山 西	4	5	72	115	2100	2500	1150	1500
内蒙古	106	106	1497	1663	42186	46874	4516	5105
辽 宁								
吉 林								
黑龙江								
上 海	11	10	45	42	1015	368	161	71
江 苏	8	8	150	156	705	705	510	510
浙 江	191	186	1237	902	15273	14800	4276	3309
安 徽	13	9	289	572	6287	13525	1475	2225
福 建	166	223	812	1654	6970	7622	3000	3889
江 西	22	20	850	769	720	689	550	500
山 东	44	45	1941	1962	14731	13345	4708	4316
河 南		4		45		1006		367
湖 北	1		70		1000		100	
湖 南	95	106	8708	9173	107003	116303	32425	35089
广 东	7	8	249	224	2194	2489	1049	1271
广 西	46	39	1677	1288	10150	8750	4350	3750
海 南								
重 庆	1378	1350	62958	65379	756587	760400	356475	360807
四 川	89	90	3271	3241	50447	52762	28588	28766
贵 州								
云 南	71	71	7623	7554	103195	103195	51602	51602
西 藏								
陕 西	5	5	337	347	700	700	100	94
甘 肃								
青 海								
宁 夏								
新 疆	60	56	857	757	7750	7550	3343	2943

4-9 续表 1

集体企业

地区	门店数（个）		年末从业人员（人）		年末餐饮营业面积（平方米）		年末餐位数（位）	
	2015年	2014年	2015年	2014年	2015年	2014年	2015年	2014年
全国	**3**	**3**	**22**	**35**	**244**	**244**	**110**	**110**
北京								
天津								
河北								
山西								
内蒙古								
辽宁								
吉林								
黑龙江								
上海								
江苏								
浙江								
安徽								
福建								
江西								
山东								
河南								
湖北								
湖南								
广东	3	3	22	35	244	244	110	110
广西								
海南								
重庆								
四川								
贵州								
云南								
西藏								
陕西								
甘肃								
青海								
宁夏								
新疆								

4-9 续表 2

有限责任公司

地　区	门店数（个）		年末从业人员（人）		年末餐饮营业面积（平方米）		年末餐位数（位）	
	2015年	2014年	2015年	2014年	2015年	2014年	2015年	2014年
全　国	**1111**	**1107**	**35982**	**36301**	**692424**	**697904**	**264949**	**259973**
北　京	25	24	1468	1897	50729	50322	7623	6754
天　津								
河　北								
山　西								
内蒙古	106	106	1497	1663	42186	46874	4516	5105
辽　宁								
吉　林								
黑龙江								
上　海	7	6	20	17	829	182	126	36
江　苏								
浙　江	15	1	409	145	7763	4000	2152	850
安　徽								
福　建	96	142	112	124	970	52		123
江　西	22	20	850	769	720	689	550	500
山　东								
河　南								
湖　北	1		70		1000		100	
湖　南	62	66	5169	5346	88760	92030	20950	22463
广　东								
广　西	46	39	1677	1288	10150	8750	4350	3750
海　南								
重　庆	596	568	14253	14785	358877	364265	147893	143970
四　川	60	60	2510	2379	26740	27040	25002	24741
贵　州								
云　南	70	70	7610	7541	103000	103000	51587	51587
西　藏								
陕　西	5	5	337	347	700	700	100	94
甘　肃								
青　海								
宁　夏								
新　疆								

4-9 续表 3

股份有限公司

地　区	门店数（个）		年末从业人员（人）		年末餐饮营业面积（平方米）		年末餐位数（位）	
	2015年	2014年	2015年	2014年	2015年	2014年	2015年	2014年
全　国	**294**	**314**	**21853**	**23917**	**295451**	**319020**	**62728**	**66364**
北　京	64	71	8462	8666	201172	220047	33845	35005
天　津								
河　北								
山　西								
内蒙古								
辽　宁								
吉　林								
黑龙江								
上　海								
江　苏								
浙　江	171	181	724	650	5762	6100	1464	1550
安　徽								
福　建								
江　西								
山　东								
河　南								
湖　北								
湖　南								
广　东	2	2	167	100	950	950	678	800
广　西								
海　南								
重　庆	57	60	12500	14501	87567	91923	26741	29009
四　川								
贵　州								
云　南								
西　藏								
陕　西								
甘　肃								
青　海								
宁　夏								
新　疆								

4-9 续表 4

私营企业

地区	门店数（个）		年末从业人员（人）		年末餐饮营业面积（平方米）		年末餐位数（位）	
	2015年	2014年	2015年	2014年	2015年	2014年	2015年	2014年
全国	**1005**	**1023**	**44938**	**46441**	**396711**	**411770**	**213359**	**223006**
北京	6	10	205	271	3766	4836	1220	1500
天津	1	1	17	17	150	150	80	80
河北								
山西	4	5	72	115	2100	2500	1150	1500
内蒙古								
辽宁								
吉林								
黑龙江								
上海	4	4	25	25	186	186	35	35
江苏	8	8	150	156	705	705	510	510
浙江	5	4	104	107	1748	4700	660	909
安徽	13	9	289	572	6287	13525	1475	2225
福建	70	81	700	1530	6000	7570	3000	3766
江西								
山东	44	45	1941	1962	14731	13345	4708	4316
河南		4		45		1006		367
湖北								
湖南	33	40	3539	3827	18243	24273	11475	12626
广东	2	3	60	89	1000	1295	261	361
广西								
海南								
重庆	725	722	36205	36093	310143	304212	181841	187828
四川	29	30	761	862	23707	25722	3586	4025
贵州								
云南	1	1	13	13	195	195	15	15
西藏								
陕西								
甘肃								
青海								
宁夏								
新疆	60	56	857	757	7750	7550	3343	2943

4-9 续表 5

港、澳、台商投资企业

地区	门店数（个）		年末从业人员（人）		年末餐饮营业面积（平方米）		年末餐位数（位）	
	2015年	2014年	2015年	2014年	2015年	2014年	2015年	2014年
全　国	**138**	**136**	**3669**	**4143**	**24921**	**25090**	**12469**	**12346**
北　京								
天　津								
河　北								
山　西								
内蒙古								
辽　宁								
吉　林								
黑龙江								
上　海								
江　苏								
浙　江								
安　徽								
福　建								
江　西								
山　东								
河　南								
湖　北								
湖　南								
广　东	42	42	1328	1510	13713	14115	4161	4211
广　西								
海　南								
重　庆								
四　川								
贵　州								
云　南	96	94	2341	2633	11208	10975	8308	8135
西　藏								
陕　西								
甘　肃								
青　海								
宁　夏								
新　疆								

4-9 续表 6

外商投资企业

地区	门店数（个）		年末从业人员（人）		年末餐饮营业面积（平方米）		年末餐位数（位）	
	2015年	2014年	2015年	2014年	2015年	2014年	2015年	2014年
全国	**1628**	**1477**	**32555**	**30581**	**622834**	**548434**	**255905**	**219862**
北京	157	159	2878	2922	60435	59953	21998	21476
天津								
河北								
山西								
内蒙古								
辽宁								
吉林								
黑龙江								
上海	3	3	84	100	1090	1090	560	560
江苏	196	199	3542	3530	37970	38190	13993	15716
浙江	184	132	4600	3300	46000	33000	22080	15840
安徽								
福建								
江西								
山东								
河南								
湖北								
湖南	292	205	6716	6150	218350	164000	102130	71750
广东								
广西	13	5	5	5	1000	500	600	250
海南								
重庆	502	505	11050	11110	200800	202000	60250	60600
四川	279	269	3680	3464	56389	49701	34034	33670
贵州								
云南	2				800		260	
西藏								
陕西								
甘肃								
青海								
宁夏								
新疆								

4-10 按登记注册类型分各地区连锁餐饮企业经营情况

内资企业 单位：万元

地区	商品购进总额		统一配送商品购进额	
	2015年	2014年	2015年	2014年
全　国	**2203730**	**2040721**	**1497352**	**1266316**
北　京	394589	382025	271599	260716
天　津	4453	4679	4187	4183
河　北	9801	9801	9801	9801
山　西	8622	8571	134	178
内蒙古	88024	79884	3220	3648
辽　宁	30603	29184	30603	29184
吉　林	3875	4201	3875	4201
黑龙江	12952	12077	12952	12077
上　海	52146	49877	13585	12709
江　苏	16766	17407	16452	17088
浙　江	161623	169970	144731	148893
安　徽	54385	71680	51478	65224
福　建	9644	11823	3743	5460
江　西	9490	12175	6756	11025
山　东	28554	27921	25474	25462
河　南	10934	17132	5740	4418
湖　北	47987	45026	34196	32250
湖　南	100954	94792	45740	24981
广　东	302316	170206	267170	139239
广　西	8167	7334	8167	7334
海　南				
重　庆	521405	508334	234749	166984
四　川	227987	201562	213349	186606
贵　州	4516	6151	4516	6151
云　南	66481	67089	62868	62846
西　藏	75	95		
陕　西	15287	20708	12685	17106
甘　肃	1276	1465	394	453
青　海				
宁　夏				
新　疆	10820	9556	9190	8101

4-10 续表 1

内资企业

地　区	自有配送中心配送商品购进额		非自有配送中心配送商品购进额	
	2015年	2014年	2015年	2014年
全　国	**668186**	**511811**	**220152**	**199817**
北　京	108059	92706	74226	81941
天　津	1899	1565		
河　北	9801	9801		
山　西	134	178		
内蒙古	1548	1715	332	369
辽　宁	453	453		
吉　林	3875	4201		
黑龙江	7707	6858	5141	5041
上　海	5921	7540	1800	1320
江　苏	14581	14948	1801	1997
浙　江	57878	74218	42741	35561
安　徽	37933	50311	1856	2445
福　建			462	3122
江　西	1380	5719		
山　东	14544	16302		
河　南			2465	1324
湖　北	4872	5625	599	1809
湖　南	23691	19761	17571	866
广　东	204431	77363	624	789
广　西				
海　南				
重　庆	152803	96544	54906	52469
四　川	5029	5709	5402	5850
贵　州				
云　南				
西　藏				
陕　西	8443	17106	4242	
甘　肃				
青　海				
宁　夏				
新　疆	3204	3187	5986	4914

单位：万元

营业额		餐费收入及商品销售额	
2015年	2014年	2015年	2014年
5174459	**4818009**	**5094386**	**4739422**
1136388	1079074	1117440	1068460
11061	11903	11061	11881
5877	12058	5566	12058
16162	17289	16163	17281
126895	122961	126895	122961
31435	29939	31435	29939
8612	9335	8612	9335
29675	28546	29675	28546
135520	130416	135520	130375
37987	36783	37987	36708
353688	345563	353152	344963
141981	132019	139426	128076
18144	27738	18144	27738
22572	27183	22572	27183
198367	191053	156279	143841
21828	22452	21682	22339
167303	158490	166604	155600
249431	225481	241809	218929
723889	526039	722038	521931
23834	20331	23834	20331
908133	852545	908132	852545
595845	588964	594569	587843
9248	12058	9248	12058
129545	138359	127247	137244
588	712	588	712
37130	40186	37130	40187
2718	3012	2718	3012
30604	27521	28862	27352

4-10 续表 2

国有企业

地 区	商品购进总额		统一配送商品购进额		自有配送中心配送商品购进额	
	2015年	2014年	2015年	2014年	2015年	2014年
全 国	**24655**	**24030**	**9623**	**9083**		
北 京	3214	3961	1800	1940		
天 津	653	762	653	762		
河 北						
山 西						
内蒙古						
辽 宁						
吉 林						
黑龙江						
上 海	13618	12927				
江 苏						
浙 江	649	161	649	161		
安 徽						
福 建						
江 西						
山 东						
河 南						
湖 北						
湖 南						
广 东	6522	6219	6522	6219		
广 西						
海 南						
重 庆						
四 川						
贵 州						
云 南						
西 藏						
陕 西						
甘 肃						
青 海						
宁 夏						
新 疆						

单位：万元

非自有配送中心配送商品购进额		营业额		餐费收入及商品销售额	
2015年	2014年	2015年	2014年	2015年	2014年
649	**161**	**64138**	**59002**	**60691**	**58303**
		12396	11687	8948	10987
		2641	2915	2642	2915
		30668	28012	30668	28012
649	161	2885	2301	2885	2301
		15549	14088	15549	14088

4-10 续表 3

集体企业

地区	商品购进总额		统一配送商品购进额		自有配送中心配送商品购进额	
	2015年	2014年	2015年	2014年	2015年	2014年
全国	**5824**	**6613**	**5824**	**6613**		
北京						
天津						
河北						
山西						
内蒙古						
辽宁						
吉林						
黑龙江						
上海						
江苏						
浙江						
安徽						
福建						
江西						
山东						
河南						
湖北						
湖南						
广东	5824	6613	5824	6613		
广西						
海南						
重庆						
四川						
贵州						
云南						
西藏						
陕西						
甘肃						
青海						
宁夏						
新疆						

单位：万元

非自有配送中心配送商品购进额		营业额		餐费收入及商品销售额	
2015年	2014年	2015年	2014年	2015年	2014年
		9772	**11540**	**9057**	**10745**
		9772	11540	9057	10745

4-10 续表 4

股份合作企业

地区	商品购进总额		统一配送商品购进额		自有配送中心配送商品购进额	
	2015年	2014年	2015年	2014年	2015年	2014年
全国	**1009**	**994**	**918**	**913**		
北京	689	644	598	563		
天津						
河北						
山西						
内蒙古						
辽宁						
吉林						
黑龙江						
上海						
江苏						
浙江						
安徽						
福建						
江西						
山东						
河南						
湖北						
湖南						
广东	320	350	320	350		
广西						
海南						
重庆						
四川						
贵州						
云南						
西藏						
陕西						
甘肃						
青海						
宁夏						
新疆						

单位：万元

非自有配送中心配送商品购进额		营业额		餐费收入及商品销售额	
2015年	2014年	2015年	2014年	2015年	2014年
598	**563**	**3632**	**3994**	**3632**	**3994**
598	563	2979	3245	2979	3245
		653	749	653	749

4-10 续表 5

有限责任公司

地 区	商品购进总额		统一配送商品购进额		自有配送中心配送商品购进额	
	2015年	2014年	2015年	2014年	2015年	2014年
全 国	**758765**	**634946**	**636823**	**457808**	**359306**	**190884**
北 京	162252	151183	133654	125576	39577	30285
天 津	1573	1971	1438	1628		
河 北						
山 西						
内蒙古	3559	3955	1870	2078	1490	1655
辽 宁	30603	29184	30603	29184	453	453
吉 林						
黑龙江						
上 海	13843	14082	11173	10831	5921	7540
江 苏	1359	1553	1359	1553	1359	1553
浙 江	36840	35780	28615	26242	7576	7352
安 徽	10920	10986	10920	10986		
福 建	4713	5187	227	290		
江 西	6712	7625	4100	7625		3709
山 东	6565	7445	6556	7425	6045	6621
河 南	4346	5140	450	450		
湖 北	29594	27088	26036	24682	801	1185
湖 南	55113	49294	17582	15883	17107	15291
广 东	180206	70871	172747	60761	171781	59577
广 西	8167	7334	8167	7334		
海 南						
重 庆	107778	106352	104094	43874	100857	40833
四 川	24274	24946	12226	12695	2031	1981
贵 州	544		544			
云 南	57341	57655	55518	55409		
西 藏	75	95				
陕 西	10054	14815	8551	12851	4309	12851
甘 肃	1276	1465	394	453		
青 海						
宁 夏						
新 疆	1058	944				

单位：万元

非自有配送中心配送商品购进额		营业额		餐费收入及商品销售额	
2015年	2014年	2015年	2014年	2015年	2014年
32027	**31699**	**1945174**	**1681275**	**1938635**	**1675374**
16159	19075	487620	450847	482884	446274
		2655	3472	2655	3451
332	369	40127	44585	40127	44585
		31435	29939	31435	29939
		33854	37557	33854	37557
		3252	3665	3252	3665
1570	1419	97658	94229	97658	94229
		45554	31008	45553	31008
227	290	7947	7872	7947	7872
		17594	19614	17594	19614
		16770	18258	16770	18258
		10448	10983	10302	10983
383	1062	133607	124141	133231	123338
476	592	139755	118342	139755	118342
		425507	236064	425040	235637
		23834	20331	23834	20331
3237	3042	247130	243905	247130	243905
5402	5850	58320	56090	58320	56012
		562		562	
		91948	98358	91948	98358
		588	712	588	712
4242		25018	27255	25019	27255
		2718	3012	2718	3012
		1276	1038	462	1038

4-10 续表 6

股份有限公司

地 区	商品购进总额		统一配送商品购进额		自有配送中心配送商品购进额	
	2015年	2014年	2015年	2014年	2015年	2014年
全 国	**646687**	**604094**	**390034**	**351888**	**76962**	**76231**
北 京	100093	97915	54164	49577	18420	15207
天 津						
河 北						
山 西						
内 蒙 古	82739	73907				
辽 宁						
吉 林						
黑 龙 江						
上 海						
江 苏						
浙 江	59588	52546	59588	52546	22138	21394
安 徽						
福 建						
江 西	1380	2010	1380	2010	1380	2010
山 东	8681	7506	5633	5099	5633	5099
河 南						
湖 北						
湖 南						
广 东	25487	26910	25487	26910		
广 西						
海 南						
重 庆	163917	167523	39671	40651	29391	32521
四 川	198125	170182	198125	170182		
贵 州						
云 南	693	682				
西 藏						
陕 西						
甘 肃						
青 海						
宁 夏						
新 疆	5986	4914	5986	4914		

单位：万元

非自有配送中心配送商品购进额		营业额		餐费收入及商品销售额	
2015年	2014年	2015年	2014年	2015年	2014年
89460	**78566**	**1560361**	**1513764**	**1512428**	**1463346**
35743	34371	275615	271519	270495	270338
		82739	73907	82739	73907
37450	31152	104262	91398	104262	91398
		2422	3305	2422	3305
		143643	134868	101554	87655
		62698	62182	62699	60158
10281	8130	349178	344565	349177	344565
		505471	496399	505471	496399
		18031	21341	18031	21341
5986	4914	16302	14280	15578	14280

4-10 续表 7

私营企业

地　区	商品购进总额		统一配送商品购进额		自有配送中心配送商品购进额	
	2015年	2014年	2015年	2014年	2015年	2014年
全　国	**765589**	**768948**	**453799**	**439562**	**231918**	**244696**
北　京	128342	128321	81383	83059	50062	47215
天　津	2228	1945	2096	1793	1899	1565
河　北	9801	9801	9801	9801	9801	9801
山　西	8622	8571	134	178	134	178
内蒙古	1527	1742	1150	1290	58	60
辽　宁						
吉　林	3875	4201	3875	4201	3875	4201
黑龙江	12952	12077	12952	12077	7707	6858
上　海	24685	22868	2412	1879		
江　苏	15276	15685	14962	15367	13222	13396
浙　江	64546	81483	55880	69945	28164	45473
安　徽	43465	60694	40558	54237	37933	50311
福　建	4931	6637	3517	5170		
江　西	1397	2540	1276	1390		
山　东	13309	12970	13285	12938	2866	4583
河　南	6587	11992	5290	3968		
湖　北	18393	17938	8160	7568	4071	4440
湖　南	45842	45499	28157	9097	6584	4470
广　东	83958	59244	56270	38386	32650	17786
广　西						
海　南						
重　庆	249711	234459	90984	82459	22556	23191
四　川	4718	5788	2998	3728	2998	3728
贵　州	3971	6151	3971	6151		
云　南	8447	8753	7350	7437		
西　藏						
陕　西	5233	5892	4134	4255	4134	4255
甘　肃						
青　海						
宁　夏						
新　疆	3776	3698	3204	3187	3204	3187

单位：万元

非自有配送中心配送商品购进额		营业额		餐费收入及商品销售额	
2015年	2014年	2015年	2014年	2015年	2014年
97287	**88658**	**1587951**	**1545185**	**1567786**	**1525456**
21725	27932	357778	341777	352133	337616
		5764	5516	5764	5515
		5877	12058	5566	12058
		16162	17289	16163	17281
		3475	3815	3475	3815
		8612	9335	8612	9335
5141	5041	29675	28546	29675	28546
1800	1320	70998	64848	70998	64806
1670	1828	34532	32845	34532	32772
3072	2829	148883	157636	148347	157035
1856	2445	96427	101010	93873	97067
235	2833	10198	19867	10198	19867
		2556	4265	2556	4264
		37955	37927	37955	37928
2465	1324	11380	11470	11380	11357
216	747	33696	34349	33374	32262
17096	274	109676	107140	102055	100587
624	789	209711	201416	209041	200554
41388	41297	311825	264075	311825	264075
		29380	34153	29380	34153
		8685	12058	8685	12058
		19567	18660	17269	17545
		12112	12931	12112	12931
		13026	12203	12821	12034

4-10 续表 8

其他企业

地区	商品购进总额		统一配送商品购进额		自有配送中心配送商品购进额	
	2015年	2014年	2015年	2014年	2015年	2014年
全国	**1201**	**1095**	**331**	**449**		
北京						
天津						
河北						
山西						
内蒙古	200	280	200	280		
辽宁						
吉林						
黑龙江						
上海						
江苏	131	169	131	169		
浙江						
安徽						
福建						
江西						
山东						
河南						
湖北						
湖南						
广东						
广西						
海南						
重庆						
四川	870	646				
贵州						
云南						
西藏						
陕西						
甘肃						
青海						
宁夏						
新疆						

单位：万元

非自有配送中心配送商品购进额		营业额		餐费收入及商品销售额	
2015年	2014年	2015年	2014年	2015年	2014年
131	**169**	**3432**	**3249**	**2156**	**2206**
		555	655	555	655
131	169	203	272	204	273
		2674	2322	1398	1278

4-10 续表 9

港、澳、台商投资企业

地区	商品购进总额		统一配送商品购进额		自有配送中心配送商品购进额	
	2015年	2014年	2015年	2014年	2015年	2014年
全国	**716945**	**671548**	**564431**	**582803**	**194785**	**191015**
北京	227005	212058	156250	188288	131245	126232
天津	1091	1402	1091	1402	1091	1402
河北						
山西						
内蒙古						
辽宁	20604	17874	17727	17874	17727	15289
吉林						
黑龙江	2579	2589	2579	2589		
上海	170651	139280	111980	111391		
江苏	30055	30691	30055	30691	21842	23462
浙江	8873	8800	7330	7830	6417	6809
安徽	7885	8348	7885	8348		
福建	28512	27651	28429	27566		
江西	2827	3448				
山东	2967	8621	2967	8621		
河南						
湖北	33856	30861	29286	26564	14025	13638
湖南	2949	2949	2949	2949		
广东	151365	139803	141916	123922	2439	4185
广西						
海南	1886	1820	1886	1820		
重庆	2045	3575	2045	3575		
四川	1767	12435	441	422		
贵州						
云南	16611	15946	16611	15946		
西藏						
陕西	3006	3006	3006	3006		
甘肃	413	392				
青海						
宁夏						
新疆						

单位：万元

非自有配送中心配送商品购进额		营业额		餐费收入及商品销售额	
2015年	2014年	2015年	2014年	2015年	2014年
156440	**153592**	**2337185**	**2129193**	**2335988**	**2127667**
7866	6474	643623	565080	642546	563762
		3596	4181	3596	4181
		50285	50258	50286	50258
2579	2589	5642	5549	5642	5549
85318	85438	455341	432056	455341	432056
6321	7229	80003	82136	79882	81929
13	32	27220	25507	27220	25507
		23795	23773	23795	23773
15150	14192	79352	80746	79352	80746
		4249	5001	4249	5000
		9925	8621	9925	8621
15261	12926	309448	288413	309448	288413
2949	2949	6712	6712	6712	6712
		502140	434865	502140	434865
1886	1820	6432	5894	6432	5894
2045	3575	5316	8931	5316	8931
441	422	70579	51350	70579	51350
16611	15946	45451	41977	45451	41977
		7228	7228	7228	7228
		849	916	849	916

4-10 续表 10

外商投资企业

地 区	商品购进总额		统一配送商品购进额		自有配送中心配送商品购进额	
	2015年	2014年	2015年	2014年	2015年	2014年
全 国	**2849027**	**2764243**	**2563169**	**2410432**	**1258480**	**1213033**
北 京	372755	338761	365378	331682	228221	201223
天 津	168098	170474	35885	33037		
河 北						
山 西	38173	39778	38173	39778	38173	39778
内蒙古						
辽 宁	435796	372299	375214	315656	15000	11590
吉 林						
黑龙江	967	349	233	349		
上 海	390040	342438	366260	313909	201461	186017
江 苏	294696	295266	269883	272955	138436	139212
浙 江	160296	161501	160296	161501	133543	138633
安 徽						
福 建	83553	81603	83553	81603	82423	80219
江 西	30362	28785	30362	28785		
山 东	105294	114405	97203	105676	97203	105676
河 南	40926	43741	33845	36660		
湖 北	26920	24438	26920	24438		
湖 南	76509	74010	67599		67599	
广 东	399548	414176	387518	402185	170223	191534
广 西	28488	19713	28488	19713	8400	7600
海 南						
重 庆	22270	28188	22040	28188	9800	15900
四 川	118617	132244	118617	132244	12295	13576
贵 州						
云 南	16	26746		26746		26746
西 藏						
陕 西	38030	37140	38030	37140	38030	37140
甘 肃	11721	11617	11721	11617	11721	11617
青 海						
宁 夏						
新 疆	5952	6572	5952	6572	5952	6572

单位：万元

非自有配送中心配送商品购进额		营业额		餐费收入及商品销售额	
2015年	2014年	2015年	2014年	2015年	2014年
305520	**405954**	**7754482**	**7486000**	**7621744**	**7355958**
31860	29915	1239885	1170703	1234551	1166504
		373952	375932	373952	375932
		58802	62879	58802	62879
		502863	511410	502863	509658
		1837	695	1838	695
19103	117511	1321850	1148232	1321045	1148206
127523	133743	795415	847743	795401	847743
26753	22868	556240	513341	556240	513341
		127133	125473	127133	125473
		56087	55817	56087	55817
		223325	236511	223325	236511
		83992	89913	83992	89913
23698	24438	77121	72388	77121	72388
		272227	223047	272227	223047
39154	45374	1247784	1206594	1247578	1206348
20088	12113	74304	66503	74304	66503
12240	12288	244553	246603	244553	246603
5101	7704	314641	350531	188262	226714
		52160	52152	52160	52152
		81567	78916	81567	78916
		26434	25777	26434	25777
		22311	24841	22311	24841

4-11 按登记注册类型分各地区

内资企业

地区	商品购进总额		统一配送商品购进额		自有配送中心配送商品购进额	
	2015年	2014年	2015年	2014年	2015年	2014年
全国	**1732173**	**1566433**	**1241423**	**1075391**	**548434**	**454146**
北京	346106	333375	262248	253361	107561	92169
天津	4453	4678	4187	4183	1899	1565
河北	9801	9801	9801	9801	9801	9801
山西	8412	8084	134	178	134	178
内蒙古	85475	76992	1828	2073	454	477
辽宁	30603	29184	30603	29184	453	453
吉林	3875	4201	3875	4201	3875	4201
黑龙江	12952	12077	12952	12077	7707	6858
上海	51732	49570	13215	12450	5737	7459
江苏	15827	16385	15551	16124	13680	13984
浙江	144981	153141	128279	132440	56424	72778
安徽	53766	70303	51349	64981	37827	50231
福建	8486	7980	3543	2662		
江西	5390	8259	2656	7109	1380	5719
山东	18209	19637	15128	17178	14544	16302
河南	10934	13846	5740	4418		
湖北	47787	45026	34196	32250	4872	5625
湖南	72970	69083	39864	19331	18574	15241
广东	298576	167269	264572	137454	204431	77363
广西						
海南						
重庆	249761	235633	101336	95169	46503	51774
四川	211042	184173	207312	180625	2882	3606
贵州	4516	6151	4516	6151		
云南	11836	12505	8223	8262		
西藏	75	95				
陕西	14478	19911	12685	17106	8443	17106
甘肃	1276	1465	394	453		
青海						
宁夏						
新疆	8856	7612	7240	6171	1254	1257

连锁餐饮企业直营门店经营情况

单位：万元

非自有配送中心配送商品购进额		营业额		餐费收入及商品销售额	
2015年	2014年	2015年	2014年	2015年	2014年
170220	**147327**	**4110903**	**3777271**	**4031616**	**3700194**
65373	75123	1014346	956841	995432	946315
		10951	11783	10951	11761
		5877	12058	5566	12058
		15372	16201	15372	16201
49	52	91729	83597	91729	83597
		31435	29939	31435	29939
		8612	9335	8612	9335
5141	5041	29675	28546	29675	28546
1800	1320	134468	129263	134468	129222
1801	1997	36432	35097	36433	35024
29987	20755	326476	324345	325940	323744
1839	2438	139546	127931	137538	125120
262	324	16312	15397	16312	15397
		10547	15633	10547	15633
		169000	169056	126911	121844
2465	1324	21828	21456	21682	21343
599	1809	167003	158490	166304	155600
17571	866	182984	163373	175569	157027
624	789	716615	520800	714764	516691
30971	28602	338288	305440	338289	305440
1512	1973	531417	523057	530141	522011
		9248	12058	9248	12058
		42043	45823	39745	44708
		588	712	588	712
4242		35718	38838	35718	38839
		2718	3012	2718	3012
5986	4914	21677	19192	19934	19022

4-11 续表 1

国有企业

地 区	商品购进总额		统一配送商品购进额		自有配送中心配送商品购进额	
	2015年	2014年	2015年	2014年	2015年	2014年
全 国	**24655**	**24030**	**9623**	**9083**		
北 京	3214	3961	1800	1940		
天 津	653	762	653	762		
河 北						
山 西						
内蒙古						
辽 宁						
吉 林						
黑龙江						
上 海	13618	12927				
江 苏						
浙 江	649	161	649	161		
安 徽						
福 建						
江 西						
山 东						
河 南						
湖 北						
湖 南						
广 东	6522	6219	6522	6219		
广 西						
海 南						
重 庆						
四 川						
贵 州						
云 南						
西 藏						
陕 西						
甘 肃						
青 海						
宁 夏						
新 疆						

单位：万元

非自有配送中心配送商品购进额		营业额		餐费收入及商品销售额	
2015年	2014年	2015年	2014年	2015年	2014年
649	**161**	**64138**	**59002**	**60691**	**58303**
		12396	11687	8948	10987
		2641	2915	2642	2915
		30668	28012	30668	28012
649	161	2885	2301	2885	2301
		15549	14088	15549	14088

4-11 续表 2

集体企业

地区	商品购进总额		统一配送商品购进额		自有配送中心配送商品购进额	
	2015年	2014年	2015年	2014年	2015年	2014年
全国	**5729**	**6471**	**5729**	**6471**		
北京						
天津						
河北						
山西						
内蒙古						
辽宁						
吉林						
黑龙江						
上海						
江苏						
浙江						
安徽						
福建						
江西						
山东						
河南						
湖北						
湖南						
广东	5729	6471	5729	6471		
广西						
海南						
重庆						
四川						
贵州						
云南						
西藏						
陕西						
甘肃						
青海						
宁夏						
新疆						

单位：万元

非自有配送中心配送商品购进额		营业额		餐费收入及商品销售额	
2015年	2014年	2015年	2014年	2015年	2014年
		9511	**11198**	**8796**	**10403**
		9511	11198	8796	10403

4-11 续表 3

股份合作企业

地 区	商品购进总额		统一配送商品购进额		自有配送中心配送商品购进额	
	2015年	2014年	2015年	2014年	2015年	2014年
全 国	**1009**	**994**	**918**	**913**		
北 京	689	644	598	563		
天 津						
河 北						
山 西						
内蒙古						
辽 宁						
吉 林						
黑龙江						
上 海						
江 苏						
浙 江						
安 徽						
福 建						
江 西						
山 东						
河 南						
湖 北						
湖 南						
广 东	320	350	320	350		
广 西						
海 南						
重 庆						
四 川						
贵 州						
云 南						
西 藏						
陕 西						
甘 肃						
青 海						
宁 夏						
新 疆						

单位：万元

非自有配送中心配送商品购进额		营业额		餐费收入及商品销售额	
2015年	2014年	2015年	2014年	2015年	2014年
598	**563**	**3632**	**3994**	**3632**	**3994**
598	563	2979	3245	2979	3245
		653	749	653	749

4-11 续表 4

有限责任公司

地　区	商品购进总额		统一配送商品购进额		自有配送中心配送商品购进额	
	2015年	2014年	2015年	2014年	2015年	2014年
全　国	**549892**	**432598**	**462207**	**348104**	**257727**	**151207**
北　京	161207	150030	133654	125576	39577	30285
天　津	1573	1971	1438	1628		
河　北						
山　西						
内蒙古	1009	1063	478	503	396	417
辽　宁	30603	29184	30603	29184	453	453
吉　林						
黑龙江						
上　海	13659	14002	10989	10750	5737	7459
江　苏	1359	1553	1359	1553	1359	1553
浙　江	33432	34339	25207	24801	6122	5912
安　徽	10920	10986	10920	10986		
福　建	3755	4141	227	290		
江　西	2612	3709		3709		3709
山　东	6565	7445	6556	7425	6045	6621
河　南	4346	5140	450	450		
湖　北	29394	27088	26036	24682	801	1185
湖　南	30631	27825	12856	11753	12380	11161
广　东	180206	70871	172747	60761	171781	59577
广　西						
海　南						
重　庆	15190	14439	11506	12587	8269	9545
四　川	8519	9199	6804	7318	499	481
贵　州	544		544			
云　南	2713	3092	890	846		
西　藏	75	95				
陕　西	9245	14018	8551	12851	4309	12851
甘　肃	1276	1465	394	453		
青　海						
宁　夏						
新　疆	1058	944				

单位：万元

非自有配送中心配送商品购进额		营业额		餐费收入及商品销售额	
2015年	2014年	2015年	2014年	2015年	2014年
27855	**27505**	**1442325**	**1186351**	**1435786**	**1180525**
16159	19075	471147	434520	466410	429947
		2655	3472	2655	3451
49	52	4960	5221	4960	5221
		31435	29939	31435	29939
		33593	37172	33593	37172
		3252	3665	3252	3665
1570	1419	91004	91950	91004	91950
		45554	31008	45553	31008
227	290	6514	6548	6514	6548
		5569	8063	5570	8064
		16770	18258	16770	18258
		10448	10983	10302	10983
383	1062	133307	124141	132931	123338
476	592	80575	65242	80575	65242
		425507	236064	425040	235637
3237	3042	31724	27957	31724	27957
1512	1973	15072	15602	15072	15600
		562		562	
		4491	5878	4491	5878
		588	712	588	712
4242		23607	25907	23607	25907
		2718	3012	2718	3012
		1276	1038	462	1038

4-11 续表 5

股份有限公司

地 区	商品购进总额		统一配送商品购进额		自有配送中心配送商品购进额	
	2015年	2014年	2015年	2014年	2015年	2014年
全 国	**523201**	**476442**	**365924**	**328623**	**76962**	**76231**
北 京	53274	51127	45311	42761	18420	15207
天 津						
河 北						
山 西						
内蒙古	82739	73907				
辽 宁						
吉 林						
黑龙江						
上 海						
江 苏						
浙 江	46834	37740	46834	37740	22138	21394
安 徽						
福 建						
江 西	1380	2010	1380	2010	1380	2010
山 东	8681	7506	5633	5099	5633	5099
河 南						
湖 北						
湖 南						
广 东	22983	25266	22983	25266		
广 西						
海 南						
重 庆	102506	103109	39671	40651	29391	32521
四 川	198125	170182	198125	170182		
贵 州						
云 南	693	682				
西 藏						
陕 西						
甘 肃						
青 海						
宁 夏						
新 疆	5986	4914	5986	4914		

单位：万元

非自有配送中心配送商品购进额		营业额		餐费收入及商品销售额	
2015年	2014年	2015年	2014年	2015年	2014年
67853	**56944**	**1256124**	**1221385**	**1208191**	**1170967**
26891	27554	171572	167306	166453	166125
		82739	73907	82739	73907
24696	16346	84578	73421	84578	73421
		2422	3305	2422	3305
		143643	134868	101554	87655
		57375	59192	57375	57168
10281	8130	173991	177366	173991	177367
		505471	496399	505471	496399
		18031	21341	18031	21341
5986	4914	16302	14280	15578	14280

4-11 续表 6

私营企业

地区	商品购进总额		统一配送商品购进额		自有配送中心配送商品购进额	
	2015年	2014年	2015年	2014年	2015年	2014年
全　国	**626487**	**624802**	**396691**	**381748**	**213744**	**226709**
北　京	127723	127613	80885	82521	49563	46677
天　津	2227	1945	2096	1793	1899	1565
河　北	9801	9801	9801	9801	9801	9801
山　西	8412	8084	134	178	134	178
内蒙古	1527	1742	1150	1290	58	60
辽　宁						
吉　林	3875	4201	3875	4201	3875	4201
黑龙江	12952	12077	12952	12077	7707	6858
上　海	24455	22641	2226	1700		
江　苏	14337	14664	14060	14403	12321	12432
浙　江	64067	80900	55590	69738	28164	45473
安　徽	42846	59316	40429	53994	37827	50231
福　建	4731	3839	3317	2372		
江　西	1397	2540	1276	1390		
山　东	2964	4686	2939	4654	2866	4583
河　南	6587	8706	5290	3968		
湖　北	18393	17938	8160	7568	4071	4440
湖　南	42338	41257	27008	7579	6194	4080
广　东	82816	58092	56270	38386	32650	17786
广　西						
海　南						
重　庆	132065	118085	50159	41931	8844	9708
四　川	3528	4145	2383	3125	2383	3125
贵　州	3971	6151	3971	6151		
云　南	8430	8732	7334	7416		
西　藏						
陕　西	5233	5892	4134	4255	4134	4255
甘　肃						
青　海						
宁　夏						
新　疆	1812	1754	1254	1257	1254	1257

单位：万元

非自有配送中心配送商品购进额		营业额		餐费收入及商品销售额	
2015年	2014年	2015年	2014年	2015年	2014年
73135	**61985**	**1331742**	**1292093**	**1312364**	**1273799**
21725	27931	356252	340084	350642	336012
		5654	5396	5654	5395
		5877	12058	5566	12058
		15372	16201	15372	16201
		3475	3815	3475	3815
		8612	9335	8612	9335
5141	5041	29675	28546	29675	28546
1800	1320	70207	64080	70208	64039
1670	1828	32977	31160	32977	31086
3072	2829	148009	156674	147474	156073
1839	2438	93993	96923	91984	94111
35	35	9798	8849	9798	8849
		2556	4265	2556	4264
		8587	15930	8587	15931
2465	1324	11380	10473	11380	10360
216	747	33696	34349	33374	32262
17096	274	102409	98131	94994	91785
624	789	208021	199510	207352	198648
17453	17430	132573	100116	132573	100117
		8200	8733	8200	8734
		8685	12058	8685	12058
		19521	18604	17223	17489
		12112	12931	12112	12931
		4099	3874	3894	3704

4-11 续表 7

其他企业

地区	商品购进总额		统一配送商品购进额		自有配送中心配送商品购进额	
	2015年	2014年	2015年	2014年	2015年	2014年
全国	**1201**	**1095**	**331**	**449**		
北京						
天津						
河北						
山西						
内蒙古	200	280	200	280		
辽宁						
吉林						
黑龙江						
上海						
江苏	131	169	131	169		
浙江						
安徽						
福建						
江西						
山东						
河南						
湖北						
湖南						
广东						
广西						
海南						
重庆						
四川	870	646				
贵州						
云南						
西藏						
陕西						
甘肃						
青海						
宁夏						
新疆						

单位：万元

非自有配送中心配送商品购进额		营业额		餐费收入及商品销售额	
2015年	2014年	2015年	2014年	2015年	2014年
131	**169**	**3432**	**3249**	**2156**	**2206**
		555	655	555	655
131	169	203	272	204	273
		2674	2322	1398	1278

4-11 续表 8

港、澳、台商投资企业

地 区	商品购进总额		统一配送商品购进额		自有配送中心配送商品购进额	
	2015年	2014年	2015年	2014年	2015年	2014年
全 国	**692010**	**649035**	**540543**	**561089**	**194785**	**191015**
北 京	227005	212058	156250	188288	131245	126232
天 津	1091	1402	1091	1402	1091	1402
河 北						
山 西						
内蒙古						
辽 宁	20604	17874	17727	17874	17727	15289
吉 林						
黑龙江	2579	2589	2579	2589		
上 海	170651	139280	111980	111391		
江 苏	30055	30691	30055	30691	21842	23462
浙 江	8873	8800	7330	7830	6417	6809
安 徽	7885	8348	7885	8348		
福 建	28512	27651	28429	27566		
江 西	2827	3448				
山 东	2967	8621	2967	8621		
河 南						
湖 北	33856	30861	29286	26564	14025	13638
湖 南	2949	2949	2949	2949		
广 东	141749	130923	133348	115840	2439	4185
广 西						
海 南	1886	1820	1886	1820		
重 庆	2045	3575	2045	3575		
四 川	1767	12435	441	422		
贵 州						
云 南	1291	2314	1291	2314		
西 藏						
陕 西	3006	3006	3006	3006		
甘 肃	413	392				
青 海						
宁 夏						
新 疆						

单位：万元

非自有配送中心配送商品购进额		营业额		餐费收入及商品销售额	
2015年	2014年	2015年	2014年	2015年	2014年
141120	**139960**	**2269294**	**2070005**	**2268097**	**2068479**
7866	6474	643623	565080	642546	563762
		3596	4181	3596	4181
		50285	50258	50286	50258
2579	2589	5642	5549	5642	5549
85318	85438	455341	432056	455341	432056
6321	7229	80003	82136	79882	81929
13	32	27220	25507	27220	25507
		23795	23773	23795	23773
15150	14192	79352	80746	79352	80746
		4249	5001	4249	5000
		9925	8621	9925	8621
15261	12926	309448	288413	309448	288413
2949	2949	6712	6712	6712	6712
		475512	411245	475513	411245
1886	1820	6432	5894	6432	5894
2045	3575	5316	8931	5316	8931
441	422	70579	51350	70579	51350
1291	2314	4187	6409	4187	6409
		7228	7228	7228	7228
		849	916	849	916

4-11 续表 9

外商投资企业

地 区	商品购进总额		统一配送商品购进额		自有配送中心配送商品购进额	
	2015年	2014年	2015年	2014年	2015年	2014年
全 国	**2740281**	**2649806**	**2468320**	**2309818**	**1229551**	**1179066**
北 京	363974	329787	356597	323661	224190	196448
天 津	168098	170474	35885	33037		
河 北						
山 西	38173	39778	38173	39778	38173	39778
内蒙古						
辽 宁	435796	372299	375214	315656	15000	11590
吉 林						
黑龙江	967	349	233	349		
上 海	390040	342438	366260	313909	201461	186017
江 苏	267746	268485	250266	253983	124761	125168
浙 江	149474	146453	149474	146453	122721	123585
安 徽						
福 建	83553	81603	83553	81603	82423	80219
江 西	30362	28785	30362	28785		
山 东	105294	114405	97203	105676	97203	105676
河 南	40926	43741	33845	36660		
湖 北	26920	24438	26920	24438		
湖 南	70175	68950	67599		67599	
广 东	399548	414176	387518	402185	170223	191534
广 西	28088	19613	28088	19613	8000	7500
海 南						
重 庆	10016	16068	10016	16068	9800	15900
四 川	75413	85891	75413	85891	12295	13576
贵 州						
云 南	16	26746		26746		26746
西 藏						
陕 西	38030	37140	38030	37140	38030	37140
甘 肃	11721	11617	11721	11617	11721	11617
青 海						
宁 夏						
新 疆	5952	6572	5952	6572	5952	6572

单位：万元

非自有配送中心配送商品购进额		营业额		餐费收入及商品销售额	
2015年	2014年	2015年	2014年	2015年	2014年
282803	**385660**	**7121484**	**6875184**	**6988934**	**6745142**
27109	26670	1192593	1131201	1187259	1127000
		373952	375932	373952	375932
		58802	62879	58802	62879
		502863	511410	502863	509658
		1837	695	1838	695
19103	117511	1320199	1145253	1319394	1145227
121582	128814	741041	767810	741027	767810
26753	22868	488975	461349	488975	461349
		127133	125473	127133	125473
		56087	55817	56087	55817
		223325	236511	223325	236511
		83992	89913	83992	89913
23698	24438	77121	72388	77121	72388
		129110	122151	129110	122151
39154	45374	1247784	1206594	1247578	1206348
20088	12113	73404	66153	73404	66153
216	168	33533	34503	33533	34503
5101	7704	207262	227467	81072	103650
		52160	52152	52160	52152
		81567	78916	81567	78916
		26434	25777	26434	25777
		22311	24841	22311	24841

4-12 按登记注册类型分各地区

内资企业

地区	商品购进总额		统一配送商品购进额		自有配送中心配送商品购进额	
	2015年	2014年	2015年	2014年	2015年	2014年
全国	**471557**	**474288**	**255929**	**190925**	**119752**	**57665**
北京	48483	48649	9351	7355	499	538
天津						
河北						
山西	210	487				
内蒙古	2550	2892	1392	1575	1093	1238
辽宁						
吉林						
黑龙江						
上海	414	308	370	260	184	81
江苏	939	1022	901	964	901	964
浙江	16641	16829	16452	16453	1455	1440
安徽	619	1377	130	243	106	80
福建	1158	3843	200	2798		
江西	4100	3916	4100	3916		
山东	10346	8284	10346	8284		
河南		3286				
湖北	200					
湖南	27985	25710	5876	5649	5117	4521
广东	3740	2937	2598	1785		
广西	8167	7334	8167	7334		
海南						
重庆	271644	272701	133413	71815	106300	44770
四川	16945	17390	6037	5980	2147	2103
贵州						
云南	54645	54584	54645	54584		
西藏						
陕西	809	797				
甘肃						
青海						
宁夏						
新疆	1964	1944	1950	1930	1950	1930

连锁餐饮企业加盟门店经营情况

单位：万元

非自有配送中心配送商品购进额		营业额		餐费收入及商品销售额	
2015年	2014年	2015年	2014年	2015年	2014年
49932	**52490**	**1063556**	**1040739**	**1062769**	**1039228**
8853	6817	122042	122233	122008	122144
		110	120	110	120
		790	1089	791	1080
283	317	35167	39364	35167	39364
		1052	1153	1052	1153
		1555	1685	1555	1686
12754	14806	27212	21218	27212	21218
17	7	2434	4088	1888	2956
200	2798	1833	12342	1833	12342
		12025	11550	12025	11550
		29368	21997	29368	21997
			996		996
		300		300	
		66447	62108	66240	61901
		7275	5239	7275	5239
		23834	20331	23834	20331
23936	23867	569845	547105	569845	547105
3890	3877	64428	65907	64428	65832
		87502	92536	87502	92536
		1412	1348	1412	1348
		8928	8330	8928	8330

4-12 续表 1

集体企业

地　区	商品购进总额		统一配送商品购进额		自有配送中心配送商品购进额	
	2015年	2014年	2015年	2014年	2015年	2014年
全　国	**95**	**142**	**95**	**142**		
北　京						
天　津						
河　北						
山　西						
内蒙古						
辽　宁						
吉　林						
黑龙江						
上　海						
江　苏						
浙　江						
安　徽						
福　建						
江　西						
山　东						
河　南						
湖　北						
湖　南						
广　东	95	142	95	142		
广　西						
海　南						
重　庆						
四　川						
贵　州						
云　南						
西　藏						
陕　西						
甘　肃						
青　海						
宁　夏						
新　疆						

单位：万元

非自有配送中心配送商品购进额		营业额		餐费收入及商品销售额	
2015年	2014年	2015年	2014年	2015年	2014年
		262	**342**	**262**	**342**
		262	342	262	342

4-12 续表 2

有限责任公司

地　区	商品购进总额		统一配送商品购进额		自有配送中心配送商品购进额	
	2015年	2014年	2015年	2014年	2015年	2014年
全　国	**208873**	**202348**	**174616**	**109704**	**101579**	**39677**
北　京	1045	1153				
天　津						
河　北						
山　西						
内蒙古	2550	2892	1392	1575	1093	1238
辽　宁						
吉　林						
黑龙江						
上　海	184	81	184	81	184	81
江　苏						
浙　江	3408	1440	3408	1440	1455	1440
安　徽						
福　建	958	1045				
江　西	4100	3916	4100	3916		
山　东						
河　南						
湖　北	200					
湖　南	24482	21468	4727	4131	4727	4131
广　东						
广　西	8167	7334	8167	7334		
海　南						
重　庆	92588	91912	92588	31287	92588	31287
四　川	15756	15747	5422	5377	1532	1500
贵　州						
云　南	54628	54563	54628	54563		
西　藏						
陕　西	809	797				
甘　肃						
青　海						
宁　夏						
新　疆						

单位：万元

非自有配送中心配送商品购进额		营业额		餐费收入及商品销售额	
2015年	2014年	2015年	2014年	2015年	2014年
4173	**4194**	**502849**	**494924**	**502849**	**494849**
		16473	16327	16473	16327
283	317	35167	39364	35167	39364
		261	386	261	386
		6654	2279	6654	2279
		1433	1324	1433	1324
		12025	11550	12025	11550
		300		300	
		59180	53100	59180	53100
		23834	20331	23834	20331
		215406	215948	215406	215948
3890	3877	43248	40488	43248	40413
		87457	92480	87457	92480
		1412	1348	1412	1348

4-12 续表 3

股份有限公司

地区	商品购进总额		统一配送商品购进额		自有配送中心配送商品购进额	
	2015年	2014年	2015年	2014年	2015年	2014年
全国	**123487**	**127652**	**24110**	**23266**		
北京	46819	46789	8853	6817		
天津						
河北						
山西						
内蒙古						
辽宁						
吉林						
黑龙江						
上海						
江苏						
浙江	12754	14806	12754	14806		
安徽						
福建						
江西						
山东						
河南						
湖北						
湖南						
广东	2503	1643	2503	1643		
广西						
海南						
重庆	61411	64414				
四川						
贵州						
云南						
西藏						
陕西						
甘肃						
青海						
宁夏						
新疆						

单位：万元

非自有配送中心配送商品购进额		营业额		餐费收入及商品销售额	
2015年	2014年	2015年	2014年	2015年	2014年
21607	**21623**	**304237**	**292379**	**304237**	**292379**
8853	6817	104043	104213	104043	104213
12754	14806	19684	17977	19684	17977
		5324	2991	5324	2990
		175187	167199	175187	167199

4-12 续表 4

私营企业

地区	商品购进总额		统一配送商品购进额		自有配送中心配送商品购进额	
	2015年	2014年	2015年	2014年	2015年	2014年
全国	**139102**	**144146**	**57108**	**57813**	**18174**	**17988**
北京	619	708	499	538	499	538
天津						
河北						
山西	210	487				
内蒙古						
辽宁						
吉林						
黑龙江						
上海	230	227	186	179		
江苏	939	1022	901	964	901	964
浙江	479	583	290	207		
安徽	619	1377	130	243	106	80
福建	200	2798	200	2798		
江西						
山东	10346	8284	10346	8284		
河南		3286				
湖北						
湖南	3503	4242	1149	1519	390	390
广东	1142	1151				
广西						
海南						
重庆	117645	116374	40825	40527	13712	13482
四川	1190	1643	615	603	615	603
贵州						
云南	17	21	17	21		
西藏						
陕西						
甘肃						
青海						
宁夏						
新疆	1964	1944	1950	1930	1950	1930

单位：万元

非自有配送中心配送商品购进额		营业额		餐费收入及商品销售额	
2015年	2014年	2015年	2014年	2015年	2014年
24152	**26673**	**256209**	**253093**	**255422**	**251658**
	1	1526	1693	1492	1604
		110	120	110	120
		790	1089	791	1080
		791	767	791	767
		1555	1685	1555	1686
		874	962	874	962
17	7	2434	4088	1888	2956
200	2798	400	11017	400	11017
		29368	21997	29368	21997
			996		996
		7267	9008	7060	8801
		1690	1907	1690	1907
23936	23867	179252	163958	179252	163958
		21180	25420	21180	25420
		46	56	46	56
		8928	8330	8928	8330

4-12 续表 5

港、澳、台商投资企业

地　区	商品购进总额		统一配送商品购进额		自有配送中心配送商品购进额	
	2015年	2014年	2015年	2014年	2015年	2014年
全　国	**24936**	**22512**	**23888**	**21714**		
北　京						
天　津						
河　北						
山　西						
内蒙古						
辽　宁						
吉　林						
黑龙江						
上　海						
江　苏						
浙　江						
安　徽						
福　建						
江　西						
山　东						
河　南						
湖　北						
湖　南						
广　东	9616	8880	8568	8082		
广　西						
海　南						
重　庆						
四　川						
贵　州						
云　南	15320	13632	15320	13632		
西　藏						
陕　西						
甘　肃						
青　海						
宁　夏						
新　疆						

单位：万元

非自有配送中心配送商品购进额		营业额		餐费收入及商品销售额	
2015年	2014年	2015年	2014年	2015年	2014年
15320	**13632**	**67891**	**59188**	**67891**	**59188**
		26628	23620	26628	23620
15320	13632	41264	35568	41264	35568

4-12 续表 6

外商投资企业

地区	商品购进总额		统一配送商品购进额		自有配送中心配送商品购进额	
	2015年	2014年	2015年	2014年	2015年	2014年
全国	**108747**	**114436**	**94849**	**100614**	**28928**	**33967**
北京	8781	8974	8781	8021	4031	4775
天津						
河北						
山西						
内蒙古						
辽宁						
吉林						
黑龙江						
上海						
江苏	26950	26781	19617	18973	13675	14044
浙江	10823	15048	10823	15048	10823	15048
安徽						
福建						
江西						
山东						
河南						
湖北						
湖南	6334	5060				
广东						
广西	400	100	400	100	400	100
海南						
重庆	12254	12120	12024	12120		
四川	43205	46353	43205	46353		
贵州						
云南						
西藏						
陕西						
甘肃						
青海						
宁夏						
新疆						

单位：万元

非自有配送中心配送商品购进额		营业额		餐费收入及商品销售额	
2015年	2014年	2015年	2014年	2015年	2014年
22716	**20294**	**632998**	**610816**	**632810**	**610816**
4751	3246	47292	39503	47292	39503
		1651	2978	1651	2978
5942	4929	54374	79933	54374	79934
		67265	51992	67265	51992
		143117	100896	143117	100896
		900	350	900	350
12024	12120	211020	212100	211020	212100
		107378	123064	107190	123064

4-13 按行业分各地区连锁餐饮企业基本情况

正餐服务

地 区	连锁总店数（个）	门店数（个）		年末从业人员（人）		年末餐饮营业面积（平方米）		年末餐位数（位）	
	2015年	2015年	2014年	2015年	2014年	2015年	2014年	2015年	2014年
全 国	**253**	**6570**	**6206**	**295230**	**297561**	**5156089**	**5413746**	**1640666**	**1692956**
北 京	43	1362	1231	67587	64701	1022286	1211902	278433	348395
天 津	1	2	2	159	160	4800	4800	600	600
河 北	1	6	6	862	965	24632	24632	4520	4520
山 西	3	21	23	263	2435	32530	34630	9524	10074
内蒙古	5	162	163	3344	3461	81226	87939	27078	28006
辽 宁	2	14	16	498	551	10465	16028	2482	2882
吉 林	1	23	23	800	822	12946	12946	3998	3998
黑龙江	6	43	42	1522	1676	24822	20884	9138	9075
上 海	14	471	430	9325	9631	149010	145063	48664	47621
江 苏	7	63	61	1346	1301	40731	36311	11249	10427
浙 江	19	363	356	12059	13556	474186	500830	101611	102962
安 徽	6	237	179	6838	6945	318380	340968	40503	43231
福 建	5	101	113	1688	2490	16201	17593	8243	8549
江 西	6	36	39	2144	2871	29003	44722	8794	13326
山 东	5	48	58	8438	8613	153961	190218	23241	27616
河 南	15	69	72	1902	1825	38978	45545	11215	12200
湖 北	24	126	120	9928	9703	301906	291509	82169	84823
湖 南	15	558	449	27154	25196	486602	416136	195268	161351
广 东	33	302	276	11194	10942	219115	210491	64772	64586
广 西									
海 南									
重 庆	21	2178	2171	90043	93808	1273271	1320399	511521	514184
四 川	6	199	198	25371	22896	255913	256421	92300	89911
贵 州	2	17	9	645	780	21998	20227	3872	3583
云 南	6	97	94	8200	8173	118591	117866	57356	57184
西 藏									
陕 西	3	55	57	3369	3497	35443	36193	40816	41069
甘 肃	1	3	4	205	248	2036	2436	701	901
青 海									
宁 夏									
新 疆	3	14	14	346	315	7057	7057	2598	1882

4-13 续表 1

快餐服务

地区	连锁总店数(个)	门店数(个)		年末从业人员(人)		年末餐饮营业面积(平方米)		年末餐位数(位)	
	2015年	2015年	2014年	2015年	2014年	2015年	2014年	2015年	2014年
全国	**166**	**13911**	**13099**	**379106**	**416156**	**4068027**	**3995471**	**1529286**	**1429028**
北京	32	2355	2229	46830	48936	637789	621349	245933	231191
天津	6	489	485	15684	22100	196021	191648	59050	57910
河北									
山西	2	88	88	4865	5901	31500	31550	10390	10630
内蒙古									
辽宁	9	666	660	9477	9491	250755	249711	76394	77633
吉林									
黑龙江	1	24	20	582	1284	7040	6840	2200	2000
上海	8	1378	1279	38685	41560	525387	484452	168389	108355
江苏	11	1380	1347	42560	44929	433710	428011	144585	145934
浙江	8	1194	1088	29529	31010	334260	299608	124587	115253
安徽	3	413	404	5483	5512	86842	87450	27734	27691
福建	6	349	326	14335	14051	137071	132988	35357	32498
江西	1	77	73	4052	1445	30030	28620	10164	9636
山东	6	395	400	8675	9615	91938	92917	46962	47856
河南	3	132	130	5121	4988	54671	41505	20705	16600
湖北	4	520	393	24446	23582	49175	144016	42959	40182
湖南	6	286	253	11587	11904	77149	75548	34694	32907
广东	33	2795	2580	82303	97019	743709	717664	313737	308391
广西	3	176	148	6141	6546	40444	37541	16490	15181
海南	1	5	5	120	213	1907	1907	629	629
重庆	2	53	57	1156	3014	19703	18703	6306	7200
四川	5	580	592	10709	11305	158002	160157	74926	74532
贵州									
云南	5	222	223	5282	8095	58626	48806	36392	36729
西藏	1	3	4	32	45	450	580	126	160
陕西	3	144	132	6995	8817	54218	51288	15738	15380
甘肃	2	32	33	1822	2284	8960	9090	3100	3185
青海									
宁夏									
新疆	5	155	150	2635	2510	38670	33522	11739	11365

4-13 续表 2

饮料及冷饮服务

地区	连锁总店数(个)	门店数(个)		年末从业人员(人)		年末餐饮营业面积(平方米)		年末餐位数(位)	
	2015年	2015年	2014年	2015年	2014年	2015年	2014年	2015年	2014年
全国	**20**	**2628**	**2101**	**31331**	**24082**	**407110**	**259017**	**118649**	**87128**
北京	3	494	397	4587	3667	85474	69157	28734	23555
天津									
河北									
山西									
内蒙古									
辽宁	1	26	25	264	279	5279	5273	1757	1736
吉林									
黑龙江									
上海	4	1170	901	16052	10621	184301	98931	45634	32885
江苏	2	33	37	1059	1300	15853	15073	1632	1741
浙江	1	6	6	107	100	1933	1933	816	816
安徽									
福建									
江西									
山东	1	23	20	215	183	4573	3050	1537	1100
河南									
湖北	1	129	102	1788	1678	10578	8320	9980	7800
湖南									
广东	5	599	511	5179	4704	63118	55180	15876	12512
广西									
海南									
重庆	1	4	4	50	50	1280	1280	303	303
四川	1	144	98	2030	1500	34721	820	12380	4680
贵州									
云南									
西藏									
陕西									
甘肃									
青海									
宁夏									
新疆									

4-13 续表 3

其他餐饮业

地区	连锁总店数(个)	门店数(个)		年末从业人员(人)		年末餐饮营业面积(平方米)		年末餐位数(位)	
	2015年	2015年	2014年	2015年	2014年	2015年	2014年	2015年	2014年
全国	**16**	**612**	**673**	**7954**	**8231**	**77679**	**80125**	**47474**	**45966**
北京	1	28	31	580	550	3057	4304	528	458
天津	1	6	7	75	89	440	500	180	200
河北									
山西									
内蒙古									
辽宁									
吉林									
黑龙江									
上海	2	108	142	3477	3825	38107	38260	37500	36890
江苏	2	15	15	450	439	6798	5998	3370	2954
浙江	2	173	168	1026	1017	8316	6853	2075	1451
安徽									
福建	1	98	145	538	530	1070	452	80	205
江西									
山东									
河南	1	4	6	81	81	3800	3800	700	700
湖北	1	9	10	69	81	3160	4239	410	550
湖南									
广东	2	10	10	89	111	832	832	406	406
广西									
海南									
重庆	1	125	106	566	452	2332	2131	735	632
四川	2	36	33	1003	1056	9767	12756	1490	1520
贵州									
云南									
西藏									
陕西									
甘肃									
青海									
宁夏									
新疆									

4-14 按行业分各地区连锁餐饮企业直营门店基本情况

正餐服务

地区	门店数（个）		年末从业人员（人）		年末餐饮营业面积（平方米）		年末餐位数（位）	
	2015年	2014年	2015年	2014年	2015年	2014年	2015年	2014年
全　国	**3887**	**3607**	**180027**	**178715**	**3387548**	**3655221**	**949142**	**1024137**
北　京	1216	1100	56260	53193	749873	927497	229082	301630
天　津	2	2	159	160	4800	4800	600	600
河　北	6	6	862	965	24632	24632	4520	4520
山　西	21	23	263	2435	32530	34630	9524	10074
内蒙古	56	57	1847	1798	39040	41065	22562	22901
辽　宁	14	16	498	551	10465	16028	2482	2882
吉　林	23	23	800	822	12946	12946	3998	3998
黑龙江	43	42	1522	1676	24822	20884	9138	9075
上　海	461	421	9221	9514	147091	143791	47978	47025
江　苏	63	61	1346	1301	40731	36311	11249	10427
浙　江	360	353	11854	13330	468908	492530	100461	101463
安　徽	229	171	6618	6385	312580	327528	39275	41051
福　建	31	32	988	960	10201	10023	5243	4783
江　西	14	19	1294	2102	28283	44033	8244	12826
山　东	48	58	8438	8613	153961	190218	23241	27616
河　南	69	68	1902	1780	38978	44539	11215	11833
湖　北	125	120	9858	9703	300906	291509	82069	84823
湖　南	175	143	11822	10143	162219	138233	61068	55362
广　东	298	271	10967	10753	217165	208246	63833	63425
广　西								
海　南								
重　庆	407	405	16512	17670	318716	360230	95652	93400
四　川	115	113	22178	19736	207276	205469	64052	61485
贵　州	17	9	645	780	21998	20227	3872	3583
云　南	27	24	590	632	15591	14866	5769	5597
西　藏								
陕　西	50	52	3032	3150	34743	35493	40716	40975
甘　肃	3	4	205	248	2036	2436	701	901
青　海								
宁　夏								
新　疆	14	14	346	315	7057	7057	2598	1882

4-14 续表 1

快餐服务

地区	门店数（个）		年末从业人员（人）		年末餐饮营业面积（平方米）		年末餐位数（位）	
	2015年	2014年	2015年	2014年	2015年	2014年	2015年	2014年
全　国	**12641**	**11892**	**356153**	**394383**	**3810560**	**3757032**	**1413111**	**1318027**
北　京	2249	2096	45144	46688	594100	570596	230598	213221
天　津	489	485	15684	22100	196021	191648	59050	57910
河　北								
山　西	84	83	4793	5786	29400	29050	9240	9130
内蒙古								
辽　宁	666	660	9477	9491	250755	249711	76394	77633
吉　林								
黑龙江	24	20	582	1284	7040	6840	2200	2000
上　海	1378	1279	38685	41560	525387	484452	168389	108355
江　苏	1184	1148	39018	41399	395740	389821	130592	130218
浙　江	822	773	23897	27034	278265	260108	99381	97603
安　徽	408	403	5414	5500	86355	87365	27487	27646
福　建	349	326	14335	14051	137071	132988	35357	32498
江　西	77	73	4052	1445	30030	28620	10164	9636
山　东	351	355	6734	7653	77207	79572	42254	43540
河　南	132	130	5121	4988	54671	41505	20705	16600
湖　北	520	393	24446	23582	49175	144016	42959	40182
湖　南	282	248	11495	11634	76179	73148	34339	32057
广　东	2754	2540	80985	95519	730076	703669	309596	304200
广　西	117	104	4459	5253	29294	28291	11540	11181
海　南	5	5	120	213	1907	1907	629	629
重　庆	52	57	1128	3014	19303	18703	6176	7200
四　川	301	323	7029	7841	101613	110456	40892	40862
贵　州								
云　南	123	128	2928	5449	46423	37636	27809	28579
西　藏	3	4	32	45	450	580	126	160
陕　西	144	132	6995	8817	54218	51288	15738	15380
甘　肃	32	33	1822	2284	8960	9090	3100	3185
青　海								
宁　夏								
新　疆	95	94	1778	1753	30920	25972	8396	8422

4-14 续表 2

饮料及冷饮服务

地区	门店数（个）		年末从业人员（人）		年末餐饮营业面积（平方米）		年末餐位数（位）	
	2015年	2014年	2015年	2014年	2015年	2014年	2015年	2014年
全　国	**2620**	**2092**	**31270**	**24021**	**406244**	**258111**	**118461**	**86940**
北　京	494	397	4587	3667	85474	69157	28734	23555
天　津								
河　北								
山　西								
内蒙古								
辽　宁	26	25	264	279	5279	5273	1757	1736
吉　林								
黑龙江								
上　海	1166	897	16027	10596	184115	98745	45599	32850
江　苏	33	37	1059	1300	15853	15073	1632	1741
浙　江	6	6	107	100	1933	1933	816	816
安　徽								
福　建								
江　西								
山　东	23	20	215	183	4573	3050	1537	1100
河　南								
湖　北	129	102	1788	1678	10578	8320	9980	7800
湖　南								
广　东	598	509	5169	4694	63038	55060	15856	12492
广　西								
海　南								
重　庆	1	1	24	24	680	680	170	170
四　川	144	98	2030	1500	34721	820	12380	4680
贵　州								
云　南								
西　藏								
陕　西								
甘　肃								
青　海								
宁　夏								
新　疆								

4-14 续表 3

其他餐饮业

地区	门店数（个）		年末从业人员（人）		年末餐饮营业面积（平方米）		年末餐位数（位）	
	2015年	2014年	2015年	2014年	2015年	2014年	2015年	2014年
全　国	**394**	**428**	**7152**	**7493**	**71968**	**75533**	**45841**	**44313**
北　京	28	31	580	550	3057	4304	528	458
天　津	5	6	58	72	290	350	100	120
河　北								
山　西								
内蒙古								
辽　宁								
吉　林								
黑龙江								
上　海	108	142	3477	3825	38107	38260	37500	36890
江　苏	7	7	300	283	6093	5293	2860	2444
浙　江	173	168	1026	1017	8316	6853	2075	1451
安　徽								
福　建	2	3	426	406	100	400	80	82
江　西								
山　东								
河　南	4	6	81	81	3800	3800	700	700
湖　北	9	10	69	81	3160	4239	410	550
湖　南								
广　东	7	7	67	76	588	588	296	296
广　西								
海　南								
重　庆	20	20	143	127	500	500	142	142
四　川	31	28	925	975	7957	10946	1150	1180
贵　州								
云　南								
西　藏								
陕　西								
甘　肃								
青　海								
宁　夏								
新　疆								

4-15 按行业分各地区连锁餐饮企业加盟门店基本情况

正餐服务

地区	门店数(个)		年末从业人员(人)		年末餐饮营业面积(平方米)		年末餐位数(位)	
	2015年	2014年	2015年	2014年	2015年	2014年	2015年	2014年
全国	**2683**	**2599**	**115203**	**118846**	**1768541**	**1758525**	**691524**	**668819**
北京	146	131	11327	11508	272413	284405	49351	46765
天津								
河北								
山西								
内蒙古	106	106	1497	1663	42186	46874	4516	5105
辽宁								
吉林								
黑龙江								
上海	10	9	104	117	1919	1272	686	596
江苏								
浙江	3	3	205	226	5278	8300	1150	1499
安徽	8	8	220	560	5800	13440	1228	2180
福建	70	81	700	1530	6000	7570	3000	3766
江西	22	20	850	769	720	689	550	500
山东								
河南		4		45		1006		367
湖北	1		70		1000		100	
湖南	383	306	15332	15053	324383	277903	134200	105989
广东	4	5	227	189	1950	2245	939	1161
广西								
海南								
重庆	1771	1766	73531	76138	954555	960169	415869	420784
四川	84	85	3193	3160	48637	50952	28248	28426
贵州								
云南	70	70	7610	7541	103000	103000	51587	51587
西藏								
陕西	5	5	337	347	700	700	100	94
甘肃								
青海								
宁夏								
新疆								

4-15 续表 1

快餐服务

地　区	门店数（个）		年末从业人员（人）		年末餐饮营业面积（平方米）		年末餐位数（位）	
	2015年	2014年	2015年	2014年	2015年	2014年	2015年	2014年
全　国	**1270**	**1207**	**22953**	**21773**	**257467**	**238439**	**116175**	**111001**
北　京	106	133	1686	2248	43689	50753	15335	17970
天　津								
河　北								
山　西	4	5	72	115	2100	2500	1150	1500
内蒙古								
辽　宁								
吉　林								
黑龙江								
上　海								
江　苏	196	199	3542	3530	37970	38190	13993	15716
浙　江	372	315	5632	3976	55995	39500	25206	17650
安　徽	5	1	69	12	487	85	247	45
福　建								
江　西								
山　东	44	45	1941	1962	14731	13345	4708	4316
河　南								
湖　北								
湖　南	4	5	92	270	970	2400	355	850
广　东	41	40	1318	1500	13633	13995	4141	4191
广　西	59	44	1682	1293	11150	9250	4950	4000
海　南								
重　庆	1		28		400		130	
四　川	279	269	3680	3464	56389	49701	34034	33670
贵　州								
云　南	99	95	2354	2646	12203	11170	8583	8150
西　藏								
陕　西								
甘　肃								
青　海								
宁　夏								
新　疆	60	56	857	757	7750	7550	3343	2943

4-15　续表 2

饮料及冷饮服务

地　区	门店数（个）		年末从业人员（人）		年末餐饮营业面积（平方米）		年末餐位数（位）	
	2015年	2014年	2015年	2014年	2015年	2014年	2015年	2014年
全　国	**8**	**9**	**61**	**61**	**866**	**906**	**188**	**188**
北　京								
天　津								
河　北								
山　西								
内蒙古								
辽　宁								
吉　林								
黑龙江								
上　海	4	4	25	25	186	186	35	35
江　苏								
浙　江								
安　徽								
福　建								
江　西								
山　东								
河　南								
湖　北								
湖　南								
广　东	1	2	10	10	80	120	20	20
广　西								
海　南								
重　庆	3	3	26	26	600	600	133	133
四　川								
贵　州								
云　南								
西　藏								
陕　西								
甘　肃								
青　海								
宁　夏								
新　疆								

4-15 续表 3

其他餐饮业

地区	门店数（个）		年末从业人员（人）		年末餐饮营业面积（平方米）		年末餐位数（位）	
	2015年	2014年	2015年	2014年	2015年	2014年	2015年	2014年
全　国	**218**	**245**	**802**	**738**	**5711**	**4592**	**1633**	**1653**
北　京								
天　津	1	1	17	17	150	150	80	80
河　北								
山　西								
内蒙古								
辽　宁								
吉　林								
黑龙江								
上　海								
江　苏	8	8	150	156	705	705	510	510
浙　江								
安　徽								
福　建	96	142	112	124	970	52		123
江　西								
山　东								
河　南								
湖　北								
湖　南								
广　东	3	3	22	35	244	244	110	110
广　西								
海　南								
重　庆	105	86	423	325	1832	1631	593	490
四　川	5	5	78	81	1810	1810	340	340
贵　州								
云　南								
西　藏								
陕　西								
甘　肃								
青　海								
宁　夏								
新　疆								

4-16 按行业分各地区

正餐服务

地区	商品购进总额		统一配送商品购进额		自有配送中心配送商品购进额	
	2015年	2014年	2015年	2014年	2015年	2014年
全国	**2063248**	**1970100**	**1306412**	**1191101**	**571821**	**505378**
北京	503179	445683	366014	309114	221801	166147
天津	653	762	653	762		
河北	9801	9801	9801	9801	9801	9801
山西	8412	8084	134	178	134	178
内蒙古	88024	79884	3220	3648	1548	1715
辽宁	30595	29492	29975	28663		
吉林	3875	4201	3875	4201	3875	4201
黑龙江	11357	9973	10623	9973	7707	6858
上海	113559	81638	41295	42548	14482	17387
江苏	11466	11989	11274	11789	9412	9657
浙江	106125	124361	87896	102513	64229	80175
安徽	43163	60484	40257	54028	37632	50101
福建	5316	7090	3818	5539		
江西	12317	15624	6756	11025	1380	5719
山东	12585	13504	9538	11097	9027	10292
河南	10436	16594	5740	4418		
湖北	53669	50478	35358	33405	4872	5625
湖南	90835	84690	27886	23892	23509	19614
广东	116706	116233	89114	89216	2971	5011
广西						
海南						
重庆	522889	510314	236233	168964	146280	90469
四川	226696	200408	213349	186606	5029	5709
贵州	4516	6151	4516	6151		
云南	59239	59961	56320	56400		
西藏						
陕西	14228	19118	11625	15993	7384	15993
甘肃	1276	1465	394	453		
青海						
宁夏						
新疆	2332	2120	750	726	750	726

连锁餐饮企业经营情况

单位：万元

非自有配送中心配送商品购进额		营业额		餐费收入及商品销售额	
2015年	2014年	2015年	2014年	2015年	2014年
191285	**192395**	**5184972**	**4962752**	**5119811**	**4896024**
55374	58138	1512932	1401813	1501907	1398532
		2641	2915	2642	2915
		5877	12058	5566	12058
		15372	16201	15372	16201
332	369	126895	122961	126895	122961
		31340	29728	31340	29728
		8612	9335	8612	9335
2579	2589	21150	21120	21150	21120
20903	23793	265236	247160	265236	247160
1793	1989	26858	25292	26858	25271
4656	4279	241539	245516	241258	245298
1856	2445	91257	96936	88703	92994
462	3122	11709	21569	11709	21569
		26821	32184	26820	32184
		154025	152950	111937	105738
2465	1324	20792	21372	20646	21259
1761	2964	141987	136258	141288	133368
600	625	344419	285359	339912	280883
21716	20151	286909	282222	285655	278940
67146	64757	1108920	1055041	1108919	1055041
5402	5850	593650	586796	592374	585675
		9248	12058	9248	12058
		95419	102466	95419	102466
4242		34689	36923	34689	36923
		2718	3012	2718	3012
		3960	3509	2941	3340

4-16 续表 1

快餐服务

地区	商品购进总额		统一配送商品购进额		自有配送中心配送商品购进额	
	2015年	2014年	2015年	2014年	2015年	2014年
全　国	**3359494**	**3204490**	**3060823**	**2809955**	**1532212**	**1385561**
北　京	428542	433073	422086	420765	240639	248671
天　津	172660	175412	40313	37632	2990	2967
河　北						
山　西	38383	40265	38173	39778	38173	39778
内蒙古						
辽　宁	453531	387280	393569	331466	33179	27332
吉　林						
黑龙江	5141	5041	5141	5041		
上　海	315482	303896	287762	270228	191340	174591
江　苏	320576	321274	295747	298954	161894	157973
浙　江	220034	214896	219829	214698	133543	138633
安　徽	19106	19544	19106	19544	301	210
福　建	111907	109090	111907	109090	82423	80219
江　西	30362	28785	30362	28785		
山　东	121263	128821	113139	120041	102720	111686
河　南	40926	43741	33845	36660		
湖　北	40995	38075	40945	38075	14025	13638
湖　南	89577	87061	88402	4038	67781	148
广　东	693714	573215	664680	541845	373493	266992
广　西	36655	27046	36655	27046	8400	7600
海　南	1886	1820	1886	1820		
重　庆	12075	19475	11845	19475	9800	15900
四　川	114067	129013	114067	129013	12295	13576
贵　州						
云　南	23868	49820	23159	49138		26746
西　藏	75	95				
陕　西	42095	41735	42095	41258	39089	38252
甘　肃	12134	12009	11721	11617	11721	11617
青　海						
宁　夏						
新　疆	14440	14008	14391	13947	8405	9034

单位：万元

非自有配送中心配送商品购进额		营业额		餐费收入及商品销售额	
2015年	2014年	2015年	2014年	2015年	2014年
476079	**459998**	**8837237**	**8459881**	**8689160**	**8316577**
58577	60192	1290317	1239102	1275982	1226252
		384324	387200	384323	387179
		59592	63967	59593	63959
		542958	552733	542958	550980
5141	5041	16005	13670	16005	13670
85318	85438	1078905	996519	1078870	996519
133853	140981	862416	913393	862282	913186
64203	54020	679451	625054	679196	624671
		74518	58855	74518	58855
15150	14192	205758	205489	205758	205489
		56087	55817	56087	55817
		267667	274614	267667	274614
		83992	89913	83992	89913
23698	24438	322510	310823	322510	310823
19921	3191	183950	169881	180835	167805
18061	26012	1985813	1732013	1985011	1730941
20088	12113	98138	86833	98138	86833
1886	1820	6432	5894	6432	5894
2045	3575	34316	38801	34316	38801
5542	8126	304288	343622	177910	219805
16611	15946	131737	130022	129439	128907
		588	712	588	712
		91236	89408	91236	89408
		27283	26693	27283	26693
5986	4914	48956	48853	48232	48853

4-16 续表 2

饮料及冷饮服务

地区	商品购进总额		统一配送商品购进额		自有配送中心配送商品购进额	
	2015年	2014年	2015年	2014年	2015年	2014年
全国	**282388**	**243746**	**201216**	**208750**	**629**	**7596**
北京	57544	48744	43	45463		
天津						
河北						
山西						
内蒙古						
辽宁	2877	2585		2585		
吉林						
黑龙江						
上海	150484	114846	131016	95597		
江苏	5815	6518	5815	6518		6518
浙江	649	161	649	161		
安徽						
福建						
江西						
山东	2967	8621	2967	8621		
河南						
湖北	14099	11771	14099	11771		
湖南						
广东	42395	34254	42395	33801	629	1078
广西						
海南						
重庆	4233	4233	4233	4233		
四川	1326	12013				
贵州						
云南						
西藏						
陕西						
甘肃						
青海						
宁夏						
新疆						

单位：万元

非自有配送中心配送商品购进额		营业额		餐费收入及商品销售额	
2015年	2014年	2015年	2014年	2015年	2014年
14747	**106970**	**1064991**	**837589**	**1064221**	**837520**
		203356	161018	203356	161018
		10285	9147	10286	9147
	95038	493500	389523	492730	389454
		16757	20691	16757	20691
649	161	2885	2301	2885	2301
		9925	8621	9925	8621
14099	11771	54672	39736	54672	39736
		199458	151625	199458	151624
		4891	4891	4891	4891
		69263	50038	69263	50038

4-16 续表 3

其他餐饮业

地区	商品购进总额		统一配送商品购进额		自有配送中心配送商品购进额	
	2015年	2014年	2015年	2014年	2015年	2014年
全国	**64573**	**58175**	**56501**	**49746**	**16788**	**17324**
北京	5084	5343	5084	5343	5084	5343
天津	329	380	197	228		
河北						
山西						
内蒙古						
辽宁						
吉林						
黑龙江						
上海	33312	31216	31752	29637	1560	1579
江苏	3659	3583	3554	3474	3554	3474
浙江	3984	852	3984	852	66	852
安徽						
福建	4486	4897				
江西						
山东						
河南	498	538				
湖北						
湖南						
广东	414	483	414	483		
广西						
海南						
重庆	6524	6075	6524	6075	6524	6075
四川	6282	4808	4991	3653		
贵州						
云南						
西藏						
陕西						
甘肃						
青海						
宁夏						
新疆						

单位：万元

非自有配送中心配送商品购进额		营业额		餐费收入及商品销售额	
2015年	2014年	2015年	2014年	2015年	2014年
		178926	**172980**	**178926**	**172927**
		13291	12924	13291	12924
		1643	1900	1643	1900
		75069	77501	75069	77501
		7374	7286	7374	7233
		13273	11540	13273	11541
		7162	6900	7162	6900
		1036	1080	1036	1080
		34704	32474	34704	32474
		1634	1639	1634	1639
		9875	9346	9875	9346
		13864	10389	13864	10389

4-17 按行业分各地区连锁

正餐服务

地区	商品购进总额		统一配送商品购进额		自有配送中心配送商品购进额	
	2015年	2014年	2015年	2014年	2015年	2014年
全国	**1618349**	**1521391**	**1081673**	**1028220**	**458297**	**453727**
北京	454703	397045	356663	301762	221303	165611
天津	653	762	653	762		
河北	9801	9801	9801	9801	9801	9801
山西	8412	8084	134	178	134	178
内蒙古	85475	76992	1828	2073	454	477
辽宁	30595	29492	29975	28663		
吉林	3875	4201	3875	4201	3875	4201
黑龙江	11357	9973	10623	9973	7707	6858
上海	113375	81557	41111	42467	14298	17306
江苏	11466	11989	11274	11789	9412	9657
浙江	104481	122545	86441	101073	62774	78735
安徽	42581	59114	40164	53792	37562	50028
福建	5116	4292	3618	2741		
江西	8216	11708	2656	7109	1380	5719
山东	12585	13504	9538	11097	9027	10292
河南	10436	13308	5740	4418		
湖北	53469	50478	35358	33405	4872	5625
湖南	56904	54720	22010	18242	18392	15093
广东	113061	113439	86611	87573	2971	5011
广西						
海南						
重庆	245739	231782	97314	91318	43320	48810
四川	209897	183153	207312	180625	2882	3606
贵州	4516	6151	4516	6151		
云南	4611	5398	1692	1837		
西藏						
陕西	13419	18322	11625	15993	7384	15993
甘肃	1276	1465	394	453		
青海						
宁夏						
新疆	2332	2120	750	726	750	726

餐饮企业直营门店经营情况

单位：万元

非自有配送中心配送商品购进额		营业额		餐费收入及商品销售额	
2015年	2014年	2015年	2014年	2015年	2014年
142084	**142591**	**3847711**	**3677920**	**3783336**	**3612693**
46521	51321	1369613	1265788	1358623	1262595
		2641	2915	2642	2915
		5877	12058	5566	12058
		15372	16201	15372	16201
49	52	91729	83597	91729	83597
		31340	29728	31340	29728
		8612	9335	8612	9335
2579	2589	21150	21120	21150	21120
20903	23793	263324	243796	263324	243796
1793	1989	26858	25292	26858	25271
4656	4279	238753	242547	238471	242329
1839	2438	89395	92890	87387	90078
262	324	11309	10552	11309	10552
		14796	20633	14796	20633
		154025	152950	111937	105738
2465	1324	20792	20376	20646	20263
1761	2964	141687	136258	140988	133368
600	625	135824	124340	131524	120071
21716	20151	279896	277325	278642	274042
31187	28770	338050	304924	338051	304924
1512	1973	529506	521157	528230	520110
		9248	12058	9248	12058
		7962	9986	7962	9986
4242		33278	35575	33278	35575
		2718	3012	2718	3012
		3960	3509	2941	3340

4-17 续表 1

快餐服务

地区	商品购进总额		统一配送商品购进额		自有配送中心配送商品购进额	
	2015年	2014年	2015年	2014年	2015年	2014年
全国	**3208041**	**3050847**	**2918600**	**2667156**	**1501297**	**1349655**
北京	419753	424088	413305	412742	236609	243894
天津	172660	175412	40313	37632	2990	2967
河北						
山西	38173	39778	38173	39778	38173	39778
内蒙古						
辽宁	453531	387280	393569	331466	33179	27332
吉林						
黑龙江	5141	5041	5141	5041		
上海	315482	303896	287762	270228	191340	174591
江苏	293626	294493	276130	279981	148219	143929
浙江	194214	184836	194009	184638	122721	123585
安徽	19070	19537	19070	19537	265	203
福建	111907	109090	111907	109090	82423	80219
江西	30362	28785	30362	28785		
山东	110918	120538	102793	111757	102720	111686
河南	40926	43741	33845	36660		
湖北	40995	38075	40945	38075	14025	13638
湖南	89190	86262	88402	4038	67781	148
广东	684101	564360	656115	533763	373493	266992
广西	28088	19613	28088	19613	8000	7500
海南	1886	1820	1886	1820		
重庆	11845	19475	11845	19475	9800	15900
四川	70863	82660	70863	82660	12295	13576
贵州						
云南	8531	36167	7822	35485		26746
西藏	75	95				
陕西	42095	41735	42095	41258	39089	38252
甘肃	12134	12009	11721	11617	11721	11617
青海						
宁夏						
新疆	12476	12063	12441	12017	6455	7104

单位：万元

非自有配送中心配送商品购进额		营业额		餐费收入及商品销售额	
2015年	2014年	2015年	2014年	2015年	2014年
437312	**423385**	**8423938**	**8047625**	**8276048**	**7904330**
53826	56946	1264301	1213392	1249967	1200541
		384324	387200	384323	387179
		58802	62879	58802	62879
		542958	552733	542958	550980
5141	5041	16005	13670	16005	13670
85318	85438	1078905	996519	1078870	996519
127911	136052	808042	833460	807907	833253
51449	39215	587760	554813	587506	554430
		73946	58814	73946	58814
15150	14192	205758	205489	205758	205489
		56087	55817	56087	55817
		238299	252617	238299	252617
		83992	89913	83992	89913
23698	24438	322510	310823	322510	310823
19921	3191	182982	167896	179867	165820
18061	26012	1959241	1708453	1958440	1707380
20088	12113	73404	66153	73404	66153
1886	1820	6432	5894	6432	5894
2045	3575	33716	38801	33716	38801
5542	8126	196910	220558	70719	96741
1291	2314	90428	94398	88130	93283
		588	712	588	712
		91236	89408	91236	89408
		27283	26693	27283	26693
5986	4914	40028	40524	39304	40524

4-17 续表 2

饮料及冷饮服务

地区	商品购进总额		统一配送商品购进额		自有配送中心配送商品购进额	
	2015年	2014年	2015年	2014年	2015年	2014年
全国	**278978**	**240316**	**197850**	**205394**	**629**	**7596**
北京	57544	48744	43	45463		
天津						
河北						
山西						
内蒙古						
辽宁	2877	2585		2585		
吉林						
黑龙江						
上海	150254	114619	130830	95418		
江苏	5815	6518	5815	6518		6518
浙江	649	161	649	161		
安徽						
福建						
江西						
山东	2967	8621	2967	8621		
河南						
湖北	14099	11771	14099	11771		
湖南						
广东	42392	34228	42392	33801	629	1078
广西						
海南						
重庆	1055	1055	1055	1055		
四川	1326	12013				
贵州						
云南						
西藏						
陕西						
甘肃						
青海						
宁夏						
新疆						

单位：万元

非自有配送中心配送商品购进额		营业额		餐费收入及商品销售额	
2015年	2014年	2015年	2014年	2015年	2014年
14747	**106970**	**1060476**	**833095**	**1059706**	**833026**
		203356	161018	203356	161018
		10285	9147	10286	9147
	95038	492710	388756	491940	388687
		16757	20691	16757	20691
649	161	2885	2301	2885	2301
		9925	8621	9925	8621
14099	11771	54672	39736	54672	39736
		199401	151565	199402	151565
		1223	1223	1223	1223
		69263	50038	69263	50038

4-17 续表 3

其他餐饮业

地区	商品购进总额		统一配送商品购进额		自有配送中心配送商品购进额	
	2015年	2014年	2015年	2014年	2015年	2014年
全国	**59095**	**52721**	**52164**	**45528**	**12546**	**13249**
北京	5084	5343	5084	5343	5084	5343
天津	329	380	197	228		
河北						
山西						
内蒙古						
辽宁						
吉林						
黑龙江						
上海	33312	31216	31752	29637	1560	1579
江苏	2721	2562	2653	2510	2653	2510
浙江	3984	852	3984	852	66	852
安徽						
福建	3529	3852				
江西						
山东						
河南	498	538				
湖北						
湖南						
广东	319	341	319	341		
广西						
海南						
重庆	3183	2964	3183	2964	3183	2964
四川	6136	4673	4991	3653		
贵州						
云南						
西藏						
陕西						
甘肃						
青海						
宁夏						
新疆						

单位：万元

非自有配送中心配送商品购进额		营业额		餐费收入及商品销售额	
2015年	2014年	2015年	2014年	2015年	2014年
		169556	**163819**	**169555**	**163766**
		13291	12924	13291	12924
		1533	1780	1533	1780
		75069	77501	75069	77501
		5820	5600	5819	5547
		13273	11540	13273	11541
		5730	5576	5730	5576
		1036	1080	1036	1080
		34704	32474	34704	32474
		1372	1297	1372	1297
		4148	3925	4148	3925
		13580	10121	13580	10121

4-18 按行业分各地区连锁

正餐服务

地区	商品购进总额		统一配送商品购进额		自有配送中心配送商品购进额	
	2015年	2014年	2015年	2014年	2015年	2014年
全国	**444899**	**448709**	**224739**	**162881**	**113524**	**51651**
北京	48476	48638	9351	7353	499	536
天津						
河北						
山西						
内蒙古	2550	2892	1392	1575	1093	1238
辽宁						
吉林						
黑龙江						
上海	184	81	184	81	184	81
江苏						
浙江	1644	1816	1455	1440	1455	1440
安徽	582	1370	94	236	70	73
福建	200	2798	200	2798		
江西	4100	3916	4100	3916		
山东						
河南		3286				
湖北	200					
湖南	33932	29971	5876	5649	5117	4521
广东	3645	2795	2503	1643		
广西						
海南						
重庆	277150	278532	138919	77647	102959	41659
四川	16799	17255	6037	5980	2147	2103
贵州						
云南	54628	54563	54628	54563		
西藏						
陕西	809	797				
甘肃						
青海						
宁夏						
新疆						

餐饮企业加盟门店经营情况

单位：万元

非自有配送中心配送商品购进额		营业额		餐费收入及商品销售额	
2015年	2014年	2015年	2014年	2015年	2014年
49202	**49803**	**1337261**	**1284832**	**1336474**	**1283330**
8853	6817	143319	136025	143284	135937
283	317	35167	39364	35167	39364
		1912	3364	1912	3364
		2787	2969	2787	2969
17	7	1862	4046	1316	2915
200	2798	400	11017	400	11017
		12025	11550	12025	11550
			996		996
		300		300	
		208596	161019	208389	160812
		7013	4897	7013	4897
35960	35987	770869	750117	770870	750116
3890	3877	64143	65639	64143	65564
		87457	92480	87457	92480
		1412	1348	1412	1348

4-18 续表 1

快餐服务

地区	商品购进总额		统一配送商品购进额		自有配送中心配送商品购进额	
	2015年	2014年	2015年	2014年	2015年	2014年
全国	**151453**	**153643**	**142223**	**142799**	**30915**	**35906**
北京	8788	8985	8781	8023	4031	4777
天津						
河北						
山西	210	487				
内蒙古						
辽宁						
吉林						
黑龙江						
上海						
江苏	26950	26781	19617	18973	13675	14044
浙江	25820	30061	25820	30061	10823	15048
安徽	36	7	36	7	36	7
福建						
江西						
山东	10346	8284	10346	8284		
河南						
湖北						
湖南	387	799				
广东	9613	8855	8565	8082		
广西	8567	7434	8567	7434	400	100
海南						
重庆	230					
四川	43205	46353	43205	46353		
贵州						
云南	15337	13653	15337	13653		
西藏						
陕西						
甘肃						
青海						
宁夏						
新疆	1964	1944	1950	1930	1950	1930

单位：万元

非自有配送中心配送商品购进额		营业额		餐费收入及商品销售额	
2015年	2014年	2015年	2014年	2015年	2014年
38766	**36613**	**413299**	**412256**	**413111**	**412248**
4751	3246	26016	25711	26015	25711
		790	1089	791	1080
5942	4929	54374	79933	54374	79934
12754	14806	91691	70241	91691	70241
		572	41	572	41
		29368	21997	29368	21997
		968	1985	968	1985
		26571	23561	26571	23561
		24734	20681	24734	20681
		600		600	
		107378	123064	107190	123064
15320	13632	41309	35624	41309	35624
		8928	8330	8928	8330

4-18 续表 2

饮料及冷饮服务

地区	商品购进总额		统一配送商品购进额		自有配送中心配送商品购进额	
	2015年	2014年	2015年	2014年	2015年	2014年
全国	**3410**	**3430**	**3366**	**3356**		
北京						
天津						
河北						
山西						
内蒙古						
辽宁						
吉林						
黑龙江						
上海	230	227	186	179		
江苏						
浙江						
安徽						
福建						
江西						
山东						
河南						
湖北						
湖南						
广东	3	25	3			
广西						
海南						
重庆	3178	3178	3178	3178		
四川						
贵州						
云南						
西藏						
陕西						
甘肃						
青海						
宁夏						
新疆						

单位：万元

非自有配送中心配送商品购进额		营业额		餐费收入及商品销售额	
2015年	2014年	2015年	2014年	2015年	2014年
		4515	**4494**	**4515**	**4494**
		791	767	791	767
		56	59	56	59
		3668	3668	3668	3668

4-18 续表 3

其他餐饮业

地区	商品购进总额		统一配送商品购进额		自有配送中心配送商品购进额	
	2015年	2014年	2015年	2014年	2015年	2014年
全国	**5478**	**5454**	**4337**	**4217**	**4242**	**4075**
北京						
天津						
河北						
山西						
内蒙古						
辽宁						
吉林						
黑龙江						
上海						
江苏	939	1022	901	964	901	964
浙江						
安徽						
福建	958	1045				
江西						
山东						
河南						
湖北						
湖南						
广东	95	142	95	142		
广西						
海南						
重庆	3341	3111	3341	3111	3341	3111
四川	146	135				
贵州						
云南						
西藏						
陕西						
甘肃						
青海						
宁夏						
新疆						

单位：万元

非自有配送中心配送商品购进额		营业额		餐费收入及商品销售额	
2015年	2014年	2015年	2014年	2015年	2014年
		9371	**9160**	**9371**	**9160**
		110	120	110	120
		1555	1685	1555	1686
		1433	1324	1433	1324
		262	342	262	342
		5728	5421	5728	5421
		284	268	284	268

4-19 36城市连锁餐饮企业基本情况

地 区	连锁总店数（个）	门店数（个）		年末从业人员（人）		年末餐饮营业面积（平方米）		年末餐位数（位）	
	2015年	2015年	2014年	2015年	2014年	2015年	2014年	2015年	2014年
合 计	**377**	**21130**	**19543**	**614466**	**647638**	**8612546**	**8666960**	**2954803**	**2872582**
北 京	79	4239	3888	119584	117854	1748606	1906712	553628	603599
天 津	8	497	494	15918	22349	201261	196948	59830	58710
石 家 庄									
太 原	3	102	102	5016	8161	60930	62280	18364	18504
呼和浩特	1	7	8	150	210	1800	2400	700	762
沈 阳	7	546	547	7371	7210	208479	214036	66487	66866
大 连	5	160	154	2868	3111	58020	56976	14146	15385
长 春	1	23	23	800	822	12946	12946	3998	3998
哈 尔 滨	7	67	62	2104	2960	31862	27724	11338	11075
上 海	28	3127	2752	67539	65637	896805	766706	300187	225751
南 京	10	527	507	10580	11791	200049	193851	63166	62430
杭 州	21	1233	1149	35258	38217	633707	640487	175679	168832
宁 波	4	45	53	2122	2378	106293	110088	21279	22817
合 肥	5	634	567	11371	11430	374222	397418	59622	62287
福 州	4	198	168	8115	8113	80669	70060	21072	17441
厦 门	8	350	416	8446	8958	73673	80973	22608	23811
南 昌	5	106	105	5417	3390	45498	58457	14130	17552
济 南	1	35	37	1447	1353	12513	14159	3787	4487
青 岛	9	395	400	8064	9177	115498	152108	48823	52549
郑 州	4	136	134	5244	5113	64671	51505	22931	19166
武 汉	25	769	610	35204	34142	330349	422414	127910	125717
长 沙	15	725	583	29589	27936	503751	430254	184259	148386
广 州	26	1897	1666	41634	57795	537658	493860	213736	199833
深 圳	35	1292	1208	48435	45731	402414	400058	146618	148530
南 宁	3	176	148	6141	6546	40444	37541	16490	15181
海 口	1	5	5	120	213	1907	1907	629	629
重 庆	25	2360	2338	91815	97324	1296586	1342513	518865	522319
成 都	10	786	749	15095	15436	235693	205521	95840	87640
贵 阳	2	17	9	645	780	21998	20227	3872	3583
昆 明	11	319	317	13482	16268	177217	166672	93748	93913
拉 萨	1	3	4	32	45	450	580	126	160
西 安	6	199	189	10364	12314	89661	87481	56554	56449
兰 州	3	35	37	2027	2532	10996	11526	3801	4086
西 宁									
银 川									
乌鲁木齐	4	120	114	2469	2342	35920	30572	10580	10134

4-20 36城市连锁餐饮企业直营门店基本情况

地区	门店数(个)		年末从业人员(人)		年末餐饮营业面积(平方米)		年末餐位数(位)	
	2015年	2014年	2015年	2014年	2015年	2014年	2015年	2014年
合计	**17615**	**16157**	**489098**	**520126**	**6730750**	**6824868**	**2209399**	**2157790**
北京	3987	3624	106571	104098	1432504	1571554	488942	538864
天津	496	493	15901	22332	201111	196798	59750	58630
石家庄								
太原	102	102	5016	8161	60930	62280	18364	18504
呼和浩特	7	8	150	210	1800	2400	700	762
沈阳	546	547	7371	7210	208479	214036	66487	66866
大连	160	154	2868	3111	58020	56976	14146	15385
长春	23	23	800	822	12946	12946	3998	3998
哈尔滨	67	62	2104	2960	31862	27724	11338	11075
上海	3113	2739	67410	65495	894700	765248	299466	225120
南京	527	507	10580	11791	200049	193851	63166	62430
杭州	1047	1015	30591	34836	586429	603187	153299	152343
宁波	41	50	1947	2207	101823	105688	20069	21707
合肥	621	558	11082	10858	367935	383893	58147	60062
福州	198	168	8115	8113	80669	70060	21072	17441
厦门	184	193	7634	7304	66703	73351	19608	19922
南昌	84	85	4567	2621	44778	57768	13580	17052
济南	35	37	1447	1353	12513	14159	3787	4487
青岛	351	355	6123	7215	100767	138763	44115	48233
郑州	136	134	5244	5113	64671	51505	22931	19166
武汉	768	610	35134	34142	329349	422414	127810	125717
长沙	365	306	17497	16243	192368	169951	60459	53453
广州	1892	1660	41445	57638	536464	492371	212948	198823
深圳	1289	1204	48365	45654	401334	398938	146337	148249
南宁	117	104	4459	5253	29294	28291	11540	11181
海口	5	5	120	213	1907	1907	629	629
重庆	480	483	17807	20835	339199	380113	102140	100912
成都	483	455	10732	11191	157407	131908	58560	50285
贵阳	17	9	645	780	21998	20227	3872	3583
昆明	150	152	3518	6081	62014	52502	33578	34176
拉萨	3	4	32	45	450	580	126	160
西安	194	184	10027	11967	88961	86781	56454	56355
兰州	35	37	2027	2532	10996	11526	3801	4086
西宁								
银川								
乌鲁木齐	92	90	1769	1742	30320	25172	8180	8134

4-21 36城市连锁餐饮企业加盟门店基本情况

地　区	门店数（个）		年末从业人员（人）		年末餐饮营业面积（平方米）		年末餐位数（位）	
	2015年	2014年	2015年	2014年	2015年	2014年	2015年	2014年
合　计	**3515**	**3386**	**125368**	**127512**	**1881796**	**1842092**	**745404**	**714792**
北　京	252	264	13013	13756	316102	335158	64686	64735
天　津	1	1	17	17	150	150	80	80
石 家 庄								
太　原								
呼和浩特								
沈　阳								
大　连								
长　春								
哈 尔 滨								
上　海	14	13	129	142	2105	1458	721	631
南　京								
杭　州	186	134	4667	3381	47278	37300	22380	16489
宁　波	4	3	175	171	4470	4400	1210	1110
合　肥	13	9	289	572	6287	13525	1475	2225
福　州								
厦　门	166	223	812	1654	6970	7622	3000	3889
南　昌	22	20	850	769	720	689	550	500
济　南								
青　岛	44	45	1941	1962	14731	13345	4708	4316
郑　州								
武　汉	1		70		1000		100	
长　沙	360	277	12092	11693	311383	260303	123800	94933
广　州	5	6	189	157	1194	1489	788	1010
深　圳	3	4	70	77	1080	1120	281	281
南　宁	59	44	1682	1293	11150	9250	4950	4000
海　口								
重　庆	1880	1855	74008	76489	957387	962400	416725	421407
成　都	303	294	4363	4245	78286	73613	37280	37355
贵　阳								
昆　明	169	165	9964	10187	115203	114170	60170	59737
拉　萨								
西　安	5	5	337	347	700	700	100	94
兰　州								
西　宁								
银　川								
乌鲁木齐	28	24	700	600	5600	5400	2400	2000

4-22 36城市连锁餐饮企业经营情况

单位：万元

地区	商品购进总额		统一配送商品购进额		自有配送中心配送商品购进额	
	2015年	2014年	2015年	2014年	2015年	2014年
合计	**5094049**	**4831451**	**4096602**	**3757699**	**2017872**	**1806311**
北京	994349	932843	793228	780686	467525	420162
天津	173642	176554	41163	38622	2990	2967
石家庄						
太原	46451	47685	38173	39778	38173	39778
呼和浩特	200	280	200	280		
沈阳	428247	368419	389651	335715	10703	10377
大连	58755	50937	33892	26999	22477	16954
长春	3875	4201	3875	4201	3875	4201
哈尔滨	16498	15014	15764	15014	7707	6858
上海	612837	531595	491824	438009	207382	193557
南京	137855	136513	137838	136503	111188	111431
杭州	253745	268568	242555	255204	190567	212497
宁波	18691	21067	11652	12582	7112	6889
合肥	58243	74969	56501	69944	35071	46683
福州	63267	57957	63267	57957	46781	42324
厦门	58443	63120	52459	56672	35642	37895
南昌	40023	41008	34462	36410		3709
济南	8091	8729				
青岛	119963	134617	119930	134565	106034	116784
郑州	42850	46932	33845	36660		
武汉	97347	89269	89096	83252	18897	19262
长沙	172402	163609	111641	23408	90489	18961
广州	517903	398517	512278	396385	303090	194832
深圳	284815	270961	234862	215026	59273	61200
南宁	36655	27046	36655	27046	8400	7600
海口	1886	1820	1886	1820		
重庆	545720	540097	258834	198747	162603	112444
成都	129474	154823	126850	141258	15294	17304
贵阳	4516	6151	4516	6151		
拉萨	83108	109781	79479	105538		26746
昆明	75	95				
西安	56322	60853	53720	57251	46473	54245
兰州	13410	13474	12115	12069	11721	11617
西宁						
银川						
乌鲁木齐	14391	13947	14391	13947	8405	9034

4-22 续表

单位：万元

地区	非自有配送中心配送商品购进额		营业额		餐费收入及商品销售额	
	2015年	2014年	2015年	2014年	2015年	2014年
合　计	**502414**	**579221**	**13556007**	**12703126**	**13393351**	**12548494**
北　京	113951	118330	3019896	2814857	2994537	2798724
天　津			388608	392016	388608	391994
石家庄						
太　原			73958	78585	73958	78585
呼和浩特			555	655	555	655
沈　阳			453072	461077	453073	459513
大　连			131510	130531	131510	130342
长　春			8612	9335	8612	9335
哈尔滨	7720	7630	37155	34790	37155	34790
上　海	106221	204269	1912711	1710703	1911906	1710635
南　京	22657	24929	394518	397226	394397	397019
杭　州	29059	24649	774925	732332	774925	732332
宁　波			42628	47091	42374	46707
合　肥	1856	2445	158039	144792	155499	141138
福　州			90019	84986	90019	84986
厦　门	15611	17314	134611	148972	134611	148972
南　昌			78165	82031	78165	82031
济　南			22539	24079	22539	24079
青　岛			265355	277143	265355	277143
郑　州			89514	97156	89368	97156
武　汉	39557	39173	539036	504553	538338	502474
长　沙	20520	3816	508013	435801	508013	435800
广　州	20714	19179	1459699	1175000	1458779	1171935
深　圳	1002	6236	849354	827896	848218	826606
南　宁	20088	12113	98138	86833	98138	86833
海　口	1886	1820	6432	5894	6432	5894
重　庆	69191	68332	1158001	1108078	1158001	1108078
成　都	5542	8126	421604	443120	293948	318259
贵　阳			9248	12058	9248	12058
拉　萨	16611	15946	227156	232488	224858	231373
昆　明			588	712	588	712
西　安	4242		125925	126330	125925	126330
兰　州			30001	29705	30001	29705
西　宁						
银　川						
乌鲁木齐	5986	4914	46422	46301	45698	46301

4-23 36城市连锁餐饮企业直营门店经营情况

单位：万元

地 区	商品购进总额		统一配送商品购进额		自有配送中心配送商品购进额	
	2015年	2014年	2015年	2014年	2015年	2014年
合 计	**4561430**	**4296755**	**3773692**	**3495741**	**1886783**	**1732816**
北 京	937085	875220	775095	765310	462996	414849
天 津	173642	176554	41163	38622	2990	2967
石家庄						
太 原	46451	47685	38173	39778	38173	39778
呼和浩特	200	280	200	280		
沈 阳	428247	368419	389651	335715	10703	10377
大 连	58755	50937	33892	26999	22477	16954
长 春	3875	4201	3875	4201	3875	4201
哈尔滨	16498	15014	15764	15014	7707	6858
上 海	612423	531288	491455	437750	207198	193476
南 京	137855	136513	137838	136503	111188	111431
杭 州	242733	253144	231732	240157	179744	197450
宁 波	16946	19419	9908	10934	5657	5448
合 肥	57624	73592	56372	69701	34965	46603
福 州	63267	57957	63267	57957	46781	42324
厦 门	57285	59277	52259	53874	35642	37895
南 昌	35922	37092	30362	32494		3709
济 南	8091	8729				
青 岛	109618	126333	109584	126281	106034	116784
郑 州	42850	46932	33845	36660		
武 汉	97147	89269	89096	83252	18897	19262
长 沙	139820	135357	106914	19277	85763	14831
广 州	515305	396647	509680	394599	303090	194832
深 圳	283671	269868	234860	215026	59273	61200
南 宁	28088	19613	28088	19613	8000	7500
海 口	1886	1820	1886	1820		
重 庆	261822	255276	113397	114812	56303	67674
成 都	85226	106961	83030	94302	14678	16701
贵 阳	4516	6151	4516	6151		
拉 萨	13143	41565	9514	37322		26746
昆 明	75	95				
西 安	55513	60056	53720	57251	46473	54245
兰 州	13410	13474	12115	12069	11721	11617
西 宁						
银 川						
乌鲁木齐	12441	12017	12441	12017	6455	7104

4-23 续表

单位：万元

地区	非自有配送中心配送商品购进额		营业额		餐费收入及商品销售额	
	2015年	2014年	2015年	2014年	2015年	2014年
合　计	**437315**	**516733**	**11983405**	**11205400**	**11821517**	**11051989**
北　京	100348	108267	2850562	2653121	2825237	2637078
天　津			388498	391896	388498	391874
石家庄						
太　原			73958	78585	73958	78585
呼和浩特			555	655	555	655
沈　阳			453072	461077	453073	459513
大　连			131510	130531	131510	130342
长　春			8612	9335	8612	9335
哈尔滨	7720	7630	37155	34790	37155	34790
上　海	106221	204269	1910008	1706572	1909202	1706503
南　京	22657	24929	394518	397226	394397	397019
杭　州	29059	24649	707175	679651	707175	679651
宁　波			39937	44539	39683	44155
合　肥	1839	2438	155605	140705	153611	138182
福　州			90019	84986	90019	84986
厦　门	15411	14516	132778	136631	132778	136631
南　昌			66140	70481	66140	70481
济　南			22539	24079	22539	24079
青　岛			235987	255146	235988	255146
郑　州			89514	97156	89368	97156
武　汉	39557	39173	538736	504553	538038	502474
长　沙	20520	3816	301790	277974	301790	277974
广　州	20714	19179	1454114	1171557	1453194	1168491
深　圳	1002	6236	847608	826040	846472	824750
南　宁	20088	12113	73404	66153	73404	66153
海　口	1886	1820	6432	5894	6432	5894
重　庆	33232	32344	377136	348873	377137	348874
成　都	5542	8126	293330	294904	165862	170043
贵　阳			9248	12058	9248	12058
拉　萨	1291	2314	98390	104384	96092	103269
昆　明			588	712	588	712
西　安	4242		124513	124982	124513	124982
兰　州			30001	29705	30001	29705
西　宁						
银　川						
乌鲁木齐	5986	4914	39973	40449	39248	40449

4-24 36城市连锁餐饮企业加盟门店经营情况

单位：万元

地 区	商品购进总额		统一配送商品购进额		自有配送中心配送商品购进额	
	2015年	2014年	2015年	2014年	2015年	2014年
合 计	**532621**	**534696**	**322914**	**261960**	**131089**	**73496**
北 京	57265	57623	18133	15376	4529	5313
天 津						
石家庄						
太 原						
呼和浩特						
沈 阳						
大 连						
长 春						
哈尔滨						
上 海	414	308	370	260	184	81
南 京						
杭 州	11012	15424	10823	15048	10823	15048
宁 波	1745	1647	1745	1647	1455	1440
合 肥	619	1377	130	243	106	80
福 州						
厦 门	1158	3843	200	2798		
南 昌	4100	3916	4100	3916		
济 南						
青 岛	10346	8284	10346	8284		
郑 州						
武 汉	200					
长 沙	32582	28252	4727	4131	4727	4131
广 州	2598	1870	2598	1785		
深 圳	1145	1092	3			
南 宁	8567	7434	8567	7434	400	100
海 口						
重 庆	283898	284821	145437	83935	106300	44770
成 都	44248	47862	43820	46957	615	603
贵 阳						
拉 萨	69965	68216	69965	68216		
昆 明						
西 安	809	797				
兰 州						
西 宁						
银 川						
乌鲁木齐	1950	1930	1950	1930	1950	1930

4-24 续表

单位：万元

地区	非自有配送中心配送商品购进额		营业额		餐费收入及商品销售额	
	2015年	2014年	2015年	2014年	2015年	2014年
合计	**65100**	**62487**	**1572603**	**1497727**	**1571834**	**1496506**
北京	13603	10063	169335	161736	169300	161648
天津			110	120	110	120
石家庄						
太原						
呼和浩特						
沈阳						
大连						
长春						
哈尔滨						
上海			2703	4131	2703	4131
南京						
杭州			67750	52681	67750	52681
宁波			2691	2552	2691	2552
合肥	17	7	2434	4088	1888	2956
福州						
厦门	200	2798	1833	12342	1833	12342
南昌			12025	11550	12025	11550
济南						
青岛			29368	21997	29368	21997
郑州						
武汉			300		300	
长沙			206223	157826	206223	157826
广州			5585	3443	5585	3442
深圳			1746	1856	1746	1856
南宁			24734	20681	24734	20681
海口						
重庆	35960	35987	780865	759205	780865	759205
成都			128274	148216	128086	148216
贵阳						
拉萨	15320	13632	128766	128104	128766	128104
昆明						
西安			1412	1348	1412	1348
兰州						
西宁						
银川						
乌鲁木齐			6449	5851	6449	5851

第五部分

连锁企业情况

5-1 销售额10亿元以上连锁企业

企业名称	业态	连锁商号	所在地
中国石油化工股份有限公司江苏石油分公司	加油站	中国石化	江苏省南京市
苏宁云商集团股份有限公司	专业店	苏宁	江苏省南京市
中国石油化工股份有限公司广东石油分公司	加油站	中国石化	广东省广州市
中国石油化工股份有限公司浙江石油分公司	加油站	中国石化	浙江省杭州市
上海大润发有限公司	大型超市	大拇指	上海市
永辉超市股份有限公司福建福州鼓楼分公司	大型超市	永辉、轩辉	福建省福州市
中国石油化工股份有限公司北京石油分公司	加油站	中国石化	北京市
中国石油化工股份有限公司上海石油分公司	加油站	中国石化	上海市
中国石油天然气股份有限公司广东销售分公司	加油站	中国石油	广东省广州市
合肥百货大楼集团股份有限公司	百货店	合肥百大	安徽省合肥市
联华超市股份有限公司	超市	联华、华联	上海市
中国石油化工股份有限公司安徽石油分公司	加油站	中国石化	安徽省合肥市
重庆百货大楼股份有限公司	百货店	重庆百货、商社电器、新世纪	重庆市
中百控股集团股份有限公司	超市	中百	湖北省武汉市
苏果超市有限公司	大型超市	苏果超市	江苏省南京市
武汉武商集团股份有限公司	百货店	武商	湖北省武汉市
物美控股集团有限公司	超市	物美品牌	北京市
华润万家有限公司	大型超市	华润万家	广东省深圳市
苹果电子产品商贸(北京)有限公司	专卖店	苹果电子	北京市
广东物资集团汽车贸易公司	专业店	广物汽贸	广东省广州市
中国石油天然气股份有限公司江苏销售分公司	加油站	中国石油	江苏省南京市
昆山润华商业有限公司	大型超市	大润发	江苏省苏州市
中石化天津石油分公司	加油站	中国石化	天津市
山东银座商城股份有限公司	百货店	银座商城	山东省济南市
北国商城股份有限公司	百货店	北国商城	河北省石家庄市
利群集团股份有限公司	其他	利群	山东省青岛市
文峰大世界连锁发展股份有限公司南通文峰大世界	百货店	文峰大世界、文峰千家惠、文峰	江苏省南通市
锦江麦德龙现购自运有限公司	仓储会员店	麦德龙	上海市
上海老凤祥银楼有限公司	专卖店	老凤祥	上海市
中国石油天然气股份有限公司浙江销售分公司	加油站	中国石油	浙江省杭州市
北京王府井百货(集团)股份有限公司	百货店	王府井百货	北京市
中国石油天然气股份有限公司安徽销售分公司	专业店	中国石油	安徽省合肥市
中国石油化工股份有限公司广东广州石油分公司	加油站	中国石化	广东省广州市
中国石油天然气股份有限公司北京销售分公司	加油站	中国石油	北京市
山东潍坊百货集团股份有限公司	百货店	中百	山东省潍坊市
安徽辉隆农资集团股份有限公司	专业店	辉隆农资	安徽省合肥市
天虹商场股份有限公司	百货店	天虹	广东省深圳市
北京苏宁云商销售有限公司	专业店	苏宁	北京市
武汉中商集团股份有限公司	大型超市	中商	湖北省武汉市
步步高商业连锁股份有限公司	大型超市	步步高商业	湖南省湘潭市
中国石油化工股份有限公司云南昆明石油分公司	加油站	中国石化	云南省昆明市
北京菜市口百货股份有限公司	专业店	菜百首饰	北京市
浙江省新华书店集团有限公司	专业店	新华书店	浙江省杭州市
重庆永辉超市有限公司	大型超市	永辉超市	重庆市
江苏苏农农资连锁集团股份有限公司	专业店	苏农连锁	江苏省南京市
中国石油天然气股份有限公司大连销售分公司	加油站	中国石油	辽宁省大连市
上海世纪联华超市发展有限公司	大型超市	世纪联华	上海市

5-1 续表 1

企业名称	业态	连锁商号	所在地
郑州丹尼斯百货有限公司	大型超市	丹尼斯	河南省郑州市
中国石油化工股份有限公司深圳石油分公司	加油站	中国石化	广东省深圳市
中国石油化工股份有限公司海南石油分公司	加油站	中国石化	海南省海口市
沃尔玛深国投百货有限公司	大型超市	沃尔玛	广东省深圳市
江苏凤凰出版传媒股份有限公司	专业店	新华书店	江苏省南京市
山东家家悦集团有限公司	超市	家家悦	山东省威海市
中国石油天然气股份有限公司陕西西安销售分公司	加油站	中国石油	陕西省西安市
中国石油化工股份有限公司辽宁石油分公司	专业店	中国石化	辽宁省沈阳市
中国石油天然气股份有限公司上海销售分公司	加油站	中国石油	上海市
江苏乐天玛特商业有限公司	大型超市	乐天玛特	江苏省南通市
山东鲁花集团商贸有限公司	专业店	鲁花	山东省烟台市
安徽商之都股份有限公司	百货店	商之都	安徽省合肥市
中国石油天然气股份有限公司渭南销售分公司	加油站	中国石油	陕西省渭南市
上海苏宁电器有限公司	专业店	苏宁	上海市
中国石化销售有限公司广西南宁石油分公司	加油站	中国石化	广西壮族自治区南宁市
中国石油化工股份有限公司石家庄分公司	加油站	中国石化	河北省石家庄市
陕西省烟草公司西安市公司	专业店	西安烟草	陕西省西安市
农工商超市(集团)有限公司	超市	农工商	上海市
广州易初莲花连锁超市有限公司	大型超市	易初莲花	广东省广州市
中国石油天然气股份有限公司	加油站	中国石油	吉林省长春市
中国石油化工股份有限公司湖北武汉分公司	加油站	中国石化	湖北省武汉市
武汉屈臣氏个人用品商店有限公司	百货店	屈臣氏	湖北省武汉市
中石化壳牌(江苏)石油销售有限公司	加油站	壳牌	江苏省苏州市
中国石油化工股份有限公司福建石油分公司	加油站	中国石化	福建省福州市
中国石油天然气股份有限公司黑龙江哈尔滨销售分公司	加油站	中国石油	黑龙江省哈尔滨市
中国石油天然气股份有限公司湖北武汉销售分公司	加油站	中国石油	湖北省武汉市
济南华联商厦集团股份有限公司	大型超市	华联	山东省济南市
江苏五星电器有限公司	专业店	五星电器	江苏省南京市
中国石油化工股份有限公司江西赣州石油分公司	加油站	中国石油	江西省赣州市
广州市国美电器有限公司	专业店	国美电器	广东省广州市
中国石油天然气股份有限公司天津销售分公司	加油站	中国石油	天津市
中国石油化工股份有限公司山东青岛石油分公司	加油站	中国石化	山东省青岛市
成都红旗连锁股份有限公司	超市	红旗连锁	四川省成都市
北京市大中家用电器连锁销售有限公司	专业店	大中电器	北京市
中国石油化工股份有限公司湖南长沙石油分公司	加油站	中国石化	湖南省长沙市
江西省烟草公司赣州市公司	专业店	江西烟草	江西省赣州市
路易威登(中国)商业销售有限公司	专卖店	路易威登	上海市
中国石油化工股份有限公司河北唐山石油分公司	加油站	中国石化	河北省唐山市
广州市广百股份有限公司	百货店	广百	广东省广州市
山西美特好连锁超市有限公司	大型超市	美特好	山西省太原市
广东骏和通信设备连锁销售有限公司	专业店	骏和通信	广东省广州市
新疆友好(集团)股份有限公司	超市	友好	新疆维吾尔自治区乌鲁木齐市
武汉工贸有限公司	专业店	工贸家电	湖北省武汉市
中国石油天然气股份有限公司云南昆明销售分公司	加油站	中国石油	云南省昆明市
北京京客隆商业集团股份有限公司	超市	京客隆	北京市
壳牌华北石油集团有限公司	加油站	壳牌	天津市
中国石油化工有限公司广东东莞石油分公司	加油站	中国石化	广东省东莞市
湖南友谊阿波罗商业股份有限公司	百货店	友谊阿波罗	湖南省长沙市

5-1 续表 2

企业名称	业态	连锁商号	所在地
山东全福元商业集团有限责任公司总店	大型超市	全福元	山东省潍坊市
江西省烟草公司上饶分公司	专业店	江西烟草	江西省上饶市
上海联家超市有限公司	大型超市	家乐福	上海市
江西省烟草公司南昌市公司	专业店	香澄连锁	江西省南昌市
山东新星集团有限公司	超市	山东新星集团	山东省淄博市
中国石化销售有限公司广西桂林石油分公司	加油站	中国石化	广西壮族自治区桂林市
中国石油天然气股份有限公司甘肃兰州分公司	加油站	中国石油	甘肃省兰州市
天盟农资连锁有限责任公司	专卖店	金沙江	云南省昆明市
中国石油化工股份有限公司河南南阳石油分公司	加油站	中国石化	河南省南阳市
中石化森美(福建)石油有限公司泉州分公司	加油站	中国石化	福建省泉州市
青岛利客来集团股份有限公司	大型超市	利客来	山东省青岛市
江西洪客隆百货投资有限公司	百货店	洪客隆	江西省南昌市
中国石油化工股份有限公司江西南昌石油分公司	加油站	中国石化	江西省南昌市
江西新华发行集团有限公司	专业店	新华书店	江西省南昌市
中国石油天然气股份有限公司新疆乌鲁木齐销售公司	加油站	中国石油	新疆维吾尔自治区乌鲁木齐市
青岛维客集团股份有限公司	百货店	维客	山东省青岛市
中国石油化工股份有限公司广东惠州石油分公司	加油站	中国石化	广东省惠州市
华润万家生活超市(广州)有限公司	大型超市	润之家、简约组合	广东省广州市
中国石油化工有限公司湖北十堰石油分公司	加油站	中国石化	湖北省十堰市
延长壳牌(四川)石油有限公司	专卖店	壳牌	四川省成都市
上海易初莲花连锁超市有限公司	大型超市	卜蜂莲花	上海市
成都国美电器有限公司	专业店	国美	四川省成都市
四川苏宁云商销售有限公司	专业店	苏宁	四川省成都市
中国石化销售有限公司广西柳州石油分公司	加油站	中国石化	广西壮族自治区柳州市
中国石油化工股份有限公司河南洛阳石油分公司	加油站	中国石化	河南省洛阳市
北京家乐福商业有限公司	大型超市	家乐福	北京市
深圳茂业商厦有限公司	百货店	茂业百货	广东省深圳市
云南鸿翔一心堂药业(集团)股份有限公司	专业店	一心堂	云南省昆明市
北京永辉超市有限公司	大型超市	永辉超市	北京市
江西省烟草公司九江分公司	专业店	江西烟草	江西省九江市
中国石油化工股份有限公司广东阳江分公司	加油站	中国石化	广东省阳江市
江西省烟草公司宜春市公司	专业店	江西烟草	江西省宜春市
永乐(中国)电器销售有限公司	专业店	永乐	上海市
天津华润万家生活超市有限公司	大型超市	华润万家	天津市
长沙通程实业(集团)有限公司	专业店	通程电器、通程万惠、通程商业广场	湖南省长沙市
中国石油化工股份有限公司山西太原石油分公司	加油站	中国石化	山西省太原市
成都伊藤洋华堂有限公司	百货店	伊藤洋华堂	四川省成都市
中国石油化工股份有限公司江西宜春石油分公司	加油站	中国石化	江西省宜春市
中国石油化工股份有限公司山东石油分公司	加油站	中国石化	山东省济南市
中油碧辟石油有限公司广州分公司	加油站	中油BP	广东省广州市
雄风集团有限公司	百货店	雄风百货	浙江省绍兴市
广州屈臣氏个人用品商店有限公司	百货店	屈臣氏	广东省广州市
河南大张实业有限公司	大型超市	河南大张实业有限公司	河南省洛阳市
新华文轩出版传媒股份有限公司	专业店	新华文轩	四川省成都市
重庆苏宁云商销售有限公司	专业店	苏宁	重庆市
陕西省烟草公司榆林市公司	专卖店	陕西烟草	陕西省榆林市
三江购物俱乐部股份有限公司	超市	三江购物	浙江省宁波市
中国石油天然气股份有限公司山东青岛分公司	加油站	中国石油	山东省青岛市

5-1　续表 3

企业名称	业态	连锁商号	所在地
沈阳国美电器有限公司	专业店	国美电器	辽宁省沈阳市
国美电器有限公司	专业店	国美电器	北京市
中国石化销售有限公司陕西宝鸡分公司	加油站	中国石化	陕西省宝鸡市
中国石油天然气股份有限公司重庆销售分公司	加油站	中国石油	重庆市
上海联华快客便利有限公司	便利店	快客	上海市
广东苏宁电器有限公司	专业店	苏宁	广东省广州市
华润万家生活超市(浙江)有限公司	大型超市	华润万家	浙江省杭州市
中国石油化工股份有限公司广东中山石油分公司	加油站	中国石化	广东省中山市
广东永旺天河城商业有限公司	百货店	吉之岛	广东省广州市
重庆新华书店集团公司	专业店	新华书店	重庆市
中国石油化工股份有限公司广东江门石油分公司	专业店	中国石化	广东省江门市
江西省烟草公司抚州分公司	专业店	江西烟草	江西省抚州市
中国石油化工股份有限公司山西晋中石油分公司	加油站	中国石化	山西省晋中市
中国石油化工股份有限公司湖南怀化石油分公司	加油站	中国石化	湖南省怀化市
中国石油化工股份有限公司襄樊石油分公司	加油站	中国石化	湖北省襄阳市
中国石油化工股份有限公司福建福州分公司	加油站	中国石化	福建省福州市
湖北省新华书店(集团)有限公司	专业店	新华书店	湖北省武汉市
中国石油化工股份公司江西吉安分公司	加油站	中国石油	江西省吉安市
北京翠微大厦股份有限公司	百货店	翠微百货	北京市
中国石油天然气股份有限公司广西南宁销售分公司	加油站	中国石油	广西壮族自治区南宁市
中国石油化工股份有限公司湖南石油高速分公司	加油站	中国石化	湖南省长沙市
中国石化销售有限公司广西百色石油分公司	加油站	中国石化	广西壮族自治区百色市
北京超市发连锁股份有限公司	超市	超市发	北京市
深圳市苏宁电器有限公司	专业店	苏宁	广东省深圳市
中国石油化工股份有限公司广东茂名石油分公司	加油站	中国石化	广东省茂名市
中国石油化工股份有限公司湖南株洲石油公司	加油站	中国石化	湖南省株洲市
中国石油化工股份有限公司河北沧州石油分公司	加油站	中国石化	河北省沧州市
深圳市恒波商业连锁股份有限公司	专业店	恒波	广东省深圳市
中国石油天然气股份有限公司陕西延安销售分公司	加油站	中国石油	陕西省延安市
山西省烟草公司晋中市公司	专业店	山西烟草	山西省晋中市
山西省烟草公司长治市公司	专业店	山西烟草	山西省长治市
江苏新合作常客隆连锁超市有限公司	超市	新合作常客隆	江苏省苏州市
飒拉商业(上海)有限公司	专卖店	ZARA	上海市
山东九州商业集团有限公司	大型超市	九州集团	山东省临沂市
枣庄贵诚集团购物中心有限公司	百货店	山东贵诚集团购物中心	山东省枣庄市
中国石油天然气股份有限公司湖南长沙销售分公司	加油站	中国石油	湖南省长沙市
中石化森美(福建)石油有限公司厦门分公司	加油站	中国石化(森美)	福建省厦门市
中国石油化工股份有限公司湖南岳阳石油分公司	加油站	中国石化	湖南省岳阳市
广东天河城百货有限公司	百货店	天河城百货	广东省广州市
山东银宝食品有限公司	专卖店	银宝	山东省泰安市
湖北高路油站经营有限责任公司	加油站	中国石化	湖北省武汉市
天津天宁苏宁电器有限公司	专业店	苏宁	天津市
中石化森美(福建)石油有限公司福州分公司	加油站	中国石化(森美)	福建省福州市
中国石油化工股份有限公司山东济宁石油分公司	加油站	中国石化	山东省济宁市
江西中石化股份有限公司抚州分公司	加油站	中国石化	江西省抚州市
中石化森美(福建)石油有限公司漳州分公司	加油站	中国石化(森美)	福建省漳州市
陕西省烟草公司宝鸡市分公司	其他	陕西烟草	陕西省宝鸡市
烟台市家家悦超市有限公司	超市	家家悦	山东省烟台市

5-1 续表 4

企业名称	业态	连锁商号	所在地
上海国美电器有限公司	专业店	国美电器	上海市
重庆市国美电器有限公司	专卖店	国美电器	重庆市
中国石油天然气股份有限公司新疆阿克苏销售分公司	加油站	中国石油	新疆维吾尔自治区阿克苏地区
中国石油化工股份有限公司山西临汾石油分公司	加油站	中国石化	山西省临汾市
湖北省十堰市寿康永乐有限公司	超市	寿康永乐	湖北省十堰市
中国石油天然气股份有限公司江西南昌销售分公司	加油站	中国石油	江西省南昌市
广州百佳超级市场有限公司	超市	百佳	广东省广州市
北京沃尔玛百货有限公司	仓储会员店	沃尔玛超市	北京市
中国石油化工股份有限公司九江石油分公司	加油站	中国石化	江西省九江市
大参林医药集团股份有限公司	专业店	恩莱芙	广东省广州市
中国石油天然气股份有限公司辽宁营口销售分公司	加油站	中国石油	辽宁省营口市
中石化森美(福建)石油有限公司龙岩分公司	加油站	中国石化(森美)	福建省龙岩市
中国石化销售有限公司广西钦州石油分公司	加油站	中国石化	广西壮族自治区钦州市
华联集团吉买盛购物中心有限公司	大型超市	吉买盛	上海市
中国石油化工股份有限公司河北保定石油分公司	加油站	中国石化	河北省保定市
中国石油天然气股份有限公司广东广州销售分公司	加油站	中国石油	广东省广州市
陕西省烟草公司安康市公司	专卖店	陕西烟草	陕西省安康市
中国石油化工股份有限公司河北邢台石油分公司	加油站	中国石化	河北省邢台市
浙江惠多利农资连锁有限公司	专业店	惠多利	浙江省杭州市
浙江银泰百货有限公司	百货店	银泰	浙江省杭州市
江苏华润万家超市有限公司	超市	华润万家	江苏省苏州市
中国石油天然气股份有限公司新疆哈密销售分公司	加油站	中国石油	新疆维吾尔自治区哈密地区
中国石油化工股份有限公司山东滨州石油分公司	加油站	中国石化	山东省滨州市
中国石油化工股份有限公司湖南常德石油分公司	专业店	中国石化	湖南省常德市
中国石油天然气股份有限公司辽宁锦州销售分公司	加油站	中国石油	辽宁省锦州市
中国石油天然气股份有限公司海南销售分公司	加油站	中国石油	海南省海口市
中国石油天然气股份有限公司新疆喀什销售分公司	加油站	中国石油	新疆维吾尔自治区喀什地区
孩子王儿童用品(中国)有限公司	百货店	孩子王	江苏省南京市
中国石油化工股份有限公司上饶分公司	加油站	中国石化	江西省上饶市
中国石化销售有限公司河北承德石油分公司	加油站	中国石化	河北省承德市
重庆和平药房连锁有限责任公司	专业店	和平药房	重庆市
中国石油化工股份有限公司	加油站	中国石化	陕西省西安市
中国石油化工股份有限公司湖南永州石油分公司	加油站	中国石化	湖南省永州市
中国石化销售有限公司河南信阳石油分公司	加油站	中国石化	河南省信阳市
中国石油化工股份有限公司山西吕梁石油分公司	加油站	中国石化	山西省吕梁市
中国石油化工股份有限公司河北廊坊石油分公司	加油站	中国石化	河北省廊坊市
北京华冠商业经营股份有限公司	大型超市	北京华冠	北京市
中国石油天然气股份有限公司陕西宝鸡销售分公司	加油站	中国石油	陕西省宝鸡市
中石化安徽安庆石油分公司	加油站	中国石化	安徽省安庆市
中国石油天然气股份有限公司新疆昌吉销售分公司	加油站	中国石油	新疆维吾尔自治区昌吉回族自治州
中国石化销售有限公司广西玉林石油分公司	加油站	中国石化	广西壮族自治区玉林市
广州友谊集团股份有限公司	百货店	广州友谊	广东省广州市
中国石油化工股份有限公司河北邯郸石油分公司	加油站	中国石化	河北省邯郸市
荆门市东方百货大厦	百货店	荆门东方百货	湖北省荆门市
阜阳华联集团股份有限公司	超市	华联	安徽省阜阳市
泸州汇通百货股份有限公司	百货店	汇通百货	四川省泸州市
上海福满家便利有限公司	便利店	全家	上海市
中国石油天然气股份有限公司四川德阳销售分公司	加油站	中国石油	四川省德阳市

5-1 续表 5

企业名称	业态	连锁商号	所在地
深圳市百果园实业发展有限公司	其他	百果园	广东省深圳市
中石油新疆销售有限公司巴州分公司	加油站	中国石油	新疆维吾尔自治区巴音郭楞蒙古自治州
中国石油天然气股份有限公司宁夏银川销售分公司	加油站	中国石油	宁夏回族自治区银川市
中国石油天然气股份有限公司陕西榆林销售分公司	加油站	中国石油	陕西省榆林市
广州壳牌石油化工有限公司	加油站	延长壳牌	广东省广州市
苏州欧尚超市有限公司	大型超市	欧尚	江苏省苏州市
武汉苏宁电器有限公司	专业店	苏宁	湖北省武汉市
中油股份陕西咸阳销售分公司	加油站	中国石油	陕西省咸阳市
天津国美电器有限公司	专业店	国美电器	天津市
浙江供销超市有限公司	大型超市	浙江供销超市、供销便利、家连便利	浙江省绍兴市
上海老庙黄金连锁经营有限公司	专业店	老庙黄金	上海市
中国石油天然气股份有限公司新疆克拉玛依销售分公司	加油站	中国石油	新疆维吾尔自治区克拉玛依市
周大福珠宝金行(武汉)有限公司	专卖店	周大福	湖北省武汉市
四川省汇星实业(集团)有限公司	超市	汇星超市	四川省绵阳市
银川新华百货连锁超市有限公司	大型超市	银川新华百货连锁超市	宁夏回族自治区银川市
成都家乐福超市有限公司	大型超市	家乐福	四川省成都市
青岛永旺东泰商业有限公司	大型超市	永旺	山东省青岛市
湖南家润多超市有限公司	超市	海航家润多	湖南省长沙市
中石化森美(福建)石油有限公司三明分公司	加油站	中国石化(森美)	福建省三明市
湖北富迪实业有限公司	超市	湖北富迪实业	湖北省仙桃市
中石化森美(福建)石油有限公司南平分公司	加油站	中国石化(森美)	福建省南平市
中国石油化工股份有限公司广东梅州石油分公司	加油站	中国石化	广东省梅州市
安徽永辉超市有限公司	大型超市	永辉超市	安徽省合肥市
中国石油化工股份有限公司珠海石油分公司	专业店	中国石化	广东省珠海市
中国石油天然气股份有限公司酒泉销售公司	加油站	中国石油	甘肃省酒泉市
深圳市人人乐商业有限公司	大型超市	人人乐	广东省深圳市
中国石油化工股份有限公司河北衡水石油分公司	加油站	中国石化	河北省衡水市
中国石油天然气股份有限公司陕西汉中销售分公司	加油站	中国石油	陕西省汉中市
中国石油天然气股份有限公司辽宁辽阳销售分公司	加油站	中国石油	辽宁省辽阳市
中国石油化工股份有限公司山东东营石油分公司	加油站	中国石化	山东省东营市
中国石油化工股份有限公司湖南邵阳石油分公司	加油站	中国石化	湖南省邵阳市
中国石油化工股份有限公司驻马店分公司	加油站	中国石化	河南省驻马店市
中国石油化工股份有限公司新疆石油分公司	加油站	易捷	新疆维吾尔自治区乌鲁木齐市
中山市壹加壹连锁商业有限公司	大型超市	壹加壹	广东省中山市
四川永辉超市有限公司	大型超市	永辉超市	四川省成都市
中国石油天然气股份有限公司辽宁抚顺销售分公司	加油站	中国石油	辽宁省抚顺市
北京美廉美连锁商业有限公司	大型超市	美廉美	北京市
中国石油天然气股份有限公司甘肃天水销售分公司	加油站	中国石油	甘肃省天水市
深圳市顺电连锁股份有限公司	专业店	顺电	广东省深圳市
安徽徽商农家福有限公司	其他	农家福	安徽省合肥市
中国石油化工股份有限公司河南新乡石油分公司	加油站	中国石化	河南省新乡市
中国石油化工股份有限公司河南三门峡石油分公司	加油站	中国石化	河南省三门峡市
中国石油天然气股份有限公司辽宁葫芦岛分公司	加油站	中国石油	辽宁省葫芦岛市
中国石油天然气股份有限公司新疆伊犁销售分公司	加油站	中国石油	新疆维吾尔自治区伊犁哈萨克自治州
中国石化销售有限公司广西河池石油分公司	加油站	中国石化	广西壮族自治区河池市
北京稻香村食品有限责任公司	专卖店	三禾品牌	北京市
中国石油化工股份有限公司山东枣庄石油分公司	加油站	中国石化	山东省枣庄市
十堰市新合作超市有限公司	超市	新合作超市	湖北省十堰市

5-1 续表 6

企业名称	业态	连锁商号	所在地
武汉国美电器有限公司	专业店	国美电器	湖北省武汉市
美克美家家具连锁有限公司	专卖店	美克美家	新疆维吾尔自治区乌鲁木齐市
云南沃尔玛百货有限公司	大型超市	沃尔玛	云南省昆明市
中国石油化工股份有限公司河南平顶山石油分公司	加油站	中国石化	河南省平顶山市
中石化森美(福建)石油有限公司莆田分公司	加油站	中国石化	福建省莆田市
中国石油化工股份有限公司陕西榆林石油分公司	专业店	中国石化	陕西省榆林市
中国石油化工股份有限公司湖南娄底石油分公司	加油站	中国石化	湖南省娄底市
中国石油天然气股份有限公司广西桂林销售分公司	加油站	中国石油	广西壮族自治区桂林市
平和堂(中国)有限公司	百货店	平和堂	湖南省长沙市
新疆兵团农业生产资料供应公司	专业店	兵团农资	新疆维吾尔自治区乌鲁木齐市
江苏省苏盐连锁有限公司	专业店	苏盐连锁	江苏省南京市
中国石化销售有限公司广西梧州石油分公司	加油站	中国石化	广西壮族自治区梧州市
昆明家乐福超市有限公司	大型超市	家乐福	云南省昆明市
中国石油天然气股份有限公司福建福州销售分公司	加油站	中国石油	福建省福州市
中国石化销售有限公司广西贵港石油分公司	加油站	中国石化	广西壮族自治区贵港市
天津劝宝超市有限责任公司	超市	劝宝	天津市
中国石化销售有限公司广西贺州石油分公司	加油站	中国石化	广西壮族自治区贺州市
中国石油天然气股份有限公司辽宁朝阳销售分公司	加油站	中国石油	辽宁省朝阳市
中国石油天然气股份有限公司河南洛阳销售分公司	加油站	中国石油	河南省洛阳市
哈尔滨中央红集团股份有限公司	便利店	小月亮	黑龙江省哈尔滨市
泉州新华都购物广场有限公司	大型超市	新华都	福建省泉州市
沈阳家乐福商业有限公司	大型超市	家乐福	辽宁省沈阳市
许昌市胖东来商贸集团有限公司	大型超市	胖东来	河南省许昌市
湖北良品铺子食品有限公司	专业店	良品铺子	湖北省武汉市
中国石油天然气股份有限公司陕西铜川销售分公司	加油站	中国石油	陕西省铜川市
福建苏宁云商商贸有限公司	专卖店	苏宁	福建省福州市
中国石油化工股份有限公司河南商丘分公司	加油站	中国石化	河南省商丘市
话机世界通信集团股份有限公司	专业店	话机世界	浙江省杭州市
中石油新疆吐鲁番销售分公司	加油站	中国石油	新疆维吾尔自治区吐鲁番地区
中国石油化工股份有限公司江西新余石油分公司	加油站	中国石化	江西省新余市
廊坊市明珠商业企业集团有限公司	百货店	廊坊明珠	河北省廊坊市
中国石化销售有限公司西北新疆阿克苏分公司	加油站	中国石化	新疆维吾尔自治区阿克苏地区
中国石油天然气股份有限公司河北石家庄销售分公司	加油站	中国石油	河北省石家庄市
中国石油化工股份有限公司湖南湘西分公司	加油站	中国石化	湖南省湘西土家族苗族自治州
中海石油炼化惠州销售有限责任公司	专业店	中海石油	广东省惠州市
中国石油化工股份有限公司山西长治石油分公司	加油站	中国石化	山西省长治市
乐天超市有限公司	大型超市	乐天玛特、乐之选	北京市
中国石油化工股份有限公司湖北荆门石油分公司	加油站	中国石油	湖北省荆门市
永旺华南商业有限公司	大型超市	永旺	广东省深圳市
沃尔玛(湖北)商业零售有限公司	大型超市	沃尔玛	湖北省武汉市
中国石油化工股份有限公司周口分公司	加油站	中国石化	河南省周口市
中国石油天然气股份有限公司泉州销售分公司	加油站	中国石油	福建省泉州市
中国石油天然气股份有限公司甘肃张掖销售分公司	加油站	中国石油	甘肃省张掖市
中国石油天然气股份有限公司辽宁丹东销售分公司	加油站	中国石油	辽宁省丹东市
广东赛壹便利店有限公司	便利店	7-ELEVEN	广东省广州市
广西辉煌交通石化有限公司	加油站	中国石化	广西壮族自治区南宁市
中国石化销售有限公司广西崇左石油分公司	加油站	中国石化	广西壮族自治区崇左市
深圳市亨吉利世界名表中心有限公司	专卖店	亨吉利名表	广东省深圳市

5-1 续表 7

企业名称	业态	连锁商号	所在地
沃尔玛(江苏)商业零售有限公司	大型超市	沃尔玛	江苏省南京市
中石化湖南益阳石油分公司	加油站	中国石化	湖南省益阳市
烟台振华量贩超市有限公司	超市	振华量贩	山东省烟台市
中国石油天然气股份有限公司山西晋中销售分公司	加油站	中国石油	山西省晋中市
中国石化销售有限公司广西北海石油分公司	加油站	中国石化	广西壮族自治区北海市
中国石油天然气股份有限公司广西玉林销售分公司	加油站	中国石油	广西壮族自治区玉林市
中国石油天然气股份有限公司辽宁盘锦销售分公司	加油站	中国石油	辽宁省盘锦市
中国石油化工股份有限公司重庆石油分公司	加油站	中国石化	重庆市
上海好德便利有限公司	便利店	好德	上海市
东营银座商城有限公司	百货店	银座	山东省东营市
沃尔玛(四川)百货有限公司	大型超市	沃尔玛	四川省成都市
中国石油天然气股份有限公司山西太原销售分公司	专业店	中国石油	山西省太原市
中国石油天然气股份有限公司广西钦州销售分公司	加油站	中国石油	广西壮族自治区钦州市
江苏苏盛商贸有限公司	专业店	苏盛	江苏省南京市
昆明云顺和商业发展有限公司	百货店	昆明百盛	云南省昆明市
东莞市嘉荣超市有限公司	大型超市	嘉荣	广东省东莞市
无印良品(上海)商业有限公司	专卖店	无印良品MUJI	上海市
西亚和美商业股份有限公司	大型超市	西亚和美	河南省信阳市
重庆重客隆超市连锁有限责任公司	超市	重客隆	重庆市
中国石油化工股份有限公司陕西渭南石油公司	加油站	中国石化	陕西省渭南市
长沙步步高商业连锁有限责任公司	大型超市	步步高	湖南省长沙市
北京国泰平安百货有限公司	百货店	国泰百货	北京市
西安民生集团股份有限公司	百货店	西安民生	陕西省西安市
黑龙江黑天鹅家电有限公司	专业店	黑天鹅	黑龙江省哈尔滨市
合肥悦家商业有限公司	大型超市	家乐福	安徽省合肥市
中国石油天然气股份有限公司辽宁阜新销售分公司	加油站	中国石油	辽宁省阜新市
中国石油化工股份有限公司江西景德镇石油分公司	加油站	中国石化	江西省景德镇市
中国石油天然气股份有限公司陕西安康销售分公司	加油站	中国石油	陕西省安康市
山东鲁百百货大楼集团有限公司	百货店	鲁百百货	山东省东营市
南昌百货大楼股份有限公司	百货店	百货大楼	江西省南昌市
湖北博通电器有限公司	专业店	博通电器	湖北省省直辖县级行政区划
中国石油化工股份有限公司陕西汉中石油分公司	加油站	中国石化	陕西省汉中市
江西高速实业开发有限公司	加油站	中国石化	江西省南昌市
中国石油化工股份有限公司福建泉州石油分公司	加油站	中国石化	福建省泉州市
秦皇岛中油华奥销售有限公司	加油站	中国石油	河北省秦皇岛市
中国天然气股分有限公司宁夏固原销售分公司	加油站	中国石油	宁夏回族自治区固原市
中国石油化工股份有限公司湖北高速公路油站管理分公司	加油站	中国石化	湖北省武汉市
银川新华百货东桥电器有限公司	专业店	新华百货东桥电器	宁夏回族自治区银川市
浙江上百贸易有限公司	百货店	上百贸易	浙江省绍兴市
深圳市百佳华百货有限公司	百货店	百佳华百货	广东省深圳市
北京同仁堂连锁药店有限责任公司	专业店	同仁堂	北京市
北京欧尚超市有限公司	大型超市	欧尚	北京市
上海新欧尚超市有限公司	大型超市	欧尚	上海市
东莞市大地通讯连锁服务有限公司	专业店	大地通讯	广东省东莞市
浙江华润慈客隆超市有限公司	超市	华润万家	浙江省宁波市
西雅衣家(中国)商业有限公司	专卖店	西雅衣家	上海市
昆明国美电器有限公司	专业店	国美电器	云南省昆明市
中国石油天然气股份有限公司河北廊坊销售分公司	加油站	中国石油	河北省廊坊市

5-1　续表 8

企业名称	业态	连锁商号	所在地
中石化森美(福建)石油有限公司宁德分公司	加油站	中国石化(森美)	福建省宁德市
沃尔玛(深圳)百货有限公司	大型超市	沃尔玛	广东省深圳市
中国石油天然气股份有限公司广西梧州销售分公司	加油站	中国石油	广西壮族自治区梧州市
中国石油化工股份有限公司河南许昌石油分公司	加油站	中国石化	河南省许昌市
北京屈臣氏个人用品连锁商店有限公司	超市	屈臣氏	北京市
重庆家乐福商业有限公司	大型超市	家乐福	重庆市
上海古今内衣有限公司	专卖店	古今内衣	上海市
北京易初莲花连锁超市有限公司	大型超市	易初莲花	北京市
上海可的便利店有限公司	便利店	可的	上海市
中国石油辽宁本溪销售分公司	加油站	中国石油	辽宁省本溪市
中国石油天然气股份有限公司山东济宁销售分公司	加油站	中国石油	山东省济宁市
河南省国美电器有限公司	专业店	国美电器	河南省郑州市
广州友谊班尼路服饰有限公司	专卖店	友谊班尼路	广东省广州市
湖南佳惠百货有限责任公司	大型超市	佳惠百货	湖南省怀化市
浙江诸暨第一百货有限公司	超市	诸暨一百	浙江省绍兴市
上海迪亚零售有限公司	折扣店	迪亚	上海市
中国石油天然气股份有限公司新疆阿勒泰销售分公司	加油站	中国石油	新疆维吾尔自治区阿勒泰地区
浙江华联商厦有限公司	百货店	浙江家家福超市	浙江省宁波市
北京宜家家居有限公司	家居建材商店	宜家家居	北京市
中国石化销售有限公司广西来宾石油分公司	加油站	中国石化	广西壮族自治区来宾市
上海来伊份食品连锁经营有限公司	专业店	来伊份	上海市
中国石油天然气股份有限公司陕西商洛销售分公司	加油站	中国石油	陕西省商洛市
中国石化销售有限公司江西萍乡石油分公司	加油站	中国石化	江西省萍乡市
江苏雅家乐集团有限公司	超市	雅家乐	江苏省盐城市
青岛国美电器有限公司	专业店	国美电器	山东省青岛市
联盛商业连锁股份有限公司	大型超市	联盛	江西省九江市
江西鹏润国美电器有限公司	专业店	国美	江西省南昌市
深圳岁宝百货有限公司	百货店	岁宝百货	广东省深圳市
贵州合力购物有限责任公司	大型超市	合力购物	贵州省贵阳市
深圳市海王星辰健康药房连锁有限公司	其他	海王星辰	广东省深圳市
中国石油化工股份有限公司广东粤东石油公司	专业店	中国石化	广东省汕头市
山西省太原唐久超市有限公司	便利店	唐久便利	山西省太原市
中国石油化工股份有限公司安徽马鞍山石油分公司	加油站	中国石化	安徽省马鞍山市
湖北世纪愿景商贸有限公司	专卖店	周黑鸭	湖北省武汉市
中国石油化工股份有限公司广东云浮石油分公司	加油站	中国石化	广东省云浮市
北京崇德商贸有限公司	专业店	北京崇德商贸	北京市
新一佳超市有限公司	大型超市	新一佳	广东省深圳市
中国石油化工股份有限公司河南开封石油分公司	加油站	中国石化	河南省开封市
武汉市南浦食品有限责任公司	专业店	南浦	湖北省武汉市
中国石油化工股份有限公司河北秦皇岛石油分公司	加油站	中国石化	河北省秦皇岛市
宁波欧尚超市有限公司	大型超市	欧尚	浙江省宁波市
辽宁华润万家生活超市有限公司	大型超市	华润万家	辽宁省沈阳市
益丰大药房连锁股份有限公司	专业店	益丰大药房	湖南省常德市
北京首商集团股份有限公司西单商场	百货店	西单商场	北京市
云南苏宁电器有限公司	专业店	苏宁	云南省昆明市
昆明百货大楼(集团)珠宝经营有限公司	专业店	昆明百货大楼	云南省昆明市
新疆维吾尔自治区伊犁哈萨克自治州烟草公司	专卖店	新疆烟草	新疆维吾尔自治区伊犁哈萨克自治州
博马努瓦服饰商贸(上海)有限公司	专卖店	Cache-cache	上海市

5-1　续表 9

企业名称	业态	连锁商号	所在地
新疆国美电器有限公司	专业店	国美电器	新疆维吾尔自治区乌鲁木齐市
无锡悦家商业有限公司	大型超市	家乐福	江苏省无锡市
中国石油天然气股份有限公司甘肃临夏销售分公司	加油站	中国石油	甘肃省临夏回族自治州
湖南苏宁云商有限公司	专业店	苏宁	湖南省长沙市
中国石油天然气股份有限公司河北邯郸销售分公司	加油站	中国石油	河北省邯郸市
中国石油化工股份有限公司陕西咸阳石油分公司	加油站	中国石化	陕西省咸阳市
迪卡侬(北京)体育用品有限公司	专业店	迪卡侬	北京市
上海屈臣氏日用品有限公司	百货店	屈臣氏	上海市
大连国美电器有限公司	专业店	国美电器	辽宁省大连市
北京市上品商业发展有限责任公司	折扣店	上品折扣	北京市
上海欧尚超市有限公司	大型超市	欧尚	上海市
北京迪信通电子通信技术有限公司	专业店	北京迪信通	北京市
广州市振戎燃气连锁经营有限公司	其他	振戎燃气	广东省广州市
南昌市天虹商场有限公司	百货店	天虹	江西省南昌市
大庆市庆客隆连锁商贸有限公司	超市	庆客隆	黑龙江省大庆市
广东龙粤通信设备集团有限公司	专业店	龙粤通信	广东省广州市
安徽苏宁云商销售有限公司	专业店	苏宁	安徽省合肥市
福州国美电器有限公司	专卖店	国美电器	福建省福州市
上海新华传媒连锁有限公司	专卖店	上海书城	上海市
中国石油天然气股份有限公司广东江门销售分公司	加油站	中国石油	广东省江门市
广州家广超市有限公司	大型超市	家乐福	广东省广州市
华糖洋华堂商业有限公司	百货店	华堂商场	北京市
上海长宁苏宁云商销售有限公司	专业店	苏宁	上海市
湖南国美电器有限公司	专业店	国美电器	湖南省长沙市
成都舞东风连锁超市有限责任公司	便利店	舞东风	四川省成都市
中石化江西鹰潭石油分公司	加油站	中国石化	江西省鹰潭市
哈尔滨家乐福超市有限公司	大型超市	家乐福	黑龙江省哈尔滨市
株洲东都步步高商业连锁有限责任公司	大型超市	步步高	湖南省株洲市
中国石油天然气股份有限公司新疆和田销售分公司	加油站	中国石油	新疆维吾尔自治区和田地区
永辉超市河南有限公司	大型超市	永辉超市	河南省郑州市
中国石油天然气股份有限公司河北沧州销售分公司	加油站	中国石油	河北省沧州市
心连心集团有限公司	超市	心连心集团	湖南省湘潭市
贵阳苏宁云商销售有限公司	专业店	苏宁	贵州省贵阳市
凉山州达达商贸有限责任公司	超市	凉山州达达商贸	四川省凉山彝族自治州
中国石油化工股份有限公司新疆喀什石油分公司	加油站	中国石油	新疆维吾尔自治区喀什地区
上海伍缘现代杂货有限公司	超市	伍缘	上海市
河南永乐生活电器有限公司	专业店	永乐生活电器	河南省郑州市
中国石油天然气股份有限公司河北秦皇岛销售分公司	加油站	中国石油	河北省秦皇岛市
中国石油天然气股份有限公司福建厦门销售分	加油站	中国石油	福建省厦门市
山东苏宁电器有限公司	专业店	苏宁	山东省济南市
武汉汉福超市有限公司	大型超市	家乐福	湖北省武汉市
洛阳丹尼斯量贩有限公司	大型超市	丹尼斯	河南省洛阳市
大连沈大苏宁电器有限公司	专业店	苏宁	辽宁省大连市
潜江市惠美家商贸有限公司	超市	惠美家	湖北省省直辖县级行政区划
沈阳苏宁电器有限公司	专业店	苏宁	辽宁省沈阳市
河南苏宁云商销售有限公司	专业店	苏宁	河南省郑州市
沃尔玛(北京)商业零售有限公司	大型超市	沃尔玛	北京市
中国石油化工股份有限公司湖南张家界石油分公司	加油站	中国石化	湖南省张家界市

5-1 续表 10

企业名称	业态	连锁商号	所在地
广州市好又多百货商业广场有限公司	大型超市	好又多	广东省广州市
安徽省金润商贸有限公司	超市	安徽金润	安徽省合肥市
青岛屈臣氏个人用品商店有限公司	超市	屈臣氏	山东省青岛市
中国石油化工股份有限公司新疆巴州石油分公司	加油站	中国石化	新疆维吾尔自治区巴音郭楞蒙古自治州
安徽五星电器有限公司	专业店	五星电器	安徽省合肥市
中国天然气股份有限公司江西鹰潭销售分公司	加油站	中国石油	江西省鹰潭市
青岛鲁宁苏宁电器有限公司	专业店	苏宁	山东省青岛市
唐山市金客隆超市有限公司	超市	金客隆	河北省唐山市
中油碧辟石油有限公司惠州分公司	加油站	中油BP	广东省惠州市
浙江汇德隆实业集团有限公司	大型超市	汇德隆	浙江省杭州市
深圳汇骏服装有限公司	专卖店	G2000	广东省深圳市
安徽省安德利百货股份有限公司	百货店	安德利	安徽省合肥市
上海捷强烟草糖酒(集团)连锁有限公司	专业店	捷强	上海市
中国石油天然气股份有限公司河北承德销售分公司	加油站	中国石油	河北省承德市
河南张仲景大药房股份有限公司	专业店	张仲景	河南省郑州市
东莞市时尚电器有限公司	专业店	时尚电器	广东省东莞市
中国石油天然气股份有限公司河北张家口销售分公司	加油站	中国石油	河北省张家口市
中国石油天然气股份有限公司广东惠州销售分公司	加油站	中国石油	广东省惠州市
辽宁成大方圆医药连锁有限公司	专业店	成大方圆	辽宁省沈阳市
宁波市北仑加贝购物俱乐部(普通合伙)	超市	加贝	浙江省宁波市
大商集团河南超市连锁发展有限公司	大型超市	大商超市	河南省郑州市
中国石油化工股份有限公司新疆哈密石油分公司	加油站	中国石化	新疆维吾尔自治区哈密地区
山西苏宁云商销售有限公司	专业店	苏宁	山西省太原市
江苏大众医药连锁有限公司	专业店	大众医药	江苏省无锡市
上海三枪(集团)有限公司	专卖店	三枪、鹅牌、迪士尼	上海市
华润潍坊远东医药有限公司	专业店	远东平民大药房	山东省潍坊市
上海良友金伴便利连锁有限公司	便利店	良友金伴	上海市
柒一拾壹(北京)有限公司	便利店	7-ELEVEN	北京市
天津市人人乐商业有限公司	大型超市	人人乐	天津市
中国石油天然气股份有限公司广东茂名销售分公司	加油站	中国石油	广东省茂名市
山东统一银座商业有限公司	超市	统一银座	山东省济南市
浙江十足商贸有限公司	便利店	十足便利店	浙江省温州市
北京壳牌石油有限公司	加油站	壳牌	北京市
胜利油田胜大超市	超市	胜大超市	山东省东营市
中国石油化工股份有限公司陕西延安石油分公司	加油站	中国石化	陕西省延安市
江西省烟草公司鹰潭市公司	专业店	江西烟草	江西省鹰潭市
哈药集团医药有限公司	专业店	人民同泰	黑龙江省哈尔滨市
中国石油天然气股份有限公司广西河池销售分公司	加油站	中国石油	广西壮族自治区河池市
上海永乐通讯设备有限公司	专业店	永乐	上海市
秦皇岛市兴龙广缘商厦有限公司	大型超市	广缘超市	河北省秦皇岛市
中国石油天然气股份有限公司广西柳州销售分公司	加油站	中国石油	广西壮族自治区柳州市
大连金玛超市连锁有限公司	大型超市	金玛超市	辽宁省大连市
成都市人人乐商业有限公司	大型超市	成都人人乐	四川省成都市
中国石油天然气股份有限公司福建省漳州销售分公司	加油站	中国石油	福建省漳州市
中国石油天然气股份有限公司山东枣庄销售分公司	加油站	中国石油	山东省枣庄市
通用磨坊贸易(上海)有限公司	专卖店	哈根达斯	上海市
宁波新江厦连锁超市有限公司	超市	新江厦连锁超市	浙江省宁波市

5-1 续表 11

企业名称	业态	连锁商号	所在地
中国石油天然气股份有限公司河北邢台销售分公司	加油站	中国石油	河北省邢台市
上海烟草集团杨浦烟草糖酒有限公司	专卖店	杨浦烟草	上海市
北京中复电讯设备有限责任公司	专业店	中复电讯	北京市
犍为县黄家超市	超市	黄家超市	四川省乐山市
苏州宏图三胞科技发展有限公司	专业店	宏图三胞	江苏省苏州市
安徽欧尚超市有限公司	大型超市	欧尚超市	安徽省芜湖市
北京味多美食品有限责任公司	专卖店	味多美	北京市
安徽国生电器有限责任公司	专业店	国生电器	安徽省合肥市
衢州东方商厦有限公司	超市	衢老大	浙江省衢州市
十足集团股份有限公司	便利店	十足集团	浙江省杭州市
深圳市国美电器有限公司	专业店	国美电器	广东省深圳市
深圳家乐福商业有限公司	大型超市	家乐福	广东省深圳市
老百姓大药房连锁有限公司	专业店	老百姓大药房	湖南省长沙市
山西国美电器有限公司	专业店	国美电器	山西省太原市
厦门福厦苏宁电器有限公司	专卖店	苏宁	福建省厦门市
玉林金城商厦有限责任公司	百货店	金城商厦	广西壮族自治区玉林市
广西苏宁电器有限公司	专业店	苏宁	广西壮族自治区南宁市
中国石化股份有限公司广东汕尾石油分公司	加油站	中国石化	广东省汕尾市
北京鑫方盛五金交电有限公司	专业店	鑫方盛五金交电	北京市
中国石油天然气股份有限公司湖南销售常德分公司	加油站	中国石油	湖南省常德市
云南健之佳连锁健康药房有限公司	专业店	健之佳	云南省昆明市
浙江人本超市有限公司	大型超市	人本超市	浙江省温州市
中国石油天然气股份有限公司广东肇庆分公司	加油站	中国石油	广东省肇庆市
湖南邵阳中油销售有限公司	加油站	中国石油	湖南省邵阳市
上海烟草集团普陀烟草糖酒有限公司	专卖店	普陀烟草	上海市
中油碧辟石油有限公司江门分公司	加油站	中油BP	广东省江门市
河北惠友商业连锁发展有限公司	超市	惠友	河北省保定市
中国石油天然气股份有限公司湖南怀化销售分	加油站	中国石油	湖南省怀化市
中国石油天然气股份有限公司河南南阳销售分公司	加油站	中国石油	河南省南阳市
浙江东兴商厦股份有限公司	超市	东兴商厦	浙江省嘉兴市
哈尔滨苏宁云商销售有限公司	专业店	苏宁	黑龙江省哈尔滨市
大同市华林有限责任公司	百货店	华林	山西省大同市
广州市盛世长运商贸连锁有限公司	其他	广州盛世长运	广东省广州市
浙江驰骋控股有限公司	其他	左邻右舍、生活驿站	浙江省衢州市
上海易买得超市有限公司	大型超市	易买得	上海市
特易购商业(江苏)有限公司	大型超市	特易购	江苏省南京市
中国石油天然气股份有限公司广西百色销售分公司	加油站	中国石油	广西壮族自治区百色市
中域电讯连锁集团股份有限公司	专业店	中域电讯	广东省东莞市
中国石油化工股份有限公司江西瑞昌石油分公司	加油站	中国石化	江西省九江市
云南玉溪百信商贸集团有限公司	超市	云南玉溪百信商贸集团	云南省玉溪市
上海家得利超市有限公司	超市	家得利	上海市
湖南新一佳商业投资有限公司	大型超市	新一佳超市	湖南省长沙市
陕西乐友商贸有限公司	专业店	陕西乐友	陕西省西安市
哈尔滨申格体育连锁有限公司	专业店	申格	黑龙江省哈尔滨市
宝大祥青少年儿童购物(集团)有限公司	百货店	宝大祥	上海市
广东万宁连锁商业有限公司	百货店	万宁	广东省广州市

5-2　100门店以上连锁零售企业

企业名称	业态	连锁商号	所在地
浙江驰骋控股有限公司	其他	左邻右舍、生活驿站	浙江省衢州市
安徽辉隆农资集团股份有限公司	专业店	辉隆农资	安徽省合肥市
中国石油化工股份有限公司山东石油分公司	加油站	中国石化	山东省济南市
云南鸿翔一心堂药业(集团)股份有限公司	专业店	一心堂	云南省昆明市
重庆桐君阁大药房连锁有限责任公司	专业店	桐君阁大药房	重庆市
中国石油化工股份有限公司广东石油分公司	加油站	中国石化	广东省广州市
中国石油化工股份有限公司江苏石油分公司	加油站	中国石化	江苏省南京市
联华超市股份有限公司	超市	联华、华联	上海市
苏果超市有限公司	大型超市	苏果超市	江苏省南京市
中国石油化工股份有限公司浙江石油分公司	加油站	中国石化	浙江省杭州市
江苏苏农农资连锁集团股份有限公司	专业店	苏农连锁	江苏省南京市
安徽徽商农家福有限公司	其他	农家福	安徽省合肥市
成都红旗连锁股份有限公司	超市	红旗连锁	四川省成都市
浙江惠多利农资连锁有限公司	专业店	惠多利	浙江省杭州市
云阳县腾龙商贸有限公司	超市	腾龙超市	重庆市县
浙江供销超市有限公司	大型超市	浙江供销超市、供销便利、家连便利	浙江省绍兴市
苏宁云商集团股份有限公司	专业店	苏宁	江苏省南京市
上海联华快客便利有限公司	便利店	快客	上海市
中国石油化工股份有限公司安徽石油分公司	加油站	中国石化	安徽省合肥市
宜宾绿源食品有限公司	超市	宜宾绿源食品	四川省宜宾市
上海古今内衣有限公司	专卖店	古今内衣	上海市
湖北良品铺子食品有限公司	专业店	良品铺子	湖北省武汉市
十足集团股份有限公司	便利店	十足集团	浙江省杭州市
新疆兵团农业生产资料供应公司	专业店	兵团农资	新疆维吾尔自治区乌鲁木齐市
深圳市百果园实业发展有限公司	其他	百果园	广东省深圳市
江西煌上煌集团食品有限公司	专卖店	煌上煌	江西省南昌市
中百控股集团股份有限公司	超市	中百	湖北省武汉市
中国石油天然气股份有限公司广东销售分公司	加油站	中国石油	广东省广州市
博马努瓦服饰商贸(上海)有限公司	专卖店	Cache-cache	上海市
上海来伊份食品连锁经营有限公司	专业店	来伊份	上海市
江苏新合作常客隆连锁超市有限公司	超市	新合作常客隆	江苏省苏州市
大连金玛超市连锁有限公司	大型超市	金玛超市	辽宁省大连市
上海福满家便利有限公司	便利店	全家	上海市
福建华祥苑茶业有限公司	专卖店	华祥苑	福建省厦门市
金华市华洲连锁超市有限公司	专业店	华洲	浙江省金华市
中域电讯连锁集团股份有限公司	专业店	中域电讯	广东省东莞市
上海好德便利有限公司	便利店	好德	上海市
山西省太原唐久超市有限公司	便利店	唐久便利	山西省太原市
湖南汇丰年农资连锁超市股份有限公司	专业店	汇丰年农资	湖南省株洲市
上海可的便利店有限公司	便利店	可的	上海市
文峰大世界连锁发展股份有限公司南通文峰大世界	百货店	文峰大世界、文峰千家惠、文峰	江苏省南通市
中国石油天然气股份有限公司江苏销售分公司	加油站	中国石油	江苏省南京市
深圳虎威制衣有限公司广州分公司	专卖店	佐丹奴	广东省广州市
广东赛壹便利店有限公司	便利店	7-ELEVEN	广东省广州市
成都舞东风连锁超市有限责任公司	便利店	舞东风	四川省成都市
山西金度生活便利服务有限公司	便利店	山西金虎便利连锁	山西省太原市
江苏苏盛商贸有限公司	专业店	苏盛	江苏省南京市

5-2 续表 1

企业名称	业态	连锁商号	所在地
湖州老大房超市有限公司	超市	湖州老大房超市	浙江省湖州市
绵阳太极大药房连锁有限责任公司	专业店	绵阳太极大药房	四川省绵阳市
重庆和平药房连锁有限责任公司	专业店	和平药房	重庆市
山东潍坊百货集团股份有限公司	百货店	中百	山东省潍坊市
浙江十足商贸有限公司	便利店	十足便利店	浙江省温州市
辽宁成大方圆医药连锁有限公司	专业店	成大方圆	辽宁省沈阳市
绍兴大通超市有限公司	超市	大通超市	浙江省绍兴市
云南健之佳连锁健康药房有限公司	专业店	健之佳	云南省昆明市
山东家家悦集团有限公司	超市	家家悦	山东省威海市
利群集团股份有限公司	其他	利群	山东省青岛市
深圳市恒波商业连锁股份有限公司	专业店	恒波	广东省深圳市
中国石油化工股份有限公司上海石油分公司	加油站	中国石化	上海市
阜阳华联集团股份有限公司	超市	阜阳华联	安徽省阜阳市
益丰大药房连锁股份有限公司	专业店	益丰大药房	湖南省常德市
四川壹玖壹玖酒类供应链管理股份有限公司	专卖店	1919	四川省成都市
中国石油天然气股份有限公司重庆销售分公司	加油站	中国石油	重庆市
上海复美益星大药房连锁有限公司	专业店	复美益星	上海市
天津劝宝超市有限责任公司	超市	劝宝	天津市
湘乡市振兴连锁超市有限责任公司	超市	振兴连锁超市	湖南省湘潭市
江西新华发行集团有限公司	专业店	新华书店	江西省南昌市
中国石油化工股份有限公司北京石油分公司	加油站	中国石化	北京市
杭州华辰连锁超市有限公司	超市	杭州华辰连锁超市	浙江省杭州市
上海好药师大药房连锁有限公司	专业店	好药师大药房	上海市
江苏省苏盐连锁有限公司	专业店	苏盐连锁	江苏省南京市
中国石油天然气股份有限公司安徽销售分公司	专业店	中国石油	安徽省合肥市
重庆鑫斛药房连锁有限公司	专业店	鑫斛药庄	重庆市
深圳市南北药行连锁有限公司	其他	南北药房	广东省深圳市
浙江诸暨第一百货有限公司	超市	诸暨一百	浙江省绍兴市
中国石油天然气股份有限公司浙江销售分公司	加油站	中国石油	浙江省杭州市
湖南千金金沙大药房零售连锁有限公司	专业店	千金大药房	湖南省长沙市
深圳汇骏服装有限公司	专卖店	G2000	广东省深圳市
湖南绝味食品股份有限公司	专卖店	绝味	湖南省长沙市
话机世界通信集团股份有限公司	专业店	话机世界	浙江省杭州市
厦门鑫福客商贸有限公司	便利店	见福	福建省厦门市
农工商超市(集团)有限公司	超市	农工商	上海市
瑞安市五洲超市连锁有限公司	超市	五洲超市	浙江省温州市
山东新星集团有限公司	超市	山东新星集团	山东省淄博市
重庆市万州区福意百货有限公司	超市	福意百货	重庆市
上海捷强烟草糖酒(集团)连锁有限公司	专业店	捷强	上海市
辽宁亿家商业集团有限公司	超市	亿家	辽宁省鞍山市
四川省汇星实业(集团)有限公司	超市	汇星超市	四川省绵阳市
上海良友金伴便利连锁有限公司	便利店	良友金伴	上海市
北京吴裕泰茶业股份有限公司	专卖店	吴裕泰茶业	北京市
老百姓大药房连锁有限公司	专业店	老百姓大药房	湖南省长沙市
重庆津科农业有限责任公司	专业店	津科农业	重庆市
上海伍缘现代杂货有限公司	超市	伍缘	上海市
广州屈臣氏个人用品商店有限公司	百货店	屈臣氏	广东省广州市
永辉超市股份有限公司福建福州鼓楼分公司	大型超市	永辉、轩辉	福建省福州市

5-2 续表 2

企业名称	业态	连锁商号	所在地
山东燕喜堂医药连锁有限公司	专业店	燕喜堂	山东省威海市
重庆绝味食品销售有限公司	专卖店	绝味	重庆市
通用磨坊贸易(上海)有限公司	专卖店	哈根达斯	上海市
浙江省新华书店集团有限公司	专业店	新华书店	浙江省杭州市
上海迪亚零售有限公司	折扣店	迪亚	上海市
北京福兰德连锁超市	超市	福兰德	北京市
江苏阿仕顿服饰有限公司	专卖店	阿仕顿男装	江苏省苏州市
漯河双汇商业连锁有限公司	专卖店	双汇	河南省漯河市
呼和浩特市利冠商贸有限责任公司	便利店	利客便利店	内蒙古自治区呼和浩特市
杭州萧山农业生产资料有限公司	其他	萧农	浙江省杭州市
重庆市万州区江南医药有限公司	专业店	江南医药	重庆市
开县孙氏商贸有限责任公司	其他	渝开心连心超市	重庆市县
山东银宝食品有限公司	专卖店	银宝	山东省泰安市
物美控股集团有限公司	超市	物美品牌	北京市
四川省神龙医药连锁有限公司	专业店	天府神龙	四川省德阳市
深圳市海王星辰健康药房连锁有限公司	其他	海王星辰	广东省深圳市
舟山市民生商厦有限责任公司	超市	台客隆	浙江省舟山市
广西一心医药集团有限责任公司	专业店	广西一心医药	广西壮族自治区南宁市
广西鸿翔一心堂药业有限责任公司	专业店	一心堂	广西壮族自治区南宁市
中石化天津石油分公司	加油站	中国石化	天津市
湖北富迪实业有限公司	超市	湖北富迪	湖北省仙桃市
重庆市新大兴爱家商业连锁有限公司	超市	爱家超市	重庆市
郏县万客来商贸有限公司	超市	万客来	河南省平顶山市
新华文轩出版传媒股份有限公司	专业店	新华文轩	四川省成都市
上海梅林正广和便利连锁有限公司	便利店	光明、正广和	上海市
中国石油天然气股份有限公司大连销售分公司	加油站	中国石油	辽宁省大连市
吉林大药房药业股份有限公司	专业店	吉林大药房	吉林省长春市
四川富江超市连锁有限责任公司	超市	四川省富江高贸	四川省德阳市
河南张仲景大药房股份有限公司	专业店	张仲景	河南省郑州市
中国石油化工股份有限公司海南石油分公司	加油站	中国石化	海南省海口市
广州喜市多便利连锁有限公司	便利店	C-STORE	广东省广州市
广州友谊班尼路服饰有限公司	专卖店	友谊班尼路	广东省广州市
玉溪家佳购物超市有限公司	超市	玉溪家佳购物超市	云南省玉溪市
哈药集团医药有限公司	专业店	人民同泰	黑龙江省哈尔滨市
上海雷允上药品连锁经营有限公司	专业店	雷允上	上海市
重庆市万和药房连锁有限公司	专业店	万和	重庆市
中国石油化工股份有限公司广东广州石油分公司	加油站	中国石化	广东省广州市
重庆新华书店集团公司	专业店	新华书店	重庆市
北京隆华顺平副食品批发中心	便利店	隆华顺平	北京市
中国石油化工股份有限公司福建石油分公司	加油站	中国石化	福建省福州市
深圳市卡尔丹顿服饰股份有限公司	厂家直销中心	卡尔丹顿、GENTLE	广东省深圳市
怀化阳光苗苗孕婴童连锁有限公司	专卖店	阳光苗苗	湖南省怀化市
大参林医药集团股份有限公司	专业店	恩莱芙	广东省广州市
江苏海王星辰健康药房连锁有限公司	专业店	海王星辰	江苏省苏州市
河北国大连锁商业有限公司	便利店	36524	河北省石家庄市
华润万家有限公司	大型超市	华润万家	广东省深圳市
哈尔滨中央红集团股份有限公司	便利店	小月亮	黑龙江省哈尔滨市
台州人本十足便利店有限公司	便利店	台州人本十足便利店	浙江省台州市

5-2 续表 3

企业名称	业态	连锁商号	所在地
中国石油化工股份有限公司江西赣州石油分公司	加油站	中国石油	江西省赣州市
湖北世纪愿景商贸有限公司	专卖店	周黑鸭	湖北省武汉市
宁波开开便利超市连锁有限公司	便利店	开开便利	浙江省宁波市
北京味多美食品有限责任公司	专卖店	味多美	北京市
杭州余杭禹倡商厦有限公司	超市	杭州余杭禹倡商厦	浙江省杭州市
北京港佳好邻居连锁便利店有限责任公司	便利店	好邻居连锁	北京市
天津津工超市有限责任公司	超市	津工	天津市
南京市江宁区土产棉麻有限公司	百货店	岗山超市	江苏省南京市
重庆百货大楼股份有限公司	百货店	重庆百货、商社电器、新世纪	重庆市
浙江兴泰隆商业有限公司	超市	兴泰隆	浙江省丽水市
梓潼县鸿锋商贸有限公司	超市	鸿锋连锁	四川省绵阳市
云南东骏药业有限公司	专业店	东骏药业	云南省昆明市
中国石油化工股份有限公司石家庄分公司	加油站	中国石化	河北省石家庄市
中山市及时便利连锁有限公司	便利店	及时便利	广东省中山市
北京张一元茶叶有限责任公司	专卖店	张一元	北京市
襄阳天济大药房连锁有限责任公司	专业店	襄阳天济大药房	湖北省襄阳市
中国石油化工股份有限公司山东青岛石油分公司	加油站	中国石化	山东省青岛市
西安怡康医药连锁有限责任公司	专业店	西安怡康医药	陕西省西安市
广东万宁连锁商业有限公司	百货店	万宁	广东省广州市
国药控股国大药房山西益源连锁有限公司	专业店	益源	山西省太原市
大连海王星辰医药有限公司	专业店	海王星辰	辽宁省大连市
中国石油化工股份有限公司河北保定石油分公司	加油站	中国石化	河北省保定市
河南思达连锁商业有限公司	超市	河南正道思达连锁商业	河南省郑州市
湖南诺舟大药房连锁有限公司	专业店	诺舟大药房	湖南省长沙市
合肥采蝶轩企业管理服务有限公司	专卖店	采蝶轩	安徽省合肥市
中山市中智大药房连锁有限公司	专业店	中智	广东省中山市
北京京客隆商业集团股份有限公司	超市	京客隆	北京市
中国石油天然气股份有限公司天津销售分公司	加油站	中国石油	天津市
中国石油天然气股份有限公司	加油站	中国石油	吉林省长春市
成都市金牛区红旗连锁有限公司	便利店	红旗	四川省成都市
青岛同方药业连锁有限公司	专业店	同方药业	山东省青岛市
北京金凤成祥食品有限责任公司	专业店	金凤成祥	北京市
株洲奥湘鞋业营销有限公司	专卖店	奥康皮鞋	湖南省株洲市
中山市华润万家便利超市有限公司	便利店	华润万家	广东省中山市
浙江雄城商贸股份有限公司	超市	雄城	浙江省绍兴市
中国石油化工股份有限公司湖北武汉分公司	加油站	中国石化	湖北省武汉市
哈尔滨乾坤医药连锁有限公司	专业店	乾坤	黑龙江省哈尔滨市
中国石油化工股份有限公司河北唐山石油分公司	加油站	中国石化	河北省唐山市
江苏超越超市连锁发展有限公司	超市	江苏超越	江苏省南通市
旺苍县粮贸超市连锁有限责任公司	超市	粮贸超市	四川省广元市
深圳市亨吉利世界名表中心有限公司	专卖店	亨吉利名表	广东省深圳市
重庆市佳盛药房连锁有限公司	专业店	佳盛药房	重庆市
浙江来伊份食品有限公司	专业店	来伊份	浙江省杭州市
浙江江南大厦股份有限公司	超市	江南大厦	浙江省嘉兴市
七色纺商业连锁有限公司	专业店	七色纺	四川省成都市
嘉兴市万寿堂医药连锁有限公司	专业店	万寿堂	浙江省嘉兴市
天津华润超级市场有限公司	便利店	华润	天津市
郑州丹尼斯百货有限公司	大型超市	丹尼斯	河南省郑州市

5-2　续表 4

企业名称	业态	连锁商号	所在地
大连联华快客中山便利商业有限公司	便利店	联华快客	辽宁省大连市
湖南千惠商贸连锁有限公司	超市	千惠超市	湖南省长沙市
华润万家生活超市(广州)有限公司	大型超市	润之家、简约组合	广东省广州市
宁波市北仑加贝购物俱乐部(普通合伙)	超市	加贝	浙江省宁波市
大足唯一食品有限公司	便利店	唯一	重庆市
云南之佳便利店有限公司	便利店	之佳便利	云南省昆明市
金华市太和堂医药连锁有限公司	专业店	太和堂	浙江省金华市
重庆丰谷农资荣昌连锁超市有限公司	其他	丰谷农资	重庆市
烟台市家家悦超市有限公司	超市	家家悦	山东省烟台市
河北德仁堂大药房连锁有限公司	专业店	河北德仁堂大药房	河北省张家口市
江西黄庆仁栈华氏大药房有限公司	专业店	黄庆仁	江西省南昌市
苏州来伊份食品有限公司	专卖店	来伊份	江苏省苏州市
张家口市华佗药房连锁有限公司	专业店	华佗药房	河北省张家口市
中国石油化工股份有限公司山西临汾石油分公司	加油站	中国石化	山西省临汾市
重庆市万州区中兴医药有限责任公司	专业店	中兴医药	重庆市
柒一拾壹(北京)有限公司	便利店	7-ELEVEN	北京市
深圳市中联大药房有限公司	专业店	中联大药房	广东省深圳市
中国石油化工股份有限公司襄樊石油分公司	加油站	中国石化	湖北省襄阳市
荣昌县老百姓副食超市	超市	老百姓	重庆市
天盟农资连锁有限责任公司	专卖店	金沙江	云南省昆明市
山东统一银座商业有限公司	超市	统一银座	山东省济南市
中国石油化工股份有限公司广东江门石油分公司	专业店	中国石化	广东省江门市
石家庄新兴药房连锁有限公司	专业店	新兴	河北省石家庄市
中石化壳牌(江苏)石油销售有限公司	加油站	壳牌	江苏省苏州市
柳州百草堂医药连锁有限责任公司	专业店	百草堂	广西壮族自治区柳州市
北京屈臣氏个人用品连锁商店有限公司	超市	屈臣氏	北京市
延长壳牌(四川)石油有限公司	专卖店	壳牌	四川省成都市
成都市青羊区红旗连锁有限公司	超市	红旗连锁	四川省成都市
新疆康宁医药连锁有限责任公司	专业店	康宁医药	新疆维吾尔自治区巴音郭楞蒙古自治州
伊犁康之源药业连锁有限责任公司	专业店	伊犁康之源药业	新疆维吾尔自治区伊犁哈萨克自治州
中国石油化工股份有限公司山西长治石油分公司	加油站	中国石化	山西省长治市
无锡市天信农资有限公司	专业店	阳羡天信	江苏省无锡市
四川省老邻居商贸连锁有限责任公司	超市	老邻居连锁	四川省成都市
青岛屈臣氏个人用品商店有限公司	超市	屈臣氏	山东省青岛市
中国石油化工股份有限公司河北邯郸石油分公司	加油站	中国石化	河北省邯郸市
杭州惠耳听力技术设备有限公司	专业店	惠耳听力	浙江省杭州市
北京稻香村食品有限责任公司	专卖店	三禾品牌	北京市
中国石油化工股份有限公司山东济宁石油分公司	加油站	中国石化	山东省济宁市
犍为县黄家超市	超市	黄家超市	四川省乐山市
合肥百货大楼集团股份有限公司	百货店	合肥百大	安徽省合肥市
舞钢市万客来量贩	超市	万客来	河南省平顶山市
四川圣杰药业有限公司	专业店	四川圣杰	四川省泸州市
上海华氏大药房有限公司	专业店	华氏大药房	安徽省淮南市
浙江凤凰尚品贸易有限公司	专卖店	浙江凤凰尚品	浙江省温州市
江苏通联农资连锁有限公司	专业店	通联农资	江苏省南通市
东莞市大地通讯连锁服务有限公司	专业店	大地通讯	广东省东莞市
柳州桂中大药房连锁有限责任公司	专业店	桂中大药房	广西壮族自治区柳州市
广西联华超市股份有限公司	超市	联华超市	广西壮族自治区柳州市

5-2　续表 5

企业名称	业态	连锁商号	所在地
江西益丰大药房连锁有限公司	专业店	江西益丰	江西省南昌市
乌鲁木齐市好幸福超市有限公司	便利店	每日每夜	新疆维吾尔自治区乌鲁木齐市
广东金康药房连锁有限公司	专业店	金康	广东省广州市
杭州海王星辰健康药房有限公司	专业店	海王星辰	浙江省杭州市
中国石油化工股份有限公司云南昆明石油分公司	加油站	中国石化	云南省昆明市
国药控股国大药房上海国大药房连锁有限公司	专业店	国大药房	上海市
中国石油天然气股份有限公司上海销售分公司	加油站	中国石油	上海市
上海喜士多便利连锁有限公司	便利店	喜士多	上海市
步步高商业连锁股份有限公司	大型超市	步步高商业	湖南省湘潭市
肇庆天天邦建医药连锁有限公司	专业店	天天邦建	广东省肇庆市
三江购物俱乐部股份有限公司	超市	三江购物	浙江省宁波市
浙江上百贸易有限公司	百货店	上百贸易	浙江省绍兴市
浙江万客隆商贸有限公司	超市	永客隆、万客缘	浙江省丽水市
周大福珠宝金行(武汉)有限公司	专卖店	周大福	湖北省武汉市
中国石化销售有限公司广西南宁石油分公司	加油站	中国石化	广西壮族自治区南宁市
北京金象大药房医药连锁有限责任公司	专业店	金象大药房	北京市
中国石油化工股份有限公司河北衡水石油分公司	加油站	中国石化	河北省衡水市
中国石油化工股份有限公司湖南长沙石油分公司	加油站	中国石化	湖南省长沙市
中国石油化工股份有限公司广东惠州石油分公司	加油站	中国石化	广东省惠州市
四川天寿药业有限公司	专业店	天寿药房	四川省泸州市
深圳市八马茶业连锁有限公司	专卖店	八马茶业	广东省深圳市
北京农业生产资料有限公司	专业店	首都农资	北京市
沈阳红太阳大药房连锁有限公司	专业店	红太阳大药房	辽宁省沈阳市
中国石油化工股份公司江西吉安分公司	加油站	中国石化	江西省吉安市
盘锦阳光大药房医药连锁有限公司	专业店	盘锦阳光大药房	辽宁省盘锦市
嘉兴禾丰农业生产资料有限公司	专业店	禾丰农资	浙江省嘉兴市
广州市海王星辰医药连锁有限公司	专业店	海王医药	广东省广州市
中国石油天然气股份有限公司北京销售分公司	加油站	中国石油	北京市
北京迪信通电子通信技术有限公司	专业店	北京迪信通	北京市
漳州金正农农化有限公司	专业店	金正农	福建省漳州市
中国石油化工股份有限公司河南洛阳石油分公司	加油站	中国石化	河南省洛阳市
深圳市一致医药连锁有限公司	专业店	国大药房、一致药店	广东省深圳市
厦门向阳坊食品有限公司	专业店	厦门向阳坊食品	福建省厦门市
上海大润发有限公司	大型超市	大拇指	上海市
广州市宝生园有限公司	其他	宝生园	广东省广州市
广西康全药业连锁有限公司	专业店	康全药业	广西壮族自治区南宁市
海南联合广安堂药品超市连锁经营有限公司	超市	广安堂	海南省海口市
重庆市江津区新联佳商贸有限责任公司	超市	新联佳	重庆市
重庆市合川区金利医药贸易有限公司	其他	金利	重庆市
中国石油天然气股份有限公司黑龙江哈尔滨销售分公司	加油站	中国石油	黑龙江省哈尔滨市
湖南仁康泰大药房连锁有限公司	专业店	仁康泰	湖南省长沙市
甘肃众友医药连锁有限公司	专卖店	众友药业	甘肃省兰州市
中国石油天然气股份有限公司河北保定销售分公司	加油站	中国石油	河北省保定市
中国石油化工股份有限公司河北沧州石油分公司	加油站	中国石化	河北省沧州市
上海屈臣氏日用品有限公司	百货店	屈臣氏	上海市
浙江瑞人堂医药连锁有限公司	专业店	瑞人堂	浙江省台州市
中国石油化工股份有限公司湖南株洲石油公司	加油站	中国石化	湖南省株洲市
四川德仁堂连锁有限公司	专业店	四川德仁堂	四川省成都市

5-2 续表 6

企业名称	业态	连锁商号	所在地
贵州鸿翔一心堂医药连锁有限公司	专业店	鸿翔一心堂	贵州省黔西南布依族苗族自治州
贵州芝林大药房零售连锁有限公司	专业店	贵州芝林大药房	贵州省贵阳市
江苏五星电器有限公司	专业店	五星电器	江苏省南京市
成都市成华区红旗连锁有限公司	超市	红旗连锁	四川省成都市
兰州惠仁堂药业连锁有限公司	专卖店	惠仁堂药业	甘肃省兰州市
杭州蜂之语健康食品有限公司	专卖店	蜂之语	浙江省杭州市
深圳市庄信实业有限公司	其他	百里臣	广东省深圳市
中国石油天然气股份有限公司陕西西安销售分公司	加油站	中国石油	陕西省西安市
中国石化销售有限公司河北承德石油分公司	加油站	中国石化	河北省承德市
广东济和堂药业连锁有限公司	其他	济和堂	广东省广州市
广东赛壹便利店有限公司深圳分公司	便利店	7-ELEVEN	广东省深圳市
新疆百草堂医药连锁经销有限公司	专业店	百草堂	新疆维吾尔自治区乌鲁木齐市
安徽百姓缘大药房连锁有限公司	超市	百姓缘	安徽省合肥市
四川一心堂医药连锁有限公司	专业店	一心堂	四川省成都市
国药控股国大药房河南连锁有限公司	专业店	国大药房	河南省平顶山市
博士眼镜连锁股份有限公司	专卖店	博士眼镜	广东省深圳市
四川新希望鲜生活商业连锁有限公司	便利店	新希望鲜生活	四川省成都市
云南白药大药房有限公司	专业店	云南白药	云南省昆明市
宁海县小小食品超市有限公司	超市	小小	浙江省宁波市
广东爱心大药房连锁有限公司	专业店	爱心	广东省韶关市
中国石化销售有限公司广西桂林石油分公司	加油站	中国石化	广西壮族自治区桂林市
山东银座商城股份有限公司	百货店	银座商城	山东省济南市
十堰市新合作超市有限公司	超市	新合作超市	湖北省十堰市
中国石油化工股份有限公司山西晋中石油分公司	加油站	中国石化	山西省晋中市
中国石油化工股份有限公司河南南阳石油分公司	加油站	中国石化	河南省南阳市
广东新华发行集团股份有限公司	其他	新华书店	广东省广州市
广东物资集团汽车贸易公司	专业店	广物汽贸	广东省广州市
中国石油化工有限公司广东东莞石油分公司	加油站	中国石化	广东省东莞市
中国石油化工股份有限公司湖北荆门石油分公司	加油站	中国石化	湖北省荆门市
深圳市梵思诺时尚服饰有限公司	专卖店	梵思诺	广东省深圳市
茂名市大参林连锁药店有限公司	专卖店	茂名市大参林连锁药店	广东省茂名市
先声再康江苏药业有限公司	专业店	先声再康	江苏省南京市
中石化森美(福建)石油有限公司泉州分公司	加油站	中国石化	福建省泉州市
中国石油化工股份有限公司河南新乡石油分公司	加油站	中国石化	河南省新乡市
湖南六三六连锁管理有限公司	专卖店	湖南六三六	湖南省长沙市
中国石油化工股份有限公司湖南常德石油分公司	专业店	中国石化	湖南省常德市
重庆市涪陵医药总公司	专业店	桐君阁大药房	重庆市
宁波海王星辰健康药房有限公司	专业店	海王星辰	浙江省宁波市
常山县青草地超市	便利店	常山县青草地超市	浙江省衢州市
江苏大德生药房连锁有限公司	专业店	大德生	江苏省扬州市
中石化森美(福建)石油有限公司南平分公司	加油站	中国石化(森美)	福建省南平市
张家港市新百信超市连锁经营有限公司	超市	新百信	江苏省苏州市
中国石油化工股份有限公司湖南邵阳石油分公司	加油站	中国石化	湖南省邵阳市
新疆普济堂医药零售连锁有限公司	专业店	普济堂	新疆维吾尔自治区乌鲁木齐市
北京同仁堂连锁药店有限责任公司	专业店	同仁堂	北京市
中国石油天然气股份有限公司河北石家庄销售分公司	加油站	中国石油	河北省石家庄市
辽宁天士力大药房连锁有限公司	专业店	天士力	辽宁省沈阳市
沈阳东北大药房连锁店	专业店	东北人药房	辽宁省沈阳市

5-2 续表 7

企业名称	业态	连锁商号	所在地
山东省幸福人医药连锁有限公司	专业店	幸福人	山东省枣庄市
胜利油田胜大超市	超市	胜大超市	山东省东营市
江苏大众医药连锁有限公司	专业店	大众医药	江苏省无锡市
四川美迪大药房连锁有限公司	专业店	美迪大药房	四川省德阳市
江苏同济大药房连锁有限公司	专业店	同济大药房	江苏省南通市
中国石油化工股份有限公司上饶分公司	加油站	中国石化	江西省上饶市
桂林市华荣自选商店有限责任公司	便利店	华荣	广西壮族自治区桂林市
辽宁福缘堂大药房连锁有限公司	专卖店	福缘堂大药房	辽宁省鞍山市
中石化森美(福建)石油有限公司龙岩分公司	加油站	中国石化(森美)	福建省龙岩市
中国石油化工股份有限公司深圳石油分公司	加油站	中国石化	广东省深圳市
北京嘉事堂连锁药店有限责任公司	专业店	嘉事堂	北京市
中国石油河北唐山销售分公司	加油站	中国石油	河北省唐山市
无印良品(上海)商业有限公司	专卖店	无印良品MUJI	上海市
山东京博新能源控股发展有限公司	加油站	京博新能源	山东省滨州市
博兴县兴农农资连锁有限公司	专业店	兴农农资	山东省滨州市
中石化森美(福建)石油有限公司漳州分公司	加油站	中国石化(森美)	福建省漳州市
中国石油化工股份有限公司周口分公司	加油站	中国石化	河南省周口市
成都市锦江区红旗连锁有限公司	便利店	红旗连锁	四川省成都市
辽宁国大一致药店连锁有限公司	专业店	国大一致	辽宁省沈阳市
江西中石化股份有限公司抚州分公司	加油站	中国石化	江西省抚州市
中国石油化工股份有限公司湖南永州石油分公司	加油站	中国石化	湖南省永州市
温州康奈集团有限公司温州分公司	专卖店	康奈	浙江省温州市
重庆聚富再生资源有限公司	专业店	聚富再生资源	重庆市
山西荣华大药房连锁有限公司	专业店	荣华	山西省太原市
湖北省十堰市寿康永乐有限公司	超市	寿康永乐	湖北省十堰市
四川海王星辰健康药房有限公司	专业店	四川海王星辰健康药房	四川省成都市
温州市平阳县平安医药连锁有限公司	其他	平安医药	浙江省温州市
浙江雅莹时装销售有限公司	专卖店	浙江雅莹时装	浙江省嘉兴市
青岛紫光药业有限公司	专业店	紫光	山东省青岛市
广西老百姓大药房连锁有限公司	专业店	老百姓大药房	广西壮族自治区南宁市
中国石油化工股份有限公司山西吕梁石油分公司	加油站	中国石化	山西省吕梁市
银川新华百货连锁超市有限公司	大型超市	银川新华百货连锁超市	宁夏回族自治区银川市
新疆万盛堂医药零售连锁有限责任公司	专业店	万盛堂	新疆维吾尔自治区乌鲁木齐市
邯郸市阳光超市有限公司	超市	阳光超市	河北省邯郸市
中油股份陕西咸阳销售分公司	加油站	中国石油	陕西省咸阳市
北京超市发连锁股份有限公司	超市	超市发	北京市
河北神威大药房连锁有限公司	专业店	河北神威	河北省石家庄市
大庆福瑞邦药房连锁有限公司	专业店	福瑞邦	黑龙江省大庆市
中国石油化工股份有限公司山东滨州石油分公司	加油站	中国石化	山东省滨州市
北京全时叁陆伍连锁便利店有限公司	便利店	全时叁陆伍	北京市
中国石油天然气股份有限公司辽宁营口销售分公司	加油站	中国石油	辽宁省营口市
四川阳光盛源商业有限公司	超市	阳光盛源	四川省德阳市
飒拉商业(上海)有限公司	专卖店	ZARA	上海市
中国石油化工股份有限公司江西宜春石油分公司	加油站	中国石化	江西省宜春市
中国石油化工股份有限公司湖南岳阳石油分公司	加油站	中国石化	湖南省岳阳市
中国石油化工股份有限公司广东茂名石油分公司	加油站	中国石化	广东省茂名市
中石化工股份有限公司广东肇庆石油分公司	专业店	中国石化	广东省肇庆市
太极集团四川德阳荣升药业有限公司	专业店	太极大药房	四川省德阳市

5-2 续表 8

企业名称	业态	连锁商号	所在地
上海家得利超市有限公司	超市	家得利	上海市
江西昌盛大药房有限公司	专业店	昌盛	江西省南昌市
中国石油化工股份有限公司河北廊坊石油分公司	加油站	中国石化	河北省廊坊市
永嘉奥康鞋业营销有限公司	专卖店	奥康	浙江省温州市
武汉工贸有限公司	专业店	工贸家电	湖北省武汉市
北京红科国际贸易有限公司	专卖店	北京红科	北京市
北京一手店食品有限公司	专业店	一手店	北京市
泉州市东南医药连锁有限公司	专业店	泉州市东南医药	福建省泉州市
河南家天下商贸有限公司	超市	家天下	河南省鹤壁市
湖南芝林大药房零售连锁有限公司	专业店	特格尔芝林大药房	湖南省长沙市
孩子王儿童用品(中国)有限公司	百货店	孩子王	江苏省南京市
中石化森美(福建)石油有限公司三明分公司	加油站	中国石化(森美)	福建省三明市
中国石油化工股份有限公司河南商丘分公司	加油站	中国石化	河南省商丘市
贵州一树连锁药业有限公司	专业店	一树	贵州省贵阳市
江苏真维斯服饰有限公司	专卖店	真维斯	江苏省南京市
玉山县家润佳超市连锁有限公司	便利店	家润佳	江西省上饶市
怀化市好伴便利店连锁有限公司	便利店	好伴便利	湖南省怀化市
深圳市万泽医药连锁有限公司	专业店	万泽医药	广东省深圳市
中国石油化工股份有限公司九江石油分公司	加油站	中国石化	江西省九江市
中油碧辟石油有限公司广州分公司	加油站	中油BP	广东省广州市
重庆重客隆超市连锁有限责任公司	超市	重客隆	重庆市
贵州吉大夫药房连锁有限公司	专业店	吉大夫	贵州省黔东南苗族侗族自治州
中卫市兴拓农业生产资料有限责任公司	专业店	兴拓农资	宁夏回族自治区中卫市
抚州华民康大药房连锁有限公司	专业店	华民康	江西省抚州市
中国石油天然气股份有限公司山东青岛分公司	加油站	中国石油	山东省青岛市
山东三信商贸股份有限公司	超市	三信商贸	山东省菏泽市
中国石化销售有限公司河南信阳石油分公司	加油站	中国石化	河南省信阳市
中国石油天然气股份有限公司渭南销售分公司	加油站	中国石油	陕西省渭南市
中国石油天然气股份有限公司河北邢台销售分公司	加油站	中国石油	河北省邢台市
温州一正药房连锁有限公司	专业店	一正	浙江省温州市
武汉屈臣氏个人用品商店有限公司	百货店	屈臣氏	湖北省武汉市
宜昌市北山商业连锁有限责任公司	超市	北山	湖北省宜昌市
中国石油天然气股份有限公司新疆阿克苏销售分公司	加油站	中国石油	新疆维吾尔自治区阿克苏地区
安徽省丰原大药房连锁有限公司	专业店	丰原	安徽省蚌埠市
济宁市广联医药连锁有限公司	专业店	广联	山东省济宁市
重庆市合川区国泰生化药品有限责任公司	专业店	国泰	重庆市
成都利民药业连锁有限公司	专业店	成都利民药业连锁	四川省成都市
中国石油化工股份有限公司山西太原石油分公司	加油站	中国石化	山西省太原市
中国石油天然气股份有限公司泉州销售分公司	加油站	中国石油	福建省泉州市
泸州宝光药房连锁有限公司	专业店	宝光连锁	四川省泸州市
盘锦金社裕农乡村百货超市连锁有限公司	超市	金社裕农	辽宁省盘锦市
浙江元祖食品有限公司	专卖店	GANSO	浙江省杭州市
雄风集团有限公司	百货店	雄风百货	浙江省绍兴市
中国石油天然气股份有限公司湖北武汉销售分公司	加油站	中国石油	湖北省武汉市
湖南养天和大药房企业集团有限公司	专业店	养天和大药房	湖南省长沙市
湖南民生堂药店连锁有限公司	专业店	民生堂	湖南省衡阳市
海南养天和大药房连锁有限公司	专业店	养天和	海南省海口市

5-3 营业额亿元以上连锁餐饮企业

名 称	所属行业	连锁商号	所在地
四川海底捞餐饮股份有限公司	正餐服务	海底捞火锅	四川省资阳市
百胜餐饮(广东)有限公司	快餐服务	肯德基、必胜客	广东省广州市
上海必胜客有限公司	快餐服务	必胜客	上海市
上海统一星巴克咖啡有限公司	饮料及冷饮服务	星巴克	上海市
北京必胜客比萨饼有限公司	正餐服务	必胜客	北京市
杭州肯德基有限公司	快餐服务	肯德基	浙江省杭州市
百胜餐饮(沈阳)有限公司	快餐服务	肯德基、必胜客	辽宁省沈阳市
广东三元麦当劳食品有限公司	快餐服务	麦当劳	广东省广州市
南京肯德基有限公司	快餐服务	肯德基	江苏省南京市
北京肯德基有限公司	快餐服务	肯德基	北京市
上海肯德基有限公司	快餐服务	肯德基	上海市
北京麦当劳食品有限公司	快餐服务	麦当劳	北京市
天津肯德基有限公司	快餐服务	肯德基	天津市
重庆陶然居饮食文化(集团)股份有限公司	正餐服务	陶然居	重庆市
中国全聚德(集团)股份有限公司	正餐服务	全聚德、丰泽园、四川饭店、仿膳饭庄	北京市
百胜餐饮(武汉)有限公司	快餐服务	肯德基、必胜客	湖北省武汉市
呷哺呷哺餐饮管理有限公司	快餐服务	呷哺呷哺	北京市
广州真功夫经营管理有限公司	快餐服务	真功夫	广东省广州市
重庆德庄酒店管理有限公司	正餐服务	德庄火锅	重庆市
重庆秦妈餐饮管理有限公司	正餐服务	秦妈餐饮	重庆市
苏州肯德基有限公司	快餐服务	肯德基	江苏省苏州市
百胜餐饮(深圳)有限公司	快餐服务	肯德基	广东省深圳市
青岛肯德基有限公司	快餐服务	肯德基	山东省青岛市
海鸿达(北京)餐饮管理有限公司	正餐服务	海底捞火锅	北京市
北京星巴克咖啡有限公司	饮料及冷饮服务	星巴克	北京市
上海麦当劳食品有限公司	快餐服务	麦当劳	上海市
麦当劳餐厅(深圳)有限公司	快餐服务	麦当劳	广东省深圳市
花之林餐饮管理(湖南)有限公司	正餐服务	花之林	湖南省长沙市
山东蓝海股份有限公司	正餐服务	蓝海	山东省东营市
广东星巴克咖啡有限公司	饮料及冷饮服务	星巴克	广东省广州市
眉州东坡餐饮管理(北京)有限公司	正餐服务	眉州东坡	北京市
北京吉野家快餐有限公司	快餐服务	吉野家、DQ	北京市
百胜餐饮成都有限公司	快餐服务	肯德基	四川省成都市
长沙肯德基有限公司	快餐服务	肯德基	湖南省长沙市
无锡肯德基有限公司	快餐服务	肯德基	江苏省无锡市
四川德克士食品开发有限公司	快餐服务	德克士	四川省成都市
大娘水饺餐饮集团股份有限公司	快餐服务	大娘水饺	江苏省常州市
天津麦当劳食品有限公司	快餐服务	麦当劳	天津市
重庆兴红得聪餐饮管理有限公司	正餐服务	乡村基	重庆市
重庆和之吉饮食文化有限公司	正餐服务	和之吉	重庆市
重庆骑龙饮食文化有限责任公司	正餐服务	骑龙	重庆市
昆明大滇园有限公司	正餐服务	大滇园	云南省昆明市
湖南餐谋天下餐饮管理有限公司	正餐服务	餐谋天下	湖南省长沙市
广州真功夫快餐连锁管理有限公司	快餐服务	真功夫	广东省广州市
内蒙古小尾羊餐饮连锁股份有限公司	正餐服务	小尾羊	内蒙古自治区包头市
百胜餐饮(西安)有限公司	快餐服务	肯德基	陕西省西安市
浙江麦当劳餐厅食品有限公司	快餐服务	麦当劳	浙江省杭州市
深圳面点王饮食连锁有限公司	快餐服务	面点王	广东省深圳市

5-3 续表 1

名　称	所属行业	连锁商号	所在地
厦门肯德基有限公司	快餐服务	肯德基	福建省厦门市
安徽蜀王饮食服务有限责任公司	正餐服务	蜀王	安徽省合肥市
杭州德克士食品有限公司	快餐服务	德克士	浙江省杭州市
北京西贝万家餐饮管理有限公司	正餐服务	西贝	北京市
成都星巴克咖啡有限公司	饮料及冷饮服务	星巴克	四川省成都市
深圳真功夫餐饮管理有限公司	快餐服务	真功夫	广东省深圳市
浙江凯旋门澳门豆捞控股集团有限公司	正餐服务	澳门豆捞	浙江省杭州市
快乐蜂(中国)餐饮管理有限公司	快餐服务	永和大王	上海市
武汉麦当劳餐饮食品有限公司	快餐服务	麦当劳	湖北省武汉市
津味(上海)餐饮管理有限公司	其他餐饮业	85℃	上海市
上海领先餐饮管理有限公司	快餐服务	味千拉面	上海市
广州酒家集团股份有限公司	正餐服务	广州酒家	广东省广州市
郑州肯德基有限公司	快餐服务	肯德基	河南省郑州市
太原肯德基有限公司	快餐服务	肯德基	山西省太原市
浙江五芳斋实业股份有限公司五芳斋粽子总店	快餐服务	五芳斋粽子	浙江省嘉兴市
南宁肯德基有限公司	快餐服务	肯德基	广西壮族自治区南宁市
南昌肯德基有限公司	快餐服务	肯德基	江西省南昌市
湖北星巴克咖啡有限公司	饮料及冷饮服务	星巴克	湖北省武汉市
武汉艳阳天商贸发展有限公司	正餐服务	艳阳天	湖北省武汉市
大连肯德基有限公司	快餐服务	肯德基、必胜客	辽宁省大连市
浙江老娘舅餐饮有限公司	快餐服务	老娘舅	浙江省湖州市
汉堡王(北京)餐饮管理有限公司	快餐服务	汉堡王	北京市
广州萨莉亚餐饮有限公司	正餐服务	萨莉亚	广东省广州市
昆明肯德基有限公司	快餐服务	肯德基	云南省昆明市
美心星巴克咖啡餐饮(深圳)有限公司	饮料及冷饮服务	星巴克	广东省深圳市
上海萨莉亚餐饮有限公司	正餐服务	萨莉亚	上海市
四川请你来餐饮管理有限公司	正餐服务	芭夯兔	四川省自贡市
常州丽华快餐集团有限公司	快餐服务	丽华快餐	江苏省常州市
湖南麦当劳(餐厅食品)有限公司	快餐服务	麦当劳	湖南省长沙市
杭州饮食服务集团有限公司	正餐服务	知味观	浙江省杭州市
悦达咖世家(上海)餐饮管理有限公司	饮料及冷饮服务	COSTA	上海市
安徽老乡鸡餐饮有限公司	快餐服务	老乡鸡	安徽省合肥市
百胜餐饮(福州)有限公司	快餐服务	肯德基、必胜客	福建省福州市
昆明德克士食品开发有限公司	快餐服务	德克士	云南省昆明市
北京金鼎轩酒楼有限责任公司	正餐服务	金鼎轩酒楼	北京市
南京麦当劳餐饮食品有限公司	快餐服务	麦当劳	江苏省南京市
厦门麦当劳食品发展有限公司	快餐服务	麦当劳	福建省厦门市
北京永和大王餐饮有限公司	快餐服务	永和大王	北京市
北京真功夫快餐连锁管理有限公司	快餐服务	真功夫	北京市
东莞肯德基有限公司	快餐服务	肯德基	广东省东莞市
上海一茶一坐餐饮有限公司	正餐服务	一茶一坐	上海市
内蒙古草原牧歌餐饮连锁股份有限公司	正餐服务	草原牧歌	内蒙古自治区包头市
北京便宜坊烤鸭集团有限公司	正餐服务	便宜坊、御膳、功德林、老正兴	北京市
四川乡村基餐饮有限公司	快餐服务	乡村基、大米先生	四川省成都市
上海沃歌斯餐饮有限公司	快餐服务	Wagas	上海市
上海小南国海之源餐饮管理有限公司	正餐服务	上海小南国	上海市
福州麦当劳食品有限公司	快餐服务	麦当劳	福建省福州市
沈阳麦当劳(餐厅食品)有限公司	快餐服务	麦当劳	辽宁省沈阳市
亚惠美食有限公司	快餐服务	亚惠快餐	辽宁省大连市

5-3 续表 2

名　　称	所属行业	连锁商号	所在地
武汉户部巷文化投资有限公司	其他餐饮业	武汉户部巷	湖北省武汉市
四川麦当劳餐厅食品有限公司	快餐服务	麦当劳	四川省成都市
重庆市小八仙餐饮有限公司	正餐服务	小八仙	重庆市
北京和合谷餐饮管理有限公司	快餐服务	和合谷、嘉和乐乐面	北京市
深圳永和大王餐饮有限公司	快餐服务	永和大王	广东省深圳市
无锡麦当劳餐厅食品有限公司	快餐服务	麦当劳	江苏省无锡市
北京米斯特比萨餐饮管理有限公司	正餐服务	米斯特比萨	北京市
北京宏状元餐饮管理有限公司	正餐服务	宏状元	北京市
上海大富贵酒楼有限公司	正餐服务	大富贵	上海市
北京嘉和一品企业管理股份有限公司	正餐服务	嘉和一品	北京市
大连麦当劳餐厅食品有限公司	快餐服务	麦当劳	辽宁省大连市
沈阳顺峰饮食有限公司	正餐服务	沈阳顺峰饮食有限公司	辽宁省沈阳市
上海领御餐饮管理有限公司	正餐服务	新石器烧烤	上海市
北京好伦哥餐饮有限公司	快餐服务	好伦哥	北京市
青岛麦当劳(餐厅食品)有限公司	快餐服务	麦当劳	山东省青岛市
重庆肯德基有限公司	快餐服务	肯德基	重庆市
元气寿司餐饮服务管理(深圳)有限公司	正餐服务	元气寿司	广东省深圳市
北京大董烤鸭店有限责任公司	正餐服务	大董(大懂)	北京市
重庆菜香源餐饮文化有限公司	正餐服务	菜香源	重庆市
成都市皇城老妈酒店管理有限公司	正餐服务	皇城老妈	四川省成都市
浙江外婆家餐饮有限公司	正餐服务	外婆家	浙江省杭州市
湖南省徐记餐饮有限公司	正餐服务	徐记海鲜	湖南省长沙市
兰州肯德基有限公司	快餐服务	肯德基	甘肃省兰州市
北京东来顺集团有限责任公司	正餐服务	百年东来顺	北京市
长沙五十七度湘餐饮管理有限公司	正餐服务	五十七度湘	湖南省长沙市
辽宁合兴快餐有限公司	快餐服务	吉野家	辽宁省沈阳市
康师傅私房牛肉面	快餐服务	德克士	北京市
首都机场餐饮发展有限公司	正餐服务	好食候、花漾咖啡、麦麦面、星阳舫、有食候	北京市
北京俏江南餐饮管理有限公司	正餐服务	俏江南	北京市
味千拉面饮食服务(深圳)有限公司	快餐服务	味千拉面	广东省深圳市
广西禾唛餐饮有限公司	快餐服务	麦当劳	广西壮族自治区南宁市
安徽麦当劳(餐厅食品)有限公司	快餐服务	麦当劳	安徽省合肥市
北京味千餐饮管理有限公司	快餐服务	味千拉面	北京市
南京味千餐饮管理有限公司	快餐服务	味千拉面	江苏省南京市
顺峰饮食酒店管理股份有限公司	正餐服务	顺峰	北京市
中山麦当奴食品有限公司	快餐服务	麦当劳	广东省中山市
北市市西单麻辣诱惑餐饮有限公司	正餐服务	麻辣诱惑	北京市
真功夫餐饮管理有限公司	快餐服务	真功夫	广东省东莞市
山东麦当劳(餐厅)有限公司	快餐服务	麦当劳	山东省济南市
新疆肯德基有限公司	快餐服务	肯德基	新疆维吾尔自治区乌鲁木齐市
上海盘古餐饮管理有限公司	正餐服务	新石器烤肉、釜山料理	上海市
杭州花中城大酒店有限公司	正餐服务	花中城	浙江省杭州市
深圳市禾绿餐饮管理有限公司	快餐服务	禾绿寿司	广东省深圳市
东莞麦华食品有限公司	快餐服务	麦当劳	广东省东莞市
武汉市亢龙太子酒轩有限责任公司	正餐服务	亢龙太子	湖北省武汉市
河南麦当劳(餐厅食品)有限公司	快餐服务	麦当劳	河南省郑州市
南海渔村有限公司	正餐服务	南海渔村	广东省广州市
西安小六汤包餐饮有限责任公司	正餐服务	小六汤包	陕西省西安市
昆明饮食服务有限公司	快餐服务	建新园、福华园	云南省昆明市

5-3 续表 3

名　称	所属行业	连锁商号	所在地
广西三品王餐饮管理有限公司	快餐服务	三品王	广西壮族自治区南宁市
浙江向阳渔港集团股份有限公司	正餐服务	向阳渔港、悦宴会酒店、豪食汇、文鼎一号、文鼎阁	浙江省宁波市
杭州味千餐饮管理有限公司	正餐服务	味千拉面	浙江省杭州市
长沙饮食集团长沙火宫殿有限公司	正餐服务	长沙火宫殿	湖南省长沙市
新疆百富餐饮管理有限公司	快餐服务	百富餐饮	新疆维吾尔自治区乌鲁木齐市
华润太平洋餐饮管理(北京)有限公司	饮料及冷饮服务	太平洋咖啡	北京市
深圳市嘉旺餐饮连锁有限公司	快餐服务	嘉旺	广东省深圳市
黑龙江麦当劳餐厅食品有限公司	快餐服务	麦当劳	黑龙江省哈尔滨市
江门麦当劳(餐厅食品)有限公司	快餐服务	麦当劳	广东省江门市
深圳威耀饮食有限公司	快餐服务	大家乐	广东省深圳市
深圳新语餐饮管理有限公司	快餐服务	新语	广东省深圳市
云南滇美餐饮有限公司	快餐服务	麦当劳	云南省昆明市
深圳市粤菜王府餐饮管理有限公司	正餐服务	粤菜王府	广东省深圳市
上海好侍咖喱客客壹番屋餐厅有限公司	正餐服务	客客壹番屋	上海市
宁波市海曙汉通中央花园酒店有限公司	正餐服务	汉通	浙江省宁波市
惠州麦当劳(餐厅食品)有限公司	快餐服务	麦当劳	广东省惠州市
重庆满店香饮食文化传播有限公司	正餐服务	满店香	重庆市
北京马氏东方饺子王餐饮有限责任公司	正餐服务	东方饺子王	北京市
东莞麦长食品有限公司	快餐服务	麦当劳	广东省东莞市
北京星物语餐饮管理有限公司	其他餐饮业	面包新语、吐司新语	北京市
哈尔滨东方众合餐饮有限责任公司	正餐服务	东方饺子王	黑龙江省哈尔滨市
山东味千餐饮管理有限公司	快餐服务	味千拉面	山东省青岛市
广州泛亚饮食有限公司	快餐服务	大家乐	广东省广州市
北京万龙洲饮食有限责任公司	正餐服务	万龙洲海鲜	北京市
北京庆丰包子铺	快餐服务	庆丰	北京市
北京新世纪青年饮食有限公司	正餐服务	青年餐厅	北京市
北京禾绿回转寿司饮食有限公司	快餐服务	禾绿寿司	北京市
西安百姓厨房大馄饨餐饮有限责任公司	正餐服务	百姓厨房大馄饨	陕西省西安市
江西海印餐饮管理有限公司	正餐服务	麦当劳	江西省南昌市
深圳领鲜稻香饮食有限公司	正餐服务	稻香	广东省深圳市
广州市食尚国味饮食管理有限公司	正餐服务	食尚国味、山东老家	广东省广州市
成都八十五度餐饮管理有限公司	其他餐饮业	成都八十五度	四川省成都市
武汉永和大王餐饮有限公司	快餐服务	永和大王	湖北省武汉市
深圳家乐缘餐饮顾问有限公司	快餐服务	家乐缘	广东省深圳市
深圳大快活快餐有限公司	快餐服务	大快活	广东省深圳市
深圳市巴蜀风饮食管理有限公司	正餐服务	巴蜀风	广东省深圳市
北京棒约翰餐饮发展有限公司	正餐服务	棒约翰	北京市
武汉市小蓝鲸健康美食酒店管理有限公司	正餐服务	小蓝鲸	湖北省武汉市
北京郭林家常菜食品有限责任公司	正餐服务	郭林家常菜	北京市
上海禾绿饮食有限公司	正餐服务	禾绿寿司	上海市
大连合兴快餐有限公司	快餐服务	吉野家、DQ	辽宁省大连市
杭州新丰小吃有限公司	其他餐饮业	新丰小吃	浙江省杭州市
重庆苏大姐餐饮文化有限公司	正餐服务	苏大姐餐饮	重庆市
上海丰裕餐饮管理有限公司	其他餐饮业	丰裕小吃	上海市
北京比格餐饮管理有限责任公司	快餐服务	比格	北京市
星巴克咖啡(辽宁)有限公司	饮料及冷饮服务	星巴克	辽宁省沈阳市
深圳江南绿茶餐饮管理有限公司	正餐服务	江南绿茶	广东省深圳市
芭菲盛宴环球餐饮集团有限公司	正餐服务	芭菲嘉宴	重庆市

5-4 50门店以上连锁餐饮企业

企业名称	所属行业	连锁商号	所在地
上海统一星巴克咖啡有限公司	饮料及冷饮服务	星巴克	上海市
百胜餐饮(广东)有限公司	快餐服务	百胜餐饮	广东省广州市
上海必胜客有限公司	快餐服务	Pizza Hut	上海市
北京必胜客比萨饼有限公司	正餐服务	北京必胜客比萨饼有限公司	北京市
重庆德庄酒店管理有限公司	正餐服务	德庄火锅	重庆市
重庆秦妈餐饮管理有限公司	正餐服务	秦妈餐饮	重庆市
呷哺呷哺餐饮管理有限公司	快餐服务	呷哺呷哺	北京市
杭州肯德基有限公司	快餐服务	肯德基	浙江省杭州市
百胜餐饮(沈阳)有限公司	快餐服务	肯德基、必胜客	辽宁省沈阳市
百胜餐饮(武汉)有限公司	快餐服务	KFC/PH	湖北省武汉市
大娘水饺餐饮集团股份有限公司	快餐服务	大娘水饺	江苏省常州市
北京星巴克咖啡有限公司	饮料及冷饮服务	星巴克Starbucks	北京市
天津肯德基有限公司	快餐服务	肯德基	天津市
重庆骑龙饮食文化有限责任公司	正餐服务	骑龙	重庆市
南京肯德基有限公司	快餐服务	肯德基	江苏省南京市
安徽老乡鸡餐饮有限公司	快餐服务	老乡鸡	安徽省合肥市
浙江五芳斋实业股份有限公司五芳斋粽子总店	快餐服务	五芳斋粽子	浙江省嘉兴市
广东三元麦当劳食品有限公司	快餐服务	麦当劳餐厅	广东省广州市
北京肯德基有限公司	快餐服务	北京肯德基有限公司	北京市
上海肯德基有限公司	快餐服务	K F C	上海市
广州真功夫经营管理有限公司	快餐服务	真功夫	广东省广州市
北京麦当劳食品有限公司	快餐服务	麦当劳	北京市
花之林餐饮管理(湖南)有限公司	正餐服务	花之林	湖南省长沙市
北京吉野家快餐有限公司	快餐服务	YOS、DQ	北京市
广东星巴克咖啡有限公司	饮料及冷饮服务	星巴克咖啡	广东省广州市
百胜餐饮(深圳)有限公司	快餐服务	肯德基	广东省深圳市
四川德克士食品开发有限公司	快餐服务	德克士炸鸡	四川省成都市
青岛肯德基有限公司	快餐服务	肯德基	山东省青岛市
苏州肯德基有限公司	快餐服务	肯德基	江苏省苏州市
悦达咖世家(上海)餐饮管理有限公司	饮料及冷饮服务	COSTA	上海市
安徽蜀王饮食服务有限责任公司	正餐服务	蜀王	安徽省合肥市
杭州德克士食品有限公司	快餐服务	德克士	浙江省杭州市
东莞市杏林春凉茶有限公司	饮料及冷饮服务	杏林春	广东省东莞市
重庆兴红得聪餐饮管理有限公司	正餐服务	乡村基	重庆市
麦当劳餐厅(深圳)有限公司	快餐服务	麦当劳	广东省深圳市
上海麦当劳食品有限公司	快餐服务	麦当劳	上海市
重庆顺水鱼饮食文化有限公司	正餐服务	顺水鱼	重庆市
长沙肯德基有限公司	快餐服务	湖南肯德基	湖南省长沙市
汉堡王(北京)餐饮管理有限公司	快餐服务	汉堡王	北京市
杭州甘其食餐饮管理有限公司	其他餐饮业	甘其食	浙江省杭州市
百胜餐饮成都有限公司	快餐服务	肯德基快餐	四川省成都市
广州真功夫快餐连锁管理有限公司	快餐服务	真功夫	广东省广州市
成都星巴克咖啡有限公司	饮料及冷饮服务	星巴克	四川省成都市
浙江凯旋门澳门豆捞控股集团有限公司	正餐服务	澳门豆捞	浙江省杭州市
深圳面点王饮食连锁有限公司	快餐服务	面点王	广东省深圳市
百胜餐饮(福州)有限公司	快餐服务	百胜餐饮(福州)有限公司	福建省福州市
无锡肯德基有限公司	快餐服务	肯德基	江苏省无锡市
华润太平洋餐饮管理(北京)有限公司	饮料及冷饮服务	太平洋咖啡	北京市
上海领先餐饮管理有限公司	快餐服务	味千拉面	上海市
湖北星巴克咖啡有限公司	饮料及冷饮服务	星巴克	湖北省武汉市
重庆市明海食品有限公司	其他餐饮业	明海食品	重庆市
深圳真功夫餐饮管理有限公司	快餐服务	真功夫	广东省深圳市
百胜餐饮(西安)有限公司	快餐服务	肯德基	陕西省西安市
天津麦当劳食品有限公司	快餐服务	麦当劳	天津市
广州萨莉亚餐饮有限公司	正餐服务	萨莉亚	广东省广州市

5-4 续表

企业名称	所属行业	连锁商号	所在地
内蒙古草原牧歌餐饮连锁股份有限公司	正餐服务	草原牧歌	内蒙古自治区包头市
快乐蜂(中国)餐饮管理有限公司	快餐服务	永和大王	上海市
四川乡村基餐饮有限公司	快餐服务	乡村基、大米先生	四川省成都市
昆明德克士食品开发有限公司	快餐服务	德克士	云南省昆明市
浙江麦当劳餐厅食品有限公司	快餐服务	麦当劳	浙江省杭州市
重庆和之吉饮食文化有限公司	正餐服务	和之吉	重庆市
郑州肯德基有限公司	快餐服务	肯德基	河南省郑州市
上海萨莉亚餐饮有限公司	正餐服务	萨莉亚	上海市
南京味千餐饮管理有限公司	快餐服务	味千拉面	江苏省南京市
浙江老娘舅餐饮有限公司	快餐服务	老娘舅	浙江省湖州市
美心星巴克咖啡餐饮(深圳)有限公司	饮料及冷饮服务	星巴克咖啡	广东省深圳市
津味(上海)餐饮管理有限公司	其他餐饮业	85℃	上海市
厦门市黄则和食品有限公司	其他餐饮业	黄则和	福建省厦门市
厦门肯德基有限公司	快餐服务	厦门肯德基有限公司	福建省厦门市
中国全聚德(集团)股份有限公司	正餐服务	全聚德、丰泽园、四川饭店、仿膳饭庄	北京市
北京好伦哥餐饮有限公司	快餐服务	好伦哥	北京市
北京龙盛众望早餐有限公司	快餐服务	龙盛众望	北京市
重庆陶然居饮食文化(集团)股份有限公司	正餐服务	陶然居	重庆市
四川海底捞餐饮股份有限公司	正餐服务	海底捞火锅	四川省资阳市
上海领御餐饮管理有限公司	正餐服务	新石器烧烤	上海市
武汉麦当劳餐饮食品有限公司	快餐服务	麦当劳	湖北省武汉市
重庆君之薇餐饮文化有限公司	正餐服务	君之薇	重庆市
湖南餐谋天下餐饮管理有限公司	正餐服务	餐谋天下	湖南省长沙市
常州丽华快餐集团有限公司	快餐服务	丽华快餐	江苏省常州市
北京真功夫快餐连锁管理有限公司	快餐服务	真功夫	北京市
太原肯德基有限公司	快餐服务	肯德基	山西省太原市
湖南韶山毛家饭店发展有限公司	正餐服务	毛家饭店	湖南省湘潭市
北京和合谷餐饮管理有限公司	快餐服务	和合谷、嘉和乐乐面	北京市
南昌肯德基有限公司	快餐服务	肯德基	江西省南昌市
重庆苏大姐餐饮文化有限公司	正餐服务	苏大姐	重庆市
深圳市嘉旺餐饮连锁有限公司	快餐服务	嘉旺	广东省深圳市
北京永和大王餐饮有限公司	快餐服务	永和大王	北京市
眉州东坡餐饮管理(北京)有限公司	正餐服务	眉州东坡	北京市
味千拉面饮食服务(深圳)有限公司	快餐服务	味千拉面	广东省深圳市
四川请你来餐饮管理有限公司	正餐服务	芭夯兔	四川省自贡市
大连肯德基有限公司	快餐服务	肯德基、必胜客	辽宁省大连市
昆明大滇园有限公司	正餐服务	大滇园	云南省昆明市
厦门沃头中餐有限公司	正餐服务	厦门沃头蚝干粥	福建省厦门市
南宁肯德基有限公司	快餐服务	肯德基	广西壮族自治区南宁市
北京米斯特比萨餐饮管理有限公司	正餐服务	米斯特比萨	北京市
上海一茶一坐餐饮有限公司	正餐服务	一茶一坐	上海市
湖南麦当劳(餐厅食品)有限公司	快餐服务	麦当劳	湖南省长沙市
真功夫餐饮管理有限公司	快餐服务	真功夫	广东省东莞市
昆明肯德基有限公司	快餐服务	肯德基	云南省昆明市
深圳永和大王餐饮有限公司	快餐服务	永和大王	广东省深圳市
东莞肯德基有限公司	快餐服务	肯德基	广东省东莞市
广西三品王餐饮管理有限公司	快餐服务	三品王	广西壮族自治区南宁市
新疆百富餐饮管理有限公司	快餐服务	百富餐饮	新疆维吾尔自治区乌鲁木齐市
北京嘉和一品企业管理股份有限公司	正餐服务	嘉和一品	北京市
康师傅私房牛肉面	快餐服务	德克士	北京市
南京麦当劳餐饮食品有限公司	快餐服务	麦当劳	江苏省南京市
无锡麦当劳餐厅食品有限公司	快餐服务	麦当劳	江苏省无锡市
杭州味千餐饮管理有限公司	正餐服务	味千拉面	浙江省杭州市
四川麦当劳餐厅食品有限公司	快餐服务	麦当劳	四川省成都市
上海沃歌斯餐饮有限公司	快餐服务	Wagas	上海市

附录

统计指标解释

附录 统计指标解释

连锁经营：指经营同类商品或服务，使用统一商号的若干店铺，在同一总店（总部）的管理下，采取统一采购或特许经营等方式,实现规模效益的组织形式,包括直营连锁、特许连锁和自愿连锁三种形式。

连锁总店（总部）：负责连锁企业资源（商号、商誉、经营模式、服务标准、管理模式等等）的开发、配置、控制或使用等功能的企业核心管理机构。

连锁门店：在连锁企业经营管理的基础上，按照总店（总部）的指示和服务规范要求，承担日常销售业务的店铺，包括直营店和加盟店。

直营店是指由连锁企业总部投资开设，按连锁经营管理模式，由总部统一管理的店铺。

加盟店是指在特许连锁中，被特许人获得特许人授权后，使用其商标、商号、经营模式、专利和专有技术等经营资源建立的店铺，也包括自愿连锁的成员店。

连锁品牌（商标或商号名称）：指连锁经营使用的统一的商号或商标名称。

批发零售连锁业态

一便利店：满足顾客便利性需求为主要目的的零售业态。位于商业中心区、交通要道以及车站、医院、学校、娱乐场所、办公楼、加油站等公共活动区；商圈范围小，顾客步行5分钟内到达，目标顾客主要为单身者、年轻人，顾客多为有目的的购买；营业面积一般在100平方米左右，利用率高；以即时食品、日用小百货为主，有即时消费性、小容量、应急性等特点，商品品种在3000种左右，售价一般高于市场平均水平；商品销售方式以开架自选为主，结算在收银处统一进行；营业时间一般在16小时以上，提供即时性食品的辅助设施，开设多项服务项目；信息管理系统程度较高。

一折扣店：店铺装修简单，提供有限服务，商品价格低廉的一种小型超市业态。拥有不到2000个品种，经营一定数量的自有品牌商品。位于居民区、交通要道等租金相对便宜的地区；辐射半径2公里左右，目标顾客主要为商圈内的居民；自有品牌占有较大的比例，商品平均价格低于市场平均水平；以开架自选方式进行商品销售，并统一结算；用工精简，为顾客提供有限的服务；信息管理系统程度一般。

一超市：开架售货，集中收款，满足社区消费者日常生活需要的零售业态。根据商品结构的不同，可以分为食品超市和综合超市。位于市、区商业中心、居住区；辐射半径2公里左右，目标顾客以居民为主；营业面积在6000平方米以下；经营包装食品、生鲜食品和日用品。食品超市与综合超市商品结构有所不同；采用自选销售，出入口分设，在收银台统一结算；营业时间一般在12小时以上；信息管理系统程度较高。

一大型超市：实际营业面积6000平方米以上，品种齐全，满足顾客一次性购齐的零售业态。根据商品结构，可以分为以经营食品为主的大型超市和以经营日用品为主的大型超市。位于市、区商业中心、城郊结合部、交通要道及大型居住区；辐射半径2公里以上，目标顾客以居民、流动顾客为主；实际营业面积在6000平方米以上；以大众化衣、食、日用品为主，品种齐全，注重自有品牌开发；采用自选销售方式，出入口分设，在收银台统一结算；一般设不低于营业面积40%的停车场；信息管理系统程度较高。

一仓储会员店：以会员制为基础，实行储销一体、批零兼营，以提供有限服务和低价格商品为主要特征的零售业态。位于城乡结合部的交通要道；辐射半径5公里以上，目标顾客以中小零售店、餐饮店、集团购买和流动顾客为主；营业面积一般在6000平方米以上；以大众化衣、食、日用品为主，自有品牌占相当部分，商品在4000种左右，实行低价、批量销售；采用自选销售，出入口分设，在收银台统一结算；设相当于营业面积的停车场；信息管理系统程度较高并对顾客实行会员制管理。

一百货店：在一个建筑物内，经营若干大类商品，实行统一管理，分区销售，满足顾客对时尚商品多样化选择需求的零售业态。位于市、区级商业中心、历史形成的商业集聚地；目标顾客以追求时尚和品味的流动顾客为主；营业面积一般在6000平方米以上；综合性商品结构，门类齐全，以服饰、鞋类、箱包、化妆品、家庭用品、家用电器为主；采取柜台销售和开架面售相结合方式进行商品销售；注重服务，设餐饮、娱乐等服务项目和设施；信息管理系统程度较高。

一专业店：以专门经营某一大类商品为主的零售业态。例如办公用品专业店（office supply）、玩具专业店（toy stores）、家电专业店（home appliance）、药品专业店（drug store）、服饰店（apparel shop）。位于市、区级商业中心以及百货店、购物中心内；目标顾客以有目的选购某类商品的流动顾客为主；营业面积根据商品特点而定；以销售某类商品为主，体现专业性、深度性、品种丰富，选择余地大；采取柜台销售或开架面售方式进行商品销售；从业人员具有丰富的专业知识；信息管理系统程度较高。

一加油站：指经营石油、石化商品的零售门店。

一专卖店：以专门经营或被授权经营某一主要品牌商品为主的零售业态。一般位于市、区级商业中心、专业街以及百货店、购物中心内；目标顾客以中高档消费者和追求时尚的年轻人为主；以销售某一品牌系列商品为主，具有销售量少、质优、高毛利等特点；采取柜台销售或开架面售方式进行商品销售，商店陈列、照明、包装、广告讲究；注重品牌声誉，从业人员具备丰富的专业知识，提供专业性服务；信息管理系统程度一般。

一家居建材商店：以专门销售建材、装饰、家居用品为主的零售业态。位于城乡结合部、交通要道或消费者自有房产比较高的地区；目标顾客以拥有自有房产的顾客为主；营业面积一般在6000平方米以上；经营商品以改善、建设家庭居住环境有关的装饰、装修等用品、日用杂品、技术及服务为主；采取开架自选方式销售商品；提供一站式购足和一条龙服务，停车位一般在300个以上；信息管理系统程度较高。

一厂家直销中心：由生产商直接设立或委托独立经营者设立,专门经营本企业品牌商品,并且多个企业品牌的营业场所集中在一个区域的零售业态。一般远离市区；目标顾客多为重视品牌的有目的的购买；单个建筑面积在100-200平方米左右；品牌商品生产商直接设立，商品均为本企业的品牌；采用自选式售货方式进行商品销售；各个租赁店使用各自的信息管理系统。

一其他：其他未列明的零售业态

门店总数：指该连锁企业所拥有的全部连锁门店数量，包括总店（如果总公司有门店的话）和全部直营分店、加盟分店数。

连锁门店年末从业人员数：指在连锁总店（总部）或门店工作并取得劳动报酬的年末实有人员数。包括在岗职工、再就业的离退休人员、在该企业工作的兼职人员、借用的外单位人员和第二职业者。不包括离开本单位但仍保留劳动关系的职工。从业人数包括总店和全部门店以及自有配送中心的年末从业人员数。

连锁门店商品购进额：指连锁门店由连锁总店（总部）统一配送与自主采购，用于门店销售的商品金额之和（含增值税）。

统一配送商品购进额：是指由连锁总店（总部）统一购进后，配送到门店的商品金额（按购进价计算）。

配送中心：是指从事配送业务且具有完善信息网络的场所或组织。配送是指在经济合理区域范围内，根据客户要求，对物品进行拣选、加工、包装、分割、组配等作业，并按时送达指定地点的物流活动。配送中心应基本符合下列要求：（1）主要为特定客户或末端客户提供服务；（2）配送功能健全；（3）辐射范围小；（4）提供高频率、小批量、多批次配送服务。

自有配送中心配送商品购进额：指连锁总店（总部）通过自有配送中心配送到门店的商品金额。

非自有配送中心配送商品购进额：指连锁总店（总部）通过第三方物流配送中心配送到门店的商品金额。

连锁门店年末零售营业面积：指批发和零售业连锁门店用于零售连锁经营的营业面积，不包括其办公用房、仓库和加工场地。该指标按年末实有建筑面积统计。

连锁门店商品销售额：批发和零售业连锁门店对本门店以外单位和个人出售的商品金额（含增值税）。

连锁门店零售额：指批发和零售业连锁门店售给城乡居民用于生活消费和社会集团用于公共消费的商品金额。

零售商品包括：（1）售给城乡居民的各种生活消费品，售给入境旅游的外国人、华侨、港澳台同胞的各类商品；（2）售给行政事业单位、社会团体、军队和武警等机构的商品，以及以零售方式售给各类企业的商品。具体包括：用于非生产和社会交往的办公用品，如通讯设备、计算器具和设备、电讯网络设备、文印设备、音像视听器材和设备、纸张、本册、文具及装订文印材料、家具、日用电器、针纺织品、清洁卫生用品、文体用品、奖品、纪念品、礼品等；供内部人员乘坐的交通工具和燃料；用于办公设施修缮的各类配件、材料、工具等；用于取暖和防暑降温的设备、燃料、材料及食品等；专用于教学的用品和设备；非营利医疗机构的中、西药品、中药材和医疗设备器材；非专用的劳动保护用品；不对外营业的内部食堂用的餐具、炊具、设备、清洁卫生工具和食品、燃料等；军队、武警用于其人员生活的衣着品和个人用品；其它各类非生产性设备和用品。

零售商品不包括：（1）售给城乡居民已确知是用于生产、经营的商品；（2）售给各类农业生产者的生产资料类商品，如农机、农药化肥、农膜、种子饲料等商品；（3）售给企业单位生产用具及生产上专用的劳动保护用品。

连锁门店年末餐饮营业面积：住宿和餐饮业连锁门店对外提供就餐服务的门店建筑面积和从事食品加工、烹饪、调制的厨房面积，不包括办公用房和仓库等面积。该指标按年末实有建筑面积统计。

连锁门店客房数：指住宿和餐饮业连锁门店提供住宿服务的房间数，该指标按报告期内正常情况下的实有数统计。

连锁门店床位数：指住宿和餐饮业连锁门店供应旅客使用的床位数，不包括临时加床和门店内部工作人员使用的床位。该指标按报告期内正常情况下的实有数统计。

连锁门店餐位数：指住宿和餐饮业连锁门店为顾客提供就餐服务时，正常可同时容纳就餐人员的餐位数量，不包括临时加的餐位数量。该指标按报告期内正常情况下的实有数统计。

连锁门店营业额：指住宿和餐饮业连锁门店在经营活动中因提供服务或销售商品所取得的全部收入。包括：客房收入、餐费收入、商品销售额（含增值税）和其它收入。

连锁门店餐费收入：指住宿和餐饮业连锁门店因提供就餐服务（包括经烹饪、调制加工后出售的各种食品，如主食、炒菜、凉拌菜等的收入）所取得的收入合计。

连锁门店商品销售额：指住宿和餐饮业连锁门店因出售商品（含增值税）所取得的收入合计。

登记注册类型

一国有企业：指企业全部资产归国家所有，并按《中华人民共和国企业法人登记管理条例》规定登记注册的非公司制的经济组织。不包括有限责任公司中的国有独资公司。

一集体企业：指企业资产归集体所有，并按《中华人民共和国企业法人登记管理条例》规定登记注册的经济组织。

一股份合作企业：指以合作制为基础，由企业职工共同出资入股，吸收一定比例的社会资产投资组建，实行自主经营，自负盈亏，共同劳动，民主管理，按劳分配与按股分红相结合的一种集体经济组织。

一联营企业：指两个及两个以上相同或不同所有制性质的企业法人或事业单位法人，按自愿、平等、互利的原则，共同投资组成的经济组织。联营企业包括国有联营企业、集体联营企业、国有与集体联营企业和其他联营企业。

国有联营企业：指所有联营单位均为国有。

集体联营企业：指所有联营单位均为集体。

国有与集体联营企业：指联营单位既有国有也有集体。

其他联营企业：指上述三种联营企业之外的其他联营形式的企业。

一有限责任公司：指根据《中华人民共和国公司登记管理条例》规定登记注册，由两个以上，五十个以下的股东共同出资，每个股东以其所认缴的出资额对公司承担有限责任，公司以其全部资产对其债务承担责任的经济组织。有限责任公司分为国有独资公司以及其他有限责任公司。

国有独资公司：指国家授权的投资机构或者国家授权的部门单独投资设立的有限责任公司。

其他有限责任公司：指国有独资公司以外的其他有限责任公司。

一股份有限公司：指根据《中华人民共和国公司登记管理条例》规定登记注册，其全部注册资本由等额股份构成并通过发行股票筹集资本，股东以其认购的股份对公司承担有限责任，公司以其全部资产对其债务承担责任的经济组织。

一私营企业：指由自然人投资设立或由自然人控股，以雇佣劳动为基础的营利性经济组织。包括按照《公司法》、《合伙企业法》、《私营企业暂行条例》以及《个人独资企业法》规定登记注册的私营独资企业、私营合伙企业、私营有限责任公司、私营股份有限公司和个人独资企业。

私营独资企业：指按《私营企业暂行条例》的规定，由一名自然人投资经营，以雇佣劳动为基础，投资者对企业债务承担无限责任的企业。

私营合伙企业：指按《合伙企业法》或《私营企业暂行条例》的规定，由两个以上自然人按照协议共同投资、共同经营、共负盈亏，以雇佣劳动为基础，对债务承担无限责任的企业。

私营有限责任公司：指按《公司法》、《私营企业暂行条例》的规定，由两个以上自然人投资或由单个自然人控股的有限责任公司。

私营股份有限公司：指按《公司法》的规定，由五个以上自然人投资，或由单个自然人控股的股份有限公司。

个人独资企业：指按《个人独资企业法》、《个人独资企业登记管理办法》的规定，由一个自然人投资，财产为投资人个人所有，投资人以其个人财产对企业债务承担无限责任的经营实体。个人独资企业填表时归入私营独资企业。

一其他内资企业：指上述之外的其他内资经济组织。

一与港澳台商合资经营企业：指港澳台地区投资者与内地的企业依照《中华人民共和国中外合资经

营企业法》及有关法律的规定，按合同规定的比例投资设立，分享利润和分担风险的企业。

—**与港澳台商合作经营企业**：指港澳台地区投资者与内地企业依照《中华人民共和国中外合作经营企业法》及有关法律的规定，依照合作合同的约定进行投资或提供条件设立，分配利润、分担风险和亏损的企业。

—**港澳台商独资经营企业**：指依照《中华人民共和国外资企业法》及有关法律的规定，在内地由港澳台地区投资者全额投资设立的企业。

—**港澳台商投资股份有限公司**：指根据国家有关规定，经商务部(原外经贸部)批准设立，并且其中港、澳、台商的股本占公司注册资本的比例达25%以上的股份有限公司。凡其中港、澳、台商的股本占公司注册资本的比例小于25%的，属于内资中的股份有限公司。

—**其他港、澳、台商投资企业**：指在中国境内参照《外国企业或个人在中国境内设立合伙企业管理办法》和《外商投资合伙企业登记管理规定》，依法设立的港、澳、台商投资合伙企业。

—**中外合资经营企业**：指外国企业或外国人与中国内地企业依照《中华人民共和国中外合资经营企业法》及有关法律的规定，按合同规定的比例投资设立，分享利润和分担风险的企业。

—**中外合作经营企业**：指外国企业或外国人与中国内地企业依照《中华人民共和国中外合作经营企业法》及有关法律的规定，依照合作合同的约定进行投资或提供条件设立，分配利润、分担风险和亏损的企业。

—**外资企业**：指依照《中华人民共和国外资企业法》及有关法律的规定，在中国内地设立的由外国投资者全额投资设立的企业。

—**外商投资股份有限公司**：指根据国家有关规定，经商务部(原外经贸部)批准设立，并且其中外资的股本占公司注册资本的比例达25%以上的股份有限公司。凡其中外资股本占公司注册资本的比例小于25%的，属于内资中的股份有限公司。

—**其他外商投资企业**：指在中国境内依照《外国企业或个人在中国境内设立合伙企业管理办法》和《外商投资合伙企业登记管理规定》，依法设立的外商投资合伙企业。